商务部"十二五"规划系列教材
中国国际贸易学会"十二五"规划教材

国际物流概论

An Introduction to International Logistics

庞　燕　王忠伟　编著

中国商务出版社

图书在版编目(CIP) 数据

国际物流概论 / 庞燕　王忠伟编著--北京：中国商务出版社，2011.7　（2016.8重印）
商务部"十二五"规划系列教材 . 中国国际贸易学会"十二五"规划教材
ISBN 978-7-5103-0497-2

Ⅰ.①国…　Ⅱ.①庞…②王…　Ⅲ.①国际贸易－物流－高等学校－教材　Ⅳ.① F252

中国版本图书馆 CIP 数据核字（2011）第 139411 号

商务部"十二五"规划系列教材
中国国际贸易学会"十二五"规划教材
国际物流概论
GUOJI WULIU GAILUN

庞　燕　王忠伟　编著

出　　版：中国商务出版社
地　　址：北京市东城区安定门外大街东后巷 28 号　　邮编：100710
责任部门：教育培训事业部（010-64243016　gmxhksb@163.com ）
责任编辑：崔笋
总 发 行：中国商务出版社发行部（010-64208388　64515150 ）
网　　址：http://www.cctpress.com
网　　店：https://shop162373850.taobao.com/
邮　　箱：cctp@cctpress.com
开　　本：850 毫米 ×1168 毫米　1/16
印　　张：31　　　　　　　字　　数：752 千字
版　　次：2011 年 7 月第 1 版　　印　　次：2016 年 8 月第 2 次印刷
书　　号：ISBN 978-7-5103- 0497-2
定　　价：60. 00 元

前　　言

国际物流是伴随和支撑国际间经济交往、贸易活动和其他国际交流所发生的物流活动。随着全球经济的一体化发展，国际物流在经济活动中的地位也越来越重要。无论是全球性企业，还是以国内市场为主的企业，都不同程度地要与国际物流发生联系。对于跨国公司来说，国际物流为其在全球范围内组织资源提供了更加广阔的空间和优势。随着中国经济的快速发展，中国企业的商务活动也日趋国际化，企业的贸易活动不再是单纯的国内贸易，对外贸易在企业运营中所占比例越来越大。对外贸易的快速发展，必将推动我国企业融入国际供应链一体化运作体系的步伐，进而带来对国际物流的巨大需求。

本书作者通过跟踪国际物流研究的最新动态，结合国际物流实践，总结相关专业的教学经验，广泛收集相关资料，编写了这本教材。在编写过程中我们力求做到：简明准确地阐述基础知识和基本理论，便于学习理解；基本技能和操作技术更贴近于实务，便于应用操作。

《国际物流概论》共分为十四章，内容包括国际物流基础知识，国际物流系统及其模式，国际贸易方式与国际贸易合同，国际支付与结算，国际货物运输体系，国际海上运输，国际航空运输、国际多式联运和陆上运输、国际货运保险、国际货物报关与报检、国际物流仓储、包装与配送，国际物流服务质量与成本管理，外贸物流金融服务，外贸物流法律法规等全面、系统的国际物流知识。本书可作为高等院校物流类本科专业的教学用书，亦可作为国际贸易、工商企业管理、经贸英语等相关专业的教学用书，也可作为高校物流管理、交通运输工程等专业的研究生教学用书。

本书由中南林业科技大学物流学院副院长庞燕博士、院长王忠伟教授主编。编写人员：第一章庞燕、鄢小蓝，第二章刘利猛，第三章符瑛，第四章胡倩，第五章胡亚特，第六章黄向宇，第七章汪洪波、王忠伟，第八章李义华，第九章梁俊，第十章谭丹，第十一章李正军，第十二章黄音，第十三章潘双利，第十四章祝玉华。

　　本书在编写过程中，得到了中南林业科技大学领导的重视和支持，中国国际贸易学会的领导与专家也提供了支持和指导，中国商务出版社为本书的出版提供了技术支持和帮助，在此一并表示感谢。

　　书中疏漏偏颇之处在所难免，恳请读者批评指正。

编　者

2011 年 4 月

目录

第一章　国际物流基础理论

本章导读

在经济全球化时代，成功地进入国际市场、积极参与国际分工与合作是一国经济具有国际竞争力的重要标志，是一国经济发展的强大推动力。但是由于世界各地的消费者有着不同的需求，加上运输距离的拉长和供应链作业的扩大，使世界范围内的物流活动变得越来越复杂。所以如何解决全球市场成长，全球供销渠道多样化与全球物流复杂化之间的矛盾，已成为每个进行国际贸易活动的企业急需解决的问题。

国际物流是伴随和支撑国际间经济交往、贸易活动和其他国际交流所发生的物流活动。随着全球经济的一体化发展，国际物流在经济活动中的地位也越来越重要。无论是全球性企业，还是以国内市场为主的企业，都不同程度地要与国际物流发生联系。对于跨国公司来说，国际物流为其在全球范围内组织资源提供了更加广阔的空间和优势。随着中国经济的快速发展，我国企业的商务活动也日趋国际化，必将推动我国企业融入国际供应链一体化运作体系的步伐，进而带来对国际物流的巨大需求。

本章学习目标

本章重点要求学生掌握国际物流的含义与特征，国际物流与国际贸易的关系，供应链、供应链管理、国际供应链管理的概念，国际物流运作的主要业务活动；深刻理解国际供应链管理在企业国际化运作中的重要性，国际供应链发展的动因与特征；了解国际物流的发展趋势，我国在全球供应链运作中的地位，企业国际运作的物流组织发展。

第一节　国际物流的含义与特征

一、国际物流的含义

所谓国际物流是相对国内物流而言的，是不同国家之间的物流，是国内物流的延伸和进一步扩展，是跨国界的、流通范围扩大了的物的流通，有时也称其为国际大流通或大物流。其狭义的理解是当供应和需求分别处在不同的地区和国家时，为了克服供需时间上和空间上的矛盾而发生的商品物质实体在不同国家之间跨越国境的流动。国际物流伴随着国际贸易的产生发展而产生发展，并成为国际贸易的重要物质基础，是国际间贸易的一个必然组成部分，各国之间的相互贸易最终通过国际物流来实现。

国际物流的实质是按国际分工协作的原则，依照国际惯例，利用国际化的物流网络、物流设施和物流技术，实现货物在国际间的流动与交换，以促进区域经济的发展和世界资源优化配置。国际物流的总目标是为国际贸易和跨国经营服务。即选择最佳的方式与路径，以最低的费用和最小的风险，保质、保量、适时地将货物从某国的供方运到另一国的需方。

二、国际物流的特征

国际物流是为跨国经营和国际贸易服务，使各国物流系统相互"接轨"的物流活动，因而与国内物流系统相比，具有国际性、复杂性和风险性等特点。

与服务于国内贸易的国内物流相比，国际物流有以下几个方面的特点：

（一）物流环境差异大

国际物流的一个非常重要的特点是各国物流环境存在较大差异，尤其是物流软环境的差异。不同国家的不同物流适用法律使国际物流的复杂性远高于一国的国内物流；不同国家的不同经济和科技发展水平会造成国际物流处于不同科技条件的支撑下；不同国家的不同标准也造成国际间"接轨"的困难；不同国家的风俗文化也使国际物流受到很大的局限性。由于物流环境的差异迫使一个国际物流系统需要在几种不同法律、人文、习俗、语言、科技、设施的环境下运行，无疑会大大增加物流的难度和系统的复杂性。

（二）物流系统范围广

由于物流本身的功能要素、系统与外界的沟通已很复杂，国际物流在此复杂系统上又增加不同国家的要素，这种地域和空间的广阔性，影响因素多样性，带来的直接后果是难度和复杂性增加，风险增大。

（三）国际物流运输的主要方式具有复杂性

在国内物流中，由于运输线路相对比较短，而运输频率较高，主要的运输方式是铁路运输和公路运输。而在国际物流中，由于货物运输线路长、环节多、气候条件复杂，对货物运输途中的保管、存放要求高，因此，海洋运输、航空运输尤其是国际多式联运是其主要运输方式，具有一定的复杂性。

（四）国际物流必须有国际化信息系统的支持

国际化信息系统是国际物流，尤其是国际联运非常重要的支持手段。国际化信息系统建立的难度，一是管理困难；二是投资巨大；三是由于世界上地区间物流信息水平不均衡，使信息系统的建立更为困难。建立国际物流信息系统一个较好的方法就是和各国海关的公共信息系统联网，以及时掌握有关各个港口、机场和联运线路、站场的实际状况，为供应或销售物流决策提供支持。国际物流是最早发展 EDI 的领域，以 EDI 为基础的国际物流将会对物流的国际化产生重大的影响。

在网络经济环境下，以网络为主体的贸易活动已经极大地解决了同种物流中信息系统的信息传递问题。要求在网络经济中以网络信息为特征开展的贸易活动和结算方式，需要同时与物流活动相适应的综合信息和物流经济系统，创造一个与网络经济活动相适应的国际物流中心会更好地解决贸易与物流配送的问题。

（五）国际物流的标准化要求较高

要使国际间物流畅通起来，统一标准是非常重要的，可以说，如果没有统一的标准，国际物流水平是不能提高的。目前美国、欧洲基本上实现了物流工具和设施的统一标准，如托盘采用1 000mm×1 200mm、集装箱的几种统一规格及条码技术等，这样，大大降低了物流费用，降低了转运的难度；而不向这一标准靠拢的国家，必然在转运、换车等许多方面要耗费更多的时间和费用，从而降低其国际竞争能力。在物流信息传递技术方面，欧洲各国不仅实现了企业内部的标准化，而且也实现了企业之间及欧洲统一市场的标准化，这就使欧洲各国之间比亚洲、非洲等国家交通更简单、更有效。

三、国际物流与国内物流的区别

国际物流与国内物流有很多相似的地方，但也有许多不同之处，主要表现在以下方面：

（一）完成周期长短不同

这是国际物流与国内物流的主要区别。由于国际物流系统涉及多个国家，系统的地理范围大，因而，国际物流作业的完成周期一般较长，其长短通常要以周或月为单位来衡量，而不能以 3～5 天的转移时间或 4～10 天的完成周期来计算。

由于通信传输延迟、融通资金需要、特殊包装要求、远洋运输周期表、长途运输时间以及海关清关手续等因素综合作用的影响，而导致了国际物流作业需要较长的完成周期。通信传输时由于时间和语言的差异而延迟；融通资金是因为大多数国际贸易需要开通信证而延迟；特殊包装要求是为了保护产品免遭搬运作业和水分侵害的损害，因为集装箱常常由于温度和气候条件使湿度很高。货物一旦被集装箱化，就必须按船期表如期装船，目的港必须要有合适的装卸设备。

如果运输路线属于交通流量较高的航线或者驶往交通流量较高的航线或者驶往预期港口的船舶缺乏必要的设备，那么，这种进展过程可能需要长达一个月的时间，而这些问题都是国内运输作业过程中所不存在的。一旦船舶处在运输途中，转移时间的范围在 10～21 天，海关清关手续至少要增加 1 天时间，使完成周期延长。虽然现在越来越普遍采用 EDI 传输技术，但上述过程中所消耗完成周期的时间依然很长。

正是上述原因而导致国际物流的完成周期更长、更缺乏一致性，也更缺少灵活性。完成周期的延长，会导致物流过程中库存投资的增加，占用大量资金；一致性的降低，增加了物流计划和物流工作的难度；而灵活性的降低，会使企业在迅速满足客户需要方面存在困难。因此在等待国际装运交付货物的到达和清关期间，需要不断地对存货和存货空间进行评估。

（二）复杂程度不同

1. 语言

国际作业要求货物和有关单证使用多国语言，诸如计算机或计算器之类的货物必须具有地方特征，比如产品本身的键盘字母和说明书上的语言等。从物流角度来看，语言的差别会增加复杂性，因为货物一旦用语言进行定制的话，它就被限制在一个特定的国家或地区。除了产品的语言外，国际物流作业对装运交付所经过的每一个国家都需要使用多语言的物流单证。

尽管英语是通用的商业语言，但有些国家要求提供用当地语言翻译好的物流单证和海关文件。这就增加了国际物流作业的时间和难度，因为在装运交付前必须将复杂的物流单证翻译完毕。值得庆幸的是，在科学技术高度发展的今天，可以通过标准 EDI 方式的交易来克服这类语言通信传输和物流单证上的困难。

2. 货物数目

货物本身有可能存在内在特点的差异，如性能特征、能源供应特点以及安全上的需要等。在国与国之间的这种细微区别也有可能会大大增加所需的库存单位数以及随之而来的存货水平。

3. 单证数量方面

国内作业一般只用一份发票和一份提单就能完成，而国际作业往往需要大量的有关订货项目、运输方式、资金融通，以及政府控制等方面的单证和文件。

4. 运输复杂性

在国内市场上，物流作业只需要与单一的或数量有限的承运人签订合同，这是件相对比较简单的工作，但是在国际运输市场中，需要从事的是全球化的物流作业，托运人很难与单一的承运人签订合同来有效管理其他承运人的服务，因此运输的复杂性大大增加了。

（三）系统一体化

由于每一个国家的作业都可以被看做是一个独立而又自治的合法整体，所以造成国际物流协作有一定的困难，由此所导致的成本费用就会使跨国企业的竞争能力受到抑制。因此，第三方物流在作业上的差异要求企业加强整个系统一体化的作业协调，包括发送订货的能力，以及要求使用 EDI 方式在世界上任何地方从事存货管理的能力。这要求物流企业应该具备一体化的全球物流信息系统。

（四）联盟

国际物流企业与承运人和专业化服务供应商的联盟对于国际作业来说比对国内作业更加重要。如果没有联盟，对于一个从事国际作业的企业来说，就必须与全世界的零售商、批发商、制造商、供应商以及服务供应商保持合同关系，而维持这种合同关系就需要花费大量的时间。国际联盟能够提供市场渠道和专业人员，并且减少在全球物流作业中的潜在风险。

四、国际物流的发展趋势

国际物流的发展趋势主要有以下几个方面：

（一）国际物流发展步伐加快

随着国际贸易的扩大，国际物流跨国公司也在不断向全球扩张。

（二）电子商务技术推进现代化物流快速发展

电子商务以因特网为基础网络环境，演绎跨国界的实际市场环境，以计算机网站为基本单位，虚拟市场的实际单元，使实际的商务事务处理数字化、电子化，极大地提高了物流的运行效率和经济效益。

（三）物流形式多样，规模不断扩张，集约化程度提高

目前国际上流行的物流形式主要有以下几种：

1. 综合物流中心是将两种以上不同类型的物流中心集约在一起，成为一个综合职能和高效率的物流设施，如将铁路货站、公路运输货站集约在一起等形式。

2. 专业物流中心是集约经营的一种业态。物流中心有时也称为"配送中心"，目前中国台湾环玮物流公司先后在台北、台中、高雄、林口成立了四个物流中心，为客户提供全省性、全通路和及时性的物流服务。

3. 物流园区，也称物流团地。是政府从城市整体利益出发，在小区域城乡结合部、主要交通干道附近开辟专用场地，通过逐步配套完善各项基础设施、服务设施，提供各种优惠政策，吸引大型物流（配送）中心在此聚集，使其获得规模效益，降低物流成本，同时减轻大型配送中心在市中心分布所带来的种种不利影响，物流园区是一家或多家物流（配送）企业在空间上集中布局的场所，它提供一定品类、一定规模、较高水平的综合物流概念，与工业园区、科技园区等概念一样，是具有产业一致性或相关性，且集中连片的物流用地空间。

4. 第三方物流发展迅速

第三方物流是中间商以合同的形式在一定期限内，提供企业所需的全部或部分物流服务。它们并不在供应链中占有一席之地，仅是第三方，但通过提供一整套物流活动来服务于供应链。

5. 物流作业高度自动化

高新技术的引入正在使国际物流业发生一场深刻的变革，电脑的普遍使用和自动分拣系统、无人驾驶叉车等构成了物流业的智能化和自动化。

6. 配送中心功能多样化

目前国外主要盛行的有九种配送中心。一是专业配送中心；二是柔性配送中心；三是供应配送中心；四是销售配送中心；五是城市配送中心；六是区域配送中心；七是储存配送中心；八是流通配送中心；九是加工配送中心。

7. 传统物流业转型步伐加快

从国际上看，传统的物流业正在抓紧时机转型。

（1）传统批发企业。已经逐步变为以物流中心或信息中心、配送中心为外壳而存在的批发企业。

（2）连锁业。在发达国家大型连锁企业的背后，都有一套强大的物流支撑系统，这种物流支撑系统，要么由连锁企业自己拥有，要么由专业化第三方物流企业向连锁企业提供。这套物流支撑系统的存在，使得连锁经营企业能迅速、灵活地满足瞬息万变的市场需求。

（3）制造业。可以划分为充实原材料、零部件等调度活动的物流，生产产品搬运过程中的制造业物流或企业内部物流，以及将生产出的产品向批发商或零售商传递的销售物流三种类型。

（4）港口。是远洋运输的起点和终点。

8. 物流设施、技术进步促使零售业发展周期缩短

物流设施的飞跃发展，大大地推进了物流业和零售业的发展。20 世纪 20 年代，美国高速公路的修建衔接了城乡，带动了家庭大批量、长周期的消费，从而支持了购物中心、仓储超市等快速周转的运营方式。同时，物流技术的进步促进了零售业成熟期不断缩短。

总之，国际物流正在快速地发展。在发展的过程中，也面临一些新的问题，主要有以下几个方面：一是国际物流日趋复杂化，在国际物流经营中，跨越国界线的各种壁垒较多，尤其是一些国家间设置的人为障碍，使国际物流更增添了诸多困难。由于国际物流环节多，加之国际货运运输时间一般较长，使国际物流更加复杂。二是国际物流发展不平衡，物流发达国家的物流管理理念、物流意识、物流基础设施建设、物流管理技术，大大领先于世界水平。而物流发展落后的国家和地区基础设施、技术手段都相对滞后，并呈现管理技术、经营实力差距不断拉大之势。三是国际物流频繁而批量小，使现代物流的难度加大。四是跨国公司垄断日益加剧。五是土地紧缺和发达国家劳动力不足导致物流成本上升，物流业面临着发展空间不足、增加物流成本的问题，对物流经营效益有一定的负面影响。

第二节　国际物流与国际贸易的关系

一、国际贸易的含义

国际贸易（international trade），又称世界贸易（world trade），是指世界各国（或地区）之间的商品以及服务和技术交换活动。从一个国家（或地区）的角度来看，这种交换活动称为该国家（或地区）的对外贸易（foreign trade）；从国际上看，世界各国贸易的总和，就构成了国际贸易。

国际贸易是在一定的历史条件下产生和发展起来的。由于各国经济发展的不平衡，科学水平和自然条件的差异，各国为了其本身的发展，需要相互之间互通有无，进行商品交换。第二次世界大战后，生产力水平的提高，为国际贸易的发展提供了强大的物质基础。

国际贸易研究的对象包括理论、政策和企业三个方面。在理论方面，主要研究国际贸易古典和现代理论，解释国际贸易的产生和发展以及对各国所带来的利益，分析国民经济中出现的各种事件和评价各国对外经济政策的依据。在政策方面，主要探讨各国政府管理、推动和限制国际贸易的各项政策所产生的影响。在企业方面，主要研究跨国公司的产生和发展以及它在国际经济中的作用。因为跨国公司在国际贸易中的地位和作用越来越重要，它已成为国际贸易中新的课题。

二、国际贸易在经济发展中的地位和作用

一国的国际贸易与其经济的发展是密切相关的。两者之间的关系实际上是交换与生产的关系。要了解国际贸易的地位，首先要了解交换在社会再生产中的地位。社会生产是商品生产过程和流通过程的统一。商品流通不过是生产过程的延长。在这个统一和延长的过程中起决定作用的是生产。而作为再生产过程一个阶段的交换不仅仅是一个消极的被决定的东西，它也能对

生产发生反作用，甚至有时会对生产的发展起巨大的推动或阻碍作用。不断扩大的生产需要一个不断扩大的市场，反过来，不断扩大的市场又能促进生产的不断扩大。可见，交换是社会再生产过程中不可缺少的中间环节，是联系生产与消费的桥梁和纽带。就国际贸易而言，它是对外商品交换的媒介，是国内商业向国外的延伸和贸易地区范围的扩大。所以，国际贸易在国民经济发展中处于客观的中介地位。

国际贸易促使国内外商品流通，将国内外市场紧密地联系起来，从而促进了国内外经济技术交流，对国民经济乃至社会的发展起着十分重要的作用。第一，通过国际贸易，可以调节国内供需的不平衡，改进扩大再生产所需的实物结构，从而保证社会扩大再生产的顺利进行。第二，利用国际贸易，可以引进国外的先进技术和管理经验，提高国内企业的技术和管理水平，促进生产力的发展。第三，参与国际贸易，一方面能补充国内市场商品的不足，满足人民物质和文化方面的需要；另一方面，还能增加国家财政和外汇收入，从而增强国力，以巩固国际上的政治和经济地位。总之，一个国家要使经济有长足的发展，就必须参与国际市场和国际贸易。国际贸易已成为经济发展的基础。

三、国际物流与国际贸易的关系

国际贸易推动着国际物流的发展，是国际物流生存的前提和基础，并促进其国际化。国际贸易和国际物流是当今世界发展不可或缺的两个方面，国际贸易使商品的所有权发生了交换，而国际物流则体现了商品在各国之间或在其国内的实体转移。两者之间是相互促进，相互依赖，相互制约的关系。

（一）国际贸易是国际物流产生和发展的基础

国际物流是在国际贸易产生和发展的基础上发展起来的，而高效运作的国际物流又促进了国际贸易的发展，在这种情况下，国际物流也应运而生，这些都给我国的物流产业的发展带来了机遇和挑战。

（二）国际物流是开展国际贸易的必要条件

世界范围的社会化大生产必然会引起国际分工，任何国家都不能够包揽一切生产活动，而需要国际间的合作。国际间的商品和劳务流动是由商流和物流组成的，前者由国际交易机构按照国际惯例进行，后者由物流企业按各个国家的生产和市场结构完成。为了克服它们之间的矛盾，就需开展与国际贸易相适应的国际物流。只有物流工作做好了，才能将国外客户需要的商品适时、适地，按质、按量、低成本地送达，从而提高本国商品在国际市场上的竞争能力，促进国际贸易。国际物流已成为影响和制约国际贸易进一步发展的重要因素。据有关统计，目前跨国公司控制着全球生产总值的40%左右、国际贸易的50%以上和国际投资的90%。我国大型企业要进入世界企业100强或500强的行列，必须极大地提高我国国际物流的支持能力。

（三）国际贸易的发展促进物流国际化，并不断对国际物流提出新的要求

世界经济的飞速发展和国际政治格局的风云变幻，使国际贸易不断表现出一些新的趋势和特点，从而也在不断对国际物流提出更新、更高的要求。目前，跨国公司正在由各国子公司独立经营的阶段，向围绕公司总部战略，协同经营一体化发展，从而对国际物流提出了更高的

要求。

第一，质量要求。国际贸易的结构正在发生着巨大变化，高附加值；高精密度商品流量的增加，对国际物流工作的质量也提出了更高的要求；此外，国际贸易需求的多样化还造成了物流的多品种、小批量化，这就同时要求国际物流向优质服务和多样化发展。

第二，效率要求。国际贸易活动的集中表现就是合约的订立和履行。而国际贸易合约的履行是由国际物流活动来完成的，这就要求通过高效率的物流来履行合约。

第三，安全要求。由于国际分工和社会生产专业化的发展，大多数商品是在世界范围内分配和生产的。因此，在组织国际物流，选择运输方式和运输路线时，要密切注意所经地域的气候条件、地理条件，同时还应注意沿途所经国家和地区的政治局势、经济状况等，以防止这些人为因素和不可抗拒的自然力所在地造成货物灭失和损害。

第四，经济要求。国际贸易的特点决定了国际物流的环节多、备运期长。因而，在国际物流领域，控制物流费用以降低成本具有很大潜力。对于国际物流企业来说，选择最佳物流方案、提高物流经济性、降低物流成本、保证服务水平，是提高竞争力的有效途径。

第五，信息化要求。电子商务的使用在全球范围内已有许多成功的范例，而随着 EDI 技术的成熟以及国际互联网的迅速发展，电子商务全球化的发展必将更加突飞猛进，从而不可避免地对国际商贸领域产生重大而深刻的影响，国际贸易的运行、管理、效率都将因此而产生质的飞跃。这就要求国际物流业必须实现信息化，加强网络意识，提高工作效率，并及时做好国际货物的运输工作。

第三节　国际物流与国际供应链

随着经济全球化和信息技术的不断发展，市场竞争的加剧，促使跨国公司在全球范围内配置资源，也使我国市场成为全球采购市场，此外，在经济全球化迅猛发展的今天，对世界市场经济份额的争夺，成了国际竞争的重心。一个国家占有世界经济份额的高低，成了其经济竞争力和经济发展水平的重要标志。随着供应链管理战略在全球的日益普及，企业与企业之间的竞争，不再是孤立的，而是不同企业之间因为利益驱使而产生的供应链之间的竞争。全球供应链现象的产生和发展对国家经济的发展，特别是对发展中国家的经济发展更具有重要的影响。

一、供应链与供应链管理的定义

（一）供应链的定义

美国供应链管理委员会（Supply Chain Council）定义供应链为：供应链包括每个有关生产及配送最终产品或服务，从供货商的供货商到客户的客户，这包括管理供给与需求、原材料与零配件、制造及装配、仓储与货物追踪、订购与订单管理及跨地区直接的配送客户。

我国实施的《物流术语》国家标准（GB/T18354-2003）定义：生产及流通过程中，涉及将产品更新换代或服务提供给最终客户的上游和下游企业所形成的网络结构。

供应链是围绕核心企业，通过对信息流、物流、资金流等各种流的管理与控制，从原材料的供应开始，经过产品的制造、分配、递送、消费等过程将供应商、制造商、分销商、零售商，直到最终客户连成一整体的功能网链结构模式。它不仅是一条连接供应商到客户的物料链、信息链、资金链，而且是一条增值链，物料在供应链上因加工、包装、运输等过程而增加其价值，给相关企业都带来收益。

（二）供应链管理的定义

而美国供应链管理专业协会（CSCMP）则定义供应链管理为：供应链管理包含了规划和管理复杂的原料、采购、加工及所有物流管理活动，重要的是，它也包括与供应链伙伴（供应者、中间商、第三方服务提供者及客户）之间的协调及合作。基本上，供应链管理是跨公司的整合供给与需求。

我国实施的《物流术语》国家标准（GB/T18354-2003）定义：（Supply Chain Management，SCM）利用计算机网络技术全面规划供应链中的商流、物流、信息流、资金流等，并进行计划、组织、协调与控制。

它是一种从供应商开始，经由制造商、分销商、零售商，直到最终客户的全要素、全过程的集成化管理模式。其目标是从整体的观点出发，寻求建立供、产、销企业以及客户间的战略合作伙伴关系，最大限度地减少内耗与浪费，实现供应链整体效率的最优化。

因此，物流管理是以一家企业的角度，处理商品自原料到成品消费的过程，而供应链管理是以跨组织的角度，从最初原料到最终消费者，综合管理自产品设计、物料管理、生产到配送管理四大阶段的活动，同时处理物品、信息与资金的流通，并与供应链伙伴以跨组织合作的方式让整体的流通过程在满足消费者需求的状况下顺利运作，同时降低企业的成本。

因为供应链管理是跨组织的活动，国际运作又加深了国际供应链的复杂程度，故除了一般物流管理的运作之外，供应链管理还牵涉下列内容：整体供应链的整合规划、构建信息平台以让信息能够在供应链中流动，以及如何与供应链相关组织合作等组织管理的问题。

二、国际供应链的内涵

国际供应链又称为全球供应链，它根据供应链管理的基本理念、模式，按照国际分工协作的原则，优势互补，实现资源在全球范围内的优化配置。在许多方面，全球性供应链的管理与本土化供应链管理的原理基本上一样的，只是涉及了海外的国际业务，地域覆盖更为广泛。国际供应链（international supply chain）是指一个国际化的企业通过掌握全球最经济的原料，在最经济的国家生产，以最经济的方式，满足全球的需求；一个能掌握国际供应链的国际化企业，不但能降低产品的成本，更能缩短顾客的订货时间，是企业未来的主要竞争优势。

国际供应链的流通依其流通的内容可分为4种。

（一）实体流通：物品的流通

物品包括原材料、半成品与成品，物品的流通探讨实体物品从最初的原料到制造厂商最后到消费者手中的实体流程，物流的流通方向是由上游到下游，最近业界备受关注的一个话题是逆向物流，讨论商品因回收、维修而从下游消费者往上游流通的过程，故逆向物流的流通方向是由下游往上游流动。

供应链物品的流通是探讨在供应链结构已知的情形下，如何规划实体的流通使原料、半成品或成品，能在最适宜的时间、地点以整体的成本最小化，满足消费者对品项与品质的要求。在供应链结构确定的情况下，供应链的实体流通包括以下 5 个主要步骤：

1. 从购买原料开始，考虑向何处购买，购买多少量。
2. 接着考虑必须将多少的各种原料仓储在哪个仓储店。
3. 进入生产流程时，则考虑在哪些生产点生产多少量。
4. 考虑多少成品需要仓储在哪些不同的仓储店。
5. 最后进入配送流程时，必须考虑由哪个成品仓储点，配送多少量给不同地区的顾客。

依上述 5 个步骤运作，企业整个供应链的决策过程，皆在满足顾客要求的前提下，追求最小的营运成本。

（二）商流：物品所有权的转移

依照交易的发生，商品所有权也跟着变动，虽然商流的流通过程不一定完全与物流相同，但其所有权的转移也是由上游向下游移动。

（三）资金流：资金的流通

随着物品所有权的转移会出现随之而来的资金转移，由取得所有权的买方将资金移转给卖出所有权的卖方，故资金流的流通方向与商流相反，由下游往上游流动。

（四）信息流：信息的流通

物品的运输、所有权的转移与资金的流动，都需要流动的双方互相确认信息以确保流通的正确性，故信息的流通介于每个供应链成员之间，为双向流通。

三、国际供应链在企业国际化运作中的重要性

在企业国际化的同时，企业同时面临消费者对产品品质要求的提升，以及产品生命周期日益缩短等外部环境的挑战，促使企业必须积极整合上下游国际企业，快速反应消费者的需求。国际供应链整合上下游厂商与流通业者，能够达到成本的最佳化以快速反应市场需求，因此成为跨国企业建立竞争优势的重要战略。

国际企业需利用国际供应链建立竞争优势的原因有以下几点：

（一）产品高品质成为进入国际市场的必要条件

产品高品质逐渐成为立足市场的基本条件，而非企业的竞争优势。

良好的国际供应链运作能使企业在维持高品质产品时，仍能保有低成本优势，以保持国际企业的竞争力。

（二）消费者喜好变化加快，缩短产品生命周期

消费者喜好的快速改变，使厂商无法正确掌握消费者需求，也使产品的生命周期缩短，压缩新产品由研发至上市的周期。国际供应链管理能增加生产的弹性。并针对消费者的需求快速反应，将适量与适宜的产品提供到市场上，因而成为国际企业重要的竞争优势。

（三）时效性的要求

顾客需求趋向多样化，产品的汰换率也加快，能在消费者需求发生的瞬间就予以满足成为企业获利的重要手段，故满足瞬间需求的时效性，成为企业成功的重要关键因素。为达成快速的时效性要求，国际企业一方面必须加快订单传送的速度；另一方面则必须提升成品在运输及流通的时效性；国际供应链整合信息与实体流通，能有效达成国际企业满足时效性要求的目的。

（四）降低成本的必要性

市场竞争激励使提高营业收入的难度增加，欲提升企业获利，便要从降低成本着手。Peter Drucker 认为企业若要提升成本效率，物流是尚未开发而能达成效率提高的最后疆界，因为物流成本一般占企业营业收入的 5%～35%，能有效降低物流成本对整体成本的降低将有很大的效果。

以往企业用存货来应付市场的不可预测性，但存货也代表了成本的支出。因此制造业为解决存货问题，便要求供货商以 JIT 的方式供料，以减少对原料及零件的存货要求。另外，欲减少仓库数目可通过全球性或区域性配送中心配送速率的提升来达成，这些都是供应链管理可以达成的效果，因此，对国际企业来说，整合性的国际供应链管理能有效降低国际运作的成本，从而使获利增加。

（五）物流业务外包

为了同时使仓储与配送成本更低，并提升消费者服务的水准，愈来愈多的制造商与流通业者建立长期紧密的关系，希望能协同快速对消费者的需求变化做出反应；同时为了降低成本及增加资源使用效率，也有愈来愈多企业把先前公司自己运作的仓储及运送作业外包，专心于企业最具竞争优势的核心产品与作业。因物流服务的需求增加，专业化的物流企业应运而生，专业化的物流企业使企业能在国际供应链运作上得到更好的效果。

（六）售后服务的必要性提高

科技进步使产品的复杂度与维修的需求增加，另外随着消费者对品质要求的提高，售后服务成为必要的竞争优势。产品的复杂度增加（如汽车或计算机）使维修的难度提高，无法一次备齐所有零件，导致零件的更换时间增加，时间的延迟常造成顾客的抱怨，若为应对顾客抱怨而增加零件的存货需求，又将使企业的成本增加。解决此项问题的办法之一，是将需要的零件储存于区域型配送中心，利用电话订货隔夜配送到修理厂商，若消费者位于好几个区域或国家，跨国的调度与配送考验着企业国际物流的能力。国际供应链管理能为企业同时解决时间与成本的问题，增进国际企业的竞争力。

（七）资金周转的复杂性增加

资金的周转对企业的运作至为重要，在企业国际化后，各项收付款作业因为有了国界的阻隔，常有汇率、对保、付款条件等作业需要处理，延长了企业收款的时间，让国际企业需要更高的资金准备以应对国际化的运作；国际供应链管理能同步处理国际供应链中物品移动与资金流动的作业，通过供应链中的金融合作伙伴能降低国际企业资金储备，也能降低国际企业的运作风险。

四、国际供应链管理产生的背景

全球供应链是在科技不断进步，经济全球化和信息化过程中出现的一种新现象。这一现象的出现和发展不是偶然的，其背后有着深刻的国际政治经济背景。

（一）全球市场竞争的新格局

进入 20 世纪 90 年代以来，由于科学技术不断进步和经济的不断发展、全球化信息网络和全球化市场形成及技术变革的加速，围绕新产品的市场竞争也日趋激烈。随着经济的发展，影响企业在市场上获取竞争优势的主要因素也发生着变化。认清主要竞争因素的影响力，对于企业管理者充分利用、获取最大竞争优势具有非常重要的意义。全球市场竞争的主要特点有以下几方面。

1. 产品寿命周期越来越短

随着消费者需求的多样化发展，企业的产品开发能力也在不断提高。目前，国外新产品的研制周期大大缩短。例如，惠普公司新打印机的开发时间从过去的 4.5 年缩短为 22 个月，而且，这一趋势还在不断加强。与此相应的是产品的生命周期缩短，更新换代速度加快。由于产品在市场上存留时间大大缩短了，企业在产品开发和上市时间的活动余地也越来越小，给企业造成巨大压力。例如当今的计算机，几乎是一上市就已经过时了，就连消费者都有些应接不暇。

2. 产品品种数飞速膨胀

因消费者需求的多样化越来越突出，为更好地满足消费需求，企业便不断推出新产品，从而引起新产品开发竞争，结果是产品品种数量成倍增长。为了吸引用户，许多厂家不得不绞尽脑汁不断增加花色品种。其结果是库存占用了大量的资金，严重影响企业的资金周转速度，进而影响企业的竞争力。

3. 对交货期的要求越来越高

随着市场竞争的加剧，经济活动的节奏越来越快。其结果是每个企业都感到用户对时间方面的要求越来越高。这一变化的直接反映就是竞争的主要因素的变化。20 世纪 60 年代企业间竞争的主要因素是成本，到 70 年代时竞争的主要因素转变为质量，进入 80 年代以后竞争的主要因素转变为时间。这里所说的时间要素主要是指交货期和响应周期。用户不但要求厂家要按期交货，而且要求的交货期越来越短。企业要有很强的产品开发能力，不仅指产品品种，更重要的是指产品上市时间，即尽可能提高对客户需求的响应速度。对于现在的厂家来说，市场机会几乎是稍纵即逝，留给企业思考和决策的时间极为有限。如果一个企业对用户要求的反应稍微慢一点，很快就会被竞争对手抢占先机。因此，缩短产品的开发、生产周期，在尽可能短的时间内满足用户要求，已成为当今所有管理者最为关注的问题之一。

4. 对产品和服务的期望越来越高

从 20 世纪 90 年代起，用户对产品质量、服务质量的要求越来越高，已不满足于从市场上买到标准化生产的产品，希望得到按照自己要求定制的产品或服务。这些变化导致产品生产方式革命性的变化。传统的标准化生产方式是"一对多"的关系，即企业开发出一种产品，然后组织规模化大批量生产，用一种标准产品满足不同消费者的需求。然而，这种模式已不再能使企业继续获得效益。现在的企业必须具有根据每一个顾客的特别要求定制产品或服务的能力，即所谓的"一对一（One-to-One）"的定制化服务。企业为了能在新的环境下继续保持发展，纷纷转变生产管理模式，采取措施，从大量生产转向定制化大量生产。

企业要想在这种严峻的竞争环境下生存下去，必须具有较强的处理环境变化和由环境引起的不确定性的能力。因此，能够做出快速反应、各节点企业紧密合作的供应链便发展起来了。

（二）经济全球化

对于经济全球化，国际组织和中外学者从不同角度或注重不同的标志等而进行了不同的描述。我国学者范爱军认为经济全球化"一般是指经济的全过程在全球范围内展开和运行，包括生产过程、流通过程和消费过程。"国际货币基金组织认为全球化是"跨国商品与服务贸易及国际资本流动规模和形式的增加以及技术的广泛迅速传播使世界各国经济的相互依赖性增强。"我国入世谈判团首席代表龙永图认为"经济全球化是一种新的国际关系体制，包括生产、金融和科技三个方面的全球化。三者之间，生产发展决定金融科技的发展，同时金融科技的发展又对生产发展产生巨大的反作用。因此，经济全球化的主要特点是生产的全球化。"美国的阿西姆·普拉卡什和杰弗里·卡特认为，"经济全球化是一系列导致要素、中间与最终产品以及服务品市场的经济活动跨越地理界限形成统一整体，并使跨国界价值链在国际循环中地位不断上升的过程。"李琼主编的《世界经济学大辞典》认为："经济全球化是指以生产力为基础的所有经济关系在全球范围相互扩展和相互联系的发展过程或状态。是国际化特别是国际分工发展的最高阶段，是社会生产力发展的必然结果。它体现着包括生产要素、生产过程、产品的交换和消费、科学技术和信息服务等在全球范围内的分工和合作，各种经济关系在全球范围内的交织和融合。"无论他们的定义有什么差别，但都有共同点，即不同程度上设计经济全球化是生产要素和产品的全球流动以及由此带来的经济活动过程在全球范围的展开。

按照国际间学者已达成共识的解释，所谓经济全球化（globalization），是指商品、服务、信息、生产要素等的跨国界流动的规模与形式不断增加，通过国际分工，在世界范围内提高资源配置的效率，从而使各国间经济相互依赖程度日益加深的趋势。当代经济全球化具体表现为生产要素的全球化、产品市场的全球化、产业结构的全球化、经营理念的全球化和经贸规则的全球化。生产力的发展是推动经济全球化的关键性因素，但全球范围内的贸易自由化进程对形成全球化的产品市场和生产要素的全球化，从而推动经济全球化功不可没。

经济全球化的发展，尤其是全球市场日益发展，全球竞争加剧，迫使企业必须将战略眼光着眼于全球而不是局限于国内或部分国家，促进了全球供应链的形成与发展。经济全球一体化的趋势，同样为全球供应链中节点企业与核心企业形成紧密合作的战略合作伙伴关系、采用新的组织形式提供了有利的条件，两者相互促进。

（三）发达国家与发展中国家对加工贸易的鼓励政策

全球供应链的出现和发展涉及产业结构的问题。各个国家的产业结构在国际市场竞争的催化和比较利益的诱导下，正在变成为世界产业结构的一个密不可分的组成部分。许多国家在制定产业政策时，不仅考虑本国国情，而且也充分考虑到世界各国产业结构的调整情况，以便能及时抓住机遇，更好地参加到世界分工的行列中，以获取比较利益。在近来蓬勃发展的"外包"（outsourcing）与加工贸易，正是各国产业结构调整的结果，其中，各国政府对加工贸易的鼓励政策起了极大的作用。

1. 发达国家鼓励加工贸易政策

西方发达国家工业化进程开始较早,市场经济发达,技术水平处于世界领先地位,而且经过若干年的发展和积累,资本富裕。随着近年技术的突飞猛进,尤其是知识经济时代的到来,由于其劳动力成本很高,在服装等某些劳动密集型和低技术资本密集型产业制造业部门在世界的竞争力越来越弱。为了在世界竞争中一直保持领先地位,抓住核心竞争优势,发达国家较早地开始了产业结构的调整,把那些资本和技术密集度相对较低的产业向发展中国家转移。进行产品结构调整存在两种选择:一是把特定产品所有生产过程一揽子转移到发展中国家,从而腾挪出经济资源用于发展符合此较优势结构的产品;二是把这类产品生产过程中劳动最为密集的工序或区段转移到国外进行,资本和技术投入比例较高的生产环节仍在国内进行。显然,比较"整个产品转移"和"部分工序转移"两种方案,后者更具有经济合理性,并能降低结构调整对国内经济特别是就业市场带来的冲击。

2. 发展中国家鼓励出口加工政策

第二次世界大战结束后,很多发展中国家都相继制定了经济发展战略。发展中国家工业化一般都从实施进口替代战略贸易发展模式开始,即通过政策干预措施建立和发展本国制造业和其他工业,替代过去制成品进口,以求实现国家工业化和平衡国际收支。进口替代政策措施主要包括以下几方面内容。第一是实行贸易保护政策,通过关税(高额关税和进口附加税)和非关税手段如进口许可证、进口数量限制等措施限制直至完全禁止外国某些工业品进口。第二是实行比较严格的外汇管理政策,以将有限的外汇用于发展最急需的一些领域。采取币值高估的汇率制度,而且多数发展中国家实行复汇率制度,对必需品和资本品进口采取高估,对非必需品进口则实行低估,以达到降低消费品进口又降低资本品进口成本从而促进进口替代工业的发展目标。第三是实行优惠的投资政策,在财政税收、价格和信用等方面给予进口替代产业以特殊优惠。这类政策虽能一度促进民族工业发展,但迟早都会面临深层困难。由于这种战略造成了进口替代工业市场不足,生产力闲置,工业与基础业和农业发展极不平衡,而且由于出口竞争力弱,未能改善国际收支困难等消极因素,因此,后来许多发展中国家都转向了鼓励加工贸易的出口替代战略。

由于进口替代贸易发展模式暴露出来的矛盾,迫使一些国家寻求新的办法。在20世纪60年代中期前后,东亚和东南亚由于全球供应链中涉及的跨国界产品或零部件、原材料等的流动和贸易非常频繁,离开了这一背景,全球供应链是较难发展起来的。一些国家和地区如新加坡、韩国和中国台湾省在短暂进口替代后都很快转向出口替代的贸易发展模式。随后拉美和其他东南亚国家如巴西、马来西亚等也采用了这种模式。鼓励出口的政策对产品内分工、供应链发展发挥了积极促进作用。这些政策初期主要表现为对原料和中间产品提供减免关税等财政激励,不久发展为建立出口加工区等成套性的鼓励参与国际工序分工措施。中国台湾省在50年代就实行出口退税政策鼓励出口加工,即利用原料或中间投入品加工出口的厂商,在进口原料和中间产品时,可以暂不缴纳关税、货物税、防卫捐税,而采取记账户方式,出口时冲销,降低出口商品的成本。

五、国际供应链发展的动因与特征

（一）全球供应链的发展动因

发达国家的国际化企业为了更充分地利用全球的资源优势、尤其是发展中国家劳动力优势，将国际分工从产品间扩大到产品内，把自己不具比较优势、附加价值低的工序或生产环节如加工与装配等向发展中国家转移，自己则专注于具有比较优势、自己擅长的如研发、设计、销售等核心业务，从而提高企业的竞争优势与核心竞争力，以获得在全球竞争中的领先优势。这是全球供应链产生和发展的重要原因。

1. 技术进步是国际供应链产生的客观基础

技术进步是推动国际供应链发展的前提。

（1）产品结构日益复杂化，随着技术的进步和生产力的提高，出现了分工和社会化工业生产，产品日益复杂；技术的进步使新产品的开发能力和速度也不断提高和加快，产品的种类也日益增多。

（2）运输成本不断降低，技术革命带来了当代的运输革命。一是远洋运输技术进一步完善，特别表现为大宗货物运输费用大幅下降和运输时间节省；二是航空运输成本大幅下降，为国际生产分工和国际贸易提供了新的运输手段；三是高速公路的普及对国内市场重新整合和国内产品内分工具有重要意义。

（3）信息技术的进步，尤其是信息革命，对全球供应链的发展提供了重要条件。

2. 全球市场的驱动

全球市场的驱动来自海外竞争者的挑战和海外消费者所提供的机会。即使是一家没有海外业务的公司，也会受到外国公司出现在本土市场上时所造成的影响。为了成功地捍卫本土市场，进军海外市场也许是公司的必然选择。

3. 国际供应链的产生和发展是国际分工深化的必然结果

分工理论是经济学中的一个重要理论，其对供应链的出现更具有决定性作用。国际分工包括：

（1）行业间分工，这种分工格局形成了以垂直分工为特征的国际分工合作体系。

（2）行业内分工，即不同国家同一产业内部的专业化分工。

（3）产品内分工，是指特定产品在生产过程中，根据产品的工序的不同或者零部件对资本、劳动、技术等生产要素比例的投入要求的差异，将不同的零部件或工序在空间上分散到不同的区域或国家进行，各个区域或国家按照工序的不同或零部件的不同进行专业化生产或供应。其突破了产品的界限，深入到产品生产过程中，是国际分工的新形式，是国际经济化的展开结构，其近似的概念有全球外包、海外外包、转包零散化等。

（二）国际供应链的特征

1. 实质距离的增加，意味着更久的前置时间，也使前置时间增加变异性，企业通常会采用更多的存货方式来应对，这会在牛鞭效应之余产生更加不稳定的因素，会导致代价昂贵的缺货状况、客户需求反复无常和较高的行政费用。

2. 预测难度和不确定性的增加，距离长远所增加的响应时间，会使预测作业更加复杂，地理位置的不同，意味着不同企业间会在不同的文化背景下运作。

3. 汇率和其他经济不确定性，汇率和通货膨胀是全球供应链环境中两个复杂的总体经济因素。

4. 不合适的基础建设，包括运输网络、通信能力、员工技术水平、原材料/供货商品品质、设备状况等。

5. 全球市场中暴发的产品多变性，全球竞争环境迫使企业供给不同国家高度定制化的产品和服务，这就使得企业要能提供产品的多样性和服务的多选择性。

六、中国在全球供应链运作中的地位

近代第一次技术革命发生在英国，第一个拥有"世界工厂"美名的是英国，表现为英国是世界各国工业品的主要供应者；19世纪末20世纪初，世界工业制造中心除英国之外，德国、美国分别形成两个中心；20世纪70年代中期以后，亚洲"四小龙"和巴西、墨西哥等亦参与到世界生产链中；今天，有人也给予中国"世界工厂"的美誉。2001年5月，日本通产省发表的白皮书第一次提到，日本世界生产大国的地位已经动摇，中国已经成为"世界工厂"。新加坡的李显龙在同年9月份《福布斯》杂志举办的企业高层会议上说，正如日本在战后成为"世界工厂"一样，中国将在21世纪成为"世界工厂"。中国从成为世界工厂的那一刻起——作为"世界加工厂"或"世界工厂车间"，已成为国际供应链的起点，参与到了世界化工、建筑、电子、钢铁、汽车、纺织等世界生产链之中。随着科学技术的进步和发展，国际供应链发展的结构发生了变化，在成本和要素投入方面的比较优势，使供应链服务呈现了向中国这个低成本的世界工厂转移的趋势，而发达的技术手段提供了这个比较优势实现的手段。比如，国际海运技术水平的提高，大大缩短了国际供应链的周期。15年以前，从中国到北美的跨太平洋海运，需要22天的时间，现在11天就能从中国到达美国西海岸。另外，信息技术、互联网和GPS、GIS、RFID等，都成为国际供应链的技术支撑和更快效率的实现手段。正是在技术发达的情况下，供应链的服务开始转向中国。加工贸易就是中国在发达国家国际化公司主导的全球供应链中所分工从事的一个环节，或者说就是中国在全球供应链中从事的具体分工。可以说，中国加工贸易发展的广度与深度就是中国参与全球供应链的广度与深度。

（一）中国是全球供应链中的加工大国

作为拥有十几亿人口、国土面积庞大、资源丰富的大国，伴随着对外开放后的经济高速发展，尤其是加工贸易的发展，中国与全球供应链的联系不断加强，在全球供应链中所占的比重越来越大，欧美的任何一个跨国公司，在进行全球战略规划、构建全球供应链时都不可能不考虑中国。

1. 中国加工贸易的发展历程

从中国20世纪70年代末改革开放以来，加工贸易大体上可以分为三个发展阶段。

（1）来料加工阶段。从改革开放的初期到20世纪80年代中期是来料加工阶段。这一阶段，加工贸易发展的特点是：从加工贸易方式来看，由于中国原材料短缺，制造业落后，产品的花色和品种单一、档次不高，中国加工贸易以外商提供原材料、加工技术及相关设备的来料加工为主；从区域分布看，具有明显区域特征，国内开展来料加工贸易业务主要在广东、福建两省，与中国外资的地理分布相似。另外，随着中国香港劳动密集型产业的内迁，中国香港与内地"前店后厂"的合作方式已显雏形。

（2）进料加工阶段。从 20 世纪 80 年代中期到 90 年代初期是加工贸易发展到以进料加工为主的第二阶段。在这一时期，部分欧美跨国公司开始进入中国，日本也直接向中国转移了部分劳动密集型产业。中国进出口商品构成开始向高技术和高附加值的"双高"方向演变，最明显的例子是机电产品加工贸易迅速发展，并位居加工贸易主导地位，使中国加工贸易的技术档次发生了巨大变化。

（3）"双高"阶段。1992 年以后，中国的加工贸易进入了"双高"发展阶段。20 世纪 90 年代以来，加工贸易升级的步伐明显加快，加工贸易产业构成逐步发生质变，由劳动密集型为绝对主导逐步向劳动密集与技术、资金密集型产业并重的方向发展，甚至来料加工中也出现了一批技术先进、规模领先的大型项目；加工贸易企业相互之间的配套程度提高，不少企业使用国产原材料、零部件的比例在不断提高，加工贸易与国内产业的联系加强；外商投资企业取代乡镇企业成为加工贸易的经营主体。随着上海外高桥、大连、天津港等保税区的建立，投资运营环境进一步完善，中国加工贸易取得了蓬勃发展。

2. 中国与全球供应链的联系越来越紧密

作为全球供应链许多节点之一的加工环节，人们有时称之为"外包"业务或"加工贸易"等，也正是随着跨国公司全球战略和全球供应链的出现和发展而发展起来的。很多发展中国家，无论自觉还是不自觉地，都已经融入到了全球供应链中。

中国在全球供应链中制造加工环节所占的比例越来越大，联系越来越广。无论从与全球供应链联系的广度还是深度来说，中国都是全球供应链的重要一环。没有哪个发达国家在进行产业转移时可以不考虑中国这个巨大的发展中国家，也没有哪个跨国公司在进行全球战略规划、考虑其全球供应链节点企业的布局时不考虑中国。

（二）中国参与全球供应链间接性与被动性

中国加工贸易的发展很快，加工贸易的规模也很大，在全球供应链中占有很重要的一席之地，但认真分析从事加工贸易的主体和国别地区，就会发觉中国参与全球供应链的主体主要是外资企业，国有、集体企业或民营企业只占很小的比例。这种参与全球供应链的间接性和被动性说明中国企业的竞争力还很弱，在全球供应链中的地位还不强大，也没有充分利用到全球供应链对发展中国家及其企业发展的促进作用。

1. 外资企业是加工贸易的主力

虽然中国加工贸易发展很快，加工贸易额在整个对外贸易额中所占比重很大，但外资企业加工贸易额占了绝大部分比例，尤其是加工贸易出口更是外资企业的天下。

2. 加工贸易的主要伙伴集中、进出口地区不对称

中国加工贸易的合作伙伴比较集中。加工贸易的原材料及零部件进口主要来自周边国家和地区，根据海关统计，2002 年中国加工贸易的进口来源地依次排名为日本、中国台湾省、东盟和韩国，从这四个贸易国家和地区的加工贸易进口就占了全国加工贸易进口总值的 65％，而加工贸易出口的地区则主要集中在欧洲、美国和日本。加工贸易进口来源国与地区和加工贸易出

口销售地区具有明显的非对称性。

3. 中国在全球供应链中的作用不强

从以上资料分析可以看出，虽然中国加工贸易量很大，但中国在全球供应链中的地位还很低，并没有强大的作用。外资企业的技术与管理水平一般远高于国内企业，外资企业作为加工贸易发展、参与全球供应链的主力军并不代表中国国内企业就能在全球供应链中占有同样重要的地位。国内企业加工贸易在全国加工贸易中所占的比重仅仅为 21.32% 就说明了这一点。加工贸易进出口地区的非对称性所代表的中国加入全球供应链的间接性，也说明中国企业直接参与全球供应链的能力还不强。

（三）中国处于全球供应链的低端，地位低、分享利益少

决定一个企业在全球供应链中的地位和作用的主要因素是企业的核心竞争力，核心竞争优势主要是技术和销售优势，这既是供应链之间竞争的取胜法宝，也是核心主导企业吸引其他节点企业和节点企业被选择为供应链的合作伙伴的前提条件。而且，从供应链利益分配中所考虑的价值增值来说，技术和销售这两个环节的价值增值程度最高，如同"微笑曲线"所描述的一样。因此，在全球供应链中拥有技术、销售优势，处于这两个环节的企业作用最大、地位最高，获得的全球供应链分工利益也最多。

1. 中国技术水平低，加工技术含量低

与发达国家相比，中国资本、技术、知识等要素供给处于劣势。尤其是在技术知识密集型产品方面不具备成本低的优势，按照比较优势定位国际分工的位次，中国大多数产业仍处在国际分工的低端层次上，这是一个不争的事实。从出口产品的技术含量上看，中国出口产品高新技术产品所占比重不高。就参与全球供应链来看，中国主要是间接和被动地以加工贸易的方式参与，而加工本来在全球供应链中就是技术含量相对低的生产活动，一般认为这种加工会提高加工企业的技术水平，但就中国而言并不很理想。

2. 缺乏品牌优势

一直以来，中国大部分产品是以低价策略进入国际市场的，忽略了自身品牌的建设。国际市场上中国商品很多，但使用中国品牌的商品却很少。而在全球供应链这个体系中，销售本来就控制在核心企业手上，从事加工组装活动也不涉及品牌建设，产品是利用链条中核心企业的品牌进行销售。在中国的三资企业出口中，很大一部分是为国际知名厂商的贴牌生产。缺乏技术与品牌优势，就缺乏核心竞争力。发展加工贸易，中国虽然参与到全球供应链中了，但从事供应链低端加工所需的那些先进技术，都主要掌握在外资企业手中，而且，这些先进技术与全球供应链中核心企业的先进技术相比，远不能称为先进。此外，这些技术的外溢效果也很不理想。由此可见，虽然中国加工贸易发展很快，但中国企业的技术水平与品牌建设远没有人们一般所认为的那样提高很多，中国企业在全球供应链中的地位还很低，作用不强。而且，本身增值就很低的加工环节，其利益还要被外资企业分走相当一部分，中国通过加工贸易参与全球供应链，本来就很低的利益就更低了。

根据中国目前在全球供应链中所处的地位及现状分析，要参与和利用全球供应链，趋利避害，促进经济发展，就要提高企业的供应链管理水平，在参与过程中努力向全球供应链的高端发展，更多从事技术含量、附加值高的加工活动，并在此基础上"走出去"，将国内供应链向国外延伸，主动利用全球供应链来获得全球资源优势，提高企业和国家的竞争力，促进经济健康、可持续发展。

第四节　国际物流组织

一、国际物流运作的主要业务活动

随着物流全球化的形成，企业物流国际化运作已成为必然。但其业务活动较为广泛，且远比国内物流复杂，主要有以下几个方面。

（一）进出口业务

一个典型和较完整的进出口物流流程如图 1-1 所示。在实际业务中，有可能只涉及其中的一部分。

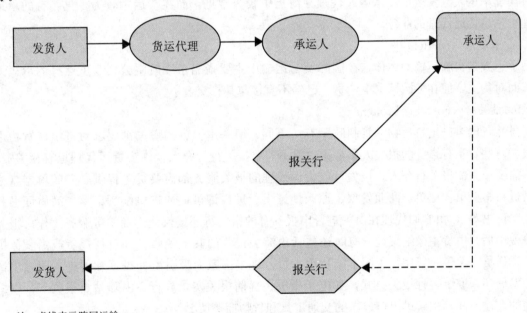

注：虚线表示跨国运输

图 1-1　进出口物流流程

进出口物流业务涉及的有关参与方有以下几个。

1. 发货人（shipper）

进出口业务中的发货人即是供应商。它可以是生产厂家或它们的经销商，有时也可能是货运公司或货运代理。

2. 货运代理（forwarder）

货运代理是随着国际贸易的发展及货运业务的日益复杂以及传统承运人（船东或航空公司）的业务专门化，在近二三十年新发展起来的行业。从国际货运代理的基本性质看，它主要是接受委托人的委托，就有关货物运输、转运、仓储、保险以及与货物运输有关的各种业务提供服务的一种机构。国际货运代理是一种中间人性质的运输业者，它既代表货方，保护货方的利益，又协调承运人进行承运工作，其本质就是"货物中间人"，在以发货人或收货人为一方，承运人为另一方的两者之间行事。国际货运代理作为"货物中间人"，是发货人或收货人的代理，可以以代理的名义及时订舱、洽谈公平费率与适当时候办理货物递交；也可以以委托人的名义与承运人结清运费，并向承运人提供有效的服务。

货运代理角色的出现，使得整个货运行业日趋专业化。目前大多数的进出口运输均是与货运代理打交道，因此了解货运代理的业务，将使企业对国际货运中的成本和时间控制有很大帮助。此外，当前的许多货运代理正不断地演变成第三方物流企业。

20世纪90年代以后，随着国际贸易和货运体系的不断完善，特别是银行信用证、海关和商业保险体系对货运代理运单的认可，使得货运代理的地位逐渐提高。

3. 承运人代理（shipper agent）

承运人代理主要是替承运人（如船东、航空公司）在港口安排接泊、装卸、补给等业务，有时代理承运人签发运单。承运人代理在海运中较为常见，而在空运中较为少见。有的承运人代理也从事货运代理的业务。

4. 承运人（carrier）

承运人是实施运输的主体，在国际贸易运输中主要指船东或航空公司。虽然有的承运人也直接面对货主，但在多数情况下，货主已经不直接与其打交道了。

5. 报关行（customs broker）

虽然各国对进出口货物的管制政策有所不同，但基本上各国海关都要求对进出口货物进行申报。有些货主有自己的报关人员，这时就不需要报关行的介入。许多货运代理也有相关资格，也不需要单独的报关行介入。报关行或货运代理的报关服务都需要货主提供必要的单据（主要包括进口报关单、提单、商业发票、原产地证书、进口许可证或进口配额证书、品质证书和卫生检验证书等），由它们代理在海关进行申报。有的报关行还提供代为商检等服务工作。报关产生关税单后，由货主缴纳关税（有时还包括由海关代收的其他税收）并自行提货或由服务机构代为提送货。关税一般用征税国本国货币支付。许多国家为吸引海外投资和促进本国进出口贸易的发展还采取了多种报关方式，如电子报关、提前报关实货放行、内陆站点报关等，以缩短货物的在途时间，缓解进出口口岸的交通工具和货物拥挤情况。

6. 收货人（consignee）

运单上所指的收货人情况较为复杂。一般来说收货人应是货物的进口人。有时，由于进口管制的原因，最终的收货人并不体现在运单上。运单上的收货人往往是进口代理商，而在"通知人notify party"上显示的可能才是真正的收货人。另外，在复杂的货运情况下，主运单和分运单上所示的收货人的意义有所不同。分运单上的收货人往往才是真正的收货人，而主运单上的收货人则往往是货运代理人。

进出口业务流程是通过各种业务单证的流转来完成的，业务单证是上述各关系人业务交接、责任划分、风险承担及费用结算的凭证和法律依据。因此，在进出口业务过程中，单证起着重要作用。进出口业务中主要单证有：进出口合同（import & export contract）、运单（海运的提单bill of lading或空运的运单airway bill）、商业发票（commercial invoice）、信用证（letter of credit)、保险单（insurance policy）、装箱单（packing list）、原产地证书（certificate of origin）等单据。

（二）国际运输

国际运输是指跨越一国边界的货物或服务的出口或进口。一般最常用的国际运输方式是海洋运输，此外还有航空运输和铁路运输。

由于国际运输中货物需要跨越国境，且多为海洋运输，货物在途时间往往较长并一旦赴运就很难更改目的地，这就极大地限制了企业物流运作的弹性。企业在进行跨国经营时必须具有较高的市场预测能力，才能保证将正确数量的正确货物，在正确的时间内，配送到目标市场，否则就会导致有些市场缺货，而有些市场则有过剩库存。企业一旦将一定数量的商品运到目标市场，再进行不同市场之间的调货就会造成大量的额外开支，并造成供需时间不一致，长此以往必然削弱企业的竞争能力。

随着现代通信手段的进步和专业物流企业服务水平的提高，现在已经有一些物流企业通过采用全球定位系统（GPS）实现对货主货物的全程监控，并可以对在途货物重新进行调度，使货主可根据市场需求情况重新进行库存定位，随时修改货物目的地，避免地区性调货带来的额外成本并使企业的配送活动成效得以极大提高。

（三）库存与仓储管理

目前，存货管理已成为最关键也最具有挑战性的物流活动之一。在跨国范围内管理库存则更加困难。由于距离远、港口工作拖延、海关拖延以及转运时间长，需要保有比国内物流更多的存货，这当然提高了存货的成本。而政府对于外贸的管制以及关税的征收更加剧了存货管理的问题。企业不得不保有额外存货以应付断货情况。

国际仓储与国内仓储功能相同，包括收货、转运、配货及发运。但通常人们会更重视货物在仓库系统中的快速运转。

（四）包装与物料搬运

保护性包装在跨国经营中所起的作用比在国内更为重要，这是由于货物在途时间长，搬运次数多，要经历更恶劣的天气变化等。通常，跨国性经营产品的包装会大幅度地增加物流成本，其中一部分是由于特殊的包装要求，此外还有标签和包装方面的原因。由于目的国不同，标签要求也就不相同。

物料搬运系统在全球各地都不相同，澳大利亚、新西兰、中国香港、新加坡等地的物料搬运系统属于世界上最先进的系统，均已实现了机械化或自动化。然而，在许多发展中国家，大多数物料搬运系统仍然是人工的，产品在仓库和工厂中的搬运效率很低，并且对有些货物可能根本就无法进行处理。

（五）信息作业

国际物流中的信息作业主要涉及物流过程中的各种单据传输的电子化、在途货物的跟踪定位以及市场信息的跨国传递。主要信息通信手段包括电子数据交换 EDI（Electronic data interchange）、Internet 以及卫星通信系统。

尽管许多发达国家已经具备了复杂的物流信息系统，而许多发展中国家上述先进系统在这些国家根本就无法加以利用，这不仅造成了企业物流国际化运作中的信息传递受阻现象，也使这些国家在国际物流网络中只能处于附属地位。

二、国际贸易运输组织

（一）国际贸易运输组织概况

1. 国际贸易运输的一般组织机构

世界上国际贸易运输的组织机构五花八门、数不胜数，但基本上可以归纳为三个方面，即承运人、货主（也称托运人或收货人）和货运代理人。这三方面的业务组成国际贸易运输工作的主体结构，它们之间在工作性质上有区别，在业务上则有着密不可分的关系。

（1）承运人（Carrier），是指专门经营水上、铁路、公路、航空等货物运输业务的交通运输部门。

（2）货主（Cargo Owner），是指专门经营进出口商品业务的进出口商或商品生产厂家。

（3）货运代理人（Freight Forworder），是指根据委托人的要求，代办货物运输业务的机构。

此外，国际贸易运输工作与海关、商检、保险、银行以及包装、仓储等部门也有着十分密切的关系。

2. 中国国际贸易运输的组织机构

（1）承运人类主要包括：

Ⅰ水上运输：中国远洋运输公司、中国经贸船务公司、地方轮船公司、长江航运公司、珠江航运公司及中外合资、合营轮船公司

Ⅱ铁路运输：铁路管理总局和各地方分局

Ⅲ公路运输：公路局和运输公司

Ⅳ航空运输：中国民航总局所属各航空公司及地方民航公司

Ⅴ邮电运输：中国邮电总局和各地分局

（2）货主类主要包括：

Ⅰ各外贸专业总公司、各工、农、技贸公司、地方外贸专业公司

Ⅱ从事外贸业务的其他国有企业和集体企业

（3）货运代理人类主要包括：

Ⅰ商务部批准的其他货运代理公司

Ⅱ铁道部所属铁路服务公司

Ⅲ交通部所属中国外轮代理公司及各港口分公司

Ⅳ中外合资、合营货运代理公司

（二）国际货物运输代理

1. 运输代理的由来和种类

（1）运输代理的由来

由于国际货物运输是国家与国家、国家与地区之间的长途运输，中间环节很多，涉及面很广，情况十分复杂，任何一个承运人或货主都不可能亲自处理每一项具体运输业务，许多工作需要委托他人代为办理，运输代理就是适应这种需要而产生的。它们接受委托人的委托，代办各种运输业务并收取一定的报酬，即代理费、佣金或手续费等。

（2）运输代理的种类

运输代理的种类主要可分为以下四类：

Ⅰ租船代理，又称租船经纪人（Shipbroker）。指以船舶为商业活动对象而进行船舶租赁业务的人。

Ⅱ船务代理（Shipping Agent）。指接受承运人的委托，代理与船舶有关的一切业务的人。

Ⅲ货运代理（Freight Forworder）。指接受货主的委托，代理货主办理有关货物报关、交接、仓储、调拨、检验、包装、转运、订舱等业务的人。

Ⅳ咨询代理（Consultating Agent）。指专门从事咨询工作，按委托人的需要，以提供有关国际贸易运输咨询情况、情报、资料、数据和信息服务而收取一定报酬的人。

2. 国际货运代理的地位和作用

国际货运代理的工作性质决定了从事这项业务的人必须具有有关国际贸易运输方面的广博的专业知识、丰富的实践经验和卓越的办事能力。他们熟悉各种运输方式、运输工具、运输路线、运输手续和各种不同的社会经济制度、法律规定、习惯做法等。

他们具有的这些优势使得他们在国际货物运输中起着任何其他人也取代不了的作用。这些作用大致可以归纳为以下几个主要方面：

（1）能够为委托人办理国际货物运输中每一个环节的业务或全程各个环节的业务，手续简单方便。

（2）能够把小批量的货物集中成为成组货物进行运输。

（3）能够根据委托人托运货物的具体情况，综合考虑运输中的安全、时耗、运价等各种因素，使用最适合的运输工具和运输方式，选择最佳的运输路线和最优的运输方案，把进出口货物安全、迅速、准确、节省、方便地运往目的地。

（4）能够掌握货物的全程运输信息，使用最现代化的通信设备随时向委托人报告货物在运输途中的状况。

（5）能够就运费、包装、单证、结关、领事要求、金融等方面向进出口商提供咨询，并对国外市场和在国外市场销售的可能性提出建设。

（6）不仅能够组织和协调运输，而且能够创造开发新运输方式、新运输路线以及制订新的费率。

3. 国际货运代理的发展概况

货运代理从公元 10 世纪就开始存在，随着公共仓库在港口和城市的建立、海上贸易的扩大，以及欧洲交易会的举办，货运代理业逐步发展起来。到了 16 世纪，已有相当数量的货运代理公司签发自己的提单、运单及仓储收据等。18 世纪，货运代理开始越来越多地把几家托运人为表明同一目的地的货物集中起来托运，同时，开始办理投保。到了 19 世纪，货运代理建立了行业组织，并于 1880 年在莱比锡召开了第一次国际货运代理代表大会。进入 20 世纪 20 年代，国际合作有了更大的发展，终于在 1926 年 5 月，16 个国家的货运代理协会在维也纳成立了国际货运代理协会联合会（INTERNATIONAL FEDERATION OF FORWORDERS ASSOCIA-TION，FIATA）简称"菲亚塔"。现在 FIATA 已有 50 多个正式会员和 1 000 多个协作会员。

中国外运公司于 1985 年加入 FIATA，成为正式会员。国际货运代理在其发展的历史中，除了促使海上运输向更大规模发展外，也曾先后对于铁路、航空、公路、集装箱运输和国际多式联运的产生和发展起了很大的推动作用。

为了规范国际货运代理行为，保障进出口收发货人和国际货代企业的权益，促进外贸的发展，1995 年 6 月 6 日国务院批准了《中华人民共和国国际货物运输代理业管理规定》，并于同年 6 月 29 日发布实施。全文共六章二十八条。对国际货运代理企业的建立条件、审批程序、经营业务和罚责等都有了明文规定，为中国今后做好行业管理工作提供了法律依据。

三、企业国际运作的物流组织发展

当企业向国际市场发展时，常会因为国际市场的需求而改变组织结构，以适应不同形态的营业范围。企业在国际化后组织必须要更具弹性，以适应市场多样的需求，而企业的物流组织也会因企业的国际化程度而发展出不同的形态。

每个组织管理其物流部门的方式皆不相同，但其发展的方向与该组织参与国际物流的程度有很大关系。

（一）出口部门组织

公司借助接获国际订单打入国际物流市场。当与国外市场的业务往来增加时，公司便会成立所谓的出口部门；公司的物流部门在此时便负责协调公司产品销往海外的运输与存货作业，作业内容大致为货物运送的控制和运送信息的传递，功能较简单，图 1-2 为一个出口部门组织的范例。

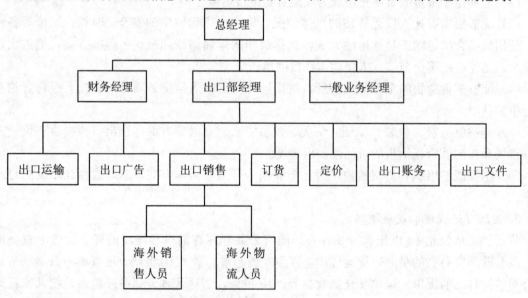

图 1-2　出口部门组织结构图

（资料来源：张有恒，物流管理，华泰文化，1998）

由图 1-2 可以看出，海外部分的销售都由出口部经理全权负责，包括促销广告、订货事宜、海外物流作业与人员的决定、商品的包装与出口运送等都在出口部经理的业务范围内；若相关作业需要与国内的一般常态业务协调，便要通过出口部经理与一般业务经理协调，物流功能的层级较低。

（二）国际事业部门

若公司海外业务持续扩大，需在海外设立据点时，多会成立一个国际事业部门或分公司来负责有关的国际业务，国际事业部门的主管决定国际市场的运营与负责海外市场的扩展。图 1-3 为一个国际事业部门组织的范例。

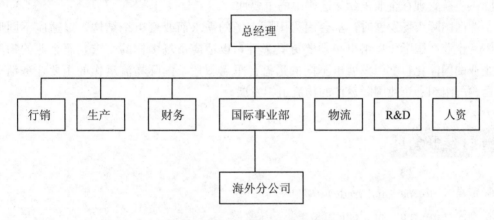

图 1-3　国际事业部门组织结构图

（资料来源：张有恒，物流管理，华泰文化，1998）

在此发展阶段，国际事业部门直接由最高主管统一管理，通过最高主管的协调，海外物流的相关作业可以得到其他运营单位的支持，资源较多；但公司的最高主管通常对于国际事业部门不会特别重视，或认为其与其他部门有所不同，在国际物流的规划上较不同，从全球性的角度来规划，降低了国际事业部门的效能。

（三）多国组织

当公司不再视自己为一个向海外发展的公司，而是在全世界运营的公司时，公司的决策阶层与幕僚人员在思考公司的各项规划工作时，均会以全球性的观点作整体性的规划。负责国际物流运作的运营单位不再向国际事业部门的主管负责，而是直接向公司的最高主管或管理阶层负责，从全球原材料的购买、寻找最具生产效率的生产地点，以及将商品通过国际运送销往可获报酬最大的国家或地区，都是以全球运筹的角度在运作。

本 章 小 结

本章主要学习了国际物流的含义与特征，国际物流与国际贸易的关系，国际物流与国际供应链管理和国际物流组织等相关知识。

国际物流的含义与特征包含国际物流概念的界定，国际物流与国内物流的区别。

国际贸易推动着国际物流的发展，是国际物流网生存的前提和基础，并促进其国际化。国际贸易和国际物流是当今世界发展不可或缺的两个方面，国际贸易使商品的所有权发生了交换，而国际物流则体现了商品在各国之间或在其国内的实体转移。两者之间是相互促进，相互依赖，相互制约的关系。

随着供应链管理战略在全球的日益普及，企业与企业之间的竞争，不再是孤立的，而是不同企业之间因为利益驱使而结成的供应链之间的竞争。全球供应链现象的产生和发展对国家经济的发展，特别是对发展中国家的经济发展更具有重要的影响。重点叙述了供应链、供应链管理、国际供应链管理在企业国际化运作中的重要性。

当企业向国际市场发展时，常会因为国际市场的需求而改变组织结构，以适应不同形态的营业范围。企业在国际化后组织必须要更具弹性，以适应市场多样的需求，而企业的物流组织也会因企业的国际化程度而发展出不同的形态。重点叙述了国际物流运作的主要业务活动、国际贸易运输的组织和企业国际运作的物流组织发展。

关键词或概念

国际贸易 （international trade）
国际物流 （international logistics）
供应链 （supply chain）
供应链管理 （supply chain management）
国际供应链 （international supply chain）
经济全球化 （globalization）

简答题

1. 简述国际物流的特点。
2. 简述国际物流与国内物流的区别。
3. 论述国际物流与国际贸易的关系。
4. 试述国际供应链管理产生的背景。
5. 论述国际供应链在企业国际化运作中的重要性。
6. 简述国际供应链发展的动因。
7. 简述国际物流运作的主要业务活动。

【案例分析】

沃尔玛经验对企业规避供应链风险的启示

供应链管理被引入中国已有一段时间，真正推行和尝试的行业与企业寥寥无几，但其在国外优秀企业的运营过程中所展现的巨大能量使每个企业都心驰神往。因此笔者认为，选取国外优秀企业实施供应链管理的经验，剖析它们在应对供应链风险时的策略，为中国企业实施供应链管理作一番未雨绸缪的工作十分必要，而沃尔玛公司正是成功实施供应链管理的优秀企业的典范。

一、做好政府公关是规避外部环境风险的有效措施

在进入 WTO 之前，中国零售业并不是一个全面开放的市场，对于一个国外零售企业的进入，政府的认可与支持显得尤其重要。1992 年沃尔玛就拿到了在中国经营零售业的许可证，并在中国香港设立办事处，专门从事中国市场的调查工作，包括中国的经济政策、官方支持、城市经济、国民收入、零售市场、消费水平、消费习惯等。在进入中国市场之初，沃尔玛的对外扩张一直保持少有的谨慎，除了实施"采购中国"发展战略以促进与政府、商界的关系外，还向沃尔玛商店所在地的福利机构捐款，甚至还建立过一所学校。沃尔玛在中国市场的成功登陆，充分说明了在开拓市场时与政府部门建立良好的关系对于企业规避外部环境风险的重要性。

二、大型零售业主导型供应链的成功经验

由于沃尔玛的供应链是典型的大型零售业主导型供应链，整个链条是以沃尔玛零售企业为核心，这种组织形式使沃尔玛在预防供应链固有风险方面具有得天独厚的优势。在供应商的眼里，沃尔玛是一个强硬的客户，因为它认为自己是为顾客讨价还价，而不必对供应商感到抱歉，它们唯一要得到的就是最低价。霸主的地位使沃尔玛在与供应商的交往中占据明显的优势，它要求每个企业都必须以最低价格保证标准质量，必须使用新技术与沃尔玛保持信息的同步，必须及时更新自己的能力而不被淘汰等，通过要求各个供应商遵循自己制定的标准和要求，将自己的价值观等潜移默化地移植到供应商的企业中，增加了供应链上各企业的文化共性，逐步减少了因企业间文化差异而产生的摩擦和风险。

供应链是一种动态的联盟形式，若没有足够的利润空间和合理的利润分配方案，很难使各企业紧密团结。沃尔玛针对于此，一方面尽最大努力降低成本，获取较大的利润空间。另一方面，公平、透明、合理地分配各企业应得的供应链利润，化解了因利益分配问题导致供应链分崩离析的风险。零售业是距离最终顾客最近的流通环节，一方面几乎所有产品都必须流经这一环节，使沃尔玛根本不存在供应商选择风险。另一方面，顾客需求信息的变化随时通过企业调查反馈到沃尔玛，其间没有任何环节的失真，因此，能够有效克服牛鞭效应的影响，使信息处理过程产生的风险减小到最低程度。

三、重视信息技术和信息系统建设

对信息技术和信息系统建设的高度重视，既是成就沃尔玛零售王国的重要保障，也是控制沃尔玛供应链风险的有效手段。沃尔玛的信息系统是世界上最先进的，其主要特点是：投入大、功能全、速度快、智能化和全球联网。公司专门负责软件设计的工程师就有 2 000 多名。沃尔玛

的自动补货系统采用条形码（UPC）技术，射频数据通信（RFDC）技术和电脑系统自动分析并建议采购量使得自动补货系统更加准确、高效，降低了成本，加速了商品流转以满足顾客的需要。其运输车队采用电脑进行车辆调度并通过全球卫星定位系统（GPS）对车辆进行定位跟踪。通过以上对信息管理系统的大力投资和对信息技术的广泛应用，沃尔玛的物流配送目前已经成为世界上最好的配送系统之一。

四、对供应商的策略性管理使道德风险逐步降低

一方面沃尔玛与供货企业保持和睦的关系，亲自参与帮助供货企业降低生产成本的努力，通过采用先进的通信技术，与供应商共享信息，以及为关键供应商提供超市中自由布置的空间、为供应商提供信息管理系统的软件支持等方法与供应商建立合作伙伴关系。另一方面沃尔玛通过制订严格的标准和要求，约束各供应商的行为，恩威并施、双管齐下的供应商管理措施大大降低了供应链面临的道德风险。这一事实充分说明，由于契约的不完备性是客观存在的，所以我们必须采取适当的激励措施作为补充，因此为避免道德风险的努力与适当的激励措施要策略地结合，才能达到理想的效果。

供应链管理已开始在国内企业中全面实施，对供应链风险的认识和规避策略的研究也在不断深入。然而，现实生活中供应链管理的具体实践将比理论研究更加错综复杂，而供应链风险也将是千变万化。如何最大限度规避供应链风险，从而正确把握供应链管理的有效实施，企业界任重而道远。

结合案例叙述我国跨国经营企业规避供应链风险的策略。

第二章　国际物流系统及其模式

本章导读

　　社会物流是一个大系统，国际物流就是整个物流系统的一个子系统。国际物流系统包含了运输、储存、包装、商品检验、通关、装卸搬运、物流信息等要素，这些要素是相互关联，相互影响的，它们共同作用以实现国际物流系统的功能。本章简述了国际物流系统的概念、模式与构成，并对国际物流系统网络以及结构、国际物流网络的节点与连线进行了较为详细的论述。

本章学习目标

　　本章重点要求学生掌握国际物流系统所包含的子系统，国际物流网络节点的功能，国际物流网络节点的类型，常见的国际物流节点，国际物流连线；深刻理解国际物流系统的结构，国际物流网络规划；了解系统的概念，国际物流系统的概念，国际物流系统模式，国际物流系统网络的概念。

第一节　国际物流系统概念

一、系统的概念

　　人类在早期并没有系统的概念，往往把很多事物看做彼此独立的、互不相关的。但是随着社会和科学的发展，人们逐渐改变了这种观念，认为很多事物间是相互联系、相互制约的，由此就产生的了了系统的概念。关于系统的定义，有很多种，以下是几种经典的阐述。

　　《一般系统论》的创始人贝塔朗菲（L. V. Bertalanffy）认为："系统可以定义为相互关联的元素的集合。"

　　前苏联学者 A. N. 乌约莫夫关于系统的定义是，"可以把系统定义为客体的集合，在这个集合上实现着带有固定性质的关系。"

　　韦氏辞典把系统定义为："系统是有组织的或是组织化了的总体，以及构成总体的各种概念、原理和规则的相互作用及相互依赖诸要素的集合。"

　　钱学森等学者对系统的定义是，"系统是由相互作用和相互依赖的若干组成部分结合成的、具有特定功能的有机整体。"

对于这些定义，尽管表述不同，但是共同地指出了系统的三个基本特征，第一，系统是由元素所组成的；第二，元素间相互影响、相互作用、相互依赖所构成的元素关系；第三，由元素及元素间关系构成的整体具有特定的功能。

从以上关于系统的概念和特征来看，物流本身就是一个大系统，这个系统又可以分为很多子系统，其中国际物流系统就属于整个物流大系统的一个子系统。

二、国际物流系统

国际物流系统是指由国际运输、仓储、包装、装卸搬运、配送、流通加工、商品检验、通关和国际物流信息管理等要素构成的具有特定功能的有机整体。这个系统可以实现物品的时间效应和空间效应，与国内物流系统是相互衔接的。

第二节　国际物流系统模式与构成

一、国际物流系统模式

系统的一般模式包括系统的输入、系统的转换和系统的输出三个部分，国际物流系统也一样遵循这个模式。在系统运行过程中或一个系统循环周期结束时，也许会有外界信息反馈回来，为原系统的完善提供改进信息，使下一个系统运行有所改进，如此循环往复，使系统逐渐达到有序的良性循环。

国际物流系统与国际贸易系统是紧密联系的，根据货物流向和贸易方式的不同，国际物流系统又可以分为出口物流系统、进口物流系统和转口物流系统。

国际物流系统的输入部分包括：备货、货款结算信息、交通工具、合同以及其他信息；转换部分包括：商品出口前的流通加工、包装、储存、报关、报检、装卸搬运、运输、配送以及贯穿始终的物流信息管理；输出部分包括：商品由卖方到买方的位移、单证、收汇及其理赔、索赔等。

二、国际物流系统的构成要素

国际物流系统主要由运输子系统、储存子系统、包装子系统、装卸搬运子系统、商品检验子系统、通关子系统和国际物流信息子系统所构成。

（一）运输子系统

运输可以实现物品的空间效应，是国际物流系统中最重要的一个子系统。现有的国际运输方式主要有空运、海运、铁路运输、公路运输和管道运输五种，在这五种运输方式中以海运所占比重最大。因为国际物流往往运输距离长、运输批量较大，这正是海运的优势所在。国际铁路运输和国际公路运输主要是在有线路连接的国家间进行；随着人们对时效性的追求，国际空运在运输中的地位逐渐提高；国际管道运输只是一种辅助的运输方式，主要运输对象为液体和气体等流体货物，在运输中所占比重不大。运输子系统又由运输工具、运输线路、运输节点、运输经营人、运输法规、运输监管部门等要素构成。

（二）储存子系统

储存可以实现物品的时间效应，是国际物流系统中另一个非常重要的子系统。在国际物流中具有储存功能的场所主要有保税仓库、保税物流中心、保税物流园区、保税区、保税港区和出口监管仓库等，这些区域一般都属于海关特定监管区域。储存子系统主要由仓储经营人、仓储设备和场所、仓储法规、仓储监管部门等要素构成。

从现代物流的理念看，在国际物流中，应尽量减少储存时间、储存数量，加速物品的周转，实现国际物流的高效率运转。

（三）包装子系统

商品包装包括销售包装和运输包装，一般情况下货物的销售包装由货主来完成，运输包装也往往由托运人来完成，但是货主也可以把这两项工作委托给物流经营商来进行。随着集装箱运输的兴起，越来越多的货物通过集装箱这种运输包装形式进行运输。

因为包装质量的好坏关系到整个国际物流过程的质量，同时也会影响到国际物流的成本。因此应该把包装、储存、装卸搬运和运输统筹考虑，全面规划，以达到提高物流质量、降低物流成本的目的。

（四）装卸搬运子系统

装卸搬运在国际物流系统起到衔接作用，是货损货差发生的主要环节，也是导致物流过程延缓的重要因素。装卸搬运夹杂在运输、储存等物流要素中，是国际物流系统的又一个重要子系统。这个子系统主要由装卸搬运工具、装卸搬运经营人、相关法规和监管部门所构成。做好装卸搬运这个环节，不仅可以加快物流速度，而且可以降低物流成本。

（五）商品检验子系统

国际物流中的物品是国际贸易交易的货物或者跨国经营的商品，其具有投资大、风险高、周期长等特点，通过商品检验可以在一定程度上规避风险、分清责任，因此商品检验成为国际物流系统中的重要子系统。在买卖合同中，一般都订有商品检验条款，其内容有检验的时间与地点、检验机构与检验证明、检验标准与检验方法等。

在国际贸易中，从事商品检验的机构很多，包括卖方或制造厂商和买方或使用方的检验单位，有国家设立的商品检验机构以及民间设立的公证机构和行业协会附设的检验机构。在我国，统一管理和监督商品检验工作的是国家出入境检验检疫局及其分支机构。究竟选定由哪个机构实施和提出检验证明，在买卖合同条款中，必须明确加以规定。商品检验证明即进出口商品经检验、鉴定后，应由检验机构出具具有法律效力的证明文件。如经买卖双方同意，也可采用由出口商品的生产单位和进口商品的使用部门出具证明的办法。检验证书是证明卖方所交货物在品质、重量、包装、卫生条件等方面是否与合同规定相符的依据。如与合同规定不符，买卖双方可据此作为拒收、索赔和理赔的依据。

此外，商品检验证也是议付货款的单据之一。商品检验可按生产国的标准进行检验，或按买卖双方协商同意的标准进行检验，或按国际标准或国际习惯进行检验。商品检验方法概括起来主要有感官鉴定法和理化鉴定法两种。理化鉴定法对进出口商品检验更具有重要作用。理化鉴定法一般是采用各种化学试剂、仪器器械鉴定商品品质的方法，如化学鉴定法、光学仪器鉴定法、热学分析鉴定法、机械性能鉴定等。

（六）通关子系统

世界各国为了保护国家主权和国内经济，一般都设有海关，货物要进出某个国家，必须得到当局的同意，而履行这个监管职能的部门往往就是海关。国际物流的一个重要特征就是货物要跨越关境，由于各国海关的规定并不完全相同，因此对于国际货物的流通而言，各国的海关很有可能成为国际物流中的瓶颈。

（七）国际物流信息子系统

国际物流信息系统的主要功能是采集、处理和传递国际物流与商流的信息情报。没有功能完善的信息系统，国际贸易和跨国经营将会步履维艰。国际物流信息的主要内容包括进出口单证的信息、支付方式信息、客户资料信息、物流运作过程信息、市场行情信息和供求信息等。国际物流信息的特点是信息量大、交换频繁、传递量大、环节多。所以，要建立技术先进的国际物流信息系统。

国际物流的以上七个子系统是相互联系、相互影响的，必须统筹考虑，全面规划，才能建立适应国际竞争要求的国际物流系统。

第三节　国际物流系统网络概念及其结构

国际物流网络旨在为国际贸易和非贸易物资流通服务，促使各国物流系统的相互接轨。它把全球范围内的商品采购、运输、仓储、流通加工、包装、配送和信息等有机结合起来，以最低的费用和最小的风险，保质、保量和适时地将货物从一国（或地区）的供方交到另一国（地区）的需方，保证国际商务活动的顺利进行，并为国际企业带来新的价值增值。在经济全球化、跨国企业兴起、科学技术发展的基础上，国际物流趋于网络系统化，它与城市物流和区域物流相互叠加、相互联系、相互作用，形成一个全球一体化的国际物流网络。

一、国际物流网络的概念及其结构

国际物流网络，是指由多个收发货的"节点"和它们之间的"连线"所构成的物流抽象网络以及与之相伴随的信息流动网络的集合。收发货节点是指进口、出口过程中所涉及的国内外的各层仓库，国际贸易商品和交流物资就是通过这些仓库的收进和发出，并在中间存放保管，实现国际物流系统的时间效益，克服生产时间和消费时间上的背离，促进国际贸易系统和国际交往的顺利进行。节点内商品的收与发是依靠运输连线和物流信息的沟通、输送来完成的。连线是指连接上述国内外众多收发货节点的运输连线。从广义讲包括国内连线和国际连线。这些网络连线代表库存货物的移动——运输的路线与过程；每一对节点有许多连线以表示不同的路线、不同产品的各种运输服务；各节点表示存货流动的暂时停滞，其目的是为了更有效地移动（收或发）；信息流动网上的连线通常包括国内外邮件，或某些电子媒介（如电话、电传、电报以及 Internet，E-mail 和 EDI 报文等），其信息网络的节点，则是各种物流信息汇集及处理之点，如员工处理国际订货单据、编制大量出口单证或准备提单或电脑对最新库存量的记录；物流网络与信息网并非独立，它们之间的关系是紧密相联的。

国际物流网络系统研究的中心问题是确定进出口货源点（或货源基地）和消费者的位置、各层级仓库及中间商批发点（零售点）的位置、规模和数量。合理的国际物流网络将会对全球经济的发展起到巨大的促进作用。

国际物流网络的结构如下图 2-1 所示：

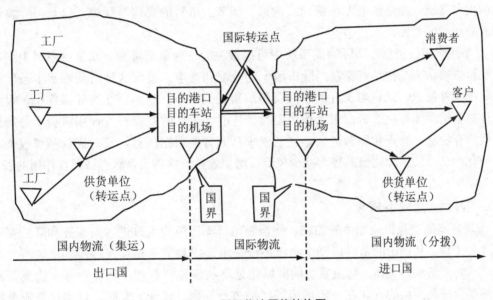

图 2-1 国际物流网络结构图

二、国际物流信息网络

国际物流物理网络与国际物流信息网络并非各自独立，它们之间密切相关。物流的每一活动几乎都有信息支撑，物流质量取决于信息，物流服务也要依靠信息。如果没有信息流，物流将只会成为一个单向的难以调控的半封闭式的国际物流系统。而信息流的双向反馈作用，可以使国际物流系统易于控制、协调，使其能合理、高效地运转，充分调动人力、物力、财力、设备及资源，以最大限度地降低国际物流总成本、提高经济效益。信息流在国际物流中的作用主要表现在如下几个方面：

1. 反馈与控制作用。面对一个不断发展变化的复杂的国际物流大系统，信息流灵敏、正确、及时的反馈非常重要，它如同人体的中枢神经。如果信息反馈作用失灵，则国际物流系统可能陷入瘫痪；反之，有了高效、灵敏的信息反馈，必然能指挥、协调国际物流系统，使其活跃和发达。信息反馈就是控制系统把信息输送出去又把其作用的结果返送回来，并把调整后的决策指令信息再输出，从而起到控制作用。

2. 支持保障作用。决策是企业最基本的管理职能，它对于复杂的、动态多变的国际物流系统尤为重要。国际物流企业经营的范围和目标是根据各种信息，经过分析、研究、论证之后才能确定和进行决策的。经营目标一般包括长期经营目标、中长期经营目标和短期经营目标。经营目标的决策确定之后，在其决策执行运转过程中还要根据各种信息不断地调整和平衡。由于信息流通不畅会造成国际物流活动的失控和混乱，因而，信息的真实性和可靠度就决定着国际物流企业的生死存亡，根据虚假信息做出的错误决策有可能造成全局性的失败甚至破产。因此，决策的科学性是国际物流经营成功的前提。国际物流是一个复杂的超越国界的大系统。信息流为大系统的正常运转提供经营决策的支持和保障作用。信息是国际物流活动的基础和保障。没有信息，国际物流就无法正常运作，因为每一个子系统信息的输入与输出，都是下一个子系统运行的前提和基础，也是整个大系统相互沟通、调节、运转的支持与保障，这是国际物流大系统能否有效运行的关键。

3. 资源性作用。信息在国际物流系统中可以被视为一种重要资源，从某种意义上讲，国际物流活动可以被认为是物品资源在国际市场上的分配和竞争。进行这种活动的基本条件就是要掌握相关的各种信息，以利用现有的物品资源取得最大效益。然而，在实际操作中，很多不确定因素往往会给预测和决策带来很大的风险性，这时，信息的资源替代作用将会十分明显，它可以替代库存物品、投资和经营资金。这就要求从业者能根据信息，及时进行利弊权衡，以适应不断变化的动态的国际物流形势，减少风险、增加效益，这是信息具有资源性作用的表现。

三、国际物流网络规划

1. 市场环境的变化以及竞争的加剧，使得物流活动逐渐成为改进客户服务和降低客户服务成本的有力工具。从图论的角度，整个物流系统是由连线和节点相互连接所构成，由此形成物流网络——物流活动的载体。物流系统的网络化是将物流经营管理、物流业务、物流资源和物流信息等要素按照网络的方式在一定的市场区域进行规划、设计、实施，以实现物流系统快速反应和总成本最低等要求的过程。正是由于物流系统的网络化，因此意欲建立物流系统的企业和实体必须对网络的结构问题加以认真对待。新建的企业需要建立物流网络系统，老企业由于业务的增长与形势的变化，也需要不断地考虑网络结构问题。对国际物流网络进行规划，就是要确定产品从供货点（出口点）到需求点（进口点）流动的结构，包括保税仓库区的数量、位置规模及所有权、客户需求的分布，以及由此决定的供应点的分布、企业在各地设置仓库的数量、使用运输服务的类型、能够提供的客户服务水平等。根据流经网络产品的不同，网络结构可以有多种形式、多种层次。一个企业的产品也可以有不止一个物流网络设计方案。

2. 国际物流网络的设计主要建立在三个规划领域的基础之上，分别是客户服务水平、选址决策和运输管理。具体来说，物流客户服务包括产品的可得性、客户从订货到收到货物的时间、货物到达时的状况以及订单履行的准确性等；选址决策则涉及各种设施的位置，在国际物流中包括生产厂、保税仓库、出口加工区、中转站以及相应的设施设备等；运输管理则需要考虑运输方式、运输批量、线路选择、交通工具的时间安排和运费等问题。这三个领域是相互关联、相互影响的，因此必须从整体出发进行规划以获得最大的利益。从另一个角度来看，物流网络的规划问题包括两个方面：空间规划和时间规划。空间规划是指对各种设施的数量、规模、平面位置的规划和设计；网络规划的时间性问题是一个为满足客户服务目标而保持产品可得率的问题。在时间规划问题中，首要考虑的因素是客户得到产品的时间，但同时也需要在满足客户服务目标时平衡资金成本。以时间为基础的决策反过来也会影响设施的选址，空间和时间规划是相互影响的，在网络规划时必须进行全盘考虑。

第四节　国际物流系统网络节点与连线

国际物流网络就是由节点与连线所构成的。物流节点是物流网络中连接物流线路的结节之处，物流节点的产生和发展，是社会分工深化和协作加强的结果。物流线路上的活动也是靠节点组织和联系的，如果离开节点，物流线路上的运动必然会陷入瘫痪。

一、国际物流网络节点

（一）国际物流节点的功能

1. 衔接功能

国际物流节点将各个物流线路连接成一个系统，使各个线路通过节点变得更为贯通而不是互不相干，这种作用我们称之为衔接作用。在物流未成系统化之前，不同线路的衔接有很大困难。例如轮船的大批量输送线和短途汽车的小批量输送线，两者的输送形态、输送装备都不相同，再加上运量的巨大差异，所以往往在两者之间有很长时间的间隔，然后才能逐渐实现转换，这就使两者不能贯通。物流节点利用各种技术和管理方法，可以有效地起到衔接作用，将中断转化为通畅。

2. 信息功能

国际物流节点是整个物流系统或与节点相接的物流信息的传递、收集、处理和发送的集中地。这种信息功能在国际物流系统中起着非常重要的作用，也是复杂的国际物流能连接成有机整体的重要保证。在国际物流系统中，每一个节点都是物流信息的一个点，若干个这种信息点和国际物流系统中的信息中心连接起来，便形成了指挥、调度、管理整个系统的信息网络，这是一个国际物流系统建立的前提条件。

3. 储存功能

货物在国际物流节点这里停滞，通过储存和储备来调整整个物流系统的运行。国际物流主要为国际贸易服务，由于时空上的差异和一些客观因素，一般情况下货物在起运之前和到港之后都需要地方进行暂时的存放，存放的地点通常就位于物流节点。

4. 管理功能

国际物流系统的管理设施和指挥机构大都设置于物流节点之处。实际上，物流节点大都是集管理、指挥、调度、衔接及货物处理为一体的物流综合设施。整个物流系统的运转有序化、正常化和整个物流系统的效率高低都取决于物流节点的管理水平。

（二）国际物流节点的类型

在国际物流中，由于各个物流系统的目标不同以及节点在网络中的地位不同，节点的主要作用往往也不同，故迄今尚无明确的分类。这里仅根据其主要功能分为以下几类：

1. 转运型节点

转运型节点是以连接不同运输方式为主要职能的节点。如铁道运输线上的货站、编组站、车站等；公路运输线上的车站、货场等；航运线上的机场；海运线上的港口、码头等；不同运输方式之间的转运站、终点站、口岸等。货物在这类节点上停滞的时间较短。

2. 储存型节点

储存型节点是以存放货物为主要职能的节点。如储备仓库、营业仓库、中转仓库、口岸仓库、港口仓库及货栈等。国际货物在这类节点上停滞的时间较长。

3. 流通型节点

流通型节点是以国际货物在系统中运动为主要职能的节点。如流通仓库、流通中心、配送中心就属于这类节点。

4. 综合性节点

综合性节点是指在国际物流系统中集中于一个节点中全面实现两种以上主要功能，并且在节点中并非独立完成各项功能，而是将各项功能有机结合成一体的集约型节点，如国际物流中心。国际物流中心是指国际物流活动中商品、物资等集散的场所。就大范围而言，某些小国家或地区可能成为物流中心，如新加坡、中国香港地区等就具有国际物流中心的地位。而自由贸易区、保税区、出口加工区等则具有一般意义上的物流中心的功能。

（三）常见的国际物流节点

1. 口岸

口岸是国家指定的对外往来的门户，是国际货物运输的枢纽。从某种程度上说，它是一种特殊的国际物流节点。许多企业都在口岸设有口岸仓库或物流中心。口岸物流是国际物流的组成部分。口岸原来的意思是指由国家指定的对外通商的沿海港口。但现在，口岸已不仅仅是经济贸易往来（即通商）的商埠，还是政治、外交、科技、文化、旅游和移民等方面的外来港口，同时口岸也已不仅仅只设在沿海的港口。随着陆、空交通运输的发展，对外贸易的货物、进出境人员及其行李物品、邮件包裹等，可以通过铁路、公路和航空直达一国腹地。因此，在开展国际联运、国际航空、国际邮包邮件交换业务以及其他有外贸、边贸活动的地方，国家也设置了口岸。改革开放以来，我国外向型经济由沿海逐步向沿边、沿江和内地辐射，使得口岸也由沿海逐渐向边境、内河和内地城市发展。现在，除了对外开放的沿海港口之外，口岸还包括：国际航线上的飞机场；山脉国境线上对外开放的山口；国际铁路、国际公路上对外开放的火车站、汽车站；国际河流和内河上对外开放的水运港口。因此，口岸是由国家指定对外经贸、政治、外交、科技、文化、旅游和移民等来往，并供往来人员、货物和交通工具出入国（边）境的港口、机场、车站和通道。简单地说，口岸是国家指定对外往来的门户。

2. 港口

港口是水陆空交通的集节点和枢纽，工农业产品和外贸进出口物资的集散地，船舶停泊、装卸货物、上下旅客以及补充给养的场所。正由于港口是联系内陆腹地和海洋运输的一个天然界面，因此人们也把港口作为国际物流的一个特殊节点。

港口之所以能在现代国际生产、贸易和物流系统中发挥战略作用，主要是由港口的以下特点决定的。首先，港口在整个物流供应链上是最大量货物的集结点。经济全球化使国际贸易量急速增加，港口作为海洋运输的起点与终点，无论是集装箱货还是散货，远洋运输总是承担着其中最大的运量，因而港口在整个物流供应链上总是最大量货物的集结点。当需要从事附加的工业、商业和技术活动时，选择在港口这样的集结点进行往往最能取得规模经济效益。其次，港口往往是生产要素的最佳结合点。如果两个大陆之间，或者两个相距甚远的国家之间在生产要素方面有着最大的禀赋差异，那么，要把这些生产要素以最有利的方式结合起来，港口往往是最合乎逻辑的选址。许多国家依赖于进口原材料的钢铁厂往往都建在港口地区，其原因也在于此。在港口地区建设出口工业，利用钢铁作为原材料生产汽车和机械，就可以节省大量成本，增强在国际市场上的竞争力。最后，港口往往是最重要的信息中心。对于国际物流来说，港口仍然是不同运输方式汇集的最大、最重要的节点。在港口地区落户的有货主、货运代理行、船东、船舶代理行、商品批发商、零售商、包装公司、陆上运输公司、海关、商品检验机构及其他各种有关机构。因此，港口就成为一个重要的信息中心。

港口的功能主要体现在以下几个方面：（1）物流功能。港口既是水陆空运输工具的衔接点，又是水运货物的集散地。港口虽然主要供船舶停靠使用，但为了客货的运输，港口又必须与陆路（有时包括航空）交通相接，它实际上是把水上运输、陆上运输和航空运输连接在一起，并因此出现了一种新概念，认为港口是交通运输的"综合体"。（2）工业功能。目前世界上大多数工业基地都建在港口附近，这是因为港口能够通过水运为工业生产提供大量廉价的原料并运送其产品。临港工业区已成为各国和各地区经济发展的龙头。（3）商业功能。凭借港口十分活跃的货物转运和旅客运输，国际贸易及金融业务都伴随港口发展起来。目前，世界上大部分的商业城市都是世界著名的港口。

3. 保税仓库

保税仓库是指海关核准的专门存放保税货物的专用仓库。根据国际上通行的保税制度要求，进境存入保税仓库的货物可暂时免纳进口税款，免领进口许可证或其他进口批件，在海关规定的存储期内复运出境或办理正式进口手续。

我国保税仓库是指经海关批准设立的专门存放保税货物及其他未办结海关手续货物的仓库。我国的保税仓库根据使用对象分为公用型和自用型两种。

（1）公用型保税仓库

公用型保税仓库由主营仓储业务的我国境内独立企业法人经营，专门向社会提供保税仓储服务。

（2）自用型保税仓库

自用型保税仓库由特定的我国境内独立企业法人经营，仅存储供本企业自用的保税货物。

根据所存货物的特定用途，公用型保税仓库和自用型保税仓库下面还衍生出一种专用型保税仓库，即专门用来存储具有特定用途或特殊种类商品的保税仓库，包括液体危险品保税仓库、备料保税仓库、寄售维修保税仓库和其他专用保税仓库。其中液体危险品保税仓库是指符合国家关于危险化学品存储规定的，专门提供石油、成品油或者其他散装液体危险化学品保税仓储服务的保税仓库。

我国保税仓库的功能单一，就是仓储，而且只能存放进境货物。经海关批准可以存入保税仓库的进境货物有下列几种：

(1) 加工贸易进口货物；

(2) 转口货物；

(3) 供应国际航行船舶和航空器的油料、物料和维修用零部件；

(4) 供维修外国产品所进口寄售的零配件；

(5) 外商进境暂存货物；

(6) 未办结海关手续的一般贸易进口货物；

(7) 经海关批准的其他未办结海关手续的进境货物。

保税仓库不得存放国家禁止进境的货物，不得存放未经批准的影响公共安全、公共卫生或健康、公共道德或秩序的国家限制进境货物及其他不得存入保税仓库的货物。

4. 保税区

保税区与经济特区、经济技术开发区等特殊区域一样，都是经国家批准设立的实行特殊政策的经济区域。我国为了更进一步扩大对外开放，吸引国外资金和技术，借鉴了国际上的先进管理经验，从 20 世纪 90 年代开始在沿海地区陆续批准设立保税区。保税区具有政策特殊、经济功能强、封闭式管理的特点。

我国的保税区具有出口加工、转口贸易、商品展示、仓储运输等功能。海关对进出保税区的货物、物品、运输工具、人员及区内有关场所，有权依照《海关法》的规定进行检查、查验。在保税区内设立的企业，必须向海关办理注册手续。区内企业必须依照国家有关法律、行政法规的规定设置账簿、编制报表，凭合法、有效凭证记账并进行核算，记录有关进出保税区货物和物品的库存、转让、转移、销售、加工、使用和损耗等情况。区内企业必须与海关实行电子计算机联网，进行电子数据交换。进出保税区的运输工具的负责人，必须持保税区主管机关批准的证件连同运输工具的名称、数量、牌照号码及驾驶员姓名等清单，向海关办理登记备案手续。未经海关批准，从保税区到非保税区的运输工具和人员不得运输、携带保税区内的免税、保税货物。从非保税区进入保税区的货物，按照出口货物办理手续。企业在办结海关手续后，可办理结汇、外汇核销、加工贸易核销等手续。出口退税必须在货物实际报关离境后才能办理。保税区内的转口货物可以在区内仓库或者区内其他场所进行分级、挑选、印刷运输标志、改换包装等简单加工。

5. 出口加工区

出口加工区是指专为发展加工贸易而开辟的经济特区。出口加工区的产生和发展是国际分工的必然结果，是全球经济一体化的重要表现。第二次世界大战后，西方工业国家的经济出现了相对稳定的发展时期，特别是科学技术的巨大进步，使西方工业国家的生产力和对外贸易空前发展，并导致了资本与技术过剩。同时，国际分工从过去的产业间分工发展为产业内部的分工，劳动密集型产业从发达国家逐步向发展中国家（地区）转移。一些工业发达国家和地区从输出商品到输出资本，进而发展到在东道国开办工厂。20 世纪 60 年代前后，不少发展中国家（地区）大力发展出口加工制造业，以增加外汇收入，出口加工区由此应运而生。1959 年，爱尔兰在香农国际机场创建了世界上第一个出口加工区。此后的 40 多年来，出口加工区在全球遍地开花，成为所在国或地区吸引外资最多、对外贸易最为活跃的区域，有力地促进了各国家或地区经济的发展。80 年代以来，全球出口加工区出现了新的发展趋势。部分出口加工区的出口加工业由劳动密集型转向技术密集型，纷纷建立新的技术型出口加工区。部分出口加工区的企业和高等院校、科研机构密切结合，形成雄厚的科技力量，以科技为先导，大力开发技术，知识密集型的新兴产业和高附加值的尖端产品，成为引起世界瞩目的知识型出口加工区——科学工业园区。科学工业园区同出口加工区一样，通过划出一个地区，提供多方面的优惠待遇，吸引外国的资本和技术，但其从事的是高技术产品的研制，促进技术、知识密集型产品的发展和出口。

我国为促进加工贸易发展，规范加工贸易管理，将加工贸易从分散向相对集中型管理转变，给企业提供更宽松的经营环境，鼓励扩大外贸出口。2000 年 4 月 27 日，国务院正式批准设立出口加工区。为有利于运作，我国将出口加工区设在已建成的经济技术开发区内，并选择若干地区进行试点。首批批准进行试点的有 15 个出口加工区，包括辽宁大连出口加工区、天津出口加工区、北京天竺出口加工区、山东烟台出口加工区、山东威海出口加工区、江苏昆山出口加工区、江苏苏州工业园出口加工区、上海松江出口加工区、浙江杭州出口加工区、福建厦门杏林出口加工区、广东深圳出口加工区、广东广州出口加工区、湖北武汉出口加工区、四川成都出口加工区和吉林珲春出口加工区。

6. 自由贸易区

自由贸易区也称为对外贸易自由、工商业自由贸易区等。自由贸易区是划在关境以外，对进出口商品全部或大部分免征关税，并且准许在港内或区内开展商品自由储存、展览、拆散、改装、重新包装、整理、加工和制造等业务活动，以便于本地区的经济和对外贸易的发展，增加财政收入和外汇收入。自由贸易区是国际物流中多功能的综合物流节点。在自由贸易区内，可以提供仓储、再加工、展示及各种服务，未售出的各种商品可以前来储存，或针对市场需要对商品进行分类、分级和改装，或进行商品展销，以便选择有利时机，就地销售或改临近市场销售。许多自由贸易区都直接经营转口贸易，因其具有优越的地理位置和各种方便及优惠的条件，所以大量货物是在流经自由贸易区后投放世界市场的。最重要的是，各国的自由贸易区普遍豁免关税和减免其他税收，还在土地使用、仓库、厂房租金、水电供应及劳动工资等方面采取低收费的优惠政策。这是大量商品物品聚集于此的重要原因。自由贸易区各种功能的发挥，促进了国际贸易的发展。自由贸易区的方便与商品进出、储存及整理的条件，以及可以降低产品成本并增加市场竞争能力的优惠措施，吸引了广大的投资者，极大地促进了国际贸易和国际物流的发展。全世界目前大约有各种形式、各种名称的自由贸易区 700 多个，遍及五大洲 100 多个国家和地区。

二、国际物流网络连线

国际物流连线是指连接国内外众多收发货节点间的运输线，如各种海运航线、铁路线、飞机航线以及海、陆、空联合运输航线。这些网络连线是库存货物的移动（运输）轨迹的物化形式。每一对节点间有许多连线，以表示不同的运输路线、不同产品的各种运输服务。各节点表示存货流动的暂时停滞，其目的是为了更有效地移动。国际物流连线实际上也是国际物流流动的路径。它主要包括国际远洋航线及海上通道、国际航空线、国际铁路运输线与公路运输线、国际主要输油管道等。

海洋运输按照航行区域的划分，有沿海运输、近洋运输和远洋运输。在国际物流中，主要以远洋运输为主。远洋运输是指以船舶为运输工具，从事本国港口与外国港口之间或者完全从事外国港口之间的，经过一个或数个大洋的长距离的货物运输。目前世界上主要的远洋运输线路是：北美至欧洲的大西洋航线；北美至亚洲的太平洋航线；欧洲至远东的地中海——苏伊士运河——印度洋航线。

在国际物流网络连线中，铁路连线是仅次于海洋运输的运输方式，其中，国际铁路货物联运是国际铁路运输中最主要的一种运输方式。在我国对外运输中，国际铁路运输占有一定比重。自从20世纪50年代以来，我国与朝鲜、蒙古、越南、俄罗斯等国家的进出口货物，绝大部分是通过铁路运输来完成的。我国与西欧、北欧和中东地区一些国家也通过国际铁路运输来进行进出口货物的运输。

国际航空运输不仅可以有效地完成运输，还可以加快货物的周转，缩短存货积压的时间，迅速收回资金，对国际贸易的发展起到了很大的作用。另外，国际航空运输是国际多式联运的重要组成部分。国际航空运输与其他运输方式的配合，使各种运输方式各显其长，相得益彰。

国际公路连线作为陆上运输的两种基本方式之一，在国际物流网络中发挥着越来越重要的作用。随着公路现代化、车辆大型化的发展以及相关运输规定的放宽，国际公路运输更多地将两种或者多种运输方式衔接起来，实现进出口货物运输的"门到门"的服务。

本 章 小 结

本章主要学习了国际物流系统的概念，国际物流系统模式与构成，国际物流系统网络概念及其结构，国际物流系统网络节点与连线等知识。

国际物流系统是指由国际运输、仓储、包装、装卸搬运、配送、流通加工、商品检验、通关和国际物流信息管理等要素构成的具有特定功能的有机整体。国际物流系统主要由运输子系统、储存子系统、包装子系统、装卸搬运子系统、商品检验子系统、通关子系统和国际物流信息子系统所构成。重点叙述了国家物流系统所包含的子系统。

国际物流网络是指由多个收发货的"节点"和它们之间的"连线"所构成的物流抽象网络以及与之相伴随的信息流动网络的集合。常见的国际物流网络节点有口岸、港口、保税仓库、保税区、出口加工区、自由贸易区等。国际物流网络的"连线"主要包括国际远洋航线及海上通道、国际航空线、国际铁路运输线与公路运输线、国际主要输油管道等。重点叙述了国际物流节点的功能、类型以及常见的国家物流节点。

关键词或概念

国际物流系统（international logistics system）
节点（node）
连线（route）

简答题

1. 简述什么是国际物流系统。
2. 国际物流系统与国内物流系统是什么关系？
3. 国际物流系统包括哪些子系统？
4. 简述常见国际物流网络节点的功能。

【案例分析】

NIKE 用物流缔造"运动商品王国"

正如其世界级的荣誉一样，NIKE 知道竞争条件改变了，必须用世界级的物流水准来响应市场需求。

在服装业这种季节性很强的行业中，物流所具有的决定性作用正得到加强。NIKE 通过对物流系统的改造，创造了一个"运动商品王国"。

物流遍布全球，NIKE 快速响应市场需求。NIKE 公司非常注重其物流系统的建设，跟踪国际先进的物流技术的发展，及时对其系统进行升级。NIKE 的物流系统在 20 世纪 90 年代初期就已经非常先进，近年来更得到了长足的发展，可以说其物流系统是一个国际领先的、高效的货物配送系统。

NIKE 在全球布局物流网络。NIKE 在美国有三个配送中心，其中在孟菲斯有两个。在田纳西州孟菲斯市的 NIKE 配送中心，运行于 1983 年，是当地最大的自有配送中心。作为扩张的一部分，NIKE 建立了三层货架的仓库，并安装了新的自动补货系统，使得 NIKE 能够保证在用户发出订单后 48 小时内发出货物。NIKE 公司在亚太地区生产出的产品，通过海运经西海岸送达美国本土，再利用火车经其铁路专用线运到孟菲斯，最后运抵 NIKE 的配送中心。所有的帽子、衬衫等产品都从孟菲斯发送到美国各地。每天都要发送 35 万到 50 万单位的衣物。

NIKE 的标志成了世界上最被认可的标志。优秀的营销方式，与世界顶级运动员的合作，使得 NIKE 仍为运动品商业界的领导品牌。正如其世界级的荣誉，NIKE 知道物流条件改变了，NIKE 需要在战术和战略上作一些明显的更改。对孟菲斯配送中心，当因为某一两个因素使得其配送需求超出了其设计吞吐能力的时候，NIKE 又制定一个新的工作策略。

"我们抛弃了 1980 年的仓库技术，起用了最新的技术，"NIKE 孟菲斯作业主管马克·邓宁顿 Mark Dennington 说，"这包括仓库管理系统（WMS）的升级和一套新的物料传送处理设备。我们需要增加吞吐能力和库存控制能力。同时，还要尽力从自动化中获取效益而不会产生废弃物。"

孟菲斯配送中心增加了四个存储区，使得总的存储面积达到了 125 万平方英尺。增加了一个新的收货系统和另外 13 英里长的传送带，为了适用大件较重货箱，还增加了一个翻板式分拣机。采用了实时的仓库管理系统，并使用手持式和车载式无线数据交换器，使得无纸化分拣作业现在成为可能。吞吐能力提高了一倍多，从每 8 小时的 10 万件提高到了 25 万件，设计最高日工作量为 75 万件。

除在美国外，NIKE 在欧洲也加强了物流系统建设。NIKE 在欧洲原有 20 多个仓库，分别位于 20 多个国家。这些仓库之间是相互独立的，这使得 NIKE 的客户服务无法做到非常细致。另外，各国家的仓库只为本国的消费进行准备，也使得其供货灵活大打折扣。经过成本分析，NIKE 决定关闭其所有的仓库，只在比利时的 Meerhout 建造一个配送中心，负责在整个欧洲和中东的配送供给。

该中心于 1994 年开始运营。后来随着 NIKE 在欧洲市场的迅速扩大，流量很快就超出了配送中心的供应能力，NIKE 决定扩建其配送中心。NIKE 与 Deloitte 公司共同制定了欧洲配送中心建造、设计和实施的运营计划。其配送中心有着一流的物流设施、物流软件、及 RF 数据通信，从而使其能将其产品迅速地运往欧洲各地。

另外，由于面临着同样的问题，NIKE 决定巩固其在日本的配送基础，以此来支持国内的市场。公司在选址之后，设计了世界上最先进的设施，这种设施可以满足未来七年销售量增长的需要。由于日本的地价高，它们计划建造高密度的配送中心，这样更适合采取先进的配送中心控制系统——ASRS。同时也巩固了韩国的配送中心，以支持其在国内的市场。

在 2000 年年初，NIKE 开始在其电子商务网站 www.nike.com 上进行直接到消费者的产品销售，并且扩展了提供产品详细信息和店铺位置的功能。为支持此项新业务，UPS 环球物流实现 NIKE 从虚拟世界到消费者家中的快速服务。

在美国，NIKE 成了 UPS 的最大客户。"我们想使每笔订单都成功实现"，NIKE 的新商业主管玛丽·凯特巴克利 Mary Kate Buckley 如是说，"UPS 环球物流是一个有经验的、国际专业性的、可以信任的服务商。"UPS 环球物流接受 Nike.com 过夜、第二日运送等订单，还附加进行存货管理、回程管理和一个客户呼叫中心的管理。UPS 在路易斯维尔的仓库里存储了大量的 NIKE 鞋及其他体育用品，每隔一个小时完成一批订货，并将这些 NIKE 用品装上卡车运到航空枢纽。这样，NIKE 公司不仅省下了人员开支，而且加速了资金周转。

NIKE 的部分物流业务外包，其中的一个物流合作伙伴是 MENLO 公司。该公司是美国一家从事全方位合同物流服务的大型公司，其业务范围包括货物运输、仓储、分拨及综合物流的策划与管理。该公司拥有 3 500 名雇员，年运输批次达到 200 万次，运量相当于 110 亿磅，并拥有 800 万平方英尺的仓储设施，业务活动遍及美国 50 个州及加拿大、拉丁美洲、欧洲和太平洋周边地区，其客户群包括 50 个大型国际公司，如 IBM、NCR、惠普、陶氏化学、AT&T、SEARS 等。"我们的目标是在全世界建立综合高效的供应链"，MENLO 如是说。

NIKE 在日本的合作伙伴——岩井是一个综合性的贸易公司，是全球 500 强之一，公司每年的贸易额高达 715 亿美元。它主要负责日本地区 NIKE 商品的生产、销售和物流业务。

无论从工作效率和服务水平上说，NIKE 的物流系统都是非常先进高效的。其战略出发点就一个消费地域由一个大型配送中心来服务，尽量取得规模化效益。NIKE 还非常注意物流技术的进步，积极采用新的高效的科技，新的科学的管理方法，来降低成本和提高工作效率。

1. 请结合 NIKE 公司的情况谈谈国际物流与企业跨国经营之间的关系。

2. 一个跨国经营企业如何建立高效的国际物流网络体系？

第三章　国际贸易方式与国际贸易合同

本章导读

　　国际贸易方式是指国际间商品流通所采取的形式和具体做法。国际贸易术语是用来表示国际货物买卖的交货条件和价格构成因素的专门用语。在国际货物买卖中，交易双方洽商交易、订立合同、履行合同问题，对有关合同当事人来说，都是有着直接利害关系的重要问题。本章阐述了各种贸易方式的基本内容与特点，现行的各种贸易术语及相关的国际贸易惯例，国际贸易交易磋商的一般程序与合同订立的条款。学好上述相关知识，不仅有利于我们按国际贸易术语和国际贸易惯例开展国际贸易活动，也便于我们正确进行商务谈判，依法订立与切实履行买卖合同。同时对维护国际贸易的正常秩序也有着重要的法律和实践意义。

本章学习目标

　　本章重点要求学生理解国际贸易方式的基本内容与特点，国际贸易术语的含义与作用以及常用贸易术语的特点与应用，国际贸易合同的订立与履行，了解国际贸易术语的产生与发展及其相关的国际贸易惯例，标明国际贸易合同标的物的意义。

第一节　国际贸易方式

一、经销和代理

（一）经销 (distribution)

1. 经销的概念和类型

　　经销是国际贸易中常见的一种出口贸易方式，是指出口商（即供货方，supplier）与进口商（即经销方，distributor）之间签订经销协议，以"款、货两清"的买断形式达成的一种商品买卖关系。经销方式下，进口商以自有资金支付商品的货款，取得商品的所有权，在经营中以进口价格和转售价格之间的差额为经销利润，并在享有自货物进口后到将货物转售的全部收益的同时，承担一切经营风险。

根据经销商所享有的权限，可以将经销方式分为总经销、独家经销、特约经销和一般经销四种类型。前三种经销方式属于特许经营的范畴，有一定的特许权转让。不同的经销方式，其区别在于出口企业需要通过签订不同的经销协议或通过发放授权证书的方式授予中间商指定商品的不同的经营权利，并要求中间商承担不同的经营义务。

（1）总经销（general distribution）

总经销是指出口供货方（只限于出口生产企业）赋予进口中间商在规定的时间和区域内（可以是全部市场，也可以是某个大区域或某个国家范围内），对指定商品享有独家分销权、最低进价权和优先进货权的一种方式。而出口生产企业在此期间和区域内则不能再向任何其他商人分销该指定商品，如在该地区销售该指定商品的商人均需向总经销商处进货。总经销商在享有指定商品的独家分销权的同时也必须承担一定的义务方面的限制，这些限制往往在特许协定中有明确规定。如保证一定数量的销售额；做好该区域内的商品维修服务；防伪打假，保护授权商品的知识产权和负责组织与承担一定的广告促销活动等。出口企业选择总经销商时有两个最基本的条件：一是要有良好的商业信誉和合作态度；二是具有强大的商品分销能力。以便确保出口企业的利益不受伤害以及产品在授权区域的市场覆盖率。

（2）独家经销（sole distribution）

独家经销是指出口供货方（可以是生产企业，也可以是享有某种商品商标专用权的商业企业）授予某一进口经销商（一般限于零售商）在规定期限和规定地区内，享有指定商品的独家专卖权的一种方式。在经销协议所规定的时间和区域内，该指定商品除由独家经销商销售外，该区域内任何其他商人均不得销售此种商品。而独家经销商一般也要承担一定数量的销售、维护授权商品的知识产权、承担生产企业委托的商品促销活动和部分商品的售后服务工作等义务。

（3）特约经销（special distribution）

特约经销是指出口生产企业在规定的时间和规定的区域内，同时选择若干个中间商作为本企业产品的指定销售商。一般是赋予进口商指定商品销售的授权证书的形式，并承诺出口企业向特约经销商直接供应指定商品和不向非授权企业供应指定商品。出口生产企业对特约经销商的选择和约束主要是商品的销售数量能力与商品的销售服务水平。

（4）一般经销（common distribution）

一般经销是指出口供货方对挑选经销商的条件不苛刻，不强调经销商要承担过多的义务，也不对经销商授予任何特权。只要经销商有进口积极性，能满足供货方的交易条件，及时付足货款，即可得到出口供货方提供的货物。在这种方式下，供货方与经销方之间存在的只是相对长期、稳定的买卖关系，实质上与一般的国际货物买卖并无区别。

2. 经销协议的内容

经销协议是出口供货商和进口经销商为明确经销业务下彼此之间的买卖关系、双方各自的权利与义务所签订的一种法律契约，其内容的繁简需根据交易双方当事人的不同意图而确定。在采用经销方式时，买卖双方大多只在经销协议中原则性地规定双方当事人的权利、义务和一般交易条件，在具体买卖经销货物时再订立具体的买卖合同。由于特许经销方式涉及经销商享有的对经销产品的特许经营权，因此特许经销协议的内容要比一般经销协议复杂一些。

（二）代理（agency）

代理是许多国家商人在从事进出口业务中习惯采用的一种贸易做法。在国际市场上存在着名目繁多的代理商，这里介绍的只限于销售代理。

1. 代理的含义和性质

国际贸易中的销售代理是指委托人（principal）授权代理人（agent）代表他向第三者招揽生意，签订合同或办理与贸易有关的各项事宜，由此而产生的权利与义务直接对委托人发生效力。在我国外贸实践中代理人通常是有进出口经营权的外贸公司，而被代理人（即委托人）通常是专门从事初级产品和制成品生产的工矿企业及农产品生产公司。

2. 包销与代理的区别

代理与包销的性质不同，包销商与出口商之间是买卖关系，在包销方式下，由包销商自筹资金、自担风险和自负盈亏。而销售代理商同出口商之间的关系，因不是买卖关系，故销售代理商不垫资金、不担风险和不负盈亏，他只获取佣金。

3. 代理的种类

（1）总代理。总代理（general agent）是指代理商在一定地区和一定期限内不仅享有专营权，还代表委托人进行全面业务活动，甚至包括非商业性质的活动。总代理人实际上是委托人在指定地区的全权代表。

（2）独家代理。独家代理（sole agent）是在指定地区内，由代理人单独代表委托人行为，委托人在该指定地区内，不得委托其他第二个代理人。由于委托人与代理人不是买卖关系，所以，商品出售前所有权仍归委托人，由委托人负责盈亏。代理商不必动用自己的资金，只是赚取佣金。独家代理具有的专营权与包销商所具有的专营权并不完全一样。通常，除非协议另有约定，一般也可以允许委托人直接向指定的代理地区的买主进行交易。为了不损害独家代理的利益，有些协议规定，凡委托人直接与指定代理地区的买主达成交易的，仍然向独家代理计付佣金。

（3）佣金代理。佣金代理（commission agent）又称为一般代理，是指在同一代理地区的某一期限内，委托人同时委派几个代理人为其推销商品或服务。一般代理根据推销商品的实际金额或根据协议规定的办法和百分率向委托人计收佣金，委托人可以直接与该地区的实际买主成交，而无须给佣金代理支付佣金。

佣金代理与独家代理的主要区别有两点：一是独家代理享有专营权，佣金代理不享有这种权利；二是独家代理收取佣金的范围既包括招揽生意介绍客户成交的金额，也包括委托人直接成交的金额；佣金代理收取佣金的范围，只限于他推销出去的商品的金额。

二、寄售与展卖

（一）寄售

1. 寄售的概念

寄售（consignment）是一种委托代售的贸易方式，它是指委托人（货主）先将货物运往寄售地，委托国外一个代销人（受托人），按照寄售协议规定的条件，由代销人代替货主进行销售，在货物出售后，由代销人向货主结算货款的一种贸易做法。在外贸实践中，寄售人通常是委托人，即委托他人在国外销售货物的出口商，而代销人通常是出口商在进口国的受托人。

2. 寄售的特点

在国际贸易中，与卖断方式比较，寄售有以下几个特点：

（1）它是凭实物进行买卖的现货交易。寄售人先将货物运至目的地市场（寄售地），然后经代销人在寄售地向当地买主销售。

（2）寄售人与代销人之间是委托代售关系，而非买卖关系。代销人只能根据寄售人的指示处置货物，货物的所有权在寄售地售出之前仍属于寄售人。

（3）寄售货物在售出之前，包括运输途中和到达寄售地后的一切费用和风险，均由寄售人承担。

（4）寄售货物装运出口后，在到达寄售地前也可采用出售路货的办法即当货物尚在运输途中，由代销人寻找买方出售。

3. 寄售的利弊

（1）寄售的优点。寄售货物出售前，寄售人拥有货物的所有权，因此，寄售人有权对货物的销售和价格确定等问题进行处理，这有利于随行就市；寄售是凭实物买卖，货物与买主直接见面，有利于促进成交；代销人不负担风险与费用，一般由寄售人垫资，代销人不占用资金，可以调动其经营的积极性。

（2）寄售的缺点。寄售对于委托人来讲，有明显的缺点：一是出口方承担的风险较大，费用较多，而且增加出口人的资金负担，不利于其资金周转；二是寄售货物的货款回收较为缓慢，一旦代销人不守协议时，可能遭到货、款两空的危险。

4. 采用寄售方式应注意的问题

（1）必须严格选择代销人。

（2）慎重选择作价方法。

（3）在签订寄售协议前，调查寄售地的市场动态、供求情况、外贸制度、商业习惯。

（4）为减少风险，要求代销人提供银行保函，如代销人不履行协议规定义务时，由银行承担支付责任。

（二）展卖

1. 展卖的含义

展卖（fairs and sales）是利用展览会和博览会及其他交易会形式，对商品实行展销结合的一种贸易方式。

展卖是最古老的交易方式之一，其最早的雏形是区域性的集市。在制造业迅速发展、国际贸易不断扩大和现代科技、交通、通信条件日益完善的情况下，展卖日趋国际化、大型化和综合化，成为当前国际贸易中一种重要方式，特别是作为一种推销方式被人们广泛接受。

2. 展卖的特点

展卖的基本特点是，把出口商品的展览和推销有机结合起来，边展边销，以销为主。这种展销结合的方式具有下列明显的优点：

（1）有利于宣传出口国家的科技成就和介绍出口商品，以扩大影响，促成交易。

（2）有利于建立和发展客户关系，广交朋友，以扩大销售地区和范围，实现市场多元化。

（3）有利于搜集市场信息，开展市场调查研究，以便更有效地掌握市场动态。

（4）有利于听取国外客户的意见，并通过货比货发现问题，找出差距，不断提高出口商品质量，增强出口竞争能力。

3. 展卖的类型

展卖有各种不同的形式和内容，其做法也多种多样，结合我国开展展卖业务的实践有国际博览会、中国出口商品交易会和在国外举办展卖会等几种主要方式。

三、招标、投标与拍卖

招投标和拍卖是两种特殊的贸易方式，与包销、代理和寄售不同之处在于其具有公开性和竞争性，并采取一定的组织形式来开展交易。招标、投标一般是从购买或进口角度出发而有组织地进行交易，引起卖方之间的竞争；拍卖则一般是从出售或出口角度出发而有组织地进行交易，引起买方之间的竞争。

（一）招标与投标

招标、投标常用在国家政府机构、国有企业或公用事业单位采购物资、器材或设备的交易中，更多地用于国际承包工程。目前，国际间政府贷款项目和国际金融机构贷款项目，往往在贷款协议中规定，接受贷款方必须采用国际竞争性招标采购项目物资或发包工程。这里主要介绍货物买卖中的招标与投标。

1. 招标、投标的含义和特征

（1）招标与投标的含义

招标（invitation to tender）是指招标人（买方）在规定时间、地点发出招标公告或招标单，提出准备买进商品的品种、数量和有关买卖条件，邀请投标人（卖方）投标的行为。

投标（submission of tender）是指投标人（卖方）应招标人（买方）的邀请，根据招标公告或招标单的规定条件，在规定的时间内向招标人递盘的行为。

由此可见，招标与投标是一种贸易方式的两个方面。

（2）招标与投标的特征

招标、投标与其他贸易方式相比有以下特征：

①招标的组织性。即有固定的招标组织机构、招标场所。

②招标、投标的公开性。招标机构要通过招标公告广泛通告有兴趣、有能力投标的供货商或承包商，并向投标人说明交易规则和条件，以及招标的最后结果。

③投标的一次性。投标人只能应邀作一次性投标，没有讨价还价的权利。标书在投递之后，一般不得撤回或修改。

④招标、投标的公平性。在招标公告发出后，任何有能力履行合同的卖主都可以参加投标。招标机构在最后取舍投标人时，要完全按照预定的招标规则进行。招标所具有的组织性和公开性本身，也是招标、投标公平和合理的有效保证。

2. 招标的主要方式

目前，国际上采用的招标方式归纳起来有以下几种：

（1）国际竞争性招标

国际竞争性招标是指招标人邀请几个或几十个投标人参加投标，通过多数投标人竞标选择其中对招标人最有利的投标人达成交易，它属于竞卖的方式。

（2）谈判招标

谈判招标又叫议标，它是非公开的，是一种非竞争性的招标。这种招标由招标人物色几家客商直接进行合同谈判，谈判成功，交易达成。它不属于严格意义上的招标方式。

（3）两阶段招标

两阶段招标是指无限竞争招标和有限竞争招标的综合方式，采用此方式时，先用公开招标，再用选择性招标，分两阶段进行。

3. 招标、投标业务的基本程序

招标、投标业务的基本程序包括：

（1）招标前的准备工作

招标前的准备工作很多，其中包括发布招标公告、资格预审、编制招标文件等。

（2）投标

投标人在慎重研究标书后，一旦决定参加投标，就要根据招标文件的规定编制和填报投标文件。为防止投标人在中标后不与招标人签约，招标人通常要求投标人提供投标保证金或银行投标保函。最后，投标人将投标文件在投标截止日前送达招标人，逾期失效。

（3）开标、评标与决标

招标人在指定的时间和地点将全部寄来的投标书中所列的标价予以公开唱标，使全体投标人了解最高标价以及最低标价。开标后，有些可以当场决定由谁中标，有的还要由招标人组织人员进行评标。参加评标的人员原则上要坚持评标工作的准确性、公开性和保密性。评标后决标，最终选定中标人。

（4）中标签约

中标是从若干投标人中选定交易对象。中标者必须与招标人签约，否则保证金予以没收。为了确保中标人签约后履约，招标人仍然要求中标人缴纳履约保证金或出具银行履约保函。

（二）拍卖

拍卖（auction）是一种具有悠久历史的交易方式。通过拍卖成交的商品通常是品质难以标准化或按传统习惯以拍卖出售的商品，如裘皮、茶叶、烟草、羊毛、木材、水果以及古玩和艺术品等。

1. 拍卖的含义和特征

拍卖是经营拍卖业务的拍卖行接受货主的委托，在规定的时间和场所，按照章程和规则，以公开叫价的方法，把货物卖给出价最高的买主的一种贸易方式。

拍卖具有以下几个特征：

（1）拍卖是在一定的机构内有组织地进行的。拍卖机构可以是由公司或行业协会组成的专业拍卖行，也可以是由货主临时组织的拍卖会。

（2）拍卖具有自己独特的法律和规章。许多国家对拍卖业务有专门的规定。各个拍卖机构也订立了自己的章程和规则，供拍卖时采用。

（3）拍卖是一种公开竞买的现货交易。拍卖采用事先看货，当场叫价，落槌成交的做法。

成交后，买主即可付款提货。

（4）参与拍卖的买主，通常须向拍卖机构缴存一定数额的履约保证金。买主在叫价中，若落槌成交，就必须付款提货；不付款提货，拍卖机构则没收其保证金。

（5）拍卖机构为交易的达成提供了服务，它要收取一定的报酬，通常称为佣金或经纪费。

2. 拍卖的一般程序

拍卖业务一般可分为三个阶段：

（1）准备阶段

参加拍卖的货主把货物运到拍卖地点，存入仓库，然后委托拍卖行进行挑选、分类、分级，并按货物的种类和品级分成若干批次。在规定时间内，允许参加拍卖的买主到仓库查看货物。

（2）正式拍卖

拍卖在规定的时间和地点开始，并按照拍卖目录规定的先后顺序进行。按照拍卖业务的惯例，在主持人的木槌落下之前，买主可以撤回其出价；货主在货物出售之前也可以撤回其要拍卖的货物。

（3）成交与交货

拍卖成交后，拍卖行的工作人员即交给买方一份成交确认书，由买方填写并签字，表明交易正式达成。在买方付清货款后，买方凭拍卖行开出的提货单到指定的仓库提货。提货必须在规定的期限内进行。

四、对销贸易与加工贸易

（一）对销贸易

对销贸易（counter trade）是指在互惠的前提下，由两个或两个以上的贸易方达成协议，规定一方的进口产品可以部分或者全部以其向对方出口的产品来支付。其主要目的是以进带出，开辟贸易双方各自的出口市场，求得贸易收支平衡或基本平衡。它是易货贸易、回购贸易、补偿贸易等具体方式的总称。当常规的支付方式难以实现，成本过高或根本不存在时，对销贸易成为国际贸易所选择的一种替代方式。世界上许多国家的货币与其他货币是不能自由兑换的。一国政府可能会限制本国的货币兑换以保持足够的外汇储备用来偿还国际债务及购买关键性的进口物资，这对出口商是一个难题。货币的不可兑换意味着出口商得不到用本国货币支付的货款，很少有出口商愿意接受以一种不可兑换货币支付的货款，这个问题通常用对销贸易的方法来解决。对销贸易意味着签订一个或多个以货易货的协议，当货物不能用货币支付时，就采取以一些商品和劳务交换另一些商品和劳务的形式。

（二）加工贸易

1. 加工贸易的含义与性质

（1）加工贸易的含义

加工贸易是来料加工和来件装配的总称。来料加工（processing with customer's materials），是指外商提供原材料、辅料和包装物料等，由国内的承接方按外商提出的要求加工成成品并提交给对方，按双方约定的标准收取加工费的一种贸易方式。来件装配（assembling with customer's parts），是指由外商提供零部件、包装物料等，由国内承接方按外商要求装配成成品提交给对方，并按双方约定的收取加工费的一种贸易方式。

（2）对外加工装配业务的性质

加工贸易是一种委托加工的方式。外商将原材料、零部件等运交国内承接方，并未发生所有权转移。承接方只是作为受托人按照外商的要求，将原材料或零部件加工成为成品。加工过程中，承接方付出了劳动，获取的加工费用是劳动的报酬。因此，可以说加工贸易属于劳务贸易的一种形式，它是以商品为载体的劳务出口。

（3）加工贸易与进料加工的区别

加工贸易与从国外进口原材料加工成成品再出口的"进料加工"方式有相似之处。因为它们都是利用国内的劳动力和技术设备，都属于"两头在外"的加工贸易方式。但是，加工贸易与进料加工又有明显的区别，主要表现在：

①在进料加工中，原材料进口和成品出口是两笔不同的交易，均发生了所有权的转移，而且原材料供应者和成品购买者之间没有必然的联系。在加工贸易中，原材料运进和成品运出均未发生所有权的转移，它们均属于一笔交易，有关事项在同一个合同中加以规定。由于加工贸易属于委托加工，所以原材料供应者又是成品接受者。

②在进料加工中，国内承接方从国外购进原材料，由国内工厂加工成成品，使价值增值，再销往国外市场赚取由原材料加工为成品的附加价值，但国内承接方要承担国际市场销售的风险。在加工贸易中，由于成品交给外商自己销售，国内承接方无须承担风险，但是所能得到的也仅是一部分劳动力的报酬。因此，加工贸易的创汇一般低于进料加工。

2. 开展加工贸易应注意的事项

开展加工贸易已成为我国对外经济贸易合作的一种方式，为了有效地开展这项业务，需要注意下列事项：

（1）在开展这项业务时，必须要有全局观点，注意处理好与正常出口的关系。凡出口贸易有争客户、争市场的国家，应该少做或不做。

（2）要加强经济核算，注意经济效益。在决定加工费水平时，不仅要考虑本单位是否合算，同时要参照国际市场加工费水准进行核算，讲求效益，力求使我国企业的加工费标准既具有竞争性，又能为国家多创外汇。

五、国际租赁贸易

（一）国际租赁贸易的含义及特点

国际租赁贸易（international lease trade）是直接利用外资的一种灵活贸易方式，指出租人根据与承租人的租赁协议，以收取租金为代价，把物品交付给承租人在一定时期内使用的一种贸易方式。

国际租赁贸易一般由两个环节组成：首先是由出租人自筹资金或者从银行贷款，与供货人签订货物销售合同，购得符合承租人要求的机械设备，然后再由出租人与承租人签订租赁合同，将机械设备出租给承租人。

(二) 国际租赁方式

1. 国际金融租赁

又称国际融资租赁，根据规定，由出租人自己筹资或从银行贷款，从供货人处购得机器设备，再出租给承租人。它是国际租赁中使用最频繁，也是最基本的一种形式，适用于大型、高额的设备租赁。

2. 国际经营性租赁

又称服务性租赁。出租人批量购买租赁物，形成库存，而后出租给不特定的承租人（主要是中、短期承租人），并且由出租人提供设备的安装、保养、维修等服务。这种租赁方式主要适用于技术更换快，或短期使用，或需要专门技术保养的设备，如电子计算机、汽车、工程建筑设备等。

3. 国际平衡杠杆租赁

又称杠杆租赁。出租人自筹一部分资金（通常是20%～40%），同时向银行或者保险公司等金融机构贷款一部分资金发展起来的一种高级租赁业务，在美国和加拿大租赁市场上，使用得较多，主要适用于价格昂贵、使用寿命长的机械设备，例如，大型飞机、轮船、集装箱、卫星系统等。

4. 国际综合性租赁合同

国际租赁与贸易相结合，产生了一些综合性租赁合同，例如，国际租赁与加工装配相结合、国际租赁与补偿贸易相结合、国际租赁与包销相结合等国际租赁合同。这类国际综合性租赁主要适用于工业发达国家同发展中国家之间的租赁业务，它有利于发展中国家引进国外各种先进的技术和设备，而不必耗费外汇成本；同时，又可以扩大产品的销路，占领国际市场。

5. 国际直租、转租与回租租赁

（1）直接租赁。一般由资金实力较雄厚的租赁公司直接向生产厂商支付货款，购买机械设备，而后出租给承租人，并收取租金。直接租赁程序比较简单，只存在着出租人与承租人之间的租赁关系及出租人与厂商之间的买卖关系，承租人一般不与生产厂商发生关系。

（2）转租赁。出租人从生产厂商或租赁公司租进机械设备，再把机械设备转租给用户。

（3）回租。又称售后租回。拥有某项机械设备的所有人需要继续使用该项机械设备，但短期内资金周转发生困难，这时，所有人可以将自己的机械设备出售给租赁公司，再与租赁公司签订租赁合同，租回该项机械设备。采用这种方式，有利于资产流动性差的企业把固定资产转变为现金，而不影响原有的生产。

6. 真实租赁与租购

（1）真实租赁。指租赁期满后，承租人将租赁物退还给出租人的租赁形式，是一种名副其实的租赁。在英国、美国、德国等国家，由于真实租赁在税收方面真正享受租赁待遇，即税收优惠待遇，所以又称节税租赁。根据美国税制规定，真实租赁必须符合一定的条件，只有满足一定的条件，出租人才可以按照规定，获得加速折旧、投资优惠，以降低租金形式向承租人转让部分税收优惠，承租人支付的租金可以作为费用，从应纳税利润中扣除。

（2）租购。指租赁期满后，承租人以象征性价格购买租赁物，取得所有权的一种租赁形式。在英国、美国等国家，租购并不享有税收上的优惠，故又被称为非节税租赁。按照美国税制规定，租购必须满足一定的条件，例如，承租人按照名义价留购资产，或者承租人承担出租人投资损失的风险，或者租期实质上等于租赁资产的全部有效寿命，按照买卖交易对待，由承租人作为物主，享受折旧税收优惠和期末残值，其支付的租金不能作为费用从成本中扣除。

7. 总租

总租又称主租赁或开放租赁，主要适用于运输工具、计算机及附属设备的租赁。在这种租赁方式下，由租赁公司与承租人签订一份总租赁合同，承租人可以依照同样的租赁条件（租金除外），多次租用出租人提供的机械设备，而无须多次签约。租赁公司在整个租期内，有责任提供最先进的设备。租赁期差不多等同于机械设备的使用年限。

六、期货贸易

（一）期货贸易的概念

期货市场是指在一定时间和地点，按一定规章买卖特定商品的期货合同的有组织市场。在期货市场买卖的是代表一定商品数量的期货合同，这种交易称为商品期货贸易。期货贸易不同于商品贸易中的现货交易。众所周知，在现货交易的情况下，买卖双方可以以任何方式、在任何地点和时间达成实物交易，卖方必须交付实际货物，买方必须支付货款。而期货贸易则是在一特定期货市场上，即商品交易所内，按照交易所预先制定的标准期货合同进行的期货买卖，成交后买卖双方并不移交商品所有权。

（二）期货贸易的种类

期货贸易根据其交易的目的分为投机性交易和套期保值交易。

投机性交易是一种利用期货合同作为赌博的筹码，通过单纯的期货合同的买卖，来获取盈利的买空卖空活动。买空的投机者，在行情看涨时买进期货，等待价格实际上涨后获利抛出；卖空的投机者，在行情看跌时，卖出期货，等待价格实际下跌后买进；追逐价格涨跌变化的差额是一种纯投机活动。

套期保值交易，也叫"套头交易"或"双重交易"、"对冲交易"，是一种以转移价格发生不利变化风险为目的的交易。套期保值交易的基本做法是，在现货市场和期货市场同时进行两个等量而又方向相反的交易，即在买进（卖出）实物商品的同时，又在期货市场上卖出（买进）同等数量的期货交易合同，经过一段时间，当现货价格变动造成亏损或盈利时，可由期货交易上的盈利和亏损得到补偿或抵消，其目的是为了避免实货价格发生变化的风险，并不是为了赚取价格变动的利润。

第二节　国际贸易术语的含义与常用的价格术语

一、贸易术语的含义及作用

（一）含义

国际贸易术语是进出口商品价格的重要组成部分，是用几个英文字母的缩写来说明买卖双方有关费用、风险和责任的划分，确定卖方交货和买方接货方面的权利和义务。

（二）作用

贸易术语促进了国际贸易的发展，对于简化交易手续、缩短洽商时间和节约费用开支，有着重要的作用，着重解决以下五个问题：

（1）卖方在什么地方，以什么方式办理交货。

（2）货物发生损坏或灭失的风险何时由卖方转移给买方。

（3）由谁负责办理货物运输、保险以及通关过境手续。

（4）由谁承担办理上述事项时所需的各种费用。

（5）买卖双方需要交接哪些有关的单据。

二、国际贸易（术语）惯例的性质

交货地点不同，卖方承担的风险、责任和费用也不相同。如果双方约定，在出口国内的商品产地交货，卖方只需按约定时间和地点将货物备妥，买方则应自行安排运输工具将货物从交货地点运往最终目的地，并承担期间的一切风险、责任和费用。按这样条件成交，货价自然很低。反过来，如果采取在进口国内的约定地点交货的贸易术语成交，卖方要承担在指定目的地将货物实际交给买方之前的一切风险。并且要负责办理货物从产地到目的地的运输、保险以及通关过境的手续，提交规定的单据。同时还要承担与之相关的费用，货价自然也要高得多。可见，贸易术语首先直接关系到商品的价格构成，也关系到双方风险、责任、义务的划分，这也是许多人将贸易术语称为价格术语的原因。

国际商会、国际法协会等国际组织以及美国一些著名商业团体经过长期努力，分别制定了解释国际贸易术语的规则。这些规则在国际上被广泛采用，因而形成一般的国际贸易习惯做法，与贸易惯例是有区别的。国际贸易业务中反复实践的习惯做法只有经国际组织加以编撰与解释才成为国际贸易惯例。

国际贸易惯例性质：

（一）惯例本身不是法律，它对贸易双方不具有强制性，故买卖双方有权在合同中做出与某项惯例不符的规定。

（二）国际贸易惯例对贸易实践仍具有重要的指导作用。一方面，如果双方都同意采用某种惯例来约束该项交易，并在合同中做出明确规定时，那么这项约定的惯例就具有了强制性。另一方面，如果双方对某一问题没有做出明确规定，也未注明该合同适用某项惯例，在合同执行中发生争议时，受理该争议案的司法和仲裁机构也往往会引用某一国际贸易惯例进行判决或裁决。

三、关于贸易术语方面的国际贸易惯例

主要有以下三种：

（一）《1932 年华沙—牛津规则》

它是国际法协会专门为解释 CIF 合同而制定的。国际法协会于 1928 年在波兰首都华沙，开

会，制定了关于 CIF 买卖合同的统一规则，称之为《1928 年华沙规则》共包括 22 条。在 1930 年的纽约会议、1931 年的巴黎会议和 1932 年的牛津会议上，将此规则修订为 21 条，并更名为《1932 年华沙—牛津规则》，沿用至今。

（二）《1941 年美国对外贸易定义修订本》

它是由美国 9 个商业团体制定的。它最早于 1919 年在纽约制定，原称为《美国出口报价及其缩写条例》，后来于 1941 年在美国第 27 届全国对外贸易会议上对该条例做了修订，命名为《1941 年美国对外贸易定义修订本》。解释的贸易术语共有六种。

(1) EX（point of origin）：原产地交货价

(2) FAS（free Along side ship）：装运港船边交货价

(3) C&F（cost & freight）：成本加运费价

(4) CIF（cost insurance freight）：成本加保险费、运费价

(5) EX Dock：目的港码头交货价

(6) FOB（free on board）：运输工具上交货价

（注意：上述 FAS、FOB 与国际商会中的这两种术语不同）

（三）《国际贸易术语解释通则》

《国际贸易术语解释通则》（简称《通则》）缩写形式为 INCOTERMS，它是国际商会为了统一对各种贸易术语的解释而制定的。最早的《通则》产生于 1936 年，后来为适应国际贸易业务发展的需要，国际商会先后进行过多次修改和补充。

最新修订的 INCOTERMS 2010 即《2010 年通则》于 2010 年 9 月 27 日国际商会在巴黎全球发布，是国际商会根据近 10 年的变化和国际贸易发展的需要，在《2000 年通则》的基础上修订产生的，并于 2011 年 1 月 1 日起生效。但是 INCOTERMS 2010 实施之后并非 INCOTERMS 2000 就自动作废。因为国际贸易惯例本身不是法律，对国际贸易当事人不产生必然的强制性约束力。国际贸易惯例在适用的时间效力上并不存在"新法取代旧法"的说法。

相对于 INCOTERMS 2000，INCOTERMS 2010 主要变化如下：

1. 术语分类的调整：由原来的 EFCD 四组分为适用于两类：适用于各种运输方式和水运。

第一组：适用于任何运输方式的术语七种：EXW、FCA、CPT、CIP、DAT、DAP、DDP。

EXW（ex works）　　　　　　　　工厂交货

FCA（free carrier）　　　　　　　货交承运人

CPT（carriage paid to）　　　　　运费付至目的地

CIP（carriage and insurance paid to）　运费/保险费付至目的地

DAT（delivered at terminal）　　目的地或目的港的集散站交货

DAP（delivered at place）　　　目的地交货

DDP（delivered duty paid）　　完税后交货

第二组：适用于水上运输方式的术语四种：FAS、FOB、CFR、CIF。

FAS（free alongside ship）　　　　装运港船边交货

FOB（free on board）　　　　　　装运港船上交货

CFR（cost and freight）　　　　　　　成本加运费

CIF（cost insurance and freight）　　　成本、保险费加运费

2. 贸易术语的数量由原来的 13 种变为 11 种。

《2010 年国际贸易术语解释通则》删去了《2000 年国际贸易术语解释通则》4 个术语：DAF（delivered at frontier）边境交货、DES（delivered ex ship）目的港船上交货、DEQ（delivered ex quay）目的港码头交货、DDU（delivered duty unpaid）未完税交货，新增了 2 个术语：DAT（delivered at terminal）在指定目的地或目的港的集散站交货、DAP（delivered at place）在指定目的地交货。即用 DAP 取代了 DAF、DES 和 DDU 三个术语，DAT 取代了 DEQ，且扩展至适用于一切运输方式。

3. 修订后的《2010 年国际贸易术语解释通则》取消了"船舷"的概念，卖方承担货物装上船为止的一切风险，买方承担货物自装运港装上船后的一切风险。在 FAS，FOB，CFR 和 CIF 等术语中加入了货物在运输期间被多次买卖（连环贸易）的责任义务的划分。考虑到对于一些大的区域贸易集团内部贸易的特点，规定，INCOTERMS 2010 不仅适用于国际销售合同，也适用于国内销售合同。

此外，《2010 年通则》在文字上还是做了一些修改，为了让买卖双方、保险人及其他当事方更准确地使用新通则，新通则增加了大量的指导性解释以及图示、电子交易程序的适用、在国内适用贸易术语的建议等内容。

四、常用的价格术语

（一）FCA 术语

1. FCA 的含义

FREE CARRIER（…named place）——货交承运人（……指定地）是指卖方必须在合同规定的交货期内在指定地或地点将经出口清关的货物交给买方指定的承运人监管，并负担货物被交由承运人控制为止的一切费用和货物灭失或损坏的风险。该术语适用于各种运输方式，包括多式联运。

2. 买卖双方义务

（1）卖方义务

①在合同规定的时间、地点，将合同规定的货物置于买方指定的承运人控制下，并及时通知买方。

②承担将货物交给承运人控制之前的一切费用和风险。

③自负风险和费用，取得出口许可证或其他官方批准证件，并办理货物出口所需的一切海关手续。

④提交商业发票或具有同等作用的电子信息，并自费提供通常的交货凭证。

（2）买方义务

①签订从指定地点承运货物的合同，支付有关的运费，并将承运人名称及有关情况及时通知卖方。

②根据买卖合同的规定受领货物并支付货款。

③承担受领货物之后所发生的一切费用和风险。

④自负风险和费用，取得进口许可证或其他官方证件，并且办理货物进口所需的海关手续。

3. 使用 FCA 术语应注意的问题

（1）关于承运人、交货点和装卸货物的责任划分问题

在 FCA 条件下通常是由买方安排承运人，与其订立运输合同，并将承运人的情况通知卖方。该承运人可以是拥有运输工具的实际承运人，也可以是运输代理人或其他人。

（2）FCA 条件下风险转移的问题

在采用 FCA 术语成交时，买卖双方的风险划分是以货交承运人为界。这在海洋运输以及陆运、空运等其他运输方式下，均是如此。但由于 FCA 与 F 组其他术语一样，通常情况下是由买方负责订立运输契约，并将承运人名称及有关事项及时通知卖方，卖方才能如约完成交货义务，并实现风险的转移。而如果买方未能及时给予卖方上述通知，或者他所指定的承运人在约定的时间内未能接受货物，其后的风险是否仍由卖方承担呢？《通则》的解释是，自规定的交付货物的约定日期或期限届满之日起，由买方承担货物灭失或损坏的一切风险，但以货物已被划归本合同项下为前提条件。可见，对于 FCA 条件下，风险转移的界限问题也不能简单片面地理解为一概于交承运人处置货物时转移。虽然在一般情况下，确实是在货交承运人时，风险由卖方转移给买方，但如果由于买方的原因，使卖方无法按时完成交货义务，只要货物已被特定化，那么风险转移的时间可以前移。此说明也适用于其他由买方负责运输的贸易术语。

（3）有关责任和费用的划分问题

按照 FCA 术语成交，一般是由买方自行订立从指定地点承运货物的合同，但是，如果买方有要求，并由买方承担风险和费用的情况下，卖方也可以代替买方指定承运人并订立运输合同。当然，卖方也可以拒绝订立运输合同。如果拒绝，应立即通知买方，以便买方另行安排。

在 FCA 条件下，买卖双方承担的费用一般也是以货交承运人为界进行划分，即卖方负担货物交给承运人控制之前的有关费用，买方负担货交承运人之后的各项费用。但是，在一些特殊情况下，买方委托卖方代办一些本属自己义务范围内的事项所产生的费用，以及由于买方的过失所引起的额外费用，均应由买方负担。

（二）CPT 术语

1. CPT 术语的含义

指卖方负责订立货物运输合同并支付货物运至指定目的地的运费，在货物被交由承运人控制时，货物灭失或损坏的风险，以及由于发生事件而引起的任何额外费用，即从卖方转移至卖方。

2. 买卖双方的义务

（1）卖方的义务

①订立将货物运往指定目的地的运输合同，并支付有关运费。

②在合同规定的时间、地点，将合同规定的货物置于承运人控制之下，并及时通知买方。（货交承运人）

③承担将货物交给承运人控制之前的风险。

④自负风险和费用，取得出口许可证或其他官方批准证件，并办理货物出口所需的一切海

关手续，支付关税及其他有关费用。

⑤提交商业发票和自费向买方提供在约定目的地提货所用的通常的运输单据，或具有同等作用的电子信息。

（2）买方义务

①接受卖方提供的有关单据，受领货物，并按合同规定支付货款。

②承担自货物在约定交货地点交给承运人控制之后的风险。

③自负风险和费用，取得进口许可证或其他官方证件，并办理货物进口所需的海关手续，支付关税及其他有关费用。

3. 使用 CPT 术语应注意的问题

①风险划分的界限问题

按照 CPT 术语成交，虽然卖方要负责订立从起运地到指定目的地的运输契约，并支付运费，但是卖方承担的风险并没有延伸至目的地。按照《通则》的解释，货物自交货地点至目的地的运输途中的风险由买方承担而不是卖方承担，卖方只承担货物交给承运人控制之前的风险。在多式联运情况下，卖方承担的风险自货物交给第一承运人控制时即转移给买方。

②责任和费用的划分问题

采用 CPT 术语时，买卖双方要在合同中规定装运期和目的地，以便于卖方选定承运人，自费订立运输合同，将货物运往指定的目的地。卖方将货物交给承运人之后，应向买方发出货已交付的通知，以便于买方在目的地受领货物。如果双方未能确定目的地买方受领货物的具体地点，卖方可以在目的地选择最适合其要求的地点。

按 CPT 术语成交，卖方只是承担从交货地点到指定目的地的正常运费。正常运费之外的其他有关费用，一般由买方负担。货物的装卸费可以包括在运费中，统一由卖方负担，也可以由双方在合同中另行规定。

③CPT 与 CFR 的异同点

CPT 与 CFR 有相似之处，这主要表现在它们都是风险转移在先、责任费用转移在后。卖方承担的风险都是在交货地点随着交货义务的完成而转移。但卖方都要负责安排自交货地至目的地的运输，负担运费，并在价格构成中体现出来。另外，按这两种术语成交的合同，都属于装运合同，卖方只需保证按时交货，并不保证按时到货。

CPT 与 CFR 的不同之处在于 CFR 只适用于水上运输方式，因此交货地点只能是在装运港，CPT 适用于各种运输方式，交货地点根据运输方式的不同，由双方加以约定。CFR 条件下，风险划分以装运港船舷为界；CPT 则以货交承运人为界。另外，在不同术语下，因运输方式、交货地点的不同，卖方承担的责任、费用以及需提交的单据等也自然不同。

（三）CIP 术语

1. CIP 的含义

CARRIAGE AND INSURANCE PAID TO（... named place of destination）——运费、保险费付至（……指定目的地），是指卖方负责订立货物运输合同与货运保险合同并支付货物运至目的地的运费和保险费，在货物被交由承运人控制时，货物灭失或损坏的风险，以及由于发生各种事件而引起的任何额外费用，即从卖方转移至买方。该术语适用于各种运输方式，包括多式联运。

2. 买卖双方的义务

（1）卖方的义务：

①订立将货物运往指定目的地的运输合同，并支付有关运费。

②在合同规定的时间、地点，将合同规定的货物置于承运人的控制之下，并及时通知买方。（货交承运人）

③承担将货物交给承运人控制之前的风险。

④按照买卖合同的约定，自负费用投保货物运输险。

⑤自负风险和费用，取得出口许可证或其他官方批准证件，并办理货物出口所需的一切海关手续，支付关税及其他有关费用。

⑥提交商业发票和在约定目的地提货所用的通常的运输单据或具有同等作用的电子信息，并且自费向买方提供保险单据。

（2）买方义务

①接受卖方提供的有关单据，受领货物，并按合同规定支付货款。

②承担自货物在约定地点交给承运人控制之后的风险。

③自负风险和费用，取得进口许可证或其他官方证件，并且办理货物进口所需的海关手续，支付关税及其他有关费用。

3. 使用 CIP 术语应注意的问题

①正确理解风险和保险问题。按 CIP 术语成交的合同，卖方要负责办理货运保险，并支付保险费，但货物从交货地运往目的地的运输途中的风险由买方承担。所以，卖方的投保仍属于代办性质。一般情况下，卖方要按双方协商确定的险别投保，而如果双方未在合同中规定应投保的险别，则由卖方按惯例投保最低的险别，保险金额一般是在合同价格的基础上加成 10%。

②合理确定价格。与 FCA 相比，CIP 条件下卖方要承担较多的责任和费用。卖方要负责办理从交货地至目的地的运输，承担有关运费；办理货运保险，并支付保险费。这些都应反映在货价之中。所以，卖方对外报价时，要认真核算成本和价格。在核算时，应考虑运输距离、保险险别、各种运输方式和各类保险的收费情况，并要预计运价和保险费的变动趋势等。从买方来讲，也要对卖方的报价进行认真分析，做好比价工作，以免接受不合理的报价。

③了解 CIP 与 CIF 的区别。

CIP 与 CIF 有很多相同点，这表现在，它们的价格构成中都包括了通常的运费和约定的保险费。这是卖方都要承担的。另外 CIP 和 CIF 合同均属于装运合同。风险转移和责任费用的转移问题都是分离的。

CIP 与 CIF 的不同点，主要是适用的运输方式。CIF 仅适用于水上运输方式，而 CIP 则适用于包括多式联运在内的各种运输方式。其交货地点、风险划分界限以及有关责任和费用的划分自然因运输方式不同而存在差异。例如，在办理货运保险、支付保险费用方面，CIF 只办理水上运输险，而 CIP 货运险可能要包括各种运输险（多式联运情况下），而不仅仅是水上运输险。

（四）FOB 术语

1. FOB 的含义

FREE ON BOARD（…named port of shipment）——装运港船上交货（……指定装运港）是指卖方必须在合同规定的装运期内在指定的装运港将货物交至买方指定的船上，并负担货物装上船为止的一切费用和货物灭失或损坏的风险。买方则承担货物装上船后的一切责任、费用和货物灭失或损坏的风险。本术语只适用于海运和内河运输。

2. 买卖双方的义务

（1）卖方义务

①在合同规定的时间和装运港口，将合同规定的货物交到买方指派的船上，并及时通知买方。

②承担货物交至装运港船上之前的一切费用和风险。

③自负风险和费用，取得出口许可证或其他官方批准证件，并且办理货物出口所需的一切海关手续。

④提交商业发票和自费提供证明卖方已按规定交货的清洁单据，或具有同等作用的电子信息。

（2）买方义务

①订立从指定装运港口运输货物的合同，支付运费，并将船名、装货地点和要求交货的时间及时通知卖方。

②根据买卖合同的规定受领货物并支付货款。

③承担自装运港装上船之后所发生的一切费用和风险。

④自负风险和费用，取得进口许可证或其他官方证件，并办理货物进口所需的海关手续。

3. 常见的 FOB 术语变形

FOB liner terms（FOB 班轮条件），指装船费用如同以班轮运输那样，由支付运费的一方（即买方）负担。

FOB under tackle（FOB 吊钩下交货），指卖方将货物置于轮船吊钩可及之处，从货物起吊开始的装货费用由买方负担。

FOB stowed（FOB 并理舱（即并且包括理舱的意思），缩写：FOBS），指卖方负担将货物装入船舱并支付包括理舱费在内的装货费用。理舱费是指货物入舱后进行安置和整理的费用。

FOB trimmed（FOB 并平舱，缩写：FOBT），指卖方负担将货物装入船舱并支付包括平舱费在内的装货费用。平舱费是指对装入船舱的散装货物进行平整所需的费用。

FOB stowed and trimmed（FOB 并理舱和平舱，缩写：FOBST），指卖方负担包括理舱费和平舱费在内的各项装船费用。

值得注意，以上关于 FOB 术语变形的解释系根据我国和其他国家在国际贸易实践中的通常理解和应用所做出的，国际上对此并无统一和权威性的解释。因此，在实际业务中，除非买卖双方对有关贸易术语变形的含义有一致的理解，否则，在使用贸易术语变形时，必须在合同中明确规定卖方所需承担的额外义务，以免事后发生争议。

（五）CFR 术语

1. CFR 的含义

COST AND FREIGHT（…named port of destination）——成本加运费（……指定目的港）是指卖方必须在合同规定的装运期内在装运港将货物交至运往指定目的港的船上，承担货物越过船舷为止的货物灭失或损坏的一切风险以及由于各种事件造成的任何额外费用，负责租船订舱，支付从装运港到目的港的正常运费，并自费办理出口通关手续。但交货后货物灭失或损坏的风险，以及由于发生各种事件而引起的任何额外费用，自卖方转移至买方。本术语只适用于海运和内河运输。

2. 买卖双方的义务

（1）卖方义务

①签订从指定装运港将货物运往约定目的港的合同；在买卖合同规定的时间和港口，将合同要求的货物装上船并支付至目的港的运费；装船后及时通知买方。

②承担货物在装运港越过船舷之前的一切费用和风险。

③自负风险和费用，取得出口许可证或其他官方证件，且办理货物出口所需的一切海关手续。

④提交商业发票，及自费向买方提供为买方在目的港提货所用的通常的运输单据，或具有同等作用的电子信息。

（2）买方义务

①接受卖方提供的有关单据，受领货物，并按合同规定支付货款。

②承担货物在装运港装上船以后的一切风险。

③自负风险和费用，取得进口许可证或其他官方证件，并且办理货物进口所需的海关手续，支付关税及其他有关费用。

3. 采用 CFR 术语应注意的问题

（1）关于装船通知的重要性问题

按 CFR 术语订立合同，需特别注意的是装船通知问题。因为，在 CFR 术语下，卖方负责租船订舱并将货物装上船，买方负责办理货物运输保险，货物装上船后可能遭受灭失或损坏的风险已由卖方转移给买方。因此，在货物装上船前，即风险转移至买方前，卖方必须及时充分向买方发出装船通知，以便买方及时向保险公司办妥保险。这是 CFR 合同中一个至关重要的问题。

（2）关于卸货费用的负担问题

在 CIF 术语一节中述及的关于租船订舱的责任和在目的港卸货费用负担的问题，同样适用于 CFR 术语。为明确卸货费用负担，也可采用 CFR 术语的变形，例如：CFR 班轮条件（CFR tiner liner terms）、CFR 舱底交货（CFR ex ship's Hold）、CFR 吊钩交货（CFR ex tackle）和 CFR 卸到岸上（CFR landed）。上述 CFR 术语的各种变形，在关于明确卸货费用负担的含义方面，与前述 CIF 术语变形中所说明的是相同的。

需要说明的是，以上各 FOB、CFR、CIF 贸易术语变形，除买卖双方另有约定者外，其作用通常仅限于明确或改变买卖双方在费用负担上的划分，而不涉及或改变风险的划分。若要涉及后者，必须经得双方同意，并在合同中另行订明。

还须强调指出，只有在买卖双方对所使用的贸易术语变形的含义有一致理解的前提下，才能在交易中使用这些术语变形。

（六）CIF 术语

1. CIF 的含义

COST，INSURANCE AND FREIGHT（…named port of destination）——成本加保险费、运费（……指定目的港）是指卖方必须在合同规定的装运期内在装运港将货物交至运往指定目的港的船上，承担货物装上船为止的一切货物灭失或损坏的风险以及由于各种事件造成的任何额外费用，负责租船订舱，办理货运保险，支付从装运港到目的港的正常运费以及保险费，并自费办理出口通关手续。但交货后货物灭失或损坏的风险，以及由于发生各种事件而引起的任何额外费用，自卖方转移至买方。本术语只适用于海运和内河运输。

在我国，有人曾误称 CIF 为"到岸价"，这容易引起误解而导致工作中不应有的损失。其实，按 CIF 条件成交时，卖方仍是在装运港完成交货，卖方承担的风险，也是在装运港货物装上船为止的风险，装船后的风险仍由买方承担；货物装船后产生的除正常运费、保险费以外的费用，也要由买方承担；CIF 条件下的卖方，只要提交了约定的单据，就算完成了交货义务，并不保证把货物按时送到对方港口。因此，CIF 合同的性质仍属装运合同而非到达合同。

2. 买卖双方的义务

（1）卖方的义务

①签订从指定装运港承运货物的合同；在合同规定的时间和港口，将合同要求的货物装上船并支付至目的港的运费；装船后须及时通知买方。

②承担货物在装运港装上船之前的一切费用和风险。

③按照买卖合同的约定，自负费用办理水上运输保险。

④自负风险和费用，取得出口许可证或其他官方批准证件，并办理货物出口所需的一切海关手续。

⑤提交商业发票和在目的港提货所用的通常的运输单据或具有同等作用的电子信息，并且自费向买方提供保险单据。

（2）买方义务

①接受卖方提供的有关单据，受领货物，并按合同规定支付货款。

②承担货物在装运港装上船之后的一切风险。

③自负风险和费用，取得进口许可证或其他官方证件，并且办理货物进口所需的海关手续。

3. 使用 CIF 术语应注意的问题

第一，保险险别问题。在 CIF 条件下，保险应由卖方负责办理，但对应投保的具体险别，各国的惯例解释不一。因此，买卖双方应根据商品的特点和需要，在合同中具体订明。（1）如果合同中未作具体规定，则应按有关惯例来处理。按照《通则》对 CIF 的解释，卖方只需投保最低的险别。（2）如买方要求投保战争险，一般都应由买方自费投保，卖方代为投保时，费用仍由买方负担。（3）卖方实质上是为买方利益办理的投保手续，因此投保何种险别，双方应尽量商量确定。

第二，租船订舱问题。依照对 CIF 贸易术语的一般解释，卖方应按通常的条件及惯驶的航线，租用通常类型的船舶。因此，除非买卖双方另有约定，对于买方提出的关于限制载运要求，卖方均有权拒绝接受。但在外贸实践中，为发展出口业务，考虑到某些国家的规定，如买方有要求，在能办到而又不增加额外费用情况下，也可考虑接受。

第三，卸货费用问题。对此各国港口有不同的惯例，有的港口规定由船方负担，有的港口规定由收货人负担，等等。一般来讲，如使用班轮运输，班轮管装管卸，卸货费已包括在运费之内。大宗货物的运输要租用不定期轮船，故买卖双方应明确卸货费用由何方负担并在合同中订明，以免日后发生纠纷。明确卸货费用由谁负担的方法是在 CIF 贸易术语后面加列各种附加条件，这样，就形成了如下几种变形：

（1）CIF liner terms（班轮条件）

这一变形是指卸货费用按照班轮的做法来办，即买方不负担卸货费，而由卖方或船方负担。

（2）CIF landed（CIF 卸至码头）

这一变形是指由卖方承担将货物卸至码头上的各项有关费用，包括驳船费和码头费。

（3）CIF EX TACKLE（吊钩下交接）

这一变形是指卖方负责将货物从船舱吊起卸到船舶吊钩所及之处（码头上或驳船上）的费用。在船舶不能靠岸的情况下，租用驳船费用和货物从驳船卸至岸上的费用，概由买方负担。

（4）CIF ex ship's hold（CIF 舱底交接）

按此条件成交，货物运达目的港在船上办理交接后，自船舱底起吊直至卸到码头的卸货费用，均由买方负担。

CFR 与 CIF 的不同之处，仅在于 CFR 的价格构成因素中不包括保险费，故卖方不必代办保险，而由买方自行投保并支付保险费。除此之外，买卖双方所负的责任、费用和风险，以及货物所有权的转移，两者是完全相同的。因此有人称 CFR 是 CIF 的一种变形。所以，在使用 CIF 术语时应注意的问题中，如租船或订舱、卸货费用负担，以及为解决卸货费用负担问题而产生的各种变形，也同样适用于 CFR。

第四：象征性交货问题：象征性交货（symbolic delivery）

是针对实际交货（physical delivery）而言的。前者指卖方只要按期在约定地点完成装运，并向买方提交合同规定的包括物权凭证在内的有关单证，就算完成了交货义务，无须保证到货。后者则指卖方要在规定的时间和地点，将符合合同规定的货物提交给买方或其指定人，而不能以交单代替交货。

例如：我方按 CIF"卸到岸上"条件对外出口，并按规定提交了全套符合要求的单据，货轮在航行途中触礁沉没，货物全部灭失，买方闻讯以"卖方需将货物运到目的港并安全卸到岸上才算完成交货任务"为由拒付货款。请分析买方拒付的理由是否合理？我方应如何处理？

第三节　交易磋商与合同订立

一、交易磋商的形式与内容

交易磋商（business negotiation）是指买卖双方以买卖某种商品为目的而通过一定的程序就

交易的各项条件进行洽商并最终达成交易的全过程。

（一）交易磋商的形式

有口头和书面两种。

（二）交易磋商的内容

1. 主要交易条件：一般包括货物的品名、品质、数量、包装、价格、交货和支付条件七项内容。

2. 一般交易条件（general terms and conditions）。是指由出口商为出售或进口商为购买货物而拟订的对每笔交易都适用的一套共性的交易条件。出口商所拟订的一般交易条件，有的称为"一般销售条件"（general conditions of sales）；进口商所拟订的一般交易条件，有的称为"一般购货条件"（general conditions of purchase）或"订购条件（conditions of order）。

二、交易磋商的一般程序

每一笔交易磋商的程序不完全相同，但一笔交易的洽商。从开始联系到达成交易，不外乎以下四个环节：询盘、发盘、还盘、接受。

（一）询盘（inquiry）

询盘，又称询价。是指交易的一方当事人欲洽购或推销某种商品而向对方表示的意愿，或就有关交易条件而提出的询问。可只询问价格，也可询问其他一项或几项交易条件直至要求对方发盘。它要求文字简洁明了，开门见山。

例："报 100 公吨东北大豆的最低价。"

QUOTE US YOUR LOWEST PRICE FOR 100M/T RTHEAST SOYBEAN。

询盘对于询盘人和被询问人均无法律上的约束力，而且不是每笔交易磋商所必经的步骤，但它往往是交易的起点，受盘方应抓住每一有利的贸易机会积极回复对方的询盘。但同时也应注意比较鉴别，因为询盘往往被一方用作调查研究，摸清市场行情、刺探竞争企业商业秘密的一种手段。

（二）发盘（offer）

发盘的含义：发盘又称发价，在法律上称为要约，是买方或卖方向对方提出各项交易条件，并愿意按照这些条件达成交易，订立合同的一种肯定的表示。发盘的一方称为发盘人，受盘的一方称为受盘人。在实际业务中，发盘通常是一方在收到对方的询盘之后提出的，但也可不经过对方询盘而直接向对方发盘。发盘人可以是卖方，也可以是买方。前者称为"售货发盘"；后者称为"购货发盘"，习惯上称之为"递盘"（BID）。一项发盘在其内容上，要求做到明确、完整和终结。

发盘在其有效时限内，发盘人不得任意撤销或修改其内容，发盘一经对方在有效时限内表示无条件的接受，发盘人将受其约束，并承担按照发盘条件与对方订立合同的法律责任。

例：中国某对外工程承包公司拟在中东投标一工程。1990 年 5 月 1 日向意大利商人询盘钢材价格，说明是为了投标用，并注明 5 月 31 日开标。意大利商人 5 月 5 日即发盘，未注明有效期。发盘之后钢材市场价格上涨，意大利商人来电撤盘。中方回电因尚未开标，拒绝了这一请求。5 月 31 日开标，中方中标，遂要求意大利商人履约。试问意大利商人是否应履约？

（三）还盘

还盘（counter-offer），又称还价，是受盘人对发盘内容不完全同意而提出修改或变更的表示。还盘既是受盘人对发盘的拒绝，也是受盘人以发盘人的地位所提出的新发盘。一方的发盘经对方还盘以后即失去效力，除非得到原发盘人同意，受盘人不得在还盘后反悔，再接受原发盘。

对还盘作再还盘，实际上是对新发盘的还盘。

1. 受盘人的答复若实质上变更了发盘条件，就构成还盘。

《联合国国际货物销售合同公约》，简称《公约》规定：受盘人对货物的价格、付款、品质、数量、交货时间与地点、一方当事人对另一方当事人的赔偿责任范围或解决争端的办法等提出添加或更改均视为实质性变更发盘条件。

《公约》规定：受盘人对货物的价格、付款、品质、数量、交货时间与地点、一方当事人对另一方当事人的赔偿责任范围或解决争端的办法等提出添加或更改均视为实质性变更发盘条件。

案例：我某公司向美国 A 公司发盘出售一批大宗商品，对方在发盘有效期内复电表示接受，同时指出："凡发生争议，双方应通过友好协商解决；如果协商不能解决，应将争议提交中国国际经济贸易仲裁委员会仲裁。"第三天，我方收到 A 公司通过银行开来的信用证。因获知该商品的国际市场价格已大幅度上涨，我公司当天将信用证退回，但 A 公司认为其接受有效，合同成立。双方意见不一，于是提交仲裁机构解决。试问：如果你是仲裁员，你将如何裁决？

2. 对发盘表示有条件的接受也是还盘的一种形式，如答复中附有"待最后确认为准"等字样。

3. 受盘人还盘后又接受原来的发盘，合同不成立。

案例：我某公司于 5 月 20 日以电传发盘，并规定"限 5 月 25 日复到"。国外客户于 5 月 23 日复电至我方，要求将即期信用证改为远期见票后 30 天。我公司正在研究中，次日又接到对方当天发来的电传，表示无条件接受我 5 月 20 日的发盘。问此笔交易是否达成？

（四）接受

acceptance 一词法律上称"承诺"业务上叫"接受"。是指买方或卖方同意对方在发盘（或还盘）中提出的交易条件，并愿意按订立合同的一种肯定的表示。

一方的发盘经另一方接受。交易即告达成，合同即告订立；双方就应分别履行其所承担的合同义务。

表示接受。一般用"接受"（Accept），"同意"（agree）和"确认"（confirm）等词语，在通常情况下，只需简单列明"你方×日电我接受（或确认）"即可。而不必重复列出有关的交易条件。但是，有些交易由于磋商进程较长，来往函电较多，为避免误解和差错，可将最后商订的交易条件重复一遍。

三、发盘、接受的法律规则及运用

（一）接受的法律规则及其应用

1. 构成发盘的条件。由于发盘在法律上构成一项要约，并对发盘人具有约束力，因此，作为一项有法律效力的发盘，必须具备一定的条件，即构成发盘的条件。一项发盘的构成必须具备以下四个条件：

（1）一个或一个以上特定的人发出发盘。该特定的人可以是一个或一个以上的自然人或法人。《公约》第十四条第二款明确规定："非向一个或一个以上特定的人提出的建议，仅视为邀请做出报价，除非提出建议的人明确表示相反的意向。"因此，不指定受盘人的发盘，只能构成"发盘的邀请"（invitation to offer）。例如，国际性的公开招标行为，只能构成邀请投标人进行发盘的行为。

（2）表明在得到接受时承受约束的意旨。发盘必须表明严肃的订约意旨，即发盘应该表明发盘人在得到接受时，将按发盘的条件承担与受盘人订立合同的法律责任。这种意旨可以用"发盘"、"递盘"等术语和语句加以表明，也可不使用上述或类似术语和语句，而按照当时谈判情形，当事人之间以往的业务交往情况或双方已有的习惯做法来确定。

（3）内容必须"十分确定"（sufficiently definite）。发盘人提出的交易条件必须十分确定。《公约》第十四条第一款中规定："一个建议如果写明货物并且明示或暗示地规定数量和价格或规定如何规定数量和价格。即为十分确定。"因此，所谓"十分确定"在实际业务中具体体现在以下三个方面：①提出的交易条件是完整的。根据《公约》的上述规定，一项发盘所列的交易条件，只要包括货物、数量和价格，即构成完整性。②提出的交易条件是明确的，不能是含糊的、模棱两可的。③一项确定的发盘，还要求它必须是终局的，没有任何保留条件或限制性条件。

（4）送达受盘人。一项发盘要能生效，必须送达受盘人。发盘送达盘人的时间也就是发盘生效的时间。如果发盘人以某种方式，例如电报或信函，向受盘人发盘，而发盘在传递途中遗失，以至于受盘人未能收到，那么该发盘不能生效。

2. 发盘的有效期。发盘的有效期是指可供受盘人对发盘做出接受的期限。《公约》第十八条第二款规定：如果对发盘"表示同意的通知在发价人所规定的时间内，（如未规定时间，在一段合理的时间内）未曾送达发价人，接受就成为无效，但须适当地考虑到交易的情况，包括发价人所使用的通信方法的迅速程度。对口头发价必须立即接受，但情况有别者不在此限。"因此，任何发盘都有有效期，但有效期的规定方法。则有以下三种情况。

（1）发盘中明确规定具体的有效期。

无论是规定最迟的期限，还是规定答复的期间，如果在允许表示接受的期间遇有节假日，《公约》第二十条第二款规定："在计算接受期间时，接受期间内的正式假日或非营业日应计算在内。但是，如果接受通知在接受期间的最后一天未能送到发价人地址，因为那天发价人营业地是正式假日或非营业日，则接受期间应顺延至下一个营业日。"

（2）发盘中未规定具体有效期。

发盘中未规定具体有效期，并不意味着该发盘没有有效期。根据《公约》第十八条规定：受盘人必须在合理时间内做出表示，否则接受无效。尽管法律上有这种合理时间的规定，但由于合理时间的长短较容易引起争议，所以在实际业务中还是以规定明确具体的期限为好。

（3）口头发盘。按《公约》规定，原则上要求"立即接受"，如果当事人另有约定，则不在此限。

3. 发盘的撤回和撤销。《公约》第十五条第二款规定，发盘在未被送达受盘人之前，如发盘人改变主意，得予撤回。但发盘人必须将撤回通知于发盘送达之前或同时送达受盘人。对于发盘的撤回各国法律解释不尽相同，概括起来，主要有以下三种：

第一种，英美法系国家的法律认为，就发盘能否撤销而言，发盘原则上对发盘人没有约束力，发盘在被受盘人接受前，发盘人可予以撤销，即使发盘中规定了有效期，在有效期内发盘人仍可予以撤销，除非是受盘人已付出某种"对价"的发盘以及由发盘人签字蜡封的发盘。

第二种，大陆法系国家的法律认为，发盘对发盘人具有约束力，发盘生效后，原则上发盘人不得撤销该发盘。其中法国法律规定：发盘人在发盘有效期内欲撤销发盘的，必须负损害赔偿责任；德国法律则明确规定在发盘有效期内，发盘人不得撤销或变更其发盘。

第三种，《公约》为了弥合两大法系在发盘撤销问题上的分歧，在第十六条中规定：已为受盘人收到的发盘，如果撤销的通知在受盘人发出接受通知前送达受盘人，可以撤销。但在下列情况下不得撤销：①发盘是以规定有效期或以其他方式表明为不可撤销的；②受盘人有理由信赖该项发盘是不可撤销的，并已本着对该发盘的信赖采取了行动。

4. 发盘的终止即发盘的失效。一项已生效的发盘，在发生下列情况后，将失去效力，即解除对发盘人的约束力。

（1）过了发盘的有效期。即超过发盘规定的有效期，或发盘未规定有效期时，超过了合理时间，发盘人仍未收到受盘人的答复。

（2）被发盘人撤销，即允许撤销的发盘，被发盘人在受盘人表示接受前终止了其效力。

（3）被受盘人拒绝或还盘，即受盘人对发盘做出了拒绝或还盘的答复。即使原定有效期限尚未届满，发盘也立即失效。

（4）发盘还可因出现了某些特定情况，按有关法律的适用而终止。如：①发盘人在发盘被接受前丧失了行为能力或正式宣告破产并将有关破产的书面通知送达受盘人；②特定的或独一无二、不可替代的标的物被毁灭；③发盘中的商品被政府宣布禁止出口或进口等。在以上任一情况下，发盘将依法而终止有效。

5. 区分发盘和发盘的邀请。发盘是一项肯定的订约建议。它具备构成发盘的四项条件，特别是"表明在得到接受时承受约束的意旨"和"内容十分确定"这两项条件。而发盘的邀请则是一项不肯定的订约建议。是指交易的一方打算购买或出售某种商品，向对方询问买卖该项商品的有关交易条件（即询盘），或者就该项交易提出带有保留条件的建议，它不具备构成发盘所必需的四项条件，特别是它不具备前述两项条件。

（二）接受的法律规则及其应用

1. 构成接受的条件。一项有效的接受条件必须具备以下条件：

（1）接受必须由指定的受盘人做出。该指定的受盘人包括其本人及其授权的代理人。如果是由第三方向并向发盘人做出了接受的表示，该接受对盘人也无约束力，接受无效，不能据以成立合同。

（2）接受必须在发盘的有效期内做出，并送达发盘人。任何发盘都有有效期，因此，受盘人必须在发盘规定的有效期内（若发盘未规定具体有效期，则在"合理时间内"做出接受表示并送达发盘人。在发盘的有效期过后才到达发盘人的接受，构成逾期接受（late acceptance）逾期接受在法律上构成一项新的发盘或发盘人可拒绝的接受。

（3）接受必须表示出来。《公约》第十八条第一款规定："缄默或不行动本身不等于接受。"因此，接受必须由受盘人以一定的方式表示出来。但对于要求以书面形式才能达成协议的国家（包括我国），接受必须以书面形式做出。

（4）接受的内容必须与发盘内容完全一致。接受是受盘人愿意按照发盘的内容与发盘人达成交易的意思表示。因此，接受内容应当与发盘内容完全一致。

2. 有条件接受的效力。《公约》第十九条规定："①对发价表示接受但载有添加、限制或其他更改的答复，即为拒绝该项发价，并构成还价。②但是，对发价表示接受但载有添加或不同条件的答复，如所载的添加或不同条件在实质上并不改变该项发价的条件，除发价人在不过分迟延的期间内以口头或书面通知反对其间的差异外，仍构成接受。如果发价人不做出这种反对，合同的条件就以该项发价的条件以及接受通知内所载的更改为准。"该条款明确规定，对于一项有条件的接受不能构成法律上的有效的接受，但有条件的接受视所附条件是否在实质上改变了发盘的内容，可分为还盘和发盘人可及时予以拒绝的接受。

对于接受所附条件是否构成实质性的变更发盘内容，《公约》第十九条第三款规定："有关货物价格、付款、货物质量和数量、交货地点和时间，一方当事人对另一方当事人的赔偿责任范围或解决争端等的添加或不同条件，均视为实质上变更发价的条件。"

对于附有条件的接受，值得注意的是，如果受盘人在接受发盘时。所附条件只是某种"希望"或"请求"性质的。也就是说受盘人只是要求发盘人可能的话，按所附条件办理，若发盘人不同意请求，并不影响合同的有效成立。

3. 逾期接受的效力。对于过了发盘有效期才到达发盘人的接受，《公约》第二十一条规定；"①逾期接受仍有接受的效力，如果发价人毫不迟延地用口头或书面将此种意见通知被发价人。②如果载有逾期接受的信件或其他书面文件表明，它是在传递正常、能及时送达发价人的情况下寄发的，则该项逾期接受具有接受的效力，除非发价人毫不迟延地用口头或书面通知被发价人：他认为他的发价已经失效。"该条款将逾期接受按造成逾期的原因不同作如下划分：

（1）由于受盘人原因造成的逾期。即因受盘人做出接受的时间太迟，以至于该接受到达发盘人时，已超过发盘的有效期。此种逾期接受只能构成一项新的发盘，除非发盘人及时予以确认，否则该接受无效，合同不成立。

（2）因传递途中的故障造成的逾期接受，即按照正常的传递，本应能在发盘有效期内送达发盘人的接受，由于传递途中的不正常情况造成了延误，而使接受在有效期过后才到达发盘人。此种逾期接受不同于因受盘人自己的原因造成的逾期接受，它仍具有接受的效力，除非发盘人及时拒绝。

对于逾期接受问题。应注意到：如果因接受期限最后一天，是发盘人所在地的正式假日或非营业日（non-business），而使受盘人的接受通知未能在最后期限前到达发盘人，只要接受通知在下一个营业日到达发盘人。该接受依然有效，合同成立。

4. 接受的撤回。《公约》规定，接受于表示接受的通知到达发盘人时生效，因此，受盘人可在接受生效前阻止其生效，即受盘人对其接受采取撤回行为。但受盘人撤回通知必须在其接受通知到达发盘人之前或同时到达发盘人，才能有效地撤回其接受。一旦接受通知先期到达发盘人，接受便生效，合同即告成立。由此，对于一项已生效的接受，受盘人无权予以撤销，否则将构成对合同的撤销，这在法律上是不允许的。

四、合同的订立

(一) 合同有效成立的条件

合同的成立，必须符合法律规范，方为有效，即合同必须具备某些法律条件，主要包括：

1. 合同当事人具有行为能力。进出口双方在法律上必须具有签订合同的资格。

2. 当事人之间必须达成协议，这种协议按照自愿和真实的原则通过发盘与接受而达成。

3. 合同必须有对价和合法的约因。对价（consideration）是英美法系的一种制度，是指合同当事人之间所提供的相互给付（counterpart），即双方互为有偿。约因（cause）是法国法系所强调的，是指当事人签订合同所追求的直接目的。买卖合同只有具备了对价或约因，才能有效，否则，就不受法律保障。

4. 合同的标的和内容必须合法。任何合同的订立，必须保证不违法及不违背或危害国家的公共政策，否则无效。

5. 双方当事人的合意必须真实。合同是双方当事人意思表示一致的结果，如果当事人意思表示的内容有错误或意思表示不一致，或是在受欺诈（fraud）或胁迫（duress）的情况下订立了合同，这种合意即为不真实的合意，采取欺诈或者胁迫手段订立的合同无效。

6. 合同必须符合法定的形式。根据我国《合同法》的规定，"当事人订立合同，有书面形式、口头形式和其他形式。法律、行政法规规定采用书面形式的，应当采用书面形式"。涉外经济合同的订立、变更或解除，是必须采取书面形式的，这种书面形式是指合同书、信件和数据电文等可以有形地表现所载内容的形式。凡未采用书面形式的即为无效。这也是我国核准参加《联合国国际货物销售合同公约》所作的两项保留之一。

(二) 书面合同的签订

1. 签订书面合同的意义

(1) 是合同成立的依据。

(2) 是履行合同的依据。

(3) 有时是合同生效的条件。

2. 书面合同的形式

在国际贸易中，有关货物买卖的书面合同的名称和形式，均无特定的限制，合同（contract）、确认书（confirmation）、协议书（agreement）和备忘录（memorandum）均有使用。在我国外贸业务中主要使用合同和确认书两种形式。

(1) 合同。合同的内容比较全面，对双方的权利和义务以及发生争议后如何处理，均有全面的规定。由于这种形式的合同有利于明确双方的责任和权利，因此，大宗商品或成交金额较大的交易，多采用此种形式。卖方草拟提出的合同称"销售合同"；买方草拟提出的合同称"购货合同"。使用的文字是第三人称的语气。

（2）确认书。确认书的内容比较简单，属于一种简式合同。这种形式的合同适用于金额不大，批数较多的土特产品和轻工产品，或者已订有代理、包销等长期协议的交易。卖方出具的确认书称"售货确认书"；买方出具的确认书称"购货确认书"。用的是第一人称的语气。

（三）书面合同的内容

书面合同一般有首约、主体、尾约三个部分组成：首约，一般包括合同的名称，合同的开头部分或序言，合同的编号，缔约日期，缔约地点，缔约双方名称和地址等；主体，主要是交易条件；尾约，包括合同的份数以及缔约双方的签字和适用的法律、惯例等。

（四）书面合同的签署

在我国外贸实务中，一般均由我方根据双方同意的条件制成一式两份的合同或确认书后，先在上面签字，然后寄给对方。对方经审核无误并签字后，保留一份，将另一份寄还给我方。若对方未按要求将其中一份签字后退回。除磋商时有一方声明以"签订书面合同为准"的以外，并不影响双方达成协议的效力。如对方在签回的合同或确认书上更改或附加条件，与原达成的协议内容有抵触或不同规定而我方又不能接受时，应及时拒绝。否则，即以经过双方签字的并经对方更改过的书面合同或确认书为准。对于对方签回的书面合同或确认书应及时认真地审核。

在实际业务中，我方在与国外客户经函电磋商达成交易后，也常收到客户寄来的合同、确认书、订单、委托订购单等，有的还寄来正本一式两份，要求我方签署后退回一份。对此，我方也应仔细审阅，如发现有与双方磋商一致不符而我方又不能接受的内容，就应及时向对方提出异议，绝不能置之不理。否则，有可能被认为我方已默认其经过修改或添加的条款。对于要求我方签署后退回一份的，必须按双方形成的习惯处理。双方未形成习惯做法的，原则上也应签退，但要防止重复签署。

合同成立后，即具有法律约束力，当事人应当履行合同约定的义务，任何一方不得擅自变更或解除合同。但经当事人协商同意后，合同可以变更或终止。

第四节　国际贸易合同的标的物

一、合同的标的物概述

（一）标明合同标的物的意义

商品的品名（name of commodity）就是"商品的名称"，是指能使某种商品区别于其他商品的一种称呼或概念。商品的品名在一定程度上体现了商品的自然属性、用途以及主要的性能特征。标明的意义主要在于：首先，标明品名是由国际贸易的特点决定的。其次，标明商品品名是交易得以进行的前提。再次，在合同中列明标的物的具体名称具有法律意义。

（二）合同中的品名条款

1. 品名条款的内容：

无统一规定，可由交易双方酌情商定。一般包括：

（1）通常在"商品名称"或"品名"的标题下，列明成交商品的名称。

（2）品名条款的规定，还取决于成交商品的品种和特点。有的还需要将有关具体品种、等级或型号包括进去，做进一步限定，如三道眉葵花籽、一等玉米、45×45 厘米的羊剪绒坐垫等。

（3）品名条款与品质条款合并，如含绒 90％鸭鸭牌羽绒服。

（三）规定品名条款应注意的问题

1. 内容必须具体、明确。如品名为大豆，就不够具体，应标明东北大豆，或其他产地的大豆。

2. 针对商品实际做出实事求是的规定。如品名为优质绿茶，大家对优质的理解各不相同，就不宜使用。

3. 尽可能使用国际上通用的名称。一些药品，如我们常称其药名：病毒唑，而国际通用名称为利巴韦林。

4. 注意选用合适的品名。如一家公司出口苹果酒，品名写为"CIDER"，结果遭到拒付。原因是这个词除了苹果酒的意思之外，还有苹果汁的意思，海关无从收税。正确的写法应为"APPLE WINE"。

二、商品质量

（一）商品质量含义

商品质量含义：（quality of goods）也称商品的品质，是商品的外观形态和内在品质的综合。它是商品使用价值的标志，它直接影响商品售价的高低。

案例：某出口公司与国外成交红枣一批，合同与来证上均写的是三级品。但到发货装船时才发现三级红枣库存告罄，于是改以二级品交货，并在发票上加注："二级红枣仍按三级计价。"问这种以好顶次原价不变的做法妥当吗？

（二）表示品质的方法

在国际货物买卖中，商品种类繁多，特点各异，故表示品质的方法也多种多样。归纳起来，包括凭实物表示和凭说明表示两大类。

1. 凭实物表示品质

凭实物表示品质又可分为看货买卖和凭样品买卖。

（1）看货买卖

当买卖双方采用看货成交时，买方或代理人通常先在卖方存放货物的场所验看货物，一旦达成交易，卖方就应按对方验看过的商品交货。只要卖方交付的是买方验看过的货物，买方就不得对品质提出异议。这种做法，多用于寄售、拍卖和展卖的业务中。

（2）凭样品买卖

样品通常是从一批商品中抽出来的或由生产、使用部门设计、加工出来的，足以反映和代表整批商品品质的少量实物。凡以样品表示商品品质并以此作为交货依据的，称为"凭样品买卖"（sale by sample）。

在国际贸易中，通常由卖方提供样品，凡以卖方样品作为交货的品质依据者，称为"凭卖方样品买卖"。卖方所交货物的品质，必须与提供的样品相同。有时买方为了使其订购的商品符合自身要求，也会提供样品交由卖方依样承制，如卖方同意按买方提供的样品成交，称为"凭买方样品买卖"。有时卖方可根据买方提供的样品，加工复制出一个类似的样品交买方确认，这种经确认后的样品，称为"对等样品"（counter sample）或"回样"，也有称之为"确认样品"（confiming sample）。当对等样品被买方确认后，日后卖方所交货物的品质，必须以对等样品为准。此外，买卖双方为了发展贸易关系和增进彼此对对方商品的了解，往往采用互相寄送样品的做法。这种以介绍商品为目的而寄出的样品，最好标明"仅供参考"（for reference only）字样，以免与标准样品混淆。

2. 凭说明表示品质

凭说明表示品质，是指用文字、图表、图片等方式来说明成交商品的品质。这类表示品质方法可细分为如下几种：

（1）凭规格买卖（sale by specification）

商品规格是指一些足以反映商品品质的主要指标，如化学成分、含量、纯度、性能、容量、长短、粗细等。国际贸易中的商品由于品质特点不同，其规格也各异，买卖双方凡用商品的规格确定品质时，称为"凭规格买卖"。

（2）凭等级买卖（sale by grade）

商品的等级是指同一类商品按规格上的差异，分为品质优劣各不相同的若干等级。凭等级买卖时，由于不同等级的商品具有不同的规格，为了便于履行合同和避免争议，在品质条款列明等级的同时，最好一并规定每一等级的具体规格。这对简化手续、促进成交和体现按质论价等方面，都有一定的作用。

（3）凭标准买卖（sale by standard）

商品的标准是指将商品的规格和等级予以标准化。商品的标准，有的由国家或有关政府主管部门规定，有的由同业公会、交易所或国际性的工商组织规定。有些商品习惯凭标准买卖，人们往往使用某种标准作为说明和评定商品品质的依据。

（4）凭说明书和图样买卖（sale by descriptions and Iillustration）

在国际贸易中，有些机、电、仪等技术密集型产品，因其结构复杂，对材料和设计的要求严格，用以说明其性能的数据较多，很难用几个简单的指标来表明品质的全貌，而且有些产品，即使其名称相同，但由于所使用的材料、设计和制造技术的某些差别，也可能导致功能上的差异。因此，对这类商品的品质，通常以说明书并附以图样、照片、设计图纸、分析表及各种数据来说明具体性能和结构特点。按此方式进行交易，称为凭说明书和图样买卖。

（5）凭商标或品牌买卖

商标（trade mark）是指生产者或商号用来识别所生产或出售的商品的标志。品牌（brand name）是指工商企业给制造或销售的商品所冠的名称。商标或品牌自身实际上是一种品质象征。人们在交易中可以只凭商标或品牌进行买卖，无须对品质提出详细要求。

（6）凭产地名称买卖

在国际货物买卖中，有些产品，因产区的自然条件、传统加工工艺等因素的影响，在品质方面具有其他产区的产品所不具有的独特风格和特色，对于这类产品，一般也可用产地名称来表示品质。

上述各种表示品质的方法，一般是单独使用，但有时也可酌情将其混合使用。

（三）合同中的品质条款

1. 合同条款的基本内容

表示商品品质的方法不同，合同中品质条款的内容就不相同。

（1）在凭文字说明买卖时，应针对不同交易的具体情况在买卖合同中明确规定商品的名称、规格、等级、标准、牌名、商标或产地名称等内容。

（2）在凭样品买卖时，合同中除了要列明商品的名称外，还应订明凭以达成交易的样品的编号，必要时还要列出寄送的日期。

（3）在以说明书和图样表示商品品质时，还应在合同中列明说明书、图样的名称、份数等内容。

2. 品质机动幅度与品质公差

（1）品质机动幅度条款：是指允许卖方所交货物的品质指标在一定范围内的差异，只要卖方所交货物的品质没有超出机动幅度的范围，买方就无权拒收货物。其规定方法主要有：

①规定范围：指对某项商品的主要指标（质量）规定允许有一定机动的范围。

②规定极限：指对某种商品的质量规格，规定上下极限。如最大、最高、最多、最小、最低、最少等。

（2）品质公差：（quality tolerance）是指允许交付货物的特定质量指标有在公认范围内的差异。

三、商品的数量

（一）商品数量的意义

货物买卖是一定数量的货物与一定金额价款的交换，在这一过程中，确定商品的数量是国际货物买卖合同中的主要条款之一，具有重要意义。第一，数量的多寡决定合同金额的大小及交易双方交货的最后依据；第二，数量大小直接影响市场销售价格的高低；第三，数量的多少也涉及包装、运输、检验等环节的成本。

（二）计量单位和计量方法

1. 计量单位

在国际贸易中使用的数量计量单位，依据商品的性质不同而主要有以下六种：

（1）重量单位　　（weight）

（2）个数单位　　（number）

（3）面积单位　　（area）

（4）长度单位　　（length）

（5）容积单位 （capacity）

（6）体积单位 （volume）

2. 计算重量的方法

在国际贸易中，有许多货物都是采用按重量计量。按重量计量时，计算重量的方法主要有：

（1）按毛重：（gross for net）指商品本身的重量加皮重，也就是商品连同包装的重量。这种计量方法在国际贸易中被称做"以毛作净"，如"稻米，每公吨300美元，麻袋装，以毛作净。"（US＄300 Per metric ton gross for net ）

（2）按净重：（net weight）指商品本身的重量，即毛重扣除皮重（包装）的重量。国际贸易中的货物按重量计量大都采用以净重计量。其中去除皮重的方法，以交易商品的特点以及商业习惯的不同，由买卖双方事先商定，在合同中做出具体规定。

（3）按公量计量（conditioned weight）是指在计算货物重量时，使用科学仪器，抽去商品中所含水分，再加上标准水分重量，求得的重量。主要适用于少数经济价值较高而水分含量极不稳定的商品。

公量＝干量＋标准含水量＝实际重量（1＋标准回潮率）/（1＋实际回潮率）

（4）按理论重量计量（theoretical weight）适用于有固定规格和固定体积的商品，规格一致、体积相同的商品，每件重量也大体相等，根据件数即可算出其总重量。

（5）法定重量（legal weight）和净净重（net net weight）。法定重量是指纯商品的重量加上直接接触商品的包装材料。它是海关依法征收从量税时，作为征税基础的计量方法。净净重是指扣除这部分内包装及其他包含杂物的重量。这种计量方法主要也是为海关征税时使用。

（三）买卖合同中的数量条款

1. 基本内容：合同中的数量条款主要包括：（1）成交商品的具体数量；（2）计量单位；（3）有的合同中还需规定确定数量的方法，如10 000公吨大米，以毛作净。（rice, 10 000 metric ton gross for net）按照合同规定的数量交付货物是卖方的基本义务，因而，合理订立合同中的数量条款内容非常重要。

2. 数量机动幅度的有关规定：所谓数量机动幅度条款也就是溢短装条款（more or less clause），是指在规定具体数量的同时，再在合同中规定允许多装或少装的一定百分比。卖方交货的数量只要在允许增减的范围内即符合合同有关交货数量的规定。此外，在少数场合，也有使用"约"数条款来表示实际交货数量可有一定幅度的伸缩，即在某一具体数字前加"约"或类似含义的文字。如：约10 000公吨（about 10 000 metric ton）在使用溢短装条款时，要注意溢短装的决定权问题。合同中规定有溢短装条款，具体伸缩量的掌握一般都明确由卖方决定，但有时特别是由买方派船装运时，也可规定由买方决定。在采用租船运输时，也可考虑由船方掌握并决定装运的增减量。

四、商品的包装

（一）商品包装的作用和意义

1. 包装的含义：一般是指为了有效地保护商品品质完好和数量完整，采用一定的方法将商品置于合适的容器的一种措施。

2. 作用和意义：首先，包装是商品生产过程的继续。大部分商品只有经过包装，才能进入流通领域，才能实现商品的价值和使用价值。其次，良好的包装能吸引顾客，提高售价，而且能增强竞争力。再次，包装条件是国际买卖合同中的一项主要条件。按照有些国家的法律规定，如果卖方交付的货物未按约定的条件包装，或者货物的包装与行业习惯不符，买方有权拒收货物。

（二）商品包装的种类

1. 运输包装（transport packing）

又称大包装、外包装，是指将货物装入特定的容器，或以特定的方式成件或成箱包装。其作用一是保护货物在长时间和远距离运输中不被损坏和散失；二是方便货物的搬运、储存和运输。一般说，对国际贸易商品的运输包装比对国内贸易商品的运输包装要有更高的要求。运输包装按照商品在运输、装卸过程中的不同要求，又可分为单件运输包装和集合运输包装。

2. 销售包装（selling packing）

又称为小包装、内包装或直接包装，是在商品制造出来以后以适当的材料或容器所进行的初次包装。销售包装上要有必要的文字说明，文字说明要与装潢画面紧密结合，互相衬托，彼此补充，以达到宣传和促销的目的。使用的文字要简明扼要，并让顾客能看懂，必要时可以中英文同时使用。另外，在销售包装上使用文字说明或制作商品标签时，还应注意有关国家的标签管理条例的规定。

3. 中性包装（neutral packing）和定牌生产

（1）中性包装：是指商品包装上没有标明生产国别、原产地名、生产厂名等。

（2）定牌生产：是指卖方按照买方要求在其出售的商品或包装上标明买方指定的商标或牌号。在使用定牌生产时，需要注意客商提供商标或牌号是否合法，需要谨慎从事。

（三）商品包装的标志

商品包装标志按其作用分为运输标志、指示性标志和警告性标志等。

1. 运输标志（shipping mark）

俗称"唛头"其作用是在运输过程中使有关人员易于辨认货物，便于核对单证，避免货物在运输中发生混乱或延误，使货物顺利和安全地运抵目的地。

唛头通常有下列 3 个主要内容：

（1）收货人及/或发货人名称的代用简字或代号、简单的几何图形或发票号码、合同号码等。

（2）目的港名称。

（3）件号，有时在每件货物上都刷上该批货物的总件数；有时刷顺序的件号；有时则两者都刷视需要而定。唛头式样如：

值得注意的是：国际标准化组织和国际货物装卸协会曾制定标准化运输标志。它由 4 行组成，每行不得超过 17 个英文字码。它包括收货人名称、参考号（如合同号、发票号等）、目的地、件号等四项内容。

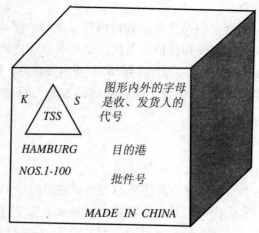

以下是标准运输标志的式样：

SMCO……………………………………………………收货人

New York………………………………………………目的港（地）

2004/C NO. 845789…………………………合同号（或发票号、信用证号）

NO. 1-20…………………………………………件号

2. 指示性标志（indicative mark）

又称操作标志，是以简单、醒目的图形和文字在包装上标出，提示人们在装卸、运输和保管过程中注意的事项。如："小心轻放"（handle with care）"保持干燥"（keep dry）等。

为统一指示性标志，一些国际组织分别制定了包装储运指示性标志，并建议各会员国采纳。

3. 警告性标志（warning mark）

又称危险性标志，是指在装有爆炸品、易燃物品、腐蚀物品、氧化剂和放射物质等危险货物的运输包装上用图形或文字表示各种危险品的标志。其作用是警告有关装卸、运输和保管人员按货物特性采取相应的措施，以保障人身和物资的安全。下面列举的是一些危险品标志：

（四）合同中的包装条款

1. 包装条款的基本内容

包装条款：（packing clause）也称包装条件。它主要包括包装材料、包装方式、包装费用和运输标志 4 项内容。其中前两项为首要内容。如：布包，每包 20 匹，每匹 42 码。In cloth bales each containing 20 pcs of 42 yds.

2. 订立包装条款时应注意的问题

（1）要考虑商品特点和不同运输方式的要求。

（2）对包装的规定要明确、具体。

（3）要考虑进口国对包装的有关规定。

本 章 小 结

本章主要学习了国际贸易方式与国际贸易术语，交易磋商和合同订立，以及商品的品质条款、包装条款等相关知识。

国际贸易方式包含包销、代理、寄售、招标投标、拍卖、对销贸易、加工贸易、租赁贸易以及期货贸易等，应用中要注意的是根据不同商品、不同市场采取不同的贸易方式。

在国际贸易实务中，如果当事人双方决定采用贸易术语进行交易，一定要在贸易合同中明确是采用哪一种解释的贸易术语，否则会造成极大的纠纷隐患，着重介绍了《2010 年国际贸易术语解释通则》中的几种国际贸易术语，并提出了具体业务中应注意的一些问题。

交易磋商和合同签订均是国际购买货物的完整交易程度的不可缺少的重要组成部分。具体包括交易磋商前的准备工作、交易磋商的内容与形式和一般程序、进出口合同的签订。

在国际贸易合同中，为保证买卖双方的权益，必须明确规定商品的品质、数量和包装。商品的品质一般由品名和质量两部分构成，品质条款是国际贸易买卖合同中不可缺少的组成部分。另外，卖方也必须按照合同数量条款的规定如数交货。如果卖方交货数量多于约定数量，买方可以收取，也可以拒收。如果卖方实际交货数量少于约定数量，卖方应在规定的交货期届满前补交，但不得使买方遭受不合理的不便或承担不合理的开支。包装也是合同的重要条款之一，卖方必须按照合同规定的方式装箱或者包装，否则构成违约。

关键词或概念

国际贸易术语（international trade terms）
国际贸易方式（mode of international trade）
交易磋商（business negotiation）
合同订立（conclude contract）
商品数量（the quantity of goods）
商品名称（the name of goods）
商品包装（packing）

简答题

1. 简述展卖方式对拓展商品市场有哪些明显的长处。
2. 简述 INTERTERMS 2010 与 INTERTERMS 2000 相比有什么变化。
3. 简述 FCA、CPT 和 CIP 的异同点。
4. 试述套期保值与投机的主要区别。
5. 按照《公约》的规定，发盘在什么情况下可以撤回和撤销？
6. 合同成立的要件有哪些？
7. 试述在进出口合同中列明成交商品名称及其质量和数量的意义。

【案例分析】

案例一

出口合同规定的商品名称为"手工制造书写纸"（hand made writing paper），买方收到货物后，经检验发现部分制造工序为机械操作，而我方提供的所有单据均为手工制造，对方要求我方赔偿，而我方拒赔。主要理由是：

（1）该商品的生产工序基本上是手工操作，而且关键工序完全采用手工。

（2）该交易是经买方当面看样品成交的，且实际货物品质又与样品一致，因此应认为所交货物与商品的品质一致。

要求：试分析上述案例，判断责任在哪方，并说明理由。

案例二

我公司于 8 月 3 日以电报方式请法国一供应商出售一批钢材。我方在电报中声明：此发盘是为了计算一项承建一幢大楼的标价和确定是否参加投标之用；我方将于 8 月 15 日向招标人送交投标书，而开标日期为 8 月 31 日。法商于 8 月 5 日用电传就上述钢材向我方发盘，发盘条件虽完成，但既没规定接受期限，也没有注明是否是不可撤销的。我方获悉后，据此计算标价，并于 8 月 15 日向招标人递交了投标书。8 月 20 日国际市场钢材价格上涨，法商发来传真通知撤销其 8 月 5 日的发盘。我方当即复电表示不同意撤盘。于是双方为能否撤销发盘发生争执。到 8 月 31 日招标人开标，我方中标，随即传真法商接受 5 日的发盘。但法商坚持发盘已于 8 月 20 日撤销，合同不能成立。双方就此发生纠纷。

要求：试分析此案例，判断责任在哪方，并说明理由。

第四章　国际支付与结算

本章导读

国际支付是指在国际经济活动中的当事人以一定的支付工具和方式，清偿因各种经济活动而产生的国际债权债务的行为。通常它是在国际贸易中所发生的、由履行金钱给付义务当事人履行义务的一种行为。国际支付伴随着商品进出口而发生，然而它的发展又反过来促进了国际经济活动的发展；同时，伴随着国际经济活动发展，其应用范围亦不断扩展。国际结算是指国际间由于政治、经济、文化、外交、军事等方面的交往或联系而发生地以货币表示债权债务的清偿行为或资金转移行为。分为有形贸易和无形贸易类。有形贸易引起的国际结算为国际贸易结算，无形贸易引起的国际结算为非贸易结算。

本章学习目标

本章重点要求学生掌握国际物流活动中常用的支付方式，汇付、托收、信用证付款，收汇、付汇核销的概念和对象；深刻理解信用证的主要内容，信用证支付方式的流转程序和相关当事人的作用，出口收汇核销、进口付汇核销与出口退税制度的特点和操作程序；了解与汇付、托收和信用证付款相关的国际惯例的使用。

第一节　汇付与托收

当发生商品进出口贸易时，出口方收汇，进口方付汇，从而引起货款的收付业务。汇付（remittance）和托收（collection）都是国际贸易活动中经常采用的支付方式，它们都由买卖双方根据合同互相提供信用，所以都属于商业信用。

一、汇付

（一）汇付的含义及其当事人

1. 汇付的含义

汇付（remittance）又称汇款，是付款人委托银行采用各种支付工具，将款项汇交收款人的支付方式。这是一种费用最省、手续最简便的支付方式。这也只是利用国际银行间相互划拨款项的便利，并不涉及银行信用。买卖双方能否履行合同，完全取决于彼此的信用。因此纯属商业信用。汇付项下票据的传送方向与资金流向是一致的，所以属于顺汇。

2. 在汇付的业务中，一般需要涉及四方当事人

(1) 汇款人（remitter），即付款人，通常是进口人。

(2) 收款人（payee；beneficiary），有时也被称为受益人，通常就是出口人。

(3) 汇出行（remitting bank），是接受汇款人的委托，代其汇出款项的银行。

(4) 汇入行（receiving bank），有时被称为解付行（paying bank），是接受汇出行的委托，将款项付给收款人的银行。汇入行通常在收款人所在地，而且一般与汇出行订有代理行关系。

汇款人在委托银行汇款时，要提交书面的汇款申请书，一旦汇出行接受其汇款申请，就要按申请书中的指示通知汇入行向收款人解付汇款。

（二）汇付的种类

按照汇出行向汇入行发送解付授权书的方式，可以将汇付分为三种：

1. 电汇（telegraphic transfer，T/T）。银行（汇出行）根据汇款人的申请，通过拍发加押电报或加押电传或环球银行间金融电讯网络（SWIFT）的方式，委托并指示受款行（汇入行）解付一定的款项给指定收款人的汇款方式。通过电汇方式，收款人可以迅速收到汇款，但费用较高。

2. 信汇（mail transfer，M/T）。银行（汇出行）根据汇款人的申请，将信汇委托书（M/T advice）或支付委托书（payment order）通过航空信函送达汇入行，授权其解付一定的款项给指定收款人的汇款方式。信汇的费用比电汇低廉，但应支付凭证邮寄时间较长，收款较慢。

3. 票汇（remittance by banker's demand draft，D/D）。银行（汇出行）根据汇款人的申请，开立的以其账户行或代理行为解付行的银行即期汇票，交由汇款人自行邮寄指定收款人或由其自带出境，凭票向汇入行提取一定款项的汇款方式。

表 4-1　电汇、信汇、票汇 3 种汇款方式的比较

	电汇	信汇	票汇
特点	快捷、安全	收费较少	可背书转让、收费较少
不足	收费较高	速度慢、有一定风险	风险较大

（三）汇付的业务流程

汇付业务流程主要有五个步骤：

第一步，申请。汇款人向汇出行提交汇款申请书，并交款付费。

第二步，回执。银行将汇款受理回单交汇款人，同时借记汇款人账户。

第三步，指示。汇出行在接受委托以后，以加押电传、电报或信汇委托书、汇票通知书等方式向出口地的往来银行发出付款指示。

第四步，解付。汇入行在接到其进口地往来银行指示后，将资金款项解付给收款人。

第五步，借记。汇入行解付后，借记汇出行账户或向汇出行所要头寸。

其中，填写汇款申请书是进口商需要做的事情。银行接受汇款人的委托，以约定汇款方式

委托其海外联行或代理行将一定金额的款项付给指定收款人。进口商办理各类汇出汇款均需向银行提供：汇出汇款申请书、现汇账户的支款凭证和用于购汇的人民币支票。办理汇出汇款需符合国家有关外汇管理规定，提交我国外汇管理办法要求的有关凭证，如有关批汇文件、国际收支申报表、贸易进口付汇核销单等。

（四）汇款方式的合同条款

如买卖双方商定以预付货款的方式成交买卖，则应在合同中明确规定汇款日期和汇款方式。如果合同中没有规定汇款日期，无法约束买方在交货前付款，也影响卖方按时交货。汇款方式的限定是指在合同中规定是采用电汇、信汇还是票汇。另外，还要规定汇款的金额，注明是货款的全部还是一部分。如果是采用货到付款方式结算，也应在合同中规定买方的汇款时间和汇款方式。

二、托收

（一）托收的定义和当事人

1. 托收的定义

托收（collection）是指债权人根据发票金额出具汇票委托银行向债务人收取货款的一种支付方式。在国际贸易中，托收一般都是通过银行进行，所以又称银行托收。托收与汇付一样，都是由买卖双方根据贸易合同相互提供信用，因而同样属于商业信用。

2. 托收方式的当事人

（1）委托人（principal），是指委托银行办理托收业务的客户，即债权人。在进出口业务中，通常是出口人。

（2）托收银行（remitting bank），是指接受委托人的委托，办理托收业务的银行，又称寄单行，通常是债权人所在地的银行。

（3）代收银行（collecting bank），是接受托收银行的委托向付款人收取票款的进口地银行。代收行通常是托收银行的国外分行或代理行。

（4）受票人（drawee），就是债务人，也是汇票上的受票人，通常是进口人。

在托收业务中，还可能有另外两个当事人：提示行和需要时的代理。提示行（presenting Bank）是指向付款人做出提示汇票的单据的银行。需要时的代理（customer's representative in case of need）是委托人指定的在付款地的代为照料货物存仓、转售、运回等事宜的代理人。

（二）托收的种类

托收按是否附带货运单据，分为光票托收和跟单托收。

1. 光票托收（clean collection）。指出口商仅开具汇票而不附带商业单据的托收。在国际贸易中，光票托收通常只用于收取货款的尾数、样品费、佣金、代垫费用、其他贸易从属费用或进口索赔款等。光票托收是卖方通过银行主动向买方结清欠款的方式。

2. 跟单托收（documentary collection）。指在卖方所开具汇票以外，附有商业单据的托收。实务中，跟单托收所附单据主要有发票、提单、保险单及装箱单等。在办理跟单托收时，卖方需将汇票和所附商业单据一并提交托收行，由托收行寄交代收行，凭此向买方收取货款。

跟单托收根据付款人取得货运单据的方法及时间不同，分为承兑交单和付款交单。

（1）承兑交单（documents against acceptance；D/A）。指由出口商或代收银行以进口商承兑汇票为条件交付单据。承兑交单必定有一张远期汇票，进口商只对远期汇票进行承兑，不需付清货款，即可以从代收行那里取得货运单据。承兑的具体手续是付款人在代收行提示汇票要求承兑时，在汇票上或背面签署"承兑"字样，注明承兑日期或加上到期日期，然后取得货运单据，汇票回到持有人手中。

承兑交单对进口商很有利，因为其承兑交单时，尽管进口商对汇票金额承诺一定时期后交付，但毕竟没有付款。对出口商来说，一旦交出了货运单据，他就不能再以物权、货物运输单据来约束进口商付款，所以对出口商风险很大。

（2）付款交单（documents against payment；D/P）。指出口商或代收行以进口商付款为条件交单，也即被委托的代收银行必须在进口商付清票款之后，才能将货运单据交给出口商。付款交单又可分为即期付款交单和远期付款交单。

即期付款交单（documents against payment at sight；D/P at sight）是由出口商开具即期汇票，一并与单据通过托收行寄到进口地的代收行，代收行提示给进口商见票，进口商审核有关单据无误后，立即付款赎单，票款和物权单据两清的托收方式。付款交单主要是指这种即期付款交单。

远期付款交单（documents against payment after sight；D/P after sight）属远期付款交易。指出口商开具远期汇票，附单据寄到进口地代收行，代收行提示给进口商见票，进口商见票并审单无误后，立即承兑汇票，于汇票到期时付款后赎单。

（三）托收的国际惯例

为明确托收业务有关各方的权利、义务与责任，减少矛盾和纠纷，以利国际贸易的发展，国际商会于1958年草拟了《商业单据托收统一规则》，即国际商会第192号出版物，建议各银行采用。经多次修订，于1978年改名为《托收统一规则》，即国际商会第322号出版物，于1979年1月1日起正式生效和实施。

《托收统一规则》除前言外，分《总则和定义》与《义务和责任》两部分。它统一了托收业务的术语、定义、程序和原则，自公布实施以来被各国银行广泛采纳和应用。但是，这个规则只有在有关当事人，特别是银行间实现约定的情况下，有关当事人才受其约束。我国银行在进出口贸易中使用托收方式进行结算时，也参照这个规则的解释办理。后几经修订，于1995年公布了新的《托收统一规则》，简称《URC522》，并于1996年1月1日生效。

第二节　信用证付款

随着国际贸易活动的发展，银行与金融机构正逐渐参与外贸结算，信用证（letter of credit，L/C）支付方式便应运而生。信用证支付方式将由进口人履行付款责任，转为由银行来付款，为出口人安全、迅速的收款提供了保障，同时，买方也可以按时收到货运单据。因此，在一定程度上解决了进出口人之间互相不信任的矛盾，同时也为进出口双方提供了资金融通的便利。所以，自出现 L/C 以来，这种支付方式发展很快，并在外贸活动中被广泛使用。

一、信用证的定义及其特点

（一）信用证的定义

信用证（letter of credit，L/C）又称银行信用证，是一种有条件的银行付款承诺。具体讲，信用证是银行根据买方的要求和指示，或是自己主动向卖方开出的，在一定金额内和规定期限里，凭规定单据付款的书面承诺。在信用证的定义中不难发现，在信用证支付方式下，开证行成为首先付款人，属于银行信用。信用证是不可撤销的，即使信用证中对此未作指示也是如此。

（二）信用证的特点

银行信用比商业信用更为可靠，因此，信用证支付方式与汇付方式、托收方式相比较，具有以下三个特点：

1. 信用证是一种银行信用

信用证是一项有条件的银行付款承诺。开证行通过跟单信用证来为开证申请人承担付款义务。即使申请人未能履行义务，只要受益人所提交的单据与信用证条款一致，银行应承担对受益人的第一位付款责任。

2. 信用证是一种独立的文件

信用证的开立是以买卖合同为依据的，但一旦开出，在信用证业务处理过程中各当事人的责任与权利都以信用证为准。当银行进行信用证业务时，实际货物是否与合同一致或货物是否按时到达目的港，对于银行来说无关紧要。因此，信用证是一个与合同分离的自足的独立文件。

3. 信用证项下付款是一种单据的买卖

银行在信用证业务中。只审查受益人所提交的单据是否与信用证条款相符，以决定其是否履行付款责任。只要受益人提交了符合信用证的单据，开证行就应承担付款责任，进口商也应向开证行付款赎单。银行在信用证业务中是按"严格相符原则"办事的，要求"单证相符，单单一致"。

二、信用证涉及的当事人及其职责

信用证主要涉及申请人、开证行和受益人三个基本当事人，以及信用证有关的通知行、议付行、付款行、保兑行等其他当事人。具体内容如下：

（一）开证申请人（applicant）

1. 它是发出开立信用证申请的一方，一般为进口商。信用证中一般又称之为开证人。其职责是在合同规定的时间内申请开证。

2. 开证申请人责任：

（1）申请开证；

（2）提供支付保证；

（3）开证行为执行申请人的指示而利用其他的服务，其风险应由开证申请人承担。

（二）开证银行（opening bank；issuing bank）

1. 是指应申请人要求或代表其自身开立信用证的银行，一般在进口人所在地。

2. 其职责是：

（1）承担信用证第一付款人的责任；

（2）在收到单证后的五个银行工作日内，以"单单相符"、"单证相符"为标准，审核单证表面真伪。若单证相符，则履行付款责任；若单证不符，则须在五个银行工作日内提出不符点，且提出不符点的机会只有一次。这一期限不因在交单日当天或之后信用证截止日或最迟交单日届至而受到缩减或影响。

（三）受益人（beneficiary）

1. 它是指信用证中受益的一方，即出口人或者实际供货人。

2. 其主要职责有三：

（1）受销售合同的约束，按时备货出运。

（2）精确制单，及时交单议付。

（3）若单据遭开证行拒付，应执行议付行的追索请求，开证行或保兑行的议付除外。单据由开证行代为保管期间，风险由受益人自行承担。

（四）通知银行（advising bank，notifying bank）

1. 是指应开证行要求通知信用证的银行。通知行一般在出口人所在地，通常是开证行的分行或代理行。

2. 通知行的职责：

（1）合理谨慎地审核它所通知的信用证的表面真实性（即核对电开 L/C 的密押及信开 L/C 的印鉴）。

（2）通知受益人。

（五）议付银行（negotiating bank）

1. 议付行是指开证行指定的或自愿买入受益人交来的跟单信用证全套单据的银行。前一种情况称为"指定议付"，这时只有开证行指定的银行才能议付信用证；后一种情况则称之为"自由议付"或"非限制性议付"，任何一家银行都可以议付信用证。

2. 议付行的职责：

（1）审核单据并付出对价。

（2）如果单据遭开证行拒付或开证行因倒闭而无力偿付，议付行对受益人享有追索权。

（3）议付行自主选择所购买的单据，并自行承担其风险。

（六）付款银行（paying bank；drawee bank）

1. 付款行是在信用证上指明履行付款责任的银行。通常为开证行或指定的银行。付款行一经付款，不得再向受益人追索。

2. 主要职责：

（1）负有审核单据、及时付款的责任。

（2）付款行作为开证行的付款代理人，它的付款同样无追索权，只能根据代理协议，向开证行请求偿付。

（七）偿付银行（reimbursing bank）

1. 指根据开证行的指示或授权，向信用证上的指定银行执行偿付的银行，一般为开证行的账户行。

2. 偿付行无审单责任，仅是按照与开证行的协议履行单纯的付款行为。

值得一提的是偿付行的付款并非终局性，开证行审单后若发现不符，有权直接向议付行追偿已付款项，但不是向偿付行追索。

（八）保兑银行（confirming bank）

1. 指应开证行的授权或请求对信用证加具保兑的银行。

2. 保兑行的责任有二。

（1）保兑行有权选择是否接受开证行的邀请加保。

（2）保兑行一经确定对指定信用证加具保兑，只要受益人提交单据符合信用证的条款，它必须承担第一性的、终局性的付款责任。

三、信用证的主要内容

世界上各商业银行所开立的信用证并没有统一的格式，其格式和内容因信用证的种类不同而略有差别，但所有信用证一般都包括以下基本内容：

1. 对于信用证本身的说明，包括信用证的性质、种类、编号、开证日期、开证行名称、金额、有效期限、到期地点等。

2. 信用证的当事人。如开证行、受益人、申请人、通知行等。有的信用证还指定议付行、付款行、偿付行等。

3. 对汇票的规定，如信用证规定受益人凭汇票收款，则应列明所应开立的汇票出票人、种类、金额及付款人等。

4. 对货物的要求，名称、数量、品质、包装、价格等。

5. 对运输的要求，装船期限、装运港和目的港，运输方式，是否允许分批装运和转船等。

6. 对单据的要求，信用证要求的单据主要分为三类，货物单据、运输单据和保险单据，这是信用证最重要的内容。

7. 特殊条款，可根据每一笔具体交易的需要而做出不同规定。

8. 开证行保证条款，即开证行对受益人及汇票持有人保证付款人的责任文字，这是确定开证行付款责任的依据。

9. 开证行指示文句。对议付行的指示，要求议付行如何向开证行寄交单据、索偿货款等条款。

10. 适用《跟单信用证统一惯例》规定的声明等。

图 4-4 是一份信用证的样本：

```
2011MAR22 09：18：11                                              LOGICAL TERMINAL
E102
MT S700                        ISSUE OF A DOCUMENTARY CREDIT
                                                                        PAGE 00001
                                                                        FUNC MSG700
                                                                        UMR 06881051
```

MSGACK DWS765I AUTH OK，KEY B198081689580FC5，BKCHCNBJ RJHISARI RECORO

BASIC HEADERF	F　01	BKCHCNBJA940 0588 550628
APPLICATION	0 700	1057 070320 RJHISARIAXXX 7277 977367 020213 1557 N
HEADER		* ALRAJHI BANKING AND INVESTMENT
		* CORPORATION
		* RIYADH
		*（HEAD OFFICE）
USER HEADER		SERVICE CODE　103：
		BANK. PRIORITY 113：　　　（银行盖信用证通知专用章）
		MSG USER REF. 108：
		INFO. FROM CI　115：
SEQUENCE OF TOTAL	* 27	1／1
FORM OF DOC. CREDIT	* 40 A	IRREVOCABLE
DOC. CREDIT NUMBER	* 20	0071LC123756
DATE OF ISSUE	31 C	070320
DATE/PLACE EXP.	* 31 D	DATE 070515 PLACE CHINA
APPLICANT	* 50	NEO GENERAL TRADING CO. P. O. BOX 99552，RIYADH 22766，KSA TEL：00966-1-4659220 FAX：00966-1-4659213
BENEFICIARY	* 59	DESUN TRADING CO. , LTD. HUARONG MANSION RM2901 NO. 85 GUANJIAQIAO, NANJING 210005，CHINA TEL：0086-25-4715004 FAX：0086-25-4711363
AMOUNT	* 32 B	CURRENCY USD AMOUNT 13260,
AVAILABLE WITH/BY	* 41 D	ANY BANK IN CHINA, BY NEGOTIATION
DRAFTS AT...	42 C	SIGHT
DRAWEE	42 A	RJHISARI * ALRAJHI BANKING AND INVESTMENT * CORPORATION * RIYADH *（HEAD OFFICE）
PARTIAL SHIPMTS	43 P	NOT ALLOWED
TRANSSHIPMENT	43 T	NOT ALLOWED
LOADING ON BRD	44 A	

CHINA MAIN FORT, CHINA

44 B

DAMMAM PORT, SAUDI ARABIA

LATEST SHIPMENT   **44 C**   070430

GOODS DESCRIPT.   **45 A**

ABOUT 1700 CARTONS CANNED MURSHOOM PIECES & STEMS 24 TINS X 425 GRAMS NET WEIGHT (D. W. 227 GRAMS) AT USD7. 80 PER CARTON.
ROSE BRAND.

DOCS REQUIRED   **46 A**

DOCUMENTS REQUIRED:

+ SIGNED COMMERCIAL INVOICE IN TRIPLICATE ORIGINAL AND MUST SHOW BREAK DOWN OF THE AMOUNT AS FOLLOWS: FOB VALUE, FREIGHT CHARGES AND TOTAL AMOUNT C AND F.
+ FULL SET CLEAN ON BOARD BILL OF LADING MADE OUT TO THE ORDER OF AL RAJHI BANKING AND INVESTMENT CORP, MARKED FREIGHT PREPAID AND NOTIFY APPLICANT, INDICATING THE FULL NAME, ADDRESS AND TEL NO. OF THE CARRYING VESSEL'S AGENT AT THE PORT OF DISCHARGE.
+ PACKING LIST IN ONE ORIGINAL PLUS 5 COPIES, ALL OF WHICH MUST
BE MANUALLY SIGNED.
+ INSPECTION (HEALTH) CERTIFICATE FROM C. I. Q. (ENTRY-EXIT INSPECTION AND QUARANTINE OF THE PEOOPLES REP. OF CHINA) STATING GOODS ARE FIT FOR HUMAN BEING.
+ CERTIFICATE OF ORIGIN DULY CERTIFIED BY C. C. P. I. T. STATING THE NAME OF THE MANUFACTURERS OF PRODUCERS AND THAT GOODS EXPORTED ARE WHOLLY OF CHINESE ORIGIN.
+ THE PRODUCTION DATE OF THE GOODS NOT TO BE EARLIER THAN HALF MONTH AT TIME OF SHIPMENT. BENEFICIARY MUST CERTIFY THE SAME.
+ SHIPMENT TO BE EFFECTED BY CONTAINER AND BY REGULAR LINE. SHIPMENT COMPANY'S CERTIFICATE TO THIS EFFECT SHOULD ACCOMPANY THE DOCUMENTS.
+ INSURANCE POLICY OR CERTIFICATE IN 1 ORIGINAL AND 1 COPY ISSUED OR ENDORSED TO THE ORDER OF ALRAJHI BANKING AND INVESTMENT CORP FOR THE INVOICE PLUS 10 PERCENT COVERING ALL RISKS, INSTITUTE CARGO CLAUSES, INSTITUTE STRIKES.

DD. CONDITIONS   **47 A**

ADDITIONAL CONDITION:

A DISCREPANCY FEE OF USD50. 00 WILL BE IMPOSED ON EACH SET OF DOCUMENTS PRESENTED FOR NEGOTIATION UNDER THIS L/C WITH DISCREPANCY. THE FEE WILL BE DEDUCTED FROM THE BILL AMOUNT. PAYMENT UNDER THE GOODS WERE APPROVED BY SAUDI GOVERNMENT LAB.

CHARGES	71 B	ALL CHARGES AND COMMISSIONS OUTSIDE KSA ON BENEFI-CIARIES' ACCOUNT INCLUDING REIMBURSING, BANK COMMISSION, DISCREPANCY FEE (IF ANY) AND COURIER CHARGES.

图 4-4　信用证样本

四、信用证的种类

信用证可根据其性质、期限、流通方式等特点，分为以下几种：

（一）跟单信用证和光票信用证

以信用证项下的汇票是否附有货运单据划分，信用证可分为跟单信用证和光票信用证。

1. 跟单信用证（documentary credit）

它是指开证行凭跟单汇票或单纯凭单据付款的信用证。所谓"跟单"，多指代表货物所有权或证明货物已装运的运输单据、商业发票、保险单及商检证书、海关发票、产地证书、装箱单等。

2. 光票信用证（clean credit）

它是指开证行仅凭不附单据的汇票付款的信用证。也有的光票信用证要求附有非货运单据，如发票、垫款清单等。光票信用证通常用于采用信用证方式预付货款的情况。

（二）保兑信用证和不保兑信用证

按有没有另一银行加以保证兑付，信用证可分为保兑信用证和不保兑信用证。

1. 保兑信用证（confirmed letter of credit）

它是指开证行开出的信用证由另一银行保证对符合信用证条款规定的单据履行付款义务。对信用证加保兑的银行，叫做保兑行（confirming bank）。保兑行通常是通知行，有时也可以是出口地的其他银行或第三国银行。

2. 不保兑信用证（unconfirmed letter of credit）

它是指开证行开出的信用证没有经另一家银行保兑。当开证行资信好或成交金额不大时，一般都使用这种不保兑的信用证。

（三）即期信用证和远期信用证

根据付款时间的不同，信用证可分为即期信用证和远期信用证。

1. 即期信用证（sight credit）

它是指开证行或付款行收到受益人提交的符合信用证条款的跟单汇款或装运单据后，立即履行付款义务的信用证。这种信用证的特点是出口人收汇迅速安全，有利于资金周转。

2. 远期信用证（usance letter of credit）

它是指开证行或付款行收到受益人提交的符合信用证条款的单据时，在规定期限内履行付款义务的信用证。

（四）可转让信用证和不可转让信用证

根据受益人对信用证的权利可否转让，分为可转让信用证和不可转让信用证。

1. 可转让信用证（transferable credit）

可转让信用证指明确表明其"可以转让"的信用证。根据受益人（"第一受益人"）的请求，可转让信用证可以被全部或部分地转让给其他受益人（"第二受益人"）。转让银行指办理信用证转让的被指定银行，或者，在适用于任何银行的信用证中，转让银行是由开证行特别授权并办理转让信用证的银行。开证行也可担任转让银行。除非转让时另有约定，所有因办理转让而产生的费用（诸如佣金、手续费、成本或开支）必须由第一受益人支付。

倘若信用证允许分批支款或分批装运，信用证可以被部分地转让给一个以上的第二受益人。第二受益人不得要求将信用证转让给任何次序位居其后的其他受益人。第一受益人不属于此类其他受益人之列。信用证转让后，由第二受益人办理交货，但原信用证的受益人仍须对买卖合同的履行承担责任，并在第二受益人交单议付单证不符时，承担第一责任。

2. 不可转让信用证（non-transferable credit）

它是指受益人不能将信用证的权利转让给第三者的信用证。凡未在信用证上注明"可转让"的，均被视为不可转让的信用证。

（五）循环信用证

循环信用证（revolving credit），是指信用证全部或部分使用后，其金额又恢复到原金额，可再次使用，直到达到规定的次数或规定的总金额为止。

（六）对开信用证

对开信用证（reciprocal credit），是指两张信用证的开证申请人互以对方为受益人而开立的信用证。

（七）对背信用证

对背信用证（back to back credit），是指受益人要求原证的通知行或其他银行以原证为基础，另开一张内容相似的新信用证。

（八）预支信用证

预支信用证（anticipatory L/C）是指开证行授权代付行（通常是通知行）向受益人预付信用证金额的全部或部分，由开证行保证偿还并负担利息。

（九）备用信用证

备用信用证（standby L/C）是根据开证申请人的请求，对受益人开立的承诺承担某项义务的凭证，又称商业票据信用证（commercial paper L/C）、担保信用证（guarantee L/C）或履约信用证（performance L/C）等。

五、信用证的流转程序

信用证交易，是纯粹的单据买卖，银行处理的是单据，而不是单据所涉及的货物、服务或其他行为。一笔信用证业务从发生到终结大体上要经过进口商申请开证、进口方银行开证、出口方银行通知信用证、出口方审查和修改信用证、出口方银行议付信用证及索汇、进口方付款赎单提货等环节。其流转程序如图 4-5 所示。

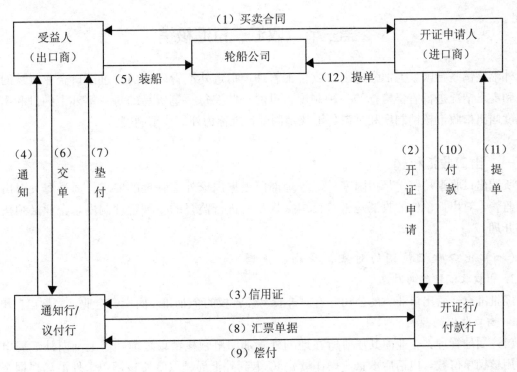

图 4-5　信用证业务流转程序

六、国际商会《跟单信用证统一惯例》

随着国际贸易的发展,信用证方式成为国际贸易中通常使用的一种支付方式。但是,由于对信用证有关当事人的权利、责任、付款的定义和术语在国际上缺乏统一的解释和公认的准则,各国银行根据各自的习惯和利益自行规定行事,因此,信用证各有关当事人之间的争议和纠纷经常发生,以致引起司法诉讼。国际商会为了减少因解释不同而引起的争端,调和各有关当事人之间的矛盾,于 1930 年拟订一套《商业跟单信用证统一惯例》,并于 1933 年正式公布,建议各国银行采用。以后随着国际贸易、运输以及保险的不断发展与变化,国际商会于 1951 年、1962 年、1974 年、1983 年和 1993 年先后对该惯例进行了修订。并重新命名为《跟单信用证统一惯例》(Uniform Customs and Practice for Documentary Credit,简称 UCP)。

近年来,随着国际上运输工具和运输方式的发展变化,通信工具的电子化、网络化和电脑的广泛使用,国际贸易、运输、保险、单据处理和结算工作也发生巨大的变化。为了适应时代的发展,2006 年 10 月 25 日,在巴黎举行的 ICC 银行技术与惯例委员会 2006 年秋季例会上,以点名(Roll Call)形式,经 71 个国家和地区 ICC 委员会以 105 票赞成(其中,7 个国家各有 3 票权重,20 个国家和地区各有 2 票权重,44 个国家各有 1 票。值得一提的是中国内地有 3 票,中国香港有 2 票,中国台北有 2 票)UCP600 最终得以通过。新版的《跟单信用证统一惯例》(命名为 UCP600)于 2007 年 7 月 1 日正式实施。

第三节   收汇、付汇核销

外汇核销是指国家为加强进出口收付汇管理，指定外汇管理部门对进出口企业贸易的外汇收入和支出情况进行监督检查的一种制度，目的是监控每一笔贸易的每一笔外汇的进和出，这套制度叫出口收汇核销制度和进口付汇核销制度，统称为外汇核销制度。

一、出口收汇核销

所谓出口收汇核销，是指国家外汇管理部门根据国家外汇管理的要求，通过海关对出口货物的监管，对出口单位的收汇是否符合国家规定而进行监督的一种管理制度，企业必须按照该规定办理。

(一) 出口收汇核销的对象、原则、范围

1. 出口收汇核销的对象

经批准有经营出口业务的公司，有对外贸易经营权的企业和外商投资企业，简称出口单位。

2. 出口收汇的原则

(1) 属地管理：企业向其注册所在地的外管部门申领核销单之前，需上网向外汇局申请所需领用核销单份数，申请后本企业操作员凭 IC 卡到外汇局领取纸质核销单。外汇局根据企业网上申请的份数及出口收汇考核等级发放纸质核销单，同时将所发的核销单底账数据联网存放在公共数据中心。

(2) 谁单谁用：谁申领的核销单由谁使用，不得相互借用，核销单的交回核销或作废、遗失、注销手续也由原领用该核销单的出口单位向其所在地的外管部门办理。

(3) 已领用衔接：多用多发，不用不发。续发核销单的份数与已用核销单及其已核销情况和预计出口用单的增减应相"呼应"。

(4) 单单相应：原则上一份核销单对应一份报关单。报关单、核销单、发票、汇票副本上的有关栏目的内容应一致，如有变动应附有关的更改单或凭证。

企业到海关报关出口前，必须上网向海关进行新版核销单使用的口岸备案，一张核销单只能应用于一张出口报关单。不备案则不能使用。已在口岸备案的核销单，在未被用于出口报关的情况下，可上网申请变更并重新设置出口口岸。

(5) 出口后的交单：企业在货物出口后不需要再到外汇局进行交单，可以上网将已用于出口报关的核销单向外汇局交单。企业如需在报关后 60 天之内办理出口收汇手续的，应当在货物实际报关离境后先向外汇局进行网上交单，再到外汇局办理相关手续。

(6) 收汇后的核销：即期出口项下，企业应当不迟于预期收汇日期起 30 天内出口收汇后凭核销单、报关单、出口收汇专用联到外汇局办理出口核销手续；对预期收汇日期超过报关日期180 天（含 180 天）的，企业应当在报关后 60 天内到外汇局办理远期收汇备案。企业可按月集中到外汇局办理核销。

3. 出口核销的范围

除经批准外，一切出口贸易均应办理出口核销手续。它可分为收汇贸易、不收汇贸易和其

他贸易三大类。

收汇贸易包括一般贸易、进料加工、来料加工、来件装配、有价样品；不收汇贸易包括易货贸易、补偿贸易（实物补偿）、实物投资、记账贸易；其他贸易包括寄售、出境展销（览）、承包工程等，收款和不收款或自用、损耗、赠送、出售、退还兼有的贸易。

（二）出口核销的操作过程

1. 核销单的申领。出口企业自 2001 年 4 月起，在到外汇管理局领取核销单之前，要上网向外汇管理局申请所需领用核销单份数。领好核销单后企业需在核销单上加盖公章。

2. 核销单的报关前备案。企业到海关报关出口前，必须上网向报关地海关进行核销单使用的报关前备案。

出口交单。企业在货物出口后可以上网将已用于出口报关的核销单向外汇管理局交单。

3. 收汇核销。企业应在出口报关之日起 100 天内凭核销单，报关单的核销单专用联到外汇管理局办理出口收汇手续。

（三）收汇核销单

出口收汇核销单，是指由国家外汇管理部门制发，出口单位填写、传递，海关凭此受理报关，外汇管理部门凭以核销的有顺序编号的凭证。它由存根、正本（分为左、右两联）共三联构成。

出口收汇核销单的样式如下：

表 4-2 出口收汇核销单

出口收汇核销单 存 根 （宁）编号：31A351294		出口收汇核销单 31A351294 （宁）编号：31A351294						出口收汇核销单 出口退税专用 （宁）编号：31A351294			
出口单位：	出 口 单 位 盖 章	出口单位：					出 口 单 位 盖 章	出口单位：			
单位代码：		单位代码：						单位代码：			
出口币种总价：		银 行 签 注 栏	类别	币种金额	日期	盖章		货物名称	数量	币种总价	
收汇方式：											
预计收款日期：											
备注：		海关签注栏：					海 关 盖 章	报关单编号			
此报关有效期截止到：	海 关 盖 章	外汇管理局签注栏： 年 月 日（盖章）						外汇管理局签注栏： 年 月 日（盖章）			

（四）出口收汇核销程序

外汇局和海关依据货物出口是否收汇等情况，将出口报关监管方式分为需要使用核销单报关和不需要使用核销单报关两类。

1. 不需要使用核销单报关出口的，企业无须办理出口收汇核销手续。

2.需要使用核销单报关出口的，企业按照以下流程办理出口、收汇及核销：取得对外贸易经营权并领取了中国电子口岸 IC 卡的企业到所在地外汇局领取核销单，凭核销单及海关要求的其他材料办理出口报关；企业按合同约定收回货款后，凭报关、收汇以及核销单等纸质凭证或电子信息办理核销手续。完成出口收汇核销手续后，企业可以向国家税务部门申请办理出口退税。

（五）核销单挂失以及退关后核销单注销手续

1.出口核销单遗失后的挂失

（1）空白核销的挂失：企业应在 1 个工作日内通过电子出口收汇子系统申请挂失，挂失的条件是申请挂失的核销单在外汇局的动态为"有效"，在海关的动态为"未用"。核销单一经挂失不能再使用。

（2）已用于出口报关的核销单遗失：企业必须到外汇局申请挂失及补办退税联；应出具已填妥的该地区外汇管理部门统一印制的外汇核销单补办证，向主管出口退税的税务机关申请出具与该核销单对应的出口未办理退税的签批意见后，到所在地外汇管理部门补办核销单退税联。企业如因未及时挂失造成经济损失或导致违规行为，责任自负。

2.出口货物因故退运的手续

出口货物因故退运时，出口货物发货人应先到外汇管理局办理出口收汇核销单注销手续，并填妥"退关后核销单注销申报表"。外汇局给出口货物发货人出具证明，出口发货人持证明和原海关出具的专为出口收汇核销用的报关单向海关办理退运货物的报退手续。退运货物如属出口退税货物，出口货物发货人还应向海关交验审批出口退税的税务机关出具的未退税或出口退税款已收回的证明和原出口退税专用报关单，凭以办理退运手续。

二、进口付汇核销

（一）进口付汇核销制度的概念

进口付汇核销制度就是外汇管理局在海关的配合和外汇指定银行的协助下，以跟"单"（核销单）的方式对进口单位的进口付汇直至报关到货的全过程进行监督、核查的一种管理制度。

进口企业在银行办理贸易进口付汇后，应当在有关货物进口报关后一个月内持贸易进口付汇核销单或者进口付汇项下国际收支申报凭证、贸易进口付汇到货核销表，一式两份加盖公司公章等有效单证到外汇管理局经常项目管理处进口付汇核销科柜台办理核销报审手续。

（二）进口付汇核销的对象、原则和范围

1.进口付汇核销的对象

进口付汇核销的对象为：经商务部或其授权单位批准的经营进口业务的企业、事业单位和外商投资企业，简称进口单位。

2.进口付汇核销的原则

（1）属地管理原则

外汇指定银行向所在地的外汇管理局申领进口付汇核销单，它应当向该外汇管理局报送核销单及有关报表。对外付汇的进口单位向外汇指定银行领取进口付汇核销单，无论是"本地付

汇"（进口单位和外汇指定银行属同一个外汇管理局管辖）还是"异地付汇"（进口单位和外汇指定银行不属同一个外汇管理局管辖），进口单位均受企业注册地外汇管理局进口付汇核销的监管。

（2）付汇与核销衔接

进口单位进口付汇时，在外汇指定银行领取进口付汇核销单，它必须在该银行付汇，并办理货到付款项下的同步核销；在其他结算方式项下的进口付汇，由进口单位直接向所在地外汇管理局办理进口付汇核销报审手续。

（3）核销与两次核对挂钩

在进口付汇核销中，应对进口单位提供的进口货物报关单的真伪作相应的核查，对有疑问的或一次进口付汇达 50 万美元及以上的报关单，应与报关单签发地海关进行两次核对。外汇指定银行办理的货到付款项下的核销，由该外汇指定银行按照规定办理两次核对，外汇管理局办理核销的，由该外汇管理局办理两次核对。

（4）核销状况决定付汇

进口单位进口付汇核销状况的好坏决定了进口单位能否直接到外汇指定银行办理付汇。换句话说，核销状况好的进口单位，就可以直接到外汇指定银行办理付汇，反之就有可能被列入"由外汇局审核真实性的进口单位名单"，在该名单内的进口企业，就不能直接到外汇指定银行办理付汇，重者还要按照规定给予处罚。

（5）单单相应

进口单位填写进口付汇核销单时，应与进口合同、开证申请书和付汇通知书、发票、提单、进口报关单等的内容基本一致，如有不同处，就必须有相应的证明或说明。

3. 进口付汇核销的范围

境内的进口单位以通过外汇指定银行购汇，或从现汇账户支付的方式，向境外（包括保税区）支付有关进口商品的货款、预付款、尾款等均需办理核销手续。

（1）进口商品货款，主要包括进口货物及用于转口贸易而对外支付的外汇款项。

（2）预付款：不超过合同总值 15％或绝对金额不超过 10 万美元的预付外汇货款。

（3）尾款及其他：因多次付汇造成的余款，是原进口付汇总额的一部分。

三、贸易进口付汇核销单

贸易进口付汇核销单（代申报单）是由国家外汇管理局印制、进口单位填写、外汇指定银行审核并凭以办理对外付汇的单证。它既用于贸易项下进口付汇核销，又用于国际收支申报统计，因此，必须按规定如实填写。

贸易进口付汇核销单分进口单位填写和外汇指定银行填写两部分内容。进口单位在进口付汇时，需要填写核销单的十九栏项目。外汇指定银行在办理进口付汇时，按规定审核进口单位填写的核销单及所提供的其他单证，审核无误后，及时填写核销单上应由银行填写的部分，共有五栏项目。

贸易进口付汇核销单一式三联。一份核销单（一式三联）只可凭以办理一次付汇。贸易进口付汇核销单的式样如下：

表 4-3　贸易进口付汇核销单 (代申报单)

制表机关：国家外汇管理局

单位名称：　　　　　　　　　单位编码：　　　　　　　　　　核销单编号：NO

付汇银行名称		所在地分局	
进口合同号		进口发票号	
商品类别		进口批件号	
购汇付出币种金额：现汇付出币种金额：		交易编码□□□□	
付汇款性质：正常付汇□ 远期付汇□ 异地付汇□ 真实性审查付汇□ 备案表号：			
付汇日期：　/　/　外汇账号：　　　　人民币账号：			
应到货日期：　/　/　收款人国别：　　折美元金额：			
外汇指定银行审核无误后填写此栏			
银行业务编码：　　申报号码□□□□□□ □□□□ □□□□□□ □□□□			
营业员签章：　　　业务公章：　　　　审核日期：　/　/			

进口单位 (盖章)　　　　　　　　　　　　　　　年　　月　　日

注：

1. 核销单编号为 8 位顺序号，由各印制本核销单的外汇管理局自行印制；
2. 核销单一式三联：第一联送所在地外汇局；第二联退进口单位；第三联外汇指定银行存档；
3. 本核销单尺寸为 16 开纸；
4. 进口单位编码为国家监督局编制的企业代码；
5. 申报号码和交易号码按国际收支申报统计规定的原则填写。

四、进口付汇备案表

进口付汇备案表，简称备案表，是由国家外汇管理局印制，进口单位向所在地外汇管理局申办，外汇指定银行凭此办理进口付汇手续，外汇管理局办理进口付汇核销手续的有顺序编码的凭证。一份备案表只可凭以办理一次进口付汇。

进口单位填妥的备案表，需所在地外汇管理局审核无误后加盖"进口付汇核销"专用章方为有效。一份进口付汇备案表由一式四联构成。

进口付汇备案表式样如下：

表 4-4　进口付汇备案表

备案表编号

备案类别：　远期付汇□　　异地付汇□　　真实性审查付汇□			
进口单位		付汇银行	
进口合同号		进口发票号	
商品类别		进口批件号	
购汇付出币种金额：　　　账户现汇付出币种金额：			
结算方式：信用证□ 托收 □ 货到付款 (报关单编号：币种金额：) 其他□			
付汇日期：　/　/　应到货日期：　/　/　折美元金额：			

本笔付汇已经我局审查备案，请按规定办理付汇手续。

国家外汇管理局　　分 (支) 局

年　　月　　日

注：

1. 备案表一式四联：第一联由外汇指定银行付汇后与核销单（第三联）一并存档；第二联由进口单位与核销单（第二联）一并留存；第三联由外汇指定银行在办理付汇后与核销单（第一联）一并报送所在地外汇局；第四联由签发地外汇局留存。

2. 备案表由各外汇局印制。

3. 备案表编号为 6 位外汇局代码＋6 位顺序号。

五、进口付汇核销方法

2001 年，外汇局和海关按照是否有相应付汇，将进口报关单的海关监管方式分为可付汇、有条件付汇、不可付汇三大类：

1. 属于"不可对外付汇"的，进口报关单不可用于付汇和核销；

2. 属于"可对外付汇"的，进口报关单可直接用于进口付汇和核销；

3. 属于"有条件对外付汇"的，进口报关单需在企业提交相关证明材料后方可用于办理付汇和核销。

具有对外贸易经营权的企业，到注册地外汇局办理"对外付汇进口单位名录"（以下简称"名录"）登记后，即可直接持规定单证到本地银行申请办理进口付汇，银行按规定审核企业申请单证无误后为企业办理进口付汇。企业办理进口付汇核销业务的基本要求包括：

第一，对于采用汇款结算方式到货后付款的，银行在核验报关单电子数据无误、为企业办理付汇后，进口付汇核销过程同时自动完成。

第二，对于采用信用证、托收、预付货款及其他结算方式付汇的。由于货物尚未报关进口，银行无法在付汇时通过进口报关单联网核查来核实付汇真实性，企业需在预计到货日期后一定时限内，持规定单证到外汇局办理进口付汇核销手续，证实付汇真实性。期限届满未办理核销的，将被纳入逾期监管。转口贸易、境外工程使用物资、退汇项下的进口付汇凭对应收汇凭证办理进口付汇核销。

表 4-5　　　年　月　　贸易进口付汇到货付款核销单（1）

进口单位名称：　　　　　　　　　　进口单位编码：　　　　　　　　　核销表编号：

	付　汇　情　况							报关到货情况						
序号	核销单号	备案表号	付汇币种金额	付汇日期	结算方式	付汇银行名称	应到货日期	报关单号	到货企业名称	报关币种名称	报关日期	与付汇差额		凭报关单付汇	备注
												退汇	其他		
付汇合计笔数：	付汇合计金额：		到货报关合计笔数：		到货报关合计金额：		退汇合计金额：		凭报关单付汇合计金额：						
至本月累计笔数	至本月累计金额：		至本月累计笔数：		至本月累计金额：		至本月累计金额：		至本月累计金额：						

填表人：　　　负责人：　　　　　　　　　　　　　填表日期：　　年　月　日

本核销表内容无讹。（进口单位盖章）

注：

1. 本表一式两联，第一联送外汇局，第二联进口单位留存；
2. 本表合计和累计栏金额为折美元金额；
3. 本表由各外汇局印制，供进口单位使用；
4. 货到付款项下的付汇在"凭报关单付汇栏"填"√"；
5. 累计栏为本年年初至本月的累计数；
6. 一次到货多次付汇的，在"付汇情况"栏填写本次实际付汇情况；在"报关到货情况"栏只填写一次；
7. 一次付汇多次到货的，参照第六点处理。

第三，对于资金流与货物流之间出现较大偏差的，企业需持相关材料向外汇局证明偏差存在的客观性、合理性，完成差额核销。

进口付汇核销制度还包含了对进口付汇主体的监管，分为贸易付汇资格准入（即名录管理），以及对高风险主体和高风险业务的分类管理。已在商务部门办理登记获取外贸经营权的企业均可向外汇局申请登记"名录"，只有进入名录的企业方可在银行办理贸易进口付汇。

分类管理则由外汇局审核真实性的进口单位名单（以下简称"名单"）管理与进口付汇备案管理两部分构成。对于进口业务存在违规、违法行为的企业，外汇局会依据相关规定将其列入名单。对于不在"名录"和"名单"内企业的进口付汇，以及在注册地以外地区银行进行对外支付的，企业需要在付汇前到外汇局办理进口付汇备案。

贸易进口付汇到货核销单式样如下：

表4-6　　年　月　　贸易进口付汇到货付款核销单（2）

进口单位名称：　　　　　　　　进口单位编码：　　　　　　　　核销表编号：

	付　汇　情　况						未　到　货　情　况		
序号	核销单号	备案表号	付汇币种金额	结算方式	付汇银行名称	应到货日期	推迟到货日期	外商不再供货	其他
							／　／　／		
付汇合计笔数：		付汇合计金额：			备注：				

填表人：　　　　负责人：　　　　　　　　　　填表日期：　　年　月　日

本核销表内容无讹。（进口单位盖章）

注：

1. 本表为所有付汇后未到货情况表，可不附单证；
2. 本表一式两联：第一联送外汇局，第二联进口单位留存；
3. 本表合计和累计栏金额为折美元金额；
4. 本表由各外汇局印制，供进口单位使用。

六、保税区收付汇核销

保税区是经国务院批准设立的海关监管的特定区域，海关对保税区与境外之间进出的货物实施备案制。国家外汇管理局曾于 1991 年和 1995 年年底先后颁布了《保税区外汇管理暂行办法》和《保税区外汇管理办法》，对促进保税区外向型经济发展、规范保税区外汇收支管理起到了积极的作用。1996 年以来，随着我国外汇体制改革的不断深化，经常项目和资本项目相继推出了一系列的配套政策，但基本上都不适用于保税区企业，为此，外汇管理部门对保税区企业外汇收支日常监管难度较大，目前监管难度最大的是保税区内企业（以下简称"区内企业"）和境内保税区外的其他企业（以下简称"区外企业"）之间代理进出口业务经营中有关外汇收付的管理。

（一）区内企业委托区外企业代理报关出口划汇

1. 代理形式

区内企业和国外客商签订售货合同，区内企业与区外有进出口权企业签订代理出口协议，委托区外企业进行出口报关（使用区外企业的出口收汇核销单），国外客商将货款汇给区内企业，最后区内企业要求将收到的外汇（一般收汇金额大于划汇金额，差额部分为区内企业的差价收入）划给区外代理报关企业，区外企业收汇后结汇用于核销。

2. 外汇收支管理

根据《保税区外汇管理办法》规定，区内企业可委托区外企业代理出口，区外企业收到代理出口货款后划转给区内企业。

（1）区内企业划汇给区外代理报关企业须经外汇局审批，即外汇指定银行须凭外汇局审核同意的"现汇账户支用申请表"办理划汇。

（2）外汇审批划汇的有效单证主要是：区内企业与境外客商的售货合同；区内企业与区外企业的代理协议；区内企业的收汇凭证（收汇行出具的境外汇入款项凭证）；区外企业的出口收汇核销单（已交单复印件）。

（二）保税区企业进口付汇、货未到保税区

1. 表现形式

区内企业与境外客商签订购货合同，区内企业提供有关单证要求外汇指定银行办理进口开证、付汇，区内企业与区外企业签订代理协议，货物由区外企业代理报关入境，或以关外卖断形式将货物转让给有进口权的区外企业。

2. 监管政策

（1）规定外汇指定银行对保税区企业提供的合同上列明货未到保税区的进口付汇不得售汇，从而保证该笔支付境外的外汇来源为区外报关企业划入区内企业的外汇，区外企业付汇给区内或境外必须履行进口付汇核销手续。这样做可以避免区外企业利用区内企业付汇不核销的政策逃避监管。

（2）对区内企业进口付汇实行核销制，在进出口收付汇核销监管上应该采取出口管二线（保税区与区外）为主、进口管一线（保税区与境外）的办法。

第四节 出 口 退 税

1985 年 3 月，国务院正式颁发了《关于批转财政部〈关于对进出口产品征、退产品税或增值税的规定〉的通知》，规定从 1985 年 4 月 1 日起实行对出口产品退税政策。1994 年 1 月 1 日起，随着国家税制的改革，我国改革了已有退还产品税、增值税、消费税的出口退税管理办法，建立了以新的增值税、消费税制度为基础的出口货物退（免）税制度。

出口货物退税，简称出口退税，其基本含义是指对出口货物退还其在国内生产和流通环节实际缴纳的产品税、增值税、营业税和特别消费税。出口货物退税制度，是一个国家税收的重要组成部分。出口退税主要是通过退还出口货物的国内已纳税款来平衡国内产品的税收负担，使本国产品以不含税成本进入国际市场，与国外产品在同等条件下进行竞争，从而增强竞争能力，扩大出口创汇。

一、出口退税特点、条件与登记

（一）出口退税的特点

我国的出口货物退（免）税制度是参考国际上的通行做法，在多年实践基础上形成的、自成体系的专项税收制度。这项新的税收制度与其他税收制度比较，有以下几个主要特点：

1. 它是一种收入退付行为

税收是国家为满足社会公共需要，按照法律规定，参与国民收入中剩余产品分配的一种形式。出口货物退（免）税作为一项具体的税收制度，其目的与其他税收制度不同。它是在货物出口后，国家将出口货物已在国内征收的流转税退还给企业的一种收入退付或减免税收的行为，这与其他税收制度筹集财政资金的目的显然是不同的。

2. 它具有调节职能的单一性

我国对出口货物实行退（免）税，意在使企业的出口货物以不含税的价格参与国际市场竞争。这是提高企业产品竞争力的一项政策性措施。与其他税收制度鼓励与限制并存、收入与减免并存的双向调节职能比较，出口货物退（免）税具有调节职能单一性的特点。

3. 它属间接税范畴内的一种国际惯例

世界上有很多国家实行间接税制度，虽然其具体的间接税政策各不相同，但就间接税制度中对出口货物实行"零税率"而言，各国都是一致的。为奉行出口货物间接税的"零税率"原则，有的国家实行免税制度，有的国家实行退税制度，有的国家则退、免税制度同时并行，其目的都是对出口货物退还或免征间接税，以使企业的出口产品能以不含间接的价格参与国际市场的竞争。出口货物退（免）税政策与各国的征税制度是密切相关的，脱离了征税制度，出口货物退（免）税便将失去具体的依据。

（二）出口退税的条件

1. 必须是增值税、消费税征收范围内的货物。增值税、消费税的征收范围，包括除直接向农业生产者收购的免税农产品以外的所有增值税应税货物，以及烟、酒、化妆品等 11 类列举征收消费税的消费品。

2. 必须是报关离境出口的货物。所谓出口，即输出关口，它包括自营出口和委托代理出口两种形式。区别货物是否报关离境出口，是确定货物是否属于退（免）税范围的主要标准之一。凡在国内销售、不报关离境的货物，除另有规定者外，不论出口企业是以外汇还是以人民币结算，也不论出口企业在财务上如何处理，均不得视为出口货物予以退税。

对在境内销售收取外汇的货物，如宾馆、饭店等收取外汇的货物等，因其不符合离境出口条件，均不能给予退（免）税。

3. 必须是在财务上做出口销售处理的货物。出口货物只有在财务上做出销售处理后，才能办理退（免）税。也就是说，出口退（免）税的规定只适用于贸易性的出口货物，而对非贸易性的出口货物，如捐赠的礼品、在国内个人购买并自带出境的货物（另有规定者除外）、样品、展品、邮寄品等，因其一般在财务上不做销售处理，故按照现行规定不能退（免）税。

4. 必须是已收汇并经核销的货物。按照现行规定，出口企业申请办理退（免）税的出口货物，必须是已收外汇并经外汇管理部门核销的货物。

一般情况下，出口企业向税务机关申请办理退（免）税的货物，必须同时具备以上 4 个条件。但是，生产企业（包括有进出口经营权的生产企业、委托外贸企业代理出口的生产企业、外商投资企业，下同）申请办理出口货物退（免）税时必须增加一个条件，即申请退（免）税的货物必须是生产企业的自产货物（外商投资企业经省级商务主管部门批准收购出口的货物除外）。

（三）出口退税的登记

1. 出口企业应持商务部及其授权批准其出口经营权的批件、工商营业执照、海关代码证书和税务登记证于批准之日起 30 天内向所在地主管退税业务的税务机关填写《出口企业退税登记表》（生产企业填写一式三份，退税机关、基层退税部门、企业各一份），申请办理退税登记证。

2. 没有进出口经营权的生产企业应在发生第一笔委托出口业务之前，需持委托出口协议、工商营业执照和国税税务登记证向所在地主管退税业务的税务机关办理注册退税登记。

3. 出口企业退税税务登记内容发生变化时，企业在工商行政管理机关办理变更注册登记的，应当自工商行政管理机关办理变更登记之日起 30 天内，持有关证件向退税机关申请办理变更税务登记，填写《退税登记变更表》（生产企业填写一式两份，退税机关、企业各一份）。按照规定企业不需要在工商行政管理机关办理注册登记的，应当自有关机关批准或者宣布变更之日起30 天内，持有关证件向退税机关申请办理变更税务登记。

二、出口退税范围

（一）下列企业出口属于增值税、消费税征收范围货物可办理出口退（免）税，除另有规定外，给予免税并退税

1. 有出口经营权的内（外）资生产企业自营出口或委托外贸企业代理出口的自产货物；

2. 有出口经营权的外贸企业收购后直接出口或委托其他外贸企业代理出口的货物；

3. 生产企业（无进出口权）委托外贸企业代理出口的自产货物；

4. 保税区内企业从区外有进出口权的企业购进直接出口或加工后再出口的货物；

5. 下列特定企业（不限于是否有出口经营权）出口的货物；

（1）对外承包工程公司运出境外用于对外承包项目的货物；

（2）对外承接修理修配业务的企业用于对外修理修配的货物；

（3）外轮供应公司、远洋运输供应公司销售给外轮、远洋国轮而收取外汇的货物；

（4）企业在国内采购并运往境外作为在国外投资的货物；

（5）援外企业利用中国政府的援外优惠贷款和合资合作项目基金方式下出口的货物；

（6）外商投资企业特定投资项目采购的部分国产设备；

（7）利用国际金融组织或国外政府贷款，采用国际招标方式，由国内企业中标销售的机电产品；

（8）境外带料加工装配业务企业的出境设备、原材料及散件；

（9）外国驻华使（领）馆及其外交人员、国际组织驻华代表机构及其官员购买的中国产物品。

以上"出口"是指报关离境，退（免）税是指退（免）增值税、消费税，对无进出口权的商贸公司，借权、挂靠企业不予退（免）税。上述"除另有规定外"是指出口的货物属于税法列举规定的免税货物或限制、禁止出口的货物。

（二）一般退免税货物应具备的条件

1. 必须是属于增值税、消费税征税范围的货物；

2. 必须报关离境，对出口到出口加工区货物也视同报关离境；

3. 必须在财务上做销售；

4. 必须收汇并已核销。

（三）下列出口货物，免征增值税、消费税

1. 来料加工复出口的货物，即原材料进口免税，加工自制的货物出口不退税。

2. 避孕药品和用具、古旧图书，内销免税，出口也免税。

3. 出口卷烟：有出口卷烟，在生产环节免征增值税、消费税，出口环节不办理退税。其他非计划内出口的卷烟照章征收增值税和消费税，出口一律不退税。

4. 军品以及军队系统企业出口军需工厂生产或军需部门调拨的货物免税。

5. 国家现行税收优惠政策中享受免税的货物，如饲料、农药等货物出口不予退税。

6. 一般物资援助项下实行实报实销结算的援外出口货物。

（四）下列企业出口的货物，除另有规定外，给予免税，但不予退税

1. 属于生产企业的小规模纳税人自营出口或委托外贸企业代理出口的自产货物。

2. 外贸企业从小规模纳税人购进并持管通发票的货物出口，免税但不予退税。但对下列出口货物考虑其占出口比重较大及其生产、采购的特殊因素，特准退税。

3. 外贸企业直接购进国家规定的免税货物（包括免税农产品）出口的，免税但不予退税。

4. 外贸企业自非生产企业、非市县外贸企业、非农业产品收购单位、非基层供销社和非机电设备供应公司收购出口的货物。

（五）除经批准属于进料加工复出口贸易以外，下列出口货物不免税也不退税

1. 一般物资援助项下实行承包结算制的援外出口货物。

2. 国家禁止出口的货物，包括天然牛黄、麝香、铜及铜基合金（电解铜除外）白金等。

3. 生产企业自营或委托出口的非自产货物。

国家规定不予退税的出口货物，应按照出口货物取得的销售收入征收增值税。

（六）贸易方式与出口退（免）税

出口企业出口货物的贸易方式主要有一般贸易、进料加工、易货贸易、来料加工（来件装配、来样加工）、补偿贸易（现已取消），对一般贸易、进料加工、易货贸易、补偿贸易可以按规定办理退（免）税，易货贸易和补偿贸易与一般贸易计算方式一致；来料加工免税。

三、出口退税登记的一般程序

1. 有关证件的送验及登记表的领取

企业在取得有关部门批准其经营出口产品业务的文件和工商行政管理部门核发的工商登记证明后，应于 30 天内办理出口企业退税登记。

2. 退税登记的申报和受理

企业领到"出口企业退税登记表"后，即按登记表及有关要求填写，加盖企业公章和有关人员印章后，连同出口产品经营权批准文件、工商登记证明等证明资料一起报送税务机关，税务机关经审核无误后，即受理登记。

3. 填发出口退税登记证

税务机关接到企业的正式申请，经审核无误并按规定的程序批准后，核发给企业"出口退税登记证"。

4. 出口退税登记的变更或注销

当企业经营状况发生变化或某些退税政策发生变动时，应根据实际需要变更或注销退税登记。

本 章 小 结

本章主要学习了汇付与托收支付方式，信用证付款，收汇、付汇核销和出口退税等相关知识。

国际支付是指在国际经济活动中的当事人以一定的支付工具和方式，清偿因各种经济活动而产生的国际债权债务的行为。通常它是在国际贸易中所发生的、有履行金钱给付义务当事人履行义务的一种行为。汇付和托收支付方式的主要内容包括各自的含义和当事人、种类和业务流程。

国际支付与结算是国际物流中非常重要的一部分。由于国际物流所涉及的时间长、距离大，因此造成过程中风险的不断增加，尤其是支付的风险，所以一般的现金支付与结算方式并不适用于国际物流活动。重点阐述的支付方式是在当今国际物流活动中经常采用的，而又以信用证方式应用的最为广泛。

出口收汇制度是国家建立的对企业出口、报关、收汇整个过程实行跟踪的监测管理制度。进口付汇核销是为进一步完善货物贸易进口付汇管理，推进贸易便利化，促进涉外经济发展，特制定了职责、流程、服务监督机制和制度改革条例。重点叙述了收汇核销与付汇核销的对象、原则、范围，操作的流转程序与保税区收付汇核销。

出口货物退税制度，是一个国家税收的重要组成部分。出口退税主要是通过退还出口货物的国内已纳税款来平衡国内产品的税收负担，使本国产品以不含税成本进入国际市场，与国外产品在同等条件下进行竞争，从而增强竞争能力，扩大出口创汇。重点叙述了出口退税的特点、条件和一般程序。

关键词或概念

汇付（remittance）

托收（collection）

信用证（letter of credit）

收汇核销

付汇核销

出口退税

简答题

1. 简述国际支付常用的方式。
2. 信用证的当事人及其职责。
3. 收汇、付汇核销的原则。
4. 简述出口退税的一般程序。

【案例分析】

信用证与合同之间的独立性

上海 A 出口公司与香港 B 公司签订一份买卖合同，成交商品价值为418 816美元，A 公司向 B 公司卖断此批商品。合同规定：商品均以三夹板箱盛放，每箱净重 10 千克，两箱一捆，外套麻包。香港 B 公司如期通过中国银行香港分行开出跟单信用证，信用证中的包装条款为：商品均以三夹板箱盛放，每箱净重 10 千克，两箱一捆。对于合同与信用证关于包装的不同规定，A 公司保证安全收汇，严格按照信用证规定的条款办理，只装箱打捆，没有外套麻包。"锦江"轮将该批货物5 000捆运抵香港。A公司持全套单据叫中国银行上海分行办理收汇，该行对单据审核后未提出任何异议，因信用证付款期限为提单签发后60天，不做押汇，中国银行上海分行将全套单据寄交开证行，开证行也未提出任何不同意见。但货物运出之后的第一天起，B公司数次来函，称包装不符要求，重新打包的费用和仓储费应由A公司负担，并进而表示了退货主张。A公司认为在信用证条件下应凭信用证来履行义务。在这种情况下，B公司又通知开证行"单据不符"，A公司立即复电主张单据相符。

第五章　国际货物运输体系

本章导读

　　运输的作用是使商品的使用价值发生空间移动。国际物流运输子系统是国际物流系统的核心之一，通过国际货物运输可以实现商品由卖方向买方的转移，克服商品生产地和需要地之间的空间距离，创造商品的空间效益。国际货物运输既是国内运输的延伸和扩展，同时又是衔接出口国货物运输和进口国货物运输的桥梁和纽带。本章简述了国际货物运输体系构成、国际货运管理内容以及各国运输管制等问题。

本章学习目标

　　本章重点要求学生掌握国际货物运输的概念及其构成要素，运输管制的概念，综合运输体系的概念及组成，各种方式的运输单据；深刻理解国际货物运输方式的选择，货运代理的合理选择，运输放松管制的原因；了解国际货运代理的性质、作业和主要业务，运输管制的必要性、发展阶段，运输放松管制的内容，各国运输管理体制改革的趋向，我国运输业管理的改革。

第一节　国际货物运输体系概述

一、国际货物运输概述

（一）国际货物运输的定义

　　国际货物运输，就是在国家与国家、国家与地区之间的货物运输。它是为了适应国际贸易发展的需要而产生和发展起来的。由于国际货物运输主要是贸易物资的运输，所以国际货物运输也常被称为国际贸易运输。从一国来说，就是对外贸易运输，简称外贸运输。

　　国际货物运输可分为商品贸易运输和非商品贸易运输。商品贸易运输是为国际间商品交换服务的，是实现商品贸易的手段，从贸易的角度来说，国际货物运输是一种无形的国际贸易；非商品贸易运输是为非商品（如展览品、个人物品、援助物资等）跨国间的移动服务的，在整个货物运输中占很小部分。

（二）国际货物运输的特点

国际货物运输与国内运输相比，具有以下几个主要特点：

1. 涉及国际关系问题，政策性很强

国际货物运输是国际贸易的一个组成部分，在组织货物运输的过程中，需要经常同国外发生直接或间接的业务联系，这种联系不仅有在经济上的，也常常涉及国际间的政治问题，是一项政策性的涉外活动。因此，国际货物运输既是一项经济活动，也是一项重要的外事活动。这就要求我们不仅要用经济观点去办理各项业务，而且要有政策观念，按照我国对外政策的要求从事国际运输业务。

2. 运输环节多

国际货物运输是国家与国家、国家与地区之间的运输，一般来说，运输的距离都比较长，往往需要多种运输工具，通过多次装卸搬运，经过许多中间环节，如转船、变换运输方式等，经由不同的地区和国家，适应各国不同的法律和法规。如果其中任何一个环节发生问题，就会影响整个运输过程，这就要求我们做好组织、环环紧扣，避免在某个环节出现脱节现象，给运输带来损失。

3. 涉及面广，情况复杂多变

国际货物运输涉及国内外许多部门，需要与不同国家和地区的货主、交通运输、商检机构、保险公司、银行或其他金融机构、海关、港口以及各种中间代理商等打交道。同时，由于各个国家和地区的法律、政策规定不一，贸易、运输习惯和经营做法不同，金融货币制度的差异，加之政治、经济和自然条件的变化，都会对国际货物运输产生较大的影响。

4. 时间性强

按时装运进出口货物，及时将货物运至目的地，对履行进出口贸易合同、满足商品竞争市场的需求、提高市场竞争能力、及时结汇都有重要意义。特别是一些鲜活商品、季节性商品和敏感性强的商品，要求迅速运输，不失时机地组织供应，才有利于提高出口商品的竞争能力，有利于巩固和扩大销售市场。因此，国际货物运输必须加强时间观念，争时间、抢速度，以快取胜。

5. 风险大

由于在国际货物运输中环节多、运输距离长、涉及面广、情况复杂多变，加之时间性又很强，在运输沿途国际形势的变化、社会的动乱、各种自然灾害和意外事故的发生，以及战乱、封锁禁运和海盗等，都有可能会直接或间接地影响到国际货物运输，以至于造成严重后果，因此，国际货物运输的风险大。为了减少运输过程中造成的损失，各种进出口货物和运输工具，都需办理运输保险。

（三）国际货物运输在国际物流中的地位和作用

1. 国际货物运输是国际物流系统的核心，促进国际物流的发展

国际物流是"物"的国际间物理性运动，这种运动改变了物的空间状态。而国际运输承担了改变空间状态的主要任务，国际运输是改变空间状态的主要手段，能圆满完成改变空间状态的全部任务。在国际物流中，国际运输能提供两大功能：国际货物转移和储存。

（1）国际货物转移

运输的主要功能就是产品在价值链中的来回运动。国际货物运输就是通过运输手段使货物在国际物流节点之间流动。因此，国际货物转移是国际货物运输所提供的主要功能。

（2）物品存放

对物品进行临时存放是一个特殊的运输功能。国际货物运输一般经历的时间长、路途远，各种运输工具如火车、飞机、轮船、集装箱都担负着国际货物的存放功能。尤其是一些国际货物在转移中需要储存，但在短时间内（1～3 天）又将重新转移，那么，该物品从仓库卸下来和再装上去的成本可能高于存放在运输工具中支付的费用。

2. 国际货物运输是国际物流"第三利润源"的主要源泉

国际货物运输承担着大跨度的空间转移的任务，所以，活动的时间长、距离长、消耗也大。消耗的绝对数量大，其节约的潜力也大。

从运费来看，运费在全部国际物流费用中占的比例最高，一般综合分析、计算社会运输费用，运输费用在其中约占 50％的比例，有些物品的运费甚至高于物品的生产费用，所以，节约的潜力很大。由于国际运输总里程长、运输总量巨大，通过体制改革和运输合理化可以大大节约运费，从而提高效益。

二、国际货物运输的构成要素

一般来说，一种活动总是由人与工具构成的，运输活动也不例外。在国际运输活动中的人主要是国际运输的关系方，即国际物流中运输的参与者和运输服务的提供者。工具是实现国际货物运输的手段。另外，国际货物运输是通过一些具体的运输方式或运输方式的组合来实现的。因此，简单地说，国际货物运输主要由三个方面构成：国际运输的关系方、国际运输工具和国际运输方式。

（一）国际货物运输的关系方

国际货物运输的关系方主要有以下三种：

1. 货主（cargo owner）

货主是指专门经营进出口商品业务的国际贸易商，或有进出口经营权的工贸、地贸公司以及"三资"企业统称为货主。它们为了履行国际贸易合同必须组织办理进出口商品的运输，是国际货物运输中的托运人（shipper）或收货人（consignee）。

2. 承运人（carrier）

承运人是指专门经营海上、铁路、公路、航空等客货运输业务的运输企业，如轮船公司、铁路或公路运输公司、航空公司等。它们一般拥有大量的运输工具，为社会提供运输服务。

在海上运输中船舶经营人（operator）作为承运人。我国《海商法》第四十二条指出："承运人是指本人或者委托他人以本人的名义与托运人订立海上货物运输合同的人。""实际承运人是指接受承运人委托，从事货物运输或部分运输的人，包括接受转委托从事此项运输的其他人。"

由此可见，承运人包括船舶所有人（ship-owner）和以期租（time charter）或光租（bare charter）的形式承租，进行船舶经营的经营人。

3. 运输代理人（forwarding agent）

运输代理人有很多种类型，主要有以下两种：

（1）货运代理人（forwarding agent，freight forwarder）

货运代理人是指根据委托人的要求；代办货物运输的业务机构。有的代表承运人向货主揽取货物，有的代表货主向承运人办理托运，有的兼营两方面的业务。它们属于运输中间人的性质，在承运人和托运人之间起着桥梁作用。

（2）船舶代理人（ship's agent；owner's agent）

船舶代理是指接受船舶经营人或船舶所有人的委托，为他们在港船舶办理各项业务和手续的人。船舶代理人在港为委托人揽货，在装卸货港口办理装卸货物手续、保管货物和向收货人交付货物，为船舶补充燃料、淡水和食品，以及代办船舶修理、船舶检验，集装箱跟踪管理等。

海运经纪人（broker）是以中间人的身份代办洽谈业务，促使交易成交的一种行业。在海上运输中，有关货物的订舱和揽载、托运和承运、船舶的租赁和买卖等项业务，虽然常由交易双方直接洽谈，但由海运经纪人作为媒介代办洽谈的做法已成为传统的习惯。我国海运经纪人的角色也属于船舶代理人的业务范围。

（二）国际物流运输工具

国际物流运输工具主要有下列四种：

1. 包装工具

包括包装机械、填充包装机械、灌装机械、封口机械、贴标机械、捆扎机械、热、收缩包装机械和其他机械。

2. 集装工具

主要有集装箱、托盘和集装袋等。

3. 运输工具

主要有汽车、火车、船舶、飞机和管道等。

4. 装卸搬运工具

主要有起重机械、装卸搬运车辆、连续输送机械和散装机械等。

（三）国际运输方式

根据使用的运输工具的不同，国际货物运输主要可分为如下几种方式：海洋运输、铁路运输、航空运输、公路运输、邮包运输、管道运输、集装箱运输、大陆桥运输以及由各运输方式组合而成的国际多式联运等。

三、国际货物运输体系

国际货物运输是国际物流系统的一个中心环节。国际货物运输体系由铁路、公路、水运、航空和管道 5 种运输方式组成。我国重视各种运输方式发展，积极建立和完善国际货物运输体系，以适应国民经济发展对交通运输的需要。

(一) 各种运输方式及特点

1. 海洋运输

海洋运输是国际贸易运输中使用最广泛的运输方式。目前，其运量在国际货运总量中占80％以上。海洋运输之所以被如此广泛使用，主要是与其他运输方式相比，它有以下明显的优点：

(1) 通过能力大。海洋运输可以利用四通八达的天然运输航道，它不像火车、汽车受轨道和道路的限制，故其通过能力大。

(2) 运量大。海洋运输船舶的运载能力，远远大于铁路运输车辆和公路运输车辆。如一艘万吨船舶的载重量一般相当于250～300个车皮的载重量。

(3) 运费低。按照规模经济的观点，因为运量大、航程远、分摊于每吨货运的运输成本就少，因此运费相对低廉。海洋运输虽具有上述优点，但也存在不足之处。例如，海洋运输受气候和自然条件的影响较大，航期不易准确，而且风险较大。此外，海洋运输的速度也相对较低。

2. 铁路运输

在国际货物运输中，铁路运输是一种仅次于海洋运输的主要运输方式，海洋运输的进出口货物，一般也是通过铁路运输进行货物的集中和分散。

铁路运输有许多优点，一般不受气候条件的影响，可保障全年的正常运输，而且运量较大，速度较快，有高度的连续性运转的可能，受风险影响较小。办理铁路货物运输手续比海洋运输简单，而且收货人和发货人可以在就近的始发站和目的站办理托运和提货手续。

3. 航空运输

航空运输是一种现代化的运输方式，它与海洋运输和铁路运输相比，具有运输速度快。货运质量高、且不受地面条件的限制等优点。因此，它最适宜运送急需物资、鲜活商品、精密仪器和贵重物品。

4. 公路、内河和邮包运输

公路运输是一种机动化的运输方式，具有灵活机动、速度快和方便的特点。尤其在"门到门"运输中，更离不开公路运输，但它也有不足之处，如载货量有限，运输成本高，容易造成货损事故。

内河运输是连接内陆和沿海的纽带，中国的长江、珠江等主要河流的港口已经对外开放，中国还同邻国的一些河流相通连，这是中国货物内河运输的一些有利条件。

邮包运输具有国际多式联运和"门到门"运输的性质，加之手续简便，费用也不高，故成为国际贸易中普遍接受的运输方式之一。它适用于重量轻、体积小的货物，如精密仪器。药品、金银首饰、机器零部件等。

5. 管道运输

管道运输是利用管道输送气体、液体和粉状固体的一种运输方式。其运输方式是靠物体在管道内顺着压力方向循序移动实现的。和其他运输方式的重要区别在于，作为运输工具的管道设备是静止不动的。

管道运输的主要优点是，由于采用密封设备，在运输过程中可避免散失、丢失等损失，也不存在其他运输设备本身在运输过程中消耗动力所形成的无效运输问题。另外，运输量大，适合于运送量大且连续不断的物资。

　　6. 集装箱运输和国际多式联运

　　集装箱运输是一种以集装箱为运输单位进行货物运输的一种现代化的运输方式，它同传统货运方式相比，具有以下优点：（1）提高了装卸效率，加速了船舶的周转；（2）有利于提高运输质量，减少货损货差；（3）节省各项费用，降低运货成本；（4）简化货运手续，便利货物运输；（5）把传统单一运输串联成连贯的成组运，从而促进了国际多式联运的发展。

　　国际多式联运则是在集装箱运输的基础上产生和发展起来的一种综合性的连贯运输的方式，它一般以集装箱为媒介，把海、陆、空各种单一的传统运输方式有机地结合起来，组成一种国际的连贯的运输，它是实现"门到门"运输的有效途径，既简化了手续，减少了中间环节，又加快了货运速度，降低了运输成本，并提高了货运质量。

（二）综合运输体系

　　1. 综合运输体系的定义

　　运输按协作程度分类，可分为一般运输及联合运输两类。孤立地采用不同运输工具或同类运输工具而没有形成有机协作关系的为一般运输。联合运输简称联运，是使用同一运送凭证，由不同运输方式或不同运输企业进行有机衔接来接运货物，利用每种运输手段的优势以充分发挥不同运输工具效率的一种运输形式。采用联合运输，对用户来讲，可以简化托运手续，方便用户，同时可以加快运输速度，也有利于节省运费。

　　所谓综合运输体系，或者叫综合的交通运输体系，是对单一的运输体系而言的，就是各种运输方式在社会化的运输范围内和统一的运输过程中，按其技术经济特点组成分工协作、有机结合、连接贯通、布局合理的交通运输综合体。

　　2. 综合运输体系的组成

　　首先，综合运输体系是在五种运输方式的基础上组建起来的。随着经济和社会的发展，科学技术的进步，运输过程由单一方式向多样化发展，运输工具由简陋向现代化发展，而人流和物流移动的全过程往往要使用多种运输工具才能实现，因此运输生产本身就要求把多种运输方式组织起来，形成统一的运输过程。所以，综合运输体系是运输生产力发展到一定阶段的产物。其次，综合运输体系是各种运输方式通过运输过程本身的要求联系起来的。这就是各种运输方式在分工的基础上，有一种协作配合、优势互补的要求；即在运输生产过程中的有机结合，在各个运输环节上的连接贯通，以及各种交通运输网和其他运输手段的合理布局。如果没有这种内在的要求，或者这种内在要求受到限制，也就不可能建立和完善综合运输体系。从运输业发展的历史和现状看，各种运输方式一方面在运输生产过程中存在着协作配合、优势互补的要求；另一方面在运输市场和技术发展上又相互竞争。这两种要求交织在一起，使发展综合运输体系成为一个长期的由低级向高级发展的过程。

　　综合运输体系虽然是一个新概念，但在经济生产活动中已经存在。如山西煤炭运到华东，可先经公路由汽车集运到火车站，后经铁路干线运到沿海港口或长江港口再换装到船上，由水运到达上海港，之后，再经铁路、公路或内河航运到各用煤单位。要完成这样的全程运输，不仅要有协调发展和连接贯通的各种运输线路、运输工具及其相应环节的结合部设施（装卸或换装、换乘点），而且要对各种运输方式组织起联合运输，并进行综合运输管理，才能完善煤炭运输全过程。

从以上可以看出，综合运输体系大致由三个系统组成。

一是具有一定技术装备的综合运输网及其结合部系统。这是综合运输体系的物质基础，系统的布局要合理协调，运输环节要相互衔接，技术装备要成龙配套，运输网络要四通八达。

二是综合运输生产系统，即各种运输方式的联合运输系统。这个系统要实现运输高效率，经济高效益，服务高质量，充分体现各种运输方式综合利用的优越性。

三是综合运输组织、管理和协调系统。这个系统要有利于宏观管理、统筹规划和组织协作。

这三个方面构成了综合运输体系生产能力的主要因素。要发展和完善综合运输体系，也主要在这三个方面下工夫。

四、国际货运代理

（一）国际货运代理的概述

国际货运代理来源于英文"the freight forwarder"一词。国际货运代理协会联合会（FIATA）给国际货运代理所下的定义是：国际货运代理是根据客户的指示，并为客户的利益而揽取货物运输的人，其本身并不是承运人。国际货运代理也可以依这些条件，从事与运输合同有关的活动，如储货（也含寄存）、报关、验收、收款等。《中华人民共和国国际货物运输代理业管理规定》给国际货运代理所下的定义是：接受进出口货物收货人、发货人的委托，以委托人的名义或者以自己的名义，为委托人办理国际货物运输及相关业务并收取服务费用的行业。

1. 国际货运代理的性质

从国际货运代理的基本性质看，它主要是接受委托人的委托，就有关货物运输、转运、仓储、保险，以及与货物运输有关的各种业务提供服务的一个机构。国际货运代理是一种中间人性质的运输业者，它既代表货方，保护货方的利益，又协调承运人进行承运工作，其本质就是"货物中间人"，在以发货人或收货人为一方、承运人为另一方的两者之间行事。国际货运代理的这种中间人性质在过去尤为突出。

然而，随着国际物流和多种运输形式的发展，国际货运代理的服务范围不断扩大，其在国际贸易和国际运输中的地位也越来越重要。在实践中，国际货运代理对其所从事的业务，正在越来越高的程度上承担着承运人的责任，这说明国际货运代理的角色已发生了很大的变化。许多国际货运代理企业都拥有自己的运输工具，用来从事国际货运代理业务，包括签发多式联运提单，有的甚至还开展了物流业务，这实际上已具有承运人的特点。将来会有越来越多的国际货运代理通过建立自己的运输组织并以承运人身份承担责任的方式来谋求更广阔的业务发展。国际货运代理的双重身份，即代理人与当事人并存的局面仍会继续存在下去。

2. 国际货运代理的作用

国际货运代理在促进本国和世界经济发展的过程中起着重要的作用。其作用主要表现在：

（1）组织协调作用

国际货运代理使用最现代化的通信设备（包括资料处理），来推动国际贸易程序的简化。国际货运代理是"运输的设计师"，是"门到门"运输的组织者和协调者。

（2）开拓控制作用

国际货运代理不仅组织和协调运输，而且影响到新运输方式的创造、新运输路线的开发、新运输费率的制定以及新产品的市场开拓。多年来，我国的国际货运代理已在世界各贸易中心建立了客户网，有的还建立了分支机构，因此能够控制货物的全程运输。

（3）中间人作用

国际货运代理作为"货物中间人"，既是发货人或收货人的代理，可以代理的名义及时订舱、洽谈公平费率、于适当时候办理货物递交，也可以委托人的名义与承运人结清运费，并向承运人提供有效的服务。

（4）顾问作用

国际货运代理是企业的顾问，能就运费、包装、进出口业务必需的单证、金融、海关、领事要求等方面提供咨询，还能对国外市场和国外市场销售的可能性提出建议。

（5）提供专业化服务

国际货运代理的各种服务都是专业化的。它对复杂的进出口业务，海、陆、空运输，结算、集运、仓储、集装箱运输、危险品运输、保险等都掌握专门的知识。特别是它十分了解经常变化着的国内外海关手续、运费与运费回扣、港口与机场的业务做法、海空货物集装箱运输的组织以及出口货物的包装和装卸等。有时，它还负责申请商品检验和代向国外客户收取款项。

（6）提供特殊服务

国际货运代理可以提供各种特殊项目的服务。例如，将小批量的货物集中成整组货物，这对从事出口贸易的人很有价值。所有客户都可以从这种特殊的服务中受益，尤其是对那些规模较小、自己又没有出口及运输能力的企业则更是如此。

（7）费用及服务具有竞争力

国际货运代理可以监督运费在货物售价中的比例，建议客户采用最快最省的运输方式。

此外还可在几种运输方式和众多的承运人中间，就关键的运价问题进行选择，挑选最有竞争能力者进行承运，在这些方面，它能比货方和承运人做得更好。因为这不是一家海运公司所能做到的，承运人遵循的原则是利用它们的运输设备获取尽可能多的利润。

（二）国际货运代理公司建立的有关规定

在我国，国际货物运输代理行业实行归口管理，这与许多海运发达国家不同。它的管理部门是我国商务主管部门，以前是中华人民共和国对外经济贸易合作部，现在是商务部。该部及其授权单位，依据我国颁布的《审批国际货运代理企业有关问题的规定》和《国际货物运输代理行业管理的若干规定》，对申请成立的国际货物运输代理企业进行审批。申请成立国际货物运输代理企业的审批程序包括以下各步：

（1）成立国际货物运输代理企业，必须由企业的主管部门向审批部门提出申请，并报送下列文件：开办企业的申请报告、开办企业的可行性研究报告、资金数量及资金来源说明、企业章程。而对于办理国际多式联运业务的企业，还需备有本公司多式联运提单（式样）。

（2）商务主管部门根据审批国际货物运输代理企业的有关规定、政策、法规和具体的审批条件，结合我国进出口贸易的需要，做出批准或不批准的决定，并将决定通知申报部门，同时将批准决定抄送工商行政管理部门、海关和银行。

（3）国际货物运输代理企业凭审批机关的批准文件，向商务主管部门申请领取《国际货物运输代理企业认可证书》。

（4）国际货物运输代理企业凭审批机关的批准文件和商务主管部门核发的《国际货物运输代理企业认可证书》向国家工商行政管理部门申请办理登记注册并领取营业执照，向海关申请报关权，向国家外汇管理局申请到银行开立外汇账户。

（5）国际货物运输代理企业需要改组、变更名称或业务范围的，需报原审批机关审批，经批准，向商务主管部门申请更换《国际货物运输代理企业认可证书》后，方可向工商行政管理部门办理变更登记手续。终止国际货物运输代理业务时，也应向原审批机关备案，并向工商行政管理部门办理注销登记手续。

（三）国际货运代理的主要业务

国际货运代理的业务服务范围很广泛，主要是接受客户的委托，完成货物运输的某一个环节或与此有关的各个环节的任务，除非客户（发货人或收货人）想亲自参与各种运输过程和办理单证手续，否则，国际货运代理可以直接或通过其分支机构及其雇佣的某个机构为客户提供各种服务，也可以利用其在海外的代理提供服务。

国际货运代理的服务对象包括：发货人（出口商）、收货人（进口商）、海关、承运人、班轮公司、航空公司，在物流服务中还包括工商企业等。其服务内容包括：选择运输线路、运输方式和适当的承运人；订舱；接收货物；包装；储存；称重、量尺码；签发单证；报关；办理单证手续；运输；安排货物转运；安排保险；支付运费及其他费用；进行外汇交易；交货及分拨货物；协助收货人索赔；提供与工程、建筑有关的大型和重型机械、设备，挂运服务和海外展品等特种货物的服务。此外，国际货运代理还根据客户的需要，提供与运输有关的其他服务和特殊服务，如混装、拼箱、多式联运及物流服务等。

1. 以服务对象分类

根据国际货运代理的不同服务对象，可将其业务内容分为以下几类：

（1）国际货运代理为发货人服务

国际货运代理代替发货人承担在各种不同阶段的货物运输中的任何一项业务。例如，以最快、最省的运输方式，安排合适的货物包装，选择货物的运输路线；向客户提出仓储与分拨建议；选择可靠、效率高的承运人，并负责缔结运输合同；安排货物的计重和计量（尺码）；办理货物的保险；拼装货物；装运前或在目的地分拨货物之前，将货物存仓（如果需要的话）；安排货物到装运港的运输，办理海关和有关单证手续，并将货物交给承运人；代表托运人/收货人承付运费、关税、税收等；办理有关运输的外汇交易；从承运人那里取得签发的各种提单，并将它们交给发货人；通过与承运人和国际货运代理在国外的代理关系，监督货物的运输进程，并使托运人知道货物的去向。

（2）国际货运代理为海关服务

当国际货运代理作为海关代理，办理有关进出口商品的海关手续时，不仅代表它们的客户，也代表海关当局。事实上，在许多国家，货运代理已取得政府部门的许可，办理海关手续，并对海关负责，负责在法定的单证中申报货物确切的金额、数量和品名，以确保政府在这些方面的收入不受损失。

（3）国际货运代理为承运人服务

国际货运代理向承运人及时地订好足够的舱位，认定对承运人和发货人都公平合理的费率，安排在适当的时间交货，以及以发货人的名义解决与承运人的运费结算等问题。

（4）国际货运代理为班轮公司服务

国际货运代理与班轮公司的关系随业务的不同而不同。在一些服务于欧洲国家的商业航线上，班轮公司已承认在提高利润方面国际货运代理的有益作用，并愿意付给国际货运代理一定的佣金。近几年来，由国际货运代理提供的拼箱服务，即拼箱货的集运服务，已使它们与班轮公司及其他承运人（如铁路承运人）之间建立起了一种较为密切的联系。

（5）国际货运代理为航空公司服务

国际货运代理在空运业务中，充当航空公司的代理，并在国际航空运输协会以空运货物为目的而制定的规则中，被指定为国际航空运输协会的代理。在这种关系中，国际货运代理利用航空公司的服务手段为货主服务，并由航空公司支付其佣金。同时，作为国际货运代理，亦可将适于空运的方式建议给发货人或收货人，继续为它们服务。

2. 以服务作用分类

根据国际货运代理在提供服务时所起的作用和所扮演的角色，亦可将其业务内容分为以下几类：

（1）顾问

国际货运代理应当成为其客户的顾问，向客户提供有关服务的意见或建议，如选择包装形式；选择路线和运输方式；投保货物所需的险种；进出口清关；随附单证（承运人）及符合信用证规定。

（2）组织者

国际货运代理是货物运输的组织者，负责有关货物的安排，如进出口和运输发货；合并运输，即成组化运输；特殊和重型运输，即成套设备、新鲜食品、服装悬挂等。

（3）进出口代理

国际货运代理作为进出口商的代理，负责的工作有：接运；包装和标记；向承运人订舱；向承运人交货；签发货运单证；监督离港；向客户发出速遣通知；从承运人的运输工具卸下货物；合并运输、货物拆解及清关。

（4）转运代理

国际货运代理作为转运代理，主要负责的工作有：选择样品；再包装；在海关监管下积载；二次货运代理。

（5）委托人——提供拼箱服务

上面谈到的国际货运代理业务都属于一个代理的传统作用范围。国际贸易中集装箱运输的发展，促进了国际货运代理的集运和拼箱服务。在提供这种服务时，国际货运代理所起的是一个委托人的作用。

（6）经营人——提供多式联运服务

在讨论国际货运代理的作用时，集装箱化的一个更深远的影响是使国际货运代理介入了多式联运。这时，国际货运代理充当了总承运人，并且负责组织在一个单一合同下，通过多种运输方式，进行门到门的货物运输。他可以当事人的身份与其他承运人或其他服务的提供者分别谈判并签约。但是，这些分合同不会影响多式联运合同的执行，也就是说，不会影响国际货运代理对发货人的义务和在多式联运过程中他对货物灭失及货损货差所承担的责任。国际货运代理作为多式联运经营人时，通常需要提供包括所有运输和分拨过程的全面的一揽子服务，并对其客户承担一种更高水平的责任。

（7）运输延伸——提供物流服务

提供物流服务是国际货运代理为满足客户的更高要求，提高其市场竞争能力，顺应国际发展的一种新趋势。国际货运代理必须具备提供物流服务的技能。物流服务是一项从生产到消费的高层次、全方位、全过程的综合性服务。与多式联运相比，物流服务不仅提供一条龙的运输服务，而且延伸到了运输前、运输中、运输后的各项服务。总之，凡与运输相关的、客户需要的服务，均为其服务的内容，而且要求其做到高速度、高效率、低成本、少环节、及时、准确。这就需要国际货运代理熟悉客户的业务，了解客户生产乃至销售的各环节，主动为其设计，提供其所需，使国际货运代理在运输的延伸服务中获得附加值。

（四）国际货运代理的责任

国际货运代理的责任，是指国际货运代理作为代理人和当事人两种情况时的责任。国际货运代理的法律责任似乎很复杂，因为它们实际上起着两种不同的法律作用，即代理人和当事人，而且它们的活动范围本质上已超越国境，却没有一个国际公约来明确规定其活动范围，然而各国法律又仅能管辖本国自己的活动而不能管辖他国的活动，因此导致许多法律相互冲突。

目前，各国法律对货运代理所下的定义及其业务范围的规定有所不同，但按其责任范围的大小，原则上可分为三种情况：

第一种情况，作为国际货运代理，仅对自己的错误和疏忽负责。

第二种情况，作为国际货运代理，不仅对自己的错误和疏忽负责，还应使货物完好地抵达目的地，这就意味着他应承担承运人的责任和造成第三人损失时的责任。

第三种情况，国际货运代理的责任取决于合同条款的规定和所选择的运输工具等。例如FTATA规定：国际货运代理仅对属于其本身或其雇员所造成的过失负责。如其在选择第三人时已恪尽职守，则对于该第三人的行为或疏忽不负责任；如能证明他未做到恪尽职责，则其责任应不超过与其订立合同的任何第三人的责任。

正是由于各国的法律规定不同，要求国际货运代理所承担的责任就大不相同了。下面对国际货运代理的责任做一些原则性的阐述。

国际货运代理作为代理人的责任。从国际货运代理的传统地位来讲，作为代理人负责代发货人或货主订舱、保管货物和安排货物运输、包装、保险等，并代它们支付运费、保险费、包装费、海关税等，然后收取一定的代理手续费（通常是整个费用的一个百分比）。上述所有的成本均由（或将由）客户承担，其中包括：国际货运代理因货物的运送、保管、保险、报关、签证、办理汇票的承兑和为其服务所引起的一切费用，同时，还应支付由于国际货运代理不能控制的原因，致使合同无法履行而产生的其他费用。客户只有在提货之前全部付清上述费用，才能取得提货的权利。否则，国际货运代理对货物享有留置权，有权以某种适当的方式将货物出售，以此补偿其所应收取的费用。

国际货运代理作为代理人，受货主的委托，在其授权范围内，以委托人的名义从事代理行为，由此产生的法律后果由委托人承担。在内部关系上，委托人和货运代理之间是代理合同关系，货运代理享有代理人的权利，承担代理人的义务。在外部关系上，货运代理不是货主与他人所签合同的主体，不享有该合同的权利，同时也不承担该合同的义务。

国际货运代理作为纯粹的代理人，通常应对其本人及其雇员的过错承担责任。其错误和疏忽可能包括：未按指示交付货物；尽管得到指示，办理保险仍然出现疏忽；报关有误；运往错误的目的地；未能按必要的程序取得再出口（进口）货物退税；未取得收货人的货款而交付货物。国际货运代理还应对其经营过程中造成的第三人财产灭失、损坏或人身伤亡承担责任。如果国际货运代理能够证明他对第三人的选择做到了合理的谨慎，一般不承担因第三人的行为或不行为引起的责任。

第二节　国际货运管理

一、国际货物运输方式的选择

国际物流管理在选择运输方式时必须谨慎做出决策，因为它会受到公司和客户需要的影响，因此，物流管理者必须考虑以下四个方面：运输成本、运输时间、可预测性及非经济因素。

（一）运输成本

在选择国际运输方式时，一个重要的考虑因素就是运输成本。运输成本直接影响企业的经营成本，运费过高会增加企业的负担，因此在选择运输方式时应重点考虑该因素，以避免运费占货价的过高比例。

作为物流管理者必须能正确判断是否该采用成本较高的空运方式，这一部分是由货物属性决定的，如货物的价值及载货密度。

大宗货物用空运方式成本太高，只有密度大体积小的货物才更适合用空运方式。高价商品比低价商品更容易吸收运输成本，所以空运钻石比空运煤炭更合理。此外，还可以采用多式联运，如一段路程采用海运，一段路程采用空运，综合利用不同运输方式的优势，来达到减少运输成本的目的。

但是最重要的还是物流上的整体考虑。

因此，物流管理者必须考虑货物能按时到达的重要性；降低国际库存水平的必要性；有时还必须考虑市场的需要。比如，空运方式可以更快打入市场，减少建立仓库的必要。

（二）运输时间

（1）运输时间对公司营运的影响。运输时间的长短对公司整体运作有很大的影响。如果运输时间短，则可以不设中转站，库存可大大降低，这样就可节省大量资金用于投资或其他方面。而且运输时间短，可减少资金的占用时间，从而提高资金的时间价值和减低资金的机会成本。此外，在某些紧急情况下，运输时间也会起重大作用，例如，由于生产延误而可能要耽误交货期时，则可考虑用速度较快的运输方式代替速度较慢的运输方式，如空运代替海运。

（2）产品的特点及性质对运输时间的要求。一般来说，易腐烂品要求运输时间较短，以延长上架时间。特别是生命周期较短的货品，就只能用空运方式打入市场，以争取获得市场。鲜花贸易之所以可以达到现在的数量，全靠空运。

（3）运输时间与产品销售的相互关系。如果运输时间短，就能抓住市场机遇，获得好的市场价位或扩大市场占有率，从而可以提高经济效益，获得市场竞争优势。

（三）可预测性

不管是空运还是海运，运货商都必须考虑到货物运输的安全性，因为海运和空运都受天气因素的影响，可能会导致货品运输的延误。但总的来说，空运比海运更可行，因为到达时间更具备有可预测性。

这一点对公司战略来说是很重要的，因为可预测性高，就可以使库存保持在较低的水平上，从而减少资金的占用。

可预测的一个重要方面是可以及时跟踪货物。如果公司要把货物运往多个目的地，中途经过多个中转站并要协调货物运输的流畅性时，那就要求运输方式具有很高的可预测性。

因此，跨国经营者应综合考虑影响运输问题的各种内外因素，加快运输基础设施建设，合理选择运输方式，促进各种运输方式有效衔接，不断完善企业的运输结构，建立高效率、高质量的社会化、专业化、国际化的现代运输服务体系，以降低运输成本和提高运输效率促进国际间的贸易往来。

二、货运代理的合理选择

海上货物运输是国际运输的主要方式，国际贸易中约有 90％的货物是以海上运输方式承运的。海上货物运输不但包括流程和一系列单证手续办理等内容，而且涉及与运输法律有关系的当事方，货运代理便是其中一方。就货运代理而言，重要的是能够辨别有关航运的各种手续，以提供给货主良好的航运服务。作为货主，适当选择货运代理，意味着选择了熟知航运业务的适当海运人和适合贸易合同的运输方式，从而能有效地履行贸易合同约定的法律义务，从而保护自己作为货主的权益。

对货运代理的选择通常可考虑如下因素：

（一）货运代理须熟知海运地理方面的常识

首先，作为国际货运代理人，由于船舶进出于不同国家，故而应熟知世界地理及航线，港口所处位置，转运地及其内陆集散地。其次，货代还应了解国际贸易的模式及其发展趋势、货物的流向等，如西欧和美、加、日等工业化程度较高的国家，大量从发展中国家进口原材料，并向这些国家出口工业制成品。

（二）货运代理应熟知不同类型运输方式对货物的适用性

世界航运市场上存在 4 种运输方式：班轮运输、租船运输、无船承运人运输和多式联运。班轮运输的特点是定时间、定航线、定港口顺序和定费率。租船运输即不定期运输，指不设固定的航线和时间表，按照航运市场供求关系，可以在任何航线上从事营运业务，运价尚可协商，适合于大宗散货承运。无船承运人是指从事定期营运的承运人，但并不拥有或经营海上运输所需的船舶，无船承运人相对于实际托运人是承运人身份，但相对于实际承运人又是托运人的身份。对于货主或托运人而言，选择好适当的运输方式，决定于货运代理是否精于以下几个方面业务：

（1）运输服务的定期性，若货物需要以固定的间隔时间运输出去，则选择挂靠固定港口、固定费率、严格按船期表航行的班轮。

（2）运输速度，当托运人为了满足某种货物在规定日期内运到的需求，会更加注重考虑运输速度的问题。只要能满足其要求，不会考虑费用的高低。

（3）运输费用，当运输时间和运输速度不是托运人或货主考虑的主要因素时，运价就成为最重要的了。

（4）运输可靠性，选择货运所要托付的船公司前应考察其实力信誉，以减少海事欺诈而成为受害者的可能性。

（5）经营状况和责任，表面上某一船舶所有人对船舶享有所有权，而事实上他将船舶抵押给银行，并通过与银行的经营合同而成为经营人。这会给将来货物运输纠纷诉诸法院时的货主利益带来负面影响。

（三）货运代理应了解不同类型的船舶对货主货物的适应性

作为货运代理人，必须了解船舶特征，如船舶登记国和吨位、总登记吨（GRT）、净登记吨（NRT）、散装窖、包装窖、总载重吨（DWT）、载重线、船级等方面的知识。较佳的货运代理还应了解几种货船类型，如班轮、半集装箱船、半托盘船、散货船、滚装船及全集装箱船等。第三代集装箱船具有2 000～3 000TEU 载箱能力，能够通过巴拿马运河，故又称巴拿马型船舶。第四代及有更大载箱能力的船舶，不适于通过巴拿马运河，常被称为超霸型船舶。

（四）一流的货运代理应熟知航运法规

除应了解《海牙规则》、《维斯比规则》、《汉堡规则》以外，还应适当了解货物出口地或目的港国家的海运法规、港口操作习惯等。

（五）一流的货运代理应熟练操作海上货物运输的单证，并确保其制作的正确、清晰和及时

主要海运单证包括提单、海运单、舱单、发货单、提货单、装箱单、港站收据、大副收据等。

（六）较佳的货运代理应懂得海关手续和港口作业流程

在进出口贸易中，清关是货运代理的一项传统职能。在货运代理与海关当局中及其客户的双重关系中，对于货运代理的法律地位，各国的规定不尽相同，但海关代理通常是由政府授权的。客户（即货主）应考虑货运代理作为海关代理的身份，在其履行职责的过程中，是否具有保护客户和海关当局双方责任的能力。货运代理具备运输到离港手续、保税贮存、内陆结关等的代理能力，港口程序的运作能力是非常重要的。此外，货运代理所能提供的较低运费率也是考虑的重要因素，货运代理主要与班轮费率关系密切。当然，对货运代理的考察，还应注意资信等其他一些因素。一流货运代理的运作，对货主完成贸易合同是十分重要的。

三、合理选择运输路线

（一）海洋运输

1. 中国近洋航线

（1）港澳线——到香港、澳门地区。

（2）新马线——到新加坡、马来西亚的巴生港（PORTKELANG）、槟城（PENANG）和马六甲（MALACEA）等港

（3）暹罗湾线，又可称为越南、柬埔寨、泰国线——到越南海防、柬埔寨的磅逊和泰国的曼谷等港。

（4）科伦坡、孟加拉湾线——到斯里兰卡的科伦坡和缅甸的仰光、孟加拉的吉大港和印度东海岸的加尔各答等港。

（5）菲律宾线——到菲律宾的马尼拉港。

（6）印度尼西亚线——到爪哇岛的雅加达、三宝垄等。

（7）澳大利亚、新西兰线——到澳大利亚的悉尼、墨尔本、布里斯班和新西兰的奥克兰、惠灵顿。

（8）巴布亚新几内亚线——到巴布亚新几内亚的莱城、莫尔兹比港等。

（9）日本线——到日本九州岛的门司和本州岛神户、大阪、名古屋、横滨和川崎等港口。

（10）韩国线——到釜山、仁川等港口。

（11）波斯湾线，又称阿拉伯湾线——到巴基斯坦的卡拉奇、伊朗的阿巴斯、霍拉姆沙赫尔；伊拉克的巴士拉；科威特的科威特港；沙特阿拉伯的达曼。

2. 中国远洋航线

（1）地中海线——到地中海东部黎巴嫩的贝鲁特、的黎波里；以色列的海法、阿什杜德；叙利亚的拉塔基亚；地中海南部埃及的塞得港、亚历山大；突尼斯的突尼斯；阿尔及利亚的阿尔及尔、奥兰、地中海北部意大利的热那亚；法国的马赛；西班牙的巴塞罗那和塞浦路斯的利马索尔等港。

（2）西北欧线——到比利时的安特卫普；荷兰的鹿特丹；德国的汉堡、不来梅、法国的勒阿弗尔；英国的伦敦、利物浦；丹麦的哥本哈根；挪威的奥斯陆；瑞典的斯德哥尔摩和哥德堡；芬兰的赫尔辛基等。

（3）美国、加拿大线——包括加拿大西海岸港口温哥华；美国西岸港口西雅图、波特兰（缅因州）、旧金山、洛杉矶；加拿大东岸港口蒙特利尔、多伦多；美国东岸港口纽约、波士顿、费城、巴尔的摩、波特兰（俄勒冈州）和portland美国墨西哥湾港口的莫比尔、新奥尔良、休斯敦等港口。美国墨西哥湾各港也属美国东海岸航线。

（4）南美洲西岸线——到秘鲁的卡亚俄；智利的阿里卡；伊基克、瓦尔帕莱索、安托法加斯塔等港。

3. 太平洋航线

（1）远东——北美西海岸各港航线

该航线指东南亚国家、中国、东北亚国家各港，沿大圆航线横渡北太平洋至美、加西海岸各港。该航线随季节也有波动，一般夏季偏北、冬季南移，以避北太平洋的海雾和风暴。本航线是战后货运量增长最快、货运量最大的航线之一。

（2）远东——加勒比海、北美东海岸各港航线

该航线不仅要横渡北太平洋，还越过巴拿马运河，因此一般偏南，横渡大洋的距离也较长，夏威夷群岛的火奴鲁鲁港是它们的航站，船舶在此添加燃料和补给品等，本航线也是太平洋货运量最大的航线之一。

（3）远东——南美西海岸各港航线

该航线与上航线相同的是都要横渡大洋、航线长，要经过太平洋中枢纽站；但不同的是不需要过巴拿马运河。该线也有先南行至南太平洋的枢纽港，后横渡南太平洋到达南美西岸的。

（4）远东——澳、新及西南太平洋岛国各港航线

该航线不需要横跨太平洋，而在西太平洋南北航行，离陆近，航线较短。但由于北部一些岛国（地区）工业发达而资源贫乏，而南部国家资源丰富，因而初级产品运输特别繁忙。

（5）东亚——东南亚各港航线

指日本、韩国、朝鲜、俄国远东及中国各港西南行至东南亚各国港口。该航线短，但往来频繁，地区间贸易兴旺，且发展迅速。

（6）远东——北印度洋、地中海、西北欧航线

该航线大多经马六甲海峡往西，也有许多初级产品经龙目海峡与北印度洋国家间往来，如石油等。经苏伊士运河至地中海、西北欧的运输以制成品集装箱运输为多。本航线货运繁忙。

（7）东亚——东南非、西非、南美东海岸航线

该航线大多经东南亚过马六甲海峡或过巽他海峡西南行至东南非各港，或再过好望角去西非国家各港，或横越南大西洋至南美东海岸国家各港。该航线也以运输资源型货物为主。

（8）澳、新——北美西、东海岸航线

澳新至北美西海岸各港，一般都经过苏瓦和檀香山等这些太平洋航运枢纽。至北美东海岸各港及加勒比海国家各港，需经巴拿马运河。

（9）澳、新——南美西海岸国家各港航线

该航线需横越南太平洋。由于两岸国家和人口均少，故贸易量最少，航船稀疏。

（10）北美东、西海岸——南美西海岸航线

本航线都在南北美洲大陆近洋航行，由于南美西岸国家、人口少，面积小，南北之间船舶往来较少。南北美西海岸至北美东海岸各港要经巴拿马运河。

4. 印度洋航线组

（1）中东海湾——远东各国港口航线

该航线东行都以石油为主，特别是往日本、韩国的石油运输，西行以工业品、食品为多。

（2）中东海湾——欧洲、北美东海岸港口航线

该航线的超级油轮都经莫桑比克海峡、好望角绕行。由于苏伊士运河的不断开拓，通过运河的油轮日益增多，目前25万吨级满载轮已能安全通过。

（3）远东——苏伊士运河航线

该航线多半仅为通过，连接远东与欧洲、地中海两大贸易区各港，航船密度大，尤以集装箱船运输繁忙。

（4）澳大利亚——苏伊士运河、中东海湾航线

该航线把澳大利亚、新西兰与西欧原有"宗主国"间传统贸易连接在一起，也把海湾的石油与澳新的农牧产品进行交换。

（5）南非——远东航线

该航线巴西、南非的矿产输往日本、韩国、还有中国，也把工业品回流。

（6）南非——澳新航线

该南印度洋横渡航线在印度洋中航船最少。

5．大西洋航线

（1）西北欧——北美东岸各港航线

该航线连接北美和西北欧这两个经济发达的地区，航运贸易的历史也悠久，船舶往来特别繁忙，客货运量大。

（2）西北欧——地中海、中东、远东、澳新各港航线

西北欧至地中海航线主要是欧洲西北部与欧洲南部国家之间的连线，距离较短。但过苏伊士运河至中东、远东、澳新地区航线就大大增长，然而它们是西北欧与亚太地区、中东海湾间最便捷的航线，货运量也大，是西北欧地区第二大航线。

（3）西北欧——加勒比海岸各港航线

该航线横渡北大西洋，过向风、莫纳海峡，有的还与过巴拿马运河的太平洋航线连接。

（4）欧洲——南美东海岸或非洲西海岸各港航线

该航线多经加纳利群岛至达喀尔港歇脚，是欧洲发达国家与南大西洋两岸发展中国家的贸易航线，欧洲国家输出的大多是工业品，输入的都以初级产品为多。

（5）北美东岸——地中海、中东、亚太地区航线

该航线与西北欧——地中海、中东、远东航线相似，但航线更长，需横渡北大西洋。货物以石油、集装箱货为主。

（6）北美东海岸——加勒比海沿岸各国港口航线

该航线较短，但航船密度频繁，不仅有该两地区各国港口间往来船只，还有过巴拿马运河至远东、南北美西海岸国家港口间往来船只。

（7）北美东海岸——南美东海岸港口航线

该航线是南北美洲之间工业品与农矿产品对流航线。

（8）南北美洲东岸——好望角航线

北美东海岸港口经好望角至中东海湾是巨型油轮的运输线，20万吨级以上油轮需经此，还有西北欧的巨型油轮也经此。南美洲东岸港口过好望角航线不仅有原油，还有铁矿石等初级产品。中国、日本、韩国等运输巴西的铁矿石经过此航线。

6．北冰洋航线

由于北冰洋系欧、亚、北美三洲的顶点，为联系三大洲的捷径。鉴于地理位置的特殊性，目前，北冰洋已开辟有从摩尔曼斯克经巴伦支海、喀拉海、拉普捷夫海、东西伯利亚海、楚科奇海、白令海峡至俄国远东港口的季节性航海线；以及从摩尔曼斯克直达斯瓦尔巴群岛、冰岛的雷克雅未克和英国的伦敦等航线。随着航海技术的进一步发展和北冰洋地区经济的开发，北冰洋航线也将会有更大的发展。

7. 著名远洋运输公司

中远（COSCO）、意邮（LT）、中海（CHINASHIPPING）、韩进（HANJIN）、马士基（MAERSK）、以星（ZIM）、地中海（MSC）、达飞（VI）、铁行渣打（P&O）、川崎（KL）、万海（WHL）、日邮（NYK）、大阪三井（MOL）、威球船务（MISC）、阳明（YANGMING）、胜利（SEN）、东方海外（OOCL）、总统（APL）等。

（二）航空运输

1. 世界上最繁忙的航空线

（1）西欧——北美间的北大西洋航空线。该航线主要连接巴黎、伦敦、法兰克福、纽约、芝加哥、蒙特利亚等航空枢纽。

（2）西欧——中东——远东航空线。该航线连接西欧各主要机场至远东香港、北京、东京等机场。并途经雅典、开罗、德黑兰、卡拉奇、新德里、曼谷、新加坡等重要航空站。

（3）远东——北美间的北太平洋航线。这是北京、香港、东京等机场经北太平洋上空至北美西海岸的温哥华、西雅图、旧金山、洛杉矶等机场的航空线。并可延伸至北美东海岸的机场。太平洋中部的火奴鲁鲁是该航线的主要中继加油站。

（4）北美——南美，西欧——南美，西欧——非洲，西欧——东南亚——澳新，远东——澳新，北美——澳新等重要国际航空线。

2. 我国的国际贸易航空货运线和机场

在我国，目前主要在北京、上海、天津、沈阳、大连、哈尔滨、青岛、广州、南宁、昆明和乌鲁木齐等机场接办国际航空货运任务。

（三）陆路运输

1. 国际铁路货运线的分布

（1）西伯利亚铁路。

（2）欧洲铁路网。

（3）北美横贯东西铁路线。

（4）西亚——欧洲铁路线。

2. 我国通往邻国及地区的铁路线及国境口岸

（1）滨洲线——自哈尔滨起向西北至满洲里，全长935公里。

（2）滨绥线——自哈尔滨起，向东经绥芬河与独联体远东地区铁路相连接，全长548公里。

（3）集二线——从京包线的集宁站，向西北到二连，全长364公里。

（4）沈丹线——从沈阳到丹东，越过鸭绿江与朝鲜铁路相连，全长274公里。

（5）长图线——西起吉林长春，东至图们，横过图们江与朝鲜铁路相连接，全长527公里。

（6）梅集线——自梅河口至集安，全长245公里，越过鸭绿江直通朝鲜满浦车站。

（7）湘桂线——从湖南衡阳起，经广西柳州，南宁到达终点站凭祥，全长1 013公里。

（8）昆河线——从云南昆明经碧色寨到河口，全长177公里。

（9）北疆线——从新建乌鲁木齐向西到达终点站阿拉山口。

我国内地对香港地区的铁路货运，由内地各车站装车运至深圳，深圳站是我国广九铁路中段的终点站，罗湖桥为深圳通往香港的铁路口岸。

四、各种方式的运输单据

运输单据是承运人收到承运货物签发给出口商的证明文件，它是交接货物、处理索赔与理赔以及向银行结算货款或进行议付的重要单据。

在国际货物运输中，运输单据的种类很多，其中包括海运提单、铁路运单、承运货物收据、航空运单和邮包收据等，现将主要运输单据简述如下：

（一）海运提单 (bill of lading, B/L)

海运提单是船方或其代理人在收到其承运的货物时签发给托运人的货物收据，也是承运人与托运人之间的运输契约的证明，法律上它具有物权证书的效用。收货人在目的港提取货物时，必须提交正本提单。

（二）铁路运输单据

铁路运输可分为国际铁路联运和国内铁路运输两种方式，前者使用国际铁路联运运单，后者使用国内铁路运单。通过铁路对港澳地区出口的货物，由于国内铁路运单不能作为对外结汇的凭证，故使用承运货物收据这种特定性质和格式的单据。

（三）航空运单

航空运单 (airway bill) 是承运人与托运人之间签订的运输契约，也是承运人或其代理人签发的货物收据。航空运单还可作为核收运费的依据和海关查验放行的基本单据。但航空运单不是代表航空公司的提货通知单。在航空运单的收货人栏内，必须详细填写收货人的全称和地址，而不能做成指示性抬头。

（四）邮包收据

邮包收据 (parcel post receipt) 是邮包运输的主要单据，它既是邮局收到寄件人的邮包后所签发的凭证，也是收件人凭以提取邮件的凭证，当邮包发生损坏或丢失时，它还可以作为索赔和理赔的依据。但邮包收据不是物权凭证。

（五）多式联运单据

多式联运单据 (combined transport documents, C. T. D.) 是在多种运输情况下所使用的一种运输单据。这种运输单据虽与海运中的联运提单有相似之处，但其性质都与联运提单有别。

第三节 运 输 管 制

一、运输管制概述

（一）运输管制的定义

经济上所谓的管制是指政府基于社会公众利益或国家经济发展政策的需要，对某一产业的企业行为所制定的规范及政府对该产业中企业经营活动的干预。

运输管制是指政府为实现其特定的经济和社会目标，针对运输业的特殊情况而实施的一种特殊有效的管理和控制。

运输管制分为社会管制和经济管制。社会管制是指政府为实现一定的社会目标对运输业所进行的管制。它既涉及运输当事的双方，又涉及运输会影响到的所有其他人，包括安全管制、环境保护等。例如欧共体的安全管制措施之一是限制卡车司机的开车时间，以防止过度疲劳引起交通事故，司机每天被允许最多开 8 小时车，每周则不得超过 48 小时；各国对机动车辆燃气排放量和噪音的限制也越来越严格。社会管制有时候也带有经济含义或使用经济手段，管制的意图是在使运输设施充分发挥效率的同时，减少交通事故和环境污染，并促进公众生活质量真正提高。

经济管制是政府为实现一定经济目标而对运输业进行的特殊管制。它又可以分为对运输业的特殊管制和更一般意义上的管制，后者包括反垄断法、反不正当竞争法和对消费者利益的保护等。

（二）运输管制的必要性

对运输业实行某种程度的经济管制，是各国普遍的做法，运输管制实际上是国家对运输业实施的特殊管理，也是执行社会运输政策的手段之一。公共利益是实行运输管制的主要依据，具体从以下几方面论证了其必要性：

（1）运输业的正常发展和运行对经济发展与社会经济生活的正常运转具有极重要的影响，是国家基础结构最重要的组成部分，因此，对运输业给予适当的引导或实行管制以保证经济的健全增长是完全必要的。

（2）运输业是一个特别容易出现不公平交易活动的领域，运输业具有规模经济显著的特点，大型运输企业一方面有助于降低运输成本；但另一方面又自然容易形成垄断。为保护公众利益并减轻垄断对运输市场带来的其他弊害，需要对运输垄断实行管制。

（3）运输业投资量大，投资回收期长，运输业内部如果出现过度竞争就容易导致运输设备闲置，运输资源浪费，从而两败俱伤，为了避免发生这种毁灭性竞争，国家应对其加以管制。

（三）运输管制的目标

运输管制的目标通常包括：促进整体交通运输系统的发展，以配合国家经济发展的需要；为社会大众提供安全、高效、合理价格的运输服务；促进国家、国际的商业发展；力求运输、能源、土地使用、环境保护、社会政策之间均衡发展；提供运输业主的利益保障及安全等。

西方国家运输管制目标：促进安全、诚信、公平、满足公众利益与需要、促进运输业的发展、竞争与效率、防止垄断、为国防服务，但效率通常不作为管制机构最重要的工作目标。

（四）欧美各国运输管制经历的发展阶段

一般认为，不论从大众利益着眼为避免运输使用者无端遭受盘剥，还是从效率原则出发避免社会资源浪费，运输管制都有存在的必要。当然在不同时期运输管制本身的形式和重点也需要不断调整。随着运输市场的演变进程，欧美各国对运输业的经济管制一般都经历了几个不同的阶段。以运输管制相对完善的美国为例，大致可以分为四个时期：

第一个时期是从美国独立战争到 19 世纪 60 年代的南北战争期间。这是由马车、运河及铁路相继主导运输业的时期，依靠的是市场的自发竞争，各级政府对运输业尚未形成强有力的管制。

第二个时期是从南北战争以后到 20 世纪二三十年代汽车普及之前，这一时期的主要特点是对运输垄断进行管制。铁路利用垄断地位收取高运费并对运输使用者有不公平的待遇，这些情况引起社会的普遍不满，于是制定了各种管制法律，规定运价必须公正合理，必须予以公布并严格遵守，禁止不正当的差别待遇，禁止铁路与铁路之间的瓜分运量协议和兼并，以强迫竞争等。

第三个时期是从 20 世纪 30 年代到 60 年代，管制的目标转向运输竞争。这一时期与上一时期相比，运输市场从垄断转变为各种运输方式之间和运输方式内部的全面竞争，因此各种运输方式都被纳入了国家管制的范围，由政府控制市场准入、业务范围和运价，避免不公平的和毁灭性的竞争。

第四个时期是从 20 世纪 70 年代开始至今的所谓放松管制时期，该时期的运输政策已经转变为在新的运输形势下希望多依靠市场，依靠竞争力量，而少依靠政府的限制。放松管制是为了扭转不少运输企业的亏损状况，提高运输业的效率，通过竞争降低运价水平，改善服务，并使运输结构逐渐合理化。

对运输业实行某种程度的经济管制，是各国普遍的做法，但各国在运输管制涉及的范围特别是管制的强度方面存在很大差别，有些国家管制措施异常严格而且改变较少，而另一些国家的经济管制相对宽松和灵活。有学者认为产生运输管制差别的根源，在于对运输业在现代社会中所起的作用看法不一致。以美国为代表的自由市场经济倾向最大的国家，更愿意把运输业本身看做服从市场经济规律的一个产业，多主张只有当政府干预能够改善该产业的市场行为时才采取行动；而德法为代表的社会市场经济倾向较多的国家，则更愿意把交通运输看做是对整个社会经济发展的一种投入，为了实现区域发展、社会平等等目标，运输业本身的利益和效率可以做出某种牺牲。

二、运输管制的放松

过于严格和僵化的政府管制在运输等部门导致了低效率带来的一系列问题，因此目前放松管制已经成为普遍的趋势。

(一) 运输业放松管制的原因

经济学理论认为，市场经济的核心是自由竞争。自由竞争能促进资源的最优配置、消费需求的最佳满足以及生产和消费的最合理论调，同时也有效地刺激技术进步，提高企业的适应能力。凡是竞争机制起作用的地方，国家就不应该干预。但是如果价格由于市场垄断或者外部效应等因素而不能准确反映资源的短缺程度时，它就失去了其应有的信息和引导功能，资源的合理流向就难以保障。这种情况称为市场失灵，国家需要对市场进行干预。

运输业一向被认为是市场机制不能正常起作用的领域，因此国家干预特别明显。然而近二三十年来，人们对市场失灵的几种主要而且与运输业关系较大的表现形式（包括自然垄断、毁灭性竞争、公共物品和外部效应等），以及过去十分强调的运输业特殊性都逐渐有了新的认识，各国从对运输业加以严格管制到逐步放松管制正是对运输业进行重新认识的结果。

1. 运输市场并不是自然垄断市场

自然垄断是指市场上单一生产者能以最低的成本满足市场总需求的经济特性。在该市场上产品的平均生产成本在市场需求的有效范围内随着产出量的增加而不断递减，因此单独一个生产者比多个生产者能更有效地满足需求。需要指出，自然垄断并非等同于完全垄断，它仅是形成完全垄断市场的情形之一。完全垄断可以是自然垄断的结果，也可能是国家垄断或市场竞争的结果。如果垄断者有自由定价权，其作为唯一的供应者可以操纵市场供应量提高价格以获得超额利润，而市场需求显然不能得到最优的满足。

从整体上看，运输市场并不像一般所认为的存在自然垄断的特征。尽管铁路往往被看做自然垄断的典型，但有关铁路运输成本曲线的分析并不能证明这一点而且即使存在自然垄断的条件，还要看市场可冲击的程度。根据对可冲击市场的研究，如果企业进入和退出市场的沉淀成本（企业投资中不能回收的部分）很小，自然垄断者就难以行使其垄断权力。当垄断者提高价格时，外部的潜在竞争者就会立即参加进来与其争夺市场，这种外部潜在竞争的存在使得垄断企业随时要准备面对竞争。在这种情况下国家并不需要介入。由于其他运输方式的存在，某一铁路公司虽然可能是某一区段铁路运输的唯一提供者，但运输市场包纳了其他运输方式的产品，它们提供的运输产品与铁路运输产品具有一定的替代性，特别是汽车运输进入市场的沉淀成本很低，它随时可以冲击铁路的地位，铁路公司往往因此而无法垄断运输市场；如果自然垄断市场的沉淀成本较高，潜在竞争者进入市场很难，就需要政府对市场干预，但这时市场进入的限制已无必要，因为沉淀成本已成为保护市场的天然屏障，国家只需确定最高限价以控制垄断权力。

假若铁路是某一到发点之间某一运输产品的唯一提供者，别的运输方式或者根本不存在，或者由于其技术经济性无法提供可替代产品，那么铁路公司在该区段成为实际上的垄断者。但是，如果改变现有的组织形式，把铁路路网管理和运营业务分开，那么不同的运营公司也完全可以在同一路网上展开竞争。也就是说，垄断也并不是铁路经营的必然方式，更不用说别的运输方式了。

因此，目前发达国家运输市场已不是传统上认为的那种自然垄断市场，国家不但没有必要限制运输市场的进入，反而应积极创造条件，鼓励不同的运营公司进入这一市场。各国运输业改革包括铁路改革也正朝着实现其内部及外部竞争的方向发展。

2. 运输市场上的竞争大都不是毁灭性竞争

所谓毁灭性竞争是指竞争者相互压价，甚至使其低于变动成本，造成企业收益恶化，竞争的结果可能是两败俱伤从而造成运输市场结构的破坏和资源的浪费。一般说来，压价竞争主要有三种形式，对此我们作逐一分析。

第一种是以倾销为手段的压低价格，旨在把对手赶出市场，以垄断市场。但实际上竞争对手只有在沉淀成本较低时才会轻易退出市场。在运输市场上毁灭性竞争现象并不多见，只有在少数平行的铁路与水运企业之间才可能发生，但真正挤走对方以至出现毁灭性市场结构破坏后果的很难举出几个实际例子。

第二种是由于运能和需求不相适应而引起的压价竞争。当需求减少，运能过剩时，企业为提高能力利用率降价吸引运量。如果需求只是暂时回落，那么这种压价竞争并不会造成社会损失，只是把一部分生产者的盈利转让给消费者而已；如果运能长期过剩，压价竞争将使多余生产要素退出该市场转入更有效的其他领域，从长远看，这对国民经济是有利的。从沉淀成本的角度分析，长期运能过剩在进出自由的市场上是不可能的，因为如果沉淀成本很高，投资者就不会轻易进入一个需求不足或运能趋于过剩的市场；而如果沉淀成本很低，市场进入较容易，那么相应地退出市场也不会太难。

第三种过去被称为苦涩的竞争，指的是由于消费者事先对产品质量难以评价使得质量低劣而价格也低的产品把质量高但价格也高的产品从市场中挤掉。但在比较完善的运输市场中这种情况已大为减少，旅客对客运的质量服务（如速度、准时、方便和舒适程度等）往往已有了相当清楚的认识，可以根据自己的标准选择，货运中货物损失和运达时间延迟的赔偿和担保义务也促使运输企业竭力满足顾客的质量需求。

可以看出，一向以避免毁灭性竞争为由对运输业实行管制的论据已经不大能站得住脚了。

3. 运输产品多数不具有公共物品的性质

很多人把运输业列入公共物品的范围，实际上它更多地具有俱乐部物品甚至私人物品的性质，私人运输的情况根本不用说。公共运输则可以从两个层次进行分析：从旅客或货主对运输工具的使用看，旅客不买票就不能乘车（船、机），而一个车厢可以同时容纳许多人，在车厢没坐满之前增加一个旅客并不影响其他人使用，所造成的边际成本也很小。货运车辆的情况类似。如果车辆无法满足需求，那么运输产品更有向私人物品转化的可能；从运输工具对运输线路的使用看，运行图规定了铁路的使用具有排他性，这使铁路具有私人物品的性质。公路一般意义上是可以供任何人使用的，然而一旦收费技术有所改善，如建成封闭的高速公路或汽车专用公路，收费成本降低，那么公路这种原来公共特性很强的物品马上就转变成了俱乐部物品。水运和航空的情况也是类似。

4. 可以通过市场实现运输业外部效应的内部化

外部效应是指一个企业的生产活动造成他人的额外负担或额外好处，而这种额外成本或效用并没有通过市场价格的形式给予补偿。运输业存在着明显的外部效应。运输活动引起的外部成本主要有空气污染、噪音、生态破坏、交通堵塞和交通事故。一般来说，铁路的外部成本比其他运输方式如公路要少，从资源最优配置看，在目前外部成本没以内部化状态下铁路应该得到更大的运输市场份额，而私人汽车的超规模发展则与其不承担外部成本有关。要使运输方式的模式分担达到社会最优，就必须使各种运输方式承担各自造成的外部成本，然后在平等的基础上竞争。但国家事先并不确切知道最优的均衡点，因此行政上规定价格和生产量的做法难以保证最优的实现，有效的方法应该是通过税收或立法使外部成本内部化，引导企业在承担各自外部成本的基础上展开市场竞争。

运输业的外部效益也很明显，主要表现在运输网基础设施在活跃地方经济、地区开发和国防等方面的作用。一些运输企业承担着一些超出其本身利益的公共义务，如为新地区开展服务的亏损运输和对某些社会成员的优惠运价等。人们越来越怀疑运输企业承担这些基于分配政策考虑的公共义务的必要性，认为别的措施如直接财政资助应该能更有效地实现分配政策的社会目标，而不会打乱运输市场的竞争环境。不能把运输企业的亏损一概看做外部效益而要求国家补偿，而且以前那种对铁路或其他运输公司总体补贴的方法效率低下，会助长企业依靠国家的惰性。外部效益也可以通过市场方式内部化。满足公共义务的一种有效办法是让不同承运者定期投标，选亏损最小从而要求补贴最少的企业中标承担带有公共义务的运输业务。实行对具体亏损业务的专项补贴和亏损包干也有利于调动企业的积极性。这样就可以使效率较高的企业通过前期竞争进入市场。

总起来说，外部效应的存在虽然扭曲了竞争基础，但并不排斥市场机制，国家的任务是使外部效应内部化创造平等的竞争条件，僵硬的管制在这里同样不能解决问题。

5. 运输业特殊性与市场机制没有根本冲突

传统运输经济学理论十分强调运输业的特殊性，认为这些特殊性影响了市场机制在运输业中发挥作用，从而需要国家进行管制。运输业的特殊性一般来讲主要表现在：（1）运输产品不能储存，生产和消费同时发生；（2）运输需求时间上波动较大，从而需要能力储备；（3）由于客货流方向上的不均匀性，需要车辆回空；（4）固定成本高投资期长；（5）需求和供给的价格弹性低；（6）运输市场形式多样化，运输生产技术在运输方式之间差别很大等。

然而这些特性大多数并非运输生产所仅有，而且它们在总体上并不影响运输业市场机制作用的发挥。如产品不能储备以及需求的波动性只说明在运输需求淡季有杀价竞争的可能性，但正如前面对毁灭性竞争的分析表明，这对社会并无损害，而且竞争条件下的灵活运价正可以刺激部分高峰期需求转移到淡季，从而在一定程度上使供需更趋协调；固定成本高说明路网有一定的密度经济性，但如能实现上下分离对市场竞争机制也并无妨碍；车辆回空作为运输产品的附属产品，要求运输企业在决策时要把回空成本考虑进去，谁能更有效地利用回空能力，谁就能在竞争中站住有利位置，因此竞争恰恰是减少空驶的有效手段；运输市场的多样性和运输技术的差异则恰好表明通过竞争可以充分发挥各种运输方式的相对优势，使运输资源配置更有效。

（二）运输业放松管制的内容

各国网络型基础产业的放松管制在引入竞争和提高效率方面都取得了一定成效，但这些行业的自然垄断特性仍然在很大程度上起着作用，简单的私有化和取消管制不大可能成为大多数基础设施部门现实或有效的政策选择。

总的来说，放松管制不是取消管制，而是要用适合这些行业特点的激励性管制取代过去过于僵化的旧管制，管制的职能也更加致力于促进竞争。具体放松管制的内容包括：

1. 放宽运价管制

（1）允许各运输方式有部分定价权。

（2）增加了部分价格类型，如最高限价、优质优价、最低限（保护）价、季节性浮动价、合同（协议）价、折扣优惠价、部分市场调节价等。

（3）允许国内水运（除国家指令性物质外）实行市场定价。

（4）根据社会经济发展的需要应时调整运价。

2. 放宽运输市场构成管制

（1）公路及水路运输领域，除国有运输外，允许集体企业、私营企业、个体户及中外合资企业、中外合作企业、运输代理业户进入运输市场成为运输经营主体，从而打破了国有企业垄断经营模式。

（2）在铁路运输领域，允许中央和地方合资建设铁路，并允许合资铁路公司实行"以运为主、多种经营"，这表明了"半军事"性的铁路运输业严格管制的彻底松动。

（3）在航空运输领域，允许省（市）组建地方航空公司，从而形成了国家骨干航空公司与地方航空公司相互竞争、共同发展的局面。

（4）扩大了运输市场的对外开放。根据我国加入 WTO 的承诺，在公路货运方面，允许外商设立合营企业，从事境内货物运输，但外资比例不得超过 49％；以不晚于 2001 年 1 月 1 日起允许外资控股；以不晚于 2003 年 1 月 1 日起允许外商设立独资企业并享受国民待遇。

（5）改革公路与水路运输市场管理制度。取消了原统一分配货源、统一运输价格和统一调度运力的封闭式管理制度，实行"六放开"政策，即运力进入市场放开、经营线路放开、货源管理放开、维修市场放开、港口和车站的建设与使用放开以及运输辅助服务业放开等。

3. 在加入和退出管制方面

我国实行不同运输方式下的运输经营许可证制度，申请者必须到相应的运输主管部门申请执照，如开展多式联运业务则必须另行申请，获得多式联运经营许可证后方可营业。

4. 在费率管制方面

我国对运输业的费率仍实行较为严格管制，各种运输方式的费率均有明确的运价表予以规定，运输企业被要求严格按照运价表收取运输费，并由铁道部、交通部、民航局等行政部门及其下属机构负责监督执行。

5. 在服务水准的管制方面

法律法规对运输设备的提供、班次、时刻表、票据、运营路线等有比较明确的规定。

三、各国运输管理体制改革的趋向

20 世纪 60～70 年代，西方国家运输业中出现的实际问题和关于管制的新认识，引起了一些从根本上动摇运输管制制度的争论。例如大量实证研究对管制的效率提出怀疑，有些情况表明管制下的运价比不加管制还高。不少学者认为管制措施有时本身是扭曲的，而其引起的反应也常与希望减少问题的初衷相悖。有人甚至用模型的方法验证管制不当引起的问题和缺陷比市场本身失效的结果更严重。一些学者在肯定一定条件下管制可以起好作用的前提下，也承认现实中管制所起的真正影响往往走样，运输市场在相互矛盾的管制制度下大大丧失了效率。

有些学者认为，关键问题是原本希望去控制或影响别人的管制规定和管制执行人，本身却被控制对象所控制。例如，运输业者在诸如运营成本，具体运输市场的供求状况和变化，技术发展对运输活动的影响等方面的信息把握上，比管制机构占有明显优势，因而可以灵活机动地应付管制措施。实际上，制定和执行管制政策所需要的有关信息本身，很多就必须依靠运输业者们提供，几乎无法避免它们只提供有利于自己的信息。其次，每一项管制政策的出台都会涉及一系列目标各异的利益集团，它们会通过各种途径去影响政策的制定，管制机构和官员很难做到不偏不倚。可以说在管制过程中不存在绝对公正无偏的仲裁人，因为它们都或多或少地代表着一定的利益集团。有人甚至把管制本身也作为一种商品，根据可以从中获利的多少去决定管制措施的设立和执行。

还有一些学者认为，无论在静态的降低供给成本方面，还是在动态的鼓励创新方面，管制都使运输业付出了高昂的代价，很多人怀疑这种管制是否真的必要，怀疑以前对自由市场的担心是否真有道理。还出现了实现经济效益并不非要市场处于完全竞争条件的新理论，认为只要市场是一定程度可竞争的，就可以防止运输者盘剥客户的行为增长，而这种一定程度可竞争的市场更有利于同时实现近似帕累托最优的效率和规模经济的效率。一些经济学家认为，这正是很多情况下运输市场可能达到的状况。放松管制不仅可以降低供应成本，增加运输供给，而且最终可以使利润水平更接近长期平衡的要求。

各国的运输管制往往还都伴随着政府补贴，补贴也是推行运输政策的重要手段。一般认为补贴政策的目标有两个：一是促进竞争；二是弥补亏损。在某一时期通过鼓励和补贴政策，促进后起的运输方式（如航空）在运输市场上尽快获得足够的竞争能力，补助财力较弱者与较强者竞争，或通过改进某一运输方式促使与其有竞争的其他运输方式也做出改进。政府往往对经营亏损的公营运输业如铁路和城市公共交通给予补贴，以维持最基本的公共运输服务。运输补贴是普遍存在的现象，但补贴数额在各国都有不断扩大的趋向，成为政府财政难以承受的包袱，而且还造成一些运输行业效率低下和社会福利不公平的问题。例如一些专家认为补贴未必能扩大交通运输设施的供给，事实上却最终抑制了运输设施的扩大。城市要想依赖补贴来使公共交通满足未来的大量需求是极其困难的，几乎没有一个城市能够拿出足够的资金，使补贴的增长赶上交通需求或经营亏损日益迅速的增长。对公营铁路的补贴也被认为不成功，失败的主要原因是补贴往往不但不能鼓励降低成本，反而常常造成效率低下，亏损增加，因而又需要更多的补贴。经济学家们多主张对具体的运输业务亏损给予直接的补贴，而对以前实行的一般而且笼统的交叉补贴持批评态度，认为其效率值得怀疑，而且造成部分使用者为另一部分使用者承担费用，这很不公平。

从 20 世纪 60 年代特别是 70 年代中期以来，几乎所有西方国家对运输管制的态度都发生了很大变化。各国纷纷对运输管制制度进行改革，推行放松管制和自由化的方针并逐步使原来的公营运输业转为私营或民营。一些西方国家在多年严格实行运输管制之后，选择了通过把运输业从管制中解放出来，从而加强其竞争能力的途径。很多国家都转向了较自由的运价政策，开始允许采取灵活的运价制度，以便使各种运输方式包括铁路都具有较强的竞争能力。例如由于已具备相当程度的竞争环境，加拿大在 1967 年就通过立法大大放宽了运价方面的管制，只保留了少数必要的限制，如运价水平不能低于变动成本，提高运价需提前 20 天公布，货主可以起诉受到不公正待遇等。加拿大在这方面的经验为后来美国和其他国家运输政策的变化调整提供了重要借鉴。在新加坡，过去那些关系到国计民生的行业如公共交通、港口、民航、电信等都是国营的，而且政府控制很严；从 80 年代起都已通过向公众出售股票的办法实现了私营化，政府虽然仍是这些私营企业的最大股东，但除非发生亏损，特别是无理由的亏损，政府一般不干涉它们的经营。

放松管制、私有或民营化以及控制公共补贴的政策对各国运输网调整、运输方式之间运量的分配、运输企业的规模和结构、运价水平、运输服务质量、班次频率等都产生了相当大的影响。例如，运输市场竞争包括运价竞争加剧，运输服务得到改善，运输企业经营战略逐渐多元化，铁路和其他运输业的经营亏损有所下降，出现了一些航空和海运企业的全球化，中继式空运航线服务得到相当发展，一些国家的地方公路客运形成了独家垄断或寡头控制等。不但发达国家普遍对运输业实行放松管制政策，很多发展中国家也已经逐渐放松了运输业的管制。

有关国家铁路管理体制的改革具有一定的普遍意义。铁路属于国家的基础设施，占用资金数量极其庞大，因此世界上除少数国家如美国铁路私有，绝大多数铁路都是国有的，由国家投资建设，而且在很长一个时期很多铁路直接由政府经营。但是这种管理体制也产生了一定的弊端：由于政府和企业追求的目标不一致，导致铁路的经营缺乏利益约束和预算约束，企业应具备的激励功能大为减弱；由于政府的长期运价管制，造成价格扭曲，不利于市场竞争，也难以区分低运价政策和因自身管理不善造成的亏损；由于确信亏损最终会由政府弥补，铁路管理者和员工缺少危机感。在长期内无动力，外无压力的情况下，很难想象铁路会有良好的经营业绩，能为社会提供良好的服务，因此巨额亏损和服务质量下降一度成为各国铁路的通病。20 世纪 80 年代以后很多国家实行了或准备实行铁路的私有化或民营化，以适应运输市场的变化；注意把铁路的公益性经营与企业性经营分别对待，对一些导致运营单位亏损又必须维持的公益性运输任务，由国家进行补贴；国家以合同的形式明确与铁路企业的关系，无权对铁路的经营加以行政干预。此外，世界各国铁路的改革在组织结构上还实行了"划整为零"、"上下分离"、"客货分开"和"长短分开"的形式，即划小核算单位，把过于庞大的铁路管理体系按地区、线路或专业分工分解成能对运输市场做出迅速反应的经营实体；把铁路设施分成线路、桥隧等固定设备和机车车辆等运行设备两大系统进行管理，一方面使铁路运营企业从线路固定资本的沉重财务负担中解脱出来，取得类似汽车运输、船舶航运和航空公司那样的平等竞争条件；另一方面也有利于在铁路本身的运营中打破垄断，引入竞争机制；按运输对象的区别，分别设立客运、货运、行李包裹等不同的运输公司；根据运输距离的差别，把短途市郊运输与长途运输分开经营等。

四、中国运输业管理的改革

改革开放以来，中国运输业管理体制进行了一系列重要改革，包括大部分中央港口的管理权下放地方、港航分开、放开水运市场的进入限制、鼓励大量公路个体运输、水运和公路运价的管理放宽、发展城市私营小公共汽车和出租车、民航管理权限下放、地方兴办航空公司、大力兴办地方铁路、部分铁路实行特殊运价、中央铁路的管理体制改革也在积极酝酿之中，等等。这些都是根据中国具体情况推出的改革措施，但与世界范围的运输业管理改革在总体上也是相当吻合的。

中国的经济改革有自己一定的特殊性，例如我们目前是同时处在由传统农业经济向现代工业经济和由中央计划经济体制向市场经济体制转变的过程中，在自然资源、人口、地理条件和社会政治等方面也都有自己的特殊国情。但在运输方面我们也面对着大量世界各国运输业发展中正在面临或曾经碰到的共同问题。中国目前面临的主要运输问题：一是要使运输业获得合理的发展；二是要改革运输业的管理体制，从根本上说它们还是资源配置问题，因为运输业的发展是必须使国民经济总的资源分配适合加快运输化进程的要求，同时运输业的改革又应该使市场在国家宏观调控的配合下能较好实现这种资源配置的需要。中国的交通运输业既要加快发展，又要深化改革，重点是加快发展，但需要通过深化改革来促进发展。因此，中国运输问题在资源配置的总题目下，又可以分为促进发展和鼓励市场竞争两个主要部分，其中运输市场的完善是实现运输业发展目标和资源合理配置的必要条件。这样我们所要解决的主要问题，与国际运输经济界目前所关注的重点，在基本方向上可以说是一致的。

在由中央计划经济向市场经济转变的过程中，过去高度集中的计划运输管理体制必须加以改革。各国运输经济的实践表明，过于强调运输的计划性（或政府对运输业控制过严），否定市场机制在运输活动中的作用，会产生诸多弊病。例如在计划经济体制下，各种运输方式的生存和发展往往不是由社会经济结构中市场驱动的变化所选择的，而更多的是由政府机构人为决定的，运输服务的提供方式经常不是由消费者或公众自愿选择的，而是由政府计划指派的，而决定运输供给和需求的标准往往包含许多非经济的因素。在市场经济中，一个国家可以通过从国外引入资金和技术克服自己运输发展规划中资源短缺的矛盾，而计划经济基本上只依靠自己的内部资源。由于缺乏足够的资金和技术设施，特别是不能充分估计需求增长的速度，导致计划经济中运输供给普遍不足，计划经济中各部门之间对稀缺资源的占有和争夺方式，又使得运输政策的统一协调几乎变得不可能。

中国经济体制改革的方向是走市场经济的道路，改革的总目标是要逐步建立并完善社会主义市场经济体系，使市场在资源配置方面发挥基础性作用，当然这种作用的发挥要在国家宏观调控下实现。中国运输业管理体制的改革显然也必须服从这一总的目标。处在今天的现代社会，制定运输政策必须了解世界性的运输化趋势，特别是了解最发达国家所经历的从严格运输管制到放松管制，运输业从公营到私营或民营以及运输结构方面发生的转变过程。

目前中国运输管理体制改革中的一个关键，是要规范运输市场，包括解决许多运输企业政企不分的问题。企业和政府的行为、动机不完全一致，应该严格区分什么是企业行为，什么是政府行为。市场经济条件下的企业是具有自身特殊利益的经济实体，它们要维持自身的生存，要实现自我发展，就必须在市场活动中维护自身的利益，而在不确定的市场中，对自身利益的维护只能通过对最大利益的追求来实现，企业行为应该明显地以利润为出发点或动机，以追求自身最大利益为中心目标采取各种正当的市场竞争措施。而政府的责任则应是保证整个社会经济的发展、维护市场秩序、保持公正和全社会的福利，像救灾、扶贫、照顾边远地区、少数民族政策等也都属于政府行为。政企不分会带来很多问题。让政府像企业那样以利润为动机，市场就没有公平可言了，因为权力部门在许多方面具有一般企业所无法比拟的特权，同时也必然会助长腐败风气。让企业像政府那样去维护全社会的福利显然也是不合适的，例如从投资来说，企业有自己的投资动机和利益，如果完全按企业的动机和利益行事，很多运输设施如边远地区的铁路线就不能修。搞市场经济必须建立现代企业制度，转换企业经营机制，做到产权清晰、权责明确、政企分开、科学管理，企业应该是市场和经济活动的独立主体，享有充分的自主决策权。

政府机制则要进行根本性的改革，政府的职能应该主要是"统筹规划、掌握政策、信息引导、组织服务、监督检查"，而不是直接从事生产和经营。国家应制订运输业发展的中长期计划，完善有关的法规和产业政策，对资源配置实行强有力的导向；但政府部门要十分注意克服计划经济体制下企业要以服从为主的观念，公正地支持和保护企业所享有的经济权利，同时明确其应承担的义务。政府要处理好行政主体（国家机关）行使权力和市场主体（企业）享有权利的关系，不能直接干预企业的经营活动，但可以通过法律和经济手段来影响市场和企业行为。政府机制改革还必须实行社会经济管理职能和国有资产所有者职能分开（即"政资分开"）的原则。政府的社会经济管理权属于国家的政治权力，是依据行政法规定拥有的权力，行使该职能的范围是全社会；国家所有权是依据民法所确认的一种财产权形式，国家所有权的客体只是国有资产。规范市场的主要手段应该从"文件加精神"转向依据清晰完备的、公开的、面向整个社会的法律、法规和政府政令。

本 章 小 结

本章主要学习了国际货物运输体系、国际货运管理、运输管制与放松管制等相关知识。

国际货物运输体系包括国际货物运输体系的构成要素，各种运输方式构成以及国际货运代理在体系中的重要作用。

在国际贸易中，进出口商品在空间上的流通范围极为广阔，没有运输，要进行国际间的商品交换是不可能的。商品成交以后，只有通过运输，按照约定的时间、地点和条件把商品交给对方，贸易的全过程才算最后完成。国际货物运输是国际物流系统的核心，也是国际贸易不可缺少的重要环节。世界各国都重视各种运输方式发展，积极建立和完善国际货物运输体系，以适应经济发展对交通运输的需要。

国际间的经济联系日益加强，国际分工日趋深化，国际贸易愈加发展，对运输质量和运作水平提出更高的要求。而国际货物运输不同于国内运输，跨越不同国家，地理范围广泛，涉及众多环节，具体运营中不管是直接选择国际货运公司还是选择国际货运代理组织国际物流，为了保证国际货运时效、成本及安全，必须不断加强和提高国际货物运输管理水平。本章重点叙述了国际货物运输管理中对运输方式、货运代理以及运输路线的合理选择。

国际货物运输的发展过程中还受到各个国家运输政策和运输体制的影响。运输业是国家基础产业最重要的组成部分，它的正常发展和运行对经济发展与社会经济生活的正常运转具有极重要的影响。为了保护公众利益，各国普遍对运输业实行某种程度的经济管制，但过于严格的管制导致市场失灵并带来一系列问题，从而使放松管制成为普遍的趋势。在运输管制与放松管制之间寻求一种平衡，是今后各国运输业发展的一项重任。本章重点叙述了运输管制的必要性、运输放松管制的原因、各国运输管理体制改革的趋向。

关键词或概念

国际货物运输　　international carriage of goods
综合运输体系　　complex transportation system
国际货运代理　　international cargo agent
运输管制　　　　transportation control

简答题

1. 简述国际货物运输的构成要素。
2. 简述国际货物运输方式选择决策因素。
3. 简述运输业放松管制的原因。
4. 简述合理选择货运代理的所需考虑的因素。
5. 简述综合运输体系的组成。

【案例分析】

美国道路运输管制的变迁

美国道路运输管制大体经历了三个阶段：

第一阶段是自由发展阶段，这一阶段的特点是对道路运输企业的市场进入约束甚少，进入门槛很低。在这个时期，由于道路运输处于初级发展阶段，需求和供应都处于较低水平，所以虽然存在着行业内的竞争，但运输市场可以得到控制。

第二阶段是加强管制阶段，这一阶段的特点是加强对道路运输市场准入的管理力度。这主要是针对市场内运输服务的供应过于充分、市场中不正当竞争不断加剧、以非正常的低价攫取货源等问题而采取的。在这一阶段，自由发展的政策已经不能对道路运输行业进行有效管理，因此美国对其国内道路运输行业加强了管制，政府制定了多项法律，如运输法案、运输代运者法案、对联合价格制定的反托拉斯的免除法案、运输部法案等。这些法案对包括汽车运输在内的交通运输和其他服务行业经济管制进行了补充、深化、修改和完善。

第三阶段开始于 20 世纪的 70 年代至 80 年代。这一阶段的特征是政府大范围解除管制，道路运输是解除管制的领域之一。解除道路运输管制的直接原因是在经济管制实施一个阶段后，人们逐渐发现，经济管制也存在一些弊病，如资源配置的无效性和由此带来生产的无效性以及福利的损失。解除管制的主要内容是放松了对进入运输市场的审批程序和企业运输价格的放开。

试分析美国道路运输管制的变迁对我国的启示。

第六章　国际海上运输

本章导读

国际海上运输是指使用船舶通过海上航道在不同国家和地区的港口之间运送货物的一种方式，具有运量大、运费低、通过能力强、对货物的适应性强等特点，适于多种货物的运输，承揽了国际贸易中80％的运输量，所以海洋运输方式在国际运输方式中占有重要的地位。本书对国际海上运输做了系统的描述，包括海上运输的基础知识、常用的海洋运输条款、海运提单以及国际班轮运输航线等方面。

本章学习目标

本章重点要求学生掌握国际海运主要业务及其特点，海洋运输条款的内容，提单的内容，班轮运费计算等；深刻理解提单的作用和分类，各类海运船舶的载运特点，海运港口的分类、组成及技术特征，国际海运航线的概念及分类；了解提单使用的注意事项，国际海运的特点和作用，揽货和订舱的流程和注意事项，世界主要海运港口和海运航线。

第一节　国际海上运输概述

海洋运输简称海运，是一种使用船舶通过海上航道运送货物和旅客的运输方式。海运是国际物流中最重要的运输方式之一，货物运输量占全部国际货运量的2/3以上。我国海岸线长达18 000多公里，沿海拥有许许多多终年不冻的优良港口。在我国港与世界港之间，已开辟了众多的定期和不定期的海上航线。我国船公司所属的船舶已航行于五大洲150多个国家和地区的1 100多个港口。

一、国际海运的特点和作用

（一）国际海运的特点

1. 天然航道

海运航道主要借助天然水域进行，除了建设港口和购置船舶外，天然航道几乎不需要投资，相对其他运输方式而言，运输成本低，且不受道路、轨道的限制，通过能力更强。海运还能节省能源，与铁路和陆路相比，海运劳动生产力较高。

2. 载运量大

海洋运输能力几乎不受限制，拖船船队的载重量可达万吨以上，远远超过了铁路列车的载重量，海船货舱容积大，可载运体积庞大的货物。随着国际航运业的发展，现代化的造船技术日益精湛，船舶日趋大型化，超巨型油轮载重量已高达 60 多万吨，第五代集装箱船的载箱能力已超过 5 000TEU。

3. 运输周期长且运输风险大

由于海运速度慢，运输周期长，时间可达一个月甚至更久。船舶长时间在远离海岸的海洋上航行，由于海洋环境复杂，气象候多变，船舶随时都有可能遭遇到狂风巨浪、暴雨、雷电、海啸、浮冰等人力不可抗衡的海洋自然灾害的袭击，危险概率大大增加。大型和巨型船舶在海上一旦遭遇危险，都可能导致巨额财产损失和人员伤亡，同时由于救援及时性差或者根本无法都到救援，会使危险损失进一步扩大。如果油船遭遇事故，除了油船本身及所载的原油损失外，还会因原油洒入海洋而造成海洋环境的污染，其后果和损失惊人，尤以那些超级大型油船发生事故后果更甚。

4. 国际性强

国际海运特点主要表现货运单证具有国际通用性和适用法律的国际统一性方面。国际海运中适用的货运单证繁多，各个国家、港口或船公司所使用的货运单证并不完全一致。但因国际海运船舶航行于不同国家的港口之间，作为划分各方责任和业务联系主要依据的货运单证，应能适用于不同国家和港口各个有关方面的要求。在单证的内容和编制方法上，不但要符合本国法令的规定和业务需要，而且也必须适应国际公约或有关国家和港口的法令或习惯要求，使之能成为各关系方所承认和接受。所以，海运中的主要单证，如提单、托运单、信用证等，在名称、作用和记载内容上大多是大同小异，可以在国际上通用。

（二）国际海运的作用

1. 海洋运输是国际运输的主要方式

海运虽然存在速度较低、风险较大的不足，但是由于它的通过能力大、运量大、运费低，以及对货物适应性强等长处，加上全球特有的地理条件，使它成为国际中主要的运输方式。我国进出口货物运输总量的 2/3 是通过海洋运输进行的，由于集装箱运输的兴起和发展，不仅使货物运输向集合化、合理化方向发展，而且节省了货物包装用料和运杂费，减少了货损货差，保证了运输质量，缩短了运输时间，从而降低了运输成本。

2. 海运是国家节省外汇支付，增加外汇收入的重要渠道之一

在我国运费支出一般占国际进出口总额 10% 左右，尤其大宗货物的运费占的比重更大，若充分发挥国际优势，争取我方多派船，不但节省了外汇的支付，而且还可以争取更多的外汇收入。特别是把我国的海运运力投入到国际海运市场，积极开展第三国的海运业务，为国家创造外汇收入。目前，世界各国，特别是沿海的发展中国家都十分重视建立自己的远洋船队，注重发展海洋货物运输。一些海运发达国家，外汇运费的收入成为这些国家国民经济的重要支柱。

3. 发展海运有利于改善国家的产业结构和国际贸易出口商品的结构

海运是依靠航海实践活动来实现的，航海活动的基础是造船业、航海技术和掌握技术的海员。造船工业是一项综合性的产业，它的发展又可带动钢铁工业、船舶设备工业、电子仪器仪表工业的发展，促进整个国家的产业结构的改善。我国由原来的船舶进口国，近几年逐渐变成了船舶出口国，而且正在迈向船舶出口大国的行列。由于我国航海技术的不断发展，船员外派劳务已引起了世界各国的重视。海洋运输业的发展，我国的远洋运输船队已进入世界 10 强之列，为今后大规模的拆船业提供了条件，不仅为我国的钢铁厂冶炼提供了廉价的原料、节约能源和进口矿石的消耗，而且可以出口外销废钢。由此可见，由于海运的发展，不仅能改善国家产业结构，而且会改善国际贸易中的商品结构。

二、国际海运业务类型

(一) 班轮运输

班轮运输 (liner shipping) 也称定期船运输，指具有固定航线，沿途停靠若干固定港口，按照事先规定的船期表 (liner schedule) 航行的船舶。对于停靠的港口，不论货物数量多少，一般都可接受托运。具有航线、挂港、船期、运价比较固定；同一航线上的船型相似并保持一定的航班密度；运价内已包装卸费用；承托双方的权利义务和责任豁免以签发的提单条款为依据等特点。

班轮运输可分为杂货班轮运输和集装箱班轮运输。最早的班轮运输是杂货班轮运输。杂货班轮运输的货物以小件杂货为主，还可以运输一些散货、重大件等特殊货物。20 世纪 60 年代后期，随着集装箱运输的发展，班轮运输中出现了以集装箱为运输单元的集装箱班轮运输方式。由于集装箱运输具有运送速度快、装卸方便、机械化程度高、作业效率高、便于开展联运等优点，到 90 年代后期，集装箱班轮运输已逐渐取代了传统的杂货班轮运输。

班轮运输合同中承担提供船舶并负责运输的当事人称为班轮承运人。班轮运输合同中委托承运人运输货物的当事人称为托运人。承运人同托运人责任和费用的划分界限一般在船上吊杆所能达到的吊钩底下，换言之，托运人将货物送达吊钩底下后就算完成交货任务，然后由承运人负责装船。但风险的划分一般以船舷为界，即货物在装运港越过船舷以前发生的风险由托运人负责，越过船舷以后的风险由承运人负责。承运人最基本的义务是按合理的期限将货物完整无损地运到指定地点，并交给收货人。托运人的基本义务是按约定的时间，品质和数量准备好托运的货物，保证船舶能够连续作业，并及时支付有关费用。

与租船运输相比，班轮运输具有如下特点：

(1) 承运人与货主之间在货物装船之前通常不书面签订具有详细条款的运输合同，而是签发提单（还可以根据需要签发海运单），双方的权利和义务以提单背面的条款为依据。

(2) 通常要求托运人送货至承运人指定的码头仓库交货，收货人在承运人指定的码头仓库提货。

(3) 班轮公司一般负责包括装货、卸货和理舱在内的作业和费用。

(4) 承运人与货主之间不规定装卸时间，也不计算滞期费和速遣费。

（二）租船运输

国际海运中另一种重要的船舶经营方式是租船运输，船东（或二船东）向租船人之间提供的不是运输劳务，而是船舶的使用权。船东和租船人之间所进行的租船业务是对外贸易的一种商业行为，也叫无形贸易，租船通常在租船市场上进行。在租船市场上，大宗交易常常是通过经纪人进行的。他们拥有广泛的业务联系渠道，能向船方提供咨询消息和向租船人提供船源情况，促使双方选择适当的洽谈对象。他们的主要作用是为委托人提供最合适、最有利的生意，提供市场行情、当事人资信及答复委托人的咨询，为当事人双方斡旋并解决困难。

租船方式包括程租、期租和光船租船。

程租指船舶所有人按双方事先议定的运价与条件向租船人提供船舶全部或部分仓位，在指定的港口之间进行一个或多个航次运输指定货物的租船业务。程租又可分为单航次程租、连续航次租船和包运合同。单航次程租只租一个航次的租船。船舶所有人负责将指定货物由一港口运往另一港口，货物运到目的港卸货完毕后，合同即告终止。来回航次租船，洽租往返航次的租船，一艘船在完成一个单航次后，紧接着在上一航次的卸货港（或其附近港口）装货，驶返原装货港（或其附近港口）卸货，货物卸毕合同即告终止。连续航次租船指洽租连续完成几个单航次或几个往返航次的租船。在这种方式下，同一艘船舶，在同方向，同航线上，连续完成规定的两个或两个以上的单航次，合同才告结束。包运合同又称大合同。即只确定承运货物的数量及完成期限，不具体规定航次数和船舶艘数的一种租船方式。

期租是船舶所有人把船舶出租给承租人使用一定时期的租船方式，在这期限内，承运人可以利用船舶的运载能力来安排货运。租期内的船舶燃料费，港口费用以及拖轮费用等营运费用，都由租船人负担，船东只负责船舶的维修，保险，配备船员和供给船员的给养和支付其他固定费用。期租船的租金在租期内不变，支付方法一般按船舶夏季载重线时的载重吨每吨每月若干货币单位计算，每30天（或每日每月），或每半月预付一次。

光船租船，是一种比较特殊的租船方式，也是按一定的期限租船，但与期租不同的是船东不提供船员，光一条船交租船人使用，由租船人自行配备船员，负责船舶的经营管理和航行各项事宜。在租赁其间，租船人实际上对船舶有着支配权和占有权。

与班轮运输相比，租船业务具有以下一些特点：

（1）属不定期船，没有固定的航线，装卸港及航期。

（2）没有固定的运价。

（3）租船运输中的提单不是一个独立的文件。船方出具的提单一般为只有正面内容的简式提单，并注明"ALL TERMS ANDCONDITIONS AS PER CHARTER PARTY"，或"FREIGHT PAYABLE AS PER CHARTER PARTY"。这种提单要受租船契约约束，银行不乐意接受这类提单，除非信用证另有规定。

（4）租船运输中的船舶港口使用费，装卸费及船期延误按租船合同规定划分及计算，而班轮运输中船舶中的一切正常营运支出均由船方负担。

（5）主要是用来运输国际贸易中的大宗货。

三、国际海运船舶

由于国际实践中可能会遇到根据货物种类来选择不同运输船舶的情况，所以，学员应当了解有关海上货运船舶的知识。

（一）干货船

干货船可以分为件杂货船、集装箱船、滚装船、冷藏船、多用途船和干散货船等许多不同类型。国际实践中经常涉及的是集装箱船。

1. 杂货船

杂货船（general cargo vessel），也称普通杂货船、件杂货船，主要用于运输各种包装和裸装的普通货物。杂货船通常设有双层底，并采用多层甲板以防止货物因堆装过高而被压损；一般设置三个到六个货舱，每个货舱设有货舱口，货舱口两端备有吊杆或起重机，吊杆起重量相对较小（通常在2吨到20吨之间），若配置塔形吊机，则可起吊重件。国际海上货运中，杂货船的吨位一般在5 000吨到两万吨之间。

2. 滚装船

滚装船（roll on/roll off ship：ro/ro ship）是采用将装有集装箱或其他件杂货的半挂车或装有货物的带轮的托盘作为货运单元，由牵引车或叉车直接在岸船之间进行装卸作业形式的船舶。其主要特点是将船舶装卸作业由垂直方向改为水平方向。滚装船上甲板平整全通，下面的多层甲板之间用斜坡道或升降平台连通，以便车辆通行；有的滚装船甲板可以移动，便于装运大件货物。滚装船的开口一般设在船尾，有较大的铰接式跳板，跳板可以35度到40度角斜搭到岸上，船舶航行时跳板可折起矗立。滚装船的吨位大多在3 000吨到26 000吨之间。

3. 冷藏船

冷藏船（refrigerated ship）是将货物处于冷藏状态下进行载运的专用船舶。其货舱为冷藏舱，并有若干个舱室。每个舱室都是一个独立、封闭的装货空间，舱门、舱壁均为气密，并用隔热材料使相临舱室可以装运不同温度的货物。冷藏船上有制冷装置；制冷温度一般为摄氏15度到零下25度。冷藏船的吨位较小，通常为数百吨到几千吨。

4. 多用途船

多用途船（multi—propose ship）是具有多种装运功能的船舶。多用途船按货物对船舶性能和设备等的不同要求可分为以载运集装箱为主的多用途船，以载运重大件为主的多用途船，兼运集装箱和重大件的多用途船以及兼运集装箱、重大件和滚装货的泛多用途船四种。

5. 干散货船

干散货船（dry bulk carrier）是运输粉末状、颗粒状、块状等无包装大宗货物的船舶。由于其所运输货物的种类较少，对隔舱要求不高，所以仅设单层甲板，但船体结构较强。为提高装卸效率，货舱口很大。按所载运的货物种类不同，又可分为运煤船（coal carrier）、散粮船（bulk graincarrier）、矿石船（ore carrier）以及其他专用散装船。

6. 集装箱船

人们通常所说的集装箱船是指吊装式全集装箱船，或称集装箱专用船。吊装式集装箱船是指利用船上或岸上的起重机将集装箱进行垂直装卸的船舶。全集装箱船（full container ship）是一种专用于装载集装箱以便在海上运输时能安全、有效地大量运输集装箱而建造的专用船舶。

全集装箱船的结构特点是，一般为大开口、单甲板船，且常为双船壳，以利于集装箱的装载和卸载。船舱内设置格栅结构，以固定集装箱，防止集装箱在运输途中发生前、后、左、右方向移动，从而保证航行安全和货运质量。舷侧设有边舱，可供载燃料或作压载用。甲板上设置了能装载多层集装箱的特殊结构。多采用尾机型。因为在舱内设有永久性的格栅结构，只能装运集装箱而无法装载杂货。

全集装箱船上有的带有船用装卸桥，用于装卸集装箱。但目前大多数全集装箱船都依靠港内的装卸桥装卸，故都不设装卸设备。

国际上一般以集装箱船载箱量的千位数多少进行分"代"，如第四代集装箱船的载箱量为3 000～4 000TEU，集装箱船设计船型尺度详见表6-1。随着集装箱船舶大型化的发展，集装箱船的尺度越来越大，目前马士基航运公司建造的载箱量超过10 000TEU 的集装箱船已经投入使用。

表 6-1　集装箱船设计船型尺度

船舶吨级 DWT（t）	设计船型尺度（m）				载箱量 （TEU）
	总长 L	型宽 B	型深 H	满载吃水 T	
1000（1000～2500）	90	15.4	6.8	4.8	≤200
3000（2501～4500）	106	17.6	8.7	5.8	201～350
5000（4501～7500）	121	19.2	9.2	6.9	351～700
10000（7501～12500）	141	22.6	11.3	8.3	701～1050
20000（12501～27500）	183	27.6	14.4	10.5	1051～1900
30000（27501～45000）	241	32.3	19.0	12.0	1901～3500
50000（45001～65000）	293	32.3	21.8	13.0	3501～5650
70000（65001～85000）	300	40.3	24.3	14.0	5651～6630
100000（85001～115000）	346	45.6	24.8	14.5	6631～9500
120000（115001～135000）	367	45.6	27.2	15.0	9501～11000
150000	398	56.4	30.2	16.5	11001～12500

注：①DWT 系指船舶载重量（t），TEU 系指 20 英尺国际标准集装箱。
②集装箱码头设计标准以船舶吨级（DWT）对应的设计船型尺度为控制标准，其载箱量为参考值。
③150 000t 集装箱船的船型尺度和载箱量为实船资料（实船载重吨为157 515t），供参照执行。

现代集装箱船的尺度还根据船宽能否通过巴拿马运河分成三类。第一类巴拿马型船（panama）：这类船舶的船宽在巴拿马运河尺度 32.2 米限制范围内，在分"代"中的第一代、第二代和第三代集装箱船，都属于这一类船。第二类巴拿马极限型船（panamax）：这类船舶载箱量在3 000～4 000TEU 之间，船宽 32.2 米。第三类超巴拿马型船（post—panamax）：这类船舶载箱量大于4 000TEU，船宽大于 32.2 米。也有人将超巴拿马型船中载箱量在 6 000TEU 以上的船舶进一步划分为第四类：特超巴拿马型船（或称超级超巴拿马型船）（super post-panamax/extra post—panamax）。

（二）液货船

液货船是指载运散装液态货物的船舶，主要有油船、液化气船和液体化学品船三种。

1. 油船

油船（tanker）是专门载运石油及成品油的船舶。油船有严格的防火要求，在货舱、机舱、泵舱之间设有隔离舱。油舱设有纵舱壁和横舱壁，以减少自由液面对船舶稳性的不利影响。有专门的油泵和油管用于装卸，还有扫舱管系和加热管系。甲板上一般不设起货设备和大的舱口，但设有桥楼。就载重吨而言，油轮列世界第一位。世界上最大的油轮达 60 多万载重吨，一般油轮的载重吨在 2 万吨到 20 万吨之间。

2. 液化气船

液化气船（liquified gas carrier）是专门装运液化气的船舶，吨位通常用货舱容积来表示，一般在 6 万到 13 万立方米之间。液化气船可分为液化天然气船和液化石油气船。

液化天然气船（liquified natural gas carrier，LNG carrier）按液货舱的结构有独立储罐式和膜式两种。独立储罐式是将柱形、筒形、球形等形状的储罐置于船内，液化气装载于储罐中进行运输。膜式液化天然气船采用双层壳结构，内壳就是液货舱的承载体，并衬有一层由镍合，金钢制成的膜，可起到阻止液货泄漏的屏蔽作用。

液化石油气船（liquified petroleum gas carrier，LPG carrier）按液化的方法分为压力式、半低温半压力式和低温式三种。压力式液化石油气船是将几个压力储罐装在船上，在高压下维持液化石油气的液态。半低温半压力式和低温式的液化石油气船采用双层壳结构，液货舱用耐低温的合金钢制造并衬以绝热材料，船上设有气体再液化装置。

3. 液体化学品船

液体化学品船（chemical tanker）是载运各种液体化学品，如醚、苯、醇、酸等的专用液货船。液体化学品大多具有剧毒、易燃、易挥发、易腐蚀等特点，因此对防火、防爆、防毒、防腐蚀有很高的要求，所以液体化学品船上分隔舱多、货泵多。船舶有双层底和双层舷侧，翼舱宽度不小于船宽的 1/5。载运腐蚀性强的酸类液货时，货舱内壁和管系多采用不锈钢或敷以橡胶等耐腐蚀材料。液体化学品船的吨位多在 3 000 吨到 10 000 吨之间。

第二节　揽货与订舱

海运程序比较复杂，从揽货开始，到交付货物完毕，要经历许多环节。各个环节之间相互制约，相互联系，缺一不可。一般来讲，要经历揽货订舱、收货装船、卸船交货等一系列过程。在这些过程中，除了货物本身的流转外，还伴随着另外两个过程：即单证、单据的流转及运费的收付。

自 20 世纪 60 年代以来，集装箱装运方式逐渐在世界各国得到广泛的发展。由于集装箱运输具有装卸效率高、车船周转快、劳动强度低，包装费用省、货损货差少和便于开展联运的优点，所以发展非常迅速，很快就遍及世界各主要航线。又由于各主要海运国家的船公司竞相扩大高速集装箱船队，所以自 1971 年以来，世界集装箱船队的船舶数和积载能力都有大幅度的增长。因此，这里介绍的海运业务，主要是集装箱班轮运输业务。

一、揽货

揽货是船公司开展业务的第一个环节，也是关键的环节。它是指船公司从货主方面争取货源的业务行为。其目的是使自己经营的货船能达到满载或接近满载，以取得最大的收益。

揽货对船公司非常重要，它决定着船公司经营的成败。所以各个船公司都把争取货源放在首位，把货主敬为"上帝"。近年来，船公司和无船承运人不断增多，致使货源的竞争更为激烈，这也促使船公司想方设法地提高服务质量，增加服务项目，便利货主，以争取到货源。船公司的一般做法是：

（一）公布、宣传班轮航线和船期表

船公司就自己所经营的班轮航线和船舶抵、离港的时间印成船期表，发给各货主单位，并在各种广告媒介上大量宣传，力求扩大自己的影响。例如，在中国香港航运市场上，就有各种航运刊物供货主选择，较常见的是《船务周刊》及各种中英文版报刊。著名的中国香港《大公报》就经常刊登航运市场的各种信息，定期刊出各个船公司船舶的到港、离港时间，各船务公司的揽货广告，包括收货时间、截止时间等。

（二）船公司委托代理机构和建立本身的分支机构

船公司为开展业务，在船舶挂靠的港口，选择可靠的国际船舶代理行作为其代理机构。选择代理是非常重要的一项工作，因为船公司不可能在所有有关港口都设有自己的分支机构，因此需要用委托代理的方法，来直接办理所在港口的一切业务。世界各国绝大部分船务代理公司都是私营的，其规模大小不一经营的范围亦不同。但为了提高竞争能力，其经营业务范围都在不断扩大。我国比较大的代理公司如中国外轮代理总公司是我国目前最大的船舶代理机构，其所属的代理公司遍布全国各大中小港口，而且，中国远洋集团总公司设在国外的代理机构亦遍布世界各大港口，其实力雄厚，阵容强大，服务周全，信誉可靠。

选择代理的主要条件是：信誉好、可靠性强、揽货能力强、业务处理覆盖面广及效率高。选择一个好的代理，不但可以揽到较多的货源，而且可以加速船舶周转，降低运输成本，提高船公司的信誉。

一些船公司，尤其是开班轮航线的船公司，往往在航线上的主要港口建立自己的办事处或分支机构。如中远集装箱运输有限公司在中国沿海的几大口岸都设立了分部，各分部在各自的管辖范围内设立了分公司、子公司、货运部或办事处等。建立办事处或分支机构的目的主要是处理好现场的业务工作，扩大船公司的影响，开拓揽货渠道，监督代理的工作及协调与各方面的关系。事实证明，这些分支机构能起到重要的作用。

（三）提高服务质量，密切同货主关系

船公司为了多揽货，就必须在服务上比同行高出一筹。海运企业是一种服务性行业，在货多船少的情况下，是"船方市场"，货源会不揽自送；但在船公司日益增多，运输能力接近或大于货源需求的时候，就会转变为"货方市场"。各船公司为了提高竞争力，必须在提高服务质量上下工夫。如天津海运公司曾提出了"船期准、服务好、讲信誉、效率高"的服务宗旨和"准确、迅速、安全、服务周到、信息及时"的要求。除此之外，许多船公司都增加了服务项目，如代报关、代制单证、代办各种手续等。为了扩大货源渠道，各大海运公司还在全国各地设立办事处、组建集装箱堆场、组建集装箱运输车队和储运仓库等，这一切都是为了更好地为货主服务，以便承揽到更多的货源。

二、订舱

与船公司揽货相对应，托运人或他的代理人向承运人或他的代理人发出给自己拟委托出运的货物安排运输的邀约，承运人对这种邀约给予提单编号和舱位的承诺，这就是订舱。订舱的地点，可以是航线的始点或终点或船舶途径的口岸。

以 CIF 价格成交的出口货物，应由出口方承担货物的运输，负责租船或订舱，将货物运交国外的进口方。所以订舱多在装货港或货物输出地进行。但是，如果出口货物是以 FOB 价格条款成交，买方应负责租船或订舱。这样，订舱可能在货物输入地或卸货港进行，所以许多船公司都注意向买家承揽 FOB 货，争取指定本船公司承运。

班轮订舱通常由船舶代理机构办理，也可向船公司直接洽订。一般来说，当货方需要洽订整船舱位时，常以航次租船方式来完成货物的运输；其余情况下通常都选用班轮订舱的方式。班轮订舱的操作流程主要分为以下几个步骤：

(一) 询价

货方首先需掌握发货港至各大洲或各大航线常用的及货主常需服务的港口、价格以及主要船公司的船期信息。

(二) 订舱

货方经过比较之后选择合适的船公司，并根据合适的班轮船期向船方订舱，填写托运单。托运单（booking note，B/N）俗称下货纸，是托运人根据贸易合同和信用证条款内容填制的，向承运人或其代理办理货物托运的单证，主要内容包括：托运人、收货人的名称，货物的名称、重量、尺码、件数、包装、运输标志等，目的港，装船期限，能否分批装运，对运输的要求及对签发提单的要求等。

运送人签收后，一份给托运人当收据，货物的责任从托运转至运送人，直到收货人收到货物为止。如发生托运人向运送人要求索赔时，托运单为必备的文件。运送人输入托运单上数据的正确与否，影响后续作业甚大。

托运单一式十联，其各联作用为：第一联，集装箱货物托运单（货主留底）；第二联，集装箱货物托运单（船代留底）；第三联，运费通知（1）；第四联，运费通知（2）；第五联：装货单（shipping order，S/O）；第五联副本，缴纳出口货物港务费申请书；第六联，大副联（mate receipt，M/R）；第七联，场站收据（dock receipt，D/R）；第八联，货代留底；第九联，配舱回单（1）；第十联，配舱回单（2）。

(三) 接受订舱

承运人根据托运单内容，并结合船舶的航线、挂靠港、船期和舱位等条件考虑，认为合适后，即接受订舱。船方根据货方提供的载重量、货舱容积及订舱货载的具体特点，拟定合理装运方案，并通过代理与货方联系。作为船公司，接受订舱时一般要注意以下问题：

1. 做好船、舶舱位的分配

由于班轮航线运输可能要在多个挂靠港装卸货物，船公司要根据过去的实际情况，对该航线上的船舶舱位进行预配，并定出限额。各装货港的分支机构或代理机构只能在所分配的船舶舱位范围内承揽货载。遇到特殊情况，如行情的变化，可能发生所分配的舱位不足或过剩情况。这时就要根据船舶发来的电报，或各装货港送交船公司的舱位报告，考虑在各装货港之间进行调剂，使船舶舱位得到充分利用。在舱位不足时，应根据货揽情况进行调剂，做好有关方面的工作，尽量避免或减少不必要的损失。

2. **注意订舱货物的性质、包装和重量**

接受订舱时，必须注意货物的性质、包装和重量。如装运危险品货物时，在积载和保管以及中途挂港上有许多限制；装运超长件货物时，常受舱口大小的限制；装运超重件货物时，要考虑船舶和装货港、卸货港设备能力和陆上运输的限重等情况。

几年前，曾发生过因船舶超载而被扣船的事件。我国某省一建筑材料厂在托运大理石板材时，为节省运费，在每只包装箱内都多装了一些大理石板材。这种材料密度高，多装几块不占用多大空间，但增加的重量却不少。船公司在核准重量时，只按照厂家包装箱上的标称重量计数。由于装运的实际重量大大超过标称重量，致使船舶吃水过深，在开航前被港口安全监察部门查出，被迫缴付罚款并强迫船方卸下多装的货物。这样，不仅货主、船公司受罚，而且还贻误了船期，并造成了极坏的影响。

3. **接受订舱载货时还应注意装卸港及途径港和法规**

国际贸易货物，其装卸港和途经港常不同的国家。所适用的法律或港口当局的规章制度和管理办法常不相同。比如，根据装货港的法规允许装船的货物，根据卸货港的法规却禁止卸货，或者对于装运某种货物的船舶禁止或限制入港。有的港口还对装有一级危险品的船舶禁止入港作业或禁止应该集装箱中转等。所以在接受订舱时，须特别注意有关国家的法律和港口的规章管理办法，以免出现不必要的问题或纠纷。

（四）签发订舱单

双方协商一致后，船方填写配舱回单，摘取船名、航次、提单号等信息，签发订舱单，又称订舱委托书，简称托书。制单时应最大限度保证原始托单的数据正确、相符性，以减少后续过程的频繁更改，同时加盖公司订舱章。签发订舱委托书时应注意：

1. 确认委托书所载品名是否是危险品，是否是液体（对接载液体以及电池有特殊要求）。确认品名的另外一个作用就是查明货物是否对该产品存在海关监管条件。

2. 确认件数，确认货物尺寸体积是否超过装载装箱能力，确认重量是否有单件货物超过 3 吨，如果超过 3 吨需要和仓库确认是否能有装箱能力。

3. 托书是预配舱单以及提单确认的初步依据，如果一次性正确可为提单确认省去许多麻烦。

4. 如需要投保，熏蒸、托盘缠膜、拍照、换单、买单，要在订舱委托书显要位置注明。

5. 所订船期受外商订购合同，备货时间，商检时间等制约，根据时间合理安排订舱日期。

6. 遇到拼箱出口未能按时出运，并未按时撤载，会产生亏舱费。

第三节　常用海洋运输条款

海洋运输条款又称海运装运条款（Terms of Shipment），是国际合同的一个重要组成部分。

这些条款是运输条款，不是贸易条款，主要指装运条件和相互责任，是任何涉及国际运输的人员都必须熟悉的。对外磋商交易和签订合同时，要争取把合同中的运输条款订得合理、明确，同时要特别注意买卖合同的运输条款和负责运输的一方与船公司订立的运输条款要一致，以利于进出口贸易的顺利开展。

一、海洋运输条款的主要内容

（一）装运时间

装运时间又称装运期，通常用以下几种方法表示装运期：

1. 具体规定装运期限。

2. 规定在收到信用证后若干天装运。

信用证是买方请银行开具的有条件的保证付款的文件，卖方收到信用证后若干天装运，就有了取得货款的保证。在采用这种方式时，通常会规定有关信用证开到日期或开出日期。

3. 收到信汇、票汇或电汇后若干天装运。

（二）装卸港

在规定装卸港时必须注意以下问题：

1. 必须是政府许可往来的港口。

2. 必须明确规定装卸港口。

3. 采用选择港时，备选港口不宜超过 3 个，而且必须在同一航区、同一航线比较靠近的港口。

4. 要选择安全港（即非疫港、非战争港）。

5. 要考虑港口具体运输和装卸条件。

（三）分批装运和转运

1. 分批装运

分批装运是指一笔交易的货物分若干批装运。《跟单信用证统一惯例》（即国际商会第 600 号出版物，也即 UCP600）规定，同一船只、同一航次中多次装运同一发货人的货物，即使提单表示不同的装船日期及不同的装货港口，也不做分批装运处理。

例如：我出口公司出口 2 000 吨大豆，国外开来信用证规定：不允许分批装运。结果我方在规定的期限内分别在大连、上海各装 1 000 吨于同一航次的同一船只上，提单上也注明了不同的装货港和不同的装船日期。这种情况就不属分批装运，没有违约。

2. 转船

如果货物没有直达或一时无合适的船舶运输，则需要中途转船运输。按实际情况，买卖双方可以在合同中订明是否允许转船。若信用证未规定可否转船，按《跟单信用证统一惯例》（国际商会第 600 号出版物）规定，为允许转船。

（四）备货通知、派船通知、装船通知

前两者用于 FOB 贸易术语成交的合同，至于装船通知则在 FOB 合同、CFR 合同、CIF 合

同中都会碰到。在 FOB 合同下，卖方应在约定的装运期开始前 30 天，向买方发出货物备妥待运的通知，以便买方派船接货。

同时，买方在安排好船只后，以电报方式将装货船名、船籍、吨位、预计到港日期告诉卖方，以便及时安排货物装运事项。卖方在货物装船完毕后，立即向买方发出装船通知。在 CFR 合同下，卖方负责装运，买方自己负责保险，及时发出装船通知，显得尤为重要。

（五）装卸时间、装卸率和滞期、速遣条款

装卸时间是指对大宗交易的货物在使用定程租船运输时，对完成装货和卸货任务所需要的时间和定额的规定。一般在买卖合同中还同时规定有每天装卸货物的重量，称为装卸率。如果租船方在租船合同所规定的时间未完成装卸货物的任务，延误了船期，应向船方支付一定的罚款，称为滞期费。如果租船方用于装卸货物的时间少于租船合同中所规定的时间而使船方可以加速船只的周转，租方可以向船方领取一种奖金，称为速遣费。

因此，在使用租船运输货物时，负责租船的买方或卖方，为了按时完成装卸作业，必须在买卖合同中对装卸时间、装卸率、滞期和速遣等条款有明确规定。装卸时间的计算，通常有以下几种方法：

1. 按连续日（或时）（running consecutive days/hours）
2. 按工作日（working days）
3. 按好天气工作日（weather working days）
4. 按连续 24 小时好天气工作日（weaher working days of 24consecutive hours）

关于装卸起始时间的计算，各国规定不一。有的从船抵港就开始起算，有的是从船到港码头后开始起算，有的规定正式作业起算。贸易合同中有关装卸时间、装卸率、滞期和速遣条款的规定，应当与租船合同有关规定相符合，否则租船方就会陷于被动。

二、常见的散杂货海洋运输条款

在海运运输中，散杂货主要采用的是班轮运输和租船运输方式，其常用的运输条款主要是关于装卸费分担的条款，具体包括以下几种：

（一）班轮条款

班轮条款（Liner Terms），又称泊位条款（Berth Terms）或总兑条款（Gross Terms），是指由船舶所有人负责雇佣装卸工人，并负责支付装卸及堆装费用。具体地讲，在装货港，承租人只负责将货物送至码头、船边，并置于船舶吊钩之下，船舶所有人则在船舶吊钩所及之处接收货物；在卸货港，船舶所有人负责在船舶吊钩之下交付货物，承租人则在船舶吊钩之下接收货物。至于费用的划分也完全以此为标准。

在航运实践中，有人误认为只要合同中订立了班轮条款，则此种运输就完全应按照班轮运输的条件来进行，其实不然。所谓的班轮条款，仅仅是在装卸费的分担问题上仿效了班轮的做法，即由船舶所有人承担装卸费用，而不涉及其他的权利和义务。

（二）出租人不负担装货费用条款

出租人不负担装货费用条款（Free In, F.I.，一般用作 Free In and Liner Out，俗称"管卸

不管装"），又称舱内收货条款。在这一条款之下，船舶所有人在装货港只负责在舱内收货，装货费用由承租人负担，而在卸货港所发生的费用则由船舶所有人负担。

（三）出租人不负担卸货费条款

该条款又称舱内交货条款（Free Out，F. O.，一般用作 Liner In and Free Out，俗称"管装不管卸"）。按照该条款，在装货港由船舶所有人支付装货费，在卸货港船舶所有人只负责舱内交付货物，而卸货费则由承租人负担。

（四）出租人不负担装卸费条款

出租人不负担装卸费条款（Free In and Out，F. I. O.，俗称不管装不管卸），又称舱内收、交货条款。在此种条款下，船舶所有人只负责在舱内收、交货物，在装卸两港由承租人雇佣装卸工人，并承担装卸费用。

（五）出租人不负担装卸、积载及平舱费用条款

出租人不负担装卸、积载及平舱费条款（Free In and Out，Stowed and Trimmed，F. I. O. S. T.），又称舱内收、交货并负责积载费用条款。该条款与班轮条款完全相反，船舶所有人不负责有关装卸的所有费用，所有雇佣装卸工人及有关的装卸费用均由承租人负担。在这一条款之下，装运大件货物所产生的绑扎费及需要的绑扎材料，也应该由承租人负担。不过，为了避免不必要的争议，在运输大件货时，合同中应订明"绑扎"（lashed）的字样，以表明船舶所有人不负责绑扎费。同样，如果在上述规定后加上"垫舱"（dunnages）的字样，表明出租人除了不负责上述费用之外，还不负担垫舱费用。

三、集装箱运输条款

（一）基本概念

集装箱的运输条款基于 CY、CFS 及 DOOR 三个基本概念。CY 是集装箱堆场，表示货已装进了集装箱，在 CY 不能装卸货物，CY 作为运输条款表明货主负责装箱或拆箱。CSF 是集装箱货运站。所有的拼箱和除工厂装/拆箱以外的装/拆箱都在 CFS 完成。CFS 作为运输条款还表明由承运人负责装箱货拆箱。CFS 条款一般用作拼箱货运输。因为拼箱货的拼箱/拆箱过程在承运人指定货运站进行。

（二）集装箱运输常用条款

1. CY/CY 是指堆场到堆场方式，承运人在装货港集装箱堆场接收整箱货物并负责运至卸货港集装箱堆场整箱交付收货人。

2. CY/FO（free out）承运人在装货港集装箱堆场接收整箱货物并负责运至卸货港但不负责卸货。

3. CY/LO（line out）承运人在装货港集装箱堆场接收整箱货物并负责运至卸货港卸货。

4. CY/TACKLE 承运人在装货港集装箱堆场接收整箱货物并负责运至卸货港卸货至接货车上。

5. CY/HOOK 承运人在装货港集装箱堆场接收整箱货物并负责运至卸货港卸货，此处当吊

臂吊下货物后服务终止。

表 6-2　集装箱运输条款代码表

内容	代码	内容	代码
CY—FOR	10	DOOR—CFS	32
CY—CY	11	DOOR—DOOR	33
CY—CFS	12	DR—FREE OUT	36
CY—DOOR	13	DR—LINER OUT	38
CY—TACKLE	14	TACKLE—CY	41
CY—RAMP	15	TACKLE—CFS	42
CY—FREE OUT	16	RAMP—CY	51
CY—LINER OUT	18	FREE IN—CY	71
CFS—CY	21	FREE IN—DR	73
CFS—CFS	22	LINER IN—CY	91
CFS—DOOR	23	LINER IN—DR	93
DOOR—CY	31	FREE IN—FREE OUT	76

第四节　提　单

一、提单概述

(一) 提单定义

海运提单（Marine Bill of Lading or Ocean Bill of Lading）简称为提单（Bill of Lading，B/L），是国际结算中的一种最重要的单据。《汉堡规则》给提单下的定义是：Bill of lading, means a document which evidences a contract of carriage by sea and the taking over or loading of the goods by the carrier, and by which the carrier undertakes to deliver the goods against surrender of the document. A provision in the document that the goods are to be delivered to the order of the document. A provision in the document that the goods are to be delivered to the order of a named person, or to order, or to bearer, constitutes such an undertaking。《中华人民共和国海商法》1993 年 7 月 1 日施行第七十一条规定："提单，是指用以证明海上货物运输合同和货物已经由承运人接收或者装船，以及承运人保证据以交付货物的单证。提单中载明的向记名人交付货物，或者按照指示人的指示交付货物，或者向提单持有人交付货物的条款，构成承运人据以交付货物的保证。"

提单的主要关系人是签订运输合同的双方：托运人和承运人。托运人即货方，承运人即船方。其他关系人有收货人和被通知人等。收货人通常是货物买卖合同中的买方，提单由承运人经发货人转发给收货人，收货人持提单提货，被通知人是承运人为了方便货主提货的通知对象，可能不是与货权有关的当事人。如果提单发生转让，则会出现受让人、持有人等提单关系人。

(二) 提单的作用

提单具有以下三项主要功能：

1. 货物已由承运人接管或装船的收据（receipt for the goods shipped）

对于将货物交给承运人运输的托运人，提单具有货物收据的功能。承运人不仅对于已装船货物负有签发提单的义务，而且根据托运人的要求，即使货物尚未装船，只要货物已在承运人掌管之下，承运人也有签发一种被称为"收货待运提单"的义务。所以，提单一经承运人签发，即表明承运人已将货物装上船舶或已确认接管。提单作为货物收据，不仅证明收到货物的种类、数量、标志、外表状况，而且还证明收到货物的时间，即货物装船的时间。本来，签发提单时，只要能证明已收到货物和货物的状况即可，并不一定要求已将货物装船。但是，将货物装船象征卖方将货物交付给买方，于是装船时间也就意味着卖方的交货时间。而按时交货是履行合同的必要条件，因此，用提单来证明货物的装船时间是非常重要的。

2. 承运人保证凭以交付货物的物权凭证（document of title）

对于合法取得提单的持有人，提单具有物权凭证的功能。提单的合法持有人有权在目的港以提单相交换来提取货物，而承运人只要出于善意，凭提单发货，即使持有人不是真正货主，承运人也无责任。而且，除非在提单中指明，提单可以不经承运人的同意而转让给第三者，提单的转移就意味着物权的转移，连续背书可以连续转让。提单的合法受让人或提单持有人就是提单上所记载货物的合法持有人。提单所代表的物权可以随提单的转移而转移，提单中所规定的权利和义务也随着提单的转移而转移。即使货物在运输过程中遭受损坏或灭失，也因货物的风险已随提单的转移而由卖方转移给买方，只能由买方向承运人提出赔偿要求。

3. 海上货物运输合同成立的证明文件（evidence of contract of carriage）

提单上印就的条款规定了承运人与托运人之间的权利、义务，而且提单也是法律承认的处理有关货物运输的依据，因而常被人们认为提单本身就是运输合同。但是按照严格的法律概念，提单并不具备经济合同应具有的基本条件：它不是双方意思表示一致的产物，约束承托双方的提单条款是承运人单方拟定的；它履行在前，而签发在后，早在签发提单之前，承运人就开始接受托运人托运货物和将货物装船的有关货物运输的各项工作。所以，与其说提单本身就是运输合同，还不如说提单只是运输合同的证明更为合理。如果在提单签发之前，承托双方之间已存在运输合同，则不论提单条款如何规定，双方都应按原先签订的合同约定行事；但如果事先没有任何约定，托运人接受提单时又未提出任何异议，这时提单就被视为合同本身。虽然由于海洋运输的特点，决定了托运人并没在提单上签字，但因提单毕竟不同于一般合同，所以不论提单持有人是否在提单上签字，提单条款对他们都具有约束力。

二、提单的种类

随着世界经济的发展，国际海上货物运输所遇到的海运提单种类也越来越多。通常使用的提单为全式提单（long form B/L）或称为繁式提单，即提单上详细列有承运人和提单关系人之间权利、义务等条款的提单。此外，还有简式提单（short form B/L），即提单上印有"short form"字样，而背面没有印刷有关承运人与提单关系人权利、义务条款，或者背面简单列有注明以承运人与提单关系人权利、义务条款，或者背面简单列有注明以承运人全式提单说列条款为准的提单。海运提单的种类按不同的分类标准，提单可以划分为许多种类，在此介绍经常会遇到的一些提单种类。

（一）按提单收货人的抬头划分

1. 记名提单（straight B/L）

记名提单又称收货人抬头提单，是指提单上的收货人栏中已具体填写收货人名称的提单。提单所记载的货物只能由提单上特定的收货人提取，或者说承运人在卸货港只能把货物交给提单上所指定的收货人。如果承运人将货物交给提单指定的以外的人，即使该人占有提单，承运人也应负责。这种提单失去了代表货物可转让流通的便利，但同时也可以避免在转让过程中可能带来的风险。

使用记名提单，如果货物的交付不涉及贸易合同下的义务，则可不通过银行而由托运人将其邮寄收货人，或由船长随船带交。这样提单就可以及时送达收货人，而不致延误。因此，记名提单一般只适用于运输展览品或贵重物品，特别是短途运输中使用较有优势，而在国际贸易中较少使用。

2. 指示提单（order B/L）

在提单正面"收货人"一栏内填上"凭指示"（toorder）或"凭某人指示"（Order of...）字样的提单。这种提单按照表示指示人的方法不同，指示提单又分为托运人指示提单、记名指示人提单和选择指示人提单。如果在收货人栏内只填记"指示"字样，则称为托运人指示提单。这种提单在托运人未指定收货人或受让人之前，货物所有权仍属于卖方，在跟单信用证支付方式下，托运人就是以议付银行或收货人为受让人，通过转让提单而取得议付货款的。如果收货人栏内填记"某某指示"，则称为记名指示提单，如果在收货人栏内填记"某某或指示"，则称为选择指示人提单。记名指示提单或选择指示人提单中指名的"某某"既可以是银行的名称，也可以是托运人。

指示提单是一种可转让提单。提单的持有人可以通过背书的方式把它转让给第三者，而无须经过承运人认可，所以这种提单为买方所欢迎。而不记名指示（托运人指示）提单与记名指示提单不同，它没有经提单指定的人背书才能转让的限制，所以其流通性更大。指示提单在国际海运业务中使用较广泛。

3. 不记名提单（bearer B/L, or open B/L, or blank B/L）

提单上收货人一栏内没有指明任何收货人，而注明"提单持有人"（Bearer）字样或将这一栏空白，不填写任何人的名称的提单。这种提单不需要任何背书手续即可转让，或提取货物，极为简便。承运人应将货物交给提单持有人，谁持有提单，谁就可以提货，承运人交付货物只凭单，不凭人。这种提单丢失或被窃，风险极大，若转入善意的第三者手中时，极易引起纠纷，故国际上较少使用这种提单。另外，根据有些班轮公会的规定，凡使用不记名提单。在给大副的提单副本中必须注明卸货港通知人的名称和地址。

《海商法》第七十九条规定："记名提单：不得转让；指示提单：经过记名背书或者空白背书转让；不记名提单：无须背书，即可转让。"记名提单虽然安全，不能转让，对贸易各方的交易不便，用得不多。一般认为：由于记名提单不能通过背书转让，因此从国际贸易的角度看，记名提单不具有物权凭证的性质。不记名提单无须背书即可转让，任何人持有提单便可要求承运人放货，对贸易各方不够安全，风险较大，很少采用。指示提单可以通过背书转让，适应了正常贸易需要，所以在实践中被广泛应用。背书分为记名背书（speciaL endorsement）和空白背书（endorsement in blank）。前者是指背书人（指示人）在提单背面写上被背书人的名称，并由背书人签名。后者是指背书人在提单背面不写明被背书人的名称。在记名背书的场合，承运人应将货物交给被背书人。反之，则只需将货物交给提单持有人。

（二）按货物是否已装船划分

1. 已装船提单（shipped B/L, or on board B/L）

已装船提单是指货物装船后由承运人或其授权代理人根据大副收据签发给托运人的提单。如果承运人签发了已装船提单，就是确认他已将货物装在船上。这种提单除载明一般事项外，通常还必须注明装载货物的船舶名称和装船日期，即是提单项下货物的装船日期。由于已装船提单对于收货人及时收到货物有保障，所以在国际货物买卖合同中一般都要求卖方提供已装船提单。根据国际商会1990年修订的《国际贸易术语解释通则》的规定，凡以 CIF 或 CFR 条件成立的货物买卖合同，卖方应提供已装船提单。在以跟单信用证为付款方式的国际贸易中，更是要求卖方必须提供已装船提单。国际商会1993年重新修订的《跟单信用证统一惯例》规定，如信用证要求海运提单作为运输单据时，银行将接受注明货物已装船或已装指定船只的提单。

2. 收货待运提单（received for shipment B/L）

收货待运提单又称备运提单、待装提单，或简称待运提单。它是承运人在收到托运人交来的货物但还没有装船时，应托运人的要求而签发的提单。签发这种提单时，说明承运人确认货物已交由承运人保管并存在其所控制的仓库或场地，但还未装船。所以，这种提单未载明所装船名和装船时间，在跟单信用证支付方式下，银行一般都不肯接受这种提单。但当货物装船，承运人在这种提单上加注装运船名和装船日期并签字盖章后，待运提单即成为已装船提单。同样，托运人也可以用待运提单向承运人换取已装船提单。我国《海商法》第七十四条对此做了明确的规定。

我国《海商法》第七十四条规定："货物装船前，承运人已经应托运人的要求签发收货待运提单或者其他单证的，货物装船完毕，托运人可以将收货待运提单或者其他单证退还承运人，以换取已装船提单，承运人也可以在收货待运提单上加注承运船舶的船名和装船日期，加注后的收货待运提单视为已装船提单。"由此可见，从承运人的责任来讲，集装箱的"收货待运提单"与"已装船提单"是相同的。因为集装箱货物的责任期间是从港口收货时开始的，与非集装箱装运货物从装船时开始不同。现在跟单信用证惯例也允许接受集装箱的"收货待运"提单。但是在目前国际贸易的信用证仍往往规定海运提单必须是"已装船提单"，使开证者放心。

（三）按提单上有无批注划分

1. 清洁提单（clean B/L）

在装船时，货物外表状况良好，承运人在签发提单时，未在提单上加注任何有关货物残损、包装不良、件数、重量和体积，或其他妨碍结汇的批注的提单称为清洁提单。

使用清洁提单在国际贸易实践中非常重要，买方要想收到完好无损的货物，首先必须要求卖方在装船时保持货物外观良好，并要求卖方提供清洁提单。根据国际商会《跟单信用证统一惯例》第三十四条规定："清洁运输单据，是指货运单据上并无明显地声明货物及/或包装有缺陷的附加条文或批注者；银行对有该类附加条文或批注的运输单据，除信用证明确规定接受外，当拒绝接受。"可见，在以跟单信用证为付款方式的贸易中，通常卖方只有向银行提交清洁提单才能取得货款。清洁提单是收货人转让提单时必须具备的条件，同时也是履行货物买卖合同规定的交货义务的必要条件。

我国《海商法》第七十六条规定："承运人或者代其签发提单的人未在提单上批注货物表面状况的，视为货物的表面状况良好。"由此可见，承运人一旦签发了清洁提单，货物在卸货港卸下后，如发现有残损，除非是由于承运人可以免责的原因所致，承运人必须负责赔偿。

2. 不清洁提单（unclean B/L or foul B/L）

在货物装船时，承运人若发现货物包装不牢、破残、渗漏、玷污、标志不清等现象时，大副将在收货单上对此加以批注，并将此批注转移到提单上，这种提单称为不清洁提单。我国《海商法》第七十五条规定："承运人或者代其签发提单的人，知道或者有合理的根据怀疑提单记载的货物品名、标志、包数或者件数、重量或者体积与实际接收的货物不符，在签发已装船提单的情况下怀疑与已装船的货物不符，或者没有适当的方法核对提单记载的，可以在提单上批注，说明不符之处，怀疑的根据或者说明无法核对。"

实践中承运人接受货物时，如果货物外表状况不良，一般先在大副收据上做出记载，在正式签发提单时，再把这种记载转移到提单上。在国际贸易的实践中，银行是拒绝出口商以不清洁提单办理结汇的。为此，托运人应把损坏或外表状况有缺陷的货物进行修补或更换。习惯上的变通办法是由托运人出具保函，要求承运人不要将大副收据上所作的有关货物外表状况不良的批注转批到提单上，而根据保函签发清洁提单，以使出口商能顺利完成结汇。但是，承运人因未将大副收据上的批注转移提单上，承运人可能承担对收货人的赔偿责任，承运人因此遭受损失，应由托运人赔偿。那么，托运人是否能够赔偿，在向托运人追偿时，往往难以得到法律的保护，而承担很大的风险。承运人与收货人之间的权利义务是提单条款的规定，而不是保函的保证。所以，承运人不能凭保函拒赔，保函对收货人是无效的，如果承、托双方的做法损害了第三者收货人的利益，有违民事活动的诚实信用的基本原则，容易构成与托运人的串通，对收货人进行欺诈行为。

由于保函换取提单的做法，有时确实能起到变通的作用，故在实践中难以完全拒绝，我国最高人民法院在《关于保函是否具有法律效力问题的批复》中指出："海上货物运输的托运人为换取清洁提单而向承运人出具的保函，对收货人不具有约束力。不论保函如何约定，都不影响收货人向承运人或托运人索赔；对托运人和承运人出于善意而由一方出具另一方接受的保函，双方均有履行之义务。"承运人应当清楚自己在接受保函后所处的地位，切不可掉以轻心。

（四）根据运输方式的不同划分

1. 直达提单（direct B/L）

直达提单，又称直运提单，是指货物从装货港装船后，中途不经转船，直接运至目的港卸船交与收货人的提单。直达提单上不得有"转船"或"在某港转船"的批注。凡信用证规定不准转船者，必须使用这种直达提单。如果提单背面条款印有承运人有权转船的"自由转船"条款者，则不影响该提单成为直达提单的性质。

使用直达提单，货物由同一船舶直运目的港，对买方来说比中途转船有利得多，它既可以节省费用、减少风险，又可以节省时间，及早到货。因此，通常买方只有在无直达船时才同意转船。在贸易实务中，如信用证规定不准转船，则买方必须取得直达提单才能结汇。

2. 转船提单（transhipment B/L）

转船提单是指货物从起运港装载的船舶不直接驶往目的港，需要在中途港口换装其他船舶转运至目的港卸货，承运人签发这种提单称为转船提单。在提单上注明"转运"或在"某某港转船"字样，转船提单往往由第一程船的承运人签发。由于货物中途转船，增加了转船费用和风险，并影响到货时间，故一般信用证内均规定不允许转船，但直达船少或没有直达船的港口，买方也只好同意可以转船。

按照《海牙规则》，如船舶不能直达货物目的港，非中转不可，一定要事先征得托运人同意。船舶承运转船货物，主要是为了扩大营业、获取运费。转运的货物，一般均属零星杂货，如果是大宗货物，托运人可以租船直航目的港，也就不发生转船问题。转运货物船方的责任可分下列3种情况：（1）第一航程与第二航程的承运人对货物的责任各自负责，互不牵连；（2）第一航程的承运人在货物转运后承担费用，但不负责任；（3）第一航程的承运人对货物负责到底。上述3项不同责任，须根据转运的过程和措施不同而定。

3. 联运提单（through B/L）

联运提单是指货物运输需经两段或两段以上的运输方式来完成，如海陆、海空或海海等联合运输所使用的提单。船船（海海）联运在航运界也称为转运，包括海船将货物送到一个港口后再由驳船从港口经内河运往内河目的港。

联运的范围超过了海上运输界限，货物由船舶运送经水域运到一个港口，再经其他运输工具将货物送至目的港，先海运后陆运或空运，或者先空运、陆运后海运。当船舶承运由陆路或飞机运来的货物继续运至目的港时，货方一般选择使用船方所签发的联运提单。

4. 多式联运提单（multimodaL transport B/L or intermodal transport B/L）

这种提单主要用于集装箱运输。是指一批货物需要经过两种以上不同运输方式，其中一种是海上运输方式，由一个承运人负责全程运输，负责将货物从接收地运至目的地交付收货人，并收取全程运费所签发的提单。提单内的项目不仅包括起运港和目的港，而且列明一程二程等运输路线，以及收货地和交货地。

（五）按提单内容的简繁划分

1. 全式提单（long form B/L）

全式提单是指提单除正面印就的提单格式所记载的事项，背面列有关于承运人与托运人及收货人之间权利、义务等详细条款的提单。由于条款繁多，所以又称繁式提单。在海运的实际业务中大量使用的大都是这种全式提单。

2. 简式提单（short form B/L, or Simple B/L）

简式提单，又称短式提单、略式提单，是相对于全式提单而言的，是指提单背面没有关于承运人与托运人及收货人之间的权利、义务等详细条款的提单。这种提单一般在正面印有"简式"（short form）字样，以示区别。简式提单中通常列有如下条款："本提单货物的收受、保管、运输和运费等事项，均按本提单全式提单的正面、背面的铅印、手写、印章和打字等书面条款与例外条款办理，该全式提单存本公司及其分支机构或代理处，可供托运人随时查阅。"

简式提单通常包括租船合同项下的提单和非租船合同项下的提单。

（1）租船合同项下的提单

在以航次租船的方式运输大宗货物时，船货双方为了明确双方的权利、义务，首先要订立航次租船合同，在货物装船后承租人要求船方或其代理人签发提单，作为已经收到有关货物的收据，这种提单就是"租船合同项下的提单"。因为这种提单中注有"所有条件均根据某年某月某日签订的租船合同"（All terms and conditions as per charter party dated...）；或者注有"根据……租船合同开立"字样，所以，它要受租船合同的约束。因为银行不愿意承担可能发生的额外风险，所以当出口商以这种提单交银行议付时，银行一般不愿接受。只有在开证行授权可接受租船合同项下的提单时，议付银行才会同意，但往往同时要求出口商提供租船合同副本。国际商会《跟单信用证统一惯例》规定，除非信用证另有规定，银行将拒收租船合同项下的提单。

根据租船合同签发的提单所规定的承运人责任，一般应和租船合同中所规定的船东责任相一致。如果提单所规定的责任大于租船合同所规定的责任，在承租人与船东之间仍以租船合同为准。

（2）非租船合同项下的简式提单

为了简化提单备制工作，有些船公司实际上只签发给托运人一种简式提单，而将全式提单留存，以备托运人查阅。这种简式提单上一般印有"各项条款及例外条款以本公司正规的全式提单所印的条款为准"等内容。按照国际贸易惯例，银行可以接受这种简式提单。这种简式提单与全式提单在法律上具有同等效力。

（六）按签发提单的时间划分

1. 倒签提单（anti-dated B/L）

倒签提单是指承运人或其代理人应托运人的要求，在货物装船完毕后，以早于货物实际装船日期为签发日期的提单。当货物实际装船日期晚于信用证规定的装船日期，若仍按实际装船日期签发提单，托运人就无法结汇。为了使签发提单的日期与信用证规定的装运日期相符，以利结汇，承运人应托运人的要求，在提单上仍以信用证的装运日期填写签发日期，以免违约。

签发这种提单，尤其当倒签时间过长时，有可能推断承运人没有使船舶尽快速遣，因而承担货物运输延误的责任。特别是市场上货价下跌时，收货人可以以"伪造提单"为借口拒绝收货，并向法院起诉要求赔偿。承运人签发这种提单是要承担一定风险的。但是为了贸易需要，在一定条件下，比如在该票货物已装船完毕，但所签日期是船舶已抵港并开始装货，而所签提单的这票货尚未装船，是尚未装船的某一天；或签单的货物是零星货物而不是数量很大的大宗货；或倒签的时间与实际装船完毕时间的间隔不长等情况下，取得了托运人保证承担一切责任的保函后，才可以考虑签发。

2. 顺签提单（post-date B/L）

顺签提单是指货物装船后，承运人或者船代应货主的要求，以晚于该票货物实际装船完毕的日期作为提单签发日期的提单。这是为了符合有关合同关于装运日期的规定，应托运人的要求而顺签日期签发。在这种情况下，如果货物在实际装船后提单顺签日期前发生货损，收货人将面临索赔问题。

3. 预借提单（advanced B/L）

预借提单是指货物尚未装船或尚未装船完毕的情况下，信用证规定的结汇期（即信用证的有效期）即将届满，托运人为了能及时结汇，而要求承运人或其代理人提前签发的已装船清洁提单，即托运人为了能及时结汇而从承运人那里借用的已装船清洁提单。

这种提单往往是当托运人未能及时备妥货物或船期延误，船舶不能按时到港接受货载，估计货物装船完毕的时间可能超过信用证规定的结汇期时，托运人采用从承运人那里借出提单用以结汇，当然必须出具保函。签发这种提单承运人要承担更大的风险，可能构成承、托双方合谋对善意的第三者收货人进行欺诈。

签发这种提单的后果：

（1）因为货物尚未装船而签发提单，即货物未经大副检验而签发清洁提单，有可能增加承运人的赔偿责任。

（2）因签发提单后，可能因种种原因改变原定的装运船舶，或发生货物灭失、损坏或退关，这样就会很容易地使收货人掌握预借提单的事实，以欺诈为由拒绝收货，并向承运人提出索赔要求，甚至诉讼。

（3）不少国家的法律规定和判例表明，在签发预借提单的情况下，承运人不但要承担货损赔偿责任，而且会丧失享受责任限制和援引免责条款的权利，即使该票货物是因免责事项原因受损的，承运人也必须赔偿货物的全部损失。

签发倒签或预借提单，对承运人的风险很大，由此引起的责任承运人必须承担，尽管托运人往往向承运人出具保函，但这种保函同样不能约束收货人。比较而言，签发预借提单比签发倒签提单对承运人的风险更大，因为预借提单是承运人在货物尚未装船，或者装船还未完毕时签发的。我国法院对承运人签发预借提单的判例，不但由承运人承担了由此而引起的一切后果，赔偿货款损失和利息损失，还赔偿了包括收货人向第三人赔付的其他各项损失。

4. 过期提单（stale B/L）

过期提单有两种含义，一是指出口商在装船后延滞过久才交到银行议付的提单。按国际商会 500 号出版物《跟单信用证统一惯例》1993 年修订本第四十二条规定："如信用证无特殊规定，银行将拒受在运输单据签发日期后超过 21 天才提交的单据。在任何情况下，交单不得晚于信用证到期日。"二是指提单晚于货物到达目的港，这种提单也称为过期提单。因此，近洋国家的贸易合同一般都规定有"过期提单也可接受"的条款（Stale B/L is acceptance）。

（七）按收费方式划分

1. 运费预付提单（freight prepaid B/L）

成交 CIF、CFR 价格条件为运费预付，按规定货物托运时，必须预付运费。在运费预付情况下出具的提单称为运费预付提单。这种提单正面载明"运费预付"字样，运费付后才能取得提单；付费后，若货物灭失，运费不退。

2. 运费到付提单（freight to collect B/L）

以 FOB 条件成交的货物，不论是买方订舱还是买方委托卖方订舱，运费均为到付（freight payable at destinaiion），并在提单上载明"运费到付"字样，这种提单称为运费到付提单。货物运到目的港后，只有付清运费，收货人才能提货。

3. 最低运费提单（minimum B/L）

最低运费提单是指对每一提单上的货物按起码收费标准收取运费所签发的提单。如果托运人托运的货物批量过少，按其数量计算的运费额低于运价表规定的起码收费标准时，承运人均按起码收费标准收取运费，为这批货物所签发的提单就是最低运费提单，也可称为起码收费提单。

三、提单正面内容及背面条款

（一）提单正面的内容

通常提单正面都记载了有关货物和货物运输的事项。这些事项有的是有关提单的国内立法或国际公约规定的，作为运输合同必须记载的事项，如果漏记或错记，就可能影响提单的证明效力；有的则属于为了满足运输业务需要而由承运人自行决定，或经承运人与托运人协议，认定应该在提单正面记载的事项。前者称为必要记载事项，后者称为任意记载事项。

根据我国《海商法》第七十三条规定，提单正面内容，一般包括下列各项：

1. 货物的品名、标志、包数或者件数、重量或体积，以及运输危险货物时对危险性质的说明：（Description of the goods，mark，number of packages or piece，weight or quantity，and a statement，if applicable，as to the dangerous nature of the goods）；

2. 承运人的名称和主营业所（Name and principal place of business of the carrier）；

3. 船舶的名称（name of the ship）；

4. 托运人的名称（name of the shipper）；

5. 收货人的名称（name of the consignee）；

6. 装货港和在装货港接收货物的日期（Port of loading and the date on Which the good were taken over by the carrier at the port of loading）；

7. 卸货港（port of discharge）；

8. 多式联运提单增列接收货物地点和交付货物地点（Place where the goods were taken over and the place where the goods are to be delivered in case of a multimodal transport bill of lading）；

9. 提单的签发日期、地点和份数（Date and place of issue of the bill of lading and the number of originals issued）；

10. 运费的支付（payment of freight）；

11. 承运人或者其代表的签字（signature of the carrier or of a person acting on his behalf）。

上述条款中缺少其中的一项或几项的，不影响提单的法律地位，但是必须符合海商法关于提单的定义和功能的规定。除在内陆签发多式联运提单时上述第三项船舶名称；签发海运提单时多式联运提单的接收货物地点和交付货物的地点以及运费的支付这3项外，其他8项内容是必不可少的，目前各船公司制定的提单其内容与此相仿。

（二）提单背面的条款

提单背面的条款，作为承托双方权利、义务的依据，多则三十余条，少则也有二十几条，这些条款一般分为强制性条款和任意性条款两类。强制性条款的内容不能违反有关国家的法律和国际公约、港口惯例的规定。我国《海商法》第四章海上货物运输合同的第四十四条就明确规定："海上货物运输合同和作为合同凭证的提单或者其他运输单证中的条款，违反本章规定的，无效。"《海牙规则》第三条第八款规定："运输契约中的任何条款、约定或协议，凡是解除承运人或船舶由于疏忽、过失或未履行本条规定的责任与义务，因而引起货物的或与货物有关的灭失或损害，或以本规则规定以外的方式减轻这种责任的，都应作废并无效。"上述的规定，是提单的强制性条款。

除强制性条款外，提单背面任意性条款，即上述法规、国际公约没有明确规定的，允许承运人自行拟定的条款，和承运人以另条印刷、刻制印章或打字、手写的形式在提单背面加列的条款，这些条款适用于某些特定港口或特种货物，或托运人要求加列的条款。所有这些条款都是表明承运人与托运人、收货人或提单持有人之间承运货物的权利、义务、责任与免责的条款，是解决他们之间争议的依据。虽然各种提单背面条款多少不一，内容不尽相同，但通常都有下列主要条款：

1. 定义条款（definition）

定义条款是提单或有关提单的法规中对与提单有关用语的含义和范围做出明确规定的条款。如中远提单条款第一条规定：货方（merchant）包括托运人（shipper）、受货人（receiver）、发货人（consignor）、收货人（consignee）、提单持有人（holder of B/L），以及货物所有人（owner of the goods）。

在国际贸易的实践中，提单的当事人应该是承运人和托运人，这是毫无异议的。但是，不论是以 FOB 还是 CIF 或 CFR 价格成交的贸易合同，按照惯例，当货物在装货港装船时，货物一旦越过船舷其风险和责任就转移到作为买方的收货人或第三者。如果货物在运输过程中发生灭失或损坏，对承运人提出赔偿要求的就不再是托运人，而是收货人或第三者，在这种情况下，如果仅将托运人看做合同当事人一方，就会出现收货人或第三者不是合同当事人，而无权向承运人索赔。为了解决这一矛盾，英国 1855 年提单法第一条规定，当提单经过背书转让给被背书人或收货人后，被背书人或收货人就应该取代作为背书人的托运人的法律地位，而成为合同当事人的一方，由于《海牙规则》的定义条款未涉及"货方"，英国提单法弥补了这一不足，各船公司都在提单中将"货方"列为定义条款。

2. 首要条款（paramount clause）

首要条款是承运人按照自己的意志，印刷于提单条款的上方，通常列为提单条款第一条用以明确本提单受某一国际公约制约或适用某国法律的条款。通常规定：提单受《海牙规则》或《海牙——维斯比规则》或者采纳上述规则的某一国内法的制约，如英国《1971 年海上货物运输法》，《1936 年美国海上货物运输法》的制约。例如，我国《海商法》实施前的中远提单第三条规定："有关承运人的义务、赔偿责任、权利及豁免应适用《海牙规则》，即 1924 年 8 月 25 日在布鲁塞尔签订的《关于统一提单若干规定的国际公约》。"目前中远提单则规定，该提单受中华人民共和国法律的制约。

提单上出现了首要条款，通过当事人"意思自治"原则，在某种意义上扩大了国际公约或国内法的适用范围。各国法院通常承认首要条款的效力。

3. 管辖权条款（jurisdiction clause）

在诉讼法上，管辖权是指法院受理案件的范围和处理案件的权限。在这里是指该条款规定双方发生争议时由何国行使管辖权，即由何国法院审理，有时还规定法院解决争议适用的法律。提单一般都有此种条款，并且通常规定对提单产生的争议由船东所在国法院行使管辖权。

例如，我国中远公司提单就规定：本提单受中华人民共和国法院管辖。本提单项下或与本提单有关的所有争议应根据中华人民共和国的法律裁定；所有针对承运人的法律诉讼应提交有关公司所在地的海事法院——广州、上海、天津、青岛、大连海事法院受理。

严格地说，该条款是管辖权条款和法律适用条款的结合。

提单管辖权的效力在各国不尽相同，有的国家将其作为协议管辖处理，承认其有效。但更多的国家以诉讼不方便，或该条款减轻承运人责任等为理由，否认其效力，依据本国诉讼法，主张本国法院对提单产生的争议案件的管辖权。也有的国家采取对等的原则，确定其是否有效。

1958 年《联合国承认与执行外国仲裁裁决的公约》即《纽约公约》已被 90 多个国家承认，我国也是该公约的缔约国。在远洋运输提单中列入"仲裁条款"，以仲裁代替诉讼，其裁决可以在很多公约缔约国得到承认和执行。因此，仲裁不失为解决纠纷的现代途径。

4. 承运人责任条款

一些提单订有承运人责任条款，规定承运人在货物运送中应负的责任和免责事项。一般概括地规定为按什么法律或什么公约为依据，如果提单已订有首要条款，就无须另订承运人的责任条款。在中远提单的第三条、中国外运提单第四条、华夏提单第三条均规定，其权利和责任的划分以及豁免应依据或适用《海牙规则》。根据这一规定，并非《海牙规则》所有规定都适用于该提单，而只是有关承运人的义务、权利及豁免的规定适用于该提单。

《海牙规则》中承运人的责任可归纳为承运人保证船舶适航的责任（义务）和管理货物的责任，即承运人应"适当"与"谨慎"地管理货物。

5. 承运人的责任期间

《海牙规则》中没有单独规定承运人的责任期间条款，因而各船公司的提单条款中都列有关于承运人对货物运输承担责任的起止时间条款。

中远提单第四条规定："承运人的责任期间应从货物装上船舶之时起到卸离船舶之时为止。承运人对于货物在装船之前和卸离船舶之后发生的灭失或损坏不负赔偿责任。"

《海牙规则》第一条"定义条款"中对于"货物运输"（carriage of goods）的定义规定为"包括自货物装上船舶开始至卸离船舶为止的一段时间"。

上述责任期间的规定，与现行班轮运输"仓库收货、集中装船"和"集中卸货、仓库交付"的货物交接做法不相适应。所以，一些国家的法律，如美国的"哈特法"（Harter Act）则规定：承运人的责任期间为自收货之时起，至交货之时为止。《汉堡规则》则规定：承运人的责任期间，包括在装货港，在运输途中以及在卸货港，货物在承运人掌管下的全部期间。我国《海商法》规定的承运人责任期间，集装箱货物同《汉堡规则》，而件杂货则同《海牙规则》。

6. 装货、卸货和交货条款

本条款是指对托运人在装货港提供货物，以及收货人在卸货港提取货物的义务所作的规定。该条款一般规定货方应以船舶所能装卸的最快速度昼夜无间断地提供或提取货物；否则，货方对违反这一规定所引起的一切费用，如装卸工人待时费、船舶的港口使费及滞期费的损失承担赔偿责任。应当予以注意，这一条很难实施。因为，没有租船合同及装卸期限，要收取滞期费用比较困难。承运人签发了提单，如果航程很短，货物比单证先到，收货人无法凭单提货，货物卸载存岸仍将由承运人掌管，难以推卸继续履行合同之责。如果收货人不及时提取货物，承运人可以将货物卸入码头或存入仓库，货物卸离船舶之后的一切风险和费用，由收货人承担。

而承运人应被视为已经履行其交付货物的义务。承运人负担货物装卸费用，但货物在装船之前和卸船之后的费用由托运人、收货人负担。但是费用的承担往往与承运人的责任期间的规定有关。如果双方当事人另有约定时，则以约定为准。提单中通常不另订条款规定，当按照港口习惯或受港口条件限制，船舶到达港口时，不能或不准进港靠泊装卸货物，其责任又不在承运人，在港内或港外货物过驳费用由托运人或收货人承担。

7. 运费和其他费用条款

该条款通常规定，托运人或收货人应按提单正面记载的金额、货币名称、计算方法、支付方式和时间支付运费，以及货物装船后至交货期间发生的，并应由货方承担的其他费用，以及运费收取后不再退还等规定。中远提单第六条和中外运提单第八条规定：运费和费用应在装船前预付。到付运费则在货物抵达目的港时，交货前必须付清。无论是预付还是到付，船舶或货物其中之一遭受损坏或灭失都应毫不例外地全部付给承运人，不予退回和不得扣减。一切同货物有关的税捐或任何费用均应由货方支付。

另外，该条款还规定：装运的货物如系易腐货物、低值货物、活动物（活牲畜）、甲板货，以及卸货港承运人无代理人的货物，运费及有关费用应预付。

该条款通常还规定，货方负有支付运费的绝对义务。即使船舶或货物在航行过程中灭失或损害，货方仍应向承运人支付全额运费。如货物灭失或损害的责任在于承运人，则货方可将其作为损害的一部分，向承运人索赔。

8. 自由转船条款（transhipment clause）

转运、换船、联运和转船条款（forwarding，substitute of vessel，through cargo and transhipment）或简称自由转船条款。该条款规定，如有需要，承运人为了完成货物运输可以任意采取一切合理措施，任意改变航线，改变港口或将货物交由承运人自有的或属于他人的船舶，或经铁路或以其他运输工具直接或间接地运往目的港，或运到目的港以远、转船、收运、卸岸、在岸上或水面上储存以及重新装船运送，以上费用均由承运人负担，但风险则由货方承担。承运人责任限于其本身经营的船舶所完成的那部分运输，不得视为违反运输合同。

如中远提单第十三条，中外运提单第十四条都做了上述规定。这是保护承运人权益的自由转运条款。在船舶发生故障无法载运，或者目的港港口拥挤一时无法卸载，或者目的港发生罢工等，由承运人使用他船或者通过其他运输方式转运到目的港，或者改港卸货再转运往目的港，费用由承运人负担，但风险由货方负担则欠合理。我国《海商法》第九十一条规定：因不可抗力或者不能归责于承运人的原因，船舶不能在约定的目的港卸货时，船长有权将货物卸在邻近的安全港口，视为已经履行合同；否则，承运人有责任将货物运到目的港，将部分运输转交实际承运人的，承运人也应当对此负责。

9. 选港（option）条款

选港条款亦称选港交货（optional delivery）条款。该条款通常规定，只有当承运人与托运人在货物装船前有约定，并在提单上注明时，收货人方可选择卸货港。收货人应在船舶驶抵提单中注明的可选择的港口中第一个港口若干小时之前，将其所选的港口书面通知承运人在上述第一个港口的代理人。否则，承运人有权将货物卸于该港或其他供选择的任一港口，运输合同视为已经履行。也有的提单规定，如收货人未按上述要求选定卸货港，承运人有权将货物运过提单注明的港口选择范围，至船舶最后的目的港，而由托运人、收货人承担风险和费用。当船舶承运选港货物时，一般要求收货人在所选定的卸货港卸下全部货物。

10. 赔偿责任限额条款

承运人的赔偿责任限额是指已明确承运人对货物的灭失和损失负有赔偿责任应支付赔偿金额，承运人对每件或每单位货物支付的最高赔偿金额。

提单应按适用的国内法或国际公约规定承运人对货物的灭失或损坏的赔偿责任限额。但承运人接受货物前托运人书面申报的货物价格高于限额并已填入提单又按规定收取运费时，应按申报价值计算。如果首要条款中规定适用某国际公约或国内法，则按该公约或国内法办理。如中远提单第十二条规定：当承运人对货物的灭失或损坏负赔偿责任时，赔偿金额参照货方的净货价加运费及已付的保险费计算；同时还规定，尽管有本提单第三条规定承运人对货物灭失或损坏的赔偿责任应限制在每件或每计费单位不超过 700 元人民币，但承运人接受货物前托运人以书面申报的货价高于此限额，而又已填入本提单并按规定支付了额外运费者除外。

11. 危险货物条款

此条款规定托运人对危险品的性质必须正确申报并标明危险品标志和标签，托运人如事先未将危险货物性质以书面形式告知承运人，并未在货物包装外表按有关法规予以标明，则不得装运；否则，一经发现，承运人为船货安全有权将其变为无害、抛弃或卸船，或以其他方式予以处置。托运人、收货人应对未按上述要求装运的危险品，使承运人遭受的任何灭失或损害负责，对托运人按要求装运的危险品，当其危及船舶或货物安全时，承运人仍有权将其变为无害、抛弃或卸船，或以其他方式予以处置。

如提单上订明适用《海牙规则》或《海牙——维斯比规则》或相应的国内法，便无须订立此条款。

12. 舱面货条款（deck cargo）

由于《海牙规则》对舱面货和活动物（Live Animal）不视为海上运输的货物，因而提单上一般订明，关于这些货物的收受、装载、运输、保管和卸载均由货方承担风险，承运人对货物灭失或损坏不负赔偿责任。

四、提单的使用

（一）提单的签发

1. 提单的签发人与签署

提单必须经签署才产生效力。有权签发提单的人包括承运人本人、载货船船长或经承运人授权的代理人。承运人与托运人订立海上货物运输合同，他是合同的当事人，当然有权签发提单。各国法律都承认载货船船长是承运人的代理人，因此，签发提单属于船长的一般职权范围之内的事，而不必经过承运人的特别授权。代理人签发提单必须经承运人特别授权，否则代理人是无权代签提单的。

承运人（ABC）本人签发提单显示：ABC AS CARRIER。

代理人（XYZ）代签提单显示：XYZ AS AGENT FOR ABC AS CARRIER。

载货船船长（OPQ）签发提单显示：CAPTAIN OPQ AS MASTER。

提单签署的方法除了有传统的手签方法外，只要没有特殊的规定，如信用证不规定必须手签提单，则就可以采用印拿、打孔、盖章、符合或如不违反提单签发地所在国国家的法律，用任何其他机械的或电子的方法。

2. 提单记载内容

提单所记载的内容是否正确无误，不但关系到承运人的经济利益，而且还影响到承运人的信誉。为了使所签发的提单字迹清晰、整洁、内容完整、不错不漏，就要求提单的签发人在签发提单前，必须对提单所记载的，包括提单的各个关系人的名称、货物的名称、包装、标志、数量和外表状况等项内容的必要记载事项进行认真仔细的核对、审查，使不正确的内容能得到及时纠正。

由于货物的原始收据是杂货运输中的收货单或集装箱运输中的场站收据，所以提单的签发应以收货单或场站收据为依据。

3. 提单的份数和签发日期

提单有正本提单和副本提单之分，通常所说的提单都是指正本提单。副本提单只用于日常业务，不具有法律效力。

为了防止提单遗失、被窃或在转递过程中发生意外事故造成灭失，各国海商法和航运习惯都允许为一票货物签发一套多份正本提单。签发正本提单的份数应分别记载于所签发的各份正本提单上。在提单上注明为一票货物所签发的正本提单份数，可以使提单的合法受让人了解全套正本提单的份数，防止提单流失在外而引起的纠纷，保护提单受让人的利益；也可以使接受提单结汇的银行，或者使在变更卸货港交付货物的承运人及代理人，了解用以办理结汇或者提取货物的提单是否齐全。

另外，正本提单应标注"original"字样。当需要表示全套提单中每一份是其中的第几份时，如全套提单一式三份，有少数国家会用"original"、"duplicate"和"triplicate"来分别表示其为全套提单中的第一联、第二联和第三联。但是，由于duplicate、triplicate等字样在其他场合中使用时并不表示正本的意思，所以，为了表示该份正本提单是全套提单中的第几份时，应该使用"first original"、"second original"和"third original"等字样。特别是用"2nd original"和"3rd original来代替"duplicate"和"triplicate"。标注"copy"字样的是副本提单。

提单上记载的提单签发日期应是提单货物实际装船完毕的日期。集装箱班轮运输中，为了给承运人签发提单提供方便，实践中大多以船舶开航之日（sailing date）作为提单签发日期。但是，应该注意的是，sailing date并不一定是on board date。

（二）提单的更正

1. 提单的更正

货运代理人应注意，提单的更正要尽可能赶在载货船舶开航之前办理，以减少因此而产生的费用和手续。

在实际业务中，提单可能是在托运人办妥托运手续后，货物装船前，在缮制有关货运单证的同时缮制的。在货物装船后，这种事先缮制的提单可能与实际装载情况不符而需要更正或者重新缮制。此外，货物装船后，因托运货物时申报材料有误，或者信用证要求的条件有所变化，或者其他原因，而由托运人提出更正提单内容的要求。在这种情况下，承运人通常都会同意托运人提出的更正提单内容的合理要求，重新缮制提单。

如果货物已经装船，而且已经签署了提单后托运人才提出更正的要求，承运人就要考虑各方面利害关系后，才能决定是否同意更改。如果更改的内容不涉及主要问题时，在不妨碍其他提单利害关系人利益的前提下，承运人就会同意更改。但是，如果更改的内容会涉及其他提单利害关系人的利益，或者影响承运人的交货条件，则承运人会要征得有关方的同意，才能更改并收回原来所签发的提单。

因更改提单内容而引起的损失和费用，都应由提出更改要求的托运人负担。

2. 提单的补发

如果提单签发后遗失，托运人提出补发提单，承运人会根据不同情况进行处理。一般是要求提供担保或者保证金，而且还要依照一定的法定程序将提单声明作废。《中华人民共和国海事诉讼特别程序法》第一百条规定："提单等提货凭证持有人，因提货凭证失控或者灭失，可以向货物所在地海事法院申请公示催告。"

（三）提单的缴还

收货人提货时必须以提单为凭，而承运人交付货物时则必须收回提单并在提单上做作废的批注。这是公认的国际惯例，也是国际公约和各国法律的规定。

有些国家对记名提单无须注销，签发不可流通的提单的承运人因将货物交给记名收货人而解脱责任。收货人不需出示提单，不需缴还提单，甚至不必占有提单，就可以提取货物。写有运输合同的内容的提单本身并无重要意义。但是，在我国即使是记名提单，收货人也应向承运人缴还提单，因为"提单中载明的向记名人交付货物的条款，构成承运人据以交付货物的保证"。但是，签发了可流通的或者指示提单的承运人的地位则完全不同。承运人只有向提单持有人交付货物才能解脱责任。这时提单本身变为不可缺少的单证，货物被"锁"进到提单中。

提单的缴还和注销表明承运人已完成交货义务，运输合同已完成，提单下的债权债务也因而得以解除。但是，提单缴还和注销并不必然表明提单可能代表的物权的终止，因为缴还和注销的提单可能是全套提单中未经授权转让的一份。

提单没有缴还给承运人时，承运人就必须继续承担运输合同和提单下的义务。如果承运人无提单放货，他就必须为此而承担赔偿责任，即使是在实际提货的人原本是有权提货的人时也不例外。

第五节　国际班轮运输航线基础知识

一、国际班轮运输

班轮运输是指船舶在特定的航线和港口按照事先公布的船期表，从事货物运输，并按相对固定的费率收取运费的海运方式。

（一）班轮船期表

班轮船期表（liner schedule）是班轮运输营运组织工作中的一项重要内容。货主应该了解班轮船期表的内容、作用和性质。班轮公司制订并公布班轮船期表有多方面的作用。首先是为了招揽航线途经港口的货载，既满足货主的需要，又体现海运服务的质量；其次是有利于船舶、港口和货物及时衔接，以便船舶有可能在挂靠港口的短暂时间内取得尽可能高的工作效率；最后是有利于提高船公司航线经营的计划质量。

班轮船期表的主要内容包括：航线、船名、航次编号，始发港、中途港、终点港的港名，到达和驶离各港的时间，其他有关的注意事项等。典型的班轮船期表如表 6-3 所示。

表 6-3　班轮船期表

CEN/美国周班线　　联系人：						电话：				
船名 VESSEL	航次 VOY	大连 DAL	新港 XIN	青岛 QIN	神户 KOB	温哥华 VCR	长滩 LGB	大连 DAL	新港 XIN	青岛 QIN
秀河 PRETTY R.	0070E/ 0071E	23-23/ 05	24-25/ 05	26-27/ 05	29-29/ 05	10-11/ 06	14-15/ 06	04-04/ 07	05-06/ 07	07-08/ 07
荣河 HONOR R.	0079E/ 0080E	30-30/ 05	31-01/ 06	03-03/ 06	05-05/ 06	17-18/ 06	21-22/ 06	11-11/ 07	12-13/ 07	14-15/ 07
雅河 DAINTY R.	0067E/ 0068E	06-06/ 06	07-08/ 06	09-10/ 06	12-12/ 06	24-25/ 06	28-29/ 06	18-18/ 07	18-20/ 07	21-22/ 07

各班轮公司根据具体情况，编制公布的船期表是有所差异的。通常，近洋班轮航线因航程短且挂港少，船公司能较好地掌握航区和挂靠港的条件，以及港口装卸效率等实际状况，可以编制出时间准确的船期表。船舶可以严格按船期表规定的时间运行。远洋班轮航线由于航程长、挂港多、航区气象海况复杂，船公司难以掌握航区、挂靠港、船舶在航线上运行可能发生的各种情况，在编制船期表时对船舶运行的时间必然会留有余地。集装箱运输具有速度快、装卸效率高、码头作业基本上不受天气影响等优点，所以，集装箱班轮航线可以编制出较为精确的船期表。

（二）班轮运输运费

班轮运费由两大部分构成，即班轮基本运费（basic rate）和附加运费（surcharge or additional）。班轮运费的计算公式为：

1. 基本运费。基本运费是班轮运费的主要部分，是根据班轮公司的运价表来计算的。运价表的结构包括货物名称、计算标准、等级三个部分，其中等级共分 20 级，1 级为低价货，运费最低；20 级为高档货物，运费最高。根据不同商品，班轮运费计收标准通常分为下列几种。

（1）按货物实际重量计收运费，称为重量吨（weight ton），运价表内用"W"表示。

（2）按货物的体积/容积计收，称为尺码吨（measurement ton），运价表中用"M"表示。

（3）按重量或体积从高计收，即由船舶公司选择其中收费较高的一种作为计费标准，运价表中用"W/M"表示。

（4）按商品价格计收，称为从价运费，运价表内用"A. V. 或 Ad. Val."表示。

（5）按货物的重量或体积或从价计收，即在重量吨、尺码吨和从价运费中选择最高的一种标准计收，在运价表内用"W/M 或 A. V."表示。

（6）按货物的重量或体积，再加上从价运费计算，即先按货物重量吨或尺码吨中较高者计算，然后加收一定比例的从价运费，在班轮运价表中用"W/M plus Ad. Val."表示。

（7）按照货物的个数或件数计收，如卡车按辆、活牲畜按头计收。

（8）由货主和船公司议定，又称议定运价。这种方法通常在承运粮食、矿石、煤炭等农副产品和矿产品时选用。议定运价一般较低，在班轮运价表中用"Open"表示。

2. 附加运费。附加运费是按规定除基本运费外加收的费用，主要有超重附加费、超长附加费、直航附加费、转船附加费、港口附加费、港口拥挤附加费、绕航附加费、燃油附加费、货币贬值附加费等。

（三）班轮运输运费计算

由于班轮运价表的结构不同，运费的计算方法也不同。单项费率运价表只要找到商品列名，也就找到了运价和计算单位，再加上有关的附加费即可求得该批货物的总运费。

等级运价表的计算程序较为复杂，应该先根据商品的英文名称，从商品名栏内查明商品等级的计收标准，然后根据该商品等级的计收标准从航线港口划分栏内查明基本费率，再查明该商品有无附加费，如有，各为哪些附加费，最后根据基本费率和附加费求出该商品的总运费。

具体计算方法如下：

（1）在没有任何附加费的情况下班轮运费的计算公式为：

$$F = f \times Q$$

式中：F 为总运费；f 为基本费率；Q 为货运量。

（2）在有各种附加费，而且附加费按基本费率的百分比收取的情况下，运费的计算公式为：

$$F = f \times Q \ (1 + s_1 + s_2 + s_3 + \cdots + s_n)$$

（3）在各项附加费按绝对数收取时，运费的计算公式为：

$$F = f \times Q + \ (1 + s_1 + s_2 + s_3 \cdots + s_n) \ \times Q$$

二、国际海运港口

港口是具有水陆联运设备和条件，供船舶安全进出和停泊的运输枢纽，是工农业产品和国际进出口物资的集散地，是船舶停泊、装卸货物、上下旅客、补充给养的场所。由于港口是联系内陆腹地和海洋运输的一个天然界面，因此，人们也把港口作为国际物流的一个特殊结点。

（一）海运港口类型

1. 基本港（base port）

是运价表限定班轮公司的船一般要定期挂靠的港口。大多数为位于中心的较大口岸，港口设备条件比较好，货载多而稳定。规定为基本港口就不再限制货量。运往基本港口的货物一般均为直达运输，无须中途转船。但有时也因货量太少，船方决定中途转运，由船方自行安排，承担转船费用。按基本港口运费率向货方收取运费，不得加收转船附加费或直航附加费。并应签发直达提单。

2. 非基本港（non-base port）

凡基本港口以外的港口都称为非基本港口。非基本港口一般除按基本港口收费外，还需另外加收转船附加费。达到一定货量时则改为加收直航附加费。例如新几内亚航线的侯尼阿腊港（HONIARA），便是所罗门群岛的基本港口；而基埃塔港（KIETA），则是非基本港口。运往基埃塔港口的货物运费率要在侯尼阿腊运费率的基础上增加转船附加费 43.00 美元（USD）/FT。

3. 枢纽港

在局部地区起主要作用的港口。

4. 始发港

对于某个船只来说的首次出发的港口。

5. 中转港

对于某个船只来说的途径的港口。

6. 目的港

对于某个船只来说的最终到达的港口。

（二）海运港口组成

1. 水域

水域通常包括进港航道、锚泊地和港池。

进港航道要保证船舶安全方便地进出港口，必须有足够的深度和宽度、适当的位置、方向和弯道曲率半径，避免强烈的横风、横流和严重淤积，尽量降低航道的开辟和维护费用。当港口位于深水岸段，低潮或低水位时天然水深已足够船舶航行需要时，无须人工开挖航道，但要标志出船舶出入港口的最安全方便路线。如果不能满足上述条件并要求船舶随时都能进出港口，则须开挖人工航道。人工航道分单向航道和双向航道。大型船舶的航道宽度为 80～300 米，小型船舶的为 50～60 米。

锚泊地指有天然掩护或人工掩护条件能抵御强风浪的水域，船舶可在此锚泊、等待靠泊码头或离开港口。如果港口缺乏深水码头泊位，也可在此进行船转船的水上装卸作业。内河驳船船队还可在此进行编、解队和换拖（轮）作业。

港池指直接和港口陆域毗连，供船舶靠离码头、临时停泊和调头的水域。港池按构造形式分，有开敞式港池、封闭式港池和挖入式港池。港池尺度应根据船舶尺度、船舶靠离码头方式、水流和风向的影响及调头水域布置等确定。开敞式港池内不设闸门或船闸，水面随水位变化而升降。封闭式港池池内设有闸门或船闸，用以控制水位，适用于潮差较大的地区。挖入式港池在岸地上开挖而成，多用于岸线长度不足，地形条件适宜的地方。

2. 陆域

指港口供货物装卸、堆存、转运和旅客集散之用的陆地面积。陆域上有进港陆上通道（铁路、道路、运输管道等）、码头前方装卸作业区和港口后方区。前方装卸作业区供分配货物，布置码头前沿铁路、道路、装卸机械设备和快速周转货物的仓库或堆场（前方库场）及候船大厅等之用。港口后方区供布置港内铁路、道路、较长时间堆存货物的仓库或堆场（后方库场）、港口附属设施（车库、停车场、机具修理车间、工具房、变电站、消防站等）以及行政、服务房屋等。为减少港口陆域面积，港内可不设后方库场。

（三）海运港口技术特征

1. 港口水深

港口的重要标志之一。表明港口条件和可供船舶使用的基本界限。增大水深可接纳吃水更大的船舶，但将增加挖泥量，增加港口水工建筑物的造价和维护费用。在保证船舶行驶和停泊安全的前提下，港口各处水深可根据使用要求分别确定，不必完全一致。对有潮港，当进港航道挖泥量过大时，可考虑船舶乘潮进出港。现代港口供大型干货海轮停靠的码头水深 10～15 米，大型油轮码头 10～20 米。

2. 码头泊位数

根据货种分别确定。除供装卸货物和上下旅客所需泊位外，在港内还要有辅助船舶和修船码头泊位。

3. 码头线长度

根据可能同时停靠码头的船长和船舶间的安全间距确定。

4. 港口陆域高程

根据设计高水位加超高值确定，要求在高水位时不淹没港区。为降低工程造价，确定港区陆域高程时，应尽量考虑港区挖、填方量的平衡。港区扩建或改建时，码头前沿高程应和原港区后方陆域高程相适应，以利于道路和铁路车辆运行。同一作业区的各个码头通常采用同一高程。

（四）世界主要海运港口

1. 中国香港（Hong Kong）

中国香港是全球最繁忙和效率最高的国际货柜港，也是全球供应链上的主要枢纽港。港口是中国香港特区的经济命脉之一，处理的货运量 80％经由港口处理。2003 年，中国香港特区处理的货柜达 2 040 万个标准箱（TEU），再次刷新货柜吞吐量纪录，再度成为全球最繁忙的港口。其中，葵涌货柜码头的吞吐量达 1 210 万个标准货柜箱，占全港口吞吐量的 59％。余下 41％的货柜则是在中流作业区、内河货运码头、公众货物起卸区、浮标和旋泊处及其他私人货仓码头处理。2004 年中国香港货柜吞吐量为 2 190 万标准箱，2005 年的港口货物装卸量为 2 243 万标准箱，成为世界第二大集装箱港口。

预计 2010 年中国香港货柜吞吐量达 2 970 万标准箱，到 2020 年，中国香港港口吞吐量将平均每年增长 4％，2020 年为 4 050 万标准箱。

2. 上海港（ShangHai）

上海港，地处中国内地东海岸的中部，是"黄金水道"长江与沿海运输通道构成的"T"字形水运网络的枢纽港，前通中国南、北沿海和世界各大洋，后贯长江流域及江、浙、皖内河、太湖流域，公路、铁路网纵横交错，可通达全国各地和世界各国港口。上海港过去长期位列新加坡港、鹿特丹港等世界名港之后，2004 年全球港口排名第三。

2005 年上海港的货物吞吐量达 4.43 亿吨，首次超过新加坡港，成为世界第一大港。2005 年上海港完成的集装箱吞吐量达到 1 809 万标准箱，比上年增长 242％，继续稳居世界第三位。外贸吞吐量完成 1.86 亿吨，比上年增长 17.2％。

3. 新加坡港（Singapore）

新加坡港地处新加坡岛南端。该岛东西长 42 公里，南北宽 22.5 公里，既是新加坡的首都，也是天然良港。优越的地理位置是新加坡港迅速发展的重要条件。随着世界航运业的繁荣和马六甲海峡航运的繁忙，新加坡的作用和地位越来越重要。新加坡港内有 34 公里的码头群，能同时容纳 30 多艘巨轮停靠。从新加坡港起航，有 250 多条航线通往世界各主要港口。2005 年，新加坡港的货物吞吐量为 4.2 亿吨，成为世界第二大港，以货物吞吐量计，2005 年新加坡港集装箱货物装卸量为 2 319 万标准箱，较 2004 年的 2 133 万标准箱增长 8.7%，成为世界上最繁忙的集装箱港口。这是自 1999 年后，其再次超越香港位居世界第一。新加坡港的管理非常现代化，采用的是最新的电子技术和机械。新加坡港还拥有 40 万吨级的巨型旱船坞和两个 30 万吨级的旱船坞，可以修理世界上最大的超级油轮，能够同时修理总吨位达 210 万吨级的船只是亚洲最大的修船基地。

4. 鹿特丹港（Rotterdam）

鹿特丹港位于莱茵河与马斯河河口，西依北海，东溯莱茵河、多瑙河，可通至里海，有"欧洲门户"之称。港区面积约 100 平方公里，码头总长 40 公里，吃水最深处达 22 米，可停泊 54.5 万吨级的特大油轮。第二次世界大战后，随着欧洲经济复兴和共同市场的建立，鹿特丹港凭借优越的地理位置得到迅速发展，1961 年吞吐量首次超过纽约港（1.8 亿吨），成为世界第一大港。此后到 2003 年一直保持世界第一大港地位，2000 年，吞吐量达 3.2 亿吨，创最高纪录。鹿特丹港现在是欧洲第一大港，世界第三大港，位列上海港和新加坡港之后。鹿特丹港有世界最先进的 ECT 集装箱码头（即无人操作装卸码头，俗称"鬼码头"），年运输量达 640 万标准箱，居世界第四位。它还是 500 多条航线的船籍港或停靠港，通往全球 1 000 余个港口，平均每天进出港货物达 100 多万吨。鹿特丹港目前每年约有 3.5 万艘海轮往返，13 万艘内河船往来于鹿特丹港和其他欧陆港口之间。

鹿特丹港新建成的三大港区，第一是博特莱克港，包括港区及工业区在内占地面积为 125 平方公里。港区内建有各种专用码头和集装箱船、滚装船、载驳船作业区。第二是欧罗港区，占地面积为 36 平方公里。通过疏浚航道后，低潮时最大水深可达 22 米，可停靠加万吨级的油轮和 8 万吨级的散货船。第三是斯弗拉克特港区，占地 33 平方公里。它是利用沿岸浅滩，经过疏浚而建成的。港区在新水道入海口以南，伸入海域达 5 公里，低潮时，港内水深也能维持在 19~23 米。上述三大港区构成了鹿特丹港的主体。

鹿特丹港区服务最大的特点是储、运、销一条龙。通过一些保税仓库和货物分拨中心进行储运和再加工，提高货物的附加值，然后通过公路、铁路、河道、空运、海运等多种运输路线将货物送到荷兰和欧洲的目的地。

5. 纽约港（New York）

美国的纽约港也叫新泽西港，是世界上最大的天然深水港之一，位于纽约州东南的赫德森河口，濒临大西洋。港区面积有 3 800 平方公里，有水深 9~146 米的深水泊位 400 多个，集装箱码头 37 个，是世界上港区面积最大的港口。整个港区有 140 多条货、客运输线通往世界各地，外贸进出口年货运量达 6 000 万吨。

纽约港港口宽深，天然条件好，潮差小，冬季不冻，自然条件非常优越。纽约港初建于 1524 年，最先是意大利人来到赫德森河口，1626 年荷兰人从印第安人手中买下曼哈顿岛辟为贸易站，称之为"新阿姆斯特丹"，这也是当地开发的开始。1664 年，这一地区又为英国人占领，改称纽约。1825 年伊利河通航，大大促进了纽约港的建设。

美国的世界级大港还有位于美国南部密西西比河畔的新奥尔良港（New orlean）和位于墨西

哥湾的休斯敦港（Huston）。新奥尔良港是美国仅次于纽约港的全美第二大港，休斯敦港是美国进出口贸易第一大港，是美国对外贸易的一个重要门户，是世界第七大港。

6. 横滨港（Yokohama）

横滨港位于东京湾西北部，港内风平浪静，航道水深 10 米以上，是一个天然良港。横滨港原是一个不出名的渔村，没有什么港口建设，最初只修建了两座码头，仅供停靠小船，稍大的船只能离岸锚泊，货物只能用驳船搬运。随着日本外贸和渔业的迅速发展，来往横滨的船只越来越多。1889 年年初，日本政府投入大量资金，对横滨港的设施进行改建和扩建，使得通过该港进行的外贸额大量增加，并成为日本通向世界的最大国际贸易港。进入 20 世纪以来，横滨港的建设有了更大的发展。通过填海造陆等工程，港区和市区不断扩大。然而，1923 年日本关东大地震使横滨损失惨重，全部港口设施受到严重损坏。地震之后，横滨的重建工程发展很快，其间虽然由于太平洋战争等原因一度被迫停建，但第二次世界大战后恢复得相当迅速。1962 年以后，横滨港开始按照现代化的要求建造码头设施。

横滨港是日本海港中距美国最近的一个，美日海上贸易多以此港为装卸港。近年来，横滨港的吞吐量大量增加，每天可以同时有 70 多艘大型船只进入。集装箱码头的发展也很快。日本政府一向重视横滨港的建设和发展，极力使之成为一个现代化的海港。

7. 安特卫普港（Antwerp）

安特卫普位于比利时北部和斯海尔德河的下游，距北海 89 海里。安特卫普是比利时第二大工业中心，也是北欧北部的贸易中心，安特卫普港是欧洲第二大、世界第四大港口。2004 年，安特卫普港货物吞吐量为 1.52 亿吨（55％进港、45％出港），杂货约占 7 000 万吨，使之成为欧洲最大的运输和物流中心。安特卫普港在 2004 年装卸了 15 371 条船，总吨数达到 2.37 亿吨。

安特卫普港是欧洲主要的管线枢纽，也是最大的化学工业群。它提供 300 多条定期班轮的服务，每年发送 14 000 个海运航班，到达 800 多个目的地，现正把集装箱的吞吐能力提高到每年 700 多万个标准箱，它将把港口现在的集装箱吞吐量几乎翻一倍，达到每年 1 200 万个标准箱，并拥有欧洲最大的有覆盖的仓储面积（1 186 英亩或 480 万平方米）。

由于斯海尔德河和海口航道的改善，安特卫普港可容纳 10 万吨级的船舶泊靠装卸货物，吃水 47 英尺的船可自由进出。码头起重机的起卸能力为 800 吨。整个港区面积为 1.78 万公顷。其中各类型的码头面积共 1350 公顷，码头全长 99 公里，集装箱码头泊位 18 个，储油仓 1 200 万立方米，还有 339 英亩（137.2 万平方米）的冷藏仓库。

8. 马赛港（Marseille）

马赛位于法国南部的地中海岸边，是法国的第二大城市，也是法国最大的工业中心和港口城市。马赛港是法国的最大港口，其吞吐能力居欧洲第二位，世界第五位。马赛港迄今有 2 600 多年的历史。目前的马赛港区共有 7 个港池和 2 个外港，码头总长 19 公里。有 93 个码头泊位是专供远洋轮船使用的，所占码头长度达 13.5 公里，码头水深 6～145 米，还有 4 个等候泊位和 2 个修船泊位。马赛港区的码头主要用于处理杂货以及客货运输和修船业务。与城市经济有关的货运则通过专用转运码头处理，这一港区最多可处理 600 万吨货运量。马赛港还拥有 10 个旱船坞，其中一个可容纳载重量为 54 万吨的货船。马赛港的拉维拉—卡隆特—布克港区是 1952 年专为运输原油、石油产品、液化天然气和各种化学制品而建设的。该港水深达 12.5 米，有 9 个泊位，可容纳 8 万吨级的轮船。这些泊位有管道与法国炼油公司和英国石油公司的储油罐连接并与南欧管道衔接。此外，该港区还有 7 个泊位专门用于散装货物运输，另外还有 2 个修船湿坞。马赛港还有一些专门用途的港区与码头泊位。马赛港不仅为法国，而且也为欧洲的经济发展服务，其航运路网不断扩展。由于马赛港作为石油和天然气转运基地的作用日趋重要，许多管线从港区向外呈扇形伸展。马赛港把法国和欧洲紧密地联系起来了。

9. 伦敦港（London）

伦敦港是英国最大的海港。伦敦始建于公元前 43 年，历史上就是一个海运昌盛的地方，自 19 世纪以来成为世界上重要的国际贸易中心和金融中心。1909 年，英国伦敦市的一些私营码头和公司联合成立了伦敦港务局，统一管理泰晤士河和航道。首先从河床挖出了 5 亿吨泥沙，使这条河成为当时世界上最深的河运水道。此后，伦敦港的发展经历了曲折的历程。今天的伦敦港区主要在市中心以东 40 公里的提尔伯里和沿河下游。这里的港区水域面积达 63 公顷，码头岸线长 8.2 公里，有 4 个主要港池，水深 11~12 米，可以停泊 3 万吨级的货船。港池内有 4 个集装箱泊位，3 个滚装泊位和其他杂货泊位。其中集装箱泊位是欧洲最现代化的集装箱码头。

欧洲的世界级大港还有德国的汉堡港等。

（五）中国主要港口

除中国香港外，中国的主要港口还有：上海港、深圳港、大连港、天津港、秦皇岛港、青岛港、广州港、连云港港、湛江港、宁波港、烟台港、南通港、温州港、福州港、厦门港、北海港、海口港等。其中，包括上海港在内，现在已经有深圳港、大连港、天津港、秦皇岛港、青岛港、广州港、宁波港八大港口位列世界级过亿吨的大港行列。

三、国际海运航线的概念及分类

世界各地的水域，在港湾、潮流、风向、水深及地球球面距离等自然条件的限制下，可供船舶航行的一定路径，称为海运航路。船舶在两个或多个港口之间从事货物运输的线路称为海运航线。海运航线可从不同角度按多种方式进行分类。

（一）按船舶营运方式分

按船舶营运方式可将海运航线分为定期航线和不定期航线。定期航线是指使用固定的船舶，按固定的船期和港口航行，并以相对固定的运价经营客货运输业务的航线。定期航线又称班轮航线，主要装运杂货。不定期航线是临时根据货运的需要而选择的航线。船舶，船期，挂靠港口均不固定，是以经营大宗，低价货物运输业务为主的航线。

（二）按航程的远近分

按航程的远近可分为远洋航线、近洋航线和沿海航线。远洋航线（ocean-going shipping line）指航程距离较远，船舶航行跨越大洋的运输航线，如远东至欧洲和美洲的航线。我国习惯上以亚丁港为界，把去往亚丁港以西，包括红海两岸和欧洲以及南北美洲广大地区的航线划为远洋航线。近洋航线（near-sea shipping line）指本国各港口至邻近国家港口间的海上运输航线的统称，我国习惯上把航线在亚丁港以东地区的亚洲和大洋洲的航线称为近洋航线。沿海航线（coastal shipping line）指本国沿海各港之间的海上运输航线，如上海—广州，青岛—大连等航线。

（三）按航行的海洋范围分

海运航线按航行海洋的范围可分为太平洋航线、大西洋航线、印度洋航线及北冰洋航线四种类别，如图 6-1 所示，下面将进行具体阐述。

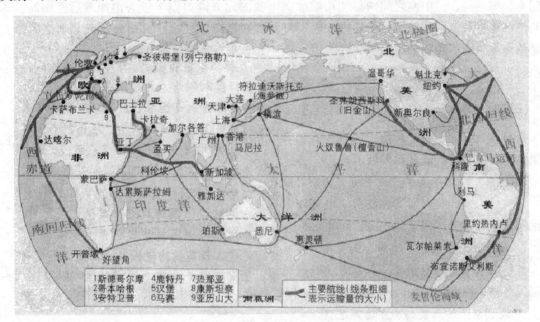

图 6-1　世界海运航线图

四、世界海运航线

（一）太平洋航线

太平洋沿岸有 30 多个国家和地区，经济水平比较发达。太平洋航线主要包括以下几组。

1. 远东——北美西海岸各港航线

该航线包括从中国、韩国、日本和俄罗斯远东海港出发到加拿大、美国、墨西哥等北美西海岸各港，是战后货运量增长最快、货运量最大的航线之一。该航线随季节也有波动，一般夏季偏北、冬季南移，以避北太平洋的海雾和风暴。该航线以日本与美国、加拿大贸易量为最大，其次是韩国。

2. 远东——加勒比海、北美东海岸各港航线

该航线不仅要横渡北太平洋，还越过巴拿马运河，因此一般偏南，横渡大洋的距离也较长，夏威夷群岛的火奴鲁鲁港是它们的航站，船舶在此添加燃料和补给品等，本航线也是太平洋货运量最大的航线之一。

3. 远东——南美西海岸各港航线

该航线主要从我国北方沿海各港出发的船舶多经琉球庵美大岛、硫黄列岛、威克岛、夏威夷群岛之南的莱恩群岛附近穿越赤道进入南太平洋至南美西海岸各港。该航线与上航线相同的

是都要横渡大洋、航线长，要经过太平洋中枢纽站，但不同的是用不着过巴拿马运河。

4. 远东——澳、新航线

由于澳大利亚面积辽阔，远东至新西兰和澳大利亚东海岸与去澳大利亚西海岸的航线有所不同。我国北方沿海各港及日本等国去澳东海岸和新西兰港口，走琉球、加罗林群岛，进入所罗门海、珊瑚海。但中澳之间的集装箱航线则由我国北方港口南下经香港加载后经南海、苏拉威西海、班达海、阿拉弗海，然后进入珊瑚海、塔斯曼海。去澳西海岸航线，多半经菲律宾的民都洛海峡，然后经望加锡海峡、龙目海峡南下。该航线不需要横跨太平洋，而在西太平洋南北航行，离陆近，航线较短。由于北部一些岛国（地区）工业发达而资源贫乏，而南部国家资源丰富，因而初级产品运输特别繁忙。

5. 东亚——东南亚各港航线

指日本、韩国、朝鲜、俄国远东及我国各港西南行至东南亚各国港口。该航线短，但往来频繁，地区间贸易兴旺，且发展迅速。

6. 远东——北印度洋、地中海、西北欧航线

该航线大多经马六甲海峡往西，也有许多初级产品经龙目海峡与北印度洋国家间往来，如石油等。经苏伊士运河至地中海、西北欧的运输以制成品集装箱运输为多。本航线货运繁忙。

7. 东亚——东南非、西非、南美东海岸航线

该航线大多经东南亚过马六甲海峡或过巽他海峡西南行至东南非各港，或再过好望角去西非国家各港，或横越南大西洋至南美东海岸国家各港。该航线也以运输资源型货物为主。

8. 澳、新——北美西、东海岸航线

澳新至北美西海岸各港，一般都经过苏瓦和火奴鲁鲁等这些太平洋航运枢纽。至北美东海岸各港及加勒比海国家各港，需经巴拿马运河。

9. 澳、新——南美西海岸国家各港航线

该航线需横越南太平洋。由于两岸国家和人口均少，故贸易量最少，航船稀疏。

10. 北美东、西海岸——南美西海岸航线

本航线都在南北美洲大陆近洋航行，由于南美西岸国家、人口少，面积小，南北之间船舶往来较少。南北美西海岸至北美东海岸各港要经巴拿马运河。

（二）大西洋航线

1. 西北欧——北美东岸各港航线

该航线连接北美和西北欧这两个经济发达的地区，航运贸易的历史也悠久，船舶往来特别繁忙，客货运量大。

2. 西北欧——地中海、中东、远东、澳新各港航线

西北欧至地中海航线主要是欧洲西北部与欧洲南部国家之间的连线，距离较短。但过苏伊士运河至中东、远东、澳新地区航线就大大增长，然而它们是西北欧与亚太地区、中东海湾间最便捷的航线，货运量也大，是西北欧地区第二大航线。

3. 西北欧——加勒比海岸各港航线

该航线横渡北大西洋，过向风、莫纳海峡，有的还与过巴拿马运河的太平洋航线连接。

4. 欧洲——南美东海岸或非洲西海岸各港航线

该航线多经加纳利群岛或达喀尔港歇脚，是欧洲发达国家与南大西洋两岸发展中国家的贸易航线，欧洲国家输出的大多是工业品，输入的都以初级产品为多。

5. 北美东岸——地中海、中东、亚太地区航线

该航线与西北欧——地中海、中东、远东航线相似，但航线更长，需横渡北大西洋。货物以石油、集装箱货为主。

6. 北美东海岸——加勒比海沿岸各国港口航线

该航线较短，但航船密度频繁，不仅有该两地区各国港口间往来船只，还有过巴拿马运河至远东、南北美西海岸国家港口间往来船只。

7. 北美东海岸——南美东海岸港口航线

该航线是南北美洲之间工业品与农矿产品对流航线。

8. 南北美洲东岸——好望角航线

北美东海岸港口经好望角至中东海湾是巨型油轮的运输线，20万吨级以上油轮需经此，还有西北欧的巨型油轮也经此。南美洲东岸港口过好望角航线不仅有原油，还有铁矿石等初级产品。中国、日本、韩国等运输巴西的铁矿石经过此航线。

（三）印度洋航线

印度洋航线以石油运输线为主。此外，由于印度洋的特殊地理位置，其航线可以将大西洋与太平洋连接起来，因此经过的航线众多，有不少是大宗货物的过境运输。

1. 中东海湾——远东各国港口航线

该航线东行都以石油为主，特别是往日本、韩国的石油运输，西行以工业品、食品为多。

2. 中东海湾——欧洲、北美东海岸港口航线

该航线的超级油轮都经莫桑比克海峡、好望角绕行。由于苏伊士运河的不断开拓，通过运河的油轮日益增多，目前25万吨级满载轮已能安全通过。

3. 远东——苏伊士运河航线

该航线多半仅为通过，连接远东与欧洲、地中海两大贸易区各港，航船密度大，尤以集装箱船运输繁忙。

4. 澳大利亚——苏伊士运河、中东海湾航线

该航线把澳大利亚、新西兰与西欧原有"宗主国"间传统贸易连接在一起，也把海湾的石油与澳新的农牧产品进行交换。

5. 南非——远东航线

该航线巴西、南非的矿产输往日本、韩国、还有中国，也把工业品回流。

6. 南非——澳新航线

该南印度洋横渡航线在印度洋中航船最少。

（四）北冰洋航线

由于北冰洋系欧、亚、北美三洲的顶点，为联系三大洲的捷径。鉴于地理位置的特殊性，目前，北冰洋已开辟有从摩尔曼斯克经巴伦支海、喀拉海、拉普捷夫海、东西伯利亚海、楚科

奇海，白令海峡至俄国远东港口的季节性航海线；以及从摩尔曼斯克直达斯瓦尔巴群岛、冰岛的雷克雅未克和英国的伦敦等航线。随着航海技术的进一步发展和北冰洋地区经济的开发，北冰洋航线也将会有更大的发展。

（五）集装箱航线

目前，世界上规模最大的三条集装箱航线是远东——北美航线，远东——欧洲、地中海航线和北美——欧洲、地中海航线。这三条航线将当今全世界人口最稠密、经济最发达的三个板块——北美、欧洲和远东联系起来。这三大航线的集装箱运量占了世界集装箱水路运量的大半壁江山。

1. 远东——北美航线

远东——北美航线实际上又可分为两条航线，即远东——北美西岸航线和远东——北美东海岸、海湾航线。

远东——北美西海岸航线这条航线主要由远东——加利福尼亚航线和远东——西雅图、温哥华航线组成。它涉及的港口主要包括远东的高雄、釜山、上海、香港、东京、神户、横滨等和北美西海岸的长滩、洛杉矶、西雅图、塔科马、奥克兰和温哥华等。涉及的国家和地区包括亚洲的中国、韩国、日本和中国的香港、台湾地区以及北美的美国和加拿大西部地区。这两个区域经济总量巨大，人口特别稠密，相互贸易量很大。近年来，随着中国经济总量的稳定增长，在这条航线上的集装箱运量越来越大。目前，仅上海港在这条航线上往来于美国西海岸的班轮航线就多达四十几条。

远东——北美东海岸航线这条航线主要由远东——纽约航线等组成，涉及北美东海岸地区的纽约——新泽西港、查尔斯顿港和新奥尔良港等。这条航线将海湾地区也串了起来。在这条航线上，有的船公司开展的是"钟摆式"航运，即不断往返于远东与北美东海岸之间；有的则是经营环球航线，即从东亚开始出发，东行线为：太平洋→巴拿马运河→大西洋→地中海→苏伊士运河→印度洋→太平洋；西行线则反向而行，航次时间为80天。

2. 远东——欧洲、地中海航线

远东——欧洲、地中海航线也被称为欧洲航线，它又可分为远东——欧洲航线和远东——地中海航线两条。

远东——欧洲航线这条航线是世界上最古老的海运定期航线。这条航线在欧洲地区涉及的主要港口有荷兰的鹿特丹港，德国的汉堡港、不来梅港，比利时的安特卫普港，英国的费利克斯托港等。这条航线大量采用了大型高速集装箱船，组成了大型国际航运集团开展运输。这条航线将中国、日本、韩国和东南亚的许多国家与欧洲联系起来，贸易量与货运量十分庞大。与这条航线配合的，还有西伯利亚大陆桥、新欧亚大陆等欧亚之间的大陆桥集装箱多式联运。

远东——地中海航线这条航线由远东，经过地中海，到达欧洲。与这条航线相关的欧洲港口主要有西班牙南部的阿尔赫西拉斯港、意大利的焦亚陶罗港和地中海中央马耳他南端的马尔萨什洛克港。

3. 北美——欧洲、地中海航线

处于北美、欧洲、远东三大地域与经济板块另一极的，是北美——欧洲、地中海航线。北美——欧洲、地中海航线实际由三条航线组成，分别为北美东海岸、海湾——欧洲航线，北美东海岸、海湾——地中海航线和北美西海岸——欧洲、地中海航线。这一航线将世界上最发达与富庶的两个区域联系起来，船公司之间在集装箱水路运输方面的竞争最为激烈。

本 章 小 结

本章主要学习了国际海上运输概述，揽货与订舱、常用海运运输条款、提单、国际班轮运输航线基础知识等相关知识。

国际海上运输概述包含国际海运的特点和作用，国际海运业务类型，国际海运船舶等相关知识。

揽货与订舱是国际海上运输的关键环节。揽货是指船公司从货主方面争取货源的业务行为。订舱与船公司揽货相对应，指托运人向承运人发出委托出运货物的邀约，承运人对这种邀约给予承诺。班轮订舱的流程主要包括询价、订舱、接收订舱、签发订舱单等步骤。

海洋运输条款是国际合同的一个重要组成部分，主要指装运条件和相互责任，是任何涉及国际运输的人员都必须熟悉的。海洋运输条款主要包括装运时间、装卸港、分批装运和转运，备货通知、派船通知、装船通知，装卸时间、装卸率和滞期、速遣条款等内容。重点叙述了散杂货海洋运输常见条款和集装箱运输常用条款。

提单是用以证明海上货物运输合同和货物已经由承运人接收或者装船，以及承运人保证据以交付货物的单证，是货物已由承运人接管或装船的收据，承运人保证凭以交付货物的物权凭证，海上货物运输合同成立的证明文件。提单可以从多个角度划分为许多种类。提单正面都记载了有关货物和货物运输的事项。是有关提单的国内立法或国际公约规定的，作为运输合同必须记载的事项。提单背面的条款，作为承托双方权利、义务的依据，包括强制性条款和任意性条款两类。提单使用过程中应注意提单签发、更正、缴还等关键环节的操作要点。

国际班轮运输航线基础知识对班轮运输相关概念、国际海运港口、国际海运航线的概念及分类、世界海运航线等内容做了详细介绍。

关键词或概念

国际海上运输（international sea transportation）

揽货与订舱（cargo collection and booking space）

海洋运输条款（Ocean Marine Clause）

海运提单（bill of lading）

国际班轮运输航线（the international liner shipping route）

简答题

1. 简述国际海运的特点和作用。
2. 简述海运港口的技术特征。
3. 试分析比较常用的散杂货海洋运输条款。
4. 简述海运提单的作用。
5. 简述世界主要的海洋运输航线。

【案例分析】

天津俪××与马××(中国)航运有限公司天津分公司的国际海运经济纠纷

原告：天津俪××制衣有限公司

法定代表人：韩××董事长

委托代理人：谢××，嘉××律师事务所律师

被告：马××（中国）航运有限公司天津分公司

负责人：祈××

委托代理人：孔××，北京市众××律师事务所律师

【案情】

1997年8月原告委托被告出运一个4Dft集装箱服装，货物价值71 748美元。起运港天津新港，目的港匈牙利布达佩斯，被告在提单承运人栏盖章，盖章处有 Dampskibsselskabelaf 1912 Aktieselskab and Aktieselskabet Danpskibsselskabet Svendborg（以下简称丹麦××公司）字样。货物运抵目的港后，由于原告与收货人发生纠纷，货物无人提取，原告称以电话形式通知被告妥善保管货物，被告否认。但被告给原告开出的发票写明：仓储等滞箱费2 330美元。被告收到该笔款项后，给原告发的传真进一步确认该笔款项是"仓储费及其他费用统称滞箱费"。因此，应认为原告与被告之间存在着保管合同关系。

被告将原告的货物存放于马××匈牙利有限责任公司MAV集装箱堆场后，没有告知原告货物储存于何处。1998年2月9日，原告接到被告电话，称原告的货物（40ft集装箱）于1997年10月31日被不明身份的人盗走。此后，原告多次与被告交涉，被告提出从商业角度出发提供5万美元以补偿原告的损失。由于协商不成，原告向法院提起诉讼。

原告诉称：被告签发了已装船清洁提单。承运人有义务在目的港完好地交付货物。由于目的港无人提货，原告委托被告保管货物，并交付了仓储费用。由于被告保管不当造成货物丢失，被告应承担赔偿责任。

被告辩称：被告不是承运人。被告只是代丹麦××公司签发提单。丹麦××公司才是承运

人，且提单背面明确写明承运人是丹麦××公司。被告只是签单代理人，对货物丢失不负赔偿责任。

【审理情况】 在审理过程中合议庭组织原、被告对双方提供的证据逐项分析、认定，在查清事实，分清责任的基础上，促成双方达成调解协议：被告向原告支付63 000美元，作为本案最终解决方案。

【评析】

本案的焦点是被告是否应赔偿原告的损失。根据我国交通部国际班轮运输管理规定，在我国经营国际班轮运输必须经交通部批准。涉及本案，经交通部批准在我国从事国际班轮运输的是丹麦马××有限公司，它备案使用的提单是丹麦××公司的提单，被告是丹麦马××有限公司的代理。笔者认为虽然被告注册登记是丹麦马××有限公司的代理，为丹麦马××有限公司揽货、签发提单，但在其与原告的业务往来中，始终是以承运人身份操作，始终未申明自己的代理人身份，也从未披露承运人是丹麦马××有限公司这一事实。虽然提单背面注明承运人是丹麦××公司，但该公司并没有经我国交通部批准在我国从事国际班轮运输。原告货物丢失后，就如何赔偿问题协商的过程中，被告也始终是以自己的名义进行的。因此，原告有权在被告和丹麦马××有限公司之间选择应承担责任的相对人。

本案承运人海上货物运输的责任期间已经结束，货物已被完好运抵目的港，由于无人提货，原告委托被告保管该箱货物，这样原告、被告之间又形成了保管合同。至于被告将该箱货物储存于马××匈牙利有限责任公司，则是另外一个独立的仓储合同。货物丢失后，被告有义务按保管合同赔偿原告的损失，然后再依仓储合同向存货人追偿，而不应将风险转嫁给原告。

第七章 国际航空运输

本章导读

国际航空运输在国际运输中占有的比重日益增加。航空运输是个综合的运输体系，涉及众多的设备设施及法律规章制度；同时国际航空运输的进出口程序较为复杂，所涉及的单证较多；航空运输的运价和运费计算都有严格的标准。本章简述了航空运输的基本知识，进出口的基本程序及所涉及的基本单证类型；同时介绍了航空运价及运费的计算方法。

本章学习目标

本章重点要求学生了解航空运输的基本知识及航空货物运输的单证，掌握航空运输进出口程序，国际航空货物运价细类介绍及运价的计算方法等。

第一节 国际航空运输概述

一、航空运输概述

（一）航空运输体系

1. 航空运输设备体系的组成

航空运输体系包括：飞机、机场、空中交通管理系统和飞行航线四个部分。

这四个部分有机结合，分工协作，共同完成航空运输的各项业务活动。

航空运输体系除了上述四个基本组成部分外，还有商务运行、机务维护、航空供应、油料供应、地面辅助及保障系统等。

2. 运输管理体系

经过一个世纪的发展，民用航空运输业在国际、国内以及企业内部已经形成一整套管理体系，以保证民用航空运输业正常、安全、健康地发展。

（1）国际民用航空运输管理

国际民用航空运输管理机构负责制定国际民用航空运输活动的行为规范，协助国际间民用航空运输业务关系，以保障国际航空运输的航行安全和有序发展。

（2）中国的航空运输管理体系

中国的航空运输管理体系已发展、形成了以航空公司、机场、管理局（航管部门）为主体的基本格局。

中国民航总局是国务院的直属机构，是中国政府管理和协调中国民用航空运输业务的职能部门，对中国民用航空事业实施行业管理。

（二）航空运输的特点、地位与作用

1. 航空运输的特点

（1）速度快；（2）机动性大；（3）舒适、安全；（4）基本建设周期短、投资少。

航空运输的主要缺点是飞机机舱容积和载重量都比较小，运载成本和运价比地面运输高。飞机飞行往往要受气象条件限制，因而影响其正常、准点性。此外，航空运输速度快的优点在短途运输中难以显示。

2. 航空运输的地位与作用

航空运输是随着社会、经济发展和技术进步发展起来的，而它的发展又促进了全球经济、文化的交流与发展，促进了物资流通和经济生产增长，推动了人类社会文明进步。它的发展，带动和促进制造业、运输业、旅游业、服务业等许多经济领域的发展。航空运输与其他运输方式分工协作、相辅相成，共同满足社会对运输的各种要求。

（三）航空运输的发展

航空运输开始于第一次世界大战的后期，当时主要是进行航空邮件的传递。

到1919年，世界航空运输客运量为3 500人。

1933年，被称为世界第一架"现代"运输机——全金属的单翼波音247型飞机诞生。

1936年，具有可收缩起落架的DC-3型飞机投产。

1939年，制造出了涡轮喷气发动机。

1942年，推出了第一代喷气飞机——贝尔XP59A。

从1945年开始，航空运输机主要机型（如波音）的发展呈现系列化的趋势。

1987年，世界航空运输客运量突破10亿人，1996年达到15亿人。

电子和信息技术的发展，使航空运输飞行安全保障能力不断提高航空运输的国际化使航空运输业的运行和管理模式日趋成熟、完善。在ICAO成立后的50多年里，随着科学技术的不断进步和标准规范的逐步完善，全世界的航空运输事业得到了迅猛的发展。

航空运输是一种科技含量高而密集的运输方式。高水平航空科技成果和大型、高速运输飞机的发展；先进通信、导航设备和技术的应用、新一代空中交通管理技术的实施；机场及其设施的现代化、自动化以及运输管理系统的信息化等都是航空运输发展新水平的体现，也是21世纪航空运输进一步发展的方向和目标。

二、航空运输设备与设施

(一) 飞机

1. 飞机类型及其组成

(1) 飞机的分类

①飞机不仅广泛应用于民用运输和科学研究，还是现代军事里的重要武器，所以又分为民用飞机和军用飞机。

民用飞机除客机和运输机以外还有农业机、森林防护机、航测机、医疗救护机、游览机、公务机、体育机，试验研究机、气象机、特技表演机、执法机等。

军用飞机按照用途可分为战斗机、轰炸机、攻击机、拦截机。

②飞机还可按组成部件的结构、外形、数目和相对位置进行分类。

按机翼的数目，可分为单翼机、双翼机和多翼机。按机翼相对于机身的位置，可分为下单翼、中单翼和上单翼飞机。

按机翼平面形状，可分为平直翼飞机、后掠翼飞机、前掠翼飞机和三角翼飞机。

按水平尾翼的位置和有无水平尾翼，可分为正常布局飞机（水平尾翼在机翼之后）、鸭式飞机（前机身装有小翼面）和无尾飞机（没有水平尾翼）；正常布局飞机有单垂尾、双垂尾、多垂尾和 V 型尾翼等型式。

按推进装置的类型，可分为螺旋桨飞机和喷气式飞机。

按发动机的类型，可分为活塞式飞机、涡轮螺旋桨式飞机和喷气式飞机。

按发动机的数目，可分为单发飞机、双发飞机和多发飞机。

按起落装置的型式，可分为陆上飞机、水上飞机和水陆两用飞机。

③还可按飞机的飞行性能进行分类

按飞机的飞行速度，可分为亚音速飞机、超音速飞机和高超音速飞机。

按飞机的航程，可分为近程飞机、中程飞机和远程飞机。

(2) 飞机的基本组成

飞机有四个基本组成部分：机体、推进装置、飞机系统和机载设备。

2. 民用飞机的主要性能

不同用途的飞机，对飞行性能的要求有所不同。对现代民用飞机，主要有以下性能指标：

①速度性能；

②爬升性能；

③续航性能；

④起降性能。

(二) 机场

1. 机场的分类与组成

民航运输网络由机场、航路和机队构成。机场是民航运输网络中的节点，是航空运输的起点、终点和经停点。机场可实现运输方式的转换，是空中运输和地面运输的转接点，因此可以把机场称为航空站。

（1）机场的分类

按航线性质分，可分为国际航线机场（国际机场）和国内航线机场。

按机场在民航运输网络中所起作用划分，可分为枢纽机场、干线机场和支线机场。

按机场所在城市的性质、地位划分，可分为Ⅰ类机场、Ⅱ类机场、Ⅲ类机场和Ⅳ类机场。

按旅客乘机目的分，可分为始发/终程机场、经停（过境）机场和中转（转机）机场。

按服务对象机场可分为军用机场、民用机场和军民合用机场。

（2）机场的构成

机场是供飞机起飞、着陆、停驻、维护、补充营养及组织飞行保障活动所用的场所。

机场主要由飞行区、航站区及进出机场的地面交通系统构成。

机场的其他设施还包括：供油设施、应急救援设施、动力与电信系统、环保设施、旅客服务设施、保安设施、货运区及航空公司区等。

2. 机场场道

机场场道包括飞行区和停机坪。

3. 机场设备与设施

航站楼、目视助航设施、地面活动引导和管制系统、地面特种车辆和场务设备等。

（三）通信与导航设备

1. 通信设备

民航客机用于和地面电台或其他飞机进行联系的通信设备包括：高频通信系统，甚高频通信系统，选择呼叫系统。

2. 导航设备

民航客机的导航主要依赖于无线电导航系统，其设备有：甚高频全向无线电信标/测距仪系统、无方向性无线电信标系统、仪表着陆系统等。

3. 监视设备

目前实施空中交通监视的主要设备是雷达。它是利用无线电波发现目标，并测定其位置的设备。

三、空中交通运行与管制

（一）空中交通管制

空中交通管制工作在民用航空运输中发挥着重要作用。

它的主要目的是：使航空器按计划飞行，使保障工作有条不紊；维护飞行秩序，合理控制空中交通流量，防止航空器之间、航空器与障碍物之间相撞，保证飞行安全；对违反飞行管制的现象，查明情况，进行处理。

1. 管制工作任务与要求

（1）周密计划，充分准备，做好飞行的组织和保障工作。

（2）主动、准确、及时和不间断地进行管制服务。

（3）合理地控制空中交通流量。

（4）熟练掌握业务技能，为飞行提供保障安全的情报、措施和建议。

（5）保证及时提供导航设备，提供遇险飞机的情况。

2. 程序管制

程序管制是依照空中交通管制规则、机场和航路的有关规定，依靠通信手段进行管制的方法。它要求机长报告飞行的位置和状态，管制员依据飞行时间和机长的报告，通过精确的计算，掌握飞机的位置和航迹。程序管制的主要职责是为飞机配备安全间隔。

3. 雷达管制

雷达管制是依照空中交通管制规则，依靠雷达监视的手段进行管制的方法。

它对飞行中的飞机进行雷达跟踪监视，随时掌握飞机的航迹位置和有关的飞行数据，并主动引导飞机运行。

（二）空域管理

空域管理的主要内容为：空域划分与空域规划。

（三）空中交通流量管理

空中交通流量管理是当空中交通流量接近或达到空中交通管制可用能力时，适时地进行调整，保证空中交通量最佳地流入或通过相应的区域，尽可能提高机场、空域可用容量的利用率。

四、航空运输管理

（一）基本概念

航路：经政府有关当局批准的、飞机能够在地面通信导航设施指挥下沿具有一定高度、宽度和方向在空中作航载飞行的空域，就称为航路（air way）。

航线：民航运输企业在获得航空运输业务经营许可证之后，可以在允许的一系列站点（即城市）范围内提供航空客货邮运输服务。由这些站点形成的航空运输路线，称为航线（air route）。航线由飞行的起点、经停点、终点、航路、机型等要素组成。

航段：航段通常分为旅客航段（segment，简称航段）和飞行航段（leg，通常称为航节）。旅客航段指能够构成旅客航程的航段；飞行航段是指航班飞机实际飞行的航段。

航班：按照民航管理当局批准的民航运输飞行班期时刻表、使用指定的航空器、沿规定的航线在指定的起讫经停点停靠的客货邮运输飞行服务，称为航班（flight service）。航班用航班号标识其具体的飞行班次。

（二）航空旅客运输管理

航空旅客运输是航空运输业的主要任务。随着世界经济的发展和航空运力的不断提高，航空旅客运量逐年增长。航空运输规模的不断扩大，服务质量要求越来越高，生产过程也变得越来越复杂。因此，航空运输生产计划安排要求更加周密、组织实施更加严格，以保障航空运输安全正点、优质高效。

1. 航空运输生产体系

航空运输生产可以分为机场保障、机务维修、航行业务管理体系、油料供应体系、运输服务体系五个生产体系。各生产体系分别由民航系统的有关部门负责管理和协调。

2. 航空旅客运输生产过程与管理

航空旅客运输生产的任务是实施航班计划，完成将旅客和行李从始发机场安全地运送到目的地机场。机场保障部门、机务维修部门、航务管理部门、油料供应部门以及运输服务部门应在运输现场指挥部门的统一组织协调下，分工合作，共同完成生产任务。

航空旅客运输生产过程，可以分为五个阶段：

(1) 航班计划；

(2) 市场销售；

(3) 旅客乘机；

(4) 运输飞行；

(5) 旅客离港。

（三）航空货物运输管理

1. 航空货物运输

航空货运是一种快捷的现代运输方式。它除具有速度快、超越地理限制、运价高等特点之外，在运输市场中还具有下列特征：航空货物运输的对象十分广泛、货物运输具有方向性。

根据顾客要求，航空货物运输可以分为以下三类：急快件货物运输、易腐货物运输、常规货物运输。

2. 航空货运的组织与管理

组织航空货运主要有三种方式：直接销售、代理销售、联运。

3. 航空货运生产组织与管理

航空货物运输生产的任务，就是承运人按照货运单上的发运日期和航班要求，组织运力将货物运达目的地。

航空货运生产过程大致分为货物收集、进港、运送、到港和交货等阶段。从生产性质上来看，航空货物运输生产可以分为两部分，一部分是以货物收集为中心的货运市场组织和管理；另一部分是以货物运送为中心的货物进港、货物运送、货物出港和交付过程。

（四）国际航空运输管理

1. 国家主权和领空主权的概念

国家领空主权是"缔约各国承认每一个国家对其领土之上的空气空间具有完全的和排他性的主权"。

航空器的空中活动场所或范围，称为空域或空气空间（air space）。

2. 国际民用航空主要法规

(1)《巴黎公约》(2)《哈瓦那公约》(3)《华沙公约》(4)《芝加哥公约》

(5)《日内瓦公约》(6)《东京公约》(7)《海牙公约》(8)《蒙特利尔公约》

第二节　进出口运输程序

一、国际航空进口货物运输程序

航空货物进口程序，是指空运货物从入境到提取或转运的整个流程所需通过的环节、所需办理的手续以及必备的单证。

所谓"环节、手续和单证"，是指同一过程中的三个方面。航空货物入境后，要通过各个环节才能提出海关监管仓库或场所，而每经过一道环节都要办理一定的手续，而办理手续不能单凭口头阐述，必须出具有关的单证，如商业单据、运输单据及所需的各种批文和证明等。

在入境地海关清关的进口货物，大致要经过以下几个环节：接单接货→货物驳运进仓→单据录入和分类→发到货通知或查询单→制报关单、预录入→检验、报关→送货或转运。

（一）接单接货

航空货物入境时，与货物有关的单据（运单、发票和装箱单等）也随机到达。运输工具及货物处于海关监管之下。航空公司的地面代理公司（即机场货运站）从飞机卸货后，将货物存入其海关监管仓库（一级海关监管仓库）内，同时根据运单上的收货人及地址寄发提货通知。若运单上的收货人或通知方为海关及民航总局共同认可的一级航空货运代理公司，则把运输单据及与之相关的货物交给该一级航空货运代理公司（一级航空货运代理公司的海关监管仓库为二级海关监管仓库）。

一级航空货运代理公司在与机场货运站办理交接手续时，应根据总运单核对实际货物。若存在有单无货或有货无单的现象，应及时告知机场货运站，并要求其在国际货物交接清单上注明，同时在舱单数据中做相应说明。若发现货物短少、破损或有其他异常情况，应向机场货运站索要商务事故记录，作为实际收货人交涉索赔事宜的根据。

（二）货物驳运进仓

一级航空公司代理公司与机场货运站单货交接手续办理完毕后，即根据货量安排运输工具，驳运至该一级货运代理公司自行使用的海关监管仓库内。

（三）单据录入和分类

为便于用户查询和统计货量的需要，一级航空货运代理公司或海关授权的数据录入公司，负责将每票空运运单的货物信息及实际入库的相关信息，通过终端，输入到海关监管系统内。

一般按集中托运货物和单票直单货物。按照不同发货代理、不同实际收货人、收货人所在的特殊监管区域（如出口加工区、保税区等）进行单证分类。

集中托运货物需要对总运单项下的货物进行分拨，对每一份分运单对应的货物分别处理。单票直单货物则无须分拨。

（四）发到货通知单

单据录入后，根据运单或合同上的发货人名称及地址寄发到货通知单。到货通知单一般发给实际收货人，告知其货物已到空港，催促其速办报关、提货手续。到货通知单需要填写的项目有：公司名称、运单号、到货日期、应到件数及重量、实到件数及重量、合同号、货物名称、是否为特种货物、货运代理公司业务联系人及其电话等。

(五) 制报关单并预录入

《中华人民共和国海关进口货物报关单》（格式见本章中的附件一）。制单的依据是运单、发票及证明货物合法进口的有关批准文件。因此，制单一般在收到客户的回复及确认，并获得必备的批文和证明之后方可进行。不需批文和证明的，可直接制单。

报关单上需由申报单位填报的项目有：进口口岸、经营单位、收货单位、合同号、批准机关及文号、运输工具名称及号码、贸易性质（方式）、贸易国别（地区）、原产国别（地区）、进口日期、提单或运单号、运杂费、件数、毛重、海关统计商品编码、货名规格及货号、数量、成交价格、价格条件、货币名称、申报单位、申报日期，等等。

在手工完成制单后，将报关单的各项内容通过终端输入到海关报关系统内，并打制出报关单一式多联（具体份数按不同贸易性质而定）。完成电脑预录入后，在报关单右下角加盖申报单位的"报关专用章"。然后将报关单连同有关的运单、发票、装箱单、合同，并随附批准货物进口的证明和批文，由经海关认可并持有海关签发的报关员证件的报关员，正式向海关申报。

(六) 进行商品的相关检验检疫

根据进口商品的种类和性质，按照进口国家的有关规定，对其进行商品检验、卫生检验、动植物检验等。上述检验前要填制《中华人民共和国出入境检验检疫入境货物报检单》，并到当地的出入境检验检疫局进行报检报验。

报检报验一般发生在报关前，即"先报检报验、后报关"。报检报验时，一般需由经出入境检验检疫局认可，并持有出入境检验检疫局签发的报验员证件的报验员，凭报关单、发票、装箱单（正本或复印件），向当地的出入境检验检疫局进行报检报验。出入境检验检疫局核查无误后，或当即盖章放行，或加盖"待检章"。如是前者，则单证货物可转入报关程序，且在海关放行后，可直接从监管仓库提货；如是后者，则单证货物可先办理报关手续，海关放行后，必须由出入境检验检疫局对货物进行查验无误后，方能提货。

(七) 进口报关

进口报关，就是向海关申报办理货物进口手续的过程。

报关是进口程序中最关键的环节，任何货物都必须在向海关申报并经海关放行后才能提出海关监管仓库或场所。把报关称为一个过程，是因为其本身还包含许多环节，大致可分为初审、审单、征税、验放四个阶段。

1. 初审

从总体上对报关单证做粗略的审查。它一般只审核报关单所填报的内容与原始单证是否相符，申报价格是否严重偏离市场平均水平（海关建有商品价格档案库），商品的归类编号是否准确，报关单的预录入是否有误等。也就是说，初审只对报关单证作形式上的审核，不作实质性的审查。

如果报关单证在形式上符合海关要求，负责初审的关员就在报关单左下角的"初审"一栏内签章，以示初审通过。

2. 审单

审单是报关的中心环节，狭义的报关就是审单。海关的"报关"窗口也是履行审单的职责。审单是从形式上和内容上对报关单证进行全面的、详细的审核。审核内容包括：报关单所填报的货物名称、规格、型号、用途及金额与批准文件所批注的是否一致；确定关税的征收与减免事宜等。

如果报关单证不符合海关法的有关规定，海关则不接受申报。可以通关时，审单的关员则在报关单左下角的"审单"一栏内签章。

3. 征税

不管货物是否应该征税，征税作为报关的一个重要环节是必须经过的。征税关员的职责是根据报关单证所填报的货物名称、用途、规格、型号及构成材料等确定商品的归类编号和税率。如商品的归类或税率难以确定，海关可先查看实物或实物图片及有关资料后再行征税。若申报的价格过低或未注明价格，海关可以估价征税。征税部门除征收关税外，还负责征收增值税、消费税、行邮税及免税货物的监管手续费等。

货主在按照海关出具的税单如数缴纳税款后，征税的关员即在报关单左下角的"征税"一栏内签章，并通过电脑核销税单。

4. 验放

验放是报关程序的最后一个环节。货物放行的前提是海关报关系统终端上显示必须提供的单证已经齐全，税款和有关费用已经结清，报关未超过报关期限，实际货物与报关单证所列完全一致。放行的标志是在运单正本上加盖放行章。

验放关员在放行货物的同时，将报关单据（报关单、运单、发票各一份）及核销完的批文和证明全部留存海关。如果报关超过了海关法规定的报关期限，必须在向海关缴纳滞报金之后才能放行。

如果验放关员对货物有疑义，可以要求开箱，查验货物。此时查货与征税查货，其目的有所不同，征税关员查看实物主要是为了确定税率，验放关员查验实物是为了确定货物的物理性质、化学性质以及货物的数量、规格、内容是否与报关单证所列完全一致，有无伪报、瞒报、走私等问题。

除经海关总署特准免检的货物以外，所有货物都在海关查验范围之内。

进口报关放行后，需有海关电子放行信息后才能提货。收货人持盖有海关放行章的空运进口提货单至监管仓库进行海关电子放行，监管仓库人员登录海关空运监管场所计算机应用系统进行联网查核，如果该货物已接受到海关已电子放行的回执，则在空运进口提货单上加盖电子放行确认章，方能提货。

5. 报关期限与滞报金

报关期限与滞报金的问题虽不属于报关环节，却是进口货物报关不容忽视的一个问题，收货人及其报关代理人都必须对它有充分的了解。

报关期限是指货物运抵口岸后，收货人或其货运代理公司、报关行向海关报关的时间限制。海关法规定的进口货物报关期限为自运输工具申报进境之日起的第14日内。超过这一期限报关的，由海关征收滞报金。

滞报金的计征时间为自运输工具申报进境之日起的第 15 日到货物报关之日。滞报金每天的征收金额为货物到岸价格的 0.5‰。

6. 送货或转运

货物无论送到进境地当地还是转运到进境地以外的地区，收货人或其货运代理公司、报关行都必须首先完成清关或转关手续，然后才能从海关监管仓库或场所提取货物。提取货物的凭证是海关及出入境检验检疫局盖有放行章的正本运单。未经海关放行的货物处于海关的监管之下，不能擅自提出监管仓库或场所。

货主或其货运代理公司、报关行在提取货物时须结清各种费用，如国际段到付运费、报关费、仓储费、劳务费等。货物出库时，提货人应与仓库保管员仔细检查和核对货物外包装上的合同号、运单号、唛头及件数、重量等与运输单据所列是否完全一致。若出现单货不符或货物短少、残缺或外包装异形，航空货运代理公司应将机场货运站出具的商务事故记录交给货主，以便后者办理必要的索赔事宜。

航空货运代理公司可以接受货主的委托送货上门或办理转运。航空货运代理公司在将货物移交货主时，办理货物交接手续，并向其收取货物进口过程中所发生的一切费用。

二、国际航空出口货物运输程序

航空货物出口程序，是指航空货运代理公司从发货人手中接货直到将货物交给机场货运站这一过程所需通过的环节、所需办理的手续以及必备的单证。

出口程序的起点是从发货人手中接货，终点是货交航空公司或代航空公司在机场进行地面操作业务的机场货运站。进口程序的起点是从航空公司或机场货运站接货，终点是货交收货人。这两套程序所构成的流程图正好表明了航空货运代理公司的货运业务范围。由此也可以看出，航空公司只负责从一个机场至另一个机场的空中运输。

空运出口业务大致包括以下几个环节：销售→订舱→接单接货→制单→检验检疫、报关→交接→发运→费用结算→信息传递。

（一）销售

销售是指航空货运代理公司为争取更多的出口货源，而到各进出口公司和有出口经营权的企业进行推销的活动。

销售时一般需向出口单位介绍本公司的代理业务范围、服务项目以及各项收费标准等。航空货运代理公司与出口单位（发货人）就出口货物运输事宜达成协议后，可以向发货人提供国际货物托运书作为委托书。委托书由发货人填写并加盖公章，作为委托和接受委托的依据。对于长期出口或出口货量大的单位，航空货运代理公司一般都与之签订长期的代理协议。

（二）订舱

订舱，就是向航空公司申请运输并预订舱位的行为。

货物订舱需要根据发货人的要求和货物本身的特点进行。一般来说，紧急物资、鲜活易腐物品、危险物品、贵重物品等，应尽量预订直达航班的舱位（运费相对昂贵）；非紧急的货物，可以预订转运航班的舱位（运费相对低廉）。

订舱时，应在订舱单上写明货物的名称、体积、重量、件数、包装种类、目的港及要求出运的时间等。航空公司根据实际情况安排航班和舱位。

目前已有多家航空公司实行网上订舱业务，如汉莎航空等。

航空货运代理公司订舱时，可按照发货人的要求选择最佳航线和最理想的承运人（即航空公司），同时为其争取最合理的运价。

订妥舱位后，航空货运代理公司应及时通知发货人备单、备货。

（三）接单接货

接单，就是航空货运代理公司在订妥舱位后，从发货人手中接过货物以及出口所需的一切单证。其中主要是国际货物托运书和报关单证。

接货，是指航空货运代理公司与货主进行空运出口货物的交接，并将货物储存于海关监管仓库或场所。

接货一般与接单同时进行。对于通过空运或铁路从内地运往出境地的出口货物，航空货运代理公司可按照发货人提供的运单号、航班号及接货地点、接货日期，代其提取货物。如果货物已在起运地办理了出口海关手续，发货人应同时提供起运地海关的关封。

接货时，仓库保管员应根据《送货单》或发票和装箱单清点所收货物，核对货物的数量、品名、合同号或唛头、送货单位名称及委托代理、客户名称等是否与货运单据上所列一致，同时会同客户检查货物当时的装载情况，检查货物外包装是否符合运输要求、有无残损等，并对货物进行称重量，量尺寸等操作。在确认货物无不正常现象时，方可收下该票货物。若发现货物有倒置、倾斜、渗漏、变形、短缺、受潮等不正常现象时，可拒收该货。若送货人坚持要求收货时，仓库保管员应以电子邮件、电话等方式及时通知相关人员，在取得确认或根据事先约定处理的情况下，应如实在收货记录上详细填写收货时间、地点、送货车号、送货单位、货物破损程度等，原始记录须经送货人和相关人员当场签名确认，并对货物拍照留档后方可收货。在装卸货时，应严格按货物包装上的指示标志进行操作。

货物可先入货运代理公司的海关监管仓库，或者直接进入航空公司或为其提供地面服务的机场货运站的海关监管仓库。

（四）制单

制单，就是缮制航空货运单，包括总运单和分运单。

缮制航空货运单是空运出口业务中最重要的环节。运单填写的正确与否，直接关系到货物能否及时、准确地运达目的地。因此必须详细、准确地填写各项内容。

填写航空货运单的主要依据是发货人提供的国际货物托运书。托运书上的各项内容都应体现在航空货运单上，如发货人和收货人的全称、详细地址、电话、传真、联系人、电子信箱；出口货物的名称、件数、重量、体积、包装方式；承运人和代理人的名称；城市名称；始发港和目的港等。

除了托运书的内容之外，运单上还要注明航班号和日期、运单号、运价类别、运费等内容。

航班和日期，填写已订妥的航班和日期。

运单号，一般由11位数字组成，前3位和后8位之间间隔一定的距离，前3位数字为航空公司的代号，如中国国际航空公司的代号是 999，日本航空公司的代号是 131，法国航空公司的代号是 057，德国汉莎航空公司的代号是 020，意大利航空公司的代号是 055。后 8 位数字的前 7 位是顺序号，第 8 位数字为检查号（一般为前 7 位数字除以 7 后的余数。因此第 8 位数应为 0～6 中的任一位，而不可能是 7～9 中的任一位）。由这 11 位数字组成的运单号也就是每票货物的编码。

货物的实际重量，以航空公司或机场货运站与货运代理公司进行交接过磅时所取得的重量为准。重量单位可以用千克（K）或磅（L）来表示。

运价类别，一般用 "M"、"N"、"Q"、"C"、"R"、"S" 等代号来表示。M 代表起码运费；N 代表 45 千克以下普通货物的运价；Q 代表 45 千克以上普通货物运价；C 代表特种商品运价；R 代表折扣运价，即低于 45 千克以下普通货物运价的等级运价；S 代表加价运价，即高于 45 千克以上普通货物运价的等级运价。

运费和代理费，一般填写在运单左下侧的运费栏目内，预付运费填在 "prepaid" 一栏内，到付运费填在 "collect" 一栏内。代理费，即应付代理的费用，填在 "agent charge" 一栏内。运费和代理费的前面都冠以货币种类。

如果是直接发给国外收货人的单票托运货物，缮制航空公司的运单即可；如果是以国外代理为总运单收货人的集中托运货物，必须在缮制航空公司总运单的同时，缮制由航空货运代理公司出具的以实际海外客户为收货人的分运单，以便国外代理对总运单下的各票货物进行分拨。

航空货运单是空运出口业务中最重要的单据，有关它的详细内容和重要作用及各分运单的主要用途，将在出口单据中另作介绍。

（五）出口商品的相关检验检疫

根据出口商品的种类和性质，按照进出口国家的有关规定，对其进行商品检验、卫生检验、动植物检验检疫等。上述检验检疫前要准备齐相关单证，填制《中华人民共和国出入境检验检疫出境货物报检单》，并到当地的出入境检验检疫局进行报检报验。

出口报检报验一般也发生在报关前。

（六）报关

出口报关，是指发货人或代理人在发运货物之前，向出境地海关办理出口清关手续的过程。

出口报关的基本程序是：

(1) 进行海关预录入，即将发货人提供的出口货物报关单的各项内容输入海关预录入终端。

预录员根据空白报关单正本上条形码用扫描枪输入预录入编号，录入出口报关数据，打印出口报关单校对稿。报关数据录入后，要对预录入数据进行审核，混载总单需填写海关专用清单，在确认预录入数据内容无误后，方可向海关发送出口报关数据。预录入数据发送收到回执后，打印出一式四联的出口货物报关单。修改或者撤销出口货物报关单。

海关接受进出口货物申报后，电子数据和纸质的进出口货物报关单不得修改或者撤销；确有正当理由的，经海关审核批准，可以修改或者撤销。进出口货物报关单修改或者撤销后，纸质报关单和电子数据报关单应当一致。

当进出口货物收发货人或者其代理人申请修改或者撤销进出口货物报关单，以及根据海关要求对进出口货物报关单进行修改或者撤销的，应根据《中华人民共和国海关进出口货物报关单修改和撤销管理办法》规定来填制《进出口货物报关单修改/撤销申请表》。

（2）在打印出的出口货物报关单上加盖报关单位的报关专用章和报关员章，并将报关单与发票、装箱单、航空运单及根据贸易性质或货物种类所需的其他证明文件，一起由持有报关员证的报关员递交给海关，办理申报手续。

（3）向海关申报。由报关员持报关单证至海关，根据免税、征税整理单证分别办理电子派号（目前上海海关已实施）。

免税单证：报关员将全套单证及海关专用清单，按电子派号的顺序至海关制定窗口申报，并取回海关已盖有放行章的单证（运单上加盖放行章、核销单上加盖验讫章）。

征税单证：报关员需将全套单证及海关专用清单，按电子派号的顺序至海关指定窗口申报。当海关打印出税单后，即可办理付税手续；报关员凭付讫税单到海关办理税费核销及放行手续。

（4）海关查验。当海关要求查验时，报关员（报验员）应凭海关开具的货物查验单（关封）和需查验的货物至海关接受查验。

（5）海关放行。海关审单无误后，海关关员即在总运单正本上加盖放行章，同时在出口收汇核销单上加盖海关验讫章。

（6）出口转关报关。外关区转关到发运地海关申报出口的货物，报关员应凭关封并附上该票货的总运单，在审核无误后正式向海关申报。

（七）出口核销

（1）EDI空运舱单录入。完成出口报关后，报关员应在EDI空运舱单预录入系统中逐票输入分单的舱单电子数据；总运单数据由航空公司的地面代理在航班起飞后向海关发送；总运单毛重与该总单下所有分单的毛重之和一致（误差不超过3%）则舱单成功。

（2）核销。为加强对进出口货物的实际监管，海关在出境运输工具实际离境后，应及时收取出口舱单电子数据，出口报关单与出口舱单核销后，海关方予办理出口退税证明联的签发手续。

（八）发运

发运就是向已事先预订好舱位的航空公司交单交货，由航空公司安排航空运输。

其分为以下三个过程：

（1）出库。出库就是根据海关放行信息和出库指令，把已贴有货物标签的货物进行发货出库的过程。

（2）装载板箱。装载板箱就是根据航空公司和其机型的不同，领取相应的集装器，按航空公司规定的要求把货物装载在集装器内。

集装器分为集装板和集装箱。

（3）安检。安检就是为保证飞行安全，出运货物在装机前进行安全检查或其他的安全检查措施的过程。按民航总局有关规定，必须经过安全检查或其他的安全检查措施，货运站确认货运单上的安检章接受货物入库；对于整板箱等无法安检的出港货物，保证其交入库区存放24小时后装机。

（九）交接

交接是货运代理公司按预订舱位的航班时间，根据航空公司规定，在飞机起飞规定时间前，向航空公司或机场货运站交单交货。

交单就是将随机单据和应由承运人留存的出口货物单证给航空公司。航空公司审核这些出口货物的单证是否规范、安全，以确保出口所运货物符合航空运输要求；随机单据包括第三联航空运单正本、分运单（如有）、发票、装箱单、产地证明、品质鉴定书、出口商品配额等。

交货就是与航空公司或机场货运站办理与单据相符的货物的交接手续。交货之前必须粘贴或拴挂货物标签，核对清点货物，缮制货物交接清单，机场货运站审单验货后，在交接清单上签收。

航空公司或机场货运站接单接货后，将货物存入其出口仓库内，同时将单据交航空公司吨控部门，以平衡配载。

（十）出运

货物按预订航班出运。货物交接出运后，应及时跟踪货物运输过程中的信息，若有二程航班的还需跟踪二程空运货物的到达时间、地点和货物安全等情况，并及时将查询信息传递给发货人。

（十一）费用结算

费用结算主要涉及发货人、承运人和国外代理人三个方面的结算。

与发货人结算费用，即向发货人收取航空运费（在运费预付的情况下），同时收取地面操作费以及各种服务费和手续费。

与承运人结算费用，就是向承运人支付航空运费，同时向其收取代理佣金。

与国外代理结算主要涉及到付运费和手续费。到付运费实际上是由发货方的航空货运代理公司为收货人所垫付的，因此收货方的航空货运代理在将货物移交收货人时，应收回到付运费并退还发货方的代理人。同时发货方的航空货运代理公司应向目的地的货运代理公司支付一定的手续费及产生的其他相关费用。

由于航空货运代理公司之间存在长期的互为代理协议，因此与国外代理结算不采取一票一结的办法，而采取抵消账单、一月一结的办法。按照惯例，每月初由发货方的代理公司缮制并出示账单，交收货方的代理公司确认。

（十二）信息传递

航空货运代理公司在发运货物后，及时将发运信息传递给发货人，向其提供航班号、运单号和出运日期等，并随时提供货物在运输过程中的准确信息。与此同时，将盖有海关验讫章的出口货物报关单、出口收汇核销单、海关核发的加工贸易手册、出口商品配额等单据，寄送发货人。

对于集中托运货物，还应将发运信息预报收货人所在地的国外代理，以便其及时接货，及时查询，及时分拨处理。

第三节 航空货运单证

一、进口报关单证

报关单证是报关的依据和凭证。进口报关单证大体上可分为两大类：基本单证和按海关法必须提供的单证。

(一) 基本单证

基本单证包括进口货物报关单、航空运单、发票和装箱单。这四者是任何货物进口报关所必需的，缺一不可。有些货物只需这四种单证即可通关，如小量的资料、单一品名且单一规格的货物和合同项下不属于国家政策限制的进口产品。

一般进口货物应向海关交验进口报关单一式多份（具体份数视贸易性质决定），运单两份（正本及副联或复印件各一份），发票和装箱单正本（盖有随机确认章）各一份。

(二) 法定单证

法定单证，即证明货物合法进口的各种批准文件。这类单证主要有：进口许可证、商检证、机电产品进口审批表、无线电管委会证明、海关核发的加工贸易登记手册、减免税证明、重工业产品证明、音像制品许可证等。这类单证并非所有货物进口报关都需要，是否需要和需要哪一种，基本上取决于商品的类别及贸易性质。

1. 由商品类别决定的法定单证

(1) 进口许可证

凡进口国家限制进口的商品，均需申领进口许可证。随着国家对外政策的逐步开放以及加入世界贸易组织，属于进口许可证管理的商品逐步减少。具体可参阅海关总署公布的海关税则归类目录。

进口许可证由进口单位向商务管理部门申领。

(2) 商检证明

凡进口属于法定商检的商品，均需向海关交验国家商检机构及有关检验部门出具的检验证书实施法定商检的进口商品主要包括：

①《中华人民共和国进出口商品检验法》、《中华人民共和国进出口商品检验法实施条例》规定的商品；

②《中华人民共和国食品卫生法》规定的应实施卫生检验及检疫的食品、食品添加剂、食品容器、包装材料等；

③《中华人民共和国进出境动植物检疫法》、《中华人民共和国进出境动植物检疫法实施条例》规定应实施检疫的动植物产品；

④国家卫生部有关条例规定应实施检验的药品。

该类产品进口报关前，可参阅海关总署公布的海关税则归类目录，先报请出入境检验检疫机构实施检疫，海关凭出入境检验检疫机构签发的证书验放。

属于合同商检的商品，一般由收、用货部门自行检验，发现不合格后报请当地商检机构复验，商检机构主要对商品的品质、数量、重量、包装残损等情况进行检验。这种检验属于公证鉴定的性质，检验后签发的证书主要是作为买方提出索赔的依据，而不是海关验放的凭证。

因此，以一般贸易方式进口货物时，海关不要求提供合同商检，合同商检主要用于以索赔、补发、换货等无代价抵偿形式进口的货物或修理物品的进口。

（3）机电产品进口审批表

凡进口机电产品和仪器、仪表类商品，均需向海关交验机电产品进口审批表。该类商品的范围十分广泛，进口量大，尤其在空运进口货物中占有很大比例。

机电产品进口审批表一般表现为在进口订货卡片上加盖部委级机电审查办公室或当地机电办公室审查专用章；特殊的机电仪产品，需加盖国务院机电审查办公室专用章。

（4）无线电管委会证明

凡进口无线电器材、通信设备，如对讲机、无线寻呼机、无线电话、电报发送和接收设备等，均应向海关交验无线电管理委员会的批准文件。凡中央系统的单位进口无线电设备，需出具国家无线电设备审查委员会的批准文件；地方单位和中央驻地方单位，需出具省、自治区、直辖市无线电委员会的批准文件。

2. 由贸易性质决定的法定单证

（1）《登记手册》

《登记手册》一般适用于以来料加工、进料加工和补偿贸易等方式进口的物品。进料加工和来料加工项下进口的料、件和补偿贸易项下进口的机器设备及用于加工返销产品的料、件，海关凭《登记手册》办理免税和验放手续。每次进口报关时，海关在《登记手册》上核销进口的数量和金额。进口辅料时，可以不办理《登记手册》，海关凭签约单位盖章并经海关备案的合同副本办理免税、验放手续。

（2）减免税证明

外商独资企业、中外合资企业和中外合作企业，进口属于减免税范围内的物品，均应向海关交验"减免税证明"。每次报关时，海关凭"减免税证明"办理免税、验放手续。

以一般贸易方式进口的货物，按国家规定可以给予减免税者，如科研用品和改良品种用产品，进口报关时也应向海关交验"减免税证明"，以办理免税、验放手续。

（3）商检证书、索赔协议和税款缴纳证明

凡以无代价抵偿形式进口的货物，包括索赔、更换和补发的货物，均应在进口报关单的贸易性质一栏内填报"无代价抵偿"。报关时应随附商检证书、有国外发货人签字的索赔协议（或补发协议、换货协议）以及原进口货物的税款缴纳证明（如当时为征税进口）。对于金额较小的无代价抵偿货物，可以不提供商检证书。

上述单证齐备的无代价抵偿货物，海关予以免税放行。

（4）保证函

凡申请担保进口的货物，包括暂时进口货物、因故不能及时提供已领取的进口许可证的货物、不能在报关时交验有关单证的货物、正在申办减免税手续而要求海关缓办纳税手续的货物、经海关同意将未放行的货物暂时存放于海关监管区之外的货物等，进口报关时均应向海关交验进口单位主管部门（司、局级以上）出具的保证函。

保证函必须是按照海关要求填写的、订有明确确立权利义务的一种担保文件。担保进口，除提供保证函外，一般还需向海关缴纳相当于进口税费之和的保证金，保证金于销保时退还。

（5）赠送函和接收函

外商免费提供的物品进口报关时，应向海关交验发货人出具的赠送函和收货人出具的接收函。

（6）海关关封

海关关封（非海关转关关封）是指外国企业常驻机构进口办公用品或常驻机构代表的私人安家物品时，向海关申办的一种批准证明。进口办公用品向海关递交办公用品申请表，详细列出货物的品名、数量和金额，并随附一份进口发票；进口安家物品填写私人物品申请表，并随附发票和到货清单。

海关对申请进行审核，如确系外企常驻机构公用或常驻代表自用，且数量和金额在合理范围内，即在申请表上签字、盖章，以示批准。然后将申请表装入海关关封，由收货人带交口岸海关办理报关手续。

二、出口业务单证

出口货物所需的单证主要是指报关单证。它大致可分为两类：基本单证和证明货物合法出口的各种批准文件。前者为所有货物出口所必需的，后者取决于出口货物的类别及其贸易方式。下面将分别介绍货物出口所需的主要单证及其使用范围。

（一）基本单证

1. 中华人民共和国海关出口货物报关单（格式见本章中的附件二）

出口报关单一般由发货人自己填写，并加盖经营单位公章。一般出口货物需填写报关单一式一份，出口转关货物需要备案清单一式两份。

2. 国际空运货物托运书（格式见本章中的附件三）

国际货物托运书由发货人填写。主要项目有：托运人名称、地址及账号，收货人名称、地址及账号，代理人名称及城市名称，货物的始发站、到达站、件数、重量及包装方式等。托运书应有发货人签字、盖章。

3. 发票与装箱单

发票上应注明发货人和收货人的名称和地址，货物的品名、原产国别、声明价值、价格条件、货币名称等。发票需由发货人签字盖章。装箱单上应有每箱货物的箱号、重量、体积及唛头标志，每箱内装的件数及其品名。

4. 合同副本

合同副本即发货人与国外进口商签订的贸易合同的复印件或影印件。

5. 航空运单

航空运单（airway bill 或 master airway bill）是航空运输中最重要的单据，它是承运人出具的一种运输合同，但它不能作为物权凭证，因而是一种不可议付的单据。

航空运单有 3 联正本和 6 份以上的副本。第 1 联正本交发货人，是承运人收到货物后出具的收据；第 2 联由承运人留存作为记账凭证；第 3 联作为随机单据与货同行，到目的地后交收货人作为核收货物的依据。

空运出口货物若采取集中托运的方式发运，除航空公司将出具并签发空运总运单外，航空货运代理公司还将为每票货物的收货人出具航空分运单。

航空分运单共有正本 3 联，副本 12 联。第 1 联正本交发货人；第 2 联正本由货运代理公司留存；第 3 联正本随货同行交收货人；其余副本分别作为报关、财务结算和国外代理办理中转分拨等之用。

（二）法定单证

1. 商检证明

出口货物的商检证明在两种情况下需要：一种是国家为维护出口商品质量，而规定某些商品出口必须经过商检机构检验并出具检验证书，此为法定商检，具体可参阅海关总署公布的海关税则归类目录；另一种是进口商为保证商品质量而要求出口方出具的商检证书，即合同商检。

属于法定商检的出口商品包括：

（1）《中华人民共和国进出口商品检验法》、《中华人民共和国进出口商品检验法实施条例》规定的出口商品；

（2）《中华人民共和国食品卫生法》规定应实施检疫的动植物产品；

（3）《中华人民共和国进出境动植物检疫法》、《中华人民共和国进出境动植物检疫法实施条例》规定应实施检疫的动植物产品。

同时，为确保出境货物使用的木质包装符合输入国家或者地区检疫要求，国家质检总局要求对出境货物的木质包装，通过出入境检验检疫机构认定的除害处理施标企业，按规定的检疫除害处理方法对木质包装进行热处理或熏蒸等除害处理，并出具热处理或熏蒸处理证明或加施出境货物木质包装除害处理专用标识。

另外，危险品和易腐烂变质的食品出口时，其包装也应经商检机构检验并发给合格证书后，方能出口。

该类产品出口报关前，先报请出入境检验检疫机构实施检验检疫，海关凭出入境检验检疫机构签发的证书验放。属于合同商检的出口商品，也应在出口报关前报请商检机构对商品的品质、规格、重量、数量、包装以及卫生条件等进行检验，凭商检机构出具的检验证书向海关办理报关手续。

商检证书是出口业务中十分重要的单证，使用范围非常广泛。

2. 出口许可证

凡出口国家限制出口的商品，均应向出境地海关交验出口许可证。实行出口许可证管理的商品主要有：珍贵稀有野生动植物及其制品、文物、金银制品、精神药物、音像制品、重要的原材料、贵重金属等。某些属于进口许可管理的商品也需要出口许可证。具体可参阅海关总署公布的海关税则归类目录。

出口许可证的申领办法和审批部门与进口许可证相同。

3. 出口收汇核销单

出口收汇管理办法是保证出口外汇收缴国家而采取的一种行政管理手段。

出口收汇核销单由出口单位向当地外汇管理部门申领，出口报关时交出境地海关审核。核销单上必须加盖外汇管理部门印章和出口单位的公章。

4. 配额许可证

一些进口国对从我国进口的某种商品进行数量和品种的限制，如纺织品等。因此，向上述国家出口实行配额管理的商品时，必须向商务管理部门申领出口配额许可证。

5. 登记手册

凡以来料加工、进料加工、补偿贸易等方式出口的货物，均需向海关交验《登记手册》。

三、航空货运单

（一）航空货运单概述

1. 货运单的定义

航空货运单是托运人和承运人间订立的运输合同的证明，同时也是货物运输的凭证。

每一货运单都有各航空公司（承运人）的标识部分，用以区分不同航空公司的货运单。该部分包括：承运人名称、承运人总部地址、承运人的图案标志、承运人的票证代号（三位数字）以及包括检查位在内的货运单序号。

2. 一般规定

（1）航空货运单不得转让（not negotiable）；

（2）每一批货物（或集合运输的货物——称为集中托运货物）填开一份货运单，对于集合运输货物的分运单应由集运人自行备制，不得使用承运人的货运单；

（3）货运单的有效期。

货运单填开后，托运人（或其代理人）和承运人（或其代理人）签字后即开始生效。当货物运至目的地，收货人提取货物并在货运单的交付联上签字，此时，货运单作为运输凭证，其有效期即告结束，但作为运输合同，其法律依据的有效期应延至运输停止之日起两年内有效。

3. 货运单的作用

（1）承运人与托运人缔结运输契约合同的书面证明文件。

（2）货物交付后的收据。

（3）运费单据和结算凭证。

（4）保险证明（如果托运人要求承运人代办保险）。

（5）供向海关申报用。

（6）承运人发运、交付和联运的凭证。

4. 货运单的组成及其各联的用途

货运单一般由三份正本（original）、六份副本（copy）和三份额外副本（extra copy）共十二联组成。各联的顺序及用途如下：

（1）正本3（蓝色）为托运人联，其作用：

①作为承运人收到货物的证明；

②作为托运人和承运人签订运输契约的证明文件。

（2）副本9（白色）为代理人联，其作用是代理人存查使用。

（3）正本1（绿色）为填开货运单承运人联（即货运单所属空运企业联），其作用：

①交财务部门使用；

②作为托运人和承运人签订运输契约的证明文件。

（4）正本 2（粉红）为收货人联，其作用：

①收货人存留；

②运输牵扯的三方当事人各执一份正本。

（5）副本 4（黄色）为交货收据联，其作用：

在目的站，收货人在此联上签收。证明货物完好无损地被提取。

（6）副本 5（白色）为目的地站机场联——供目的站地有关部门使用。

（7）副本 6（白色）为第三承运人联——供航空公司结算用。

（8）副本 7（白色）为第二承运人联——供航空公司结算用。

（9）副本 8（白色）为第一承运人联——供航空公司结算用。

（10）额外副本（白色）。

（11）额外副本（白色）。

（12）额外副本（白色）。

货运单一式十二份，三份正本（ORIGINAL），六份副本（COPY），三份额外副本（EX-TRA COPY）。各自用途如下表所示：

表 7-1　航空货运单 12 联表

顺序	名称	颜色	用途
1	正本 3	蓝	交托运人
2	正本 1	绿	承运人
3	副本 9	白	交代理人
4	正本 2	粉红	交收货人
5	副本 4	黄	交货单据
6	副本 5	白	交目的站机场
7	副本 6	白	交第三承运人
8	副本 7	白	交第二承运人
9	副本 8	白	交第一承运人
10	额外副本	白	
11	额外副本	白	
12	额外副本		

注：根据需要可增加额外副本

（二）航空货运单的填开

1. 货运单的填制要求（见本章后面附件四——货运单）

（1）一般要求用英文打字机打印，各项内容要准确、清楚、齐全，不得涂改。

（2）货运单已填内容在运输过程中需要修改时，在修改项目的近处注明修改货运单的空运企业名称、日期和地点，修改货运单应将所剩余的各联同时修改。

（3）每批货物必须全部收齐后方可填开货运单，每一批货物或集合运输的货物应填写一份货运单。

2. 货运单各栏的填写及说明（下面括号内标注对应本章附件四标注）

（1）始发站机场（airport of departure）（1）

填写 IATA 机场三字代码（如不知道，可填写 IATA 城市三字代码）本栏所填内容应与 9. 中一致。

（2）货运单号码（the Air waybill number）

填写填开货运单航空公司的 IATA 票证代号，如：999（中国国际航空公司）、131（日航）。（1A）

货运单号码由 8 位数字组成，第 8 位为检查位，用以识别货运单的真假，该位数值为前 7 位数字除以 7 的余数。（1B）

货运单承运人名称及地址（issuing carrier's name and address）。填入填开货运单承运人的名称及总部所在地。（1C）

正本联说明，本栏不填。（1D）

契约条件，一般情况下无须填写，除非承运人需要。（1E）

（3）托运人栏

托运人姓名及地址（shipper's name and address）（2），填写托运人的姓名、地址、国家（或国家两字代码）以及电话号码、电传号或传真号。

托运人账号（shipper's account number）（3），本栏一般不填，除非填开货运单承运人需要。

（4）收货人栏

收货人姓名及地址（Consignee' Name and Address）（4），填写收货人姓名、地址和国家（或国家两字代码）以及电话号码、电传号或传真号。

收货人账号（consignee's account number）（5），本栏一般不填，除非最后承运人需要。

（5）填开货运单的承运人的代理人栏

①货运单承运人的代理人姓名及城市（issuing carrier's agent name and city）。（6）

填写承运人的收取佣金的国际航协代理人的名称和所在地（城市或机场）。

根据货物代理机构管理规则，该佣金必须支付给目的地国家的一个国际航协代理人，则该国际航协代理人的名称和所在地（城市或机场）必须填入本栏，冠以"收取佣金代理人"（commissionable agent）字样。

②代理人国际航协代号（agent's IATA code）。（7）

在非货账结算区（NON—CASS）填写 IATA7 位数字代号。例如：81—41234

在货账结算区（CASS），填写 IATA7 位数字代号，后接货账结算区三位数字代号。例如：81—41234/026

③账号（account number）（8），本栏不填，除非填开货运单承运人需要。

（6）运输路线

①始发站机场（第一承运人地址）和所需求的路线（airport of departure address of first carrier and requested routing）。（9）此栏填写始发站机场（被认为是第一承运人地址）的全称及所要求的任意路线。

②运输路线和目的站

至（to）填目的站机场或第一个中转点机场的 IATA 三字代码（当该城市有一个以上机场，不知道机场名称时，可填城市名称的三字代码）。(11A)

由第一承运人（by first carrier）填第一承运人的名称（全称或 IATA 两字代码）。(11B)

至（to）填目的站或第二个中转点的 IATA 三字代码（机场或城市）。(11C)

由（by）填第二个承运人的 IATA 两字代码。(11D)

至（to）填目的站或第三中转点的 IATA 三字代码（机场或城市）。(11E)

由（by）填第三个承运人的 IATA 两字代码。(11F)

③目的站机场（18）

填写到达站机场（当不知道机场时填写城市）的全称。

④航班日期（19A）（19B）

本栏一般不填，除非参加运输各有关承运人需要。

（7）财务事项（accounting information）（10）

填写适用的付款方式，如：现金（cash）、支票（check）等；

使用旅费证（MCD）付款时，只接受作为货物运输的行李。本栏内应填入 MCO 号和兑换成货运单中货币的换取联价值，按需要也可以是从旅费证联中所减去的金额数，此外还应填入旅客的客票号、路线、航班号及日期。

货物由于无法交付退运时，应将原始货运单号码填入为退运货物所填的新货运单的此栏内。

（8）货币（currency）（12）

填写适用于始发国的国际标准组织（ISO）货币三字代号。

货运单上所列明的金额均为始发国货币。

（9）费用代号（charge code）本栏一般不填写（13）

预付　如果航空运费和声明价值附加费全部预付时，此栏填"×"。(14A)

到付　如果航空运费和声明价值附加费全部到付时，此栏填"×"。(14B)

预付　如果其他费用预付时此栏填"×"。(15A)

到付　如果其他费用到付时此栏填"×"。(15B)

（10）供运输用声明价值（declared value for carriage）（16）

填写托运人向承运人申报的供运输用声明价值；

如果没有声明价值，应在本栏填写 NVD（no value declared）。

（11）供海关用声明价值（declared value for customs）（17）

本栏填写托运人或其代理人所声明的供海关用的价值，也可填写 NVD 即无声明价值。

（12）保险金额（amount of Insurance）（20）

当本栏内无阴影，且该填开货运单承运人提供此项服务时，可将保险数额填入本栏；

当本栏内无阴影，且该填开货运单承运人不提供此项服务，或托运人不要求保险时，应在本栏内填入"×××"符号。

（13）处理事项（handling Information）（21）

本栏内只填写参与运输承运人所要求的处理事项，要求填写得尽量清楚、简明，使涉及该批货物的所有人员能够一目了然。

如果有危险货物必须首先填写,有两种情况:①需要附托运人危险货物申报单的,则本栏内应填写 "DANGEROUS GOODS AS PER ATTACHED SHIPPER'S DECLARATION" 字样,对于要求装货机上的危险货物,还应加上 "CARGO AIRCRAFT ONLY" 字样;②不需要附托运人危险货物申报单的,则应在本栏内填入 "SHIPPER'S DECLARATION NOT REQUIRED" 字样。

其他处理事项尽可能使用 "货物交换电报程序" (CARGO—IMP) 中的代号和简语。如:①货物上的标志及包装方法;②除收货人外的另请通知人姓名、地址全称(国家可用 IATA 两字代码),以及电话、电传、传真号;③货运单所附文件数量、名称等,如:活体动物证明书 "shipper's certification for live animals" 等。关于各国对文件的要求可参看 TACT、Rules 文件要求。

所要求的特别处理事项。

(14) 货物运价细目 (consignment rating details)

一批货物中含两种或两种以上不同运价类别计费的货物应分别填写,每填一项另起一行,如有危险货物,则该货物应列在第一项。(22A) 至 (22B)

①货物件数/运价组成点 (No. of pieces/RCP)。(22A)

填写使用相同运价计算运费的货物件数;

若 22G 中所填运价/运费为组成运价/运费;则在另起一行的本栏内填该运价组成点的 IATA 城市三字代码。

②毛重 (gross weight) 填该适用运价项货物的毛重。(22B)

③重量单位 (Kg/Lb) 将所使用的重量单位 (K 或 L) 填入该栏。(22C)

④运价类别 (rate class) 根据具体情况填入下列代号:(22D)

M:最低运费 N:普通货物一般运价 (45kg 以下)

Q:普通货物折扣运价 (45kg) B:基本运费

K:每千克收取的运费 C:指定商品运价

R:等级货物附减运价 S:等级货物附加运价

U:集装设备基准运费或运价 E:集装化设备附加运价

X:集装设备附加项 Y:集装设备折扣

V 货物品名代号 (commodity item No.)。(22E)

如果某一指定商品运价适用,该品名代号应填入有 "C" 或 "U" 代号同一行的本栏内;

如果某一等级运价适用,则附加或折扣的百分比连同运费或运价类别代号,应填入与标有 "S" 或 "R" 同一行的本栏内;

如果某一集装设备运价/运费适用于指定商品,则该指定商品的品名代号应填入与标有 "U" 同一行的本栏内;

对于集装设备运输,还应在集装设备附加项代号 66X99 同一行的本栏内填入集装设备的类型代号 (1-9)。

⑤计费重量 (chargeable weight) 填写按运价规则计算出的所适用的计费重量。(22F)

⑥运价/运费（rate/charge）。（22G）

如果某一最低运费适用，该运费应填入在标有"M"代号同一行的本栏内；

填写适用各种运价情况下的相应运价的数值；

如果基本运费适用，则在标有"B"代号的同一行将基本运费填入；

对集装设备，可填入：①基准运价；②超基准运价；③基准运费；④集装设备折扣运价等。

⑦总计（total）将每项货物所计得的运费填入本栏。（22H）

⑧货物品名和数量（包括尺寸或体积）nature and quantity of goods（22I）。

填写组成本批货物的种类；

当一批货物中有危险货物和非危险货物时，必须分列，危险货物应列在第一项；

运输动物应按 IATA 活体动物规则的有关规定办理；

对于集中托运货物，本栏应填 "consolidation as per attached list"（集中托运货物，按所附的每一票据办理）；

如果体积重量为计费重量时，将其尺寸填入本栏。

⑨件数（No. of Pieces）如果（22A）中所填件数超过一组时，应将总件数填入本栏。（22J）

⑩毛重（gross weight）当（22B）中所填毛重超过一组时，应将总毛重填入本栏。（22K）

总计（total）当 22h 中所填费用超过一组时，应将费用总计填入本栏。（22L）

服务代号（service code）本栏一般不填，除非填开货运单承运人需要。（22Z）

　　B. 公务货物　　　　C. 公司物资　　　D. 门到门服务

　　J. 优先服务　　　　P. 小件货服务　　　T. 包机

（15）其他费用（other changes）（23）

①发站、途中、到站发生的相关费用。

填始发站发生的费用，全部预付或全部到付。

填中途发生的费用，全部预付或全部到付。

作为到付的其他费用，应视为"代垫付款"（disbursements），按代垫付款规定办理。

未列在本栏中在中途或目的站发生的其他费用只能到付，填入 33C 栏。

②填除税收外的其他费用种类和金额，其代号为：

AC：动物容器租费（animal container）

AS：集中货物服务费（assembly service fee）

AT：押运服务费（attendant）

AW：货运单费（air waybill fee）

BR：银行放行费（bank release）

CD：目的站报关费（clearance and handling-destination）

CH：始发站报关费（clearance and handling-origin）

DB：代垫付款手续费（disbursement fee）

DF：分发服务费（distribution service fee）

FC：运费到付手续费（charge collect fee）

GT：政府捐税（government tax）

HR：尸体、骨灰附加费（human remains）

IN：代保险服务费（insurance premium）

MA：代理人收取的杂项费用（如无其他代号可用）（miscellaneous charge-due agent）

MB：未确定由谁收取的杂项费用（miscellaneous charge-unassigned）

MC：承运人收取的杂项费用（如无其他代号可用）（miscellaneous charge-due carrier）

MD—MN：最后一个承运人收取的杂项费用（miscellaneous charge-Due last carrier）

MO—MZ：货运单承运人收取的杂费（miscellaneous charge-due Issuing carrier）

PK：包装服务费（packaging）

PU：取货费（pick up）

RA：危险品处理费（dangerous goods fee）

RC：分摊费（referral of charge）

RF：到付费用移交费（remit following collection fee）

SD：目的站的地面运输费（surface charge-destination）

SI：中途停运费（stop in transit）

SO：始发站保管费（storage-origin）

SP：分批发运费（separate early release）

SR：目的站保管费（storage-destination）

SS：代签字服务费（signature service）

ST：地区销售税（state sales tax）

SU：地面运输费（surface charge）

TR：中转费（transit）

TX：税（taxes）

TH：集装设备操作费（ULD handling）

③承运人收取的其他费用用"C"表示；代理人收取的其他费用用"A"表示。

上述各项费用代号后加 A 或 C，分别表示应归属代理人或承运人。如：AWC、SUA 等。

(16) 预付 prepaid

① weight charge 预付运费（24A），与（22H）或（22L）中的金额一致。

② valuation charge（prepaid）预付声明价值附加费（25A）。

③（prepaid）Tax 预付税款（26A）

④total other charges due agent—prepaid，预付的其他费用总额

total（prepaid）charges due agent—预付由代理人收取的其他费用总额（27A）

total（prepaid）charges due carrier—预付由承运人收取的其他费用（28A）

⑤无名称阴影栏目。（29A）

⑥total prepaid 预付总额。（30A）

(17) 到付 collect

①weight charge 到付运费（24B），与（22H）或（22L）中的金额一致。

②（prepaid）valuation charge 到付声明价值附加费（25B）。

③（prepaid）tax 到付税款（26B）

④total other charges due agent—prepaid，预付的其他费用总额

total（prepaid）charges due agent—到付由代理人收取的其他费用总额（27B）

total（prepaid）charges due carrier—到付由承运人收取的其他费用（28B）

⑤无名称阴影栏目。（29B）

⑥total collect 到付总额。（30b）

（18）托运人证明栏（shipper's certification box）（31）

托运人或其代理人在本栏的"signature of shipper or his agent"处签字（打印或盖章均可），如根据托运人已经签了字的托运书填制货运单，承运人或其代理人可代表托运人签字。

（19）承运人填写栏（carrier's execution box）

①日期（executed on date）。（32A）

按日、月、年的顺序将货运单的填开日期填入本处，月份可缩写或全称。

②地点（at place）填入填开货运单的地点（机场或城市）。（32B）

③货运单承运人或其代理人签字（signature of issuing carrier or its agent）填开货运单的承运人或其代理人签字。（32C）

（20）仅供承运人在目的地站使用（for carrier's use only at destination）（33）

（21）用目的国家货币付费（仅供承运人使用）

①货币兑换比价（currency conversion rate）。（33A）

填目的地国家货币代号及换算比价。

②用目的地货币付费（cc charges in dest currency）。（33B）

③在目的站的费用（charges at destination）。（33C）

最后承运人将目的站发生的费用金额包括利息等（自然增长的）填入本栏。

④总的到付费用（total collect charges）。（33D）

第四节　航　空　运　价

一、国际航空货物运价基本介绍

（一）运价、运费和计费重量

运价（rates）：承运人为运输货物对规定的重量单位（或体积）收取的费用称为运价。

运价指机场与机场间的（airport to airport）空中费用，不包括承运人、代理人或机场收取的其他费用。

运费（transportation charges）：根据适用运价计得的发货人或收货人应当支付的每批货物的运输费用。

航空运价的另一个双生概念是计费重量（chargeable weight），谈到运价必然会谈及计费重量。运费的计算为：运费＝运价×计费重量

所谓计费重量就是据以计算运费的货物的重量。如果货物的毛重以千克表示，计费重量的

最小单位是 0.5 千克。当重量不足 0.5 千克时，按 0.5 千克计算；超过 0.5 千克不足 1 千克时按 1 千克计算。如果货物的毛重以磅表示，当货物不足 1 磅时，按 1 磅计算。

1. 重货（high density cargo）：指每 6 000 立方厘米或每 366 立方英寸重量超过 1 千克或者每 166 立方英寸重量超过 1 磅的货物。重货的计费重量是其毛重。

2. 轻货（low density cargo）：轻货或轻泡货物是指那些每 6 000 立方厘米或每 366 立方英寸重量不足 1 千克或者每 166 立方英寸重量不足 1 磅的货物。轻泡货物以它的体积重量（volume weight）作为计费重量，计算方法是：

（1）不考虑货物的几何形状分别量出货物的最长、最宽、最高的部分，单位为厘米或英寸，测量数值的尾数四舍五入；

（2）将货物的长、宽、高相乘得出货物的体积；

（3）将体积折合成千克或磅，即根据所使用不同的度量单位分别用体积值除以 6 000 立方厘米或 366 立方英寸或 166 立方英寸。体积重量尾数的处理方法与毛重尾数的处理方法相同。

3. 在集中托运的情况下，同一运单项下会有多件货物，其中有重货也有轻货，此时货物的计费重量。首先，按照该批货物的总毛重或总体积重量中较高的一个计算。也就是首先计算这一整批货物总的实际毛重；其次，计算该批货物的总体积，并求出体积重量；最后，比较两个数值，并以高的作为该批货物的计费重量。

（二）航协区

与其他各种运输方式不同的是，国际航空货物运输中与运费的有关各项规章制度、运费水平都是由国际航协统一协调、制定的。

在充分考虑了世界上各个不同国家、地区的社会经济、贸易发展水平后，国际航协将全球分成三个区域，简称"航协区"（IATA Traffic Conference Areas），每个航协区内又分成几个亚区。由于航协区的划分主要从航空运输业务的角度考虑，依据的是不同地区不同的经济、社会以及商业条件，因此和我们熟悉的世界行政区划有所不同。其中：

一区（TC1）：包括北美、中美、南美、格陵兰、百慕大和夏威夷群岛。

二区（TC2）：由整个欧洲大陆（包括俄罗斯的欧洲部分）及毗邻岛屿，冰岛、亚速尔群岛，非洲大陆和毗邻岛屿，亚洲的伊朗及伊朗以西地区组成。本区也是和我们所熟知的政治地理区划差异最多的一个区，它主要有三个亚区：

1. 非洲区：含非洲大多数国家及地区，但北部非洲的摩洛哥、阿尔及利亚、突尼斯、埃及和苏丹不包括在内；

2. 欧洲区：包括欧洲国家和摩洛哥、阿尔及利亚、突尼斯三个非洲国家和土耳其（既包括欧洲部分，也包括亚洲部分）。俄罗斯仅包括其欧洲部分；

3. 中东区：包括巴林、塞浦路斯、埃及、伊朗、伊拉克、以色列、约旦、科威特、黎巴嫩、阿曼、卡塔尔、沙特阿拉伯、苏丹、叙利亚、阿拉伯联合酋长国、也门等。

三区（TC3）：由整个亚洲大陆及毗邻岛屿（已包括在二区的部分除外）、澳大利亚、新西兰及毗邻岛屿，太平洋岛屿（已包括在一区的部分除外）组成。其中：

1. 南亚次大陆区：包括阿富汗、印度、巴基斯坦、斯里兰卡等南亚国家；

2. 东南亚区：包括中国（含港、澳、台）、东南亚诸国、蒙古、俄罗斯亚洲部分及土库曼斯坦等独联体国家、密克罗尼西亚等群岛地区；

　　3. 西南太平洋洲区、包括澳大利亚、新西兰、所罗门群岛等；

　　4. 日本、朝鲜区：仅含日本和朝鲜。

（三）有关运价的原则

　　1. 运价是指从一机场到另一机场，而且只适用于单一方向；

　　2. 不包括其他额外费用，如提货、报关、接交和仓储费用等；

　　3. 运价通常使用当地货币公布；

　　4. 运价一般以千克或磅为计算单位；

　　5. 航空运单中的运价是按出具运单之日所适用的运价。

二、国际航空货物运价细类介绍

（一）特种货物运价（specific commodity rates，SCR）

　　特种货物运价通常是承运人根据在某一航线上经常运输某一种类货物的托运人的请求或为促进某地区间某一种类货物的运输，经国际航空运输协会同意所提供的优惠运价。

　　国际航空运输协会公布特种货物运价时将货物划分为以下类型：

　　1. 001-0999 食用动物和植物产品；

　　2. 1000-1999 活动物和非食用动物及植物产品；

　　3. 2000-2999 纺织品、纤维及其制品；

　　4. 3000-3999 金属及其制品，但不包括机械、车辆和电器设备；

　　5. 4000-4999 机械、车辆和电器设备；

　　6. 5000-5999 非金属矿物质及其制品；

　　7. 6000-6999 化工品及相关产品；

　　8. 7000-7999 纸张、芦苇、橡胶和木材制品；

　　9. 8000-8999 科学、精密仪器、器械及配件；

　　10. 9000-9999 其他货物。

　　其中每一组又细分为10个小组，每个小组再细分，这样几乎所有的商品都有一个对应的组号，公布特种货物运价时只要指出本运价适用于哪一组货物就可以了。

　　承运人制定特种运价的初衷主要是使运价更具竞争力，吸引更多客户使用航空货运形式，使航空公司的运力得到更充分的利用，所以特种货物运价比普通货物运价要低。因此，适用特种运价的货物除了满足航线和货物种类的要求外，还必须达到承运人所规定的起码运量（如100千克）。如果货量不足，而托运人又希望适用特种运价，那么货物的计费重量就要以所规定的最低运量（100千克）为准，该批货物的运费就是计费重量（在此是最低运量）与所适用的特种货物运价的乘积。

（二）等级货物运价（class rates or commodity classification rates，CCR）

　　等级货物运价指适用于指定地区内部或地区之间的少数货物运输。通常表示为在普通货物运价的基础上增加或减少一定的百分比。

适用等级货物运价的货物通常有：

1. 活动物、活动物的集装箱和笼子；

2. 贵重物品；

3. 尸体或骨灰；

4. 报纸、杂志、期刊、书籍、商品目录、盲人和聋哑人专用设备和书籍等出版物；

5. 作为货物托运的行李。

其中 1~3 项通常在普通货物运价基础上增加一定百分比；4~5 项在普通货物运价的基础上减少一定百分比。

（三）普通货物运价（general cargo rates, GCR）

普通货物运价是适用最为广泛的一种运价。当一批货物不能适用特种货物运价，也不属于等级货物时，就应该适用普通货物运价。

通常，各航空公司公布的普通货物运价针对所承运货物数量的不同规定几个计费重量分界点（breakpoints）。最常见的是 45 千克分界点，将货物分为 45 千克以下的货物（该种运价又被称为标准普通货物运价，即 NGCR，normal general cargo rates 或简称 N）和 45 千克以上（含 45 千克）的货物。另外，根据航线货流量的不同还可以规定 100 千克、300 千克分界点，甚至更多。运价的数额随运输货量的增加而降低，这也是航空运价的显著特点之一。

由于对大运量货物提供较低的运价，我们很容易发现对一件 75 千克的货物，按照 45 千克以上货物的运价计算的运费（9.82×75＝736.50）反而高于一件 100 千克货物所应付的运费（7.14×100＝714.00）。显然这不合理。因此航空公司又规定对航空运输的货物除了要比较其实际的毛重和体积重量并以高的为计费重量以外，如果适用较高的计费重量分界点计算出的运费更低，则也可适用较高的计费重量分界点的费率，此时货物的计费重量为那个较高的计费重量分界点的最低运量。也就是说，在上边的例子中，这件 75 千克的货物也可以适用每千克 7.14 英镑的费率，但货物的计费重量此时应该是 100 千克，费额为 714 英镑。

（四）起码运费（minimum charges）

起码运费是航空公司办理一批货物所能接受的最低运费，是航空公司在考虑办理即使很小的一批货物也会产生的固定费用后制定的。

如果承运人收取的运费低于起码运费，就不能弥补运送成本。因此，航空公司规定无论所运送的货物适用哪一种航空运价，所计算出来的运费总额都不得低于起码运费。若计算出的数值低于起码运费，则以起码运费计收，另有规定除外。

航空货运中除以上介绍四种公布的直达运价外，还有一种特殊的运价，即成组货物运价（United consignment ULD, unit load devices）适用于托盘或集装箱货物。

三、运价计算

关于运价的计算，本书只对 GCR，即普通货物运费计算方法作一介绍，对于指定商品运价、等级货物运价、比例运价等运费计算则不再赘述。运价表如下表所示：

（一）运价表

表 7-1 运价表

date/ type（8）	note（9）	item（10）	min. weight	local curr.（11）
BEIJING			CN	BJS
（1）			（2）	（3）
Y. RENMINBI	CNY			KGS
（4）				（5）
TOYKO		JP	M	230.00
（6）		（7）	（12）	
			N	37.51
			（13）	
			45	28.13
		0008	300	18.80
		0300	500	20.61
		1093	100	18.43
		2195	500	18.80

上表图说明：

（1）—始发国城市全称

（2）—始发站国家的二字代码

（3）—始发站城市三字代码

（4）—始发站国家的当地货币

（5）—重量单位

（6）—目的站城市全称

（7）—目的站国家的二字代码

（8）— 运价的生效或截止日期/集装器种类代号

（9）—备注

（10）—适用的指定商品品名编号

（11）—以当地货币表示的每千克的运价数额

（12）—最低运价

（13）—低于 45kg 的运价

（二）确定货物的计费重量

1. 确定实际重量（毛重），gross weight

单位：0.1kg

2. 确定体积重量，volume weight

单位：0.5kg

1.0kg＝6 000cm³   1m³＝166.67kg

每千克货物的体积超过 6 000cm³ 时，称为轻泡货物。

进位方法：

例：100.001kg→10.5kg

100.501kg→101.0kg

货物的尺寸：46cm×51cm×72cm

体积重量＝46cm×51cm×72cm÷6 000cm³/kg＝28.15kg→28.5kg

3. 确定计费重量，chargeable weight

单位：0.5kg

体积重量、实际重量两者比较，取高者作为计费重量。

（三）计算案例

1. 案例 1（一般运费计算）

Routing：PEK-TYO

COMMODITY：Bamboo Basket

PC/WT：2/23.5kg

DIMS：39.6cm×40.2cm×50.4cm

（1）运价

M：230.00   CNY

N：37.51

45：28.13

（2）体积重量

40cm×40cm×50cm×2÷6 000cm³/kg＝26.66kg→27.0kg

（3）计算运费

27.0kg×CNY37.51＝CNY1 012.77

（4）填开货运单

2. 案例 2（适用较高的计费重量分界点运费计算）

Routing：PEK-TYO

Commodity：Bamboo Basket

PC/WT：2/40.0kg

DIMS：39.6cm×40.2cm×50.4cm

（1）运价

M：230.00   CNY

N：37.51

45：28.13

（2）体积重量

40cm×40cm×50cm×2÷6 000cm³/kg＝26.66kg→27.0kg

（3）计算运费

40.0kg×CNY37.51＝CNY1 500.00

45.0kg×CNY28.13＝CNY1 265.85

两种计费方法比较，取低者。

（4）填开货运单

3. 案例 3（适用限额点运费计算）

Routing：PEK-TYO

Commodity：New Tape

PC/WT：1/0.4kg

（1）运价

M：230.00　　　　　　CNY

N：37.51

45：28.13

（2）运费

0.5kg×CNY37.51＝CNY18.755

因为低于起码运费，所以应按起码运费计收。

（3）填开货运单

本 章 小 结

本章主要学习了航空运输的基本知识及航空货物运输的单证，航空运输进出口程序，国际航空货物运价细类介绍及运价的计算方法等。

航空运输的基本知识涉及航空运输体系，航空运输的设备设施，空中交通运输管制等方面的知识。在航空运输体系中重点讲述了航空运输设备体系和管理体系。在航空运输的设备设施中重点讲述了飞机、机场及通信设备。

航空货物进口程序指空运货物从入境到提取或转运的整个流程所需通过的环节、所需办理的手续以及必备的单证。航空货物出口程序指航空货运代理公司从发货人手中接货直到将货物交给机场货运站这一过程所需通过的环节、所需办理的手续以及必备的单证。

航空货物运输的单证主要包括进口报关单证和出口报关单证，其中还详细介绍了航空货运单。它是托运人和承运人间订立运输合同的证明，同时也是货物运输的凭证。重点讲述了进口报关和出口报关中涉及的基本单证和法定单证以及航空货运单的组成和填开方法。

运价是承运人为运输货物对规定的重量单位（或体积）收取的费用称为运价。航空运价指机场与机场间的（airport to airport）空中费用，不包括承运人、代理人或机场收取的其他费用。结合具体实例重点讲述了航空运价的计算方法和国际航空货物运价细类。

关键词或概念

国际航空运输（international air transport）

单证（documents）

运价（rates）
运费（transportation charges）

简答题

1. 航空运输的优缺点是什么？
2. 简述空中交通管制的任务与要求。
3. 简述机场的构成及其主要设施。
4. 简述国际航空进口货物运输代理业务的流程。

附件

附件一　中华人民共和国海关进口货物报关单

预编入编号：　　　　　　　　　　　　　　　　海关编号：

进口口岸	备案号	进口日期		申报日期
经营单位	运输方式	运输工具名称		提运单号
收货单位	贸易方式	征免性质		征税比例
许可证号	起运国（地区）	装货港		境内目的地
批准文号	成交方式	运费	保费	杂费
合同协议号	件数	包装种类	毛重（千克）	净重（千克）
集装箱号	随附单据		用途	
标记唛码及备注				

项号	商品编号	商品名称、规格型号	数量及单位	原产国（地区）	总价　单价	币制	征免

税费征收情况

录入员　录入单位	兹申明以上申报无讹并承担法律责任	海关审单批注及放行日期（签章）
报关员		审单　　审价
单位地址	申报单位（签章）	征税　　统计
邮编　电话	填制日期	查验　　统计

附件二　中华人民共和国海关出口货物报关单

预编入编号：　　　　　　　　　　　　　　　　海关编号：

出口口岸	备案号	出口日期		申报日期
经营单位	运输方式	运输工具名称		提运单号
发货单位	贸易方式	征免性质		结汇方式
许可证号	运抵国（地区）	指运港		境内货源地
批准文号	成交方式	运费	保费	杂费
合同协议号	件数	包装种类	毛重（千克）	净重（千克）
集装箱号	随附单据		生产厂家	
标记唛码及备注				

项号	商品编号	商品名称、规格型号	数量及单位	最终目的国（地区）	总价　单价	币制	征免

税费征收情况

录入员　录入单位	兹声明以上申报无讹并承担法律责任	海关审单批注及放行日期（签章）
报关员		审单　　审价
单位地址	申报单位（签章）	征税　　统计
邮编　电话	填制日期	查验　　统计

附件三　中国国际航空公司

AIR CHINA

国 际 货 物 托 运 书　　　　　　　　货运单号码

SHIPPER 'S LETTER OF INSTRUCTION　　NO. OF AIR WAYBILL

托运人姓名及地址 SHIPPER'S NAME AND ADDRESS	托运人账号 SHIPPER'S ACCOUNT NUMBER	供承运人用 FOR CARRIER USE ONLY	
		航班/日期 FLIGHT/DAY	航班/日期 FLIGHT/DAY
收货人姓名及地址 CONSIGNEE 'S NAME AND ADDRESS	收货人账号 CONSIGNEE 'S ACCOUNT NUMBER	已预留吨位 BOOKED	
代理人的名称和城市 ISSUING CARRIER 'S AGENT NAME AND CITY		运费 CHARGES	
始 发 站 AIRPORT OF DEPARTURE		ALSO NOTIFY：	
到 达 站 AIRPORT OF DESTINATION			

托运人声明价值 SHIPPER'S DECLARED VALUE		保险金额 AMOUNT OF INSURANCE	所附文件 DOCUMENT TO ACCOMPANY AIR WAYBILL
供运输用 FOR CARRIAGE	供海关用 FOR CUSTOMS		

处理情况（包括包装方式、货物标志及号码等）
HANDING INFORMATION （INCL. METHOD OF PACKING IDENTIFYING MARKS AND NUMBERS. ETC.）

件数 No. OF PACKAGES	实际毛重千克 （千克） ACTUAL GROSS WEIGHT （kg）	运价种类 RATE CLASS	收费重量千克 （千克） CHARGEABLE WEIGHT （kg）	费率 RATE CHARGE	货物品名及数量（包括体积或尺寸）NATURE AND QUANTITY OF GOODS （INCL. DIMENSIONS OF VOLUME）

托运人证实表中所填全部属实并愿遵守承运人的一切载运章程
THE SHIPPER CERTIFIES THAT THE PARTCULARS ON THE FACE HEREOF ARE CORRECT AND AGR EES TO THE CONDITIONS OF CARRIAGE OF THE CARRIER

托运人签字　　　　　　日期　　经手人　　日期
SIGNATURE OF SHIPPER　　DATE　AGENT　DATE

附件四

(1A)	(1)	(1B)		(1A)	(1B)

Shipper's Name and Address | (3) Shipper's Account Number

NOT NEGOTIABLE

(1C)

AIR WAYBILL

ISSUED BY

(2)

Copies 1, 2 and 3 of this Air Waybill are originals and have the same validity (1D)

Consignee's Name and Address | (5) Consignee's Account Number

It is agreed that the goods described herein are accepted in apparent good order and condition (except as noted) for carriage SUBJECT TO THE CONDITIONS OF CONTRACT ON THE REVERSE HEREOF, THE SHIPPER'S ATTENTION IS DRAWN TO THE NOTICE CONCERNING CARRIER'S LIMITATION OF LIABILITY. Shipper may increase such limitation of liability by declaring a higher value for carriage and paying a supplemental charge if required.

(1E)

(4)

ISSUING CARRIER MAINTAINS CARGO ACCIDENT LIABILITY INSURANCE

Issuing Carrier's Agent Name and City (6)

Accounting Information

Agent's IATA Code (7) | Account No. (8)

(10)

Airport of Departure (Addr. of First Carrier) and Requested Routing
(9)

to (11A)	By First Carrier (11B) Routing and Destination	to (11C)	by (11D)	to (11E)	by (11F)	Currrency Code (12)	CHGS (13)	WT/VAL PPD (14A) COLL (14B)	Other PPD (15A) COLL (15B)	Declared Value for Carriage (16)	Declared Value for Customs (17)

Airport Destination (18)	Flight/Date (19A)	For Carrier Use only	Flight/Date (19B)	Amount of Insurance (20)	INSURANCE if carrier offers insurance, and such insurance is requested in accordance with conditions on reverse here of, indicate amount to be insured in figure in box marked amount of insurance.

Handling Information (21)

(for USA only) Those commodities licensed by U.S. for ultimate destination........ Diversion contrary to U.S. law is prohibited.

No. of Pieces RCP	Gross Weight	Kg lb	Rate Class Commodity Item No.	Chargeable Weight	Rate / Charge	Total	Nature and Quantity of Goods (incl. Dimensions or Volume)
(22A)	(22B)	(22C) (22D)	(22E)	(22F)	(22G)	(22H)	(22I)
(22J)	(22K)					(22L)	

Prepaid (24A)	Weight Charge	Collect (24B)	Other Charge	
	Valuation Charge		(23)	
(25A)		(25B)		
(26A)	Tax	(26B)		
	Total Other Charges Due Agent			
(27A)		(27B)	Shipper certifies that the particulars on the face hereof are correct and that insofar as any part of the consignment contains dangerous goods, such part is properly described by name and is in proper condition for carriage by air according to the applicable Dangerous Goods Regulations.	
(28A)	Total Other Charges Due Carrier	(28B)		
(29A)		(29B)	............(31)	
			Signature of Shipper or his Agent	
Total Prepaid (30A)		Total Collect (30B)		
Currency Conversion Rates (33A)	CC Charges in Dest. Currency (33B)		Executed on (date) (32A) at (place) (32B) Signature of Issuing Carrier or its Agent (32C)	
For Carriers Use only at Destination (33)	Charges at Destination (33C)	Total Collect Charges (33D)		

第八章　国际多式联运和陆上运输

本章导读

国际多式联运和国际陆上运输是最主要的国际物流形式之一，国际陆上运输又包括公路运输和铁路联运两种国际物流形式。即使在国际物流系统中，海运物流运送货量远远大于陆运物流，然而近些年来兴起的多式联运证明了陆运物流的优势。在整个国际物流系统中，国际陆上运输是国际物流实现最终功能不可或缺的一部分，而国际多式联运的发展也给国际物流带来了更多的方便和优势。

本章学习目标

本章重点要求学生掌握大陆桥运输实务，国际多式联运单证制作以及国际公路、铁路等多种运费的计算方法；深刻理解国际多式联运的基础知识和操作流程，国际陆上运输的进出口业务流程，多式联运单证的内容和联运提单的填写，以及国际铁路货物联运运费的计算与核收，了解国际多式联运的组织模式及大陆桥运输的运输线路。

第一节　国际多式联运概述

一、国际多式联运基础

（一）国际多式联运概述

1. 国际多式联运概念

国际货物多式联运（以下称国际多式联运），根据 1980 年《联合国国际货物多式联运公约》的规定，国际货物多式联运是指："按照多式联运合同，以至少两种不同的运输方式，由多式联运经营人将货物从一国境内接管货物的地点运至另一国境内指定交付货物的地点。为履行单一方式运输合同而进行的该合同所规定的货物接送业务，不应视为国际多式联运。"

2. 国际多式联运的特点

联合国贸发会秘书处在其提交的《多种方式联运适用的现代化运输技术》报告中指出：国

际多式联运的主要特征是"多式联运经营人和发货人之间的合同关系性质，构成了多式联运的特征。联运经营人以独立的法律实体，向发货人提供用一种以上的运输方式运输货物的单一合同。"根据以上解释，国际多式联运具有的特征是：

（1）发货人和多式联运经营人之间必须订立一个多式联运合同

货物在全程运输中，无论经历多少种运输方式，多式联运经营人必须与发货人之间订立多式联运合同，来明确两者之间的权利、义务、责任、豁免的合同关系和多式联运的性质。它是多式联运的主要特征，也是多式联运区别于传统运输方式的重要依据。

（2）多式联运经营人必须对全程运输负责

多式联运经营人必须对全程运输负责，这也是多式联运的一个重要特征。多式联运经营人是多式联运货物全程运输的组织人。由多式联运经营人去与实际承运人订立分运合同，实际承运人负责全程或部分区段的实际运输。而多式联运经营人作为一个独立的法律实体，对货物负有履行合同的责任并承担自接收货物起到交付货物时止的全程运输责任，以及对货物在运输中因灭失、损坏、迟延交付所造成的损失负赔偿责任。

（3）使用一份全程多式联运单据

多式联运全程运输单据是指证明多式联运合同以及多式联运经营人接收货物并负责按合同条款交付货物所签发的单据，它同时也是一种物权凭证和有价证券。

（4）多式联运使用的是两种或两种以上不同方式的连贯的运输合同

这是确定一票货运是否属于多式联运的最主要的特征。多式联运所指的至少两种以上的运输方式，可以是海陆、海空、海铁等。多式联运不仅使用两种以上不同的运输方式，而且是不同方式下的连续运输。

（5）多式联运的货物必须是国际间的运输

多式联运方式下的货物，必须是跨国境的国际间的运输。这是区别于国内运输和是否适合国际法规的限制条件。

（6）实行全程单一的运费费率

多式联运经营人在对货主负全程运输责任的基础上，制定一个从货物发运地至目的地的全程单一费率，并一次向货主收取。全程单一费率一般包括运输成本、经营管理费用和合理利润。

（7）代理人与多式联运经营人之间的工作关系

起运地接管货物，目的地交付货物及全程运输中各区段的衔接工作，由多式联运经营人在各地的分支机构或代理人完成。这些代理人对多式联运经营人负责。

3. 国际多式联运的运营条件

（1）人力资源。从事国际多式联运业务的人员，应掌握国际货运代理、国际多式联运、国际物流管理等基本专业知识，并根据岗位不同，具备相应的、能满足岗位需要的专业技能和经验。

（2）经营网络。国际多式联运经营人拥有能覆盖其业务范围、满足客户需要的经营线路和经营网络。

（3）设施设备。国际多式联运经营人应拥有必要的运输设备，尤其是场站设施和短途运输工具，同时更应与有关的实际承运人、场站经营人建立长期合作关系，以通过整合其运输资源，设计出满足客户需要的多式联运方案。

（4）管理制度。多式联运经营人应具有多式联运服务管理制度，包括多式联运合同、多式联运单据、多式联运费用制订与结算、服务质量跟踪与考核、服务作业流程控制等管理规定和管理方法。

（5）信息系统。国际多式联运经营人应拥有稳定、可靠，适应多式联运业务要求的信息系统，并能为客户提供及时、准确、可靠的信息服务。

（二）国际多式联运的发展趋势

综观当今世界多式联运的发展，主要呈现以下趋势：

1. 多式联运经营人向多元化方向发展

作为多式联运经营人，其前身大多是大型国际货运代理企业或大型船公司，为了扩大服务范围，提高服务质量，已开始从单一的货运代理业务或海运业务向多元化方向发展。例如，一些国际货运代理企业除了经营传统的货运代理业务外，还以贸易商的身份从事国际贸易业务，以无船承运人身份承接运输业务和多式联运业务，成为多种业务的联合体。又如，一些船公司在传统的海运业务的基础上，不断向陆上业务拓展，参与代理业、陆运服务业的经营，并组织多式联运，呈现了多元化发展的趋势。

2. 多式联运的业务范围不断扩大

为了开展多式联运的需要，多式联运经营人不断把业务向海外扩张，在世界各地物资集散地建立分支机构或代理网点，扩充并完善其服务网络，为货主提供更大的服务空间。在当今经济全球化的形式下，尤其是跨国公司在世界范围内资源优化配置的需求下，多式联运已从发达国家向发展中国家渗透，其业务范围呈现不断扩大的趋势。

3. 多式联运向现代物流领域拓展

以集装箱运输为基础的多式联运，在现代物流中已越来越呈现其独特的优势，不仅是现代物流不可缺少多式联运，而且许多多式联运经营人已充分认识到现代物流的重要性，纷纷加入或经营现代物流业，从而成为现代物流的一支重要力量。

二、国际多式联运组织模式

国际多式联运必须是两种或两种以上不同运输方式组成的连贯运输。从运输方式的组成看，理论上多式联运的组织形式包括但不限于：海——铁、海——空、海——公、铁——公、铁——空、公——空、海——铁——海、公——海——空等多种类型（如图 8-1 所示）。

目前，大多数多式联运仍需在不同运输方式之间进行换装作业，但也出现了货物中途无换装作业的多式联运组合形式，比如，驼背运输、滚装运输、火车轮渡等。

各种运输方式因技术经济特征不同而导致其业务流程独具特色，因而，多式联运组合形式不同，其业务流程也会有所不同。

（一）以海运为核心的多式联运

以海运为核心的多式联运主要包括公海联运、海铁联运、火车轮渡、滚装运输等。由于内河与海运在航行条件、船舶吨位、适用法规上有所不同，因此，江海联运、载驳运输/子母船运

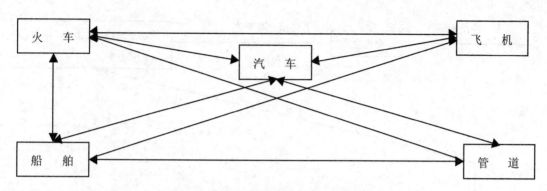

图 8-1 国际多式联运服务可能的组合方式

输往往也视为多式联运。

1. 海铁联运

海铁联运具有快速、安全、运能大、成本低等突出优势，成为当今国际上多式联运的重要模式。目前，加拿大、澳大利亚集装箱海铁联运量一般占总量的 30％ 以上。但我国海铁联运发展缓慢，在我国集装箱多式联运中，海铁联运的比重很低，仅占约 1.5％。

2. 江海联运与载驳运输

由于江海联运在经济上不仅可以减少费用，降低损耗，而且可以扩张港口腹地，吸引众多货源；在操作中也可以减少运输环节，驳船次数，节省重复且无意义的卸货载货人力物力。因而，伴随着近年来我国水路运输的强劲发展，无论是在政府层面，还是在企业层面，发展江海联运都已经成为一种共识，并且，长江、珠江等国内几大内河水系纷纷探求对策，寻找方案。

①长江江海联运与载驳运输

目前长江江海货物运输的方式，大体有三种：

第一种是江海直达运输，即使用江海两用船，运送途中无须中转换装，称为直达运输。

第二种是使用载驳运输/子母船运输。在海上航行时，将专用子驳积载在母船上，到河口将载货子驳卸入内河，然后由推船或拖船牵引子驳，将货物运到内河港口或货主指定的卸货地点。江海直达驳运输，就是海段和江段都用的是顶推船或拖船带动驳船进行货物的运输，在下游的某一个港口进行重新编组。

第三种江海联运，也称江海中转运输。即使用河船和海轮分段运输。由海船和内河船分段完成海上和内河运输任务，货物在河口港进行海船与内河船之间的换装作业。由于水深及港口码头接卸能力等因素的限制，一般大吨位的海轮难以直接进入长江中游，必须经中转。以近洋航线的进口运输为例：几十万吨级的海轮航行至宁波北仑港时换成万吨级的小型海船，然后航行至长江下游港口，诸如：上海、南通、江阴、镇江等，再将货物卸至中转港的堆场等待装货的内河船舶，货物装入内河船或长江大型分节驳顶推船队后再运送至长江沿线中、上游指定港口（参见图 8-2）。此种运输方式即为人们所熟知的传统的江海三程中转运输，俗称江海联运。

②黑龙江内贸跨境运输：中—俄—中

内贸货物跨境运输系指国内贸易货物由我国关境内一口岸起运，通过境外运至我国关境内

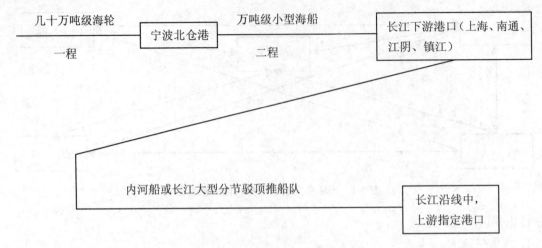

图 8-2　长江江海中转运输示意图

另一口岸的业务。内贸货物跨境运输是海关传统监管业务的新发展。从本质上看，这些货物是内贸货物，原则上，海关对内贸货物不征收进、出口关税及其他税费。但其进出境涉及海关监管，因此，它属于海关监管对象，海关应当比照现行规定予以监管。内贸货物跨境运输具有以下特点：限口岸和运输路线、限参与企业、限货物范围及运输方式、接受海关监管并实行专项管理、人民币结算。

据测算，牡丹江经绥芬河、符拉迪沃斯托克市到上海的陆路运输节省 820 公里，比牡丹江经大连中转到上海节省 90 公里。牡丹江经绥芬河、符拉迪沃斯托克市到广州比牡丹江直接到广州的陆路运输节省 1 100 公里，比牡丹江经大连中转到广州节省 900 公里。

3. 火车轮渡与滚装运输

火车轮渡与滚装运输均是一种特殊的海铁联运与公海联运方式。

①火车轮渡

火车轮渡是指以装载旅客或货物的火车作为一个运输单元，由火车司乘人员驾驶直接驶上、驶离船舶进行的运输。借助于火车轮渡可实现铁路——海运——铁路多式联运，因而，这种模式既可因节省大量货物在装卸港的上装下卸而缩短了货物的在途时间，又在很大程度上弥补了传统水路运输的不足，当然，火车轮渡仍然没有摆脱水运的特点，仍然要受轮船航速和装卸时间的限制。

②滚装运输

滚装运输是指以一台不论是否装载旅客或货物的机动车辆或移动机械作为一个运输单元，由托运人或其雇佣人员驾驶直接驶上、驶离船舶进行的运输。

通常所称的"浮动公路"运输方式，即是借助于滚装运输实现公路——海运——公路多式联运的范例。所谓"浮动公路"运输方式，是指利用一段水运衔接两段陆运，衔接方式采用将车辆开上船舶，以整车货载完成这一段水运，到达另一港口后，车辆开下继续利用陆运的联合运输形式。这种联合运输的特点是在陆运与水运之间，不需将货物从一种运输工具上卸下再转换到另一种运输工具上，而仍利用原来的车辆作为货物载体。其优点是两种运输之间有效衔接，运输方式转换速度快，而且在转换时，不触碰货物，因而有利于减少或防止货损，也是一种现代运输方式。

（二）以陆运为核心的多式联运

以陆运为核心的多式联运主要包括驮背运输、公铁联运和大陆桥运输等。

1. 驮背运输

驮背运输（piggyback transport）是一种特殊的公铁联运方式，由北美国家最先采用，最初是指将载运货物的公路拖车置于铁路平车上输送，因而也被称为平板车载运拖（trailer on flat-car，TOFC）系统。尽管 TOFC 方式有助于铁路货运与汽车货运之间的直接转移，但仍然存在着一些技术上的限制，例如，在铁路车上放置具有车轮的拖车会导致风阻力、损坏和重量问题。因而，在 TOFC 方式的应用实践中也产生拖车或集装箱与铁路平板列车相结合的组织方式，比如，COFC（container on flatcar）和公铁两用车（road railer）。COFC 是指省去拖车而直接将集装箱置于铁路平车上输送；公铁两用车是指一种卡车拖车底盘，既能适合于橡胶轮又能适合于钢轨卡车的系统。目前的北美铁路运输系统仍然采用 TOFC 和 COFC 两种方式并存的设备模式。

2. 公铁联运

有效的公铁联运集公路、铁路为一体，不仅可以最大地满足现代物流发展的需要，同时可以有效地结合公路、铁路各自的优势，发挥铁路运输的准时、安全、费用低以及公路运输快速、灵活、服务到门的优势；同时抛去了铁路运输速度慢、网点少、服务差，公路运输安全系数低、费用高和交通拥挤等缺点。因而，公铁联运已成为为客户提供快速准时、安全高效、费用相对较低的"门到门"的物流服务体系。

（三）以空运为核心的多式联运

以空运为核心的多式联运包括海空联运、陆空联运等。

1. 海空联运

所谓海空联运就是把空运货物先经由船舶运至拟中转的国际机场所在港口，然后安排拖车将货物拖至拟中转的国际机场进行分拨、装板、配载后，再空运至目的地的国际多式联运形式。海空联运方式始于 20 世纪 60 年代，但到 80 年代才得以较大的发展。目前，国际海空联运线主要有：

①远东——欧洲：远东与欧洲间的航线有以温哥华、西雅图、洛杉矶为中转地；也有以香港、仁川、曼谷、符拉迪沃斯托克市为中转地；还有以旧金山、新加坡为中转地。

②远东——中南美：近年来，远东至中南美的海空联运发展较快，因为此处港口和内陆运输不稳定，所以对海空运输的需求很大。该联运线以迈阿密、洛杉矶、温哥华为中转地。

③远东——中近东、非洲、澳洲：这是以香港、曼谷、仁川为中转地至中近东、非洲的运输服务。在特殊晴况下，还有经马赛至非洲、经曼谷至印度、经香港至澳洲等联运线，但这些线路货运量较小。

海空联运具有以下特点：

一是安全、准确。海空联运是以航空运输为核心的多式联运，通常由航空公司或航空运输转运人，或者专门从事海空联运的多式联运经营人来制订计划，以便满足货主对于海运联运货物的抵达时间要求与一般空运一样能精确到"×日××时××分"。由于空运在运输能力、运输方法上有其特点，而且，绝大多数飞机是无法实现海空货箱互换的，货物通常要在航空港换入航空集装箱。海空货物的目的地是机场，货物运抵后是以航空货物处理的，因此，如何在中转时快速、安全的处理货物，以及如一般空运那样按时抵达目的地已成为海空联运的关键。

二是迅速、经济。运输时间比全程海运少，运输费用比全程空运便宜。表 8-1 列出了各类运输模式的运输时间，空运运费和海空联运运费则按全海运运费做比例计算。总的来讲，运输距离越远，采用海空联运的优越性就越大，因为同完全采用海运相比，其运输时间更短。同直接采用空运相比，其费率更低。因此，从远东出发将欧洲、中南美以及非洲作为海空联运的主要市场是合适的。此外，目前，国际上对海空联运还没有相应的规定和法律，因而，运价可自由制定。

表 8-1　海空联运与其他运输模式的比较

运输路线	海运（天）	成本（%）	海空联运（天）	成本（%）	空运（天）	成本（%）
香港/西欧主要港口	23	100	13～14	650	2～3	1 400
香港/东欧	30	100	13～14	400	2～3	950
香港/地中海东部	21	100	13～14	450	2～3	850
香港/地中海西部	28	100	13～14	600	2～3	1 300
香港/中美	35	100	24～25	500	7～8	5 400
香港/南美	35	100	24～25	750	7～8	7 600

三是可以解决旺季时直飞空运舱位不足的问题。

四是货物通常要在航空港换入航空集装箱。当然，随着世界商品技术含量的不断提高，并向轻、小、精、薄方向发展以及跨国公司对及时运输的需求，发达国家已出现采用大型飞机进行国际标准集装箱（空水陆联运集装箱）的海空多式联运方式。

五是托运货物的限制。基于海空运输规则及设施限制，有些货物暂不受运，比如，危险物品、贵重物品、活动物，以及需要冷藏及冷冻的物品等。长度超过 235 英寸（595 公分）、或宽度超过 96 英寸（240 公分），或高度超过 118 英寸（295 公分）的货物，以及每千克申报价超过 20 美元的货物，一般均不接受订舱。

由此可见，海空多式联运结合海运运量大、成本低和空运速度快、时间要求紧的特点，能对不同运量和不同运输时间要求的货物进行有机结合。

2. 陆空联运

陆空联运较之海空联运而言，更普遍地被世界各国所采用，尤其是工业发达国家、高速公路较多的国家，这种方式更显其效能。陆空货物联运具有到货迅速、运费适中、安全保质、手续简便和可以提前结汇等优点。

国际陆空联运主要有空陆空联运（ait-train/truck-air，ATA）、陆空陆联运（train-air-truck，TAT）和陆空联运（train-air or truck-air，TA）等形式。目前，接受这种联运方式的国家遍及欧洲、美洲和澳大利亚。

目前，陆空联运广泛采用"卡车航班"运输形式，即空运进出境航班与卡车内陆运输相结合。由于航空公司对其编制固定的航班号，确定班期和时刻，并对外公布，作为飞机航班运输的一种补充方式，完成飞机运输的功能，因此也称为"卡车航班"。

①卡车航班弥补了空运固定航班在机型、航线以及航班时间等方面的弱点，同时有效发挥陆运卡车装载能力大、运输路线灵活的优势，又发挥了联程运输实行"一次报关、一次查验、一次放行"的直通式通关服务，大大节省了通关时间，降低了运输成本。

②通过卡车航班建立非枢纽机场与枢纽机场之间的联系。卡车航班完全是为了向枢纽机场汇集货物，或者为枢纽机场发散货物而开通的。

在采用陆空联运时应注意以下几点：

①应妥善选择运输方式。飞机航班在时间和安全性上都有卡车航班无法比拟的优势，飞机航班是固定的、现有的运力。所以，对于批量小、单件货物重量、尺寸适合的货物，以及特种货物，诸如鲜活易腐货物、贵重物品、危险物品，应当使用飞机航班运输。

②应处理好货物在两种运输方式之间的衔接，即要根据货物运输的续程航班时间来确定使用飞机航班或者卡车航班。为了确保航班收益最大化，所有货物在到达枢纽机场之前必须预订续程航班，可以根据续程航班的时间来确定运输方式。例如，在青岛至北京的航班选择上，如果续程航班于次日 15 时以前自北京起飞，就只能安排飞机航班运输货物，使用卡车航班运输很难保证有足够的操作时间将货物安排在续程航班上。而只有续程航班于次日 15 时以后自北京起飞时，才考虑安排卡车航班运输货物。

③卡车航班的运营环境在某种意义上比空中航线更为复杂，因为运输时间和路程都要比飞机航班长。所以，对于全程的道路状况和天气状况必须进行充分的调查，才能确保卡车航班安全、准时地到达枢纽机场，衔接续程航班。并且在发生任何异常情况时，予以妥善处理，将延误的时间减到最小，将可能的损失降到最低。

④卡车航班是对飞机航线的延伸。卡车航班在形式上是卡车，但在概念上却是航班，卡车实际上是航空器的代替品，完全由航空公司按照固定的时间以及航线进行操作。按照国际惯例，货物从起运点到止运点都须设立机场，运单才可以直通。因此，如整个全程采取国际航空货运单"一票到底"的形式，就要求货运的始发站或目的地必须有国际航空组织公认的航空代码。由于此时仅使用航空货运单，因此"卡车航班"不是多式联运，要按照航空货物运输来处理有关事宜。

三、国际多式联运进出口业务流程概述

多式联运是一种现代化的综合运输，涉及面广、环节众多、环境繁杂，因此其业务流程也十分复杂。下面简要介绍多式联运的一般业务流程。

（一）多式联运合同的订立

多式联运必须订立合同，合同是规范承托双方权利、义务以及解决争议的基本法律文件。多式联运合同的主要内容有托运人、收货人、多式联运经营人，货物的名称、包装、件数、重量、尺寸等情况，接货的地点和时间，交货的地点和约定的时间，不同运输方式的组成和运输线路，货物交接方式以及承托双方的责任和义务，解决争议的途径和方法等。

（二）多式联运计划的编制

多式联运计划总的要求是：

1. 合理性要求运输线路短、各区段运输工具安全可靠、运输时间能保证、不同运输方式之间良好衔接，从而保证货物从一国境内接货地安全及时地运到另一国境内的交货地。

2. 经济性在保证货运质量的前提下，尽可能节省总成本费用，以提高经济效益。

3. 不可变性在计划中应充分考虑各种因素，留有必要的余地，除不可抗力外，计划一般不能随意改变。在完成多式联运计划编制后，多式联运经营人还应及时将计划发给沿线各环节的代理人，使之提前做好接货、运输、转关或交货等准备工作。

（三）接货装运

按照多式联运合同，在约定的时间、地点，由多式联运经营人或其代理人从发货人手中接管货物，并按合同要求装上第一程运输工具发运。按双方议定的交接方式，凡在 DOOR 或 CY 交接的，由发货人负责装箱计数施封和办理出口清关手续，在箱体外表状况良好、封装完整状态下，将货物整箱交多式联运经营人或其代理人；凡在 CFS 交接的，由发货人负责办理出口清关手续，将货物散件交多式联运经营人或其代理人，由后者负责拼箱计数施封后装运发送。

（四）多式联运单证的签发

多式联运经营人接管货物和在运费预付情况下收取全程运费后，即签发多式联运单据，表明多式联运经营人对全程联运负有责任。对多式联运合同当事人来说，多式联运单据是多式联运经营人收到货物的证据，是合同的证明，也是货物的物权凭证，多式联运经营人按多式联运单据指明的收货人或被指示的收货人交付货物，收货人凭多式联运单据提领货物。在货物装运发送后，多式联运经营人还应将多式联运单据副本及一程运输的有关运输单证及时寄往第一程的目的地（港）的代理人，以便其做好接货、转关和转运的准备。

（五）运输保险

由于多式联运运距长、环节多、风险大，为避免可能发生的货运事故，多式联运经营人还可以向保险公司投保。尽管多式联运经营人有责任限额保护条款，但因多式联运经营人的疏忽、过失、侵权，将使其丧失责任限额保护的权利，并有承担很大的赔偿金额的风险。为避免造成较大的损失，多式联运经营人通常向保险公司投保货物责任险和集装箱险，以防范巨额赔偿风险。

（六）转关手续

多式联运若在全程运输中经由（缔约国），应由多式联运经营人或其代理人负责办理过境转关手续，对"国际集装箱海关公约"缔约方之间，转关手续已相当简化，通常只提交相应的转关文件，如过境货物申报单、多式联运单据、过境国运输区段单证等，并提交必要的担保和费用，过境国海关可不开箱检查，只做记录而予以放行。

（七）全程运输的协调管理

1. 不同运输方式之间的转运国际多式联运是以至少两种不同运输方式组成的连续运输，不同运输方式之间的转运衔接，是保证运输连续性、准时性的关键。由于运输工具不同、装卸设备设施不同、转运点的选择不同以及各国的规定和标准不同，因此多式联运经营人或其代理人事前应对其有充分的了解，以便根据各种具体情况和要求实现快速的转运。

2. 各运输区段的单证传递多式联运经营人作为全程运输的总负责人，通常要与各运输区段实际承运人订立分运输合同，在运输区段发送地以托运人的身份托运货物，在运输区段的目的地又以收货人的身份提领货物。为了保证各运输区段货物运输的顺利进行，多式联运经营人或其代理人在托运货物后要将有关运输单证及时寄给区段目的地代理人。同时，如该实际运输区段不是最后一程运输，多式联运经营人的代理人在做好接货准备的同时，还要做好下一程运输的托运准备。

3. 货物的跟踪，为了保证货物在多式联运全程运输中的安全，多式联运经营人要及时跟踪货物的运输状况，如通过电报、电传、EDI、因特网在各节点的代理人之间传递货物信息，必要时还可通过 GPS 进行实时监控。

（八）交付货物

按多式联运合同规定，货物到达指定交货地后，由多式联运经营人或其代理人将货物交多式联运单据指明的收货人或按指示交指定的收货人，即告完成全程运输任务。交货地代理人应在货物到达前向收货人发出到货通知，以便收货人及时做好提货准备。对于 FCL 交货的，如 CY 条款，货物卸船、收货人办妥进口清关手续后，委托集装箱码头整箱交货；如 DOOR 交货的，则由公路运输至收货人的工厂或仓库交货，交接双方以箱体外表状况良好、封志完整为条件。

（九）运输过程中的海关业务

按照国际多式联运的全程运输（包括进口国内陆段运输）均应视为国际货物运输。因此该环节工作主要包括货物及集装箱进口目的地通关手续，进口国内陆段保税（海关监管）运输手续及结关等内容。如果陆上运输要通过其他国家海关和内陆运输线路时，还应包括这些海关的通关及保税运输手续。这些涉及海关的手续一般由多式联运经营人的派出机构或代理人办理，也可由各区段的实际承运人作为多式联运经营人的代表代为办理。由此产生的全部费用，应由发货人或收货人负担。如果货物在目的港交付，则结关应在港口所在地海关进行。如在内陆地交货，则应在口岸办理保税（海关监管）运输手续，海关加封后方可运往内陆目的地，然后在内陆海关办理结关手续。

（十）货运事故处理

如果全程运输中发生了货物灭失、损害和运输延误，无论是否能确定损害发生的区段，发（收）货人均可向多式联运经营人提出索赔。多式联运经营人根据提单条款及双方协议确定责任并做出赔偿。如果确知事故发生的区段和实际责任者时，可向其进一步进行索赔。如不能确定事故发生的区段时，一般按在海运段发生处理。如果已对货物及责任投保，则存在要求保险公司赔偿和向保险公司进一步追索问题。如果受损人和责任人之间不能取得一致，则需通过在诉讼时效内提起诉讼和仲裁来解决。

第二节　大陆桥运输实务

一、大陆桥运输的定义

大陆桥运输（Land Bridge Transport）是指利用横贯大陆的铁路（公路）运输系统，作为中间桥梁，把大陆两端的海洋连接起来的集装箱连贯运输方式。简单地说，就是两边是海运，中间是陆运，大陆把海洋连接起来，形成"海——陆"联运，而大陆起到了"桥"的作用，所以称之为"陆桥"。而"海——陆"联运中的大陆运输部分就称之为"大陆桥运输"。

二、大陆桥运输产生的历史背景

大陆桥运输是集装箱运输开展以后的产物。出现于 1967 年，当时苏伊士运河封闭、航运中断，而巴拿马运河又堵塞，远东与欧洲之间的海上货运船舶，不得不改道绕航非洲好望角或南美致使航程距离和运输时间倍增，加上油价上涨航运成本猛增，而当时正值集装箱运输兴起。在这种历史背景下，大陆桥运输应运而生。从远东港口至欧洲的货运，于 1967 年年底首次开辟了使用美国大陆桥运输路线，把原来全程海运，改为海、陆、海运输方式，试办结果取得了较好的经济效果，达到了缩短运输里程、降低运输成本、加速货物运输的目的。

三、运输线路

（一）北美大陆桥

北美大陆桥是指利用北美的大铁路从远东到欧洲的"海陆海"联运。该陆桥运输包括美国大陆桥运输和加拿大大陆桥运输。美国大陆桥有两条运输线路：一条是从西部太平洋沿岸至东部大西洋沿岸的铁路和公路运输线；另一条是从西部太平洋沿岸至东南部墨西哥湾沿岸的铁路和公路运输线。

美国大陆桥于 1971 年年底由经营远东/欧洲航线的船公司和铁路承运人联合开办"海陆海"多式联运线，后来美国几家班轮公司也投入运营。目前，主要有四个集团经营远东经美国大陆桥至欧洲的国际多式联运业务。这些集团均以经营人的身份，签发多式联运单证，对全程运输负责。加拿大大陆桥与美国大陆桥相似，由船公司把货物海运至温哥华，经铁路运到蒙特利尔或哈利法克斯，再与大西洋海运相接。

北美大陆桥是世界上历史最悠久、影响最大、服务范围最广的陆桥运输线。据统计，从远东到北美东海岸的货物有大约 50％以上是采用双层列车进行运输的，因为采用这种陆桥运输方式比采用全程水运方式通常要快 1～2 周。例如，集装箱货从日本东京到欧洲鹿特丹港，采用全程水运（经巴拿马运河或苏伊士运河）通常约需 5～6 周时间，而采用北美路桥运输仅需 3 周左右的时间。

随着美国和加拿大大陆桥运输的成功运营，北美其他地区也开展了大陆桥运输。墨西哥大陆桥就是其中之一。该大陆桥横跨特万特佩克地峡，连接太平洋沿岸的萨利纳克鲁斯港和墨西哥湾沿岸的夸察夸尔科斯港，陆上距离 182 海里。墨西哥大陆桥于 1982 年开始营运，目前其服务范围还很有限，对其他港口和大陆桥运输的影响还很小。在北美大陆桥强大的竞争面前，巴拿马运河可以说是最大的输家之一。随着北美西海岸陆桥运输服务的开展，众多承运人开始建造不受巴拿马运河限制的超巴拿马型船，从而放弃使用巴拿马运河。可以预见，随着陆桥运输的效率与经济性的不断提高，巴拿马运河将处于更为不利的地位。

（二）西伯利亚大陆桥

西伯利亚大陆桥是利用俄罗斯西伯利亚铁路作为陆地桥梁，把太平洋远东地区与波罗的海和黑海沿岸以及西欧大西洋口岸连起来。此条大陆桥运输线东自符拉迪沃斯托克市的纳霍特卡港口起，横贯欧亚大陆，至莫斯科，然后分三路，一路自莫斯科至波罗的海沿岸的圣彼得堡港，转船往西欧、北欧港口；一路从莫斯科至俄罗斯西部国境站，转欧洲其他国家铁路（公路）直运欧洲各国；另一路从莫斯科至黑海沿岸，转船往中东、地中海沿岸。所以，从远东地区至欧洲，通过西伯利亚大陆桥有海、铁、海，海、铁、公路和海、铁、铁三种运送方式。从20世纪70年代初以来，西伯利亚大陆桥运输发展很快。目前，它已成为远东地区往返西欧的一条重要运输路线。日本是利用此条大陆桥的最大顾主。整个80年代，其利用此大陆桥运输的货物数量每年都在10万个集装箱以上。为了缓解运力紧张情况，前苏联又建成了第二条西伯利亚铁路。但是，西伯利亚大陆桥也存在三个主要问题：

1. 运输能力易受冬季严寒影响，港口有数月冰封期；
2. 货运量西向大于东向约两倍，来回运量不平衡，集装箱回空成本较高，影响了运输效益；
3. 运力仍很紧张，铁路设备陈旧。随着新亚欧大陆桥的正式营运，这条大陆桥的地位正在下降。

中国通过西伯利亚铁路可进行陆桥运输的路线有三条：

1. 铁——铁路线；
2. 铁——海路线；
3. 铁——公路线。

（三）新亚欧大陆桥

1. 新亚欧大陆桥

亚欧第二大陆桥，也称新亚欧大陆桥。该大陆桥东起中国的连云港，西至荷兰鹿特丹港，全长10 837公里，其中在中国境内4 143公里，途径中国、哈萨克斯坦、俄罗斯、白俄罗斯、波兰、德国和荷兰7个国家，可辐射到30多个国家和地区。1990年9月，中国铁路与哈萨克斯坦铁路在德鲁日巴站正式接轨，标志着该大陆桥的贯通。1991年7月20日开办了新疆——哈萨克斯坦的临时边贸货物运输。1992年12月1日由连云港发出首列国际集装箱联运"东方特别快车"，经陇海、兰新铁路，西出边境站阿拉山口，分别运送至阿拉木图、莫斯科、圣彼得堡等地，标志着该大陆桥运输的正式开办。近年来，该大陆桥运量逐年增长，并具有巨大的发展潜力。

2. 与西伯利亚大陆桥相比，新亚欧大陆桥具有的优势

（1）地理位置和气候条件优越。整个陆桥避开了高寒地区，港口无封冻期，自然条件好，吞吐能力大，可以常年作业。

图8-4 亚欧大陆桥

（2）运输距离短。新亚欧大陆桥比西伯利亚大陆桥缩短陆上运距2 000～2 500公里，到中亚、西亚各国，优势更为突出。一般情况下，陆桥运输比海上运输运费节省20%～25%，而时间缩短一个月左右。

（3）辐射面广。新亚欧大陆桥辐射亚欧大陆30多个国家和地区，总面积达5 071万平方公里，居住人口占世界总人口的75%左右。

（4）对亚太地区吸引力大。

（四）其他运输形式

北美地区的陆桥运输不仅包括上述大陆桥运输，而且还包括小陆桥运输（mini-bridge）和微桥运输（micro-bridge）等运输组织形式。

1. 小陆桥运输

所谓小陆桥运输（MLB，mini land bridge），也就是比大陆桥的海/陆/海形式缩短一段海上运输，成为海/陆/或陆/海形式。目前，北美小陆桥运送的主要是远东、日本经美西海岸（W/C），尤其是美太平洋岸西南向（PSM）港口、墨西哥海岸（G/C）到美东海岸（E/C）的集装箱货物。

该小陆桥路线是在1972年由美国的船公司和铁路公司联合创办的。避免了绕道巴拿马运河，可以享受铁路集装箱专用列车优惠运价，从而降低了成本，缩短了路径。以日本/美东航线为例，从大阪至纽约全程水运（经巴拿马运河）航线距离9 700海里，运输时间21～24天。而采用小陆桥运输，运输距离仅7 400海里，运输时间16天，可节省1周左右的时间。

2. 微桥运输

所谓微型陆桥运输，也就是比小陆桥更短一段。由于没有通过整条陆桥，而只利用了部分陆桥，故又称半陆桥运输，是指海运加一段从海港到内陆城乡的陆上运输或相反方向的运输形式。

北美微桥运输是指经北美东、西海岸及墨西哥湾沿岸港口到美国、加拿大内陆地区的联运服务。随着北美小陆桥运输的发展，出现了新的矛盾，主要反映在：如货物由靠近东海岸的内地城市运往远东地区（或反向），首先要通过国内运输，以国内提单运至东海岸交船公司，然后由船公司另外签发由东海岸出口的国际货运单证，再通过国内运输运至西海岸港口，然后海运至远东。货主认为，这种运输不能从内地直接以国际货运单证运至西海岸港口转运，不仅增加费用，而且耽误运输时间。为解决这一问题，微桥运输应运而生。进出美、加内陆城市的货物采用微桥运输既可节省运输时间，也可避免双重港口收费，从而节省费用。例如，往来于日本和美东内陆城市匹兹堡的集装箱货，可从日本海运至美国西海岸港口，如奥克兰，然后通过铁路直接联运至匹兹堡，这样可完全避免进入美国东部的费城港，从而节省了在该港的港口费支出。

3. 微桥运输与小陆桥运输的区别

（1）目的地：微桥运输是指定的内陆点，小陆桥运输是美西（W/C）、墨西哥湾口岸（G/C）之港口；

（2）内陆运输方式：微桥运输可以采用火车或拖车，小陆桥运输不可用拖车——公路运输。

第三节　国际多式联运单证制作实务

一、国际多式联运单证概述

《联合国国际货物多式联运公约》对多式联运单证的定义："是指证明多式联运合同以及证明多式联运经营人接管货物并负责按照合同条款交付货物的单据。"

（一）多式联运单证定义的解释

该定义说明：

1. 多式联运单证不是运输合同，而是运输合同的证明。

2. 多式联运单证是多式联运经营人收到货物的收据和凭其交货的凭证。

所以，在国际多式联运中，真正的运输合同系由多式联运经营人与发货人订立的多式联运合同。

（二）多式联运合同及其必备条件

《联合国国际货物多式联运公约》对多式联运合同的定义："是指多式联运经营人凭以收取运费、负责完成或组织完成国际多式联运的合同。"

该合同的成立必须具备下列条件：

1. 必须至少使用两种以上的运输方式。

2. 必须是对货物的运输。

3. 接受货物托运，因有合同而对货物负有进行运输和保管的责任。

4. 该合同必须是一种承揽、有偿、不要式合同。

（三）国际多式联运单证系统的构成

国际多式联运单证系统由以下两部分组成。

1. 在国际多式联运经营人与货主（托运人、收货人）之间流转的单证。这部分单证中最重要的是国际多式联运单证（据）。由于没有可适用的国际公约，世界上并不存在国际上认可的、统一的多式联运单证。实务中使用的多式联运单证在商业上是通过订立合同产生的，它既可以是可转让的，也可以是不可转让的，但目前以使用可转让的多式联运提单最为常见。

2. 国际多式联运经营人与各区段实际承运人之间流转的单证。这部分单证采用该区段运输方式所使用的运输单证。

（四）多式联运单证的种类

在没有可适用的国际公约的情况下，并不存在国际上认可的作为多式联运单证的合法单证。现在多式联运中使用的单证在商业中是通过合同产生的。目前，国际多式联运单证可分为以下4类。

1. 波罗的海国际海事协会（BIMCO）制定的 Combidoc。此单证已得到了国际商会（ICC）的认可，通常为拥有船舶的多式联运经营人所使用。

2. FIATA 联运提单（FBL）。它是由 FIATA 制订的，供多式联运经营的货运代理所使用。它也得到了国际商会的认可。

3. UNCTAD 制定的 Multidoc。它是便于《联合国国际货物多式联运公约》得以实施而制定的。它并入该公约中责任方面的规定。由于该公约尚未生效，因而该多式联运单证尚无任何多式联运经营人选用。

4. 多式联运经营人自行制定的多式联运单证。目前几乎所有的多式联运经营人都制定自己的多式联运单证。但考虑到适用性，与 Combidoc、FBL 单证一样，绝大多数单证都并入或采用"ICC 联运单证统一规则"，即采用网状责任制，从而使现有的多式联运单证趋于标准化。

二、多式联运提单的制作

（一）多式联运提单的签发

1. 多式联运提单的签发人

根据《联合国国际货物多式联运公约》的规定，多式联运经营人在接管货物时，应签发一项多式联运单据，该单据应依发货人的选择，或为可转让的单据或为不可转让的单据。多式联运单据应由多式联运经营人或经他授权的人签字。

"多式联运经营人"是指其本人或通过其代表订立多式联运合同的任何人，他是事主，而不是发货人的代理人或代表或参加多式联运的承运人的代理人或代表，并且负有履行合同的责任。在国际多式联运中，系由不同的承运人使用不同的运输工具共同完成全程运输，一旦在运输过程中发生赔偿行为，由谁对该损害行为负有赔偿责任；而且，在多式联运下，出现了两种类型的承运人，一种是契约承运人（与货物托运人订立运输合同的人），另外一种是实际承运人（即契约承运人委托的完成货物运输的人）。这种规定不会影响到契约承运人与实际承运人之间的任何追偿权利，对多式联运经营人的规定，是说明在国际多式联运过程中一旦发生损害赔偿行为，多式联运经营人以本人的身份直接进行赔偿。他在联运业务中作为总承运人对货物负有履行合同的责任，并承担自接管货物时起至交付货物时止的全程运输责任，并且对货物在运输路途中因灭失、损坏或延迟交付所造成的损失负赔偿责任。

2. 多式联运提单的签发

多式联运提单一般是在多式联运经营人收到货物后签发的。由于联运货物主要是集装箱货物，因此经营人接收货物的地点可能是集装箱码头或内陆堆场（CY）、集装箱货运站（CFS）和发货人的工厂或仓库。由于接收货物的地点不同，提单签发的时间、地点及联运经营人承担的责任也不同。而且根据多式联运的特点，托运人一交出货物，即使货物没有装上船，也可以凭场站收据要求多式联运经营人签发提单。这种提单通常是待装船提单，在结汇上是有困难的。

为了适应信用证规定下的集装箱运输，以及多式联运下结汇的需要，《跟单信用证统一惯例》1993年修订本阐述了关于"联合运输单据的规定"。如果信用证需要联合运输单证或规定的联合运输，但未指定所需要的单证形式或该项单证的开户人，银行当对该项单证予以接受。同时规定，如联合运输包括海运，即使单证中未表明货物已装上指名船舶，或即使单证上订有集装箱运输，货物可能载于舱面的条文，但未特别表明该货物已装于舱面者，该项单证银行均予以接受。

多式联运经营人凭收到货物的收据签发多式联运提单时，可以根据发货人的要求签发可转让与不可转让的提单。签发提单前应向发货人收取合同规定和由其负担的全部费用。多式联运经营人在签发多式联运提单时，应注意以下事项：

（1）如签发可转让的多式联运提单，应在收货人栏列明按指示交付或向持票人交付。如签发不可转让的提单，应列明收货人名称。

（2）提单上的通知人一般是在目的港或最终交货地点，由收货人指定代理人。

（3）对签发正本提单的数量一般没有规定，如应发货人的要求签发一份以上的正本提单时，应在每份正本提单上注明正本份数。

（4）如签发任何副本，每份副本均应注明"不可转让副本"字样。副本不具有提单的法律效力。如签发一套一份以上的正本可转让提单时，各正本提单具有同样的法律效力的，多式联运经营人或其代表如已按其中的一份正本交货便已经履行交货责任，其他提单自动失效。

（5）多式联运提单应由多式联运经营人或经他授权人的签字。如不违背所在国法律，签字可以使用手签、手签笔迹的印章、符号或用任何其他机械或电子仪器印章。

（6）如果多式联运经营人或其代表在接收货物时，对货物的实际情况和提单中未注明的货物的种类、标志、数量或重量、包数或件数有怀疑，但又无适当的方法进行核对、检查时，可以在提单上做出保留，注明不符之处和怀疑的根据。但是为保证提单的清洁，也可以按习惯处理。

（7）经发货人同意，可以用任何机械或其他方式保存公约规定的多式联运提单列明的事项，签发不可转让的提单。在这种情况下多式联运经营人在接管货物后，应交给发货人一份可以阅读的单据，该单据应载有此种运输方式记录的所有事项。根据公约规定这份单据应视为多式联运单据。多式联运公约中的这项规定，主要是为适应电子单证的使用而设置的。

（8）如该提单中记名的收货人以书面的形式通知多式联运经营人，要求将提单记载的货物交给他书面通知中指定的其他收货人时，而且，在事实上多式联运经营人也这样做了，也认为多式联运经营人已履行了其交货的责任。

（二）多式联运单证填制

1. 多式联运单证的主要内容

多式联运单证是多式联运经营人、承运人、发货人、收货人、港方和其他有关方进行业务活动的凭证，主要是起货物交接时的证明作用，证明其外表状况、数量、品质等情况。单据的内容必须正确、清楚、完整，以保证货物正常安全地运输。多式联运单证的主要内容有：

（1）货物的外表状况。

（2）多式联运经营人的名称和主要营业所。

（3）发货人、收货人名称。

（4）多式联运经营人接管货物的地点和日期。

（5）交付货物的地点。

（6）经双方明确协议，交付货物的时间、期限。

（7）表示多式联运单证为可转让或不可转让的声明。

（8）多式联运单证签发地点、时间。

（9）多式联运经营人或经其授权的人的签字。

（10）有关运费支付的说明。

（11）有关运输方式和运输路线的说明。

（12）有关声明。

多式联运单证一般都应注明上述各项内容，缺少其中一项或两项没有太大关系，只要所缺少的内容不是影响货物运输和各当事人之间的利益单据，仍然有效。

同时，除按规定的内容填制外，还可根据双方的实际需要和要求，在不违背单证签发国的法律时，可加注其他项目。如有关特种货物的装置说明；对所收到的货物批注说明；不同运输方式下承运人之间的临时洽商批注等。

多式联运单证所记载的内容，通常由托运人填写，或由多式联运经营人或其代表根据托运人所提供的有关托运文件制成。但在多式联运经营人接管货物时，发货人应视为他已向多式联运经营人保证，他在多式联运单证中所提供的货物品类、标志、件数、重量、数量概为准确无误，如系危险货物，还应说明其危险特性。如货物的损害系由于发货人提供的内容不准确或不当所造成，发货人应对多式联运经营人负责，即使发货人已将多式联运单证转让于他人也不例外；而且，多式联运经营人取得这种赔偿的权利，也并不限制他按照多式联运合同对发货人以外的其他任何人应负的赔偿责任。当然，如货物的灭失、损害系由于多式联运经营人意图诈骗，在单证上列入有关货物的不实资料或漏列有关内容，该多式联运经营人则无权享受多式联运公约规定的赔偿责任限制，而应按实际损害赔偿。

2. 多式联运提单特有的条款

多式联运经营人在某种情况下充当的是契约承运人的角色，他所承担的责任期间自接收货物时起至交付货物时止。因此在他所签发的提单中对承运人的义务要加以扩展，同时对他所要承担的责任要予以明确。多式联运提单中特有的条款如：

（1）联合运输

如果是联合运输，并已就联合运输支付运费，本提单便是联合运输提单。承运人负责安排或组织落实联合运输中的前一程运输以及（或）续程运输。所以由于联合运输而引起的索赔必须在交付货物之日或在交付货物之日之后 9 个月内向承运人提出，否则承运人便应被解除其关于货物的任何责任。如果承运人已就因联合运输而引起的任何索赔向货方支付任何款项，承运人便应自然地以代位关系而取得或被赋予货方针对所有其他人包括前一程承运人或续承运人或分立契约人就此项灭失或损害而享有的权利。

本款所载任何规定都不得视为承运人针对前一程承运人或续程承运人或分立契约人就赔偿或其他事项所享有的任何权利的放弃。

（2）灭失与损害

如果能对联合运输过程中发生灭失或损害所属阶段加以判明，承运人的责任应适用该阶段的国内法或国际公约。如果在联合运输过程中发生灭失或损害的阶段无法判明，则货方与承运人商定，应将此项灭失或损害视为发生在承运人的船上。

（3）运价本

该条款包含在波罗的海国际海运公会标准联合运输提单，联合国国际货物多式联运提单等样本中，其为有关当事人在发生单据中的运价和所适用的运价本之间不相一致时提供有用的实际的解决方案。如 Multidoc95 第 3 条规定，发运时的多式联运经营人所适用的运价本并入在内，在本单据与应适用的运价本之间不相一致时，本单据优先适用。

3. 联运提单及其填写方法

对承运人来说，提单是向托运人收取运费的主要依据。因此，提单是运输和贸易的重要文件，在缮制提单时绝对不容许有任何疏忽，必须严格和慎重地缮制和签发，否则将使承运人遭受重大损失。提单各项内容的含义及填写：

（1）发货人：即委托方，在大陆桥运输中，一般是外贸单位，填写其完整名称。

（2）收货人或指示：即提单的抬头人，记名收货人或不记名收货人。由发货人提供具体名称和地址。但在以信用证为支付方的条件下，多为空白抬头（to order）。总之按发货人的规定填写，以备在目的地由代理联系收货人提取货物。

（3）通知地址：根据发货人提供的通知方及地址填写，当收货人栏内用不记名式（To ORDER）时，则此栏内必须有被通知方的名称及地址，以备承运人通知其运输信息和提单持有人准备提货。否则，因无法与提单持有人联系，会造成无人提货，而在仓储费或贸易上发生纠纷事件。

（4）前段运输工具：填 BY TRAIN，即火车。

（5）海运船只：不填写。

（6）卸货港：不填写。

（7）收货地点：按实际收货地点填写。

（8）装货港：一般不填写。

（9）交货地点：即集装箱国外最终到站，在到岸价条件下，一般交货地点及最终到站应与买卖合同中规定的目的站一致。

（10）运费支付地：到岸价即 CIF 出口，运费预付时填发站所在地，离岸价即 FOB 出口，运费到付时不填写。

（11）正本提单份数：由买卖合同规定，按委托人的要求确定填写份数，份数 ONE/TWO/THREE，不得用阿拉伯数字 1/2/3 填写。

（12）标志和号码：应按发货人提供的标志唛头以及号码如实填写，不能简化、遗漏或填错。另外还须填上铅封号码。

（13）件数和包装种类：必须按发货人提供的细节认真填写，为了避免件数被篡改，需要用英文大写字母注出总数。如一张提单上分别有几种包装种类，总数必须用英文说明。另外还要填上集装箱箱号。

（14）货名：要用英文大写字母填上货物的确切名称，不得用其他文字。

（15）总重量（千克），容积（立方米）：对于货物的重量和容积，要求每票货物都要以公制计算的千克和立方米表示。

（16）运费和费用：大陆桥出口运输的一般做法是在离岸价条件下，注明运费到付（FREIGHT COLLECTED），在到岸价条件下，注明运费预付（FREIGHT PREPAID）。为划清费用，对于边境交货要注明交货条款。

（17）说明：提单正本签发的份数，其中一份办理提取货物后，其余各份则作无效处理。

（18）提单签发地点及日期：签发地点一般与发货地点一致，提单签发日期应为承运人接管货物并把货物装入集装箱的日期。绝不能预借或倒签提单，因为这将使承运人违背提单条款而承担收货人可能提出的责任。具体填写应为 20TH JULY 2007 AT BEIJING，以防止被篡改。

（19）代表承运人签字：只有承运人和经承运人委任并授权的代理有权签署，例如，大陆桥集装箱运输的联运提单由中外运或铁外服签发并加盖公章。只对正本提单签字，副本不必签字。

（20）提单编号：每份提单都应有编号，以便查询和记录。编号的方法可用发货人托运单的号码，也可根据情况自行决定，但号码不要超过 4 位数字。

4. 对中国香港地区出口货物运输单证

对中国香港地区出口货物运输单证，有几个需要特别提示：

（1）货物运输委托书（见表 8-2）

货物运输委托书（简称"委托书"）是委托和接受委托的依据，也是向发货人核收运送费用的凭证，是对中国香港铁路运输最基本的单据之一。委托书一式三份，其中深圳外运或铁外服一份、港中旅一份（由深圳外运或铁外服转交）、运输过程结束后退发货人一份。

委托书可以采取发运前预寄、发运后以快递方式邮寄、发运时附在铁路运单上代交等方式，以货物到达深圳前（或到达深圳时）交深圳外运或铁外服。

委托书一般应为委托人填写、盖章，但承运人要审单，避免出差错。委托书所填制的内容与其他单证填制的内容要相符，如果货物内容复杂难以在委托书里说明，可以附单说明。委托书如有小的修改，应用书面形式及时传真通知深圳外运或铁外服，以便更改。委托书发站承运人也应留底存档备查，其内容应按批填制，并为同一货主所属的货物。

表 8-2 联运出口货物委托书
中国对外贸易运输（集团）总公司深圳分公司
联运出口货物委托书

运编号_____
发票号_____
合约号_____

制单日期： 年 月 日

委托单位（全程）		香港过户银行	
地址		香港收货（代理）人	
电挂		地址	
电话		电话	

下列货物装火车由_____站发往深圳/香港，委托深圳外运公司/香港中旅货运有限公司参照本委托书。
各项内容办理接运和卸交，并请随时以动态见告。
本票货物到深圳后请办理_____（选填"原车过轨"、"卸车存仓"。"装集装箱"中的一项）。
本票货物运输所发生的一切费用由下述公司支付：
深圳段费用请向_____公司（全称）托收，
香港段费用请向_____公司（全称）托收。

发站装车日期： 年 月 日， 车 号：（整车填，零担货切勿填）
铁路运单号：（零担货填，整车切勿填）

唛头标记	件数及种类包装	货名及规格	尺码（立方米）	毛重（千克）	净重（千克）	信用证条款	
						信用证号	
						装车截止日期	年 月 日
						结汇截止日期	年 月 日
						可否分批装运	年 月 日
						CIP HK RMB ¥	
备注	1. 过轨车载陆海联运货在此栏加盖"陆海联运"印章 2. 超重或超大件物料、危险品物料及特约事项记注在本栏					委托单位盖章：	

（2）承运货物收据（见表 8-3）

由于内地铁路与香港九广铁路目前尚未直通，各地发运到香港的货物不能一票直达。因此，铁路提供的货物运输单证，国内银行不同意将其作为对外结汇的凭证。根据中国香港运输的特点，中外运或铁外服及其所属机构，以货运代理的身份向各外贸单位签发承运货物收据，它相当于海运提单或国际联运运单副本，既可负责发站至中国香港的全程运输，又是向银行结汇的凭证。

表 8-3　承运货物收据

中国铁路对外服务总公司承运货物收据

总编

注意
本承据自制发之日起
满足三个月，无人持
凭提货，即告作废

运编　　　　号
年　月　日

委托人： 地址：					发货人： 通知：	
运输线路　自　　至　　经由		车号		票号		
标记	货物名称	包装	件数	重量或尺码		附记
许可证/明细单号：		信用证号：		起运日期：		
有效承运货物收据共发　　　纸，凭壹纸提货，其余作废						
特约事项：				提货地点：		
押汇银行签认：　　　收货人签认：				承运人签章：		

填写和签发承运货物收据的注意事项：

①承运货物收据是一份重要的单证，也是一份有价证券，填写时务必严肃认真、慎重、准确，其填制内容的依据是信用证条款，银行要根据信用证条款审查，故填制还必须达到银行的要求。信用证结汇的出口货物，承运货物收据一般须用英文书写。其他结汇方式（如"D/A"、"D/P"、"T/T"）根据委托人的要求可用中文书写。

②签发单位必须在发运货物并取回铁路领货凭证后，按实际发运的数量签发，其内容要严格审核，并与委托书保持一致。

③签发日期、货物数量必须与铁路运单相同，尚未发运的货物，不能提前签发结汇。

④承运货物收据为一正三副，各签发单位可按实际需要增减，签发数量与信用证规定相符，如果根据信用证规定份数增加，每份的总编号、运编号必须一致，防止同一份单证使用不同编号。

⑤承运货物收据内容填写要求清楚、整洁、齐全，字迹要清晰，要使用国家规定简化字，不得使用自造字。

⑥承运货物收据原则上不得修改，特殊情况下，修改不得超过三处，修改处承运人要盖修改章证明。

⑦禁止将空白承运货物收据交委托人代为签发，因为签发承运货物收据者要对该批货物负责。

（3）货物起运通知

可使深圳口岸和驻港机构提前做好接运准备，以及在运输单证迟到或丢失时作为补作单证的依据。各发运单位必须在货物装车后 24 小时内传真至深圳外运或铁外服。

第四节　国际公路运输

公路汽车货物运输是现代交通运输体系中最为普及的一种运输方式。公路汽车运输方式不仅在一国的经济发展中具有很重要的地位和作用，而且在国际物流运输过程中也是不可缺少的一个环节。在国际物流货物运输中，不论采用海运、空运或者陆运中的任何一种运输方式，都需要以公路汽车运输作为衔接。同时，作为国际陆运的方式之一，公路汽车运输还承担着公路口岸的出入境货物运输任务。

一、公路汽车运输的营运方式

公路汽车运输的货物种类繁多、性质各异、批量不等，因此不同货物对运输的要求就有所不同。为了满足公路汽车货物运输的需要，公路汽车运输的营运方式可以分为班车货物运输和包车货物运输两种。

（一）班车货物运输

班车货物运输是指从事公路陆运的物流公司事先公布运行表，在确定的线路上，为货主提供规则、反复的运输服务，并根据运价规定计收运费的一种货物运输方式。

班车运输一般是零担货物运输。零担货物（less than truck load）是指同一货物托运人的托运不足一定数量的货物，通常是计费重量不足 3 吨的货物。在公路运输中，按站运价分级的原则，对零担货物按其性质可以分为几个等级，一般有一等普通货物、二等普通货物和三等普通货物三个等级。特种零担货物是指长大、笨重零担货物，危险、贵重零担货物以及特种鲜活零担货物等。

物流公司也承担整批（车）货物（full truck load）运输。整批货物是指同一托运人托运的数量较大，可以满载相应的汽车，通常是计费重量超过 3 吨的货物，或者其计费重量不足 3 吨但是其性质、体积或形状需要使用一辆汽车运输的货物。另外，还可以有集装箱等货物的运输。

（二）包车货物运输

包车货物运输是指物流公司将车辆出租给承租人，并用以完成在约定地点之间、载运约定货物，而由承租人支付运费的一种货物运输方式。包车运输也称行程包车运输。

在包车货物运输中，车辆的开车、停车时间和行驶线路等规定由双方当事人在订立包车运输合同时协商确定；未经车主同意，承租人不得将租来的车辆转租给他人，也不得装运其他任何人的货物，而只能用以运送承租人所提供的货物；包车运输的运费（租车费用）按包用车辆的时间或里程计算，并由双方当事人在订立包车合同时协商确定。

包车运输的货物通常是不易计算货物运量、运距的货物，因货物性质、道路条件限制使车辆不能按正常速度行驶的货物，装卸次数频繁、时间过长的货物，托运人需自行确定车辆的作息时间。

二、公路口岸的出入境汽车运输

中国与周边国家和地区之间的出入境公路汽车货物运输活动多以政府间的双边或多边汽车运输协议为依据进行。供货物、人员和汽车出入境的国境车站称为公路口岸。中国与 7 个国家和地区之间有陆路相毗邻。

（一）中俄间汽车运输

中国与俄罗斯签有《中俄两国政府汽车运输协定》。1999 年 11 月，中俄双方就汽车运输线路的延伸、开展过境汽车运输、提高中方运输车辆通过俄方口岸速度和确定 2000 年许可证交换数量等问题基本达成一致意见，汽车运输新线路的开通和运输线路的延伸都如期完成，效果良好。

中国与俄罗斯之间的公路过境车站主要有以下几个。

1. 满洲里——后贝加尔。满洲里口岸位于内蒙古呼伦贝尔草原西部，为中国一类铁路和公路口岸。满洲里口岸是中国最大的铁路口岸，但由于中俄之间国境铁路轨距不同，铁路货车必须在国境站进行换装。1989 年开始建立公路口岸，与俄罗斯的后贝加尔公路口岸相连，货物年吞吐能力极强，每年都在几十万吨以上。

2. 黑河——布拉格维申斯克。黑河口岸位于黑龙江省黑河市，与俄罗斯阿穆尔州布拉格维申斯克市相连，是水路运输和陆路运输口岸。在明水期进行水陆运输，在冰冻期进行陆路运输。

3. 绥芬河——波格拉尼奇内。绥芬河口岸位于黑龙江省绥芬河市，有一条铁路和两条公路与俄罗斯相连，铁路口岸与俄罗斯的格罗迭科沃相连，公路口岸与俄罗斯的波格拉尼奇内公路口岸相连，是一类口岸。

4. 珲春——库拉斯基诺。珲春口岸位于吉林延边的图们江下游地区，地处中、俄、朝三国接壤地带，与俄罗斯的库拉斯基诺相连。

另外，还有同江——下列宁斯阔耶口岸，鹤岗——比罗比詹口岸等。

（二）中越间汽车运输

中国与越南签有《中越两国政府汽车运输协定》和《中越两国政府汽车运输协定实施议定书》，并已经就实现汽车直达运输达成协议，为双方经济的发展和交流合作提供了有效的保障。

中国与越南之间的公路国境车站主要有以下几个。

1. 山腰——老街。山腰口岸位于云南省红河河口瑶族自治县，距中越边境线 6.5 公里，分为公路口岸和铁路口岸。该口岸与越南老街相连。

2. 友谊关——同登。友谊关公路口岸位于广西凭祥，与越南的同登口岸相连。位于中国云南的中越之间的口岸还有麻栗坡口岸，位于中国广西的中越之间的口岸还有水口、东兴口岸等。

（三）中朝间汽车运输

中国与朝鲜之间有水路、铁路和公路相通，如中国辽宁的丹东口岸与朝鲜的新义州口岸之间就有水路、铁路、公路相通。中国与朝鲜之间的公路国境车站很多，其中有一类和二类口岸。

1. 图们——南阳。图们口岸位于吉林图们市，是国家一类口岸，与朝鲜咸镜北道的南阳市隔图们江相望，两口岸相隔 0.6 公里。图们口岸有铁路和公路通往南阳口岸，是中朝间重要的边境口岸。

2. 开山屯——三峰里。开山屯口岸位于吉林龙井市开山屯内，也是国家一类口岸，与朝鲜的三峰里口岸相对应，距离 1.5 公里，中间有公路桥相连。

中朝间还有三合——会宁、南坪——七星、临江——中江等国家一类口岸；有沙坨子——赛别尔、古城里——三长里、长白——惠山、老虎哨——渭源等地方二类口岸。

（四）中蒙间汽车运输

中国的内蒙古、新疆以及甘肃的地域辽阔，并与蒙古接壤，因此陆路口岸众多，除有铁路口岸外，许多口岸仅为公路口岸。

1. 二连——扎门乌德。二连（二连浩特）口岸位于内蒙古自治区二连市，是国家一类口岸，分为铁路口岸和公路口岸。其铁路口岸是中国通往蒙古的唯一口岸，年货运量为几百万吨。二连公路口岸于 1990 年开通，每年的货运量能力也在几十万吨以上。

2. 老爷庙——布尔噶斯台。老爷庙位于新疆哈密地区，是哈密地区唯一的公路口岸，距中蒙边境 83 公里，1991 年根据中蒙政府双边协议开通，每年 3 月、6 月、8 月、11 月份开放，是季节性口岸，与蒙古的布尔噶斯台相连。

3. 马鬃山——阿尔泰。马鬃山口岸位于甘肃河西走廊西北部肃北蒙古族自治县的马鬃山区，距中蒙边境 65 公里，有简易公路与蒙古的阿尔泰相连。

在中国内蒙古自治区范围内还有阿日哈沙特——哈比日嘎、珠恩嘎达布其——毕其格图、甘其毛道——嘎顺苏海图、策克——西伯库伦、二卡——阿巴盖图、阿尔山——松贝尔、满都拉——哈登宝力格等口岸。在中国新疆还有塔克什肯、乌拉斯台、红山嘴等口岸。

（五）中国与乌、吉、哈、巴、塔之间的汽车运输

中国与乌兹别克斯坦、吉尔吉斯斯坦、哈萨克斯坦、巴基斯坦、塔吉克斯坦等国家就汽车运输签订了有关协议，为中国与这些国家之间的公路汽车运输合作奠定了基础。

1993 年，中国与乌兹别克斯坦签署了《中乌两国政府汽车运输协定》；1994 年，中国与吉尔吉斯斯坦签署了《中吉两国政府汽车运输协定》。在此基础上，为进一步发展与上述国家之间的汽车过境运输，1998 年，中国、乌兹别克斯坦、吉尔吉斯斯坦三国签订了三国政府汽车运输协定。根据协定规定，三方将开通从中国南疆的喀什市至中吉边境的伊尔克斯坦口岸、至吉尔吉斯斯坦的奥什市、至乌兹别克斯坦的安集延市，最后至乌兹别克斯坦首都塔什干的汽车运输路线。1995 年，中国、哈萨克斯坦、巴基斯坦、吉尔吉斯斯坦四国在巴基斯坦首都伊斯兰堡签署了《中华人民共和国政府、哈萨克斯坦共和国政府、吉尔吉斯斯坦共和国政府、巴基斯坦伊斯兰共和国政府过境运输协定》，并从 1996 年 10 月开始分别组织不超过 20 辆车的车队开展过境运输的试运行。1996 年 10 月，中、吉、哈、巴四国又草签了上述四国协定实施细则。1998 年 11 月，中、吉、哈、巴四国在巴基斯坦首都伊斯兰堡签署了四国协定实施细则和许可证制度。1999 年 8 月，中国和塔吉克斯坦签署了《中塔两国政府汽车运输协定》。

中国与上述国家之间较大的口岸是中国与哈萨克斯坦之间的阿拉山口——德鲁日巴。阿拉山口位于新疆博乐市，是中国西部地区唯一的铁路、公路并用的口岸，是国家一类口岸。阿拉山口公路口岸开通于 1992 年 5 月，其对面是哈萨克斯坦的德鲁日巴口岸。

中国与哈萨克斯坦之间还有霍尔果斯口岸、巴克图口岸等。中国与吉尔吉斯斯坦之间还有吐尔特口岸、伊尔克什坦口岸等。中国与巴基斯坦之间唯一的口岸是位于新疆西部的红其拉甫口岸。

（六）中国与缅甸、老挝、尼泊尔之间的汽车运输

中国与缅甸之间的龟甲一类口岸有畹町、瑞丽、景洪等；中国与老挝有位于云南西双版纳傣族自治州的磨憨口岸；中国与尼泊尔之间有位于西藏的日喀则地区口岸等。云南省德宏傣族景颇族自治区的畹町口岸是中国对缅甸贸易的主要出口陆运口岸，还可通过该口岸和缅甸公路转运部分与印度的进出口贸易货物。

（七）中国与不丹、印度之间的汽车运输

中国与不丹、印度之间开展边境运输的重要通道水刷石位于西藏自治区的亚东口岸。

三、国际陆路货物运输业务

国际公路汽车货物运输的流程一般包括货物的托运与承运、装运前的准备工作、装车、运送、卸车、保管和交付货物等环节，并可将其分为发送流程、途中流程和到达流程三个阶段。

（一）托运人与运输车辆

1. 承运人、托运人、货运代办人在签订和履行汽车货物运输合同时，应遵守法律和有关的运输法规、行政规章。

2. 承运人应根据承运货物的需要，按货物的不同特性，提供技术状况良好、经济适用的车辆，并能满足所运货物重量的要求。使用的车辆、容器应做到外观整洁，车体、容器内干净无污染物、残留物。承运这种货物的车辆和集装箱运输车辆，需配备符合运输要求的特殊装置或专用设备。

（二）运输类别

1. 托运人一次托运货物计费质量3吨及以下的，为零担货物运输。

2. 托运人一次托运货物计费质量3吨以上或不足3吨，但其性质、体积、形状需要一辆汽车运输的，为整批货物运输。因货物体积、质量的要求，需要大型或专用汽车运输的，为大型特型笨重物件运输。

3. 采用集装箱为容器，使用汽车运输的，为集装箱汽车运输。

4. 在规定的距离和时间内将货物运达目的地的，为快件运输；应托运人要求，采取即托即运的，为特快件货物运输。

5. 承运易燃、易爆、有毒、有腐蚀性、有放射性等危险货物，以及具有危险性质的新产品，为危险货物汽车运输。

（三）货物种类

1. 货物在运输、装卸、保管中无特殊要求的，为普通货物。普通货物分为三等。

2. 货物在运输、装卸、保管中需采取特殊措施的，为特种货物。特种货物分为三等。

3. 货物每立方米体积质量不足333千克的，为轻泡货物。其体积按货物（有包装的按货物包装）外廓最高、最长、最宽部位尺寸计算。

（四）货物保险与货物保价运输

1. 货物运输有货物保险和货物保价运输两种投保方式，采取自愿投保的原则，由托运人自行确定。

2. 货物保险由托运人向保险公司投保，也可以委托承运人代办。

3. 货物保价运输是按保价货物办理承托运手续，在发生货物赔偿时，按托运人声明价格及货物损坏程度予以赔偿的货物运输。托运人一张运单托运的货物只能选择保价或不保价。

4. 托运人选择货物保价运输时，申报的货物价值不得超过货物本身的实际价值；保价运输为全程保价。

5. 分程运输或多个承运人承担运输，保价费由第一程承运人（货运代办人）与后程承运人协商，并在运输合同中注明。承运人之间没有协议的按无保价运输办理，各自承担责任。

6. 办理保价运输的货物，应在运输合同上加盖"保价运输"戳记。保价费按不超过货物保价金额的 7‰ 收取。

四、国际公路货物运输公约和协定

为了统一公路运输所使用的单证和承运人的责任起见，联合国所属欧洲经济委员会负责草拟了《国际公路货物运输合同公约》（以下简称《公约》，CCMR），并于 1956 年 5 月 19 日在日内瓦欧洲 17 个国家参加的会议上一致通过签订。该《公约》共有 12 章 51 条，就适用范围、承运人责任、合同的签订与履行、索赔和诉讼以及连续承运人履行合同等都做了较为详细的规定。

此外，为了有利于开展集装箱联合运输，使集装箱能原封不动地通过经由国，联合国所属欧洲经济委员会成员国之间于 1956 年缔结了关于集装箱的关税协定。参加该协定的签字国有欧洲 21 个国家和欧洲以外的 7 个国家。协定的宗旨是相互间允许集装箱免税过境，在这个协定的基础上，根据欧洲经济委员会倡议，还缔结了《国际公路车辆运输规定》（Transport International Routier，TIR），根据规则规定，对集装箱的公路运输承运人，如持有 TIR 手册，允许由发运地到达目的地，在海关签封下，中途可不受检查、不支付关税，也可不提供押金。这种 TIR 手册是由有关国家政府批准的运输团体发行，这些团体大都是参加国际公路联合会的成员，它们必须保证监督其所属运输企业遵守海关法规和其他规则。协定的正式名称是《根据 TIR 手册进行国际货物运输的有关关税协定》（Customs Convention on the International Transport of Goods under Cover of TIR Carnets）。该协定由欧洲 23 个国家参加，并已从 1960 年开始实施。尽管上述《公约》和协定有地区性限制，但它们仍不失为当前国家公路运输的重要国际公约和协定，并对今后国际公路运输的发展具有一定影响。

第五节　国际铁路联运

一、运输组织概述

（一）国际铁路联运货物发运组织是一个系统工作

国际铁路联运货物的发运，是一个需严密策划组织的系统工作。它牵扯到铁路运输的住址安排、货物包装装载、海关商检文件准备和报检报验、境外运输、口岸交接及货物的运期、集散等多种类、多专业工作的综合安排。

国际铁路联运货物发运组织设计铁路运输的几乎所有环节，包括敞车、棚车、长大货车、其他特种车辆各种车型，也包括普通货物、危险货物、超限超长超重集重货物及其他特种运输条件货物。由于其运输工具只是铁路车辆一种，所以对铁路货运的专业素质要求很高。并且需要多种专业工作的配合，如海关、商检、口岸交接等。

（二）国际铁路货物运输的种类和运输条件

国际铁路运输的货物按其组织方法可分为整车、零担、集装箱三个运输种类。按货物种类规格可分为普通货物、特种货物（危险货物、阔大货物、鲜活货物及其他特种运输条件货物）

等。以下分别介绍：

1. 按运输组织方法分两类

（1）整车运输

一批货物的重量、体积、形状和性质需要以一辆或一辆以上的货车装运的货物应按整车方式办理运输。一批货物无论是总重或总体积能装足一辆货车标记载重量或充满一辆货车的容积都应办理整车；一件货物的形状不适合进入棚车或敞车与其他货物拼装，或货物的性质决定，有特殊运输要求或者不能清点件数的货物也应按整车办理。

整车货物运输是国际铁路货物运输量最大的运输种类，尤其在与周边国家的大宗货物运输时。

（2）集装箱运输

集装箱运输，是利用具有标准规格尺寸和便于装卸、拴固的容器——集装箱装载货物，通过一种或几种交通工具，进行货物转移的一种先进运输方式。集装箱运输简化了货运手续，使装卸、交接、堆放、搬运等过程变得更简单方便，特别适合于利用电子计算机采集信息、自动配装，实现现代化管理。

符合集装箱运输条件的适箱货物，可按集装箱方式办理。例如贵重、怕湿、易碎货物特别适合采取集装箱运输。

2. 按货物品类区分

（1）普通货物

按我国铁路运输条件，没有特殊的包装要求、没有超过正常铁路运输限界条件、没有特殊的理化性质变化、符合铁路普通运输条件，可以装运普通通用车辆运输的货物。

（2）特种货物运输

在铁路货物运输中，按照运输条件的不同分为按普通运输条件办理的货物运输和按照特种运输条件办理的货物运输。按照特种条件运输的有：铁路危险货物运输、铁路阔大货物（超限、超长、超重、集重货物）运输、铁路鲜活货物运输和其他特定运输条件货物运输，以上在我国铁路统称为"特种货物运输"。

3. 按运输组织形式

我国的国际货物运输有铁海联运、供港（香港、澳门）运输（现已停顿）、国际铁路货物联运、过境铁路运输（大陆桥运输）四种主要形式。其中铁海联运、供港（香港、澳门）运输执行国内铁路运输规则，使用国内铁路运输单证。而国际铁路货物联运和过境铁路运输（大陆桥运输），执行我国铁路运输规则和《国际货协》规则，使用《国际货协》运输单证。

二、国际铁路货物联运计划和组织发运程序

（一）运输计划和组织

国际铁路运输组织准备工作是重要的环节，必须用专业、恰当、准确的语言，把全部运输操作过程制订出有效的运输方案，其具体细节如下：

1. 根据客户提出的货物发运批次、发运地、运输时间要求，运输商或货运代理人要制订运输组织方案和设计货物装载技术方案。注意要提前向客户预报上述工作的准备时间。要求货场主提前提供货物清单，包括货物名称、规格、数量、包装、采购地点、运输批次、运输时间，

以便提前做好货物配载、装载加固方案制订、国际联运计划申报、超限超长集重货物国联查定、境外及第三国过境运输、口岸交接换装等准备工作。审核货主提供的运输资料，是否符合我国铁路运输限制，符合所通过国境口岸、所到达和过境运输的国家限制。

按照货物品类，如是超限、超长、超重、危险品货物，需提出装载加固或包装方案。在铁路规定的时间内在始发站提报国际联运计划，待铁道部与国外铁路商定批准后执行。一般情况下，普通货物有10天左右，超限、超长、超重、危险品货物应提前1个月左右。如有特殊要求或工程急需货物运输，需向铁道部提报临时加急特批计划的时间，以及各发运地运抵到达站的运输时间，最好列出明确的时间表。如大型成套工程设备，请业主提供工程方案或进度表，以便根据现场工程进度和供货地距离设计组织最佳方案。

2. 根据客户提出的货物清单制订车辆配载方案，确定各发运地发运车数量和批次，供货商供货时间，各发运地发运组织安排，做出各批次货物装车清单和相应报关单证（报关单、装箱单、商务发票等）的准备安排。各发运地申报国际联运计划和货物装载技术方案申报的准备安排和明确负责人员。

3. 国际铁路货物运输计划，按《国际货协》规定：所有使用"国际货协运单"一票到站运输的货物，发运国铁路和参与运输的国家铁路（包括到达国铁路和过境国铁路）要提前办理商定。发送路将要发运的货物名称、数量（车数）、到站通知到达路和过境路，到达路和过境路根据本国铁路运输和车辆调度安排接收运量，回商定函给发送路，发送路接函后批复发运计划。

我国国际铁路货物运输计划有规定的申报程序：发货人（具有国际货代资质或进出口外贸资质的企业法人）在发运车站申报国际联运计划，发运车站接受申请后，将计划输入微机终端到铁道部运输局。在国际联运商定确定后批下。发货人即可办理发货。

4. 根据业主提供的货物明细规格和生产厂家，制订出相应的装载加固、包装方案，列出应在发车站准备的装载加固、包装材料，了解发车站和专用线厂家的装卸能力，装车地的短途运输能力和道路情况，需要供货商和专用线厂家配合。

5. 向业主提出准备运输及报关单证所需要文件资料，主要是缮制国际联运单和箱单、发票的注意事项。如：发往越南、朝鲜的货物只需填写中文即可，发往俄、蒙或中亚国家的货物需填写中、俄两种文字，且必须用打印机打印等。协助货主缮制报关单证，即报关单、装箱单、商务发票等。及按规定应由生产厂家去做的机械设备出口商检。

6. 缮制"国际货协运单"（即国际联运运单）准备，要求货主提供对运输委托事项的明确表示，如：收货人、收货人地址、联系方法、OK码、货名、规格、包装、数量、到站、到站编码、出口合同号码等缮制运单必要指示，用中、俄两种文字写明。

7. 协助货主审核准备出口报关报检单证和需返运回国设备的临时出口手续，并提前协办报请商检。

8. 提前调查发运站、集散站的装卸、储运能力。提前与货主商定零散货物集中发的集散车站和储运工作，做好前期准备。

（二）发运准备工作

1. 国际铁路联运计划批下后即按约定发出时间，准备货物短运、上站、报关报检工作以及需返运设备的暂时出口货物手续。

2. 货物报关后，凭编制好的国际货协运单向车站请报日装车计划。车站货运室根据货物情况请上级货运调度批准后，即可配车发运。

3. 装车时，如已报关货物，需在国际货协运单加盖海关监管戳记。如不在发车站报关而在边境口岸站报关，则只需按规则填写运单后，即可发送。由国境站海关报关查验后在国际货协运单加盖海关监管戳记交接出境（货物出口后，边境口岸海关返回发车站海关货物出境回执）。

4. 按报请批准的装载加固方案进行装车和加固工作。

5. 需押运的货物准备押运人员，办理押运手续。押运规定每组两人，需穿着规定押运服装，持押运证（一般押运费为每人每公里 1 元）。

6. 装车后交纳运费。车辆应于当日 18 时前开出，车站货运室在第二日将加盖车站戳记的国际货协运单第三联发还。发车站海关在收到边境口岸海关返回出境回执后，返回核销单等报关单证。

三、出口货物在口岸车站的交接及境外运输

（一）口岸车站的交接

1. 确定稳妥可靠的口岸代理公司，负责办理口岸交接手续，内容如下：

（1）到达车辆的车站交接手续；

（2）海关需随机查验的货物的卸货、拆箱检验；

（3）出口车、箱的检疫和检疫费用交纳；

（4）需口岸报关货物的报关、报检；

（5）代理运输变更申请、进口货物的发运；

（6）通知国外段代理接货：提前通知签有代理协议的境外铁路运输代理公司做好接货的准备，需要换装铁路车辆的货物，安排在接运国口岸站的换装场换装作业。

2. 对于特殊货物的交接，如鲜活商品、易腐、超重、超限、危险品等货物，则按合同和有关协议的规定，负责具体的交接方法和手续。

3. 代理办理报关、报验。如果货主委托在国境站办理出口货物的报关，要在货物发运前，把内容准确、详细，并与货物、运单及其他单证记载相符的报关委托书交付给口岸代理。

4. 需办理商品检验的货物，要向产地商品检验局办理商品检验手续，以确定品质、规格、重量和体积，并取得商品检验证书或工厂出具的检验证书或商检换证凭条。

5. 对于出境货物包装，应注意木制包装材料和托架，应尽量不使用或少使用。否则都要有商检部门的熏蒸证明和熏蒸戳记。上述检验和检疫证书，须在发站托运货物时，同运单、报关单一并随车同行，并在国境站由海关凭有关检验部门签发的证书执行监管，查证放行。如在国境站办理商检熏蒸，则要花费更多时间和费用。

6. 货运事故的处理。国际联运出口货物在运输途中的事故，应有专职人员负责跟踪和处理，国际联运出口货物在国境站换装交接时，如发现货物短少、残损、污染、湿损、被盗等事故，国境站的货运代理人应会同铁路查明原因，分清责任，分别加以处理。提请铁路编制商务记录，并由国境站货运代理人负责协调。

国际联运出口货物在到达站交付时，如发现货物短少、残损、污染、湿损、被盗等事故，

应提请收货人立即向车站申报查明原因，编制商务记录（商务记录是在国际铁路联运中事故处理和保险索赔的法律文件）。

（二）境外运输

1. 根据货物品种、规格和到达国家地区，选择合适的境外运输。在《国际货协》参加国家，必须是在国家主管部门和铁路当局注册的运输公司才能从事外贸和过境运输业务。

2. 负责口岸接货、换装、单证交接等问题的办理工作。

3. 负责境外各过境国、到达国铁路运费交付。

4. 负责各过境国边境口岸交接及问题协调工作。

5. 境外运输的交货条款应是到达车站车板交货，境外运输不负责卸货事宜。也可以委托代理负责卸货，但代理费用太高。

（三）运输期限

国际铁路货物联运的运到期限，根据货物发站至到站的实际运送全程确定。国际铁路货物联运的运输时间规定为：每天200公里（目前，我国铁路货物运输时间已提高到每天350公里。但在国际运输中还是按200公里/天计算运输时间）。

1. 发送时间：接货报关2天。装车发运1天；

2. 运送期间：每200运价公里为1天（不足1天按1天算）；

3. 国境口岸：交接时间2天；

4. 运送超限货物时，运到期限（算出整天数后）延长100%；

5. 实际运到期间从承运货物的次日零时起算（不足一天按一天），到铁路通知收货人货物到达和可以将货物交给收货人处理时止。如承运的货物在发送前需预先保管，则运到期间应从指定装车的次日零时起算。货物装车日期，以运单中加盖的发站日期戳为准。

6. 下列时间应延长运到期限（《国际货协》14条6项）：

（1）在国境站上将货物换装到其他轨距的车辆，更换车辆轮对和用轮渡渡送车辆时，运到期限延长2昼夜。运送超限货物时，运到期限延长100%。

（2）为履行海关和其他规章所需的滞留时间。

（3）在发运或继续运送中非因铁路的过失而造成的暂时中断运输的时间；因变更运送合同而发生的滞留时间；因检查货物而发生的滞留时间；因牲畜饮水、遇放或兽医检查而造成的站内滞留时间；由于发货人的过失，造成货物装载的整理所需的滞留时间。

（四）货物到达交付

根据《国际货协》第三章"运输合同履行"第十七条"货物的交付、货物的查询"第1项的规定："货物到达到站，收货人向铁路付清运单所载的一切应付的运送费用后，铁路必须将货物、运单正本和货物到达通知单（运单第1联和第5联）交付收货人；收货人必须支付运送费用并领取货物"。

在《国际货协运单》第5栏（收货人栏）中，收货人是收货国家的法人或自然人，在货物运抵到达站，到达车站通知收货人后，国际货协运单的记载收货人在确认收货人身份、在向车站交付到达国铁路车站的一切费用后，即可领取货物和相应单证，并据此报关。

这样，货物在到达目的车站后，国际货协运单的记载收货人在付清到站费用后，即可把货物提走。货主、发货人、运输代理人都无权对货物的交付做出指示和控制货权。

（五）有关联运出口货物交接中的几个问题

1. 联运出口货物单证资料的审核

审核出口货物单证是国境站的一项重要工作。它对正确核放货物，纠正单证差错和错发错运事故，保证出口货物顺利交接具有重要的意义。

出口货物运抵国境站后，交接所应将全部货运单证送外运分公司进行审核，外运分公司作为国境站的货运代理公司，在审核单证时，要以运单内容为依据，审查出口货物报关单、装箱单、商检证书等记载的内容和项目是否正确、齐全。如正确无误，则可核放货物，做到差错事故不出国。例如，出口货物报关单项目有遗漏或记载错误，或份数不足，应按运单记载内容进行订正或补制；运单、出口货物报关单、商检证书三者所列项目如有不符，有关运单项目的订正或更改，由国境站联系发站并按发站通知办理；需要更改或订正商检证书、品质证明书或动植物检疫证书时，应由出证单位通知国境站出入境检验检疫所办理；海关查验实货，如发现货物与单证不符，需根据合同和有关资料进行订正，必要时应联系发货人解决。总之，国境站外运分公司在订正、补制单据时，只限于代发货人缮制单证，而对运单内容和项目，以及商检证书、品质证明书、检疫证、兽医证等国家行政管理机关出具的证件，均不代办订正或补制。

出口货物单证经复核无误后，应将出口货物报关单、运单及其他随附单证送海关，作为向海关申报和海关审核放行的依据。

2. 报关、报验等法定手续的办理

铁路联运出口货物报关，由发货人委托铁路在国境站办理。发货人在货物发运前，应填制出口货物报关单，作为向海关申报的主要依据。

出口货物报关单格式由我国海关总署统一制定。发货人或其代理人需按海关规定逐项填写，要求内容准确、详细，并与货物、运单及其他单证记载相符。字迹要端正、清晰，不可任意省略或简化。对于填报不清楚或不齐全的报关单，以及未按海关法的有关规定交验进出口许可证等相关单证者，海关将不接受申报。对于申报不实者，海关将按违章案件处理。

铁路发站在承运货物后，即在货物报关单上加盖站戳，并与运单一起随货同行，以便国境车站向海关办理申报。

需办理检验检疫的货物，要向当地出入境检验检疫部门办理检验检疫手续，取得证书。

上述各种证书在发站托运货物时需连同运单、报关单一起随车同行，在国境站由海关执行监管，查证放行。

3. 联运出口货物的交接方式

货物交接可分为凭铅封交接和按实物交接两种情况。

凭铅封交接的货物，双方铁路根据铅封的站名、号码或发货人简称进行交接。交接时应检查封印是否有效或丢失，印文内容、字迹是否清晰可辨，同交接单记载是否相符，车辆左、右侧铅封是否一致等，然后由双方铁路凭完整铅封办理货物交接手续。

按实物交接可分为按货物重量交接、按货物件数交接和按货物现状交接三种方式。按货物重量交接的，如中朝两国铁路间使用敞车、平车和砂石车散装煤、石膏、焦炭、矿石、熟矾土

等货物；按货物件数交接的，如中越两国铁路间用敞车类货车装载每批不超过 100 件的整车货物；按货物现状交接的，一般是难以查点件数的货物。

在办理货物交接时交付方必须编制货物交接单。没有编制交接单的货物，在国境站不得办理交接。

4. 联运出口货运事故的处理

货物短少、残损、污染、湿损、被盗等事故，国境站外运分公司应会同铁路查明原因，分清责任，分别加以处理。由于铁路原因造成的货物残损、短缺，要提请铁路编制商务记录，并由铁路负责整修。整修所需包装物料由国境站外运分公司根据需要与可能协助解决，但费用由铁路承担；由于发货人原因造成的事故，在国境站条件允许的情况下，由国境站外运分公司组织加工整修，但需由发货人提供包装物料，负担所有的费用和损失。因技术条件限制，无法在国境站加工整修的货物，应由发货人到国境站指导，或将货物返回发货人处理。

5. 国际铁路货物联运出口货物的交付

国际联运出口货物抵达到站后，铁路应通知运单中所记载的收货人领取货物。在收货人付清运单中所记载的一切应付运送费用后，铁路必须将货物连同运单交付给收货人。收货人必须支付运送费用并领取货物。收货人只有在货物因毁损或腐坏而使质量发生变化，以致部分货物或全部货物不能按原用途使用时，才可以拒绝领取货物。收货人领取货物时，应在运行报单上填记货物领取日期，并加盖收货戳记。

四、进口货物运输和运送工具、空容器的返回

（一）国际铁路联运进口货物运输与出口货物运输货物和单证的流程

国际铁路联运进口货物运输与出口货物运输在货物与单证的流转程序上基本相同，只是在流转方向上正好相反。国际联运进口货物运输与出口货物运输相同的部分不再重述，这里仅将不同的部分和需要特别说明的情况进行阐述。

国际铁路联运进口运输计划申报和运单填制时，应注意，到站应是中国境内实际到站（如北京东站、上海西站等）而不能填写中国的国境站（如满洲里站、二连站等），否则，按国际货协运单到站满洲里，则认为一票运输结止，应在满洲里车站卸货、清关后，再申请国内运输计划装车发往国内实际到站，接收国铁路原则上不允许在国境站接受货物，而国境站发往国内运输计划十分难申请，会增加很多环节和费用。

（二）进口货物发运前的准备工作

1. 运输标志又称唛头（mark）。它的作用是为承运人运送货物提供方硬，便于识别货物，便于装卸，便于收货人提货。唛头必须绘制清楚醒目，印制在货物外包装显著位置。运单填制需在"收货人"栏内准确填制收货人名称、地址、合同号及联系方法。

2. 在签订国际联运进口贸易合同运输条款应注意的问题。

（1）货物数量要注意，一张运单的重量和件数应符合《国际货协》的规定，必要时还应订明溢短装条款。

（2）审核货物到达路局和车站的名称，货物数量和品种要符合到站的办理种别。

(3) 合同中明确注明经由国境站。

(4) 对于需要押运的货物，要在合同中具体订明。

(5) 对于超限、超长、超重货物，合同中应规定发货人向发送铁路提供必要的资料，商定有关国家铁路同意后发运。

(6) 各进口单位对外签订合同后，要及时将合同资料寄给货物进口口岸的货运代理人一份。这些合同资料包括：合同的中文副本及其附件、补充书、协议书、变更申请书和有关函电等。其内容应有：合同号、品质、规格、数量、单价、经由口岸、到达路局、到达车站、完整的收货人名称、包装和运输条件等。如果是口岸报关，口岸代理单位应事先为进口公司在口岸海关注册备案。如改变货物的经由口岸时，有关进口公司须将改正后的有关合同资料，寄给新的经由口岸的货运代理机构一份，并通知原经由口岸注销合同资料。

（三）国际联运进口货物发运工作

是由国外发货人根据合同规定，向该国铁路办理发运的手续有三种。

1. 参加《国际货协》或采用《国际货协》规定的国家铁路向我国发运进口货物时，国外发货人向该国铁路办理发运的一切手续，均按《国际货协》和该国国内铁路规章办理。

2. 从未参加《国际货协》并且不采用《国际货协》规定的国家的铁路向我国发运进口货物时，通常由发货人通过发送国铁路将货物办理至《国际货协》第一个过境路（或采用《国际货协》规定的铁路）的进口国境站，然后委托该国境站的代理人再把货物发往我国最终到站。

3. 海运货物通过参加《国际货协》的过境铁路港口向我国发送时，可委托港口站的收转人办理转发送，并从该港口站起，用《国际货协运单》完成全程运送。

（四）进口货物在国境站的交接与分拨

1. 进口货物的交接程序

进口货物的交接程序与出口货物的交接程序基本相同。

具体做法是：进口国境站有关单位根据货车预报和确报做好检查准备工作，货车到达后铁路会同海关接车，然后两国国境站交接所根据交接单，办理货物和车辆的现场交接，我国进口国境站交接所通过内部联合办公做好单据核放、货物报关验关工作，然后由铁路负责将货物调往换装线，进行换装作业，并按流向编组向国内发运。

2. 进口货物的核放

进口合同资料是核放货物的依据，也是纠正货运错乱的重要资料。口岸货运代理机构在收到合同资料后，如发现内容不齐全，有错误，字迹不清，应迅速联系有关单位修改更正。进口货物抵达国境站时，根据合同资料对各种运输单证进行审核，只有单、证、票、货完全相符，才可核放货物。

3. 口岸货运代理人的工作

除负责上述工作外，还要负责进口货物的报关、报检，发运、交纳运费和换装费，并负责进口货物的关税、增值税交纳。

（五）运送工具和空容器的返回

发货人在发运国际联运货物时，在发运站使用发运路的运送工具（篷布、粮谷挡板、运送牲畜或水果用的车门栅栏、钢丝绳、炉子、铁制拴马棒等）随同货物运往到站或换装站时，发站应按车辆使用规则格式编制运送工具寄送单随同运送工具直至返还所属路。寄送单号码应在运单"货物名称"栏注明。

如发货人希望将不属于铁路的运送用具或空容器从到站返还发站时，应在运单"对铁路无约束效力的记载"栏内注明运送用具或空容器应予返还进口国境站海关填发运送用具或空容器返还运送证明书，证明书附在运单上交给收货人。收货人凭该证明书有权从货物到达站之日起三个月内返还。返还时应经原经由的国境站。运送费用照收。

（六）联运进口货物交接中的几个问题

1. 进口货物的审核

进口合同资料是国境站核放货物的唯一依据，也是纠正并处理进口货物在运输中出现错乱的重要资料。口岸外运分公司在收到合同资料后，如发现内容不齐全、有错误、字迹不清，应迅速联系有关进出口公司修改更正。

联运进口货物抵达国境站时，口岸外运分公司根据合同资料对各种货运单证进行审核，只有单、证、票、货完全相符，才可核放货物。通常联运进口货物货运事故大约有以下几类：合同资料与随车单证不符；单证与货物不符，包括有票无货，有货无票；货物错经国境口岸；货物混装、短装或超过合同规定的数量；货物不符《国际货协》规定，铁路拒收等。

对上述情况，口岸外运分公司应本着以下原则处理：因铁路过失造成的，联系铁路处理；因发货人过失造成的，根据合同资料和有关规定认真细致地查验货物，确有可靠依据的可予以纠正，否则联系有关公司处理。

2. 联运进口货物变更到站和变更收货人的工作

国际铁路联运货物，根据发货人和收货人的需要，可以提出运输变更。运输变更申请应由发货人或收货人提出。

联运进口货物变更到站、变更收货人时，首先应通过有关进出口公司向国外发货人提出。在国外发货人不同意办理变更时，可向国境站外贸运输机构申请，在国境站办理变更。

联运进口货物变更的受理，应在货物到达国境站前。如由收货人申请变更到站和收货人，则只可在货车开至进口国境站且货物尚未从该站发出时提出变更。

3. 联运进口货物的分拨与分运

对于小额订货（具有零星分散的特点）、合装货物和混装货物，通常以口岸外运分公司作为收货人。因此，在双方国境站办妥货物交接手续后，口岸外运分公司应及时向铁路提取货物，进行开箱分拨，并按照合同编制有关货运单证，向铁路重新办理托运手续。在分运货物时，必须做到货物包装牢固，单证与货物相符，并办清海关申报手续。

如发现货损、货差，属于铁路责任的，必须由铁路出具商务记录。

如属发货人责任，由各有关进出口公司向发货人提出赔偿。

第六节　陆路运费计算

一、国际公路货物运费的计算

公路运费均以"吨/里"为计算单位，一般有两种计算标准，一是按货物等级规定基本运费费率；二是以路面等级规定基本运价。凡是一条运输路线包含两种或两种以上的等级公路时，则以实际行驶里程分别计算运价。特殊道路，如山岭、河床、原野地段，则由承托双方另议商定。

公路运费费率分为整车（FCL）和零担（LCI）两种，后者一般比前者高 30%～50%，按我国公路运输部门规定，一次托运货物在 3 吨以上的为整车运输，适用整车费率；不满 3 吨的为零担运输，适用零担费率。凡 1 千克重的货物，体积超过 4 立方分米的为轻泡货物或尺码货物（measurement cargo）。整车轻泡货物的运费按装载车辆核定吨位计算；零担轻泡货物，按其长、宽、高计算体积、每 4 立方分米折合 1 千克，以千克为计费单位。此外，尚有包车费率（lump sum rate），即按车辆使用时间（小时或天）计算。

公路运价可以分为基本运价、普通货物运价、特种货物运价、特种车辆运价、集装箱运价、包车运价、出入境汽车货物运价等多种形式，计价单位是核算主体的本国货币单位。

运费计算公式如下：

（1）整批货物运费＝吨次费×计费质量＋整批货物运价×计费质量×计费里程＋货物运输其他费用

（2）零担货物运费＝计费质量×计费里程×零担货物运价＋货物运输其他费用

（3）集装箱运费＝重（空）箱运价×计费箱数×计费里程＋箱次费×计费次数＋货物运输其他费用

（4）包车运费＝包车运价×包用车辆吨位×计费时间＋货物运输其他费用

二、我国国际铁路货物运费计算

（一）我国国际铁路货物运费的基本条件

我国的铁路货物运输费用是对铁路运输企业所提供的各项生产服务消耗的补偿，包括车站费用、运行费用、服务费用和额外占用铁路设备的费用等。铁路货物运输费用由铁路运输企业使用货票和运费杂费收据核收。

国际铁路联运货物在我国境内的运输费用，按我国国内铁路运输费用计算。我国铁路运费核收的基本文件是《铁路货物运价规则》及其附属规章，计算国际联运货物运送费用的基本条件如下：

1. 计费重量单位：

（1）在我国铁路运输，货物的运输重量是按照车辆的标记载重计算。

（2）以一辆或数辆车接运一批进口整车货物以及数量车套装接运数批货物（包括换装剩余的整车补送货物），按接运车辆标记载重量计费。

（3）以一辆接运数批进口货物，每批按 30 吨计费，超过 30 吨按货物重量计费。

2. 运杂费尾数的处理：

每项运杂费的尾数不足 0.1 元时，按四舍五入处理。各项杂费凡不满一个计算单位，均按一个计算单位计算（另定者除外）。

3. 20 英尺与 40 英尺集装箱空箱运费按其适用重箱费率 50％计算。

4. 按一批办理的整车货物，运价率不同时，按其中高的运价率计算。

5. 一级超限货物，运价率加 50％。二级超限货物，运价率加 100％；超级超限货物，运价率加 150％。需要限速运行的货物，均按超级超限货物办理，运价率加 150％。需要限速运行的超限货物，只收取限速运价率加成。

6. 出口货物按发站承运当日实行的运价率计算；进口货物按进口国境站在运单上加盖日期戳当日实行的运价率计算。杂费按发生当日实行的费率计算。

7. 我国铁路运输按自然时 18 时计算工作日；按"公历日"，起止是当日零时至 24 时。而铁路运输的工作日为昨日 18 时至今日 18 时，对当日 18 时后至 24 时之间承运的货物，发站应在运单上注明"翌"字，仍按承运当日实行的费率计算运费，但允许在次日收款。

（二）计算货物的铁路运输费用的程序

在计算货物的铁路运输费用时，应按照以下程序：

第一，确定货物的运费计算等级（运价号）；

第二，确定铁路货物运价率

第三，确定货物的运价里程；

第四，查明在货物运输里程中是否有特殊运价路段；

第五，运费计算。

1. 查定运价号

铁路货物的运费是根据货物的性质和运输要求，分成不同的运费计算等级，称为运价号。《铁路货物运价规则》中的"铁路货物运输品名分类与代码表"中的货物共分为 26 类 115 项，同时也规定了各种货物的整车运价号、零担运价号和集装箱运价号。

整车货物有 7 个运价号，为 1～7 号。

集装箱货物按箱型分为 2 个运价号，20 英尺箱、40 英尺箱。

2. 确定货物的运价率

我们现行货物运价率是由货物的发到基价和运行基价两部分构成的。在运输成本中，基价 1 是与运送里程远近无关的始发和终到作业费，这一部分费用是固定的。基价 2 是车辆运行途中运行作业费，与运送里程成正比例。

3. 确定铁路货物运价里程的原则

运价里程根据《货物运价里程表》按照发站至到站间国铁正式营业线最短径路计算。但《货物运价里程表》内或铁道部规定有计费径路的，按规定的计费径路计算运价里程。水陆联运的货物，运价里程不包括专用线、货运支线的里程。专用线的使用费、机车顶送车费、货车租费等。通过轮渡时，应将换装站至码头线的里程，加入运价里程内计算。海铁联运货物应将换装站至码头线的里程加入运价里程内。国际铁路联运货物，应将国境站至国境线的里程加入到运价里程内。例如，货物经由满洲里站出口，应加算满洲里站至中俄国境线（又称"零公里"）

的 9.8 公里。

下列情况发站在货物运单内注明，运价里程按实际径路计算：

（1）因货物特质（如鲜活货物、超限货物等）必须绕路运输时。

（2）因自然灾害或其他非铁路责任，托运人要求绕路运输时。

（3）属于五定班列运输的货物，按班列径路运输时。

（4）因最短径路运输能力不足，经政府指示或铁路和托运人共同商定的整车货物运输时。承运后的货物由于铁路原因发生绕路运输时，仍按货物运单内记载的径路计算运费。实行统一运价的营业铁路与特价营业铁路直通运输，运价里程分别计算。

4. 铁路特殊路段运价

对于一些由地方投资、外商投资、地方铁路、临时营业线和特殊线路，在加入国家铁路网运输后，国家和铁道部制定了特殊运价。在计算全程运费时，如运输路程中含有"特殊运价路段"，在按国家运价标准计算运费时，应先扣除"特殊运价路段"里程，计算出结果后，再加上"特殊路段运价率"乘以"特殊运价路段里程"的"特殊运价路段运费"得出全程运费。

5. 铁路《价规》规定的运费计算中，还含有几项附加费用

（1）铁路电气化附加费。征收范围：凡经过电气化铁路区段运输的货物（包括军运、水陆联运铁路段和国际联运国内段），不分办理种别（包括整车、零担、集装箱）和货物品类，均征收铁路电气化附加费。

（2）铁路建设基金。征收范围：凡经过国家铁路正式营业线和铁路局管辖按《价规》统一运价计费的运营临管线（不包括实行特殊运价计费的临管铁路和地方铁路）运输货物（包括军运、水陆联运铁路段和国际联运国内段铁路运费），不分办理种别（包括整车、零担、集装箱），均按经过的运价里程核收铁路建设基金（但免收运费的货物、站界内搬运货物的费用及化肥、黄磷、棉花、粮食免收）。

（三）国际铁路联运货物的运杂费规定

1. 进口货物国内段运费、国际铁路联运进出口货物在国境站上发生的杂费和国际铁路联运过境货物在国境站的换装费，均在国境站向收货人（托运人）或其在国境站的代理人核收。

2. 汽车按接运铁路车辆标重计费。发送路用双层平车装运的小轿车，换轮直达到站时，每车计费重量为 90 吨。

3. 出口整车货物在国境站过秤发现超载时，对卸下超载部分货物，从发站至国境站止的里程，按整车运价率核收运费、卸费和暂存费，并按《国际铁路货物联运协定》的规定加收上述运费五倍的罚款。

4. 国际联运运单（每份五张）以及供托运人报销运费用的补充运行报单均按规定的费率单独计算核收。

5. 进出口货物在国境站的验关手续费，整车和集装箱每批 33 元，零担每批 16 元。

6. 进口货物在国境站的换装费，整车普通货物每吨 16 元，其中炭黑、沥青、焦油及按危险货物运送条件运送的货物每吨 32 元。集装箱按国内标准规定计算。笨重危险货物按上述标准加 50％计算。发送路用专用货车装运的小轿车，换装费按每吨 24 元计算。换装需要加固时，核收加固材料费，按所用材料成本价加 30％计算。

7. 进出口货物声明价格费，按运单记载的声明价格的 3‰ 计算（即铁路国际联运保价费）。

8. 进出口货物由于托运人或收货人原因，造成在国境站上发生的整车换装整理费、搬运费、杂作业人工费等按《铁路货物装卸作业计费办法》和铁道部规定的费率核收。

9. 进口货物在国境站或中途站办理运输变更时，按铁路《价规》第四十七条规定的费率，以发送路原使用的车辆数核收变更手续费。由于收货人代号改变而变更收货人时，也应核收变更手续费。从朝鲜进口整车煤炭，在国境站办理变更到站，按上述费率减半核收。

10. 进出口货物由于托运人、收货人原因，造成货车在国境站上滞留时，应按货车滞留日数（不包括铁路正常办理手续的时间），从货车到达次日起：不足一天按一天，核收货车滞留费，每车每日 120 元。超过 5 天，从第 6 天起，每车每日核收滞留费 240 元。超过 10 天，从第 11 天起，每车每天核收滞留费 480 元。危险货物货车滞留费在上述标准基础上每车每天另加 10%。

11. 向朝鲜出口整车散装的煤、石膏、焦炭、矿石、矿粉、熟矾土、黄土、碗土和向越南出口整车散装货物，均在国境站用轨道衡复查重量，核收过秤费。进口所有货物如在国境站过秤复查重量，应记载并核收过秤费。

（四）国际铁路联运货物在我国境内的运输费用计算

1. 运费计算：货物适用的发到基价，加上运行基价与货物的运价里程相乘之积，再与计费重量（集装箱为箱数）相乘，算出运费。国际联运货物运价里程还应加上国境车站到国境线零公里处的里程。

（发到基价＋运行基价×运价里程〈国境〉）×计费重量＝运费

2. 铁路建设基金费率×计费重量×运价里程＝铁路建设基金

3. 电气化附加费费率×计费重量×通过铁路电气化区段里程＝电气化附加费

4. 印花税：以每张货票计算，按运费的 0.5‰ 核收，不足 0.1 元免收，超过 0.1 元实收。

5. 特殊运价区段运费：在按国家运价标准计算运费时，应先扣除"特殊运价路段"里程，计算出结果后，再加上"特殊路段运价率"乘以"特殊运价路段里程"的"特殊运价路段运费"，得出全程运费。

6. 铁路营运杂费：包括运单表格费、长大货车使用费、篷布使用费、集装箱使用费、机车作业费等。按规定项目和标准，计算出发生的杂费。

7. 国际联运杂费：以上各项费用相加，即为全部运输费用。

运费计算算例：

上海某外贸公司出口俄罗斯一批家用电器，共 250 件，100 立方米，装运一辆 P62 型铁路棚车，使用国际铁路联运方式运往俄罗斯莫斯科巴威列斯卡雅货站。发运站：上海铁路局杨浦站。境外运输代理是俄罗斯 TSES 货运公司。现将上海杨浦到满洲里运费计算如下：

路程：杨浦——满洲里（境）全程——磁窑——南仓——秦皇岛——锦州——通辽——三间房——满洲里。其中电气化路段 1 627 公里；

国境里程：10 公里（满洲里车站至国境线零公里）。

使用车型：P62 型铁路棚车，标记载重 60 吨。

货名：家用电器，运价号：6 号。

运价率，基价 I，14.60 元/吨；基价 II，0.0784 元/吨公里；电气化附加费：0.012 元/吨公里；铁建基金：0.033 元/吨公里。

运费计算：

①基本运费：14.60 元/吨×60＋0.0784 元/吨公里×60×3 343公里＝16 601.5元

②铁建基金：0.033 元/吨公里×60×3 343公里＝6 619.1元

③电气化附加费：0.012 元/吨公里×60×1 627公里＝1 171.4元

④特殊路段运费：

⑤印花税：8.3 元

费用合计：24 400.3元

三、过境运送费用和境外铁路运送费用的计算和核收

(一)《国际货协》关于过境铁路运输费用的规定

1. 我国铁路的过境铁路货物运输执行《统一货价》

参加《统一货价》的国家铁路有白俄罗斯、保加利亚、越南、哈萨克斯坦、朝鲜、拉脱维亚、立陶宛、摩尔多瓦、蒙古、俄罗斯、乌克兰、爱沙尼亚和我国共 13 国铁路部门。现在，吉尔吉斯斯坦、乌兹别克斯坦、塔吉克斯坦加入《统一货价》，立陶宛退出，《统一货价》参加国铁路共 15 国铁路。

2.《统一货价》规程内容包括

(1) 关于办理货物运送手续的规定

(2) 关于运费和杂费计算办法的规定

(3) 运费

(4) 办理过境货物运送手续的各运输径路国过境里程表

(5) 货物品名分类表（《国际铁路货物联运通用货物品名表》）

(6) 运费计算表

3. 计算过境运送费用的程序和公式

国际铁路联运货物运杂费按照《统一货价》计算，计算程序如下：

(1) 在《统一货价》"过境里程表"中分别查找运送货物所通过各个国家铁路的过境里程。

(2) 在《国际铁路货物联运通用货物品名表》中，确定所运货物适用的运价等级和计费重量标准。

(3) 在《统一货价》"通过参加统一货价铁路慢运货物运费计算表"中，根据运价等级和各过境运送里程，找出相应的运价率。在此表中，1 等、2 等货物系指每 100 千克的运费；3 等为自轮运转货物，系指每轴的运费。货币以分为单位，每 100 分合 1 瑞士法郎。

整车运输货物过境运费计算公式：

运费＝货物运价率×计费重量（或实际重量）×过境里程×减成率

(4) 过境我国货物一律按车辆标重计算运费。

4. 过境运输费用计算和核收注意的问题

(1) 整车货物按照货物实际重量计算，但不得少于规定的计费重量：1 等货物不得少于 20 吨，2 等货物不得少于 30 吨。例如，焦炭在货物品名表中属于第 27 类 4 项，过境运价等级为 2

级；如果实际装载货物 35 吨，则计算重量为 35 吨；如果实际装载货物 15 吨，则计算重量为 30 吨。（过境中国货物一律按车辆标重计算运费）

（2）如果在货物品名分等表中"计费重量标准"栏内记载为"标重"时，核收按货物实际运费时，不得少于发送路车站所拨给的车辆标准载重量。

（3）如果所拨给的车辆的载重量小于货物品名分等表所载的计费重量标准时，运费按实际重量（但不得少于所拨给的车辆标准载重量）计收。

（4）注意：俄罗斯、东欧一些国家的货币是与欧元挂钩，而中国运费习惯按美元计算，在运费的计算与核收时要考虑到国际汇率变化因素。

（二）过境中国铁路货物运输费用的计算和核收

1. 过境中国铁路国际联运货物（以下简称"过境货物运输"、也称"大陆桥运输"）是指由境外起运过境中国铁路继续运往境外的国际联运货物。包括：

（1）经中国铁路国境站接入，通过中国铁路运送并经另一国境站出境运往其他国家的货物；

（2）经中国铁路国境站接入，通过中国铁路运送并经一港口站转运到其他国家的货物。

（3）经中国港口站接入，通过中国铁路运送并经一国境站运往其他国家的货物。

中国铁路规定，过境货物的运输，必须由国家商务部备案的具有国际货物运输代理经营资格并有过境货物运输代理业务范围的企业办理。凡是以过境货物报关单向海关申报并在国际货协运单上加盖"海关监管货物"戳记的均视为过境货物。中国过境货物铁路运输执行《国际货协》规则、以《统一货价》第八条"中华人民共和国铁路过境里程表"计算过境里程、按《统一货价》计费。过境货物运送费用一律在接入国境站或港口站（由港口接入时）向发货人或代理人核收。

2. 为进一步吸引过境中国铁路国际联运货物运量，中国铁道部 2000 年 3 月颁布了《关于过境中国铁路国际联运货物运送费用核收暂行规定》，该规定还对实行《统一货价》提供了减成优惠政策。具体内容如下：

（1）过境货物运费，按《统一货价》规定的费率并与"过境货物运费计算系数表"规定的系数相乘计算。

经由阿拉山口国境站办理货物运送时，港口站或国境站至乌鲁木齐西站的运费按《统一货价》规定的费率并与"过境货物运费计算系数表"规定的系数相乘计算。

过境货物的运价等级，根据《国际铁路货物联运通用货物品名表》的规定计算。

（2）过境货物在国境站或港口站发生杂费，按照国内规定计费，国内规章未规定而《统一货价》规定的费率，按《统一货价》的规定计算。

3. 根据《统一货价》计算的以瑞士法郎表示的过境货物运费和杂费，均计算到分（1 瑞士法郎＝100 分），分以下四舍五入。

4. 过境货物的运费和杂费，均使用国内运费杂费收据核收，并按运输收入报缴。车站在运费杂费收据"附记"栏内注明"过境中铁运送费用"。

5. 通过北疆铁路等地方或合资铁路管内的运送费用（特殊运输区段），按照国内现行规定计算和清算。

过境运费计算案例：

连云港——阿拉山口运输里程 4 071 公里。

①货物名称：40 英尺过境集装箱。

②统一货价运价号：2 号。

③运行径路：连云港——徐州北——虞城县——郑州北——西安西——安口窑——干塘——武威南——嘉峪关——安北——乌西——阿拉山口。

④统一货价运价：40 英尺集装箱 4 071 公里过境统一运价 5 668 瑞士法郎/40×1。

⑤换装费：68 瑞士法郎，验关费：4 瑞士法郎。

⑥按铁道部"铁国际（2000）37 号文件"规定，在国际铁路货物联运中，瑞士法郎与人民币汇率定为 1 瑞士法郎＝5.2 元人民币。

⑦合计以上运费：5 668＋68＋4＝5 740 瑞士法郎＝29 848 元人民币。

⑧按中国过境货物运费计算系数，过境中国大吨位集装箱减成系数为 0.3，29 848 元人民币×0.3＝8 954.4 元人民币。

⑨以上费用仅为铁路过境运费，未包括港口作业费、车站杂费及装卸费、关检费、口岸建设费以及其他代理费或相关费用。

（三）境外铁路运输费用

在早期的国际铁路货物联运中，过境运送费用的核收是由发送国铁路在发站向发货人核收，再由各国家铁路收取的过境运费通过铁路间清算。以后由于历史的变更，在 20 世纪 90 年代陆续由各国铁路通过双边或多边国境铁路协定，规定过境运费改由货运代理人直接交付过境铁路。该货运代理人必须是在该国铁路注册的有资质的货运代理企业。所以，选择一个好的过境运输代理人，是保证货物安全运输和合理支付运费的前提。

本 章 小 结

本章主要学习了国际多式联运概述，大陆桥运输实务，国际多式联运单证制作实务，国际公路运输，国际铁路联运，以及陆路运费的计算等相关知识。

国际多式联运包含国际多式联运的定义及特点、组织模式、业务流程等基本知识。

大陆桥实务主要包含大陆桥运输的定义，大陆桥运输产生的历史背景以及大陆桥主要运输线路等知识。

国际多式联运单证制作实务主要要求学生掌握各类单证的制作流程和单证的填写格式及内容。

国际公路运输和国际铁路联运主要介绍了每种运输方式的营运方式和业务类别。其中对陆路运费的计算进行了较为详细的介绍。

国际多式联运和国际陆上运输是最主要的国际物流形式之一，国际陆上运输又包括公路运输和铁路运输两种国际物流形式，有着激烈的市场环境；国际多式联运和国际陆上运输有规范的程序流程，有严格的规制，有专用的物流资源。通过对本章的学习，能够对国际多式联运和国际陆上运输有系统的了解，同时掌握国际多式联运和国际陆上运输的业务操作能力。

关键词或概念

国际多式联运（international multimodal transport）

大陆桥运输（land bridge transport）

国际多式联运单据（multimodal transport document——MT document）

国际公路运输（intemational through road transport）

国际铁路联运（intemational through railway transport）

简答题

1. 简述国际多式联运的含义。
2. 试述国际多式联运的一般业务流程。
3. 开展国际多式联运经营的条件有哪些？
4. 多式联运提单的内容有哪些？
5. 中国公路出入境口岸有哪些？
6. 简述国际铁路联运的组织发运程序。

【案例分析】

宁波到土库曼斯坦—阿什哈巴德的国际铁路运输

天津铁×国际物流有限公司是深圳大×物流有限公司的子公司。该公司和铁道货运部门以及各大火车站都建立了非常好的合作关系，公司是铁道货运部门的一级代理，在上海、宁波、南京、广州、深圳、天津、乌鲁木齐、连云港等车站设有办事处和工作人员，服务覆盖中国其他省份。天津铁×国际物流有限公司经过多年的发展，目前已在俄罗斯、哈萨克斯坦、乌兹别克斯坦、塔吉克斯坦、土库曼斯坦、拉脱维亚等国家建立了卓越的铁路货运代理网络，能够提供从中国至中亚地区优质的国际铁路联运服务，具体国际铁路物流服务如下：

（1）提供从中国到俄罗斯、蒙古、哈萨克斯坦、乌兹别克斯坦、吉尔吉斯斯坦、塔吉克斯坦和土库曼斯坦等全程铁路运输。

（2）过境货物服务。从日本、韩国等国家起运经连云港、天津口岸过境中国运抵中亚、欧洲等国家。

（3）全程铁路集装箱和整车运输操作，并提供相关的业务咨询。

（4）灵活中转的拖车和仓储服务。

（5）提供货物在边境口岸的转关、换装、信息反馈。

（6）国际铁路联运买方集运服务。

（7）口岸加速换装，以及旅购报关服务。

（8）该公司长期备有众多优质可靠的集装箱，提供铁路运输中客户需求的租箱与买箱服务。以及国际铁路集装箱（20GP/40GP/40HQ）以及车皮运输服务。

始发站：上海杨浦站、深圳北站、佛山东站、广州大朗站、连云港站、天津、宁波等中国各大城市。

到达站：哈萨克斯坦（阿拉木图等）、乌兹别克斯坦（塔什干等）、塔吉克斯坦（杜尚别等）、吉尔吉斯斯坦（比什凯克等）、土库曼斯坦（阿什哈巴德）、蒙古（乌兰巴托）、俄罗斯（莫斯科等）。

运输路线：始发站——阿拉山口/多斯德克——中亚五国、俄罗斯等；始发站——满洲里/后贝加尔——俄罗斯；始发站——二连浩特/扎门乌德——乌兰巴托。

第九章　国际货物运输保险

"对于一个愿意帮助他自己的人，我没有想出比购买保险更好的办法。"

——美国第 36 任总统约翰逊

本章导读

国际货物运输保险是以国际货物运输过程中的各种货物作为保险标的的财产保险，是投保人为了规避自然灾害和意外事故风险而采取的一种经济措施。学习并掌握各种运输方式下国际货物运输保险的相关知识具有重要的实践价值。本章主要介绍了风险与保险的基本知识，我国海上货物运输保险的保障范围以及海、陆、空货物运输的保险条款。

本章学习目标

本章重点要求学生能正确理解国际货物运输风险、国际货物运输保险、保险合同的概念及联系，了解保险合同的要素、内容和形式；深刻理解我国海上货物运输保险的保障范围，熟悉我国陆、空货物运输保险与邮包货物运输保险、海上货物运输保险的险别险种，系统掌握国际货物运输保险的基本理论、国际规则、业务运营及实务操作方法等。

第一节　风险与保险

在保险业务中，风险、损失和险别三者之间有着紧密的联系：风险是造成损失的起因，险别则是保险公司对风险和损失的承保责任范围。

不同的货运方式有不同的运输保险，海洋货物运输保险是货运保险中最主要的一种。货物在海洋运输中可能遭遇到的风险和损失很多，但可从保险得到保障的范围只限于保险合同约定的风险与损失，并不是对所有风险都进行承保，也不是对一切损失都予以补偿。为明确责任，各保险公司将其承保的各类风险及对风险所造成的各种损失的赔偿责任都做出了明确规定。

一、风险

（一）风险的概念

风险（risk）的基本含义是损失的不确定性。风险是指损失发生的不确定性，这种不确定性包括损失发生与否的不确定和损失程度的不确定。

（二）风险的特征

1. 客观性

风险的客观性是指风险是客观存在着的某种自然现象、生理现象和社会现象，是独立于人的意识之外的客观事实，而不是人们头脑中主观想象或主观估计的抽象概念。

2. 损失性

只要风险存在，就一定有发生损失的可能，所以凡是风险都可能会给人们的利益造成损失。经济上的损失可以用货币衡量，但一般都表现为所得的减少，或支出的增加，或者两者兼而有之，终究还是经济上的损失。

3. 不确定性

风险的不确定性通常包括以下几个方面：一是损失是否发生不确定；二是损失发生时间不确定；三是损失发生空间不确定；四是损失程度不确定。

4. 不可测性

风险的不确定性说明风险是一种随机现象，是不可预知的。

5. 可变性

随着人类社会的发展，科学技术的进步，有些风险在一定空间和时间范围内被消除，如天花。但有些风险却被人们创造出来，如向太空发射卫星，向外层空间发送太空飞船等，带来了航空航天风险。建立核电站带来了核污染、核泄漏和核爆炸的风险。

（三）风险的分类

风险多种多样，不同的风险有着不同的性质和特点，它们发生的条件、形成的过程和对人类造成的损害是大不相同的。为了便于对各种风险进行识别、测定和管理，对种类繁多的风险按照一定的方法进行科学分类是十分必要的。

1. 按风险产生的形态分类

（1）静态风险（static risk）是指在社会经济正常情况下，由于自然力的不规则运动或人们行为过失或错误判断等导致的风险。例如，雷电、暴风、地震、霜害等自然原因的风险；火灾、经营不善等人为疏忽发生的风险；盗窃、纵火、欺诈等不道德行为的风险。静态风险一般与社会经济和政治变动无关，在任何社会经济条件下都是不可避免的。

（2）动态风险（dynamic risk）是指由于社会经济结构变动或政治变动而产生的风险。例如生产方式和生产技术的变动，消费者偏好的变动，政治经济体制的改革等引起的风险。

2. 按风险的性质分类

（1）纯粹风险（pure risk）是指只有损失可能而无获利机会的风险。例如航行中的海轮发生触礁、货物遭受火灾的风险，船东和货主只会遭受经济损失，而绝不会有利益可得。

（2）投机风险（speculative risk）是指既可能造成损失，也可能产生收益的风险。例如投资有价证券。

3. 按风险危及的对象分类

(1) 财产风险 (property risk) 是指个人、家庭、企业或团体组织所有、使用或保管的财产发生损害、灭失或贬值的风险。如船舶沉没、货物被窃、新技术设备的出现引起旧技术设备贬值等的风险。

(2) 人身风险 (personal risk) 是指由于疾病、意外伤害造成死亡、伤残等原因而遭受损失的风险。

(3) 责任风险 (liability risk)，又称第三者责任风险，是指由于个人或团体的过失或侵权行为导致他人的财产损失和人身伤亡，在道义上、法律上负有经济赔偿责任的风险。此外，由于专业技术人员的疏忽、公共场所存在的内在缺陷、产品质量低劣都可导致损失。这种种可能导致损失的风险，均属责任风险范畴。

(4) 信用风险 (credit risk) 是指人们在经济往来中，当事人之间，由于对方违反约定而导致一方经济损失的风险。例如在国际贸易中，卖方不知在交货后买方是否一定会按期支付货款，导致卖方面临信用风险。

4. 按风险发生的原因分类

(1) 自然风险 (natural risk) 是指由于自然现象或物理现象所导致的风险。例如洪水、地震、暴风、海啸、泥石流等。

(2) 社会风险 (social risk) 是指由于个人或团体的行为，包括过失行为、不当行为及故意行为对社会生产及人们生活造成损失的可能性，例如盗窃、抢劫、玩忽职守以及故意破坏等行为对他人的财产或人身造成损失或损害的可能性。

(3) 政治风险 (political risk) 又称为国家风险，它是指在对外投资和贸易过程中，因政治原因或订约双方所不能控制的原因，使债权人可能遭受损失的风险。例如因输入国家发生战争、革命、内乱而中止货物进口；或因输入国家实施进口或外汇管制，对输入货物加以限制或禁止输入；或因本国变更外贸法令，使输出货物无法送达输入国，造成合同无法履行而形成的损失等。

(4) 经济风险 (economic risk) 是指在生产和销售等经营活动中由于受各种市场供求关系、经济贸易条件等因素变化的影响，或经营者决策失误，对前景预期出现偏差等，导致经济上遭受损失的风险。例如生产的增减、价格的涨落、经营的盈亏等方面的风险。

5. 按风险是否可保分类

(1) 可保风险 (insurable risk) 是指可以通过保险的方式加以管理和分散的风险。

(2) 不可保风险 (non-insurable risk) 是指无法通过保险方式来管理与分散的风险。

(四) 风险管理

风险管理 (risk management) 是指人们对各种风险的识别、衡量和控制的主动行为。它要求人们研究风险发生和变化规律，估算风险对社会经济生活可能造成损害的程度，并选择有效的手段，有计划、有目的地处理风险，以最小的成本获得最大的安全保障。

风险管理的方法有很多，但最常用的有回避、自留、预防、抑制和转移。

二、保险

（一）保险的起源

保险首先起源于欧洲，14 世纪末在意大利就已经出现了具有现代形式的保险。如此算来世界保险的发展已有 600 多年的历史。海上保险的出现与海上贸易的发展是密不可分的。公元前 2000 年，地中海一带就有了广泛的海上贸易活动，但在当时船舶抵御风浪的能力很差，为使航海船舶免遭倾覆，最有效的解救办法就是抛弃船上货物，以减轻船舶的载重量。为了使被抛弃的货物能从其他受益方获得补偿，当时的航海商提出了一条共同遵循的原则：即"一人为众，众为一人"。该原则后来被公元前 916 年的《罗地安海商法》所采用，并正式规定为："凡因减轻船舶载重而投弃大海的货物，如为全体利益而损失的，须由全体受益方来分摊"。这就是著名的"共同海损分摊"原则。这一分摊原则至今仍为各国海商法所采用。由于该原则最早体现了海上保险分摊损失、互助共济的要求，因而被视为海上保险的萌芽。可见，海上保险主要是处理船舶在航海过程中所面临各种风险的保险。

15 世纪，美洲新大陆发现以后，英国的对外贸易获得迅速发展。随着精通海上保险的意大利伦巴第商人移居英国，海上保险也被带到了英国，并在英国得到了极大的发展。英国商人在同尼德兰和安特卫普商人的长期贸易往来中，学会了现代海上保险的做法。1554 年，英国商人从国王那里获得特许，组织贸易公司垄断经营海外业务，从此对外贸易及海上保险开始由英国商人自己经营，海上保险的一些法令和制度也相继制定与建立。

1568 年，英国商人仿照安特卫普交易所，建立了伦敦皇家交易所，为海上保险提供了交易场所。1575 年，伊莉莎白一世特许在交易所内设立保险商会，1601 年又颁布了英国历史上第一部海上保险法《涉及保险单的立法》。英国逐渐成为世界海上保险的中心。

英国海上保险的发展促进了海上保险立法的完善，1906 年英国制定了《海上保险法》。这部法律对世界各国的保险立法有着深远的影响，直至今天仍然是世界上最具权威的一部海上保险法典。

（二）保险的概念与职能

1. 保险的概念

保险（insurance）是被保险人（insured）对一批或若干批货物向保险人（insurer）按照一定的险别并缴纳保险费，保险人承保后，如果所保货物在运输过程中发生约定范围内的损失，应按照它所出立的保险单的规定，给予被保险人经济上的补偿。

保险一般可以分为财产保险、责任保险、保证保险和人寿保险四个大类。国际物流货物运输保险属于财产保险一类。

2. 保险的职能

保险的职能是指保险固有的特性，即结合多数人共同分摊风险，补偿少数人的经济损失。

（1）保险的基本职能

保险是依靠多数成员的分摊保险基金，用来补偿少数成员因灾害事故所造成的经济损失和因死亡或丧失劳动能力所带来的经济困难的一种方法。分摊职能：分摊职能就是把参加保险的少数成员因自然灾害或意外事故所造成的损失，分摊给多数成员来承担。保险的主要特征就是分散风险。补偿职能：补偿职能就是把参加保险的全体成员建立起来的保险基金用于少数成员因遭遇自然灾害或意外事故所受损失的经济补偿。

（2）保险的派生职能

保险的派生职能是在不同经济体制下，由基本职能派生出来的。保险的派生职能主要有：融资职能、分配职能和防灾防损职能。

（三）保险的原则

1. 可保利益原则（insurable interest）

可保利益原则指投保人对保险标的具有法律上承认的利益。就货物保险而言，反映在运输货物上的利益，主要是货物本身的价值，但也包括与此相关联的费用（运费、保险费、关税、预期利润等）。但它不像其他保险那样在投保时就要求对保险标的具备可保利益，它只要求在保险标的发生损失时必须具有保险利益即可。

2. 最大诚信原则（utmost good faith）

最大诚信原则指投保人和保险公司在签订保险合同时以及在合同有效期内，必须保持最大限度的诚意，恪守信用，互不欺瞒。保险公司应当向投保人说明保险合同条款的内容，并可以就保险标的或者被保险人的有关情况提出询问，投保人应当如实告知。

对被保险人来说包括两方面的要求：一是重要事实的申报；二是保证。保证是指被保险人在保险合同中所作的保证要做或不做某种事情，保证根据法律或惯例规定应履行的义务。

3. 代位追偿原则（subrogation）

代位追偿原则指保险人（即保险公司）履行了赔偿责任后而获得的一项权利，而当被保险人在取得了保险赔偿后则有义务将根据法律或合同所享有的向责任方要求损害赔偿的权利转让给保险人。

第二节　保　险　合　同

一、保险合同的概念与法律特征

（一）保险合同的概念

保险合同又称保险契约，是指保险关系双方当事人之间订立、变更、终止保险法律关系的协议。《中华人民共和国保险法》中定义为"保险合同是投保人与保险人约定保险权利、义务关系的协议。"根据保险双方当事人的约定，投保人负有支付保险费的义务；保险人在保险标的发生约定事故时，承担经济损失补偿责任，或者当约定事件发生时，承担履行给付保险金义务。保险合同定义明确了合同的性质是协商产生的协议；明确了当事人主体是投保人和保险人；明确了合同内容是保险权利、义务关系。

（二）保险合同的特征

保险合同是民事合同的一种，因而具有一般合同共有的法律特征，同时又因为保险关系的特殊性而使保险合同具有区别于其他民事合同的法律特征。

1. 保险合同的一般法律特征

（1）保险合同当事人必须具有民事法律行为能力。保险合同的投保人必须是具有相应民事行为能力的自然人、法人或其他合法的社会组织；保险人必须是依法设立的保险经营机构，合同的订立必须符合其经营范围。

（2）保险合同是双方当事人意思表示一致的法律行为。保险合同的当事人必须是对立的双方，即投保方和保险方。保险合同是当事人协商一致的产物，是两个或两个以上当事人的意思表示一致的协议；合同当事人的法律地位平等，任何一方不能强迫另一方接受自己的意志。

（3）保险合同属于合法行为。国家有关法律、法规对保险合同的主体、内容及合同的订立和履行等方面都做了相应的规定，只有符合这些规定的保险合同才受法律保护。

2. 保险合同自身的法律特征

（1）保险合同是射幸性合同（aleatory contract）。

射幸合同是指当事人在签订合同时不能确定各自的利益或结果的协议。保险合同在订立时，投保方缴付保险费是确定的，而保险人是否履行赔偿或给付保险金的责任取决于偶然的、不确定的自然灾害、意外事故的发生。

（2）保险合同是附和性合同（adhesion contract）。

保险合同是附和性合同，其基本条款通常是由保险人事先拟定。投保人对于此类条款，或同意接受，或不同意接受，一般没有修改某项条款的权利。如果有必要修改或变更合同的某项内容，通常也只能采用保险人事先准备的附加条款或附属保单。

（3）保险合同是双务有偿合同（bilateral contract）。

保险合同成立后，投保人负有按合同约定缴纳保险费的义务，保险人则负有于保险事故发生时支付保险赔偿金的义务。双方既然互有给付义务，理应属于双务有偿合同。

（4）保险合同是最大诚信合同（utmost good faith contract）。

缔结任何合同都必须遵守诚实信用原则。我国《合同法》第六条规定，"当事人行使权利、履行义务应当遵循诚实信用原则。"保险合同对当事人的诚信要求更为严格，所以称保险合同为最大诚信合同。

二、保险合同的分类

保险合同按照不同的标准分成不同的种类，主要有以下几种：

（一）按保险合同的标的划分

保险合同可以分为财产保险合同和人身保险合同。这是我国保险法对保险合同的分类，也是基本的、常见的分类方法。

财产保险合同的保险标的是财产及其有关利益，是补偿合同；人身保险合同的保险标的是人的寿命和身体，是给付性合同。保险标的的不同是两类合同的主要区别。

（二）按保险人给付保险金的目的划分

保险合同可以分为定额给付保险合同和损失补偿保险合同。

1. 定额给付保险合同简称给付性保险合同，是指当保险合同约定的事故发生或约定期限届满时，保险人按照合同约定的保险金额给付保险金的保险合同。

2. 损失补偿性保险合同简称补偿性保险合同，是指在保险事故发生时，由保险人评估被保险人所遭受的实际损失，并在保险金额限度内给付保险金，以弥补被保险人所受实际损失的保险合同。

（三）按保险金额与保险价值的关系划分

保险合同可以分为足额保险合同、不足额保险合同和超额保险合同。这种分类只适用于财产保险合同。

1. 足额保险合同又称全额保险合同，是指保险金额与保险价值完全相等的保险合同。

2. 不足额保险，又称"部分保险"，即保险合同中确定的保险金额小于保险价值的保险。

3. 超额保险合同是指保险金额高于保险价值的保险合同。

（四）按保险合同标的的保险价值划分

保险合同可以分为定值保险合同和不定值保险合同。这种划分也只适宜财产保险合同，因为人身保险合同的标的是无价的。

1. 定值保险合同是指保险合同当事人事先约定保险标的的价值并在保险单中载明的保险合同。

2. 不定值保险合同指保险合同当事人事先不约定保险标的的价值，仅约定保险金额，在保险事故发生后再确定保险标的的实际价值的保险合同。

（五）按保险合同所负责任的顺序划分

保险合同可以分为原保险合同和再保险合同。

1. 原保险合同是指投保人和保险人最初订立的保险合同。原保险又称为第一次保险，一般的保险都是原保险合同。

2. 再保险合同是指保险人将其承担的保险业务，以承保形式，转移给其他保险人的保险合同。再保险合同是由原保险的保险人与再保险接受人订立的保险合同。《保险法》第二十八条第一款规定："保险人将其承担的保险业务，以分保形式部分转移给其他保险人的，为再保险。"再保险又称为第二次保险，再保险不利于提高保险人的承保能力和赔偿能力。

三、保险合同的要素

（一）保险合同的主体

保险合同的主体是指所有参与保险合同订立和履行的人，主要包括：保险合同的当事人（投保人和保险人）、保险合同的利害关系人（被保险人和受益人）、保险合同的辅助人（保险代理人、保险经纪人、保险公证人等）。

1. 保险合同当事人

（1）保险人（insurer or underwriter）。保险人也称"承保人"，是指与投保人订立保险合同并承担保险标的风险的当事人。《保险法》第九条第二款规定："保险人是指与投保人订立保险合同，并承担赔偿或者给付保险金责任的保险公司。"

（2）投保人（applicant）。投保人是指就自己或他人的生命、身体或归其所有的（包括国家授予其经营管理的）财产向保险人投保，并订立保险合同的当事人，有时也被称作要保人。投保人有交纳保险费的义务。如果是为自己的利益投保，便享有赔偿请求权或受领保险金的权利。

2. 保险合同利害关系人

保险合同利害关系人是指在保险合同中虽然不直接参与订立保险合同事宜，但是，保险合同的成立与履行都对其有着重要利害关系的人。这就是被保险人和受益人。

（1）被保险人（insured）。按我国《保险法》第二十一条规定，指在保险事故发生而使其财产或身体受损时，有权向保险人要求偿付的人。被保险人在财产保险中必须是财产所有人或其他权利人，因为保险合同可以是为他人的利益而订立，因而确切地说是被保险人而不说是要保人享有赔偿请求权。

（2）受益人（beneficiary）。受益人是指根据保险合同的约定，享有赔偿请求权的人，即取得保险利益、受领保险金的人。受益人必须是在保险合同中明确载明的。当然，在保险合同执行过程中，受益人也可以由投保人随时向保险人声明更换。如果在保险合同中没有指明受益人，应由被保险人的法定继承人作为受益人。如果被保险人与投保人不是同一人，投保人欲变更受益人时，需要得到被保险人的同意。

3. 保险合同的辅助人

保险合同的辅助人是指协助保险合同当事人或利害关系人办理保险合同有关事项的人。保险合同的辅助人是指保险代理人、保险经纪人和保险公证人。

（二）保险合同的客体

保险合同的客体就是指保险利益。我国《保险法》第十一条规定："保险利益是指投保人对保险标的具有的法律上承认的利益。保险标的是指作为保险对象的财产及其有关利益或者人的寿命和身体。"保险利益应具备合法性，被法律所承认和受法律保护。保险利益的范围一般由保险法规规定或由保险条款约定。

四、保险合同的内容与形式

保险合同的内容，是指投保人或被保险人与保险人通过协议而达成的有关对于保险标的及与之相关联的利益予以保障事项的条款，并由此来确定其权利和义务。

（一）保险合同的主要内容

1. 当事人的姓名和住所。

2. 保险标的（subject matter）。保险标的是保险利益的载体，是保险人承保的对象。明确保险标的可以明确保险人承担保险责任的对象范围，可以确定投保人对保险标的是否具有保险利益，对于保险价值的确定以及明确核损的对象都至关重要。在财产保险合同中，应载明标的物的详细名称、型号、清单、编号、坐落地点以及与投保人的利益关系。

3. 保险价值（insured value）。保险价值是指保险标的在保险合同中的价值。

4. 保险金额（insured amount）。保险金额是由保险合同的当事人确定的保险人赔偿或给付的最高限额。保险金额涉及保险人和投保人之间的权利、义务关系。对于保险人来说，它既是收取保险费的计算依据，也是补偿或给付的最高限额。

5. 保险费（premium）。保险费是投保人或被保险人为请求保险人对其保险标的及其利益承担风险保障，而支付的与保险责任大小相适应的金额，它是按照保险人对保险利益保障的程度即保险金额的一定比率（保险费率）而向保险人缴付的费用。

6. 保险责任（scope of cover）。保险人所承担的风险项目，在保险合同中称作保险责任或责任条款。保险责任就是当在其责任范围内的保险事故或保险事件发生时，根据保险标的的损失程度或达到的保险条件，保险人在保险金额限度内应负的经济赔偿或给付保险金的责任。各类保险有不同的保险责任。保险合同中载明的责任条款，通常是保险人所制定，由投保人或被保险人选择决定的。例如海洋运输货物保险条款，分别列出：平安险、水渍险和一切险三种主要险别与一些专门或附加险别供投保人选择。

7. 保险期限（insurance period）。保险期限亦称保险期间，我国保险条款称之为责任起讫，是指保险人承担保险责任的起讫时间即保险合同的有效期限，保险人只对在保险期限内发生的保险事故才承担赔偿或给付的责任。国际运输货物保险的保险期间一般按"仓至仓"原则划分。

（二）保险合同的形式

保险合同依照其订立的程序，大致可以分为四种书面形式：

1. 投保单（application）。投保单是投保人向保险人申请订立保险合同的书面要约。投保单由保险人准备，通常有统一的格式。投保人依照保险人所列项目逐一填写。

2. 暂保单（binders）。暂保单又称临时保单。它是正式保单发出前的临时合同。有时在保险代理人收到第一期保费后，即发给投保人作为具有暂保单效力的收据。暂保单的法律效力与正式保单完全相同，但有效期较短，大多由保险人具体规定。当正式保单交付后，暂保单即自动失效。

3. 保险单（policy）。保险单简称保单，它是投保人与保险人之间保险合同行为的一种正式书面形式。保险单必须明确、完整地记载有关保险双方的权利和义务；它所记载的内容是双方履约的依据。图9-1是一份保险单样例。

4. 保险凭证（insurance certification）。保险凭证俗称"小保单"，也是保险合同的一种书面证明。但只是在少数几种保险业务中使用，如货物运输保险和机动车第三者责任保险等。它实际上是一种简化了的保险单，只包括保险单的正面内容，背面没有载明保险条款的详细内容，凡保险凭证上没有列明的内容，均以同类保险单上所载内容为准，与保险单具有同样的效力。这种简化凭证可节省人力，由于与国际习惯做法不符，已停止使用。

五、保险合同的条款

保险条款是货物买卖合同中不可或缺的一部分。保险条款应包括投保金额、保险险别、保险费、保险单以及保险适用条款等内容。保险条款根据贸易条件不同而有所不同，在我国进出口贸易中，一般按CIF和CIP条件出口；而按FOB或CFR条件进口，以便自己办理保险业务。

（一）CIF和CIP贸易条件下的保险条款

在实际业务中，如果货物按CIF或CIP条件签订合同，货物在运输途中的风险损失由买方负责，但由卖方承担保险费用，并由卖方向保险公司进行投保。卖方应该根据出口合同或信用证的规定，在准备好货物并确定装运日期和船只后，按规定要求填制保险单，送保险公司投保，并向保险公司领取保险单证。具体保险条款包括：投保责任、保险金额、投保险别、适用条款等。

在出口业务中，保险金额一般由买卖双方共同磋商决定。投保金额是保险公司所承担的最高赔偿金额，也是保险费的计算基础。

根据国际惯例，保险金额通常按照 CIF 或 CIP 总值加成 10％ 计算。如果买方要求以较高的加成率计算投保金额投保，在保险公司同意承保的前提下卖方可以接受，但超出部分的保险费由买方负担。

按 CIF 或 CIP 条件出口的货物的保险金额和保险费计算有如下公式：

保险金额＝CIF 或 CIP 价×（1＋加成率）

保险费＝保险金额×保险费率

在核算 CIF 或 CIP 价重的保险费时，应注意根据一定时期货物的赔付率情况，以及不同货物、不同险别、不同目的地分别确定，不同情况下保险费会有所不同。

（二）FOB、FCA、CFR 或 CPT 贸易条件下的保险条款

如果按照 FOB、FCA、CFR 或 CPT 条件下签订合同，卖方在装运港完成交货后，货物运输途中的风险损失均由买方承担，并且由买方投保货运保险，并缴纳保险费。

以 FOB 或 CFR 条件进口，在投保时，均按 CIF 价作为保险金额不必加成，其中的运费率和保险费率均采用平均值计算。一般按以下方法计算：

FOB 进口保险金额＝FOB 货价×（1＋平均运费率）/（1－均保险费率）

CFR 进口保险金额＝CFR 货价/（1－平均保险费率）

保险费＝保险金额×平均保险费率

六、保险合同的订立程序

（一）保险合同的订立

合同的订立，必须经过要约和承诺两个阶段，保险合同的订立也是如此，通常由投保人向保险人提出保险申请，经与保险人协商，保险人同意承保而成立保险合同。在一般情况下，投保人就是要约人，保险人即是承诺人。订立保险合同主要包括以下几个步骤：

1. 填写投保单

保险人为了业务上的需要，印好各种单证备用。投保人提出保险要求，向保险人索取单证并如实、完整地填写其想得到相应保险险种的投保单。

2. 将投保单交付投保人

投保人在认可保险人设计的保险费率和保险条款的前提下，将保险单交付给保险人，便构成了要约。

3. 保险人承诺后合同成立

保险人经过对投保人填写的投保单进行必要的审核，没有其他疑问的，通常表示接受并在

投保单上签章，构成承诺，合同成立。保险人应当及时向投保人签发保险单或者其他保险凭证，并在保险单或者其他保险凭证中载明当事人双方约定的合同内容。

（二）保险合同的中止

保险合同的中止是指保险合同生效后，由于某种原因使保险合同的效力处于暂时停止状态即保险合同暂时失效。在保险合同的中止期间，保险标的发生保险事故时，保险人不负保险责任，不支付保险金。保险合同中止的原因主要有：

1. 在分期付款的长期人身保险合同中，除合同另有约定以外，投保人支付首期保险费后，投保人没有按照约定支付当期保险费超过规定期限日的，合同效力中止，或者由保险人按照约定的条件减少保险金额。

2. 在财产保险合同中，被保险人由于故意或过失使保险标的的危险增加的，保险人享有请求被保险人更正其故意或过失行为，在被保险人更正其行为之前，保险合同效力中止。

（三）保险合同的复效

保险合同的复效主要是就人身保险而言，投保人与保险人对恢复保险合同进行协商并且达成一致协议，保险合同的效力以投保人补交保险费后恢复，但保险合同恢复的时间不是无限期的，只能是在保险合同中止之日起两年内恢复，如果投保人与保险人没有达成恢复协议的，保险人享有解除保险合同的权利。

保险人解除保险合同并不表明它不承担任何义务，投保人已经交足两年以上保险费的，保险人有义务按照合同的约定退还保险单的现金价值；投保人没有交足两年保险费的，保险人应当在扣除手续费后，将保险费退还给投保人。

第三节　我国海上货物运输保险的保障范围

国际货物运输保险是指以对外贸易货物运输过程中的各种货物作为保险标的的保险，属于财产保险的一种。在国际货运保险中，一般是货主在货物发运之前，估计一定的投保金额，向保险人，即保险公司投保运输险。在保险流程中，投保人按投保金额、投保险别及投保费率，向保险公司支付保险费并取得保险单证。保险公司负责在货物运输过程中，当遭受投保险别责任范围内的损失时，按投保金额及损失程度赔偿保险单证的持有人。国际货运保险使得货物遭到承保范围内的损失时，可从有关保险公司及时得到经济补偿，有利于进出口企业保持正常营业，同时将可能发生的损失变为固定的费用，有利于进出口企业加强经济核算。

海运货物保险所承保的广义的海上风险泛指船舶或货物在海上航行中所发生的一切风险，根据英国《1906年海上保险法》第三条第二款的规定："海上风险是指因航海所发生的一切风险。例如，海滩、火灾、战争、海盗、抢劫、盗窃、捕获、拘留、限制以及君王人民之扣押、抛弃、船长船员的故意行为，或其他类似性质的，或在保险合同中所注明的风险。"由此可见，广义上的海上风险除了包括海滩之外，还包括其他各类风险，比如火灾、战争等并非海上固有的风险。

一、海洋货物运输保障的风险 (risk)

(一) 海上风险 (perils of sea)

海上风险是指海上偶然发生的自然灾害或意外事故，但对于经常发生的事件或必然性事件，例如海上的一般风浪作用，并不包括在内。海上风险有其特定的含义和范围，一方面它并不包括所有发生在海上的风险；另一方面它又不并局限于航海中所发生的风险，现代海上保险中都将与海运相连的包括陆上、内河、船舶运输过程中的风险包含在海上风险之内予以承保。

1. 自然灾害 (natural calamity)

自然灾害是指包括恶劣气候、雷电、海啸、地震、洪水和火山爆发等客观自然现象所引起的灾害，它一般是人力所无法抗拒的，会造成物质毁损和人身伤害。

(1) 恶劣气候 (heavy weather)

恶劣气候通常是指船舶在海上航行时因遭遇海上暴风、暴雨、飓风和大浪等自然现象而发生的事故，包括船舶因颠簸、倾斜造成船体破裂、船上机器设备损坏，以及船上所载货物碰损破碎、混杂、被水浸湿、冲走等。恶劣气候是货物在海运途中最容易遇到的风险。

(2) 雷电 (lighting)

雷电是指船舶、货物因被雷电击中所直接造成的损失和由此引起火灾而导致的损失，也包括船舶被雷电击中而破损致使海水进入船舱造成货物的损失等。

(3) 海啸 (tsunami)

海啸是指海底地震、火山活动、海岸地壳变异或特大海洋风暴等引起的海水强烈震动而产生巨大浪潮，因此导致船舶、货物被淹没、冲击或损毁。海啸发生时，海面水位剧烈涨落，具有极大的破坏作用，它能使船舶倾覆、沉没，从而导致船货完全灭失。

(4) 地震 (earthquake)

地震是指因地壳发生剧烈的自然变异，使地面发生震动而导致船货的直接损失或由此引起的火灾、爆炸、淹没等损失。地震发生在海底会引起海啸，使在海上航行的船舶及所载货物受损。

(5) 洪水 (flood)

洪水是指偶然的、意外的大量降水在短时间内汇集河槽而形成的特大径流造成的船货损失，包括山洪暴发、江河泛滥、潮水上岸或暴雨积水成灾而造成航行的船舶及货物被淹没、浸泡、冲散及冲毁的损失。

(6) 火山爆发 (volcanic eruption)

火山爆发是指由于强烈的火山活动，喷发固体、液体以及有毒气体造成的船货损失，海底的火山爆发也会引起海啸，从而导致航行中的船舶及所载货物受损。

2. 意外事故 (accident)

意外事故是指海运途中由于外来的、偶然的、突然的、非意料中的原因所导致的事故。如火灾、爆炸、沉没、碰撞、触礁、搁浅、擦浅、倾覆、陆上运输工具倾覆等。

(1) 火灾 (fire)

火灾是指在航海中，因意外起火失去控制并造成经济损失的燃烧。船舶或其所载货物被火焚烧、烧焦、烟熏、烧裂等的经济损失，以及救火时由于搬移货物、消防灌水等造成水渍或其他损失，都属于火灾的范畴。在海上货物运输中，火灾是最严重的风险之一。

（2）爆炸（explosion）

爆炸一般是指物体内部发生急剧的分解或燃烧，迸发出大量气体和热力，致使物体本身及其周围的其他物体遭受猛烈破坏的现象。在海上运输过程中，船上的设备，例如锅炉有可能发生爆炸，造成船货损失。船上所载的货物，例如装在密封容器中的气体会用因周围过高的温度而膨胀爆炸，造成货物本身及周围物体，甚至船舶的损坏。

（3）沉没（sunk）

沉没是指船舶的船体全部或大部分沉入水中（船底并不一定接触海底），而且已丧失继续航行能力的状态。如果船体只有一部分沉入水中或海水虽不断浸入，但船舶仍具有航行能力，则不能视为沉没。

（4）碰撞（collision）

碰撞是指载货船舶在水上同除水以外的其他外界物体撞击或突然猛烈地接触，因此造成船上货物的损失。其他外界物体包括别的船舶、驳船、码头、浮吊、河堤、桥梁、冰山、礁石等。若发生碰撞的是两艘船舶，则碰撞不仅会带来船体及货物的损失，还会产生碰撞的责任损失，碰撞是船舶在海上航行中的一项主要风险。

（5）触礁（stranding）

触礁是指船舶在航行过程中触及海中的岩礁或其他障碍物如木桩、渔栅、海底的沉船等造成的一种意外事故。

（6）搁浅（stranding）

搁浅是指船舶在航行中，由于意外或异常的原因，船底与水下障碍物紧密接触牢牢地被搁住，并且持续一定时间失去进退自由的状态。

（7）擦浅（grounding）

擦浅是指船舶在航行中与水底意外接触，但并未因此而停留一段时间，只是一擦而过。擦浅同样会造成船底损坏，也属于海上保险可保的风险。

（8）倾覆（capsized）

倾覆是指船舶在航行中因遭受自然灾害或意外事故而导致船体严重倾斜或倒翻，非经救助不能继续航行的状态。随着船舶的倾覆，货物可能混杂、相互碰撞或掉落水中而导致损失。

（9）陆上运输工具倾覆（overturning of land conveyance）

陆上运输工具倾覆是指在陆地上行驶的汽车、卡车等运输工具因发生意外而翻倒、倾斜所导致的车货损失事故。

（二）外来风险（extraneous risks）

外来风险是指海上风险以外的其他外来原因所造成的风险。这一风险必须是意外的、事先难以预料的，而不是必然发生的意外因素，如货物在运输过程中可能发生的玷污、串味而造成的损失。类似货物的自然损耗和本质缺陷等属于必然发生的损失，不包括在外来风险之内。

在国际海运货物保险业务中，保险人除了承保上面所述的各种海上风险外，还承保外来风险所造成的损失。外来风险可分为一般外来风险和特殊外来风险两类。

1. 一般外来风险

一般外来风险是指货物在运输途中遭遇意外的外来因素导致的事故。通常包括以下风险：

（1）偷窃（theft，pilferage）

偷窃是指货物整件被偷走或货物中的一部分被窃取，但不包括使用暴力手段的公开劫夺。

（2）提货不着（non-delivery）

提货不着是指货物在运输途中由于不明原因而被遗失，造成整件货物未能运抵目的地，无法交付给收货人。

（3）淡水雨淋（fresh water and rain damage）

淡水雨淋是指直接由于淡水、雨水以及冰雪融化造成货物的水渍。

（4）短量（short delivery）

短量是指货物在运输途中或抵达目的地后发现包装内货物部分短少或散装货物重量短缺。

（5）渗漏（leakage）

渗漏是指流质或半流质的货物在运输途中由于容器损坏而引起的损失。例如酱菜因液体而引起货物的变质、霉烂等损失。

（6）玷污（contamination）

玷污是指货物在运输途中因被其他货物污染而导致的损失。如布匹、纸张、食物、服装等被油类或带色的货物的污染。

（7）碰损（clash）

碰损是指金属和金属制品等货物在运输途中因受震动、颠簸、碰撞、挤压等而造成的凹瘪、变形损失。

（8）破碎（breakage）

破碎是指易碎品在运输途中因受震动、颠簸、碰撞、受压等而造成的破碎、破裂的损失。

（9）混杂（Intermixture）

混杂是指货物在运输途中因与其他货物混杂在一起，难以辨认和分开而导致的损失。例如大豆中混入砂石等杂质。

（10）串味（taint of odour）

串味是指货物因受到其他带异味的物质的影响，引起串味而使价值受损。例如食品、饮料、中药材、化妆品原料等在运输途中与樟脑丸放在一起，樟脑丸味串上上述货物造成损失。

（11）受潮受热（sweating and heating）

受潮受热是指由于气温变化或船上通风设备失灵而使船舱内水汽凝结，造成舱内货物发潮发热甚至霉烂等损失。

（12）钩损（hook damage）

钩损是指袋装或捆装货物在装卸、搬运过程中，因使用手钩或吊钩操作而遭受的损失。

（13）锈损（rust）

锈损是指金属或金属制品在运输过程中因氧化而生锈所造成的损失。

（14）船长船员的恶意损害（barratry of the master and mariners）

船长船员的恶意损害是指船长、船员违背被保险人利益而采取的各种蓄意破坏的行为，包括船长船员凿船、丢弃船舶、纵火焚烧、非法出售船舶或货物、违法走私等。

（15）抛弃（jettison）

抛弃是指在船舶遭遇海难的危急时刻，为了船货的共同安全，人为地将船上的货物或船上的部分设备抛入海中，使其摆脱危险而致的货物损失，还包括根据政府当局的命令而将危险品抛入海中的损失，但不包括抛弃已经失去价值的货物，例如腐烂的水果、鱼类等。

2. 特殊外来风险

特殊外来风险是指除一般外来风险以外的其他外来原因导致的风险，往往是与政治、军事、社会动荡以及国家行政措施、政策法令等有关的风险。常见的特殊外来风险主要有战争风险、罢工风险、进口国有关当局拒绝进口的风险或没收风险等。

（1）战争风险（war risks）

战争风险是指由于战争行为、敌对行为以及由此引起的捕获、拘留、扣留、禁止及各种战争武器所引起的货物损失。

（2）罢工风险（strike risks）

罢工风险是指由于罢工者、被迫停工工人或参加工潮、暴动、民众斗争的人员的行动所造成的货物损失。

（3）拒收风险（rejection risks）

拒收风险是指由于在进口港被进口国的政府或有关当局拒绝进口或没收的损失。

表 9-1　风险的类型

风险种类	风险的内容	
海上风险	自然灾害：恶劣气候、雷电、海啸、洪水、地震或火山爆发等	
	意外事故：船舶搁浅、触礁、沉没、碰撞、失火、爆炸、失踪等	
外来风险	一般原因：偷窃、雨淋、短量、渗漏、玷污、破碎、受潮受热、串味、生锈、钩损等	
	特别原因：交货不到、进口关税、黄曲霉素、舱面货物损失、拒收等	
	特殊原因：军事、政治、国家政策法令及行政措施等	

二、海洋运输货物保险保障的损失（loss）

在海运货物保险中，保险人承保的由于上面所述的海上风险和外来风险造成的损失，按照损失程度划分，可分为全部损失和部分损失。

（一）全部损失（total loss）

全部损失简称"全损"，是指被保险货物由于承保风险造成的全部灭失或可视同全部灭失的损害。在海上保险业务中全部损失可分为实际全损和推定全损两种。

1. 实际全损（actual total loss，ATL）

实际全损也称绝对全损（absolute total loss），我国《海商法》第二百四十五条规定：保险标的发生保险事故后灭失，或者受到严重的损坏完全失去原有形体、效用，或者不能再归被保险人所拥有的，为实际全损。由此可见，保险货物的实际全损有以下四种情况：

（1）保险标的的完全毁损和灭失

这是指保险标的的实体已经完全毁损和不复存在。例如，船舶沉入深海无法打捞；船货被大火全部焚烧；船舱进水，食盐、糖等易溶货物全部被海水溶解。

（2）保险标的失去原有的性质和用途

这是指保险标的受损后，实体虽仍然存在，但已不再具有投保时的属性，已丧失原有的商业价值和使用价值。例如，水泥被海水浸泡后已变成硬块，不再具有水泥的特性，无法使用；茶叶被海水浸泡，虽外表形体还在，但已既不能饮用也不能销售；大米在运输过程中因受潮受热或串味变质，不能食用。

（3）保险标的不能再归被保险人所有

这是指保险标的实体仍存在且维持原有属性和用途，但被保险人已丧失了对它的所有权，而且无法挽回。例如，战时货物被敌对国捕获并作为战利品分发殆尽；船舶或货物在航海途中被劫夺等。

（4）船舶失踪，到一定时期（我国海商法规定为两个月）仍无音讯

根据我国《海商法》第四十五条和英国《1906年海上保险法》第五十八条规定，船舶失踪视为实际全损。船舶在合理时期内未能到达目的地，且在一段时间后仍然没有音讯的，即为船舶失踪。如果船舶失踪而导致全损，则船载货物也构成实际全损。关于船舶失踪的时间，各国的法律有不同的规定，按现行国际惯例，一般为半年，我国规定为两个月。

2. 推定全损（constructive total loss，CTL）

推定全损是指货物在海运中遭遇承保风险后，虽然尚未达到完全灭失的程度，但进行施救整理和修理的费用及加上续运至目的地的费用，将超过货物抵运目的地实际完好状态的价值。推定全损和实际全损的区别在于：实际全损是一种物质上的消失，推定全损是一种经济上的消失。

当发生推定全损时，被保险人也可要求按部分损失赔偿，如果要求按全部损失赔偿，被保险人必须及时向保险人办理"委付"手续。所谓"委付"（abandonment），即"委残索付"，是指被保险人表示愿意将被保货物的一切权利和义务转移给保险人，并要求保险人按全部损失赔偿的一种行为。委付必须经保险人同意后才能生效。

实际全损与推定全损是有区别的。其主要区别有两点：第一，实际全损强调的是保险标的遭受保险事故后，确实已经完全毁损，或失去原有的性质和用途，并且不能再恢复原样或收回，推定全损则是指保险标的已经受损，但并未完全灭失，可以修复或收回，不过因此而需要支出的费用将超过该保险标的复原或获救或收回后的价值。可见，实际全损是一种物质上的灭失，而推定全损是一种经济上的损失；第二，发生实际全损后，被保险人无须办理任何手续即可向保险人要求赔偿全部损失，但在推定全损的条件下，被保险人可以按部分损失向保险人索赔，也可以按全部损失要求保险人赔偿。如果采取后一种方式，即要求按全损赔偿，被保险人还必须向保险人办理"委付"手续。我国《海商法》第二百四十九条规定："保险标的发生推定全损，被保险人要求保险人按全部损失赔偿，应当向保险人委付保险标的。"因此推定全损就实质而言，只是保险人和被保险人双方达成协议后解决保险赔偿问题的办法。

（二）部分损失（partial loss）

部分损失是指保险货物的损失没有达到全部损失的程度。任何损失如果不属于全部损失，即为部分损失。

按照损失的性质，部分损失可分为单独海损和共同海损。

1. 单独海损（particular average，PA）

根据英国《1906年海上保险法》第六十四条第一款规定："单独海损是保险标的因承保的海上风险所造成的部分损失，但不是共同海损"。因此我们可以将单独海损定义为在海上运输中，由于保单承保风险直接导致的船舶或货物本身的部分损失。例如，载货船舶在海上航行中遭遇到暴风巨浪，海水进入船舱致使部分货物受损，此项由承保保险造成的货物的部分损失即为货方的单独海损。

构成单独海损必须具备以下两个条件：一是单独海损必须是故意的、偶然的海上风险直接导致的损失；二是单独海损由受损货物的货主或船方自行承担，并不影响他人利益。例如，一艘船舶满载袋装砂糖驶往某地，途中因气候恶劣，海水涌进舱内，致使部分糖包浸水，此项货物损失属于货物的单独海损，货主因投保了水渍险，便可得到保险人的赔偿；由于货主委托船东承运这些砂糖，双方协定是采用到付运费的条件，现货物受损，承运人即船东因此不能获得全部运费，此项运费损失则属于运费的单独海损，船东投保了船舶保险中的附加运费保险，亦可得到保险人的赔偿。

在现行伦敦协会货物保险条款中，已经不再使用"单独海损"这个术语，但在海上保险实际业务中，它仍被用来表示除共同海损以外的部分损失。

2. 共同海损（general average，GA）

载货航行的船舶在途中可能会遭受到各种自然灾害、意外事故和其他风险，如果风险危及船货的共同安全，不及时采取措施会导致船货严重损坏，直至倾覆或沉没，使船货全部损失。在这种情况下所采取的避免船货共同危险的行为即为共同海损行为。根据我国《海商法》第一百九十三条的规定，共同海损是指在同一海上航程中，船舶、货物和其他财产遭遇共同危险，为了共同安全，有意的采取合理措施所直接造成的特殊牺牲、支付的费用。例如，船舶在海上航行时遇到特大风浪，船长不得不抛弃甲板上的部分货物，以确保船货的安全，所抛弃的货物成为共同海损牺牲。又如，因驾驶员的疏忽保险船舶发生碰撞，船漏水严重，面临沉船危险，为了船货和其他利益方的共同安全，该船被拖入附近港内抢修，由此而发生的拖带费、港口使用费等为共同海损费用，而船舶的碰撞损失属于单独海损。

共同海损是指载货船舶在海上遭遇灾害、事故或特殊情况，威胁到船、货等各方的共同安全，船方为了解除威胁，有意采取合理措施所做出的某种特殊牺牲或支出的特殊费用。共同海损的牺牲和费用支出是为了维护船、货或其他财产方的共同安全，因此应该由船方、货方、运费方根据最后获救价值比例进行分摊。

构成共同海损，主要具备以下条件：

（1）危险是真实存在的，并且是危及船、货共同安全的，而非主观臆断的。例如货舱起火而采取灭火措施，致使被烧货物以外的货物因救火而造成的水湿损失，这种损失是为了船货共同安全而采取的紧急措施而造成，属于共同海损。但是如果船方误认为舱外烟雾是因为起火造成而采取的灭火措施，导致货物受潮，此项货物受潮措施不属于共同海损。

（2）船方所采取的措施是有意的、合理的。所谓有意的，船方采取的措施必须是为共同安全采取主动的有意识行为的结果，而非一种意外损失。所谓合理的，船方采取的措施是必须符合当时实际情况的。例如面临抛货，船方应该选择量重价低的，如果选择量轻质高的就不合理，不能计入共同海损。

（3）构成共同海损的牺牲和费用必须是最终有效的。也就是说经过采取某种措施后，船货全部或部分最后安全获救。

3. 单独海损和共同海损的区别与联系

（1）造成损失的原因不同

在造成损失的原因上，单独海损是由承保风险所直接造成的船、货的损失，而共同海损是为了解除或减轻承保风险人为造成的一种损失。

（2）损失承担的方式不同

在损失的承担上，共同海损的损失是由各受益方按获救财产价值的大小比例分摊，而单独海损的损失由受损方自己承担。

单独海损和共同海损之间有密切的内在联系。一般地说，单独海损发生进而引起共同海损，在采取共同海损措施之前的部分损失，一般可列为单独海损。

三、海洋运输货物保险保障的费用（charges）

海上风险除了会造成被保险货物的损失，还会带来大量的费用支出。在海运货物保险中，保险人负责赔偿的费用主要有施救费用、救助费用、续运费用和额外费用。

（一）施救费用（sue and labor charges）

施救是海上保险中所特有的概念，它是指被保险人为了避免损失的发生或减低损失而采取的适当行动。施救费用是指被保险人为了避免损失的发生或减低损失而采取的适当行动而支出的，并且能够从保险人处获得补偿的这种费用。例如船舱在航行途中因意外触礁，致使海水从船底进入船舶，舱内所载服装部分被浸湿，船长下令将服装搬离该舱，并对已浸湿的服装进行整理和烘干，因此而支出的费用就是施救费用。

（二）救助费用（salvage charges）

当船舶遇到海难时，由与遇难船舶或其载货无关的第三方根据契约或海商法对遇难船舶或其他财产进行抢救的行为属于海上救助行为。在海上保险中，被保险人因被救助而支付给救助人的报酬称为救助费用。

（三）续运费用（forwarding charges）

续运费用是指运输工具遭遇海难后，在中途港或避难港由于卸货、存仓以及运送货物而产生的费用，其目的是为防止或减轻货物的损害。如果货物遭受的风险属于保险责任，因此而支付的费用保险人也予以负责。保险人对续运费用的赔偿和对货物单独海损的赔偿总和以保险金额为限。

（四）额外费用（forwarding charges）

额外费用是指为了证明损失索赔的成立而支付的费用，包括保险标的受损后，对其进行检验、查勘、公证、理算或拍卖受损货物等支付的费用。一般只有在索赔成立时，保险人才对额外费用负赔偿责任，但如果公证、查勘等是由保险人授权进行的，不论索赔是否成立，保险人仍需承担该项额外费用。

有关海洋货物运输保险的承保范围如图 9-1 所示。

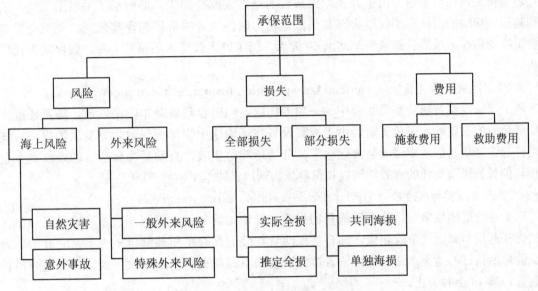

图 9-1　海运货物保险承保范围

第四节　我国陆、空货物运输保险与邮包货物运输保险

国际贸易的运输方式除了海洋运输外，还包括陆上、航空以及多式联运等多种运输方式，这些运输方式下的货物均要办理保险。由于其他运输方式下的货物遭受损失的风险种类不同，所以陆、空货运保险也与海运保险的险别及其承保责任范围不同。

一、陆运货物运输保险

（一）责任范围

根据我国《陆上运输货物保险条款》的规定，陆上运输货物保险的基本险别分为陆运险和陆运一切险两种。此外，还有适用于陆运冷藏货物的专门险——陆上运输冷藏货物险，以及附加险陆上运输货物战争险（火车）等。

1. 陆运险（overland transportation risks）

陆运险的承保范围类似于海运保险中的"水渍险"。保险人负责赔偿被保险货物在运输途中遭受暴风、雷电、洪水、地震等自然灾害，或由于运输工具遭受碰撞、倾覆、出轨，或在驳运过程中因驳运工具遭受搁浅、触礁、沉没、碰撞，或由于遭受隧道坍塌、崖崩、失火、爆炸等意外事故所造成的全部或部分损失。此外，被保险人对遭受承保责任内危险的货物采取抢救、防止或减少货损的措施而支付的合理费用，保险公司也负责赔偿，但以不超过该批被救货物的保险金额为限。

2. 陆运一切险（overland transportation all risks）

陆运一切险的承保范围类似于海运保险中的"一切险"。保险人除承担陆运险的赔偿责任外，还负责货物在运输途中由于外来原因造成的全部或部分损失，即包括了一般附加险。陆运险和陆运一切险的责任范围仅以火车和汽车运输为限。两者的责任起讫都采用"仓至仓条款"。若被保险货物在运抵最后卸载的车站满 60 天后，仍未进入收货人的最后仓库，则保险责任即告终止。

3. 陆上运输冷藏货物险（overland transportation insurance frozen products risks）

陆上运输冷藏货物险是货物险中的一项专门险，同时也具备基本险的性质，即责任范围除包括陆运险的责任外，还负责赔偿由于冷藏设备在运输途中损坏而导致货物变质的损失。该险的责任起讫是从起运地冷藏库装入运输工具开始运输时生效，直到货物到达目的地收货人仓库为止，但最长保险责任的有效期限以被保险货物到达目的地车站后 10 天为限。

4. 陆上运输货物战争险（overland transportation cargo war risks）

陆上运输货物战争险是陆上运输货物保险特殊附加险，目前仅限于火车运输可以加保。该险的责任起讫与海运战争险相似，即自被保险货物装上保险单所载起运地火车站时开始，到卸离保险单所载目的地火车站时为止。若被保险货物不卸离火车，则以火车到达目的地的当日午夜起算，满 48 小时为止。

（二）除外责任

陆上货运保险对下列损失，不负赔偿责任：

1. 被保险人的故意行为或过失所造成的损失。
2. 属于发货人责任所引起的损失。
3. 在保险责任开始前，被保险货物已存在的品质不良或数量短差所造成的损失。
4. 被保险货物的自然损耗、本质缺陷、特性以及市价跌落、运输延迟所引起的损失或费用。
5. 保险公司陆上运输货物战争险条款和货物运输罢工险条款规定的责任范围与除外责任。

（三）被保险人的义务

1. 当被保险货物运抵保险单所载目的地后，被保险人应及时提货，当发现被保险货物遭受任何损失，应立即向保险单上所载明的检验、理赔代理人申请检验。如发现被保险货物整件短少或有明显残损痕迹，应立即向承运人、受托人或有关当局索取货损货差证明。如果货损货差是由于承运人、受托人或其他有关方面的责任所造成，应以书面方式向他们提出索赔，必要时还需取得延长时效的认证。

2. 对遭受承保责任内危险的货物，应迅速采取合理的抢救措施，防止或减少货物损失。

3. 在向保险人索赔时，必须提供以下单证：保险单正本、提单、发票、装箱单、磅码单、货损货差证明、检验报告及索赔清单。如涉及第三者责任还须提供向责任方追偿的有关函电及其他必要单证或文件。

（四）索赔期限

陆上货运保险索赔时效，从被保险货物在最后目的地车站全部卸离车辆后计算，最多不超过 2 年。

二、空运货物运输保险

(一) 责任范围

根据我国《航空运输货物保险条款》规定，航空运输货物保险的基本险别分为航空运输险和航空运输一切险，以及附加险即航空运输货物战争险。

1. 航空运输险 (air transportation risks)

航空运输险的承保范围与海运保险中的"水渍险"大体相同。保险人负责赔偿被保险货物在运输途中遭受雷电、火灾、爆炸或由于飞机遭受恶劣气候以及其他危难事故而被抛弃，或由于飞机遭碰撞、倾覆、坠落或失踪等意外事故所造成的全部或部分损失。此外，被保险人对遭受承保责任内危险的货物采取抢救，防止或减少货损的措施而支付的合理费用，保险公司也负责赔偿，但以不超过该批被救货物的保险金额为限。

2. 航空运输一切险 (air transportation all risks)

航空运输一切险的承保责任范围除包括航空运输险的全部责任外，对保险货物在运输途中由于一般外来原因造成的全部或部分损失负赔偿责任。

航空运输险和航空运输一切险的责任起讫也采用"仓至仓条款"。若货物运达目的地而未运抵收货人仓库或储存处，则以被保险货物在最后卸载地即卸离飞机后满 30 天，保险责任即告终止。

3. 航空运输货物战争险 (air transportation cargo war risks)

航空运输货物战争险是航空运输货物的一种附加险，其承保范围与海运战争险相似。该险的责任起讫是从被保险货物在起运地装上飞机时开始，直到到达目的地卸离飞机时为止。若货物不卸离飞机，则以飞机抵达目的地当日午夜起算满 15 天为止。

(二) 除外责任

航空运输险对下列损失不负赔偿责任：

1. 被保险人的故意行为或过失所造成的损失。

2. 属于发货人责任所引起的损失。

3. 保险责任开始前，被保险货物已存在的品质不良或数量短差所造成的损失。

4. 被保险货物的自然损耗、本质缺陷、特性以及市价跌落、运输延迟所引起的损失或费用。

5. 航空运输货物战争险条款和罢工险条款规定的除外责任。

(三) 投保人的义务

被保险人应按照以下规定的应尽义务办理有关事项，如因未履行规定的义务而影响保险公司利益时，保险公司对有关损失有权拒绝赔偿：

1. 当被保险货物运抵保险单所载目的地以后，被保险人应及时提货，当发现被保险货物遭受任何损失，应立即向保险单上所载明的检验、理赔代理人申请检验，如发现被保险货物整件短少或有明显残损痕迹，应立即向承运人、受托人或有关当局索取货损货差证明。如果货损货差是由于承运人、受托人或其他有关方面的责任所造成，应以书面方式向他们提出索赔，必要时还须取得延长时效的认证。

2.对遭受承保责任内危险的货物，应迅速采取合理的抢救措施，防止或减少货物损失。

3.在向保险人索赔时，必须提供下列单证：保险单正本、提单、发票、装箱单、磅码单、货损货差证明、检验报告及索赔清单，如涉及第三者责任，还须提供向责任方赔偿的有关函电及其他必要单证或文件。

（四）索赔期限

航空运输险索赔时效，从被保险货物在最后卸载地卸离飞机后起算，最多不超过2年。

三、邮包运输保险

根据我国的《邮包保险条款》的规定，邮包运输保险的基本险别为邮包险和邮包一切险两种，其承保范围也分别类似于海运保险中的"水渍险"和"一切险"。此外，还有一种附加险即邮包战争险。由于邮包运输可能通过海、陆、空三种运输方式，因此保险责任兼顾了海、陆、空三种运输工具特征。

邮包险和邮包一切险的保险责任起讫是：自被保险邮包离开保险单载明的起运地点、寄件人的处所运往邮局时开始生效，直至该项邮包运达保险单所载明的目的地邮局，自邮局发出通知书给收货人当日午夜起算满15天为止。但在此期限内邮包一经递交至收件人的处所起，保险责任即告终止。

邮包战争险的保险责任起讫是：自被保险邮包经邮局收讫后自储存处所开始运送时生效，直至该项邮包运达保险单说载明的目的地邮局送交收件人为止。

第五节　海上货物运输保险条款

一、中国海洋运输货物保险险别与保险责任范围

保险险别是指保险人对风险和损失的承保责任范围。中国人民保险公司根据我国保险业务的实际需要并参照国际保险市场的习惯做法，分别制定了各种不同运输方式的货物运输条款以及适用于不同运输方式各种附加险条款，总称"中国保险条款"（China Insurance Clause，简称CIC）。我国海运货物保险险别有基本险和附加险。基本险可以单独投保，附属险则只有在投保某一基本险的基础上才能投保。

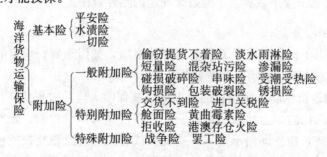

（一）基本险（Basic Risks）险别与保险责任范围

基本险，亦称主险，是可以独立投保，不必依附于其他险别项下的险别。按照我国《海洋运输货物保险条款》规定，海洋运输保险的基本险可分为平安险、水渍险和一切险三种。

1. 平安险（free from particular average，F. P. A）

平安险原意是"单独海损不赔"，即仅对共同海损和全部损失予以负责。但今天平安险的责任范围远远超过了全损险的责任范围。平安险只不过成为一种习惯叫法。根据中国海运货物保险条款，平安险规定的责任范围包括以下八条内容。

（1）被保险货物在运输途中由于恶劣气候、雷电、海啸、地震、洪水等自然灾害造成整批货物的全部损失或推定全损。这一款所列举的风险均属于自然灾害，除这五种之外的其他自然灾害如霜冻等，造成被保险货物的损失，保险人概不赔偿。

（2）由于运输工具遭受搁浅、触礁、沉没、互撞、与流冰或其他物碰撞以及火灾、爆炸造成的货物损失。本项规定中列明的风险造成的"货物损失"，包括货物的全部损失和部分损失。

（3）在运输工具已经发生搁浅、触礁、沉没或焚烧这四种意外事故的情况下，货物在此前后又在海上遭受恶劣气候、雷电、海啸等自然灾害所造成的部分损失。根据本规定，保险人对于自然灾害所造成的保险货物部分损失予以赔偿的前提条件是运输工具曾经发生上述规定的搁浅、触礁、沉没或焚烧四种意外事故。

（4）在装卸或转运时，由于一件或数件整件货物落海所造成的全部或部分损失。本项承保风险又称吊索损害（sling loss），限于货物装卸或转运过程中发生的意外，如吊钩脱落、吊绳断裂或吊杆折断等导致整件货物掉落海中所造成的货损。

（5）被保险人对遭受承保风险的货物采取抢救、防止或减少货损的措施而支付的合理费用，但以不超过该批被救货物的保险金额为限。本条承保的是施救费用，施救费用限于被保险人或其雇用人、代理人为避免或减少保险责任范围内的损失而采取措施所发生的合理和必要的费用。保险人对施救费用的最高赔偿额以被保险货物的保险金额为限。

（6）运输工具遭遇海难后，在避难港由于卸货引起的损失以及在中途港、避难港由于卸货、存仓以及运送货物所产生的特别费用。不同的规定是针对在运输工具遭遇海难后，因避难而产生的特别费用，其中包括两部分，一是对货物在非预定卸货港而引起的损失，保险人予以负责；二是对运输中止后需要续运货物至原定目的地时所发生的特别费用，保险人不予以负责。

（7）共同海损的牺牲、分摊和救助费用。本条的规定也包括两部分，一是对共同海损的牺牲和分摊均予以负责；二是对救助费用予以负责。

（8）运输契约订有"船舶互撞责任"条款时，根据该条款规定应由货方偿还船方的损失。本条规定，如果由于货主与承运人的运输契约中有"船舶互撞责任"条款，当船舶发生碰撞事故后，对货主根据该条款偿还船方的损失，由保险人负责赔偿。

2. 水渍险（with particular average，W. P. A）

水渍险的责任范围，是在平安险的基础上，增加了承保货物由于恶劣气候、雷电、海啸、地震、洪水等自然灾害造成的部分损失。相应的，施救费用的赔偿范围也有所扩大。水渍险承保的风险仍属于列明风险，被保险人向保险人索赔时，负责证明损失的近因是承保风险。

可见，平安险和水渍险的承保责任的差异性并不太大，因为被保险货物如果因承保风险造成全部损失，无论是平安险还是水渍险，保险人都是要赔的。只有在发生部分损失的情况下，两者才有所不同：水渍险对于不论是自然灾害或意外事故所造成的部分损失均予赔偿；平安险对由于意外事故造成的部分损失负责，对由于自然灾害所造成的部分损失一般不予负责，但是在运输过程中如运输工具发生了搁浅、触礁、沉没或焚毁的情况下，即使是自然灾害所造成的部分损失也不予以负责。

3. 一切险（all risks）

一切险是三个基本险中责任范围最大的险种，除包括平安险和水渍险的各项责任外，还包括货物在运输途中由于外来原因所致的全部或部分损失。需要指出的是，在实际业务中，一切险责任范围中所谓的"外来原因"，并非运输途中的一切外来风险，而是指一般外来风险，并不负责由于特别外来风险造成的损失。总的说来，一切险的责任范围是平安险、水渍险和一般附加险责任范围的总和，也就是说，一切险包括一般附加险，但不包括特别附加险和特殊附加险。因此，一切险的责任范围也不是"一切（all）"风险损失。由于一切险提供了充分的保险保障，各类货物都能适用，特别是一些粮油食品、纺织纤维类商品以及新的机械设备投保一切险更有必要。我国大多数的进口货物皆选择投保保障最大的一切险。

（二）附加险（additional risks）险别与保险责任范围

附加险不能单独投保，必须依附于基本险项下，并另外支付保险费。根据性质和费用不同，附加险包括一般附加险、特别附加险和特殊附加险。

1. 一般附加险（general additional risks）

一般附加险所承保的是由于一般外来风险所造成的全部或部分损失。一般附加险不能作为一个单独的项目投保，而只能在投保平安险或水渍险的基础上，根据货物的特性和需要加保一种或若干种一般附加险。我国《海运货物保险条款》规定的一般附加险有 11 种，其条款内容非常简单，一般只规定承保的责任范围。由于一般附加险已包括在一切险中，所以若已经投保一切险，则无须加保。

（1）偷窃提货不着险（theft, pilferage and non-delivery clause, TPND）

保险有效期内，保险货物被偷走或窃走，以及货物运抵目的地以后，整件未交的损失，由保险公司负责赔偿。"偷"是指货物整件被偷走，"窃"是指货物中的一部分被窃取，偷窃不包括使用暴力手段的公开劫夺，"提货不着"是指货物的全部或整体未能在目的地交付收货人。这一险别下，为了便于确定责任，对于偷窃的损失，被保险人必须在及时提货后 10 天内申请检验，对于整件提货不着，被保险人必须向责任方、海关或有关当局取得证明。保险公司有权收回被保险人向船东或其他责任方追偿到的货损赔偿款，但其金额不超过保险人支付的赔款为限。

（2）淡水雨淋险（fresh water and/or rain damage clause, FWRD）

运输中，由于淡水、雨水以及雪溶所造成的损失，保险公司都应负责赔偿。淡水包括船上淡水舱、水管漏水以及舱汗等。淡水是与海水相对而言的。由于平安险和水渍险所造成的各种损失负责赔偿，因此，淡水雨淋险扩展了平安险和水渍险的承保责任。

（3）短量险（shortage clause）

短量险负责保险货物数量短少和重量损失，通常包括货物的短少，保险公司必须要查清外包装是否发现异常现象，如破口、破袋、扯缝等。如属散装货物，往往将装船和卸船重量之间的差额作为计算短量的依据，但不包括正常的途耗。对某些大量的不合理的短少现象，被保险人必须提供本保险货物装船前的重量证明。

（4）混杂、玷污险（intermixture and contanmination）

本险别承保两类损失，一是保险货物在运输过程中，混进了杂质所造成的损失；二是承保货物在运输途中受其他货物玷污所致的损失。

（5）渗漏险（lealage clause）

本险别承保两类损失，一是承保流质、半流质的液体物质和油类物质，在运输过程中因为容器损坏而引起的渗漏损失；二是承保用液体储存的货物因液体渗漏而引起货物腐败变质等损失。

（6）碰损、破碎险（clash and breakage clause）

承保货物在运输途中因震动、碰撞、受压或搬运不慎引起的破碎、折裂、裂损和发生弯曲、凹瘪、变形等损失。易发生碰损的主要是一些金属制品、漆木制品，如机器、仪器、仪表、搪瓷器皿、漆木器用具和家具等，而破碎损失最集中在那些易碎物品上，如玻璃和玻璃制品、陶瓷制品、大理石板，以及玉、石、牙、木、竹器雕刻和贝壳制品等观赏性工艺品。由于这类货物在保险期内因海上自然灾害或运输工具发生意外事故所造成的碰损、破碎损失，已被平安险和水渍险这两种主险列入其承保责任范围，所以作为一种一般附加险，碰损、破碎险主要是对一切外来因素所致碰损、破碎损失承担赔偿责任。

（7）串味险（risk of odour）

串味险，又叫变味险（risk of flavour），承保货物因受其他物品的影响而引起串味、变味的损失。易发生串味、变味的多为食品、饮料、茶叶、中药材、香料等，它们在运输途中若与皮革、樟脑和有腥味或有异味物品存放在同一货舱内，就极有可能被串味而使本身品质受损。保险人对加保此附加险的货物所发生的串味损失负责赔偿，不过，如果造成这种串味损失的原因在于船方的配载不当，那么保险人有权向负有责任的船方追偿。

（8）受热、受潮险（damage caused by sweating and heating）

本保险承保货物在运输过程中因气温突然变化或由于船上通风设备失灵致使船舱水汽凝结，引起货物发潮或发热所造成的霉烂、变质等损失。

（9）钩损险（hook damage clause）

承保货物在装卸过程中因为使用手钩、吊钩等工具所造成的损失。此外，本险别还对必要的包装修补或调换所支付的费用负责赔偿。袋装水泥、粮食及捆装布、纸张等货物均可能遭遇此类损失，一般应加保钩损险。

（10）包装破裂险

因为包装破裂造成货物的短少、玷污等损失。承保货物在运输途中因装卸或搬运不慎，使外包装破裂而造成的货物损失。对于为继续运输而支付的必要的外包装修补和调换费用，本险别也予以负责。包装破裂险与钩损险的承保内容有所重叠，但侧重点不同，首先，它仅适用于包装货物，其次它不限于货物在装卸过程中使用吊钩或手钩所致的损失。

（11）锈损险（（risk of rusting））

承保货物在运输过程中因为生锈而造成的损失。会生锈的货物当然是指金属或金属制品。

凡在原装时未存在，确实是在保险期限内发生的锈损，保险人都予以负责。

2. 特别附加险（special additional risks）

特别附加险所承保的风险大多与国家的行政措施、政策法令、航海贸易习惯有关，它并不包括在基本险中，必须另行加保才能获得保障。特别附加险的险别有以下六种。

（1）进口关税险（import duty clause）

承保货物由于遭受保险事故损失，但被保险人仍须按完好货物价值缴纳进口关税所造成的损失。各国政府对在运输途中受到损失的进口货物在征收进口税时的政策并不相同。有的国家规定受损货物可按货物受损后的实际价值减免关税，有的国家规定要区别货损发生在进口前或进口后，前者可以减免关税，后者则不能；还有的国家规定不论货物抵达目的港时是否完好，一律按发票上载明的货物价值或海关估价征收关税。进口关税险承保货物不论是进口前或进口后发生损失，按进口国法律规定，仍须按完好货物价值纳税而致的关税损失，但该保险货物在运输途中所遭遇的损失必须是属于保险责任范围内的。

进口关税险的保险金额应为货主缴纳的关税，和货物本身保险的金额并不相同，因此须根据进口国的关税税率确定，一般是按货物发票金额的若干成投保，并在保险单上注明，以免和主险的保险金额相混淆。当被保险人索赔关税损失时，必须提交关税证明。

（2）交货不到险（failure to deliver clause）

承保货物装上船后，不论任何原因，如果在规定抵达目的地日期起满六个月仍未运到目的地交货的损失。交货不到险所承保的风险与提货不着险承保的风险并不相同，提货不着险承保的是因运输上的原因导致整件货物提货不着的损失，对此类损失交货不到险不予承保。此外，交货不到险对战争险项下应予负责的交货不到损失也不负责。

交货不到险所承保的损失往往是政治风险所致，例如运输途中货物被中途国政府当局禁运而被迫卸货，导致货主收不到货而产生的损失即属于交货不到的责任范围。此时，被保险货物并没有实际全损，因此保险人按全损赔付时都特别要求被保险人将货物的权益转让给自己。

保险人负责赔偿交货不到的损失以被保险人获得一切进口所需许可证为条件，如果被保险人由于未能获得许可证而致货物不能如期交到目的地，保险人不予负责。

（3）舱面险（on deck clause）

海上运输的货物通常都是装于船舱内，保险费率也是以此为基础厘定的，故对非习惯性甲板货的损失，保险人不负责损失赔偿。但是，如果因体积大，有毒性，有污染或者易燃易爆等特点，根据航运习惯必须装在甲板上，就有必要加保舱面货物特别附加险，由保险人承担货物被抛弃或被风浪冲击落水的风险。

由于货物装载舱面极易受损，遭受水湿雨淋更是司空见惯，保险人为了避免承保责任过大，通常只接受在平安险基础上加保舱面险，而不愿意接受在一切险的基础上加保本险。

随着现代航运技术的发展，海运货物越来越多地使用集装箱和集装箱船装运。由于专用集装箱船舶一般都设备优良，抗击海浪袭击的能力增强，集装箱货物装于舱面与舱内的区别不大，因而定有"货物可能装于舱面"的集装箱货物提单已在目前国际贸易中被普遍接受。银行在办理结汇时，已把这种提单视为清洁提单予以接受。在目前保险业务中，保险人也已把集装箱舱面货物视同舱内货物承保。

（4）拒收险（rejection risk）

拒收险承保货物在进口时，不论何种原因而被进口国政府或有关当局拒绝进口或没收所造成的损失。保险人一般按货物的保险价值赔偿，如果货物在发运后尚未抵达进口港，进口国在此期间宣布禁运或禁止，保险人只负责赔偿将货物运回出口国或转口到其他目的地而增加的运费，但所赔金额不能超过这批货物的保险价值。如果在货物发运前，进口国即已宣布禁运或禁止，保险人则不承担赔偿责任。

加保拒收险的货物主要是与人体健康有关的食品、饮料和药品等。加保时，被保险人必须持有进口所需的特许证和进口限额。由于世界大多数国家对这类货物的进口基本上都规定有卫生检验标准，一旦违反了进口国规定的标准，就会被拒绝进口乃至被销毁。因此这种风险比较大，一般情况下保险人都不愿意承保。

（5）黄曲霉素险（aflatoxin clause）

黄曲霉素是一种致癌霉素，发霉的花生、油菜籽、大米等通常含有此霉素，当其含量超过一定限度时，会对人体造成很大的危害，所以很多国家都对这种霉素的含量有严格的限制标准，如果超过限制标准，货物就会被拒绝进口、没收或强制改变用途。黄曲霉素险就是承保此种损失的险别。但是，保险责任开始前已存在的黄曲霉素超标，不在保险人的责任范围之内。

对于被拒绝进口的或强制改变用途的货物，被保险人同意在保险人需要时应尽力协助处理货物，或申请仲裁。

（6）出口货物到香港（包括九龙）或澳门存仓火险责任扩展条款（Fire Risks Extension Clause—For Storage of Cargo at Destination Hongkong, including Kowloon or Macao）

这一条款专门适用于出口到港澳地区且在港澳地区的银行办理进口押汇的出口运输货物。它承保货物抵达香港或澳门地区卸离运输工具后，直接存放于保单载明的过户银行指定的仓库时发生火险造成的损失。

我国出口到港澳地区的货物，如果进口人向我在港澳地区的银行办理进口押汇，在进口人未向银行偿还贷款之前，货物的权益属于银行，在保险单上必须注明货物过户给放款银行。如果货到目的地货主仍未还款，货物往往就存放在过户银行指定的仓库里，此时运输险的责任已经终止，未避免在此期间货物发生损失而损害银行及货主的利益，就需要加保本保险。本险别的责任自运输险责任终止时开始，责任的终止则有两种情形，一是银行收回押款解除对货物的权益为止；二是自运输险责任终止时起计满 30 天为止，两者以先发生为准。

3. **特殊附加险**

特殊附加险主要包括战争险和罢工险，是当前国际海上货物运输保险中普遍适用的。罢工险与战争险的关系密切，按国际海上保险市场的习惯，保了战争险，再加保罢工险时一般不再加收保险费；所以一般被保险人在投保战争险的同时加保罢工险。

（1）海上货物运输战争险（ocean marine cargo war risks clause）

海上货物运输战争险是保险人承保战争或类似战争行为导致的货物损失的特殊附加险。被保险人必须投保货运基本险之后，才能经特别约定投保战争险。

（2）海上货物运输罢工险（cargo strike clause）

海上货物运输罢工险是保险人承保被保险货物因罢工等人为活动造成损失的特殊附加险。

有关海洋货物运输保险关系如图 9-2 所示。

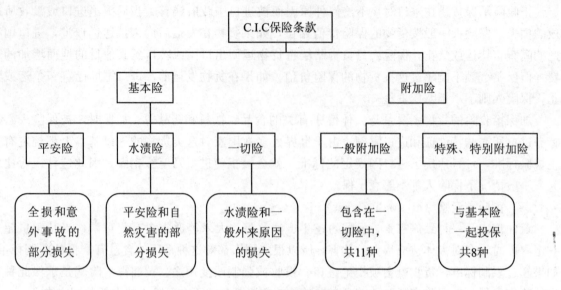

图 9-2 海洋货物运输保险条款关系图

二、除外责任

所谓除外保险责任是指保险公司明确规定不予承保的损失和费用。保险公司对于下列损失不负责赔偿。

(一) 被保险人的故意行为或过失所造成的损失

所谓"故意行为"是指明知自己的行为可能造成损害结果，而仍希望其结果发生或放任这种结果的发生。例如，被保险人参与海运欺诈，故意装运走私货物等。"过失"是指应当预见自己的行为可能发生损害结果，却因为疏忽大意而没有预见或者已经预见但轻信能够避免，以致发生这种损害结果。例如，被保险人未能及时提货而造成的货损或损失扩大，被保险人租用不适航的船舶或者是租用信用不佳的承运人的船舶导致货物损坏等。

(二) 属于发货人的责任所引起的损失

属于发货人责任要求的损失是多方面的，主要包括发货人准备货物时包装不足或不当，不能经受航程中的通常风险，使货物在运输途中因此而损坏；由于标志错误，使货物运到非原定目的地，发货人发错货物引起的损失等。对于上述损失，保险人均不负责。

(三) 在保险责任开始前，被保险货物已存在的品质不良或数量短差所造成的损失

对必须责任开始前便存在的货物损失，保险人并不负责，例如易生锈的钢材、二手机械设备、露天堆放的豆饼等货物，在装运前就已经存在严重的原残，货主如果提出索赔，保险人就有权拒赔。为避免对损失时间的确定引起争议，保险人往往规定装船前须进行检验。另外，提单上有关货物状况、数量的记载也是保险人据以判断货物损失时间的证明。

（四）被保险货物的自然损耗、本质缺陷或特性以及市价跌落、运输延迟所引起的损失和费用

货物的自然损耗是指因货物自身特性而导致的在运输途中必然会发生的损失。一般保险人在保险单中规定一定的免赔比例，只要损耗在正常额度内，保险人不予赔偿。

对于货物本质缺陷或特性所致货物本身损失和支出的费用，保险人不予负责。

对于货物因市价跌落引起的损失保险人不予赔偿。市价跌落属于商业风险，是保险人无法控制的一项风险，故而属于除外责任。

运输延迟所引起的损失保险人也不予负责。由于运输延迟造成的损失，常见的有季节性货物市价大幅度下跌；新鲜水果、蔬菜类货物发生腐烂变质等。对于这类货物损失保险人一概不予赔偿责任，即使引起延迟的原因是承保风险。

（五）属于海运运输货物战争险和货物运输罢工险条款所规定的责任范围与除外责任

战争险和罢工险属于特殊附加险，不在基本险的责任范围之内，需另行附加投保。战争险条款和罢工险条款规定的除外责任，当然亦不应在基本险的责任范围之内。

三、保险期限（duration of insurance）

保险期限亦称保险期间或保险期限，是指保险人对运输货物承担保险责任的责任期间，保险人对发生在保险期限内的保险事故造成的货物损失负责。我国海运货物保险基本险的责任期限以运输过程为限，在保险实务中通常被称为"仓至仓"条款（warehouse to warehouse clause；W/W clause），是指保险人对保险货物的责任自被保险货物运离保险单所载明的起运地仓库或储存处所开始运输时生效，包括正常运输过程中的海上、陆上、内河和驳船运输在内，直到该项货物运抵保险单载明的目的地收货人的最后仓库或储存处所或被保险人用作分配、分派或非正常运输的其他储存处所为止。

（一）责任开始

按基本险的条款规定，自被保险货物运离保险单所载明的起运地仓库或储存处所开始运输时，海运保险责任开始生效。由此可见，只有当货物进行航程所需的运输时，保险责任才开始，如果货物在仓库装车而未运离，保险责任并未开始，如果在此期间发生损失，保险人不负责任。

至于集装箱货，在货物从起运地运往集装箱货运站及在货运站集装箱过程中发生的损失，均属于保险期内的损失，保险人应予负责。

（二）正常运输情况下的责任持续

正常情况是指将货物从保单载明起运地至目的地的整个航程所需要的正常的运输，包括用正常的运输工具、按正常的航线行驶并停靠港口以及途中正常的延迟和转道，包括为完成海运所需的，与之相关的陆上、内河或驳船运输在内。对于正常运输途中所发生的货物保险事故损失，保险人应予赔偿。例如一批保险货物自发货人仓库起运，由卡车运至码头，然后装于海轮进行运输，由于该航线没有直达船，事先安排经香港中转运至目的港，在香港等待转船时，由

于岸上临时仓库发生火灾而将货物焚烧，保险人对此损失将负赔偿责任，因为货物损失发生在正常运输过程中。

(三) 正常情况下的责任终止

按照"仓至仓"条款，在正常运输情况下，海运货物险的保险责任至保险货物运达保险单所载明的目的的收货人最后仓库或储存处所时为止。一旦货物运到收货人的最后仓库，或被保险人用作分配、分派或非正常运输的其他储存输送，保险责任即行终止。在实际业务中，由于保险货物所运往的目的港或目的地的情况往往不一样，货物经过非常运输，到保险单中载明的目的港卸下海轮后，其责任终止有以下几种情况：

以卸货港为目的地，被保险人提货后，将货物运到其在卸货港仓库时，保险责任即行终止；以内陆为目的地，被保险人提货后将货物运到其在内陆的仓库时，保险责任即终止。此后如果被保险人将货物出售或分配，保险人不再承担责任。

以卸货港为目的地，被保险人提货后并不将货物运往自己的仓库，而是将货物进行分配、分派或分散转运，保险责任从开始分配、分派或转运时终止。

以内陆为目的地，被保险人提货后没有将货物直接运往自己在内陆目的地的仓库，而是先行存入另一仓库，然后在该仓库对货物进行分配、分派或分散转运，保险人的赔偿责任自货物到达此仓库时全部终止，而不管其中是否有部分货物最终运到了保险单所载明的内陆目的地仓库。

上述行为都必须在货物卸离海轮后60天内完成，否则，自货物卸离海轮满60天保险责任即终止。

(四) 非正常运输期间的责任持续

非正常持续是指在运输过程中出现的被保险人无法控制的运输延迟、船舶绕道、航线变更、运输合同终止等异常情况以及由此引起的货物在途中被迫卸下、重新装载或转载、货物运到非保险单所载明的地点等非正常情况。

出现上述被保险人无法控制的海轮绕航、被迫卸货、重新装载或装载等的非正常运输情形，如果被保险人及时将具体情况通知保险人，并在必要时加缴一定的保险费，在此期间，保险合同继续有效。

(五) 非正常情况下的责任终止

出现非正常运输，货物可能继续运往目的地，也可能在途中被处理或将其运往其他地方，保险责任的终止应视具体情况而定。

承运人运用运输合同赋予的权限，做出航海上的变更或在中途终止运输合同后，保险货物如果在中途被出售，保险责任至交货时终止。

发生非正常运输后，保险货物如果继续被运往原定目的地，则保险责任的终止与正常运输情况下相同。

发生非正常运输后，保险货物如果运往其他目的地，则保险责任自转运时终止。

上述行为应在货物卸离海轮后60天内完成，否则，自货物卸下海轮后满60天保险责任即终止。

四、海运货物保险中被保险人的义务

海运货物保险合同时保险人与投保人或被保险人共同签订的合同，在享有权利的同时，双方均需按合同的规定履行各自的义务。保险人在收取保险费以后，应承担货物因发生保险事故而遭受损失的赔偿责任。与此相对应，被保险人为获得保险赔偿，必须履行保险合同中规定的有关义务和支付保险费，否则，保险事故发生时，保险人可以拒赔损失。

投保人在投保时，应如实告知保险货物的情况及相关事实，不得隐瞒或虚报。合同订立后，投保人或被保险人如果发现实际航程有所变动或保险单所载明的货物数量、船舶名称等有错误，应立即通知保险人，并在必要时加缴保险费。如果在订立合同时，投保人或被保险人做了保证，就应自始至终遵循该项保证。

保险货物抵达保险单载明的目的港或目的地，被保险人应及时提货。因为货物抵达目的港后，被保险人如果不及时提取货物，货物存放时间越长，发生损失的可能性越大。按照"仓至仓"条款的规定，此时货物尚未抵达收货人的最后仓库，仍属于保险人的责任期限以内，一旦发生保险事故损失，保险人应该承担赔偿责任。由此可见，保险人的责任期限长短取决于被保险人是否能及时提货，保险人为能早日终止自己的保险责任，有权要求被保险人尽快提货。

如果在提货时发现保险货物已遭受损失，被保险人应立即向保险人或保险单上载明的检验、理赔代理人申请检验，如果发现被保险货物整件短少或有明显残损痕迹应立即向保险人、委托人或有关当局索取货损货差证明。如果货损货差是由于承运人、委托人或其他有关方面的责任所造成，应以书面方式向他们提出索赔所需的各项单据，供保险人理赔时确定损失原因和损失金额。

对遭受承保责任内危险事故的货物，被保险人应迅速采取合理的强制措施，防止或减少货物的损失。

此外，被保险人在制定有关运输契约中"船舶互撞责任"条款的实际责任后，应及时通知保险人。

五、海运货物保险基本险的索赔期限

保险索赔期限（the time of validity of a claim）又称为保险索赔时效，是指保险货物发生保险事故损失时，被保险人根据保险合同向保险人要求保险赔偿的有效期间。我国条款规定海运货物保险的索赔时效为两年，自被保险货物全部卸离海轮起算。一旦过了索赔时效，被保险人就丧失了向保险人请求赔偿的权利。

六、伦敦保险协会海运货物保险条款

英国自 17 世纪以来就一直是海上保险的中心，在国际海上贸易、航运和保险业中占有重要的地位。许多国家的海上保险业经营都与英国海上保险市场有着密切的往来联系。劳合社的 S. G. 保险单被英国的《1906 年海上保险法》列为附件以后，逐渐成为国际海上保险单的范本，其保险条款长期为世界各国奉为经典。

为适应现代国际海上贸易航运业发展的需要，以及补充 S. G. 保险单提供保障的不足，伦敦

保险协会的"技术与条款委员会"（Technical and Clause Committee）于1912年制定"协会货物条款"（即 I.C.C），将其作为 S.G 保险单的附加条款。英国保险业于20世纪80年代初制定了新的保险单及相应的保险条款。新的《协会货物条款》自1982年1月1日起在英国保险市场开始使用，并采用新的劳合社保险单格式。

新的《协会货物条款》以英文字母 A、B、C 命名，有效地避免了被保险人因不确切的险别名称而对内容产生误解，而且称号非常方便。新条款在结构上也有很多改变，A 条款、B 条款、C 条款均包括承保风险（risks covered）、除外责任（exclusions）、保险期限（duration）、索赔（claims）、保险利益（benefit of Insurance）、减少损失（minimizing losses）、防止延迟（avoidance of delay）与法律和惯例（law and practice）八部分，结构清晰完整，而且承保范围在条款中一目了然，极大地方便了被保险人的选择。

（一）I.C.C.（A）险的责任范围及除外责任

1. I.C.C.（A）险的责任范围

根据伦敦保险协会对新条款的规定，I.C.C.（A）采用"一切风险减除外责任"的办法，即除了"除外责任"项下所列风险保险人不予负责外，其他风险均予负责。

2. I.C.C.（A）险的除外责任

（1）一般除外责任

如归因于被保险人故意的不法行为造成的损失或费用；自然渗漏、自然损耗、自然磨损、包装不足或不当所造成的损失或费用；直接由于延迟所引起的损失或费用；由于船舶所有人、租船人经营破产或不履行债务所造成的损失或费用；由于使用任何原子或核武器所造成的损失或费用。

（2）不适航、不适货除外责任

指保险标的在装船时，如被保险人或其受雇人已经知道船舶不适航，以及船舶、装运工具、集装箱等不适货，保险人不负赔偿责任。

（3）战争除外责任

如由于战争、内战、敌对行为等造成的损失或费用；由于捕获、拘留、扣留等（海盗除外）所造成的损失或费用；由于漂流水雷、鱼雷等造成的损失或费用。

（4）罢工除外责任

罢工者、被迫停工工人造成的损失或费用以及由于罢工、被迫停工所造成的损失或费用等。

（二）I.C.C.（B）险的责任范围和除外责任

1. I.C.C.（B）险的责任范围

（B）和（C）险规采用"列明风险"的方法，即在条款中把保险人所承保的风险一一列出。

I.C.C.（B）险承保的风险是：

（1）火灾或爆炸；

（2）船舶或驳船搁浅、触礁、沉没或倾覆；

（3）陆上运输工具的倾覆或出轨；

（4）船舶、驳船或运输工具同除水以外的任何外界物体碰撞；

（5）在避难港卸货；

（6）地震、火山爆发、雷电；

（7）共同海损牺牲；

（8）抛货或浪击落海；

（9）海水、湖水或河水进入船舶、驳船、运输工具、集装箱、大型海运箱或贮存处所；

（10）货物在装卸时落海或摔落造成整件的全损。

2. I. C. C.（B）险的除外责任

I. C. C.（B）与I. C. C.（A）险的除外责任基本相同，但有下列两点区别：

（1）I. C. C.（A）险只对被保险人的故意不法行为造成的损失、费用不负赔偿责任外，对于被保险人之外的任何个人或数人故意损害和破坏标的物或其他任何部分的损害要负赔偿责任。但在I. C. C.（B）险下，保险人对此也不负赔偿责任。

（2）I. C. C.（A）险对海盗行为列入保险范围，而I. C. C.（B）险对海盗行为不负保险责任。

（三）I. C. C.（C）险的责任范围和除外责任

1. I. C. C.（C）险的责任范围

（1）火灾、爆炸；

（2）船舶或驳船触礁、搁浅、沉没或倾覆；

（3）陆上运输工具倾覆或出轨；

（4）在避难港卸货；

（5）共同海损牺牲；

（6）抛货。

2. I. C. C.（C）险的除外责任

I. C. C.（C）险的除外责任与I. C. C.（B）险完全相同。

在协会条款中，除（A）、（B）、（C）险三种险外，还有战争险、罢工险和恶意损害三种。

此外，"协会货物条款"三种基本险别（A）、（B）、（C）的保险责任起讫，仍然采用"仓至仓"条款。战争险的保险期间仍采用"水上危险"原则，同时，罢工险的保险期间也采用"仓至仓"原则。

本　章　小　结

本章主要学习了风险与保险的含义，保险合同的概念，保险合同的要素、内容和形式，我国海上货物运输保险的保障范围，我国陆、空货物运输保险与邮包货物运输保险，海上货物运输保险的险别险种，伦敦保险协会海运货物保险条款等相关知识。

货物在运输途中必然会遇到各种风险，而国际货物运输保险是国际贸易顺利进行的重要保证。国际货物运输保险是通过订立保险合同来实现的，保险单是保险合同存在的证明。保险合同一经订立，订约双方均应按照合同条件，亦即保险单中各项保险条款的规定来履行义务、享受权利。本章详细介绍了保险合同的相关知识，保险合同签订的一般过程和注意事项。

运输方式不同，运输保险也存在较大的区别。通过本章的学习，我们应该掌握海洋货物运输保险、铁路、公路和邮包货物运输保险在险种险别、承保责任和责任起讫方面的异同，熟悉各种货物运输保险方面的知识与操作实务，为将来的工作打下基础。

关键词或概念

风险（risk）

保险（insurance）

保险合同（insurance contract）

保障范围（cover）

海上风险（perils of sea）

外来风险（extraneous risks）

推定全损（constructive total loss）

实际全损（actual total loss）

简答题

1. 保险的基本原则有哪些？
2. 什么是保险合同，它有哪些特征？
3. 构成实际全损有哪几种情况？
4. 什么是单独海损？什么是共同海损？
5. 我国陆运货物保险有哪些基本险别？其承保责任范围和责任起讫如何规定？
6. 简述航空运输险与航空运输一切险的承保范围和责任起讫。
7. 我国海洋货物运输的保险险别有哪些？
8. 《伦敦保险协会货物险条款》的主要内容有哪些？

【案例分析】

1. 某货轮在行驶途中着火，蔓延至机舱，船长为了船、货的共同安全，采取紧急措施，往舱中灌水灭火。火虽然被扑灭，但由于主机受损，无法航行。于是船长决定雇用拖轮将货船拖回装运港修理，修理后重新驶向目的地。事后调查，此次事故造成的损失有：（1）1 500箱货物被烧毁；（2）800箱货物由于灌水灭火受损；（3）主机和部分甲板被烧毁；（4）拖船费用；（5）额外增加的燃料和船长、船员工资。请判断上述损失中哪些属于共同海损，哪些属于单独海损。

分析：原因不同，海损承担不同：共同海损（2），（4），（5）单独海损（1），（3）

2. 某年，我国福建省某进出口公司（卖方）与法国某有限公司（买方）签订合同，约定由卖方提供 20 000 箱芦笋罐头，每箱 15.50 美元，FOB 厦门，合同总值为 310 000 美元，收到信用证后 15 天内发货。买方致电卖方，要求代其以发票金额 110％ 将货物投保至法国马赛的一切险。卖方收到买方开来的信用证及派船通知后，按买方要求代其向 A 保险公司投保，保险单的被保险人是买方，保险单上所载明的起运地为供货厂商所在地龙岩市，目的港为法国马赛。但是，3 天后货物自龙岩市运往厦门港的途中，由于发生了意外，致使 10％ 的货物受损。事后，卖方以保险单中含有"仓至仓"条款为由，向 A 保险公司提出索赔要求，但遭到拒绝。后卖方又请买方以买方的名义凭保险单向 A 保险公司提出索赔，同样遭到拒绝。在此情况下，卖方以自己的名义向福建省中级人民法院提起诉讼，要求保险公司赔偿其损失。法院判决其败诉。

　　分析：在国际货物运输保险中，保险公司对索赔人承担赔偿责任，必须同时符合下列条件：保险公司和索赔人之间必须有合法有效的合同关系，即索赔人必须是保险单的合法持有人；向保险公司行使索赔权利的人，必须享有保险利益；被保险货物在运输过程中遭受的损失必须是保险公司承保范围内的风险造成的。

　　上述案例中，由于以 FOB 厦门成交，FOB 术语以装运港船舷作为划分买卖双方所承担风险的界限。即货物在装运港越过船舷之前的风险，包括在装船时货物跌落码头或海中所造成的损失，均由卖方承担；货物在装运港越过船舷之后，包括在运输过程中所发生的损坏或灭失，则由买方承担。在本案例中，虽然卖方在货物发生意外时，对该保险标的享有保险利益，保险单中也含有"仓至仓条款"（这个条款是规定保险公司所承担的保险责任，是从被保险货物运离保险单所载明的起运港发货人仓库开始，一直到货物到达保险单所载明的目的港收货人的仓库时为止），但保险单的被保险人为买方，保险公司和买方之间存在合法有效的保险合同关系，而福建进出口公司即卖方不是保险单的被保险人或合法持有人，故其没有索赔权。另外，虽然买方即法国公司是本案保险单的被保险人和合法持有人，但货物在装运港越过船舷之前，如果受到损失，被保险人不会受到利益影响，即其不具有保险利益，因此，尽管保险单中也含有"仓至仓条款"，买方无权就货物在装运港越过船舷之前的损失向保险公司索赔。

第十章　国际货物报关与报检

在进行国际交流和经贸往来活动的过程中，为维护国家主权和利益，保障对外经贸和交流活动的顺利进行，各国海关都依法对运输工具、货物、物品的进出境实行报关管理制度。对进出口商品进行检验、鉴定和监督管理，规范进出口商品检验行为，能维护社会公共利益和进出口贸易有关各方的合法权益，促进对外贸易的顺利发展。本章介绍了有关国际货物报关和报检的基本概念和基础知识。

本章学习的主要内容是关于国际货物报关和报检的基本概念和基础知识。内容主要包括报关的含义、分类和基本内容，海关的性质、任务与权力，海关的管理体制与机构，报关的基本制度与程序，进出口商品检验的定义与依据，进出口商品报检的项目与程序。通过本章学习，应了解报关的基本概念和分类，报检的定义与依据，重点掌握我国的报关制度与程序，特别是一般进出口货物、保税货物、特定减免税货物、暂准进出口货物的报关程序，出境货物、入境货物报检的项目与程序。

第一节　报关与海关概述

一、报关的含义

国际贸易、国际交流和交往活动往往是通过运输工具、货物、物品和人员的进出境来实现的。《中华人民共和国海关法》以下简称《海关法》规定："进出境运输工具、货物、物品，必须通过设立海关的地点进境或者出境。"因此，由设立海关的地点进出境并办理规定的海关手续是运输工具、货物、物品进出境的基本规则，也是进出境运输工具负责人、进出口货物收发货人、进出境物品的所有人应履行的一项基本义务。报关是与运输工具、货物、物品的进出境密切相关的一个概念。《海关法》对海关行政管理相对人办理运输工具、货物、物品进出境等海关事务表述为"办理报关纳税手续"、"办理报关手续"、"从事报关业务"、"进行报关活动"或者直接称为"报关"。一般而言，报关是指进出口货物收发货人、进出境运输工具负责人、进出境物品的所有人或者他们的代理人向海关办理货物、物品或运输工具进出境手续及相关海关事务的过程。

需要说明的是，在进出境活动中，我们还经常使用"通关"这一概念。通关与报关既有联系又有区别。两者都是对运输工具、货物、物品的进出境而言的，但报关是从海关行政管理相对人的角度，仅指向海关办理进出境手续及相关手续，而通关不仅包括海关行政管理相对人向海关办理有关手续，还包括海关对进出境运输工具、货物、物品依法进行监督管理，核准其进出境的管理过程。另外，在货物进出境过程中，有时还需要办理"报检、报验"手续。与报关不同，报检、报验指的是按照国家有关法律、行政法规的规定，向进出口检验、检疫部门办理进出口商品检验、卫生检疫、动植物检疫和其他检验、检疫手续。一般而言，报检、报验手续的办理要先于报关手续。

二、报关的分类

（一）按照报关的对象分类，可分为运输工具报关、货物报关和物品报关

由于海关对进出境运输工具、货物、物品的监管要求各不相同，报关可分为运输工具的报关、货物的报关和物品的报关三类。其中，进出境运输工具作为货物、人员及其携带物品的进出境载体，其报关主要是向海关直接交验随附的、符合国际商业运输惯例、能反映运输工具进出境合法性及其所承运货物、物品情况的合法证件、清单和其他运输单证，其报关手续较为简单。进出境物品由于其非贸易性质，且一般限于自用、合理数量，其报关手续也很简单。进出境货物的报关就较为复杂，为此，海关根据对进出境货物的监管要求，制定了一系列报关管理规范，并要求必须由具备一定的专业知识和技能且经海关核准的专业人员代表报关单位专门办理。

（二）按照报关的目的分类，主要可分为进境报关和出境报关

由于海关对运输工具、货物、物品的进境和出境有不同的管理要求，运输工具、货物、物品根据进境或出境的目的分别形成了一套进境报关和出境报关手续。

（三）按照报关的行为性质分类，可分为自理报关和代理报关

进出境运输工具、货物、物品的报关是一项专业性较强的工作，尤其是进出境货物的报关比较复杂，一些运输工具负责人、进出口货物收发货人或者物品的所有人，由于经济、时间、地点等方面的原因，不能或者不愿意自行办理报关手续，而委托代理人代为报关，从而形成了自理报关和代理报关两种报关类型。《海关法》对接受进出境物品所有人的委托，代为办理进出境物品报关手续的代理人没有特殊要求，但对于接受进出口货物收发货人的委托，代为办理进出境货物报关手续的代理人则有明确的规定。因此，我们通常所称的自理报关和代理报关主要是针对进出境货物的报关而言的。

1. 自理报关

进出口货物收发货人自行办理报关业务称为自理报关。根据我国海关目前的规定，进出口货物收发货人必须依法向海关注册登记后方能办理报关业务。

2. 代理报关

代理报关是指接受进出口货物收发货人的委托代理其办理报关业务的行为。我国海关法律把有权接受他人委托办理报关业务的企业称为报关企业。报关企业必须依法取得报关企业注册登记许可并向海关注册登记后方能从事代理报关业务。

根据代理报关法律行为责任承担者的不同，代理报关又分为直接代理报关和间接代理报关。直接代理报关是指报关企业接受委托人（即进出口货物收发货人）的委托，以委托人的名义办理报关业务的行为。间接代理报关是指报关企业接受委托人的委托以报关企业自身的名义向海关办理报关业务的行为。在直接代理中，代理人代理行为的法律后果直接作用于被代理人；而在间接代理中，报关企业应当承担与进出口货物收发货人自己报关时所应当承担的相同的法律责任。目前，我国报关企业大都采取直接代理形式代理报关，间接代理报关只适用于经营快件业务的国际货物运输代理企业。

三、报关的基本内容

（一）进出境运输工具报关的基本内容

国际贸易的交货、国际间人员的往来及其携带物品的进出境，除经其他特殊运输方式外，都要通过各种运输工具的国际运输来实现。根据我国海关法律规定，所有进出我国关境的运输工具必须经由设有海关的港口、车站、机场、国界孔道、国际邮件互换局（交换站）及其他可办理海关业务的场所申报进出境。进出境申报是运输工具报关的主要内容。根据海关监管的要求，进出境运输工具负责人或其代理人在运输工具进入或驶离我国关境时均应如实向海关申报运输工具所载旅客人数、进出口货物数量、装卸时间等基本情况。

1. 运输工具申报的基本内容

根据海关监管要求的不同，不同种类的运输工具报关时所需递交的单证及所要申明的具体内容也不尽相同。总的来说，运输工具进出境报关时须向海关申明的主要内容有：运输工具进出境的时间、航次；运输工具进出境时所载运货物情况，包括过境货物、转运货物、通运货物、溢短卸（装）货物的基本情况；运输工具服务人员名单及其自用物品、货币等情况；运输工具所载旅客情况；运输工具所载邮递物品、行李物品的情况；其他需要向海关申报清楚的情况，如由于不可抗力原因，运输工具被迫在未设关地点停泊、降落或者抛掷、起卸货物、物品等情况。除此以外，运输工具报关时还需提交运输工具从事国际合法性运输必备的相关证明文件，如船舶国籍证书、吨税证书、海关监管簿、签证簿等，必要时还需出具保证书或缴纳保证金。

进出境运输工具负责人或其代理人就以上情况向海关申报后，有时还需应海关的要求配合海关检查，经海关审核确认符合海关监管要求的，可以上下旅客、装卸货物。

2. 运输工具舱单申报

运输工具申报的内容当中，一个重要的事项是运输工具舱单的申报。进出境运输工具舱单（以下简称舱单）是指反映进出境运输工具所载货物、物品及旅客信息的载体，包括原始舱单（是指舱单传输人向海关传输的反映进境运输工具装载货物、物品或者乘载旅客信息的舱单）、预配舱单（是指反映出境运输工具预计装载货物、物品或者乘载旅客信息的舱单）、装（乘）载舱单〔装（乘）载舱单，是指反映出境运输工具实际配载货物、物品或者载有旅客信息的舱单]。进出境运输工具载有货物、物品的，舱单内容应当包括总提（运）单及其项下的分提（运）单信息。进出境运输工具负责人即舱单电子数据传输义务人应当按照海关备案的范围在规定时限向海关传输舱单电子数据。

进境运输工具载有货物、物品的，舱单传输人应当在规定时限向海关传输原始舱单主要数据，舱单传输人应当在进境货物、物品运抵目的港以前向海关传输原始舱单其他数据。海关接受原始舱单主要数据传输后，收货人、受委托的报关企业方可向海关办理货物、物品的申报手续。

出境运输工具预计载有货物、物品的，舱单传输人应当在办理货物、物品申报手续以前向海关传输预配舱单主要数据；以集装箱运输的货物、物品，出口货物发货人应当在货物、物品装箱以前向海关传输装箱清单电子数据。海关接受预配舱单主要数据传输后，舱单传输人应当在规定时限向海关传输预配舱单其他数据。出境货物、物品运抵海关监管场所时，海关监管场所经营人以电子数据方式向海关提交运抵报告后，海关即可办理货物、物品的查验、放行手续。舱单传输人应当在运输工具开始装载货物、物品前向海关传输装载舱单电子数据。运输工具负责人应当在货物、物品装载完毕或者旅客全部登机（船、车）后向海关提交结关申请，经海关办结手续后，出境运输工具方可离境。

进出境航空器、铁路列车以及公路车辆办理进出境报关手续时也应按海关规定传输舱单数据。

（二）进出境货物报关的基本内容

根据海关规定，进出境货物的报关业务应由依法取得报关从业资格并在海关注册的报关员办理。进出境货物的报关业务包括：按照规定填制报关单，如实申报进出口货物的商品编码、实际成交价格、原产地及相应的优惠贸易协定代码，并办理提交报关单证等与申报有关的事宜；申请办理缴纳税费和退税、补税事宜；申请办理加工贸易合同备案、变更和核销及保税监管等事宜；申请办理进出口货物减税、免税等事宜；办理进出口货物的查验、结关等事宜；办理应当由报关单位办理的其他事宜。

海关对不同性质的进出境货物规定了不同的报关程序和要求。一般来说，进出境货物报关时，报关单位及报关人员要做好以下几个方面的工作：

1. 进出口货物收发货人接到运输公司或邮递公司寄交的提货通知单，或根据合同规定备齐出口货物后，应当做好向海关办理货物报关的准备工作，或者签署委托代理协议，委托报关企业向海关报关。

2. 准备好报关单证，在海关规定的报关地点和报关时限内以书面和电子数据方式向海关申报。进出口货物报关单或海关规定的其他报关单（证）是报关单位向海关申报货物情况的法律文书，报关员必须认真、规范、如实填写，并对其所填内容的真实性和合法性负责，承担相应的法律责任。除此之外，还应准备与进出口货物直接相关的商业和货运单证，如发票、装箱单、提单等；对属于国家限制性的进出口货物，应准备国家有关法律、法规规定的许可证件，如进出口货物许可证等；还要准备好其他海关可能需要查阅或收取的资料、证件，如贸易合同、原产地证明等。报关单证准备完毕后，报关人员要把报关单上的数据经电子方式传送给海关，并在海关规定的时间、地点向海关递交书面报关单证。

3. 经海关对报关电子数据和书面报关单证进行审核后，在海关认为必须时，报关人员要配合海关进行货物的查验。

4. 属于应纳税、应缴费范围的进出口货物，报关单位应在海关规定的期限内缴纳进出口税费。

5. 进出口货物经海关放行后，报关单位可以安排提取或装运货物。

除了以上工作外，对于保税加工货物、减免税进口货物等，在进出境前还需办理备案申请等手续，进出境后还需在规定的时间、以规定的方式向海关办理核销、结案等手续。

（三）进出境物品报关的基本内容

《海关法》规定，个人携带进出境的行李物品、邮寄进出境的物品，应当以自用合理数量为限。所谓自用合理数量，对于行李物品而言，"自用"指的是进出境旅客本人自用、馈赠亲友而非为出售或出租；"合理数量"是指海关根据进出境旅客旅行目的和居留时间所规定的正常数量；对于邮递物品，则指的是海关对进出境邮递物品规定的征、免税限制。自用合理数量原则是海关对进出境物品监管的基本原则，也是对进出境物品报关的基本要求。需要注意的是，对于通过随身携带或邮政渠道进出境的货物要按货物办理进出境报关手续。

1. 进出境行李物品的报关

当今世界上大多数国家的海关法律都规定对旅客进出境采用"红绿通道"制度。我国海关也采用了"红绿通道"制度。

我国海关规定，进出境旅客在向海关申报时，可以在分别以红色和绿色作为标记的两种通道中进行选择。带有绿色标志的通道称"无申报通道"（又称"绿色通道"），适用于携运物品在数量和价值上均不超过免税限额，且无国家限制或禁止进出境物品的旅客；带有红色标志的通道称"申报通道"（又称"红色通道"），适用于携带有应向海关申报物品的旅客。对于选择红色通道的旅客，必须填写"中华人民共和国海关进出境旅客行李物品申报单"或海关规定的其他申报单证，在进出境地向海关做出书面申报。

自 2008 年 2 月 1 日起，海关在全国各对外开放口岸实行新的进出境旅客申报制度。进出境旅客没有携带应向海关申报物品的，无须填写申报单，选择"无申报通道"通关。除海关免于监管的人员以及随同成人旅行的 16 周岁以下旅客以外，进出境旅客携带有应向海关申报物品的，须填写申报单，向海关书面申报，并选择"申报通道"通关。持有中华人民共和国政府主管部门给予外交、礼遇签证的进出境旅客，通关时应主动向海关出示本人有效证件，海关予以免验礼遇。

2. 进出境邮递物品的报关

进出境邮递物品的申报方式由其特殊的邮递运输方式决定。我国是《万国邮政公约》的签约国，根据《万国邮政公约》的规定，进出口邮包必须由寄件人填写"报税单"（小包邮件填写绿色标签），列明所寄物品的名称、价值、数量，向邮包寄达国家的海关申报。进出境邮递物品的"报税单"和绿色标签随同物品通过邮政企业或快递公司呈递给海关。

四、我国海关的性质、任务与权力

国家以立法的形式明确规定了中国海关的性质与任务。《海关法》规定："中华人民共和国海关是国家的进出关境监督管理机关。海关依照本法和其他有关法律、行政法规，监管进出境的运输工具、货物、行李物品、邮递物品和其他物品，征收关税和其他税、费，查缉走私，并编制海关统计和办理其他海关业务。"

（一）海关的性质

1. 海关是国家行政机关

我国的国家机关包括享有立法权的立法机关、享有司法权的司法机关和享有行政管理权的行政机关。海关是国家的行政机关之一，是国务院的直属机构，从属于国家行政管理体制。海关代表国家依法独立行使行政管理权。

2. 海关是国家进出境监督管理机关

海关履行国家行政制度的监督职能，是国家宏观管理的一个重要组成部分。海关依照有关法律、行政法规并通过法律赋予的权力，制定具体的行政规章和行政措施，对特定领域的活动开展监督管理，以保证其按国家的法律规范进行。海关实施监督管理的范围是进出关境及与之有关的活动，监督管理的对象是所有进出关境的运输工具、货物、物品。

关境是世界各国海关通用的概念，指适用于同一海关法或实行同二关税制度的领域。在一般情况下，关境的范围等于国境，但对于关税同盟的签署国来说，其成员国之间货物进出国境不征收关税。只对来自和运往非同盟国的货物在进出共同关境时征收关税，因而对于每个成员国来说，其关境大于国境，如欧盟。若在国内设立自由港、自由贸易区等特定区域，因进出这些特定区域的货物都是免税的，因而该国的关境小于国境。关境同国境一样，包括其领域内的领水、领陆和领空，是一个立体的概念。我国的关境范围是除享有单独关境地位的地区以外的中华人民共和国的全部领域，包括领水、领陆和领空。目前我国的单独关境有香港、澳门和台、澎、金、马单独关税区。在单独关境内，各自实行单独的海关制度。因此，我国关境小于国境。

3. 海关的监督管理是国家行政执法活动

海关通过法律赋予的权力，对特定范围内的社会经济活动进行监督管理，并对违法行为依法实施行政处罚，以保证这些社会经济活动按照国家的法律规范进行。因此，海关的监督管理是保证国家有关法律、法规实施的行政执法活动。海关执法的依据是《海关法》和其他有关法律、行政法规。海关事务属于中央立法事权，立法者为全国人大及其常务委员会和国务院。海关总署也可以根据法律和国务院的法规、决定、命令，制定规章，作为执法依据的补充。省、自治区、直辖市人民代表大会和人民政府不得制定海关法律规范，地方法规、地方规章不是海关执法的依据。

（二）海关的任务

《海关法》明确规定海关有四项基本任务，即监管进出境的运输工具、货物、行李物品、邮递物品和其他物品，征收关税和其他税费，查缉走私和编制海关统计。

1. 监管

海关监管是指海关运用国家赋予的权力，通过一系列管理制度与管理程序，依法对进出境运输工具、货物、物品的进出境活动所实施的一种行政管理。海关监管是一项国家职能，其目的在于保证一切进出境活动符合国家政策和法律的规范，维护国家主权和利益。海关监管不是海关监督管理的简称，而海关监督管理则是海关全部行政执法活动的统称。根据监管对象的不同，海关监管分为运输工具监管、货物监管和物品监管三大体系，每个体系都有一整套规范的管理程序与方法。

监管作为海关四项基本任务之一，除了通过备案、审单、查验、放行、后续管理等方式对进出境运输工具、货物、物品的进出境活动实施监管外，还要执行或监督执行国家其他对外贸易管理制度的实施，如进出口许可制度、外汇管理制度、进出口商品检验检疫制度、文物管理制度等，从而在政治、经济、文化道德、公众健康等方面维护国家利益。

2. 征收税费

征税是海关的另一项重要任务。海关征税工作的基本法律依据是《海关法》、《中华人民共和国进出口关税条例》以及其他有关法律、行政法规。征税工作包括征收关税和进口环节海关代征税。

关税是国家中央财政收入的重要来源，是国家宏观经济调控的重要工具，也是世界贸易组织允许各缔约方保护其境内经济的一种手段。海关通过执行国家制定的关税政策，对进出口货物、进出境物品征收关税，起到保护国内工农业生产、调整产业结构、组织财政收入和调节进出口贸易活动的作用。关税的征收主体是国家，《海关法》明确将征收关税的权力授予海关，由海关代表国家行使征收关税的职能。因此，未经法律授权，其他任何单位和个人均不得行使征收关税的权力。

进口货物、物品在办理海关手续放行后，允许在国内流通，应与国内货物同等对待，缴纳应征的国内税。为了节省征税人力，简化征税手续，严密管理，进口货物、物品的国内税由海关代征，即我国海关对进口货物、物品征收关税的同时，还负责代其他机关征收若干种类的进口环节税。目前，由海关代征的进口环节税包括增值税和消费税。

3. 查缉走私

查缉走私是海关为保证顺利完成监管和征税等任务而采取的保障措施。查缉走私是指海关依照法律赋予的权力，在海关监管场所和海关附近的沿海沿边规定地区，为发现、制止、打击、综合治理走私活动而进行的一种调查和惩处活动。

走私是指进出境活动的当事人或相关人违反《海关法》及有关法律、行政法规，逃避海关监管，偷逃应纳税款、逃避国家有关进出境的禁止性或者限制性管理，非法运输、携带、邮寄国家禁止、限制进出境或者依法应当缴纳税款的货物、物品进出境；或者未经海关许可并且未缴应纳税款、交验有关许可证件，擅自将保税货物、特定减免税货物以及其他海关监管货物、物品、进境的境外运输工具在境内销售的行为。它以逃避监管、偷逃关税、牟取暴利为目的，扰乱经济秩序，冲击民族工业，对国家危害性极大，必须予以严厉打击。

《海关法》规定："国家实行联合缉私、统一处理、综合治理的缉私体制。海关负责组织、协调、管理查缉走私工作。"这一规定从法律上明确了海关打击走私的主导地位以及与有关部门的执法协调。海关是打击走私的主管机关，查缉走私是海关的一项重要任务。海关通过查缉走私，制止和打击一切非法进出境货物、物品的行为，维护国家进出口贸易的正常秩序，保障社会主义现代化建设的顺利进行，维护国家关税政策的有效实施，保证国家关税和其他税、费的依法征收，保证海关职能作用的发挥。为了严厉打击走私犯罪活动，根据党中央、国务院的决定，国家在海关总署设立专司打击走私犯罪的海关缉私警察队伍，负责对走私犯罪案件的侦查、拘留、执行逮捕和预审工作。

根据我国的缉私体制，除了海关以外，公安、工商、税务、烟草专卖等部门也有查缉走私的权力，但这些部门查获的走私案件，必须按照法律规定，统一处理。各有关行政部门查获的走私案件，应当给予行政处罚的，移送海关依法处理；涉嫌犯罪的，应当移送海关侦查走私犯罪公安机构或地方公安机关依据案件管辖分工和法定程序办理。

4. 编制海关统计

海关统计以实际进出口货物作为统计和分析的对象，通过搜集、整理、加工处理进出口货物报关单或经海关核准的其他申报单证，对进出口货物的品种、数（重）量、价格、国别（地区）、经营单位、境内目的地、境内货源地、贸易方式、运输方式、关别等项目分别进行统计和综合分析，全面、准确地反映对外贸易的运行态势，及时提供统计信息和咨询，实施有效的统计监督，开展国际贸易统计的交流与合作，促进对外贸易的发展。我国海关的统计制度规定，实际进出境并引起境内物质存量增加或者减少的货物，列入海关统计；进出境物品超过自用、合理数量的，列入海关统计。对于部分不列入海关统计的货物和物品，则根据我国对外贸易管理和海关管理的需要，实施单项统计。

海关统计是海关依法对进出口货物贸易的统计，是国民经济统计的组成部分，是国家制定对外经济贸易政策、进行宏观经济调控、实施海关严密高效管理的重要依据，是研究我国对外贸易经济发展和国际经济贸易关系的重要资料。1992年，海关总署以国际通用的《商品名称及编码协调制度》（Harmonized Commodity Description and Coding System，简称《协调制度》或HS）为基础，编制了《中华人民共和国海关统计商品目录》，把税则与统计目录的归类编码统一起来，规范了进出口商品的命名和归类，使海关统计进一步向国际惯例靠拢，适应了我国对外开放和建立社会主义市场经济体制的需要。

总之，海关的四项基本任务是一个统一的有机联系的整体。监管工作通过监管进出境运输工具、货物、物品的合法进出，保证国家有关进出口政策、法律、行政法规的贯彻实施，是海关四项基本任务的基础。征税工作所需的数据、资料等是在海关监管的基础上获取的，征税与监管有着十分密切的关系。缉私工作则是监管、征税两项基本任务的延伸，对在监管、征税工作中发现的逃避监管和偷漏税款的行为，必须运用法律手段予以制止和打击。统计工作是在监管、征税工作的基础上完成的，它为国家宏观经济调控提供了准确、及时的信息，同时又对监管、征税等业务环节的工作质量起到检验把关的作用。除了这四项基本任务以外，近几年来国家通过有关法律、行政法规赋予了海关一些新的职责，比如知识产权海关保护、海关对反倾销及反补贴的调查等，这些新的职责也是海关的任务。

（三）海关的权力

《海关法》在规定了海关任务的同时，为了保证任务的完成，赋予海关许多具体权力。海关权力，是指国家为保证海关依法履行职责，通过《海关法》和其他法律、行政法规赋予海关的对进出境运输工具、货物、物品的监督管理权能。海关权力属于公共行政职权，其行使受一定范围和条件的限制，并应当接受执法监督。

根据《海关法》及有关法律、行政法规，海关的权力主要包括：

1. 行政审批权

包括海关对进出口货物收发货人提出的转关运输申请的审核、对参加报关员资格全国统一考试报名资格的审核等。

2. 税费征收权

包括代表国家依法对进出口货物、物品征收关税及其他税费；根据法律、行政法规及有关规定，对特定的进出口货物、物品减征或免征关税，以及对经海关放行后的有关进出口货物、物品，发现少征或者漏征税款的，依法补征、追征税款的权力等。

3. 行政检查权

行政检查权是海关保证其行政管理职能得以履行的基本权力，主要包括：

（1）检查权

海关有权检查进出境运输工具；检查有走私嫌疑的运输工具和有藏匿走私货物、物品的场所；检查走私嫌疑人的身体。

海关对进出境运输工具的检查不受海关监管区域的限制；对走私嫌疑人身体的检查，应在海关监管区和海关附近沿海沿边规定地区内进行；对于有走私嫌疑的运输工具和有藏匿走私货物、物品嫌疑的场所，在海关监管区和海关附近沿海沿边规定地区内，海关人员可直接检查，超出这个范围，在调查走私案件时，须经直属海关关长或者其授权的隶属海关关长批准，才能进行检查，但不能检查公民住处。

（2）查验权

海关有权查验进出境货物、物品。海关查验货物认为必要时，可以径行提取货样。

（3）施加封志权

根据《海关法》的规定，海关对所有未办结海关手续、处于海关监管状态的进出境货物、物品、运输工具，有权施加封志。

（4）查阅、复制权

此项权力包括查阅进出境人员的证件，查阅、复制与进出境运输工具、货物、物品有关的合同、发票、账册、单据、记录、文件、业务函电、录音录像制品和其他有关资料。

（5）查问权

海关有权对违反《海关法》或者其他有关法律、行政法规的嫌疑人进行查问，调查其违法行为。

（6）查询权

海关在调查走私案件时，经直属海关关长或者其授权的隶属海关关长批准，可以查询案件涉嫌单位和涉嫌人员在金融机构、邮政企业的存款、汇款。

（7）稽查权

自进出口货物放行之日起 3 年内或者在保税货物、减免税进口货物的海关监管期限内及其后的 3 年内，海关可以对与进出口货物直接有关的企业、单位的会计账簿、会计凭证、报关单证以及其他有关资料和有关进出口货物实施稽查。根据《稽查条例》规定，海关进行稽查时，可以行使下列职权：询问被稽查人的法定代表人、主要负责人和其他有关人员与进出口活动有关的情况和问题；检查被稽查人的生产经营场所；查询被稽查人在商业银行或者其他金融机构的存款账户；封存有可能被转移、隐匿、篡改、毁弃的账簿、单证等有关资料；封存被稽查人有违法嫌疑的进出口货物等。

4. 行政强制权

海关行政强制权是《海关法》及相关法律、行政法规得以贯彻实施的重要保障。具体包括：

（1）扣留权

海关在下列情况下可以行使扣留权：

①对违反《海关法》或者其他有关法律、行政法规的进出境运输工具、货物和物品以及与之有关的合同、发票、账册、单据、记录、文件、业务函电、录音录像制品和其他资料，可以扣留。

②在海关监管区和海关附近沿海沿边规定地区，对有走私嫌疑的运输工具、货物、物品和走私犯罪嫌疑人，经直属海关关长或者其授权的隶属海关关长批准，可以扣留；对走私犯罪嫌疑人，扣留时间不得超过 24 小时，在特殊情况下可以延长至 48 小时。

③在海关监管区和海关附近沿海沿边规定地区以外，对其中有证据证明有走私嫌疑的运输工具、货物、物品，可以扣留。

海关对查获的走私犯罪嫌疑案件，应扣留走私犯罪嫌疑人，移送海关侦查走私犯罪公安机构。

（2）滞报金、滞纳金征收权

海关对超期申报货物征收滞报金；对于逾期缴纳进出口税费的，征收滞纳金。

（3）提取货物变卖、先行变卖权

进口货物超过 3 个月未向海关申报，海关可以提取依法变卖处理；进口货物收货人或其所有人声明放弃的货物，海关有权提取依法变卖处理；海关依法扣留的货物、物品，不宜长期保留的，经直属海关关长或其授权的隶属海关关长批准，可以先行依法变卖；在规定期限内未向海关申报的以及误卸或溢卸的不宜长期保留的货物，海关可以按照实际情况提前变卖处理。

（4）强制扣缴和变价抵缴关税权

进出口货物的纳税义务人、担保人超过规定期限未缴纳税款的，经直属海关关长或者其授权的隶属海关关长批准，海关可以：

①书面通知其开户银行或者其他金融机构从其存款内扣缴税款；

②将应税货物依法变卖，以变卖所得抵缴税款；

③扣留并依法变卖其价值相当于应纳税款的货物或者其他财产，以变卖所得抵缴税款。

（5）税收保全

进出口货物纳税义务人在规定的纳税期限内有明显的转移、藏匿其应税货物以及其他财产迹象的，海关可以责令其提供担保，纳税义务人不能提供纳税担保的，经直属海关关长或者其授权的隶属海关关长批准，海关可以采取下列税收保全措施：

①书面通知纳税义务人开户银行或者其他金融机构暂停支付纳税义务人相当于应纳税款的存款；

②扣留纳税义务人价值相当于应纳税款的货物或者其他财产。

（6）抵缴、变价抵缴罚款权

根据《海关法》的规定，当事人逾期不履行海关处罚决定又不申请复议或者向人民法院提起诉讼的，海关可以将其保证金抵缴罚款，或者将其被扣留的货物、物品、运输工具依法变价抵缴罚款。

（7）其他特殊行政强制权

①处罚担保。根据《海关法》及有关行政法规的规定，对于有违法嫌疑的货物、物品、运输工具无法或不便扣留的，或者有违法嫌疑但依法不应予以没收的货物、物品、运输工具，当事人申请先予放行或解除扣留的，海关可要求当事人或者运输工具负责人提供等值担保。

未提供等值担保的，海关可以扣留当事人等值的其他财产；受海关处罚的当事人在离境前未缴纳罚款，或未缴清依法被没收的违法所得和依法被追缴的货物、物品、走私运输工具的等值价款的，应当提供相当于上述款项的担保。

②税收担保。根据《海关法》的规定，进出口货物的纳税义务人在规定的缴纳期限内有明显转移、藏匿其应税货物以及其他财产迹象的，海关可以责令纳税义务人提供担保；经海关批准的暂准进出境货物、保税货物，其收发货人须缴纳相当于税款的保证金或者提供其他形式的担保后，才可准予暂时免纳关税。

5. 行政处罚权

海关有权对尚未构成走私罪的违法当事人处以行政处罚，包括对走私货物、物品及违法所得处以没收，对有走私行为和违反海关监管规定行为的当事人处以罚款，对有违法行为的报关企业和报关员处以暂停或取消报关资格的处罚等。

6. 其他权力

（1）佩带和使用武器权

海关为履行职责，可以配备武器。海关工作人员佩带和使用武器的规定，由海关总署会同公安部制定，报国务院批准。根据海关总署、公安部联合发布《海关工作人员使用武器和警械的规定》，海关使用的武器包括轻型枪支、电警棍、手铐以及其他经批准可使用的武器和警械。武器和警械使用范围为执行缉私任务时；使用对象为走私分子和走私嫌疑人；使用条件必须是在不能制服被追缉逃逸的走私团体或遭遇武装掩护走私，不能制止走私分子或者走私嫌疑人以暴力劫夺查扣的走私货物、物品和其他物品，以及以暴力抗拒检查、抢夺武器和警械、威胁海关工作人员生命安全非开枪不能自卫时。

（2）连续追缉权

进出境运输工具或者个人违抗海关监管逃逸的，海关可以连续追至海关监管区和海关附近沿海沿边规定地区以外，将其带回处理。这里所称的逃逸，既包括进出境运输工具或者个人违抗海关监管，自海关监管区和海关附近沿海沿边规定地区向内（陆地）一侧逃逸，也包括向外（海域）一侧逃逸。海关追缉时需保持连续状态。

（3）行政裁定权

包括应对外贸易经营者的申请，对进出口商品的归类、进出口货物原产地的确定、禁止进出口措施和许可证件的适用等海关事务的行政裁定的权力。

（4）行政奖励权

包括对举报或者协助海关查获违反《海关法》的案件的有功单位和个人给予精神或者物质

奖励的权力。

为确保海关能够严格依法行政，保证国家法律、法规得以正确实施，同时也使当事人的合法权益得到有效保护，《海关法》专门设立"执法监督"一章，对海关行政执法实施监督。海关履行职责，必须遵守法律，依照法定职权和法定程序严格执法，并接受监督。这是海关的一项法定义务。海关执法监督主要指中国共产党的监督、国家最高权力机关的监督、国家最高行政机关的监督、监察机关的监督、审计机关的监督、司法机关的监督、管理相对人的监督、社会监督以及海关上下级机构之间的相互监督、机关内部不同部门之间的相互监督、工作人员之间的相互监督等。

五、海关的管理体制与机构

海关机构是国务院根据国家改革开放的形势以及经济发展战略的需要，依照海关法律而设立的。改革开放以来，随着我国对外经济贸易和科技文化交流与合作的发展，海关机构不断扩大，机构的设立从沿海沿边口岸扩大到内陆和沿江、沿边海关业务集中的地点，并形成了集中统一管理的垂直领导体制。这种领导体制对于海关从全局出发，坚决贯彻执行党的路线、方针、政策和国家的法律、法规以及贯彻海关"依法行政，为国把关，服务经济，促进发展"的工作方针提供了保证。

（一）海关的管理体制

海关作为国家的进出境监督管理机关，为了履行其进出境监督管理职能，提高管理效率、维持正常的管理秩序，必须建立完善的管理体制。新中国成立以来，海关的管理体制几经变更。在1980年以前的30年间，除了在新中国成立初期，海关总署作为国务院的一个职能部门和组成部分，在海关系统实行集中统一的垂直领导体制外，其余大部分时间海关总署都是划归对外贸易部领导，各地方海关受对外贸易部和所在省、自治区、直辖市人民政府的双重领导。1980年2月，国务院根据改革开放形势的需要做出了《国务院关于改革海关管理体制的决定》。该决定指出："全国海关建制归中央统一管理，成立中华人民共和国海关总署作为国务院直属机构，统一管理全国海关机构和人员编制、财务及其业务。"从此海关恢复了集中统一的垂直领导体制。

1987年1月，第六届全国人民代表大会常务委员会第十九次会议审议通过的《海关法》规定，"国务院设立海关总署，统一管理全国海关"，"海关依法独立行使职权，向海关总署负责"，确定了海关总署作为国务院直属部门的地位，进一步明确了海关机构的隶属关系，把海关集中统一的垂直领导体制以法律的形式予以确立。海关集中统一的垂直领导体制既适应了国家改革开放、社会主义现代化建设的需要，也适应了海关自身建设与发展的需要，有力地保证了海关各项监督管理职能的实施。

《海关法》以法律形式明确了海关的设关原则："国家在对外开放的口岸和海关监管业务集中的地点设立海关。海关的隶属关系，不受行政区划的限制。""对外开放的口岸"是指由国务院批准，允许运输工具及所载人员、货物、物品直接出入国（关）境的港口、机场、车站以及允许运输工具、人员、货物、物品出入国（关）境的边境通道。国家规定，在对外开放的口岸必须设置海关、出入境检验检疫机构。"海关监管业务集中的地点"是指虽非国务院批准对外开放的口岸，但是海关某类或者某几类监管业务比较集中的地方，如转关运输监管、保税加工监管等。这一设关原则为海关管理从口岸向内地、进而向全关境的转化奠定了基础，同时也为海关业务制度的发展预留了空间。"海关的隶属关系，不受行政区划的限制"，表明了海关管理体制与一般性的行政管理体制的区域划分无必然联系，如果海关监督管理需要，国家可以在现有的行政区划之外考虑和安排海关的上下级关系与海关的相互关系。

（二）海关的组织机构

海关机构的设置为海关总署、直属海关和隶属海关三级。隶属海关由直属海关领导，向直属海关负责；直属海关由海关总署领导，向海关总署负责。

1. 海关总署

海关总署是国务院的直属机构，在国务院领导下统一管理全国海关机构、人员编制、经费物资和各项海关业务，是海关系统的最高领导部门。海关总署下设广东分署，在上海和天津设立特派员办事处，作为其派出机构。海关总署的基本任务是在国务院领导下，领导和组织全国海关正确贯彻实施《海关法》和国家的有关政策、行政法规，积极发挥依法行政、为国把关的职能，服务、促进和保护社会主义现代化建设。其主要职责是：

研究拟订海关工作的方针、政策、规章和发展规划并组织实施和监督检查；

研究拟定关税征管条例及实施细则，组织实施进出口关税及其他税费的征收管理，依法执行反倾销、反补贴措施；

组织实施进出境运输工具、货物、行邮物品和其他物品的监管，研究拟定加工贸易、保税区、出口加工区、保税仓库及其他保税业务的监管制度并组织实施；

研究、拟定进出口商品分类目录，拟定进出口商品原产地规则，组织实施知识产权海关保护；

编制国家进出口贸易统计，发布国家进出口贸易统计信息；

统一负责打击走私工作，组织查处走私案件，组织实施海关缉私；

研究拟定口岸对外开放的整体规划及口岸规划的具体措施和办法，审理口岸开放；

垂直管理全国海关，包括管理全国海关的组织机构、人员编制、工资福利、教育培训及署管干部任免；

研究拟定海关科技发展计划，组织实施海关信息化管理，管理全国海关经费、固定资产和基本建设；

开展海关领域的国际合作与交流；

承办国务院交办的其他事项。

1998年，根据党中央、国务院决定，海关总署的机构、职能和人员编制做了重大调整，增加了统一负责打击走私及反走私综合治理工作、口岸规划、出口商品原产地规则的协调管理、关税立法调研、税法起草和执行过程中的一般性解释工作等职能。设立走私犯罪侦查机构，组建海关缉私警察队伍。按照精简、统一、效能的原则，并充分吸收现代海关制度建设及通关作业改革、口岸体制改革、缉私体制改革的成果，实施了机构改革。2001年，随着海关通关作业制度改革的全面推行和海关队伍建设形势发展的需要，海关总署的职能和业务机构又进行了进一步调整，总署的决策、监督职能得到强化。

2. 直属海关

直属海关是指直接由海关总署领导，负责管理一定区域范围内海关业务的海关。目前直属海关共有 41 个，除香港、澳门、台湾地区外，分布在全国 31 个省、自治区、直辖市。直属海关就本关区内的海关事务独立行使职权，向海关总署负责。直属海关承担着在关区内组织开展海关各项业务和关区集中审单作业，全面有效地贯彻执行海关各项政策、法律、法规、管理制度和作业规范的重要职责，在海关三级业务职能管理中发挥着承上启下的作用。

其主要职责是：

对关区通关作业实施运行管理，包括执行总署业务参数、建立并维护审单辅助决策参数、对电子审单通道判别进行动态维护和管理、对关区通关数据和相关业务数据进行有效监控和综合分析；

实施关区集中审单，组织和指导隶属海关开展接单审核、征收税费、查验、放行等通关作业；

组织实施对各类海关监管场所、进出境货物和运输工具的实际监控；

组织实施贸易管制措施、税收征管、保税和加工贸易海关监管、企业分类管理和知识产权进出境保护；

组织开展关区贸易统计、业务统计和统计分析工作；

组织开展关区调查、稽查和侦查业务；

按规定程序及权限办理各项业务审核、审批、转报和注册备案手续；

开展对外执法协调和行政纠纷、争议的处理；

开展对关区各项业务的执法检查、监督和评估。

3. 隶属海关

隶属海关是指由直属海关领导，负责办理具体海关业务的海关，是海关进出境监督管理职能的基本执行单位，一般都设在口岸和海关业务集中的地点。隶属海关根据海关业务情况设立若干业务科室，其人员从十几人到二三百人不等。

其主要职责是：

开展接单审核、征收税费、验估、查验、放行等通关作业；

对辖区内加工贸易实施海关监管；

对进出境运输工具及其燃料、物料、备件等实施海关监管，征收船舶吨税；

对各类海关监管场所实施实际监控；

对通关、转关及保税货物的存放、移动、放行或其他处置实施实际监控；

开展对运输工具、进出口货物、监管场所的风险分析，执行各项风险处置措施；

办理辖区内报关单位通关注册备案业务；

受理辖区内设立海关监管场所、承运海关监管货物业务的申请；

对辖区内特定减免税货物实施海关后续管理。

4. 海关缉私警察机构

海关缉私警察是专司打击走私犯罪活动的警察队伍。1998 年，根据党中央、国务院的决定，由海关总署、公安部联合组建走私犯罪侦查局，设在海关总署。走私犯罪侦查局既是海关总署的一个内设局，又是公安部的一个序列局，实行海关总署和公安部双重领导，以海关领导为主的体制。走私犯罪侦查局在广东分署和全国各直属海关设立走私犯罪侦查分局，在部分隶属海关设立走私犯罪侦查支局。各级走私犯罪侦查机关负责其所在海关业务管辖区域内的走私犯罪案件的侦查工作。

为了更好地适应反走私斗争新形势的要求，充分发挥海关打击走私的整体效能，从 2003 年起，海关对部分打私办案职能进行了内部调整，走私犯罪侦查机构增加了行政执法职能。从 2003 年 1 月 1 日开始，各级海关走私犯罪侦查部门统一更名，其中，海关总署走私犯罪侦查局更名为海关总署缉私局；海关总署走私犯罪侦查局广东分局更名为海关总署广东分署缉私局；各直属海关走私犯罪侦查分局更名为各直属海关缉私局；各隶属海关走私犯罪侦查支局更名为各隶属海关缉私分局。

第二节　货物报关制度与报关程序

一、报关基本制度与程序

（一）含义

报关程序是指进出口货物收发货人、运输工具负责人、物品所有人或其代理人按照海关的规定，办理货物、物品、运输工具进境及相关海关事务的手续和步骤。

货物进出境应当经过审单、查验、征税、放行四个海关作业环节。与之相适应，进出口货物收发货人或其代理人应当按程序办理相对应的进出口申报、配合查验、缴纳税费、提取或装运货物等手续，货物才能进出境。但是，这些程序还不能满足海关对所有进出境货物的实际监管要求。比如加工贸易原材料进口，海关要求事先备案，因此不能在"申报"和"审单"这一环节完成上述工作，必须有一个前期办理手续的阶段；如果上述进口原材料加工成成品出口，在"放行"和"装运货物"离境的环节也不能完成所有的海关手续，必须有一个后期办理核销结案的阶段。因此，从海关对进出境货物进行监管的全过程来看，报关程序按时间先后可以分为三个阶段：前期阶段、进出境阶段、后续阶段。

（二）基本程序

1. 前期阶段

前期阶段是指进出口货物收发货人或其代理人根据海关对进出境货物的监管要求，在货物进出口以前，向海关办理备案手续的过程，主要包括：

（1）保税加工货物进口之前，进口货物收货人或其代理人办理加工贸易备案手续，申请建立加工贸易电子账册、电子化手册或者申领加工贸易纸质手册。

（2）特定减免税货物在进口之前，进口货物收货人或其代理人办理货物的减免税申请手续，申领减免税证明。

（3）暂准进出境货物进出口之前，进出口货物收发货人或其代理人办理货物暂准进出境备案申请手续。

（4）其他进出境货物中的出料加工货物出口之前，出口货物发货人或其代理人办理出料加工的备案手续。

2. 进出境阶段

进出境阶段是指进出口货物收发货人或其代理人根据海关对进出境货物的监管要求，在货物进出境时，向海关办理进出口申报、配合查验、缴纳税费、提取或装运货物手续的过程。

在进出境阶段中，进出口货物收发货人或其代理人需要完成以下四个环节的工作：

（1）进出口申报

进出口申报是指进出口货物的收发货人或其代理人在海关规定的期限内，按照海关规定的形式，向海关报告进出口货物的情况，提请海关按其申报的内容放行进出口货物的工作环节。

（2）配合查验

配合查验是指申报进出口的货物经海关决定查验时，进出口货物的收发货人或其代理人到达查验现场，配合海关查验货物，按照海关要求搬移货物，开拆包装，以及重新封装货物的工作环节。

（3）缴纳税费

缴纳税费是指进出口货物的收发货人或其代理人接到海关发出的税费缴纳通知书后，向海关指定的银行办理税费款项的缴纳手续，通过银行将有关税费款项缴入海关专门账户的工作环节。

（4）提取或装运货物

提取货物即提取进口货物，是指进口货物的收货人或其代理人，在办理了进口申报、配合查验、缴纳税费等手续，海关决定放行后，凭海关加盖放行章的进口提货凭证或海关通过计算机发送的放行通知书，提取进口货物的工作环节。

装运货物即装运出口货物，是指出口货物的发货人或其代理人，在办理了出口申报、配合查验、缴纳税费等手续，海关决定放行后，凭海关加盖放行章的出口装货凭证或凭海关通过计算机发送的放行通知书，通知港区、机场、车站及其他有关单位装运出口货物的工作环节。

3. 后续阶段

后续阶段是指进出口货物收发货人或其代理人根据海关对进出境货物的监管要求，在货物进出境储存、加工、装配、使用、维修后，在规定的期限内，按照规定的要求，向海关办理上述进出口货物核销、销案、申请解除监管等手续的过程，主要包括：

（1）保税加工货物，进口货物收货人或其代理人在规定期限内办理申请核销的手续。

（2）特定减免税货物，进口货物收货人或其代理人在海关监管期满，或者在海关监管期内经海关批准出售、转让、退运、放弃并办妥有关手续后，向海关申请办理解除海关监管的手续。

（3）暂准进境货物，收货人或其代理人在暂准进境规定期限内，或者在经海关批准延长暂准进境期限到期前，办理复运出境手续或正式进口手续，然后申请办理销案手续；暂准出境货物，发货人或其代理人在暂准出境规定期限内，或者在经海关批准延长暂准出境期限到期前，办理复运进境手续或正式出口手续，然后申请办理销案手续。

（4）其他进出境货物中的来料加工货物、修理货物、部分租赁货物等，进出口货物收发货人或其代理人在规定的期限内办理销案手续。

二、一般进出口货物的报关程序

一般进出口货物的报关程序包括四个基本环节：申报、查验、缴税和放行。

（一）一般进出口货物的申报

1. 申报地点

根据现行海关法规的规定，进出口货物的报关地点，应遵循以下三个原则：

进出境地原则：在一般正常情况下，进口货物应当由收货人或其代理人在货物的进境地向海关申报，并办理有关进口海关手续；出口货物应当由发货人或其代理人在货物的出境地向海关申报，并办理有关出口海关手续。

转关运输原则：由于进出口货物的批量、性质、内在包装或其他一些原因，经收发货人或其代理人申请，海关同意，进口货物也可以在设有海关的指运地，出口货物也可以在设有海关的起运地向海关申报，并办理有关进出口海关手续。这些货物的转关运输，应当符合海关监管要求，必要时，海关可以派员押运。具体要求在后面的有关章节中详细论述。

指定地点原则：经电缆、管道或其他特殊方式输送进出境的货物，经营单位应当按海关的要求定期向指定的海关申报并办理有关进出口海关手续。这些以特殊方式输送进出境的货物，输送路线长，往往需要跨越几个海关甚至几个省份；输送方式特殊，一般不会流失；有固定的计量工具，如电表、油表等。因此，上一级海关的综合管理部门协商指定其中一个海关管理，经营单位或其代理人可直接与这一海关联系报关即可。

2. 申报时间与期限

（1）进口货物的申报时间与期限：

根据《海关法》第十八条、第二十一条的规定，进口货物的报关期限为自运输工具申报进境之日起14天内。进口货物的收货人或其代理人超过14天期限未向海关申报的，由海关征收滞报金。滞报金的日征收金额为进口货物到岸价格的0.5‰。进口货物滞报金期限的起算日期为运输工具申报进境之日起第15天；邮运的滞报金起收日期为收件人接到邮局通知之日起第15天。转关运输滞报金起收日有两个：一是运输工具申报进境之日起第15天；二是货物运抵指运地之日起第15天。两个条件只要达到一个，即征收滞报金。如果两个条件均达到则要征收两次滞报金。

进口货物自运输工具申报进境之日起超过3个月还没有向海关申报的，其进口货物由海关提取变卖处理。如果属于不宜长期保存的，海关可根据实际情况提前处理。变卖后所得价款在扣除运输、装卸、储存等费用和税费后尚有余款的，自货物变卖之日起1年内，经收货人申请，予以发还；逾期无人申领，上缴国库。

规定进口货物的报关期限和征收滞报金是为了运用行政手段和经济手段，促使进口货物收货人或其代理人及时报关，从而加速口岸货运，减少积压，使货物早日投入生产和使用。进口货物的收货人，为能尽快收到货物，并且在海关规定期限内办理报关手续，应该要求国外厂商及时把货运单据寄来，在货物及有关单证上正确标明货物的全部标记唛码，包括合约的号码、详细年份、字头、编号及代号，以及收货人的名称、地址。

（2）出口货物的申报时间与期限：

根据《海关法》规定，出口货物的发货人除海关特准外，应当在装货的 24 小时以前向海关申报。至于装货 24 小时以前到什么程度，是 3 天、5 天，还是 1 个月，可由报关人视口岸的仓储能力自定，海关一般不予过问。

规定出口货物的报关期限主要是为了留给海关一定的时间，办理正常的查验和征税等手续，以维护口岸的正常货运秩序。除了需紧急发运的鲜活、维修和赶船期货物等特殊情况之外，在装货的 24 小时以内申报的货物一般暂缓受理。

3. 申报所需的单证

(1) 进口货物报关时需提供的单证包括以下几种：

①由报关员自行填写或由自动化报关预录入人员录入后打印的报关单；

②进口货物属于国家限制或控制进口的，应交验对外经济贸易管理部门签发的进口货物许可证或其他批准文件；

③进口货物的发票、装箱单（装箱清单）；

④进口货物的提货单（或运单）；

⑤减税、免税或免验的证明文件；

⑥对应实施商品检验、文物鉴定、动植物检疫、食品卫生检验或其他受管制的进口货物还应交验有关主管部门签发的证明；

⑦海关认为必要时，可以调阅贸易合同、原产地证明和其他有关单证、账册等；

⑧其他有关文件。

(2) 出口货物报关时需提供的单证包括以下几种：

①由报关员自行填写或由自动化报关预录入人员录入打印的报关单一式多份，其所需份数根据各部门需要而定，出口退税时加填一份黄色出口退税专用报关单；

②出口货物属于国家限制出口或配额出口的应提供许可证件或其他证明文件；

③货物的发票、装箱清单、合同等；

④商检证明等；

⑤对方要求的产地证明；

⑥出口收汇核销单（指创汇企业）；

⑦其他有关文件。

（二）一般进出口货物的查验

查验是通关的重要环节。进出口货物在通过申报环节后，即进入查验环节。海关查验是指海关依法为确定进出境货物的品名、规格、成分、原产地、货物状态、数量和价格是否与货物申报内容相符，对货物进行实际的核查，确定单货、证货是否相符，有无瞒报、伪报和申报不实等走私行为，并为今后的征税、统计和后续管理提供可靠的监管依据。

1. 查验的地点

海关查验货物，一般在海关监管区内的进出口码头、车站、机场、邮局或海关的其他监管场所进行。对进出口大宗散货、危险品、鲜活商品、落驳运输的货物，经进出口收发货人的申请，海关也可结合装卸环节，在作业现场予以查验放行。在特殊情况下，经收发货人或其代理人的申请，海关审核同意，也可派员到规定的时间和场所以外的工厂、仓库或施工工地查验货物。但必须按照规定收取监管区域外监管手续费。

2. 查验的时间

海关将查验的决定以书面通知的形式通知进出口货物收发货人或其代理人，约定查验的时间。查验时间一般约定在海关正常工作时间内。

对于危险品或者鲜活、易腐烂、易失效、易变质的货物，以及因其他特殊情况需要紧急验放的货物，经进出口货物收发货人或其代理人申请，海关可以优先安排实施查验。

3. 查验的方式

海关实施查验可以是彻底查验，也可以是抽查。查验操作可以分为人工查验和设备查验。海关可以根据货物情况以及实际执法需要，确定具体的查验方式。人工查验包括外形查验、开箱查验。外形查验是指对外部特征直观、易于判断基本属性的货物的包装、运输标志和外观等状况进行验核；开箱查验是指将货物从集装箱、货柜车箱等箱体中取出并拆除外包装后对货物实际状况进行验核。设备查验是指利用技术检查设备为主对货物实际状况进行验核。

彻底检查，即对货物逐件开箱（包）查验，对货物品种、规格、数量、重量、原产地货物状况等逐一与货物申报单详细核对。抽查，即按一定比例对货物有选择地开箱抽查，必须卸货。卸货程度和开箱（包）比例以能够确定货物的品名、规格、数量、重量等查验指令的要求为准。外形检验是对货物的包装、标记、商标等进行验核。外形查验只能适用于大型机器、大宗原材料等不易搬运、移动。此外，海关还充分利用科技手段配合查验，如地磅和 X 光机等查验设施和设备。

海关查验部门自查验受理起，到实施查验结束、反馈查验结果最多不得超过 48 小时，出口货物应于查验完毕后半个工作日内予以放行。查验过程中，发现有涉嫌走违规等事情的，不受此时限限制。

4. 海关复验和自行开验

（1）有下列情形之一的，海关可依法对已经完成查验的货物进行复验，即第二次查验：

①初次查验未能查明货物的真实属性，需要对已查验货物的某些性状做进一步确认的；

②货物涉嫌走私违规，需要重新查验的；

③进出口货物收发货人对海关查验结论有异议，提出复验要求并经海关同意的；

④其他海关认为必要的情形。

已经参加过查验的查验人员不得参加对同一票货物的复验。

（2）自行开验是指海关在进出口货物收发货人或其代理人不在场的情况下，自行开拆货物进行查验。海关行使"径行开验"的权利时，应当通知货物存放场所的管理人员、运输工具负责人到场协助，并由其在海关的查验记录上签字确认。有下列情形之一的，海关可以径行开验：

①进出口货物有违法嫌疑的；

②经海关通知查验，进出口货物收发货人或其代理人届时未到场的。

5. 海关查验的程序

（1）海关确定查验后，由现场接单关员打印《查验通知单》，必要时制作查验关封交报关员。

（2）安排查验计划。由现场海关查验受理岗位安排查验的具体时间，一般当天安排第二天的查验计划。

（3）海关查验时，进口货物的收货人、出口货物的发货人或其授权报关员应当到场，并负责协助搬移货物，开拆和重封货物的包装。海关认为必要时，可以径行开验、复验或者提取货样。

（4）查验结束后，由陪同人员在《查验记录单》上签名、确认。

（三）一般进出口货物的关税缴纳

进出口货物收发货人或其代理人进行申报，海关对报关单进行审核，对需要查验的货物先由海关进行查验，然后进行关税的缴纳。进口货物自运输工具申报进境之日起 14 天内，出口货物在货物运抵海关监管区后装货的 24 小时以前，应由进出口货物的纳税义务人向货物进（出）境地海关申报，海关根据税则归类和完税价格计算应缴纳的关税和进口环节代征税，并填发税款缴款书。纳税义务人应当自海关填发税款缴款书之日起 15 天内，向指定银行缴纳税款。如关税缴纳期限的最后 1 日是周末或法定节假日，则关税缴纳期限顺延至周末或法定节假日过后的第 1 个工作日。为方便纳税义务人，经申请且海关同意，进（出）口货物的纳税义务人可以在设有海关的指运地（启运地）办理海关申报、纳税手续。

（四）一般进出口货物的放行

海关在接受进出口货物申报、查验货物，并在纳税义务人缴纳关税后，在货运单据上签印放行。进出口商或其代理人必须凭海关签印的货运单据才能提取或发运进出口货物。未经海关放行的海关监管货物，任何单位和个人不得提取或发运。

放行的方式：

（1）征税放行

进出口货物在取得海关放行前，如属于应税货物，应由海关的税收部门，按照《中华人民共和国关税条例》和《中华人民共和国进出口税则》的规定，并根据一票一证的方式对这些货物收发货人征收有关关税和代征税，然后签印放行。

（2）担保放行

进出口货物的担保是担保人因进出口货物税款或某些证件不能及时备齐而向海关申请先予放行时，以向海关缴纳保证金或提交保证函的法定方式向海关保证在一定期限内履行其在通关活动中承诺的义务的法律行为。其目的是为了确保海关监管货物的安全性，避免因纳税人无偿付能力或不履行义务而对海关造成的风险。

（3）信任放行

这是海关为适应外向型经济发展的需要，在有效监管的前提下，对监管模式进行改革的一项措施。海关根据进出口企业的通关信誉、管理水平等因素，对其进行评估分类。对被海关授予"信得过企业"称号的各类企业给予通关便利，采取集中报关、预先报关、信任放行等优惠措施，使这些企业的进出口货物在口岸进出口时径直放行，事后一定时期内，通过分批或集中定期纳税来完备海关手续。这种放行制度是建立在海关与企业、报关人相互信任的前提下的。但在方便企业的同时，也给海关构成一定的管理风险。为此，各地海关采取与企业签订"信任放行"的谅解备忘录，实行"义务监管员"制度，即企业按海关要求推荐义务监管员，经海关培训合格后发证上岗，代替海关行使权力。有的海关还开辟了"信得过企业窗口"，对这类企业的货物随到随放，由业务监管员代替海关查验。这些措施，为企业节省了通关费用，同时也缓解了海关力量不足的矛盾。当然，经海关批准的"信得过企业"，发现违反海关规定的情况，海关可以提出警告。情节严重的，可立即取消通关优惠企业资格，并依法从严惩处。

三、保税货物的报关程序

保税货物分为保税加工货物和保税物流货物两大类，保税加工货物通常被称为加工贸易保税货物。下面分别叙述保税加工货物和保税物流货物的报关程序。

(一) 保税加工货物的通关

1. 合同备案

加工贸易合同备案是指加工贸易企业持经批准的加工贸易合同到主管海关备案，申请保税并领取加工贸易手册或其他准予备案凭证的行为。

海关受理合同备案，是指海关根据国家规定在接受加工贸易合同备案后，批准合同约定的进口料件保税，并把合同内容转化为手册内容或做必要的登记，然后核发手册或其他准予备案的凭证。

对符合规定的加工贸易合同，海关应当在规定的期限内予以备案，并核发加工贸易手册或其他准予备案的凭证。对不予备案的合同，海关应当书面告知经营企业。

2. 进出口报关

保税加工货物报关，适用进出口报关阶段程序的有进出境货物报关、深加工结转货物报关和其他保税加工货物报关3种情形。

(1) 进出境货物报关

保税加工货物进出境由加工贸易经营单位或其代理人向海关申报。

保税加工货物进出境申报必须持有加工贸易手册或其他准予合同备案的凭证。

保税加工货物进出境的报关程序与一般进出口货物一样，也有四个环节，其中申报、配合查验、提取货物或装运货物三个环节与一般进出口货物基本一致，见一般进出口货物的报关程序。有区别的是，保税加工货物进境的报关程序第三个环节不是缴纳税费，而是暂缓纳税，即保税。除此以外，还有以下区别：

加工贸易企业在主管海关备案的情况在计算机系统中已生成电子底账，有关电子数据通过网络传输到相应的口岸海关，因此企业在口岸海关报关时提供的有关单证内容必须与电子底账数据相一致。也就是说，报关数据必须与备案数据一致，一种商品报关的商品编码、品名、规格、计量单位、数量、币制等必须与备案数据无论在字面上还是计算机格式上都完全一致。若不一致，报关就不能通过。

(2) 深加工结转货物报关

加工贸易深加工结转是指加工贸易企业将保税进口料件加工的产品转至另一加工贸易企业进一步加工后复出口的经营活动。其程序分为计划备案、收发货登记、结转报关3个环节。

①计划备案

加工贸易企业开展深加工结转，转入、转出企业应当向各自主管海关提交保税加工货物深加工结转申请表，申报结转计划。

②收发货登记

转出、转入企业办理结转计划申报手续后，应当按照经双方海关核准后的申请表进行实际收发货。转出、转入企业的每批次收发货记录应当在保税货物实际结转情况登记表上进行如实登记，并加盖企业结转专用名章。

③结转报关

转出、转入企业实际收发货后，转出、转入企业分别在转出地、转入地海关办理结转报关手续。转出、转入企业可以凭一份申请表分批或者集中办理报关手续。

（3）其他保税加工货物的报关

其他保税加工货物是指履行加工贸易合同过程中产生的边角料、剩余料件、残次品、副产品和受灾保税货物。海关总署制定了《中华人民共和国海关关于加工贸易边角料、剩余料件、残次品、副产品和受灾保税货物的管理办法》来规范这些物资的处理。

边角料，是指加工贸易企业从事加工复出口业务，在海关核定的单位耗料量内（以下简称单耗）、加工过程中产生的、无法再用于加工该合同项下出口制成品的数量合理的废、碎料及下脚料。

剩余料件，是指加工贸易企业在从事加工复出口业务过程中剩余的、可以继续用于加工制成品的加工贸易进口料件。

残次品，是指加工贸易企业从事加工复出口业务，在生产过程中产生的有严重缺陷或者达不到出口合同标准，无法复出口的制品（包括完成品和未完成品）。

副产品，是指加工贸易企业从事加工复出口业务，在加工生产出口合同规定的制成品（即主产品）过程中同时产生的，且出口合同未规定应当复出口的一个或者一个以上的其他产品。

受灾保税货物，是指加工贸易企业从事加工出口业务中，因不可抗力原因或者其他经海关审核认可的正当理由造成灭失、短少、损毁等导致无法复出口的保税进口料件和制品。

加工贸易保税进口料件加工后产生的边角料、剩余料件、残次品、副产品及受灾保税货物属海关监管货物，未经海关许可，任何企业、单位、个人不得擅自销售或者移作他用。

对于履行加工贸易合同中产生的上述剩余料件、边角料、残次品、副产品、受灾保税货物，企业必须在手册有效期内处理完毕。处理的方式有内销、结转、退运、放弃、销毁等。除销毁处理外，其他处理方式都必须填制报关单报关。有关报关单是企业报核的必要单证。

（1）内销

保税加工货物转内销应经商务主管部门审批，加工贸易企业凭"加工贸易保税进口料件内销批准证"办理内销料件正式进口报关手续，缴纳进口税和缓税利息。

经批准允许转内销的保税加工货物属进口许可证件管理的，企业还应按规定向海关补交进口许可证件；申请内销的剩余料件，如果金额占该加工贸易合同项下实际进口料件总额3%及以下且总值在人民币1万元及以下的，免予审批，免予交验许可证件。

（2）结转

加工贸易企业申请将剩余料件结转到另一个加工贸易合同使用，限同一经营单位、同一加工厂、同样进口料件和同一加工贸易方式。凡具备条件的，海关按规定核定单耗后，准予企业办理该合同核销及其剩余料件结转手续。剩余料件转入合同已经商务主管部门审批的，由原审批部门按变更方式办理相关手续，如剩余料件的转入量不增加已批合同的进口总量，则免于办理变更手续；转入合同为新建合同的，由商务主管部门按现行加工贸易审批管理规定办理。

同一经营单位申请将剩余料件结转到另一加工厂的，应当经主管海关同意并缴纳相当于结转保税料件应缴税款金额的风险担保金；对已实行台账实转的合同，台账实转金额不低于结转保税料件应缴税款金额的，经主管海关同意，可以免予缴纳风险担保金。

（3）退运

加工贸易企业因故申请将剩余料件、边角料、残次品、副产品等保税加工货物退运出境的，应持手册等有关单证向口岸海关报关，办理出口手续，留存有关报关单证，以备报核。

（4）放弃

加工贸易企业因故无法内销或者退运而申请放弃边角料、剩余料件、残次品、副产品或者受灾保税货物的，凭企业放弃该批货物的申请和海关受理企业放弃货物的有关单证经海关核实无误后办理核销手续。

企业申请放弃加工贸易货物，除按现行规定提交有关单证、材料外，还需提供经政府价格主管部门认定资质的价格评估机构出具的关于拟放弃的加工贸易货物的价值证明。

由海关按规定作变卖处理的加工贸易放弃货物，企业应当在海关做出准予放弃之日起15天内将加工贸易放弃货物全部运至海关指定的仓库，并与该指定仓库的经营者办理放弃货物的交接入库手续。

按照规定需要进行销毁处理的加工贸易放弃货物，企业应当在实施销毁3个工作日前向主管海关报送销毁方案，并自海关做出准予放弃之日起15天内完成全部放弃货物的销毁工作。企业应当向主管海关提供放弃货物的销毁清单、销毁报告以及销毁过程的全程录像光盘。其中，需要销毁的加工贸易放弃货物为原进口料件或成品的，应当在海关认可的销毁机构实施销毁，并提供销毁机构出具的接收单据和处置证明等销毁证明材料。

海关可以派员监督加工贸易放弃货物的交接入库和销毁工作，企业及有关销毁机构应当给予配合。

企业完成加工贸易放弃货物交接入库、销毁或者经海关批准自行处理后5个工作日内，凭相关证明材料办理加工贸易放弃货物的进口报关手续。

（5）销毁

被海关做出不予结转决定或不予放弃决定的加工贸易货物或涉及知识产权等原因，企业要求销毁的加工贸易货物，企业可以向海关提出销毁申请，海关经核实同意销毁的，由企业按规定销毁，必要时海关可以派员监督销毁。货物销毁后，企业应当收取有关部门出具的销毁证明材料，以备报核。

（6）受灾保税加工货物的处理

加工贸易保税货物（包括边角料、剩余料件、残次品、副产品）在运输、仓储、加工期间发生灭失、短少、损毁等行为的，加工贸易企业应当及时向主管海关报告，海关可以视情派员核查取证。

①因不可抗力因素造成的加工贸易受灾保税货物，经海关核实，对受灾保税货物灭失或者

虽未灭失，但完全失去使用价值且无法再利用的，海关予以免税核销；对受灾保税货物虽失去原使用价值，但可以再利用的，海关按照审定的受灾保税货物价格、其对应进口料件适用的税率计征税款和税款缓税利息后核销。受灾保税货物对应的原进口料件，属于发展改革委、商务部、环保部及其授权部门进口许可证件管理范围的，免于提交许可证件。企业在规定的核销期内报请核销时，应当提供下列证明材料：商务主管部门的签注意见；保险公司出具的保险赔款通知书或者检验检疫部门出具的有关检验检疫证明文件；海关认可的其他有效证明文件。

②除不可抗力因素外，加工贸易企业因其他经海关审核认可的正当理由导致加工贸易保税货物在运输、仓储、加工期间发生灭失、短少、损毁等情事的，海关凭商务主管部门的签注意见、有关主管部门出具的证明文件和保险公司出具的保险赔款通知书或者检验检疫部门出具的有关检验检疫证明文件，按照规定予以计征税款和缓税利息后办理核销手续。本款所述受灾保税货物对应的原进口料件，如属进口许可证件管理范围的，企业须按照规定向海关提交有关进口许可证件。按法律和法规规定免于提交进口许可证件的除外。

3. 合同报核

加工贸易合同报核，是指加工贸易企业在加工贸易合同履行完毕或终止合同并按规定对未出口的货物进行处理后，按照规定的期限和规定的程序，向加工贸易主管海关申请核销、结案的行为。

经营企业报核时应当向海关如实申报进口料件、出口成品、边角料、剩余料件、残次品、副产品以及单耗等情况，并向海关提交加工贸易手册、加工贸易进出口货物专用报关单以及海关要求提交的其他单证。

经审核单证齐全有效的，海关受理报核；海关不予受理的，应当书面告知企业原因，企业应当按照规定重新报核。海关核销可以采取纸质单证核销和电子数据核销的方式，必要时可以下厂核查，企业应当予以配合。

（二）保税物流货物的通关

国内经营保税物流的海关特殊监管区域有保税仓库、保税物流中心、保税物流园区、保税区、保税港区等，下面分别叙述其的通关程序。

1. 保税仓库进出货物的报关程序

（1）保税仓库货物进口入库

仓库储存货物在保税仓库所在地进境时，由货主或其代理人向入境地海关申报，填写"进口货物报关单"，在报关单上加盖"保税仓库货物"戳记，并注明"存入××保税仓库"，经入境地海关查验放行后，货物所有人或其代理人应将货物存入保税仓库，并将两份"进口货物报关单"随货带交保税仓库经营人，保税仓库经营人应在核对报关单上申报进口货物与实际入库货物无误后，在报关单上签收，其中一份报关单连同保税仓库货物入库单据交回海关存查。

货物如在保税仓库所在地以外的口岸进境，则应由货主或其代理人先行办理转关运输手续。货物到达目的地后，货物所有人或其代理人应按上述手续向海关办理进口申报和入库手续。

（2）保税仓库储存货物按出库流向报关

①转口售出或复运出境，办理出口报关手续。保税仓库储存货物在规定的时间内，复运出境时，货物所有人或其代理人应向保税仓库所在地海关申报，填写"出口货物报关单"并提交

进口时经海关签章确认的"进口货物报关单"，经海关核实后予以验放有关货物，或按转关运输管理办法将有关货物监管至出境地海关验放出境。复出境手续办理后，海关在一份出口货物报关单上加盖印章退还给货物所有人或其代理人，作为保税仓库货物核销依据。

②转入境内市场销售，办理正式进口报关手续。保税仓库储存货物转为进入国内市场销售时，货物的所有人或其代理人应事先报主管海关核准，并办理正式进口手续。对属于进口管制的货物（如属于实行进口配额、进口许可证管理、机电产品进口管理、特定商品进口管理以及其他进口管理的商品），应向海关交验相应的许可证件，并应按照海关规定视进口货物的不同情况缴纳进口税费，其中对符合特定减免税条件的海关按照规定给予减或免税；对保修期内免费维修有关进口产品所使用的保修零配件，海关凭维修报告书也可享受免税待遇。上述手续办理后，海关在进口货物报关单上加盖放行章。其中一份用以向保税仓库提取货物，另一份由保税仓库留存，作为保税仓库核销依据。

③转为加工贸易提取使用，办理进口保税加工提货手续。对从保税仓库提取货物用于进料加工、来料加工项目加工生产成品复出口时，经营加工贸易的单位，应首先按照进料加工或来料加工的程序办理。即应首先向商务主管部门申请加工贸易合同审批→向主管海关申请办理合同登记备案→向海关指定银行申请办理银行保证金台账→主管海关核发《加工贸易登记手册》。

经营加工贸易的单位凭《加工贸易登记手册》，并填写加工贸易专用《进口货物报关单》和《保税仓库领料核准单》，经海关审核后加盖放行章，其中一份凭以到保税仓库提货，另一份保税仓库留存，作为保税仓库核销依据。

④对运往境内保税区、出口加工区或者调往到其他保税仓库继续实施保税监管的，应向海关办理相应的海关手续。

（3）保税仓库储存货物的定期逐批核销

保税仓库货物应按月向主管海关办理核销。经营单位应在每月的前5天将上月所发生的保税仓库货物的入库、出库、结存等情况列表，并随附经海关签章的进出口货物报关单以及《保税仓库领料核准单》、维修报告书等单证，报送主管海关。海关对上述单证资料进行审核，必要时，派员到仓库实地核查有关记录和货物结存情况，核实无误后予以核销，并在一份保税仓库报表上加盖印章，退还保税仓库经营单位留存。

2. 保税仓库海关管理规范

（1）保税仓库不得转租、转借给他人经营，不得下设分库。

（2）海关对保税仓库实行计算机管理，并可以随时派员进入保税仓库检查货物收、付、存情况及有关账册。海关认为有必要时，可以会同保税仓库经营企业双方共同对保税仓库加锁或者直接派员驻库监管，保税仓库经营企业应当为海关提供办公场所和必要的办公条件。

（3）海关对保税仓库实行分类管理及年审制度，保税仓库经营企业应按照海关对企业实行年审的规定按时参加年审。对保税仓库不参加年审或者年审不合格的，海关注销其注册登记，并收回《保税仓库注册登记证书》。

（4）保税仓库企业负责人和保税仓库管理人员应当熟悉海关有关的法律法规，遵守海关监管规定，参加海关培训。

（5）保税仓库经营企业应当如实填写有关单证、仓库账册，真实记录并全面反映其业务活动和财务状况，编制仓库月度收、付、存情况和年度财务会计报告，并定期以计算机数据和书面形式报送主管海关。

（6）保税仓库经营企业需变更企业名称、注册资本、组织形式、法定代表人等事项的应向主管海关提交报告，并报直属海关重新审核；对保税仓库需变更名称、地址、仓库面积（容积）、所存货物范围和种类等事项，应报直属海关批准。直属海关批准后报海关总署备案。

（7）保税仓库无正当理由 6 个月未经营保税业务的，保税仓库经营企业应当向海关申请终止保税仓储业务。经营企业未申请的，海关注销其注册登记，并收回《保税仓库注册登记证书》。

（8）保税仓库因其他事由终止保税仓储业务的，由保税仓库经营企业向海关提出申请，经海关核准后，交回《保税仓库注册登记证书》，并办理注销手续证书。

3. 保税仓储货物的通关限制

海关保税仓储货物的通关制度对货物有以下方面的限制：

（1）保税储存货物品种的限制按照规定，转口贸易的烟、酒和转口贸易的易制毒化学品等和由于公共道德、公共秩序、公共安全或公共卫生等方面国家明令禁止进口的物品不准存入保税仓库，除此以外，其他进口货物无论是应税货物，还是属于限制进口的货物，均可存入保税仓库，保税仓库货物进境申报时，除易制毒化学品、监控化学品、消耗臭氧层物质等需申领许可证以外免领许可证件。

对于汽车只能存放于设在国家指定的 6 个口岸的保税仓库，这 6 个口岸是大连、天津、上海、皇岗、黄埔、满洲里等。但是，对一家具体的保税仓库而言，只能在海关注册的储存范围内储存进口货物。公用型保税仓库可以储存通关制度中未规定不准存放的一切货物，自用型保税仓库原则上仅能存放与其经营业务相关的货物。

（2）保税储存货物时间的限制按照《中华人民共和国海关对保税仓库及所存货物的管理办法》的规定：保税仓库所存货物的储存期限为 1 年。如因特殊情况需延长储存期限的，应向主管海关申请延期，经海关核准的延长期限最长不能超过 1 年。所存货物期满超过 3 个月仍未转为正式进口或复运出口，按《海关法》的规定，由海关提取变卖处理；变卖所得价款在扣除运输、装卸、储存等费用和进口各税后，仍有余款的，自变卖之日起 1 年内，经货主申请并办理相关进口手续后予以发还，逾期无人申请的，上缴国库。

（3）对保税货物在储存保管中的限制：

① 保税仓库应独立设置，专库专用，保税货物不得与非保税货物混放保税仓库对所存货物应有专人管理，海关认为有必要时将会与仓库管理人员共同加锁。仓库经营人配合海关派员对仓库储存情况进行检查，对海关派员驻库监管，应提供便利。

② 保税仓库所存货物属于海关监管货物，未经海关核准并按规定办理有关手续，仓库经营人及其他任何人均不得擅自出代、提取、交付、调换、抵押、转让或移作他用。

③ 货物在仓库储存期间发生短少或灭失，除不可抗力原因外，短少或灭失部分，由保税仓库经营人承担缴纳税款责任，并由海关按有关规定予以处理。

（4）对保税储存货物处置的限制保税货物在储存期间不得进行加工。但是对由于运输、保管或商业上的需要，在遵守存放规则的前提下，由保税仓库经营人，向海关提出申请，经海关同意，并在海关监管下，保税仓库经营人或货主可对货物进行以下处置：

①为保存货物所必须的搬运和处理，如除尘、防腐、防虫及防潮处理等。

②改善外观或商业性质的处理，如对货物进行分级、拆零等。

③改善包装，如将大包装改为小包装，改换中性包装，加刷唛码等。

4. 保税物流中心货物通关

（1）保税物流中心与境外之间的进出货物报关

①保税物流中心与境外之间进出的货物，应当在保税物流中心主管海关办理相关手续。保税物流中心与口岸不在同一主管海关的，经主管海关批准，可以在口岸海关办理相关手续。

②保税物流中心与境外之间进出的货物，除实行出口被动配额管理和中华人民共和国参加或者缔结的国际条约及国家另有明确规定的以外，不实行进出口配额、许可证件管理。

③从境外进入保税物流中心内的货物，凡属于规定存放范围内的货物予以保税；属于保税物流中心企业进口自用的办公用品、交通运输工具、生活消费品等，以及保税物流中心开展综合物流服务所需进口的机器、装卸设备、管理设备等，按照进口货物的有关规定和税收政策办理相关手续。

（2）保税物流中心与境内之间的进出货物报关

保税物流中心内货物运往所在关区外，或者跨越关区提取保税物流中心内货物，可以在保税物流中心主管海关办理进出中心的报关手续，也可以按照境内监管货物转关运输的方式办理相关手续。

物流中心货物进入境内视同进口，按照货物实际贸易方式和实际状态办理进口报关手续；货物属许可证件管理商品的，企业还应当向海关出具有效的许可证件；实行集中申报的进出口货物，应当适用每次货物进出口时海关接受申报之日实施的税率、汇率。

货物从境内进入物流中心视同出口，办理出口报关手续。如需缴纳出口关税的，应当按照规定纳税；属许可证件管理商品，还应当向海关出具有效的出口许可证件。

从境内运入物流中心的原进口货物，境内发货人应当向海关办理出口报关手续，经主管海关验放；已经缴纳的关税和进口环节海关代征税，不予退还。

用于办理出口退税的出口货物报关单证明联的签发，除法律、行政法规另有规定外，按照以下规定办理：

①以下情况，海关给予签发用于办理出口退税的出口货物报关单证明联：货物从境内进入物流中心已办结报关手续的；转关出口货物，起运地海关在已收到物流中心主管海关确认转关货物进入物流中心的转关回执后；境内运入物流中心供物流中心企业自用的国产的机器设备、装卸设备、管理设备、检验检测设备等。

②以下情况，海关不予签发用于办理出口退税的出口货物报关单证明联：境内运入物流中心供物流中心企业自用的生活消费用品、交通运输工具；境内运入物流中心供物流中心企业自用的进口的机器设备、装卸设备、管理设备、检验检测设备等；物流中心之间，物流中心与出口加工区、保税物流园区和已实行国内货物入仓环节出口退税政策的出口监管仓库等海关特殊监管区域或者海关保税监管场所的货物往来。

下列货物从物流中心进入境内时依法免征关税和进口环节海关代征税：

①用于在保修期限内免费维修有关外国产品并符合无代价抵偿货物有关规定的零部件。

②用于国际航行船舶和航空器的物料。

③国家规定免税的其他货物。

5. 保税物流园区货物通关

(1) 园区与境外之间进出货物的通关

海关对园区与境外之间进、出的货物实行备案制管理，但园区自用的免税进口货物、国际中转货物或者法律、行政法规另有规定的货物除外。境外货物到港后，园区企业（或者其代理人）可以先凭舱单将货物直接运至园区，再凭进境货物备案清单向园区主管海关办理申报手续。

园区与境外之间进出的货物应当向园区主管海关申报。园区货物的进出境口岸不在园区主管海关管辖区域的，经园区主管海关批准，可以在口岸海关办理申报手续。

园区内开展整箱进出、二次拼箱等国际中转业务的，由开展此项业务的企业向海关发送电子舱单数据，园区企业向园区主管海关申请提箱、集运等，凭舱单等单证办理进出境申报手续。

从园区运往境外的货物，除法律、行政法规另有规定外，免征出口关税。

①下列货物、物品从境外进入园区，海关予以办理免税手续：园区的基础设施建设项目所需的设备、物资等；园区企业为开展业务所需的机器、装卸设备、仓储设施、管理设备及其维修用消耗品、零配件及工具；园区行政管理机构及其经营主体和园区企业自用合理数量的办公用品。

②下列货物从境外进入园区，海关予以办理保税手续：园区企业为开展业务所需的货物及其包装物料；加工贸易进口货物；转口贸易货物；外商暂存货物；供应国际航行船舶和航空器的物料、维修用零配件；进口寄售货物；进境检测、维修货物及其零配件；供看样订货的展览品、样品；未办结海关手续的一般贸易货物；经海关批准的其他进境货物。

园区行政管理机构及其经营主体和园区企业从境外进口的自用交通运输工具、生活消费用品，按一般贸易进口货物的有关规定向海关办理申报手续。

园区与境外之间进出的货物，不实行进出口许可证件管理，但法律、行政法规、规章另有规定的除外。

(2) 园区与境内区外之间进出货物的通关

园区与区外之间进出的货物，由园区企业或者区外收、发货人（或者其代理人）在园区主管海关办理申报手续。园区企业在区外从事进出口贸易业务且货物不实际进出园区的，可以在收发货人所在地的主管海关或者货物实际进出境口岸的海关办理申报手续。

园区货物运往区外视同进口，园区企业或者区外收货人（或者其代理人）按照进口货物的有关规定向园区主管海关申报，海关按照货物出园区时的实际监管方式的有关规定办理。

园区企业跨关区配送货物或者异地企业跨关区到园区提取货物的，可以在园区主管海关办理申报手续，也可以按照海关规定办理进口转关手续。

区外货物运入园区视同出口，由园区企业或者区外发货人（或者其代理人）向园区主管海关办理出口申报手续。属于应当征收出口关税的商品，海关按照有关规定征收出口关税；属于许可证件管理的商品，应当同时向海关出具有效的出口许可证件，但法律、行政法规、规章另有规定在出境申报环节提交出口许可证件的除外。

用于办理出口退税的出口货物报关单证明联的签发手续,按照下列规定办理:

①从区外进入园区供园区企业开展业务的国产货物及其包装物料,由园区企业或者区外发货人(或者其代理人)填写出口货物报关单,海关按照对出口货物的有关规定办理,签发出口货物报关单证明联;货物转关出口的,起运地海关在收到园区主管海关确认转关货物已进入园区的电子回执后,签发出口货物报关单证明联。

②从区外进入园区供园区行政管理机构及其经营主体和园区企业使用的国产基建物资、机器、装卸设备、管理设备等,海关按照对出口货物的有关规定办理,并签发出口货物报关单证明联。

③从区外进入园区供园区行政管理机构及其经营主体和园区企业使用的生活消费用品、办公用品、交通运输工具等,海关不予签发出口货物报关单证明联。

④从区外进入园区的原进口货物、包装物料、设备、基建物资等,区外企业应当向海关提供上述货物或者物品的清单,按照出口货物的有关规定办理申报手续,海关不予签发出口货物报关单证明联,原已缴纳的关税、进口环节增值税和消费税不予退还。

海关对于园区与海关特殊监管区域或者保税监管场所之间往来的货物,继续实行保税监管,不予签发出口货物报关单证明联。但货物从未实行国内货物入区(仓)环节出口退税制度的海关特殊监管区域或者保税监管场所转入园区的,按照货物实际离境的有关规定办理申报手续,由转出地海关签发出口货物报关单证明联。

园区与其他海关特殊监管区域、保税监管场所之间的货物交易、流转,不征收进出口环节和国内流通环节的有关税收。

6. 保税区货物的通关

保税区是指经国务院批准在中华人民共和国境内设立的由海关进行监管的特定区域。保税区具有出口加工、转口贸易、商品展示、仓储运输等功能,也就是说既有保税加工的功能,又有保税物流的功能。

保税区与中华人民共和国境内的其他地区(以下简称非保税区)之间,应当设置符合海关监管要求的隔离设施。保税区内仅设置保税区行政管理机构和企业,除安全保卫人员外,其他人员不得在保税区内居住。

(1)保税区与境外之间进出货物的通关

保税区与境外之进出的货物,由货物的收货人、发货人或其代理人向海关备案。

对保税区与境外之间进出的货物,除实行出口被动配额管理的外,不实行进出口配额、许可证管理。

从境外进入保税区的货物,其进口关税和进口环节税收,除法律、行政法规另有规定外,按照下列规定办理:

①区内生产性的基础设施建设项目所需的机器、设备和其他基建物资,予以免税;

②区内企业自用的生产、管理设备和自用合理数量的办公用品及其所需的维修零配件,生产用燃料,建设生产厂房、仓储设施所需的物资、设备,予以免税;

③保税区行政管理机构自用合理数据的管理设备和办公用品及其所需的维修零配件,予以免税;

④区内企业为加工出口产品所需的原材料、零部件、元器件、包装物件，予以保税。

前款第①项至第④项规定范围内外的货物或者物品从境外进入保税区，应当依法纳税。

转口货物和在保税区内储存的货物按照保税货物管理。

（2）保税区与境内非保税区之间进出货物的通关

从保税区进入非保税区的货物，按照进口货物办理手续；从非保税区进入保税区的货物，按照出口货物办理手续，出口退税按照国家有关规定办理。

从非保税区进入保税区供区内使用的机器、设备、基建物资和物品，使用单位应当向海关提供上述货物或者物品的清单，经海关查验后放行。前款货物或者物品，已经缴纳进口关税和进口环节税收的，已纳税款不予退还。

保税区的货物需从非保税区口岸进出口或者保税区内的货物运往另一保税区的，应当事先向海关提出书面申请，经海关批准后，按照海关转关运输及有关规定办理。

7. 保税港区货物的通关

（1）保税港区与境外之间进出货物的通关

保税港区与境外之间进出的货物应当在保税港区主管海关办理海关手续；进出境口岸不在保税港区主管海关辖区内的，经保税港区主管海关批准，可以在口岸海关办理海关手续。

海关对保税港区与境外之间进出的货物实行备案制管理，对从境外进入保税港区的货物予以保税，但按照规定不予保税的情形除外。

除法律、行政法规另有规定外，下列货物从境外进入保税港区，海关免征进口关税和进口环节海关代征税：

①区内生产性的基础设施建设项目所需的机器、设备和建设生产厂房、仓储设施所需的基建物资；

②区内企业生产所需的机器、设备、模具及其维修用零配件；

③区内企业和行政管理机构自用合理数量的办公用品。

从境外进入保税港区，供区内企业和行政管理机构自用的交通运输工具、生活消费用品，按进口货物的有关规定办理报关手续，海关按照有关规定征收进口关税和进口环节海关代征税。

从保税港区运往境外的货物免征出口关税，但法律、行政法规另有规定的除外。保税港区与境外之间进出的货物，不实行进出口配额、许可证件管理，但法律、行政法规和规章另有规定的除外。对于同一配额、许可证件项下的货物，海关在进区环节已经验核配额、许可证件的，在出境环节不再要求企业出具配额、许可证件原件。

（2）保税港区与境内区外之间进出货物的通关

保税港区与区外之间进出的货物，区内企业或者区外收发货人按照进出口货物的有关规定向保税港区主管海关办理申报手续。需要征税的，区内企业或者区外收发货人按照货物进出区时的实际状态缴纳税款；属于配额、许可证件管理商品的，区内企业或者区外收货人还应当向海关出具配额、许可证件。对于同一配额、许可证件项下的货物，海关在进境环节已经验核配额、许可证件的，在出区环节不再要求企业出具配额、许可证件原件。

区内企业在区外从事对外贸易业务且货物不实际进出保税港区的，可以在收发货人所在地或者货物实际进出境口岸地海关办理申报手续。

区内企业在加工生产过程中产生的边角料、废品，以及加工生产、储存、运输等过程中产生的包装物料，区内企业提出书面申请并且经海关批准的，可以运往区外，海关按出区时的实际状态征税。属于进口配额、许可证件管理商品的，免领进口配额、许可证件；属于列入《禁止进口废物目录》的废物以及其他危险废物需出区进行处置的，有关企业凭保税港区行政管理机构以及所在地的市级环保部门批件等材料，向海关办理出区手续。

区内企业在加工生产过程中产生的残次品、副产品出区内销的，海关按内销时的实际状态征税。属于进口配额、许可证件管理的，企业应当向海关出具进口配额、许可证件。

经保税港区运往区外的优惠贸易协定项下货物，符合海关总署相关原产地管理规定的，可以申请享受协定税率或者特惠税率。

区外货物进入保税港区的，按照货物出口的有关规定办理缴税手续，并按照下列规定签发用于出口退税的出口货物报关单证明联：

①从区外进入保税港区供区内企业开展业务的国产货物及其包装物料，海关按照对出口货物的有关规定办理，签发出口货物报关单证明联。货物转关出口的，起运地海关在收到保税港区主管海关确认转关货物已进入保税港区的电子回执后，签发出口货物报关单证明联；

②从区外进入保税港区供保税港区行政管理机构和区内企业使用的国产基建物资、机器、装卸设备、管理设备、办公用品等，海关按照对出口货物的有关规定办理，签发出口货物报关单证明联；

③从区外进入保税港区供保税港区行政管理机构和区内企业使用的生活消费用品和交通运输工具，海关不予签发出口货物报关单证明联；

④从区外进入保税港区的原进口货物、包装物料、设备、基建物资等，区外企业应当向海关提供上述货物或者物品的清单，按照出口货物的有关规定办理申报手续，海关不予签发出口货物报关单证明联，原已缴纳的关税、进口环节海关代征税不予退还。

海关对于保税港区与其他海关特殊监管区域或者保税监管场所之间往来的货物，实行保税监管，不予签发用于办理出口退税的出口货物报关单证明联。但货物从未实行国内货物入区（仓）环节出口退税制度的海关特殊监管区域或者保税监管场所转入保税港区的，视同货物实际离境，由转出地海关签发用于办理出口退税的出口货物报关单证明联。

保税港区与其他海关特殊监管区域或者保税监管场所之间的流转货物，不征收进出口环节的有关税收。

四、特定减免税货物的报关程序

(一) 减免税申请

根据《海关总署关于加强减免税审批管理的公告》规定，享受进口税收优惠政策的单位需要向海关申请办理进口货物的减免税手续的，应该按照该项进口税收优惠政策的实施规定，以及国家对项目管理和对进口货物管理的有关规定，预先在国家或地方政府主管部门办妥有关的审批、核准、备案、等级等手续。按照规定需要向海关登记备案的，进口单位应当在首批货物进口前，持有关文件或证明，向海关申请办理减免税登记备案手续。

其中保税区减免税货物向海关办理减免税备案登记时，应提交：企业批准证书、营业执照、企业合同、章程等。出口加工区减免税货物向海关办理减免税备案登记时，应提交：出口加工区管理委员会的批准文件、营业执照、海关审核后批准建立企业设备电子账册。特定企业（主要是指外商投资企业）应提交商务主管部门的批准文件、营业执照、企业合同、章程。国内投资项目，经批准后，凭国家鼓励发展的内外资项目确认书、发票、装箱单等向主管海关提出减免税申请。海关审核后，签发"进出口货物征免税证明"。利用外资项目，经批准后，凭国家鼓励发展的内外资项目确认书、发票、装箱单等向主管海关提出减免税申请。海关审核后，签发"进出口货物征免税证明"。办理科学研究和教学用品免税进口申请时，应当持有关主管部门的批准文件，向主管海关办理资格认定手续。海关审核后，签发"科教用品免税登记手册"。残疾人专用品减免税申请向主管海关提交民政部门的批准文件，海关审核后，签发"进出口货物征免税证明"，民政部门或中国残疾人联合会所属单位批量进口残疾人专用品，出具民政部门或残联（包括：省、自治区、直辖市的民政部门出具）出具的证明函，海关凭以审核签发"进出口货物征免税证明"。

（二）进出境阶段

持减免税证明、许可证等相关证件按一般进出口货物办理报关程序。

（三）后续阶段

海关监管的解除：

1. 监管期满，根据有关企业的申请，海关核准后解除监管。

2. 监管期内解除海关监管：在海关监管期内销售、转让的，企业应向海关办理缴纳进口税费的手续；将货物转让给同样享受进口减免税优惠的企业，接受货物的企业应当先向主管海关申领"进出口货物征免税证明"，凭以办理货物的结转手续；退运出境的，向出境地海关办理货物出口退运申报手续。出境地海关监管货物出境后，签发出口报关单，企业持该报关单及其他有关单证向主管海关申领解除监管证明；要求放弃特定减免税货物的，向主管海关提交放弃货物的书面申请，经海关核准后，按规定来办理手续。海关将货物拍卖，所得款项上缴国库后签发收据，企业凭这个收据向主管海关申领解除监管证明。

3. 企业破产清算时，特定减免税货物的处理：企业进入到破产清算程序时，对于还处在海关监管期内的特定减免税货物，企业，首先向主管海关申请，经主管海关同意，缴纳应纳税款，获得解除监管证明，然后才能够处理该货物。

五、暂准进出口货物的报关程序

（一）适用 ATA 单证册的暂准进出境货物的申报

1. 进境申报

进境货物收货人或其代理人持 ATA 单证册向海关申报进境展览品时，先在海关核准的出证协会即中国国际商会以及其他商会，将 ATA 单证册上的内容预录入海关与商会联网的 ATA 单证册电子核销系统，然后向展览会主管海关提交纸质 ATA 单证册、提货单等单证。

海关在白色进口单证上签注，并留存白色进口单证（正联），退还其存根联和 ATA 单证册其他各联给货物收货人或其代理人。

2. 出境申报

出境货物发货人或其代理人持 ATA 单证册向海关申报出境展览品时，向出境地海关提交国家主管部门的批准文件、纸质 ATA 单证册、装货单等单证。

海关在绿色封面单证和黄色出口单证上签注，并留存黄色出口单证（正联），退还其存根联ATA 单证册其他各联给出境货物发货人或其代理人。

3. 过境申报

过境货物承运人或其代理人持 ATA 单证册向海关申报将货物通过我国转运至第三国参加展览会的，不必填制过境货物报关单。海关在两份蓝色过境单证上分别签注后，留存蓝色过境单证（正联），退还其存根联和 ATA 单证册其他各联给运输工具承运人或其代理人。

4. 担保和许可证件

持 ATA 单证册向海关申报进出境展览品，不需向海关提交进出口许可证件，也不需另外再提供担保。但如果进出境展览品及相关货物受公共道德、公共安全、公共卫生、动植物检疫、濒危野生动植物保护、知识产权保护等限制的，展览品收发货人或其代理人应当向海关提交进出口许可证件。

5. ATA 单证册印刷文字与申报文字

ATA 单证册必须使用英语或法语，如果需要，也可以同时使用第三种语言印刷。我国海关接受中文或英文填写的 ATA 单证册的申报。用英文填写的 ATA 单证册，海关可要求提供中文译本。用其他文字填写的 ATA 单证册，则必须提供忠实于原文的中文或英文译本。

6. 使用 ATA 单证册报关的暂准进出境货物的结关

持证人在规定期限内将进境展览品、出境展览品复运出境、复运进境，海关在白色复出口单证和黄色复进口单证上分别签注，留存单证（正联），退还其存根联和 ATA 单证册其他各联给持证人，正式核销"结关"。

持证人不能按规定期限将展览品复运进出境的，我国海关向担保协会即中国国际商会提出追索。

（二）进出境展览品

1. 进境申报

展览品进境之前，展览会主办单位应当将举办展览会的批准文件连同展览品清单一起送展出地海关，办理登记备案手续。展览品进境申报手续可以在展出地海关办理。从非展出地海关进口的，可以申请在进境地海关办理转关运输手续，将展览品在海关监管下从进境口岸转运至展览会举办地主管海关办理申报手续。展览会主办单位或其代理人应当向海关提交报关单、展览品清单、提货单、发票、装箱单等。展览品中涉及检验检疫等管制的，还应当向海关提交有关许可证件。展览会主办单位或其代理人应当向海关提供担保。海关一般在展览会举办地对展览品开箱查验。

2. 出境申报

展览品出境申报手续应当在出境地海关办理。在境外举办展览会或参加国外展览会的企业应当向海关提交国家主管部门的批准文件、报关单、展览品清单一式两份等单证。展览品属于应当缴纳出口关税的，向海关缴纳相当于税款的保证金；属于核用品、"核两用品"及相关技术的出口管制商品的，应当提交出口许可证。海关对展览品开箱查验，核对展览品清单。查验完毕，海关留存一份清单，另份一封入"关封"交还给出口货物发货人或其代理人，凭以办理展览品复运进境申报手续。

3. 进出境展览品的核销结关

进境展览品按规定期限复运出境，出境展览品按规定期限复运进境后，海关分别签发报关单证明联，展览品所有人或其代理人凭以向主管海关办理核销"结关"手续。展览品未能按规定期限复运进出境的，展览会主办单位或出国举办展览会的单位应当向主管海关申请延期，在延长期内办理复运进出境手续。

进境展览品在展览期间被人购买的，由展览会主办单位或其代理人向海关办理进口申报、纳税手续，其中属于许可证件管理的，还应当提交进口许可证件。出口展览品在境外参加展览会后被销售的，由海关核对展览品清单后要求企业补办有关正式出口手续。

展览会结束后，进口展览品的所有人决定将展览品放弃交由海关处理的，由海关变卖后将款项上缴国库。有单位接受放弃展览品的，应当向海关办理进口申报、纳税手续。展览品的所有人决定将展览品赠送的，受赠人应当向海关办理进口手续，海关根据进口礼品或经贸往来赠送品的规定办理。

展览品因毁坏、丢失、被窃等原因，而不能复运出境的，展览会主办单位或其代理人应当向海关报告。对于毁坏的展览品，海关根据毁坏程度估价征税；对于丢失或被窃的展览品，海关按照进口同类货物征收进口税。展览品因不可抗力遭受损毁或灭失的，海关根据受损情况，减征或免征进口税。

（三）集装箱箱体

集装箱箱体、是指作为运输设备而非货物的暂时进出境集装箱箱体。

境内生产的集装箱及我国营运人购买进口的集装箱，在投入国际运输前，营运人应当向其所在地海关办理登记手续。海关准予登记并符合规定的集装箱箱体，无论是否装载货物，海关准予暂时进境和异地出境，营运人或者其代理人无须对箱体单独向海关办理报关手续，进出境时也不受规定的期限限制。

境外集装箱箱体暂准进境，无论是否装载货物，承运人或者其代理人应当对箱体单独向海关申报，并应当于入境之日起 6 个月内复运出境。如因特殊情况不能按期复运出境的，营运人应当向"暂准进境地海关"提出延期申请，经海关核准后可以延期，但延长期最长不得超过 3 个月，逾期应按规定向海关办理进口及纳税手续。

（四）暂时进出口货物

《关税条例》规定可以暂不缴纳税款的九项暂准进出境货物除使用 ATA 单证册报关的货物、不使用 ATA 单证册报关的展览品、集装箱箱体按各自的监管方式由海关进行监管外，其余的均按《中华人民共和国海关对暂时进出口货物监管办法》进行监管，因此均属于暂时进出口货物的范围。

暂时进出口货物应当自进境或出境之日起 6 个月内复运出境或者复运进境。如果因特殊情况不能在规定期限内复运出境或者复运进境的，应当向海关申请延期，经批准可以适当延期，延长期最长不超过 6 个月。

　　暂时进出口货物进出境要经过海关的核准。暂时进出口货物进出境核准属于海关行政许可范围，应当按照海关行政许可的程序办理。

　　暂时进口货物进境时，收货人或其代理人应当向海关提交主管部门允许货物为特定目的而暂时进境的批准文件、进口货物报关单、商业及货运单据等，向海关办理暂时进境申报手续。暂时进口货物不必提交进口货物许可证件，但对国家规定需要实施检验检疫的，或者为公共安全、公共卫生等实施管制措施的，仍应当提交有关的许可证件。暂时进口货物在进境时，进口货物的收货人或其代理人免予缴纳进口税，但必须向海关提供担保。

　　暂时出口货物出境，发货人或其代理人应当向海关提交主管部门允许货物为特定目的而暂时出境的批准文件、出口货物报关单、货运和商业单据等，向海关办理暂时出境申报手续。暂时出口货物除易制毒化学品、监控化学品、消耗臭氧层物质、有关核出口、"核两用品"及相关技术的出口管制条例管制的商品以及其他国际公约管制的商品按正常出口提交有关许可证件外，不需交验许可证件。

　　暂时进口货物复运出境，暂时出口货物复运进境，进出口货物收发货人或其代理人必须留存由海关签章的复运进出境的报关单，准备报核。

　　暂时进口货物因特殊情况，改变特定的暂时进口目的转为正式进口，进口货物收货人或其代理人应当向海关提出申请，提交有关许可证件，办理货物正式进口的报关纳税手续。

　　暂时进口货物在境内完成暂时进口的特定目的后，如货物所有人不准备将货物复运出境的，可以向海关声明将货物放弃，海关按放弃货物的有关规定处理。

　　暂时进口货物复运出境，或者转为正式进口，或者放弃后，暂时出口货物复运进境，或者转为正式出口后，收发货人向海关提交经海关签注的进出口货物报关单，或者处理放弃货物的有关单据以及其他有关单证，申请报核。海关经审核，情况正常的，退还保证金或办理其他担保销案手续，予以结关。

第三节　进出口商品检验与检疫概述

一、进出口商品检验的定义

　　进出口商品检验简称商检，是指在国际贸易活动中对买卖双方成交的商品由商品检验检疫机构对商品的质量、数量、规格、重量、包装、安全、卫生以及装运条件等项目进行检验并对涉及人、动物、植物的传染病、病虫害、疫情等进行检疫的工作。

　　在我国，实行进出口商品检验制度是国家对进出口商品实行检验检疫管理的重要措施。为了保证进出口商品质量，维护买卖双方的合法权益，促进对外贸易关系顺利发展，我国与 1989 年 8 月 1 日起正式实施了《中华人民共和国进出口商品检验法》（以下简称《商检法》），同时制定了《商检机构实施检验的进出口商品种类表》。此后，国家商检机构又先后颁布了《商品法实施条例》、《食品卫生法》、《动植物检疫法》等一系列有关的法律、法规，以进一步完善我国的进出口商品的检验检疫制度。

二、进出口商品检验检疫的依据

商品检验的依据是进行进出口商品检验的根据，也是衡量商品是否合格的标准。对进出口商品实施检验，首先要明确检验的依据，然后才能按照检验依据进行检验。

（一）以法定检验标准为检验依据

由于进出口商品关系到国家利益、人民健康安全、社会公共利益等，世界各国都为此制定了相应的法律、法规和技术标准。这种进出口商品检验是法律强制性的，与合同中有无规定无关。凡在法律、法规规定范围内的进出口商品必须进行严格检验，符合规定标准者才能进口或出口。我国《商检法》第六条规定：凡国家"法律、行政法规规定有强制性标准或者其他必须执行的检验标准的进出口商品，依照法律、行政法规规定的检验标准检验"。

（二）以合同为依据

合同是对签订各方都具有法律约束力的文件。签约各方根据合同规定享受权利和履行义务，违约者必须承担相应的法律责任和经济责任。因而，进出口贸易合同中有关商品检验的规定，合同当事人必须严格遵照执行；同是由于进出口贸易合同是表述该合同中有关商品质量的最重要的文件，因此它是商检机构进行进出口商品检验和鉴定的基本依据。

我国《商检法》第六条还规定：法律、行政法规未规定有强制性标准或者其他必须执行的检验标准的，"依照对外贸易合同约定的检验标准检验"。

（三）其他标准

除了法律、法规和合同外，对外贸易过程中，进出口商品检验依据的还有：样品、标样、通用标准和信用证等。对外贸易中，有些商品采取凭样品买卖，交易双方约定以双方同意的样品作为交货的品质依据，该项样品称为成交样品，或称为标准样品。凡合同规定以成交样品或标样表示商品品质的，该项成交样品或标样就成为检验的依据。卖方所将全部货物，其外观、质量应与成交样品相符，否则买方有权提出索赔或退货。

对外贸易合同或信用证规定对某项通用标准检验依据的，以该项标准为依据实施检验。进出口商品在法律、行政法规中未规定有强制性标准或其他必须执行的检验标准，在贸易合同中又未约定检验标准或者约定检验标准不明确的，首先选择以生产国的现行标准作为检验依据；若无标准的，以国际通用标准作为依据；上述两项标准都没有时，以进口国的现行标准作为检验依据。

此外，卖方提供的产品品质证明、使用说明书和图样等技术资料，均可以作为检验依据；而海运提单、运输单据、卖方发票、装货清单、重（质）量明细单、残损单和商务记录等，则是进出口商验残出证的依据。

三、我国进出口商品检验检疫机构及其主要任务

我国主管检验检疫工作的最高行政执法机构是国家质量监督检验检疫总局，简称国家质检总局，它是于 2001 年 4 月，由原国家质量监督局和国家出入境检验检疫局合并成立。国家质量监督检验检疫总局是国务院主管全国质量、计量、出入境商品检验、出入境卫生检疫、出入境

动植物检疫和认证认可、标准化等工作，并行使行政执法职能的直属机构。为履行出入境检验检疫职能，国家质检总局在全国31省共设有35个直属出入境检验检疫局，海陆空口岸和货物集散地设有近300个分支局和200多个办事处，共有检验检疫人员3万余人。质检总局对出入境检验检疫机构实施垂直管理。我国各检验检疫机构的主要任务是：

（一）法定商检

进出口商品法定检验是国家出入境检验检疫部门根据国家法律、法规规定，对规定的进出口商品或有关的检验检疫事项实施强制性的检验检疫，未经检验检疫或经检验检疫不符合法律、法规规定要求的，不准输入输出。国家出入境检验检疫部门对进出口商品实施法定检验检疫的范围包括：

1. 《出入境检验检疫机构实施检验检疫的进出境商品目录》（简称《检验检疫商品目录》）；
2. 《中华人民共和国食品卫生法（试行）》规定，应施卫生检验检疫的进出口食品；
3. 危险货物的包装容器、危险货物运输设备和工具的安全技术条件的性能与使用鉴定；
4. 装运易腐烂变质食品、冷冻品的船舱、货仓、车厢和集装箱等运载工具；
5. 国家其他有关法律、法规规定须经出入境检验检疫机构检验的进出口商品、物品、动植物等。

（二）进出口商品鉴定业务

进出口商品鉴定业务原来称对外贸易公证鉴定业务。它的范围和内容十分广泛，凡是以第三者的地位，公正科学的态度，运用各种技术手段和工作经验，检验、鉴定各种进出口商品的品质、规格、包装、数量、重量、残损等实际情况与使用价值，以及运载工具、装运技术、装运条件等事实状态，是否符合合同（契约）标准和国际条约的规定、国际惯例的要求，通过独立的检验、鉴定和分析判断，做出正确的、公证的检验、鉴定结果和结论，或提供有关的数据，签发检验、鉴定证书或其他有关的证明，都属于进出口商品鉴定业务范围。进出口商品鉴定业务不同于法定检验，它不具有强制性。

（三）对进出口商品检验实施监督管理工作

进出口商品检验的监督管理工作，是对进出口商品执行检验把关和对收货、用货单位，生产、经营单位和储运单位，以及指定或认可的检验机构的进出口商品检验工作进行监督检查的重要方式，是通过行政管理手段，推动和组织有关部门对进出口商品按规定要求进行检验。其目的是为了保证出口商品质量和防止次劣商品进口。出入境检验检疫机构进行监督检查的内容包括：

1. 对其检验的进出口商品进行抽查检验。
2. 对其检验组织机构、检验人员和设备、检验制度、检验标准、检验方法、检验结果等进行监督检查。
3. 对其他与进出口商品检验有关的工作进行监督检查。对进出口商品实施质量认证、质量许可制度，加贴检验检疫标志或封识以及指定、认可、批准检验机构等工作，也属于进出口商品检验的监督管理工作范围。

四、进出口商品检验检疫的意义和作用

商检工作是使国际贸易活动能够顺利进行的重要环节，即商品检验是进出口货物交接过程中不可缺少的一个重要环节。它是一个国家为保障国家安全、维护国民健康、保护动物、植物和环境而采取的技术法规和行政措施。

进出口商品检验的工作成果主要表现为检验检疫机构出具的各种证书、证明，一般称为商验证书或检验证书。检验证书是检验机构签发的，证明检验结果的书面文件，具体作用体现在有以下几方面：

1. 作为报关验放的有效证件。许多国家的政府为了维护本国的政治经济利益，对某些进出口商品的品质、数量、包装、卫生、安全、检疫制定了严格的法律、法规，在有关货物进出口时，必须由当事人提交检验机构符合规定的检验证书和有关证明手续，海关当局才准予进出口。

2. 买卖双方结算货款的依据。检验部门出具的品质证书、重量或数量证书是买卖双方最终结算货款的重要依据，凭检验证书中确定的货物等级、规格、重量、数量计算货款，这是为买卖双方都接受的合理公正的结算方式。

3. 计算运输、仓储等费用的依据。检验中货载衡量工作所确定的货物重量或体积（尺码吨），是托运人和承运人间计算运费的有效证件，也是港口仓储运输部门计算船租、装卸、理货等费用的有效文件。

4. 办理索赔的依据。检验机构在检验中发现货物品质不良，或数量、重量不符，违反合同有关规定，或者货物发生残损、海事等意外情况时，检验后签发的有关品质、数量、重量、残损的证书是收货人向各有关责任人提出索赔的重要依据。

5. 计算关税的依据。检验检疫机构出具的重量、数量证书，具有公正、准确的特点，是海关核查征收进出口货物关税时的重要依据之一。残损证书所标明的残损、缺少的货物可以作为向海关申请退税的有效凭证。

6. 作为证明情况、明确责任的证件。检验检疫机构应申请人申请委托，经检验鉴定后出具的货物积载状况证明、监装证明、监卸证明、集装箱的验箱、拆箱证明，对船舱检验提供的验舱证明、封舱证明、舱口检视证明，对散装液体货物提供的冷藏箱或船舱的冷藏温度证明、取样和封样证明等，都是为证明货物在装运和流通过程中的状态和某些环节而提供的，以便证明事实状态，明确有关方面的责任，也是船方和有关方面免责的证明文件。

7. 作为仲裁、诉讼举证的有效文件。在国际贸易中发生争议和纠纷，买卖双方或有关方面协商解决时，商检证书是有效的证明文件。当自行协商不能解决，提交仲裁或进行司法诉讼时，商检证书是向仲裁庭或法院举证的有效文件。

第四节　进出口商品检验与检疫项目和程序

一、进出口商品报检的基本规定

（一）报检的含义

报检（包括申请、申报等行为），是指报检人依法申请/申报出入境检验检疫机构对法定检

验检疫对象实施检验检疫，以获准出入境或取得销售使用的合法凭证及相关检验检疫证书等所必须履行的法定程序和手续。

（二）报检的范围

根据国家法律、行政法规的规定和我国对外贸易的实际情况，报检的范围主要包括四个方面：

一是国家法律、行政法规规定必须由出入境检验检疫机构实施检验检疫的，包含：

1. 列入《出入境检验检疫机构实施检验检疫的进出境商品目录》内的货物。

2. 入境废物、进口旧机电产品。

3. 出口危险货物包装容器。

4. 进出境集装箱。

5. 进境、出境、过境的动植物、动植物产品及其他检疫物。

6. 装载动植物、动植物产品和其他检疫物的装载容器、包装物、铺垫材料；进境动植物包装物、铺垫材料。

7. 来自动植物疫区的运输工具；装载进境、出境、过境的动植物、动植物产品及其他检疫物的运输工具。

8. 进境拆解的废旧船舶。

9. 出入境人员、交通工具、运输设备以及可能传播检疫传染病的行李、货物和邮包等物品。

10. 国际邮寄物（包括动植物、动植物产品和其他检疫物、微生物、人体组织、生物制品、血液及其制品以及其他需要实施检疫的国际邮寄物）。

11. 旅客携带物（包括微生物、人体组织、生物制品、血液及其制品、骸骨、骨灰、废旧物品和可能传播传染病的物品以及动植物、动植物产品和其他检疫物）和携带伴侣动物。

12. 其他法律、行政法规规定需要经检验检疫机构实施检验检疫的对象。

二是输入国家和地区的规定要求必须凭检验检疫机构出具的证书方准入境的。

三是有关国际条约、协议规定必须经检验检疫的。

四是对外贸易合同约定须凭检验检疫机构签发的证书进行交接、结算的。

（三）报检的方式

出入境货物的收/发货人或其代理人向检验检疫机构报检，可采用书面报检或电子报检两种方式。

1. 书面报检：报检当事人按照检验检疫机构的规定，填制纸质出/入境货物报检单，备齐随附单证，向检验检疫机构当面递交。

2. 电子报检：报检当事人使用电子报检软件，通过检验检疫电子业务服务平台，将报检数据以电子方式传递给检验检疫机构，经检验检疫业务管理系统和检验检疫工作人员处理后，将受理报检信息反馈给报检当事人，报检当事人在收到检验检疫机构已受理报检的反馈信息（生成预录入号或直接生成正式报检号）后打印出符合规范的纸质报检单，在检验检疫机构规定的时间和地点提交出/入境货物报检单和随附单据。

(四) 报检的基本程序

货物的出入境报检程序一般包括准备报检单证、电子数据录入、现场递交单证、联系配合检验检疫、缴纳检验检疫费用、签领检验检疫证单六个环节，如图10-1所示。

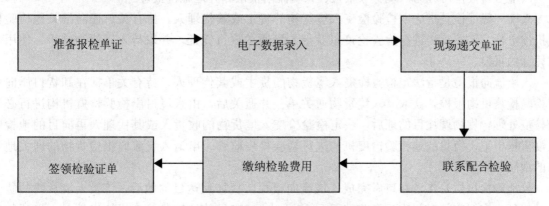

图 10-1 货物出入境报检的基本程序

1. 准备报检单证：报检人员在了解出入境货物的基本情况后，应按照货物的性质，根据检验检疫机构的有关规定和要求，准备好报检单证，并确认提供的数据和各种单证真实、有效、正确、齐全。报检时应使用国家质检总局统一印制的报检单，完整、准确填写报检单上所列项目，并保证单证相符，即报检单与合同、批文、发票、装箱单等内容相符；单货相符，即报检单上所报内容与出入境货物实际情况相符；单单相符，即纸质报检单与电子报检单载明的数据、信息相符。随附单证原则上要求提供原件，确实无法提供原件的，应提供有效复印件。

2. 电子数据录入：报检人员应使用经国家质检总局评测合格并认可的电子报检软件进行报检，在规定的时限内将相关出入境货物的数据发送至报检地检验检疫机构。对于合同或信用证中涉及检验检疫特殊条款和要求的，应在电子报检中同时提出。在收到受理报检的反馈信息后打印出符合规范的纸质货物报检单。如果录入的数据不符合要求，应对数据进行修改，再次报检。如需要对已发送的数据进行更改或撤销，应发送更改或撤销申请。

3. 现场递交单证：报检人员应在电子报检受理后，在检验检疫机构规定的地点和期限内，持本人《报检员证》到现场递交纸质报检单、随附单证等有关资料。对经审核不符合规定的报检单证或需要报检单位做出说明和解释的，应及时修改、补充或更换报检单证，解释、说明有关情况。

4. 联系配合检验检疫：报检人员应主动向检验检疫机构提供进行抽样、检验、检疫和鉴定等必要的工作条件，配合检验检疫机构进行现场验（查）货、抽（采）样及检验检疫处理等事宜，落实检验检疫机构提出的检验检疫监管措施和其他有关要求。

5. 缴纳检验检疫费用：报检人员应在检验检疫机构开具收费通知单之日起20天内足额缴纳检验检疫费用。

6. 签领证单：对出入境货物检验检疫完毕后，检验检疫机构根据评定结果签发相应的单证。报检人在领取检验检疫机构出具的有关证单时应如实签署姓名和领证时间，并妥善保管，并按其特定的范围使用，不得混用。

二、入境货物报检

(一) 入境货物报检的分类

入境货物报检可分为入境一般报检、入境流向报检和异地施检报检。

入境一般报检是指法定检验检疫入境货物的货主或其代理人，持有关单证向报关地检验检疫机构申请对入境货物进行检验检疫以获得入境通关放行凭证，并取得入境货物销售、使用合法凭证的报检。

入境流向报检是指法定检验检疫入境货物的货主或其代理人，持有关单据在卸货口岸向口岸检验检疫机构报检，获取《入境货物通关单》并通关后，由入境口岸检验检疫机构进行必要的检疫处理，货物调往目的地后，法定检验检疫入境货物的收货人或其代理人再向目的地检验检疫机构申报，由目的地检验检疫机构进行检验检疫监管。申请入境流向报检货物的通关地与目的地属于不同辖区。

异地施检报检是指已在口岸完成入境流向报检，货物到达目的地后，该批入境货物的货主或其代理人在规定的时间内（海关放行后 20 天内），向目的地检验检疫机构申请对入境货物实施检验的报检。它是入境流向报检货物到达目的地后，入境货物货主或其代理人对同一批货物向目的地检验检疫机构的二次申报。因入境流向报检时，只在口岸对装运货物的运输工具和外包装进行了必要的检疫处理，并未对整批货物进行检验检疫，只有当检验检疫机构对货物实施了具体的检验检疫，确认其符合有关规定，货主才能获得相应的准许入境货物销售、使用的合法凭证，完成入境货物的检验检疫工作。它们的区别如表 10-1 所示：

表 10-1　货物入境报检的分类及区别

报检类别	报检地点	领取单证种类	检验地点	领取单证种类
一般报检	报关地检验检疫机构	通关单	报关地	检验检疫证明、证书等
流向报检	报关地检验检疫机构	通关单	/	/
异地施检报检	目的地检验检疫机构	/	目的地检验检疫机构	检验检疫证明、证书等

(二) 入境货物的报检时限和地点

1. 报检时限

微生物、人体组织、生物制品、血液及其制品或种畜、禽及其精液、胚胎、受精卵，应在入境前 30 天报检。

其他动物，应在入境前 15 天申报。

植物、种子、种苗及其他繁殖材料，应在入境前 7 天报检。

入境货物需对外索赔出证的，应在索赔有效期前不少于 20 天内向到货口岸或货物到达地的检验检疫机构报检。

法律、行政法规及部门规章另有特别规定的从其规定。

2. 报检地点

审批、许可证等有关政府批文中规定了检验检疫地点的，在规定的地点报检。

大宗散装商品、易腐烂变质商品、可用作原料的固体废物以及在卸货时已发生残损、数量/重量短缺的商品，必须向卸货口岸检验检疫机构报检。

需结合安装调试进行检验的成套设备、机电仪产品以及在口岸开件后难以恢复包装的货物、应在收货人听在地检验检疫机构报检并检验。

输入动植物、动植物产品和其他检疫物的，应向入境口岸检验检疫机构报检，并由口岸检验检疫机构实施检验。入境后办理转关手续的检疫物，除活动物和来自动植物疫情流行国家或地区的检疫物须在入境口岸报检和实施检疫外，其他均应到指运地检验检疫机构报检，并实施检疫。过境的动植物、动植物产品和其他检疫物，在入境口岸报检，出境口岸不再报检。

其他入境货物，应在入境前或入境时向报关地检验检疫机构报检。

（三）报检时应提供的单据

1. 应填写《入境货物报检单》，并提供外贸合同、发票、提（运）单、装箱单等有关单证。
2. 按照检验检疫的要求，提供其他相关特殊单证。

申请数量/重量鉴定的，还应提供数量/重量明细单、磅码单、理货清单等。

凡实施安全质量许可、卫生注册或其他需审批审核的货物，应提供有关证明。

申请品质检验的，还应提供国外品质证书或质量保证证书、产品使用说明及有关标准和技术资料；凭样成交的，须加附成交样品；以品级或公量计价结算的，应同时进行单证重量鉴定。

入境废物，还应提供国家环保部门签发的《进口废物批准证书》和经认可的检验检疫机构签发的装运前检验合格证书等。

申请残损鉴定的，还应提供理货残损单、铁路商务记录、空运事故记录或海事报告等证明货损的有关单证。

货物经收货、用货部门验收或其他单位检测的，应随附验收报告或检测结果以及数量/重量明细单等。

入境动植物及其产品，还必须提供产地证、输出国家或地区官方的检疫证书；需办理入境检疫审批的，还应提供入境动植物检疫许可证。

过境动植物及其产品，应提供货运单和输出国家或地区官方的检疫证书；运输动物过境的，还应提交国家质检总局签发的动植物过境许可证。

入境旅客、交通员工携带伴侣动物的，应提供入境动物检疫证书及预防接种证明。

因科研等特殊需要，输入禁止入境物的，须提供国家质检总局签发的特许审批证明。

入境特殊物品的，应提供有关的批件或规定的文件。

开展检验检疫工作要求提供的其他特殊单证。

（四）入境货物检验检疫的一般程序

法定检验检疫的入境货物，在报关时必须提供报关地检验检疫机构签发的《入境货物通关单》，海关凭检验检疫机构签发的《入境货物通关单》验放。

入境货物的检验检疫工作程序是先行通关，后进行检验检疫，即法定检验检疫入境货物的货主或其代理人首先向卸货口岸或到达站的检验检疫机构报检。

检验检疫机构受理报检，转施检部门签署意见，计收费，对来自疫区的、可能传播检疫传染病、动植物疫情及可能夹带有害物质的入境货物的交通工具或运输包装实施必要的检疫、消毒、卫生除害处理的，签发《入境货物通关单》（入境废物、活动物等除外）供报检员办理海关的通关手续。

货物通关后，入境货物的货主或其代理人需在检验检疫机构规定的时间和地点到指定的检验检疫机构联系对货物实施检验检疫，经检验检疫合格的入境货物签发《入境货物检验检疫证明》放行，经检验检疫不合格的货物签发检验检疫处理通知书，需要索赔的签发检验检疫证书。工作流程如图 10-2 所示。

三、出境货物报检

（一）出境货物报检的分类

出境货物报检可分为出境一般报检、出境换证报检、出境货物预检报检。

1. 出境一般报检是指法定检验检疫出境货物的货主或其代理人，持有关单证向产地检验检疫机构申请检验检疫以取得出境放行证明及其他证单的报检。对于出境一般报检的货物，检验检疫合格后，在当地海关报关的，由产地检验检疫机构签发《出境货物通关单》，货主或其代理人持《出境货物通关单》向当地海关报关；在异地海关报关的，由产地检验检疫机构签发《出境货物换证凭单》或"换证凭条"，货主或其代理人持《出境货物换证凭单》或"换证凭条"向报关地的检验检疫机构申请换发《出境货物通关单》。对于经检验检疫合格的符合出口直通放行条件的货物，产地检验检疫机构直接签发《出境货物通关单》，货主或其代理人凭《出境货物通关单》直接向报关地海关办理通关手续。

2. 出境换证报检是指经产地检验检疫机构检验检疫合格的法定检验检疫出境货物的货主或其代理人，持产地检验检疫机构签发的《出境货物换证凭单》或"换证凭条"向报关地检验检疫机构申请换发《出境货物通关单》。对于出境换证报检的货物，报关地检验检疫机构按照国家质检总局规定的抽查比例进行查验。

3. 出境预检报检是指货主或其代理人持有关单证向产地检验检疫机构申请对暂时还不能出口的货物预先实施检验检疫的报检。预检报检的货物经检验合格的，检验检疫机构签发标明"预验"字样的《出境货物换证凭单》；正式出口时，货主或其代理人可在检验检疫有效期内持此单向检验检疫机构申请办理换证放行手续。申请预检报检的货物必须是经常出口的、非易腐烂变质的、非易燃易爆的商品。

（二）出境货物的报检时限和地点

1. 报检时限

出境货物最迟应在出口报关或装运前 7 天报检，对于个别检验检疫周期较长的货物，应留有相应的检验检疫时间。

需隔离检疫的出境动物在出境前 60 天预报，隔离前 7 天报检。

出境观赏动物应在动物出境前 30 天到出境口岸检验检疫机构报检。

2. 报检地点

法定检验检疫货物，除活动物需由口岸检验检疫机构外，原则在产地检验检疫机构报检。

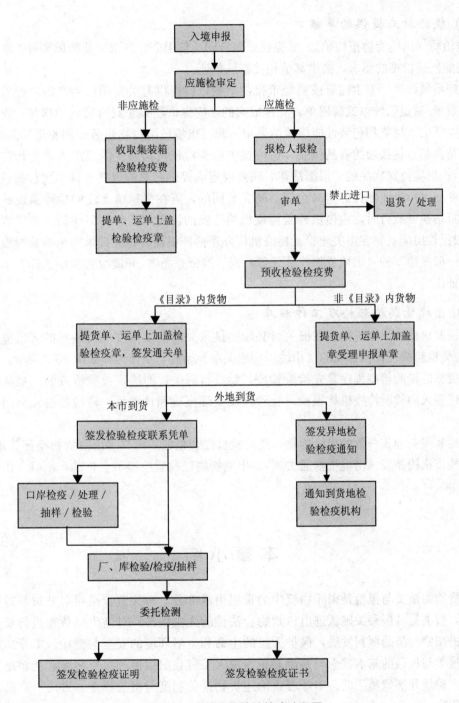

图 10-2 入境货物检验检疫流程图

法律、法规允许在市地采购的货物应向采购地的检验检疫机构办理报检手续。

异地报关的货物，在报关地检验检疫机构办理换证报检，实施出口直通放行制度的货物除外。

（三）报检时应提供的单据

1. 应填写《出境货物报检单》，并提供外贸合同、信用证、发票、装箱单等有关单证。

2. 按照检验检疫的要求，提供其他相关特殊单证。

凡实施质量许可、卫生注册或需经审批的货物，应提供有关证明；生产者或经营者的检验结果单和数量/重量明细单或磅码单；凭样成交的，应提供经买卖双方确认的样品；出境危险货物，应提供《出入境货物包装性能检验结果单》和《出境危险货物包装使用鉴定结果单》；有运输包装、与食品直接接触的食品包装，还应提供检验检疫机构签发的《出入境货物包装性能检验结果单》；出境特殊物品的，根据法律、法规规定应提供有关的审批文件；预检报检的，应提供生产企业与出口企业签订的贸易合同，尚无合同的，需在报检单上注明检验检疫的项目和要求；预检货物换证放行时，应提供检验检疫机构签发的注明"预验"字样的《出境货物换证凭单》；一般报检出境货物在报关地检验检疫机构办理换证报检时，应提供产地检验检疫机构签发的标明"一般报检"的《出境货物换证凭单》或"换证凭条"；开展检验检疫工作要求提供的其他特殊单证。

（四）出境货物检验检疫工作程序

法定检验检疫的出境货物，在报关时必须提供报关地检验检疫机构签发的《出境货物通关单》。海关凭检验检疫机构签发的《出境货物通关单》验放，工作流程如图10-3所示。

出境货物的检验检疫程序是先检验检疫，后放行通关，即法定检验检疫的出境货物的发货人或者其代理人向检验检疫机构报检，检验检疫受理报检和计费后，转检验检疫部门实施检验检疫。

对产地和报关地相一致的出境货物，经检验检疫合格的，出具《出境货物换证凭单》，由报关地检验检疫机构换发《出境货物通关单》。出境货物经检验检验不合格的，出具《出境货物不合格通知单》。

本 章 小 结

国际货物的报关与报检是国际物流中的重要组成部分。海关监管是对对外贸易进行管理的重要手段，报关是各国海关确认进出口货物合法性的先决条件。对进出口货物进行检验检疫的目的是促进国家经济的顺利发展，保护人民的生命和生活环境的安全与健康。本章所阐述的是国际货物报关与报检的基本概念与基础知识。深入了解我国报关和报检制度，能帮助进出口企业更好更正确地开展贸易活动。本章着重论述货物报关制度与报关程序，进出口商品检验与检疫项目与程序。

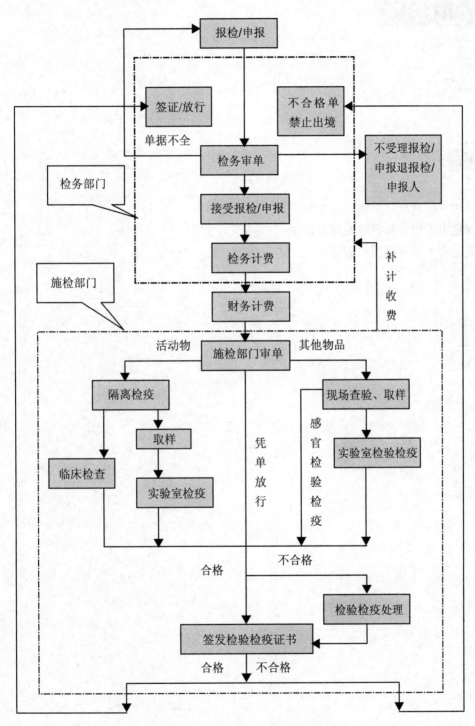

图 10-3　出境货物检验检疫流程图

关键词或概念

报关
海关监管
报检

简答题

1. 简述一般进出口货物的报关程序。
2. 简述出入境货物报检的基本程序。
3. 简述出入境货物报检的分类。

第十一章 国际物流仓储、包装与配送

本章导读

国际物流是伴随和支撑国际间经济交往、贸易活动和其他国际交流所发生的物流活动。国际贸易和跨国经营中的商品从生产厂或供应部门被集中运送到装运出口港（站、机场）以备出口，有时需临时存放一段时间，再从装运港装运出口，是一个集和散的过程。为了保持不间断的商品往来，满足销售出口需要，必然有一定量的周转储存。有些出口商品需要在流通领域内进行出口商品贸易前的整理、组装、再加工、再包装或换装等，形成一定量的贸易前的准备储存；有时由于某些出口商品在产销时间上的背离，例如季节性生产但常年消费，常年生产但季节性消费的商品，则必须留有一定数量的季节储备。由此可见，国际货物运输是克服了外贸商品使用价值在空间上的距离，创造了物流空间效益，使商品实体位置由卖方转移到买方，而储存保管是克服外贸商品使用价值在时间上的差异，物流部门依靠储存保管来创造商品的时间价值。

本章学习目标

通过本章学习，掌握保税仓库、保税区和保税物流中心、集合包装和包装标志、保税仓库的类型及其存放的货物范围，配送的含义、特点与要素，国际物流配送中心的含义和基本功能，国际物流配送中心类型；深刻理解国际物流货物仓储的意义，保税仓库设立的条件与程序，包装标志的种类；了解国际物流货物仓库的合理布局要素，包装材料与包装容器的各种类型，配送中心的运作管理等。

第一节 国际物流货物仓储概述

商品的储存、保管使得商品在其流通过程中处于一种或长或短的相对停留状态，这种停留是完全必要的。因为，商品流通是一个由分散到集中，再由集中到分散的源源不断的流通过程。对国际贸易和跨国经营中的商品从生产厂或供应部门被集中运送到装运港口，有时需临时存放一段时间，再装运出口，这是一个集和散的过程。这个过程主要是在各国的保税区和保税仓库进行的，这又涉及各国保税制度和保税仓库建设等方面的内容。

一、国际物流货物仓储的意义

国际物流货物仓储工作同国际物流货物运输一样，都是对国际贸易及国际物流不可缺少的环节。国际物流货物仓储的意义主要有：

（一）调整商品在生产和消费之间的时间错位

由于许多商品在生产和消费之间都存在着时间间隔与地域差异，因此，为了更好地促进国际商品的流通，必须设置仓库将这些商品储存于其中，使其发挥时间效应的作用。

（二）保证进入国际市场的商品质量

商品从生产领域进入流通领域的过程中，通过仓储环节，对即将进入市场的商品在仓库进行检验，可以防止质量不合格的伪劣商品进入市场。通过仓储来保证商品的质量主要有两个关键环节：一是商品入库保管期间的质量检查；二是商品出库前的检验检查。对于前者，待入库商品应满足仓储要求，在仓库保管期间，商品处于相对静止状态使其不发生物理、化学变化，保证储存商品的质量。对于后者，保证出口商品符合国家出口标准和国际贸易合同对出口商品质量的约定，维护国际企业的国际商业信誉。

（三）延伸生产特性的加工业务

随着仓储业的发展，仓储本身已不仅具有储存货物的功能，而且越来越多地承担着具有生产特性的加工业务，例如，分拣、挑选、整理、加工、简单地装配、包装、加标签、备货等活动，使仓储过程与生产过程更有机地结合在一起，从而增加了商品的价值。随着物流业的发展，仓储业在货物储存过程中，为物流活动提供更多的服务项目，为商品进入市场缩短后续环节的作业过程和时间，加快商品的销售，将发挥更多的功能和作用。

（四）调节国际市场上商品的价格

国际商品的仓储业务可以克服国与国之间巨大的供求矛盾，并以储存调节供求关系，调整由于供求矛盾而造成的价格差异。所以，仓储还具有调节商品价格的作用。

（五）调节内外运输工具载运能力的不平衡

在各种运输工具中，由于其运载能力差别很大，容易出现极其不平衡的状态，国际货物无论在出口或进口仓储皆可以减少压船、压港，弥补内陆运输工具运载量的不足，在船舶运输与内陆运输之间起着缓冲调节作用，保证国际货物运输顺利畅通。

（六）减少国际物流中的货损货差

在货物进出口过程中，无论是港口还是机场的库场在接收承运、保管时，需要检查货物及其包装，并根据货物性质、包装进行配载、成组装盘（板），有的货物还需在库场灌包、捆绑。进口货物入库后还须进行分票、点数、分拨。一旦发生因海关、检验检疫手续的延误，或因气象原因延误装船、交付、疏运等，货物可暂存在库场，避免货损发生。在货物装卸过程中，若发现货物标志不清、混装等则可入库整理，这时库场又可提供暂时堆存、分票、包装等方面的业务。

二、国际物流仓库的分类

（一）按仓库在国际物流中的用途分类

按仓库在国际物流中的用途分类，国际物流仓库可分为口岸仓库、中转仓库、加工仓库和储存仓库。

1. 口岸仓库

口岸仓库的特点是商品储存期短，商品周转快。仓库大都设在商品集中的发运出口货物的沿海港口城市，仓库规模大。主要储存口岸和内地对国际贸易业务部门收购的出口待运商品和进口待分拨的商品。因此，这类仓库又称为周转仓库。

2. 中转仓库

中转仓库也称转运仓库。其特点是大都设在商品生产集中的地区和出运港口之间。如铁路、公路车站，江河水运港口码头附近，商品生产集中的大中城市和商品集中分运的交通枢纽地带。其主要职能是按照商品的合理流向，收储、转运经过口岸出口的商品。大型中转仓库，一般都设有铁路专用线，将商品的储存、转运业务紧密结合起来。

3. 加工仓库

加工仓库的特点是将出口商品的储存和加工结合在一起。除商品储存外，还兼营对某些商品的挑选、整理、分级、包装、改装等简单的加工业务，以适应国际市场的需要。

4. 储存仓库

储存仓库的商品储存期较长，主要用于储存待销的出口商品、援外的储备物资、进口待分拨、出口业务需要的储备商品等。这类仓库所储存的商品要定期检查，加强商品养护。

（二）按仓库管理体制分类

按仓库管理体制分类，国际物流仓库可分为自有仓库、租赁公共仓库和合同仓库。

1. 自有仓库

相对于公共仓库来说，企业利用自有仓库进行仓储活动具有以下优势：

①可以更大程度地控制仓储。由于企业对自有仓库拥有所有权，所以企业作为货主能够对仓储实施更大程度的控制。在产成品移交给客户之前，企业对产成品负有直接责任并可直接控制。这种控制使企业易于将仓储的功能与企业的整个分销系统进行协调。

②管理更具灵活性。这里的灵活性并不是指能迅速增加或减少仓储空间，而是指由于企业是仓库的所有者，所以可以按照企业要求和产品的特点对仓库进行合理的设计与布局。高度专业化的产品往往需要专业的保管和搬运技术，而公共仓储难以满足这种要求。因此，这样的企业必须拥有自有仓库或直接将货物送至客户。

③长期仓储时，自有仓储的成本低于公共仓储。如果自有仓库得到长期的充分利用，自有仓储的成本将低于公共仓储的成本。这是由于长期使用自有仓库保管大量货物会降低单位货物的仓储成本，在某种程度上说这也是一种规模经济。如果企业自有仓库的利用率较低，说明自有仓储产品的规模经济不足以补偿自有仓储的成本，则应转向公共仓储。当然，降低自有仓储成本的前提是有效的管理与控制，否则将影响整个物流系统的运转。

④可为国际企业树立良好形象。当企业将产品储存在自有仓库时，会给客户一种企业长期

持续经营的良好印象，客户会认为企业经营十分稳定、可靠，是产品的持续供应者，这将有助于提高企业的竞争优势。

并不是任何企业都适合拥有自己的仓库，因为自有仓库也存在以下缺点：

①自有仓库固定的容量和成本使得企业的一部分资金被长期占用。不管企业对仓储空间的需求如何，自有仓库的容量是固定的，不能随着需求的增加或减少而扩大或减小。当企业对仓储空间的需求减少时，仍需承担自有仓库中未利用部分的成本；而当企业对仓储空间有额外需求时，自有仓库却无法满足。另外，自有仓库还存在位置和结构的局限性。如果企业只能使用自有仓库，则会由于数量限制而失去战略性优化选址的灵活性；市场的大小、市场的位置和客户的偏好经常变化，如果企业在仓库结构和服务上不能适应这种变化，企业将失去许多商业机会。

②由于自有仓库的成本高，所以许多企业因资金问题而难以修建自有仓库。自有仓库是一项长期、有风险的投资，并且因其专业性强而难以出售。而企业将资金投资于其他项目可能会得到更高的回报。因此，投资建造自有仓库的决策要非常慎重。

2. 租赁公共仓库

利用公共仓库进行仓储活动的优点：

①从财务角度上看，最重要的原因是企业不需要资本投资。任何一项资本投资都要在详细的可行性研究基础上才能实施，但利用公共仓库，企业可以避免资本投资和财务风险。公共仓储不要求企业对其设施和设备作任何投资，企业只需支付相对较少的租金即可得到仓储服务。

②可以满足企业在库存高峰时大量额外的库存需求。如果企业销售具有季节性，那么公共仓储将满足企业在销售旺季所需要的仓储空间。而自有仓储则会受到仓库容量的限制，并且在某些时期仓库可能闲置。大多数企业由于产品的季节性、促销活动或其他原因而导致存货水平变化，利用公共仓储，则没有仓库容量的限制，从而能满足企业在不同时期对仓储空间的需求，尤其是库存高峰时大量额外的库存需求。同时，使用公共仓储的成本将直接随着储存货物数量的变化而变动，从而便于管理者掌握成本。

③使用公共仓储可以避免管理上的困难。工人的培训和管理是任何一类仓库所面临的一个重要问题。尤其是对于产品需要特殊搬运或具有季节性的企业来说，很难维持一个有经验的仓库员工队伍，而使用公共仓储则可以避免这一困难。

④公共仓储的规模经济可以降低货主的仓储成本。公共仓储会产生自有仓储难以达到的规模经济。首先，由于公共仓储为众多企业保管大量库存，与自有仓储相比，大大提高了仓库的利用率，降低了存货的单位储存成本；其次，规模经济还促使公共仓储采用更加有效的物料搬运设备，从而提供更好的服务；最后，公共仓储的规模经济还有利于拼箱作业和大批量运输，降低货主的运输成本。

⑤使用公共仓储时企业的经营活动更加灵活。如果自己拥有或长期租赁仓库，那么当需要设立仓库的位置发生变化时，原来的仓库就变成了企业的负担。由于公共仓储的合同是短期的，当市场、运输方式、产品销售或企业财务发生变化时，企业能灵活地改变仓库的位置；另外，企业不必因仓库业务量的变化而增减员工；再有，企业还可以根据仓库对整个分销系统的贡献以及成本和服务质量等因素，临时签订或终止租赁合同。

⑥便于企业掌握保管和搬运成本。当企业使用公共仓储时，由于每月可以得到仓储费用单据，可以清楚掌握保管和搬运的成本，有助于企业预测和控制不同仓储水平的成本。而企业自己拥有仓库时，很难确定其可变成本和固定成本的变化情况。

使用公共仓库进行仓储活动的缺点：

①增加了企业的包装成本。公共仓库中储存了各种不同种类的货物，而各种不同性质的货物有可能互相影响，因此，企业使用公共仓库时必须对货物进行保护性包装，从而增加包装成本。

②增加了企业控制库存的难度。企业与仓库经营者都有履行合同的义务，但盗窃等对货物的损坏给货主造成的损失将远大于得到的赔偿。因此在控制库存方面，使用公共仓库将比使用自有仓库承担更大的风险。另外，企业还有可能由此泄露有关商业机密。

3. 合同仓库

在物流发达的国家，越来越多的企业转向利用合同仓库或称第三方仓储。所谓合同仓库是指企业将物流活动转包给外部公司，由外部公司为企业提供综合物流服务。

合同仓库不同于一般公共仓库。合同仓储公司能够提供专业化的高效、经济和准确的分销服务。企业若想得到高水平的质量与服务，则可利用合同仓库，因为合同仓库的设计水平更高，并且符合特殊商品的高标准、专业化的搬运要求。如果企业只需要一般水平的搬运服务，则应利用公共仓库。从本质上说，合同仓库是生产企业和仓储企业之间建立的伙伴关系。正是由于这种伙伴关系，合同仓储公司与传统仓储公司相比，能为货主提供特殊要求的空间、人力、设备和特殊服务。

合同仓库的优势有：

①有利于企业有效利用资源。合同仓库比自有仓储更能有效处理季节性产业普遍存在的产品的淡旺季存储问题。例如，合同仓储企业能够同时为销售旺季分别在冬季和夏季的企业进行合同仓库，如羽绒服与空调器。这种高峰需求交替出现的模式使得合同仓库比只处理一季产品的自有仓储能更有效地利用设备与空间。另外，由于合同仓库的管理具有专业性，管理专家更具创新性的分销理念和降低成本的方法，因此有利于物流系统发挥功能，从而提高效率。

②有利于企业扩大市场。合同仓库能通过设施齐全的网络系统扩大企业的市场覆盖范围。由于合同仓储企业具有战略性选址的设施与服务，因此，货主在不同位置的仓库得到的仓储管理和一系列物流服务都是相同的。

③有利于企业进行新市场的测试。合同仓库的灵活性能加强客户服务。企业在促销现有产品或推出新产品时，可以利用短期合同仓库来考察产品的市场需求。当企业试图进入一个新的市场区域时，要花很长时间建立一套分销设施。然而通过合同仓库网络，企业可利用这一地区的现有设施为客户服务。

④有利于企业降低运输成本。由于合同仓库处理不同货主的大量产品，因此经过拼箱作业后可大规模运输，这样大大降低了运输成本。

4. 自建仓库、租赁公共仓库、合同仓库的比较

自建仓库、租赁公共仓库和合同仓库各有优势，企业决策的依据是物流的总成本最低。

租赁公共仓库和合同仓库的成本只包含可变成本，随着存储总量的增加，租赁的空间就会增加。由于公共仓库一般按所占用空间来收费，这样成本就与总周转量成正比，其成本函数是线性的。而自有仓储的成本结构中存在固定成本。由于公共仓库的经营具有营利性质，因此自有仓储的可变成本的增长速率通常低于公共仓库成本的增长速率。当总周转量达到一定规模时，两条成本线相交，即成本相等。这表明在周转量较低时公共仓储是最佳选择。随着周转量的增加，由于可以把固定成本均摊到大量存货中，因而使用自有仓库更经济。自建仓库与租赁公共仓库的成本比较如图 11-1 所示。

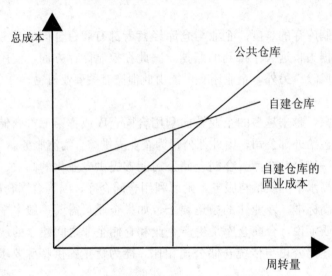

图 11-1 自建仓库与租赁公共仓库的成本比较

（三）按存储商品的性能及技术设备分类

按存储商品的性能及技术设备分类，国际物流仓库可分为通用仓库、专用仓库和特种仓库。

1. 通用仓库。它是用于储存一般没有特殊要求的工业品或农用品的仓库。在各类对国际贸易仓库中占比重最大。

2. 专用仓库。它是专门用于储存某一类商品的仓库。在保养技术设备方面相应地增加了密封、防虫、防霉、防火以及监测等设施，以确保特殊商品的质量安全。

3. 特种仓库。它是用于储存具有特殊性质，要求使用特别保管设备的商品的仓库，一般指化学危险品、易腐蚀品、石油及部分医药商品等。这类仓库配备有专门的设备，如冷藏库、保温库、危险品仓库等。

除了以上类别，还有保税仓库。保税仓库是根据有关法律和进出口贸易的规定，专门保管国外进口而暂未缴纳进口税的商品的仓库，由海关统一进行监督和管理。保税仓库有关内容将在下一节专门介绍。

三、国际物流货物仓库的合理布局

国际物流货物仓库的合理布局要考虑货物仓库网点的比例要求以及影响国际物流货物仓库分布的制约因素。

（一）按国际物流货物仓库网点的比例要求

1. 根据工农业生产发展与国际商品流通规模之间的比例关系，预测掌握好相应期间的国际商品流通量（出口商品收购量和进口量）。

2. 处理好商品储存与商品收购、销售、调拨运输之间的比例关系，扣除直运、直拨等不经仓库环节的商品量，弄清计划期国际商品的储存量或中转量。

3. 要掌握好国际商品储存量与仓库建筑面积和实际使用面积之间的比例关系，掌握实际需要的仓库容积数据。

4. 了解计划期库存商品预计的周转次数。

（二）影响国际物流货物仓库分布的制约因素

1. 一个国家的工农业生产产业布局。工农业生产发展了才会有大量商品出口，而储存这些出口商品的国际物流货物仓库应建设在大中城市及出口工业品生产较集中的地区，如国际贸易部门的专用出口生产基地，确保就近收购、就近储存，以利集中发运出口。

2. 国际物流货物仓库网点布局应满足进出口购销业务发展需要，确定国际物流货物仓库建设的规模、类型、分布及发展方向。

3. 考虑经济区划和商品合理流向，做好国际物流货物仓库网点布局，降低物流费用。

4. 国际物流货物仓库网点布局应考虑铁路、公路、航运等交通运输条件。只有交通运输通畅了，国际商品的流通才能近运、近储，快速将国际商品发送出去，实现进出口商品的快速流转。

5. 具体的一个国际物流货物仓库的选址应要求尽量靠近：①出口商品生产厂、供货单位以及国际贸易专用出口商品生产基地；②交通运输枢纽；③中心城市；④口岸、车站、机场；⑤消费地，即进口厂家等。

（三）建立国际仓库还必须考虑的附加因素

1. 提供"六供"条件：供电、煤、气、水、油、热；

2. 排出废气、废水、废渣的条件；

3. 消除烟尘、噪声、震动等自然条件；

4. 地质条件差、震区等地不能建立国际贸易仓库；

5. 特殊国际贸易专用仓库的建立应有特殊的条件要求；

6. 要求具有防火、防污和环境安全卫生等条件。

第二节 保税仓库、保税区与保税物流中心

保税仓库是保税制度中应用最为广泛的一种形式，具有较强的服务功能和较大的灵活性，对于促进国际贸易和加工贸易的开展起到了重要作用。因此，它是国际物流货物仓储中一个非常重要的部分。我国海关对保税仓库管理的基本依据是海关总署颁布的《中华人民共和国海关对保税仓库及所存货物的管理办法》。

一、保税仓库的概念

保税仓库（bonded warehouse）是经海关批准设立的专门存放保税货物及其他未办结海关手续货物的仓库。随着国际贸易的不断发展，贸易方式日益多样化，如进口原材料、配件进行加工装配后复出口、补偿贸易、转口贸易、期货贸易等。如果进口时要征收关税，复出时再申请退税，手续过于烦琐，必然会加大货物的成本，增加国际贸易的风险，不利于发展对外贸易。建立保税仓库后，可大大降低进口货物的风险，有利于鼓励进口，鼓励外国企业在本国投资，是非常重要的投资环境之一。

保税仓库的设立需要专门批准，外国货物的保税期一般最长为两年，在这一时期中可存放在保税仓库中。这一期间，经营者可以找到最适当的销售时机，一旦实现销售，再办理关税等通关手续。如果两年之内未能销售完毕，则可再运往其他国家，保税库所在国不收取关税。

二、保税仓库允许存放的货物范围

我国海关监管制度中，主要是保税仓库制度，保税仓库也是由海关批准并由海关监管的。我国规定，保税仓库制度允许存放的货物范围如下：

（一）缓办纳税手续的进口货物

这主要包括进口国工程、生产等需要，由于种种原因而造成的预进口货物，储存在保税仓库内，随需随提的办理通关手续，剩余的货物免税退运。也包括进口国情况变化、市场变化，而暂时无法决定去向的货物，或是无法做出最后处理的进口货物，这些都需要将货物存放一段时间。如果条件变化，需要实际进口，再缴纳关税和其他税费，这就使进口商将纳税时间推迟到货物实际内销的时间。

（二）需做进口技术处置的货物

有些货物到库后，由于不适于在进口国销售，需换包装装潢，改包装尺寸或做其他加工处理，则可进入保税仓库后进行技术处置，待到符合进口国的要求再内销完税，不符合的则免税退返。

（三）来料加工后复出的货物

为鼓励"两头在外"的国际贸易战略的实施，对有些来料加工，又是在保税区或保税仓库完成的，加工后，该货物复出口，则可存放于保税仓库。

（四）不内销而过境转口的货物

有些货物因内销无望而转口，或在该区域存放有利于转口，或无法向第三国直接进口而需转口，货物则可存放于保税仓库中。

保税仓库在国际物流中，不仅适于进口货物，也可用于出口货物。

三、保税仓库的类型

保税仓库的类型有专业性保税仓库、公共保税仓库、保税工厂和海关监管仓库。

（一）专业性保税仓库

这是由有外贸经营权的企业，经海关批准而建立的自管自用的保税仓库。

（二）公共保税仓库

这是具有法人资格的经济实体，是经海关批准建立的综合性保税仓库。这类保税仓库一般不经营进出口商品，只为国内外保税货物持有者服务。

（三）保税工厂

这是整个工厂或专用车间在海关监督管理下，专门生产进料加工、进件装配复出口产品的工厂。

（四）海关监管仓库

主要存放已进境而所有人未来提取的货物或行李物品，或者无证到货、单证不齐、手续不完备以及违反海关规程，海关不予放行，需要暂存海关监管仓库等海关处理的货物。海关监管仓库的另一种类型是出口监管仓库，专门存储已对外成交，并已结汇，但海关批准暂不出境的货物。

四、保税仓库的设立

（一）设立保税仓库的条件

在我国，设立保税仓库应具备以下条件：

1. 保税仓库应设有与非保税区域之间的安全隔离设施，并且配备保证货物存储和保管安全的设施。

2. 必须健全符合海关要求的仓储管理制度，建立详细的仓库账册。

3. 保税仓库应配备经海关培训认可的专职人员。

4. 保税仓库的经营人须具有向海关缴纳有关税款的能力。

（二）设立保税仓库的申请文件

仓库经营人申请设立保税仓库，应向主管海关提供下列文件：

1. 经营单位的工商营业执照，如果是租赁仓库的，还应提供仓储人的营业执照。

2. 经营单位填写的"保税仓库申请书"，应填明仓库名称、地址、负责人、管理人员、储存面积及存放何类保税货物等内容。

3. 商务主管部门批准开展有关业务的批件，如仓储、寄售、维修等。

4. 其他有关资料，如租赁仓库的租赁协议、仓库管理制度等。

（三）设立保税仓库海关的审批

主管海关在审核上述申请文件后，派员到仓库实地验库，检查仓储设施，核定仓储面积，对符合海关监管条件的，区别不同类型的保税仓库，分别办理审批手续。

对设立公共保税仓库的，由直属海关审核同意后报海关总署审批；对设立加工贸易备料保税仓库的，由直属海关负责审批，并报海关总署备案。

经批准设立的保税仓库，由海关颁发"保税仓库登记证书"。

（四）我国申请设立保税仓库的程序

1. 项目立项

保税仓库项目立项时，要申报保税仓储项目建议书并具备带文号的申报项目函、投资企业营业执照、投资企业章程、开户银行资信证明、法人代表身份证明、可行性报告、工商名称等级核准通知书等；并办理申领土地使用证、建设用地规划许可证、工程规划许可证等。

2. 工商注册

保税仓库投资企业在收到项目建议书批复后，可到工商行政管理部门办理名称登记，申请开业登记，在企业提供材料齐全的情况下，工商行政管理部门在规定的期限内核发营业执照。

3. 海关登记

保税仓库投资企业持上述有关部门的批文和工商行政管理部门颁发的营业执照，向当地海关办理登记注册和报关登记备案手续。

4. 商品检验检疫登记

如果保税仓储的货物属于"商检机构实施检验的进出口商品种类表"内所列范围，或其他法律、法规规定须经商检部门检验的进口商品，应向商品检验检疫部门注册登记。

5. 税务登记

经工商行政管理部门批准开业的投资企业，应在领取营业执照后的期限内向税务机构申报办理税务登记。税务机构审核有关文件后予以登记，并在限期内核发税务登记证。

6. 外汇登记和银行开户

保税仓储企业在领取工商营业执照之日起的一定期限内，应向当地国家外汇管理部门办理登记手续；并持有关文件到银行办理开户手续，分别设立人民币账户和外汇账户。

五、保税区

保税区（bonded area /exempt-zone）亦称做保税仓库区，是一国海关在一个特定区域设置的或经海关批准注册、受海关监督和管理的可以较长时间存储商品、出口加工、转口贸易的功能区域，是在境内的港口或邻近港口、国际机场等地区建立的在区内进行加工、贸易、仓储和展览由海关监管的特殊区域。

保税区功能定位为保税仓储、出口加工、转口贸易三大功能，具有进出口加工贸易、保税仓储、物流配送、国际服务贸易及保税商品展示等功能，便利于转口贸易，能增加有关费用的收入。在海关监管下，运入保税区的货物可以进行储存、改装、分类、混合、展览，以及加工制造。

保税区享有免税、保税、免证等特殊优惠政策，实施"一线放开、二线管住、区内自由"等监管方式，实行境内关外运作方式，即实行境外与保税区之间的货物进出自由、外汇进出自由、人员进出自由，是我国政策优惠的开放区域。海关对保税区实行封闭管理，境外货物进入保税区不必缴纳进口关税，可自由出口，只需缴纳存储费和少量费用，但如果要进入关境则需缴纳关税；境内其他地区货物进入保税区视同出境。商务、外汇管理等部门对保税区也实行较区外相对优惠的政策。

1990 年 6 月，经国务院批准，我国借鉴国际通行做法，按照自由贸易区模式在上海创办了我国第一保税区——上海外高桥保税区。1992 年以来，国务院又陆续批准设立了 14 个保税区和一个享有保税区优惠政策的经济开发区，即天津港、大连、张家港、深圳沙头角、深圳福田、福州、海口、厦门象屿、广州、青岛、宁波、汕头、深圳盐田港、珠海保税区以及海南洋浦经济开发区。

建立保税区是我国 20 世纪 90 年代实行全方位开放战略的新产物，其设立的目的是为了改善投资环境和吸引外资。保税区是我国目前开放度最大的地区，对所在地区和全国经济发展都起着重要的作用。它是我国发展外向型经济和对外开放纵深发展的必然产物，是对我国 80 年代建立的"经济特区"、"经济技术开发区"等开放形式的补充和发展。保税区在发挥招商引资、出口加工、国际贸易、转口贸易和仓储等功能，带动区域经济发展等方面显示出独特的优势。

我国保税区从其性质、功能以及运作方式上看，基本上类似于国外的自由贸易区这一自由经济区形式。我国现有的保税区英文名都译为 "free trade zone"。这表明，我国保税区与国际上通行的促进对外贸易发展的自由贸易区具有本质上的共性，是借鉴于国际通行惯例，利用特殊关税政策促进外贸发展的自由经济区形式之一。

六、保税物流中心

(一) 保税物流中心 A 型

依《中华人民共和国海关对保税物流中心（A 型）的暂行管理办法》（海关总署于 2005 年 6 月 23 日发布）的有关规定：保税物流中心 A 型。经海关批准，由中国境内企业法人经营、专门从事保税仓储物流业务的海关监管场所。

1. 地点选择

物流中心应当设在国际物流需求量较大，交通便利且便于海关监管的地方。

2. 物流中心经营企业条件

（1）经工商行政管理部门注册登记，具有独立的企业法人资格。

（2）注册资本不低于 3 000 万元人民币。

（3）具备向海关缴纳税款和履行其他法律义务的能力。

（4）具有专门存储货物的营业场所，拥有营业场所的土地使用权。租赁他人土地、场所经营的，租期不得少于 3 年。

（5）经营特殊许可商品存储的，应当持有规定的特殊经营许可批件。

（6）经营自用型物流中心的企业，年进出口金额（含深加工结转）东部地区不低于 2 亿美元，中西部地区不低于 5 000 万美元。

（7）具有符合海关监管要求的管理制度和符合会计法规定的会计制度。

3. 物流中心条件

（1）符合海关对物流中心的监管规划建设要求。

（2）公用型物流中心的仓储面积，东部地区不低于 20 000 平方米，中西部地区不低于 5 000 平方米。

(二) 保税物流中心B型

依《中华人民共和国海关对保税物流中心（B型）的暂行管理办法》（海关总署于2005年6月23日发布）的有关规定。保税物流中心B型。经海关批准，由中国境内一家企业法人经营，多家企业进入并从事保税仓储物流业务的海关集中监管场所。

1. 设立物流中心的条件

（1）物流中心仓储面积，东部地区不低于10万平方米，中西部地区不低于5万平方米。

（2）符合海关对物流中心的监管规划建设要求。

（3）选址在靠近海港、空港、陆路交通枢纽及内陆国际物流需求量较大，交通便利，设有海关机构且便于海关集中监管的地方。

（4）经省级人民政府确认，符合地方经济发展总体布局，满足加工贸易发展对保税物流的需求。

（5）建立符合海关监管要求的计算机管理系统，提供海关查阅数据的终端设备，并按照海关规定的认证方式和数据标准，通过"电子口岸"平台与海关联网，以便海关在统一平台上与国税、外汇管理等部门实现数据交换及信息共享。

（6）设置符合海关监管要求的安全隔离设施、视频监控系统等监管、办公设施。

2. 物流中心经营企业资格

（1）经工商行政管理部门注册登记，具有独立企业法人资格。

（2）注册资本不低于5 000万元人民币。

（3）具备对中心内企业进行日常管理的能力。

（4）具备协助海关对进出物流中心的货物和中心内企业的经营行为实施监管的能力。

3. 物流中心内企业条件

（1）具有独立的法人资格或者特殊情况下的中外企业的分支机构。

（2）具有独立法人资格的企业注册资本最低限额为500万元人民币；属企业分支机构的，该企业注册资本不低于1 000万元人民币。

（3）具有向海关缴纳税款和履行其他法律义务的能力。

（4）建立符合海关监管要求的计算机管理系统并与海关联网。

（5）在物流中心内有专门存储海关监管货物的场所。

4. 物流中心内企业可开展的业务

（1）保税存储进出口货物及其他未办结海关手续货物。

（2）对所存货物开展流通性简单加工和增值服务。

（3）全球采购和国际分拨、配送。

（4）转口贸易和国际中转。

（5）经海关批准的其他国际物流义务。

第三节 国际物流货物仓储业务运作基本程序

国际物流货物仓储业务运作基本程序包括四个环节：保税仓库货物进口、入库、储存保管和出库，见图 11-2，下面分别加以介绍。

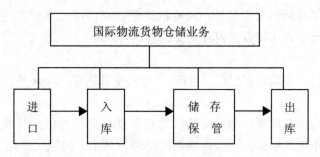

图 11-2　国际货物仓储业务动作基本程序

一、保税仓库货物进口

保税仓库货物进口主要有两种情况：本地进货与异地进货。

（一）本地进货

当进口货物在保税仓库所在地入境时，应由货物所有人或其代理人向入境所在地海关申报，填写"进口货物报关单"，在报关单上加盖"保税仓库货物"戳记并注明"存入××保税仓库"，经入境地海关审查验放后，货物所有人或其代理人应将有关货物存入保税仓库，并将两份"进口货物报关单"随货交保税仓库，保税仓库经营人应在核对报关单上申报进口货物与实际入库货物无误后，在有关报关单上签收，其中一份报关单交回海关存查（连同保税仓库货物入库单据），另一份由保税仓库留存。

（二）异地进货

进口货物在保税仓库所在地以外其他口岸入境时，货主或其代理人应按海关进口货物转关运输管理规定办理转关运输手续。货主或其代理人应先向保税仓库所在地主管海关提出将进口货物转运至保税仓库的申请，主管海关核实后，签发"进口货物转关运输联系单"，并注明货物转运存入××保税仓库。货主或其代理人凭此联系单到入境地海关办理转关运输手续，入境地海关核准后，将进口货物监管运至保税仓库所在地，货物抵达目的地后，货主或其代理人应按上述"本地进货"手续向主管海关办理进口申报及入库手续。

二、入库

入库分为卸货、入库验收、办理入库手续、贴储位标签和上架五个步骤。

（一）卸货

卸货有散货卸货和拆箱卸货两类。散货卸货是指一般货物与空运货物（未曾事先堆栈在托盘上并固定者）从仓库的收货码头卸下到堆栈在托盘上。拆箱卸货是指海运集装箱装载的货物，在仓库收货区拆封，卸至托盘上。拆箱卸货又有两种：机械拆箱，货物已打托盘或木箱，可以用堆高机直接开进集装箱内卸装；人工拆箱，货物呈松散堆栈，须以人力逐件搬出后堆放于托盘。

（二）入库验收

为了防止商品在储存期间发生各种不应有的变化，在商品入库时首先要严格验收，弄清商品及其包装的质量状况。入库验收的内容主要包括：

1. 数量检验

在进行数量检验时，必须把好点数（过磅）、记码单和码垛三个环节，以保证数量准确。

2. 质量检验

即对入库商品进行内在质量，亦对商品的物理性能、化学性能的检验和通过耳、鼻、手等感觉器官，并利用简单工具检验。检验商品是否受潮、玷污、腐蚀、霉烂、缺件、变形、破损、损坏等。

3. 包装验收

包装对商品安全运输和存储关系甚大，是仓库验收中必须重点检查的一项工作，尤其是对商品包装有具体规定的，如木箱板的厚度、打包铁皮的箍数等有要求的，仓库都要按规定进行验收。

（三）办理入库手续

货物入库时，应由仓库保管员填写入库通知单，完整的入库通知单据必须具备以下四联：送货回单、储存凭证、仓储账页和货卡，并附上检验记录单、产品合格证、装箱单等有关资料凭证，以证实该批货物已经检验合格，可以正式上架保管。

（四）贴储位标签或条形码

为便于仓库保管员查找货物及理货，对办理完入库手续的货物通常贴上储位标签或条形码后，再入库上架。

（五）上架

入库的最后一步工作就是把堆栈好的托盘放上货架。货品检验完毕后，依性质的不同由仓储管理系统分配储位，上架人员将依照终端打印机印出的卷标（有些用条形码）粘附在货物外侧（至少两张分贴在对侧）后，缠上透明收缩膜，以堆高机放置在货架或是大货区（bulk storage area）。大货区主要适合大量出货而且进出频繁的品类，另外，它是零库存作业中不可或缺的场地，但必须有良好的进出码头，以及妥善的整仓变动规划，否则会适得其反。

三、储存保管

货物入库以后，便进入了储存保管阶段，它是仓储业务的重要环节。其主要内容包括货物的存放、保管、检查与盘点等。

（一）存放

在储存区内，全托盘装载的物品被分配到预定的托盘位置上。对此，有两种常用的货位分配方法，即可变货位安排系统和固定货位安排系统。

可变货位安排系统，也称动态定位系统，是在每次有新的装运到达时允许产品改变位置，以便有效地利用仓库空间。而固定货位安排系统，则是在选择区内为每种产品分配一个永久性的位置。只要产品的移动流量保持相同水平，储存物品就始终保持这种位置。

如果物品的流量一旦发生增减，就有可能对储存物品进行重新分配位置。一般说来，固定货位安排优越于可变货位安排，因为它可以对某种物品提供及时定位。

（二）保管

仓库一般首先考虑出入库的时间和效率，因而较多地着眼于拣选和搬运的方便，但保管方式必须与之协调。通常，仓库中货物保管的方式主要有：①地面平放式，将保管物品直接堆放在地面上；②直接堆放式，将货物在地面上直接码放堆积；③托盘平放式，将保管物品直接放在托盘上，再将托盘平放在地面上；④托盘堆码式，将货物直接堆码在托盘上，再将托盘堆放在地面上；⑤货架存放式，将货物直接码放在货架上。

仓库保管的基本要求是：

1. 面向通道进行保管。为使物品出入库方便，容易在仓库内移动，一般将物品面向通道保管。

2. 根据出库频率选定位置。出货和进货频率高的物品应放在靠近出入口、易于作业的地方；流动性差的物品可放在距离出入口稍远的地方；季节性物品则依其季节特性来选定放置的场所。

3. 尽可能地向高处码放，提高保管效率。要有效利用库内容积就应尽量向高处码放，为防止破损，保证安全，应当尽可能使用棚架等保管设备。

4. 同一品种放在同一地方。为提高作业效率和保管效率，同一物品或类似物品应放在同一地方保管，员工对库内物品放置位置的熟悉程度直接影响着出入库的时间，将类似的物品放在邻近的地方，将有利于提高仓储作业效率。

5. 根据物品重量安排保管的位置。安排放置场所时，当然要把重的东西放在下边，把轻的东西放在货架的上边。需要人工搬运的大型物品则以腰部的高度为基准。这对于提高效率、保证安全是一项重要的原则。

6. 要注意保证商品的存放安全。如确定货垛高度要考虑到物品及其包装的承压能力、库内设备的操作条件和竖向布局的方式等。

除上述一些问题以外，保管还应有温度和湿度管理，防尘、防臭、防虫、防鼠、防盗等问题。

（三）货物检查与盘点

1. 保管期间货物的检查

在对货物保管的过程中，保管人员应对货物进行经常和定期的检查，以确保在库货物的质量完好、数量准确。检查的内容主要有：

①数量检查。货物在存储期间，仓库保管人员要检查货物的数量是否准确，查账上的记载是否正确，核对账、卡、物是否一致。保持仓库的账账相符、账卡相符、账物相符、钱物相符。

②质量检查。检查存储货物质量有无变化，包括有无受潮、玷污、锈蚀、发霉、干裂、虫蛀、鼠咬，甚至货物变质等现象；检查技术证件是否齐全，证物是否相符；必要时，还要对货物进行技术检查。

③保管条件检查。检查各类货物堆码是否合理稳固，货垛是否苫垫严密，库房是否漏雨，

货场是否积水，门窗通风洞是否良好，库内温度、湿度是否符合要求，保管条件是否符合各种货物的保管要求等。

④安全检查。检查仓库各种安全措施和消防设备、器材是否齐备，是否符合安全要求，检查库房建筑物是否影响货物正常储存等。

检查的方式主要有：

①日常检查。是指每日上下班前后，保管员对所保管的货物的安全情况、保管情况、库房和货场的整洁情况进行检查。

②定期检查。是指根据季节变化和业务需要，由仓库组织有关专业人员对在库货物所进行检查。

③临时性检查。是指有灾害性气候预报时所组织的临时性检查，例如，在暴风雨、台风到来之前，要检查建筑物是否承受得住风雨袭击，水道是否畅通，露天货场苫盖是否严密牢固；灾害性风雨过后检查有无损失等。

在检查的过程中，如果保管人员发现货物发生变质或有变质迹象、数量有出入、货物出现破损等情况，应及时查明原因，通知存货人或仓单持有者及时采取措施进行处理。并对检查结果和问题做出详细的检查记录。

2. 货物的盘点

货物的盘点是指定期或临时核对库存商品实际数量与保管账上的数量是否相符；查明超过保管期限、长期积压货物的实际品种、规格和数量，以便提请处理；检查商品有无质量变化、残损等情况；检查库存货物数量的溢余或缺少的原因，以利改进货物的仓储管理。

（1）盘点的方法

一般情况下，对仓储货物的盘点方法主要有：动态盘点法、循环盘点法和重点盘点法。

①动态盘点法。动态盘点法是指在发生出库动态时，就随之清点货物的余额，并同保管卡片的记录数额相互对照核对。

②循环盘点法。循环盘点法是指按照相关货物入库的先后次序，有计划对库存保管货物循环不断地进行盘点的一种方法，即保管员按计划每天都盘点一定量的在库货物，直至库存货物全部盘点完毕，再继续下一循环。

③重点盘点法。重点盘点法是指对货物进出动态频率高的，或者易损耗的，或者昂贵的货物进行盘点的一种方法。

（2）盘点内容

①盘点数量。即对计件商品进行全部清点，货垛层次不清的商品，应进行必要的翻垛整理，同时，检查商品质量变化、残损等情况。

②盘点重量。对数量较少或贵重的商品应全部过磅；对数量大且价值低廉的商品，由于全部过磅工作量太大，可会同货主逐批抽查过秤核对。

③货账核对。根据盘点商品的实际数量，逐笔核对商品保管账上所列结存数字。

④账与账核对。即定期或随时将仓库保管账与货主的商品账以及仓库间保管账核对。

⑤做好记录及时联系。即在盘点对账中发现问题时，要做好记录，及时与存货人联系，协商对策。

⑥分析问题，找出原因，及时处理。即对盘点中发现的问题，逐一进行分析，必要时与货主协商，找出原因，纠正账目中的错误，并采取积极的挽救措施，尽量减少因霉烂、变质、残损等原因所造成的损失。

通过这些日常盘点，可保证定期的全面盘点。对库存货物盘点中出现的盈亏，必须及时做出处理。如果盘盈盘亏的数额不超出国家主管部门规定或合同约定的保管损耗标准，可由仓储保管企业核销；如果超出了损耗标准，则必须查明原因，做出分析，写出报告，承担责任；凡同类货物在规格上发生的数量此多彼少总量相符的，可与存货人根据仓储合同约定直接协商处理。依据处理结果，调整账、卡数额，使账、卡、物数额保持一致。

四、出库

对于存入保税仓库的货物，其出库的流向较为复杂，一般可分为储存后原物复出口、加工贸易提取使用、转入国内销售三种情况。

（一）原物复出口

存入保税仓库的货物在规定期限内复运出境时，货物所有人或其代理人应向保税仓库所在地主管海关申报，填写出口货物报关单，并提交货物进口时的经海关签章确认的进口报关单，经主管海关核实后予以验放有关货物或按转关运输管理办法，将有关货物监管运至出境地海关验放出境。复出境手续办理后，海关在一份出口报关单上加盖印章退还货物所有人或其代理人，作为保税仓库货物核销依据。

（二）加工贸易提取使用

从保税仓库提取货物用于进料加工、来料加工项目加工生产成品复出口时，经营加工贸易单位首先按进料加工或来料加工的程序办理合同备案等手续后，由主管海关核发《加工装配和中小型补偿贸易进出口货物登记手册》（简称《登记手册》）。

（三）转入国内销售

存入保税仓库的货物需转为国内市场销售时，货物所有人或其代理人应事先报主管海关核准并办理正式进口手续，填写"进口货物报关单"，其贸易性质由"保税仓库货物"转变为"一般贸易进口"。货物属于国家进口配额、进口许可证、机电产品进口管理，以及特定登记进口商品和其他进口管理商品的，须向海关提交有关进口许可证或其他有关证件，并缴纳进口关税、消费税和进口环节增值税。上述进口手续办理后，海关在进口货物报关单上加盖放行章，其中一份用以向保税仓库提取货物，另一份由保税仓库留存，作为保税仓库货物的核销依据。

货物出库的一般步骤（见图11-3）为：

审核仓单 → 核对登账 → 配货备货 → 复核查对 → 出库交接 → 填单销账

图11-3　出库的一般步骤

1. 审核仓单

仓库接到存货人或仓单持有人出库通知后，必须对仓单进行核对。因为存货人取得仓单后，可以通过背书的方式将仓单转让给第三人，也可以分割原仓单的货物，填发两份以上新的仓单，将其中一部分转让给第三人。存货人与仓储人原来所签订的合同关系被转让部分规定适用于第三人。第三人在取得仓单后，还可以在仓单有效期内，再次转让或分割仓单。但是我国《合同法》规定，存货人转让仓储物提取权的，应当经保管人签字或盖章。

2. 核对登账

仓单审核以后，仓库财务人员要检查货物的品名、型号、规格、单价、数量等有无错误，收货单位、到站、银行账号等是否齐全和准确，单证上书写的字迹是否清楚，有无涂改痕迹，是否超过了规定的提货有效期等。如果核对无误后，可根据凭证所列各项内容，登入商品保管账，核销储存量，并在出库凭证上批注发货商品存放的货区、库房、货位编号以及发货后应有的储存数量。同时，收回仓单，签发仓库货物出库单，写清各项内容，连同提货单或调拨单，一起交仓库保管员查对配货。

3. 配货备货

财务人员转来的货物出库凭证经复核无误后，仓库保管员按出库凭证上所列项目内容和上面的批注，到编号的货位对货，核实后进行配货。配货中要执行"先进先出"、"易坏先出"、"不利保管先出"的发货原则。货物从货垛上搬下后，应整齐堆放在备货区位上，以便刷唛、复核、交付等备货作业的进行。

备货工作主要有：

（1）包装整理、标志重刷

仓库应清理原货包装，清除积尘、污物。对包装已残损的，要更换包装。提货人要求重新包装或者灌包的，要及时安排包装作业。对原包装标志脱落、标志不清的进行补刷、补贴；提货人要求标注新标志，应在提货日之前进行。

（2）零星货物组合

为了作业方便，对零星货物进行配装，使用大型容器收集或者堆装在托盘上，以免提货时遗漏。

（3）根据要求装托盘或成组

若提货人要求装托盘或者成组，应及时进行相应作业，保证作业质量。

（4）转到备货区备运

将要出库的货物预先搬运到备货区，以便能及时装运。备货时，发现有下列情况的商品，要立即与存货人或仓单持有人联系，存货人或仓单持有人认为可以出库，并在正式出库凭证上签注意见后，方可备货、出库；否则，不备货、不出库。对下列商品不备货、不出库：①没有全部到齐的一票入库商品。②入库验收时发现的问题尚未处理的。③商品质量有异状的。备货中发现出库货物的包装如有破损、断绳、脱钉等情况，仓库要负责加固修理，严格禁止包装破损的货物出库。

出库货物应附有质量证明书抄件、磅码单、装箱单等。机电设备等配件产品，其说明书及合格证应随货同行。

4. 复核查对

备货后仓管人员应立即进行复核，以确保出库货物不出差错。复核的形式有保管员自行复查、保管员互核、专职人员复核、负责人复查等。复核的内容主要包括以下几方面：

（1）认真审查正式出库凭证填写的项目是否齐全，出库凭证的抬头、印鉴、日期是否符合要求，复核商品名称、规格、等级、产地、重量、数量、标志、合同号等是否正确。

（2）根据正式出库凭证所列项目，与备好的货物相对照，逐项复核、检查其是否与出库凭证所列完全相符，如经反复核对确实不符时，应立即调换，并将原错备商品标志除掉，退回原库房。

（3）检查包装是否破损、污染，标志、箱（包）号是否清楚，标签是否完好，配套是否齐全，技术证件是否齐备。

（4）需要计重、计尺的货物，要与提货人一起过磅，或根据货物的具体情况抽磅，或理论换算重量，一起检尺。要填写磅码单或尺码单，并会同提货人签字。

（5）复核结余商品数量或重量是否与保管账目、货物保管卡片结余数相符，发现不符应立即查明原因。

复核的目的就是要求出库货物手续完备、交接清楚，不错发，不错运。出库货物经过复核无误后，方可发运。

5. 出库交接

备齐货物经复核无误后，仓库保管员必须当面与提货人或运输承运人按单逐件点交清楚、分清责任、办好交接手续。自提货物的待货物交清后，提货人应在出库凭证上签章；待发运货物保管员应向发运人员点交，发运人员在出库凭证上签字。发货结束，应在出库凭证发货联上加盖"发讫"或"商品付讫"戳记，并留据存查。同时，应由仓库填写出库商品清单或出门证，写明承运单位名称、商品名称、数量、运输工具和编号，并会同承运人或司机签字。出库商品清单或出门证一式三联，一联由仓库发货人员留查；二联由承运人交仓库，以便门卫查验放行；三联给承运人作为交货凭据。

6. 填单销账

货物交点以后，保管员应在出库单上填写"实发数"、"发货日期"等项内容，并签名。然后将出库单及相关联证件资料及时交送货主以便货主办理货款结算。保管员根据留存联出库凭证清点货垛余数，并与账、卡核对，登记、核销实物保管明细账，账面余额应与实际库存量和货卡登记相符；出库凭证应在当日清理，定期装订成册，妥善保管；在规定时间内，转交账务人员登账复核。

第四节　国际物流包装概述

包装是为在流通过程中保护产品、方便储运、促进销售，按一定技术方法而采用的容器、材料及辅助物等的总体名称。也指为了达到上述目的而采用容器、材料和辅助物的过程中施加一定技术方法等的操作活动。简言之，包装就是包装物和包装操作的总称。

进入国际流通领域的货物一般都要经过长途运输，有许多货物要经过多次转装和储存，对出口货物包装的要求也比国内贸易严格；不同国家对包装有不同的要求，有的国家还通过法律的形式，对包装的用料、尺寸、重量做出具体规定；不同市场、不同销售地区，对商品的销售包装也可能有不同的要求，因此，交易双方在签订合同时，一般要对包装问题进行洽商并做出具体规定。

合同中的包装条款主要包括包装材料与容器、包装种类、包装费用和包装标志。

一、包装材料与容器

（一）包装材料

按不同用途，包装材料可分为以下几类：①容器材料，用于制作箱子、瓶子、罐子，可有纸制品、塑料、木材、玻璃、陶瓷、各类金属等；②内包装材料，用于隔断物品和防震，可有纸制品、泡沫塑料、防震用毛等；③包装用辅助材料，如各类黏合剂、捆绑用的细绳（带）等。以下就对运输包装材料做简单的介绍。

1. 纸质包装材料

在包装材料中，纸的应用最为广泛，它的品种最多，耗量也最大。由于纸具有价格低、质地细腻均匀、耐摩擦、耐冲击、容易黏合、不受温度影响、无毒、无味、适于包装生产的机械化等优点，所以目前在世界范围内，纸质包装占包装材料的比重比其他包装材料都大，这一类的包装占整个包装材料使用量的 40%。

纸作为包装材料有纸袋、纸箱和瓦楞纸箱等，其中瓦楞纸箱是颇受欢迎的纸质包装材料，瓦楞纸具有成本低、重量轻、容易进行机械加工、容易回收等优点。用瓦楞纸做的纸箱具有一定的刚性，因此有较强的抗压、抗冲击能力，这为产品安全、完好地从生产者送到消费者所经历的储存、运输、装卸等活动提供了方便和可靠性。纸的防潮、防湿性能较差，这是纸质包装材料的最大弱点。

2. 合成树脂包装材料

是指利用塑料薄膜、塑料袋以及塑料容器进行产品的包装。主要的塑料包装材料有聚乙烯、聚氯乙烯、聚丙烯和聚苯乙烯等。因为塑料种类繁多，所以，塑料包装的综合性能比较好。

3. 木制容器包装材料

是指使用普通木箱、花栏木箱、木条复合板箱、金属网木箱以及木桶等木制包装容器对商品进行包装。木制容器一般用在重物包装以及出口物品的包装等方面，现在有很大一部分已经被瓦楞纸箱所代替。

4. 金属容器包装材料

把金属压制成薄片，用于物品包装的材料，通常有金属圆桶、白铁内罐、储气瓶、金属丝、网等。目前，在世界金属包装材料中，用量最大的是马口铁（镀锡薄钢板）和金属箔两大品种。

5. 玻璃陶瓷容器包装材料

主要是指利用耐酸玻璃瓶和耐酸陶瓷瓶等对商品进行包装。这种包装耐腐蚀性较好且比较稳定，耐酸玻璃瓶包装还能直接看到内容物。

6. 纤维容器包装材料

是指利用麻袋和维尼纶袋对商品进行包装。

7. 复合材料包装材料

主要是指利用两种以上的材料复合制成的包装。主要有纸与塑料、纸与铝箔等合成材料包装。

其他材料包装是以竹、藤、苇等制成的包装。主要有各种筐、篓和草包等。

（二）包装容器

包装容器主要包括包装袋、包装盒、包装箱和瓶、罐等。

1. 包装袋

包装袋是一种管状结构的挠性容器。一般由挠性材料制成，可以是单层的，也可以是多层同种材料或不同种材料复合而成。

包装袋按其盛装的重量不同可分为集装袋、一般运输包装袋和小型包装袋等。集装袋大多数都是由聚丙烯或聚乙烯等聚酯纤维编织而成的一种大容积的运输包装袋，盛装重量一般在一吨以上。集装袋的顶部一般装有金属吊架或吊环等，以便于普通铲车或起重机的吊装或搬运。卸货时可直接打开袋底的卸货孔进行卸货。一般运输包装袋大部分都是由植物纤维和树脂纤维编织而成的，或由一种、几种挠性材料制成，其盛装重量一般在 50～100 千克，小型包装袋也称普通包装袋，这类包装袋一般按盛装重量的不同，通常用单层材料或多层材料制成。

包装袋按其所用材料划分，一般有单层材料包装袋、多层材料包装袋和编织袋等。单层材料包装袋主要是用一层挠性材料制成的，如纸袋、塑料袋和棉布袋等；多层材料包装袋主要用两层以上的挠性材料制成，可以是一种材料，也可以根据实际需要，采用不同的材料，例如多层牛皮纸袋等；编织袋是用植物纤维、化学纤维编织而成的包装袋，例如麻袋、棉织袋等。

2. 包装盒

包装盒是一种刚性或半刚性容器，呈规则几何形状，一般多为长方体，也有尖角或其他形状，容量一般较小，大约在 10 升以下，有关闭装置。大部分由纸板、金属、硬质塑料以及复合材料制成。

包装盒一般可分为固定包装盒和折叠包装盒两种。固定包装盒外形固定，在使用过程中不能折叠变形，通常由盒体和盒盖两个主要部分组成，此外，还包括其他附件。折叠包装盒可以折叠变形，外形以长方体最为普遍，一般是由纸板或以纸板为基材的复合材料制成，是一种成本较低的包装容器。

3. 包装箱

包装箱是一种刚性或半刚性容器，一般为长方体，内部容量通常大于 10 升，大多用纸板、木材、金属、硬质塑料以及复合材料制成。

包装箱的种类很多，常用的有瓦楞纸箱和木箱等。木箱主要有木板箱、框板箱和框架箱三种。木板箱一般用作小型运输包装容器，能装载多种性质不同的货物，其优点是能抗拒碰裂、溃散和戳穿，有较大的耐压强度，能承受较大负荷，制作方便。不足之处是箱体较重、体积较大、没有防水功能。框板箱是由条木与人造板材制成的箱框板，经过钉合而成的包装箱。框架箱是由一定截面的条木构成箱体的骨架，一般有敞开式框架箱和覆盖式框架箱两种形式。框架箱因其有坚固的骨架结构，所以具有极佳的抗震和抗扭力，有较大的耐压能力，而且装载量大。

4. 瓶

包装瓶通常有玻璃瓶和塑料瓶等。选用包装瓶的原则是便于装填包装的货物，便于搬运，适于在货架下陈列，能引起消费者喜爱，并方便使用者从瓶内取出内装货物等。

5. 罐

罐是一种小型包装容器，各处的横截面一般为相同图形，通常带有可密封的罐盖。罐按照制罐材料的不同可以分为金属罐和非金属罐两类。

二、包装种类

(一) 按照包装在流通中的作用分类

按照包装在流通中的作用分类，可将包装分为运输包装和销售包装。

1. 运输包装

运输包装又称大包装、外包装或工业包装，它的作用主要是保护商品的品质和数量，便于运输、储存、检验、计数、分拨，有利于节省运输成本。运输包装的方式主要有两种：单件包装和集合包装。

(1) 单件包装

单件包装是根据商品的形态或特性将一件或数件商品装入一个较小容器内的包装方式。制作单件包装时，要注意选用适当的材料，并要求结构造型科学合理，同时还应考虑不同国家和地区的气温、湿度、港口设施和不同商品的性能、特点、形状等因素。单件包装的种类很多：

①按照包装外形来分，习惯上常用的有包、箱、桶、袋等。

②按照包装的质地来分，有软性包装、半硬性包装和硬性包装。

③按照制作包装所采用的材料来分，一般常用的有纸质包装，金属包装，木制品包装，塑料包装，棉麻制品包装，竹、柳、草制品包装，玻璃制品包装和陶瓷包装。

(2) 集合包装

集合包装是将一定数量的单件商品组合成一件大的包装或装入一个大的包装容器内。集合包装的种类有：

①集装箱 (container)。集装箱是具有足够强度，可长期反复使用的适于多种运输工具而且容积在 1 立方米以上（含 1 立方米）的集装单元器具。集装箱一般由钢板、铝板等金属制成，可以反复使用周转，它既是货物的运输包装，又是运输工具的组成部分。目前国际上最常用的海运集装箱规格为 8 英尺×8 英尺×20 英尺和 8 英尺×8 英尺×40 英尺两种。

②集装袋 (flexible freight bags)。集装袋是以柔性材料制成可折叠的袋式集装单元器具。集装袋是用合成纤维或复合材料编织成抽口式的包，适于装载已经包装好的桶装和袋装的多件商品。每包一般可容纳 1~1.5 吨重的货物。

③托盘 (pallet)。托盘是在运输、搬运和存储过程中，将物品规整为货物单元时，作为承载面并包括承载面上辅助结构件的装置。托盘是在一件或一组货物下面所附加的一块垫板。为防止货物散落，需要用厚箱板纸、收缩薄膜、拉伸薄膜等将货物牢固包扎在托盘上，组合成一件"托盘包装"。每一托盘的装载量一般为 1~1.5 吨。此外还有一种两面插入式托盘。

2. 销售包装

销售包装又称小包装或内包装。它是随着商品进入零售环节和消费者直接见面的包装，实际是一种零售包装。

在销售包装上，除附有装潢画面和文字说明外，有的还印有条码的标志。由于许多国家的超市多使用条码技术，进行自动扫描结算，如果商品包装上没有条码，即使是名优产品也不能进入超市。有的国家甚至规定商品包装上无条形码标志的即不予进口。

为了适应国际市场的需要和扩大出口，1991年4月，我国正式加入了国际物品编码协会，该会分配给我国的国别号为"690"、"691"、"692"。凡标有"690"、"691"、"692"条码的商品，即表示为中国产品。

（二）按包装的层次分类

按包装的层次分类，包装可以分为个包装、内包装（中包装）和外包装。

1. 个包装

个包装一般有机械性保护包装、防护剂保护包装、抗水包装、防水和防水汽包装、可剥除的化合物保护包装五种方法。

2. 内包装

内包装是将个包装后的货物，置入内包装容器内，并适当加以衬垫的包装，进行衬垫包装的目的是为了吸收震动、防止货物在容器内发生移动和摩擦、避免货物与包装容器相撞。对于一些体积小的内包装件，还要进行中包装，以方便搬运及装箱，增加保护作用。

3. 外包装

外包装的主要目的是方便储运，使产品获得足够的保护。一般来说，外包装容器需具有足够的强度，可以在储运中抗拒一切外力所带来的损害，同时，外包装容器的形状和尺寸必须方便储运作业。

（三）按包装的针对性分类

按包装的针对性分类，包装可分为专用包装和通用包装两种。

1. 专用包装

专用包装是根据被包装物特点进行专门设计、专门制造，只适用于某种专门产品的包装，如水泥袋、蛋糕盒、可口可乐瓶等。

2. 通用包装

通用包装是不进行专门设计制造，而根据标准系列尺寸制造的包装，用以包装各种无特殊要求的或标准尺寸的产品。

三、包装费用

包装费用一般包括在货价之中，不单独计收。而如果买方要求特殊的包装，导致包装费用超出正常的范围，使成本增加，其超出的费用应由买方负担，并应在包装条款中具体规定负担的费用及支付办法。在有些交易中，经双方协商由买方提供包装，则应在合同中订明买方寄送包装的方法、包装送达日期、送交包装延迟的责任及包装费用的负担等。包装费用一般由以下几方面构成。

（一）包装材料费用

它是指各类物资在实施包装过程中耗费在材料费用支出上的费用。常用的包装材料种类繁多，功能亦各不相同，企业必须根据各种物资的特性，选择适合的包装材料，既要达到包装效果，又要合理节约包装材料费用。

（二）包装机械费用

包装过程中使用机械作业可以极大地提高包装作业的劳动生产率，同时可以大幅度提高包装水平。使用包装机械（或工具）就会发生购置费用支出，日常维护保养费支出以及每个会计期间终了计提折旧费用。

（三）包装技术费用

为了使包装的功能能够充分发挥作用，达到最佳的包装效果，因而包装时，也需采用一定的技术措施。比如，实施缓冲包装、防潮包装、防霉包装等。这些技术的设计、实施所支出的费用，合称包装技术费用。

（四）包装人工费用

在实施包装过程中，必须由工人或专业作业人员进行操作。对这些人员发放的计时工资、计件工资、奖金、津贴和补贴等各项费用支出，构成了包装人工费用支出。但是不包括这些人员的劳动保护费支出。

（五）其他辅助费用

除了上述主要费用以外，物流企业有时还会发生一些其他包装辅助费用，如包装标记、包装标志的印刷、拴挂物费用的支出等。

四、包装标志

包装标志是为了便于货物交接、防止错发错运，便于识别，便于运输、仓储和海关等有关部门进行查验等工作，也便于收货人提取货物，在进出口货物的外包装上标明的记号，包装标志有运输标志（唛头）、指示性标志和警告性标志三类。

（一）运输标志 （shipping mark）

运输标志习惯上称为"唛头"，它通常是由一个简单的几何图形和一些字母、数字和简单的文字组成，其作用主要是便于识别货物，便于收货人收货，也有利于运输、仓储、检验和海关等有关部门顺利地进行工作。标准化的运输标志由标准运输标志和信息标志组成（见 GB/T18131-2000）。

1. 标准运输标志和信息标志

（1）标准运输标志

标准运输标志由收货人（买方）、参考号、目的地、件数编号 4 个数据元依次组成。

这些运输标志一般都应在货物和相关单证上标示出来。

①收货人（买方）。收货人名称的首字母缩略名或简称。除铁路、公路运输外，其他各种运

输方式均不应使用全称。出口商和进口商可以商定一套首字母缩略名或简称,用于他们之间的货物运输。

②参考号。参考号应尽可能简单明了,只可使用托运单号、合同号、订单号或发票号中的一个编号,并应避免在编号后跟随日期信息。

③目的地。货物最终抵达的港口或地点(卸货港、交货地点、续运承运人交货地点)的名称。在转运的情况下,可在"VTA"(经由)之后指明货物转运的港口或地点的名称。如"NEW DELHI VIA BOMBY",表示货物经由孟买到达新德里。在多式联运情况下,只需标明货物的最终抵达地点,允许运输经营人选择最理想的运输路线,并避免在转运地中断运输。

④件数编号。指出件数的连续编号和已知的总件数。例如"1/25、2/25……25/25"表示包装物的总件数为25件,每件包装物的编号从1到25。

现举例说明标准运输标志的构成。

ABCD   (收货人的代号)

543210   (参考号)

SINGAPORE   (目的地)

1/30   (件数代号)

(2)信息标志

货物运输的包装物上可提供必要的附加信息标志,这些信息可以包括:

①当集装箱或拖挂车装有危险品时,必须将危险品的标志标在外部,同时标出其他必备数据,如正确的技术名称、适当的运输内容等。

②在运输包装物上,除标准运输标志以外的不是货物运输所需要的其他信息标志,一般不应在包装物上标示。如有特殊要求,则应将其他必要的附加信息用较小字符或不同颜色使其与标准运输标志明显区分,而且这些信息不能复制在单证上运输标志的部位。

③为便于全装卸(如空运)或正确存储,可以标出包装物的总重,但必须以"kg"为单位而不应使用其他重量单位标示。重量标志应直接标在运输标志的下方并与其明显分开。例如,直接标示"462kg",不应附加"GROSS/BRUTTO WEIGHT"(总重量)之类信息。

④像原产国或进口许可证号码这类信息应视政府法律或简化海关结关手续要求而定。如果买方要求,此类信息可包括在内。但不应在包装物上给出发货人的详细名称或地址。例如,用"ILGG22455170672"代替"IMPORT LICENCE NUMBER G/G22455-17067-2"。

⑤通常不必在包装物上标示净重和尺码(罐装化学物品或特大的包装物除外)。一般情况下,国内和国际法规对此不做强制性规定。需要标示时,应对它们进行缩略,例如,"N401 kg 105×90×62cm"。

⑥货物空运时,根据国际航空运输协会(International Air Transport Association,简称IA-TA)606号决议的规定,可以在运输标志下面给出总重量,并且至少在一个包装物上给出托运人的详细地址。

2. 不同运输方式运输标志的简化

在实际运输实务中,由4个数据元组成的标准运输标志可以根据实际情况进行简化,具体情况如下:

（1）在某些运输方式中，标准的运输标志可进一步简化。收货人（买方）、参考号、目的地、件数编号 4 个数据元中的任意一个被认为对运输无意义时均可省略。

（2）在各种运输方式中，未经捆扎的一般散件杂货应使用标准运输标志，不能简化。

（3）在集装箱或国际公路运输的拖车中的编组货物，应在每一单件货物上使用标准运输标志，不能简化。由一个托运人托运的整票货载（集装箱或拖车）在转运期间为了分批交货而需要将货物拆箱时，应在每一单件货物上使用标准运输标志，不能简化。

（4）整票货载（整集装箱、整拖车、整车厢、整航空箱）从一个托运人发送给一个收货人时，标准运输标志可做如下简化：①如果整票货载只用一套单证运抵目的地，且包装及其所标的内容（大小、类型和等级）各方面都相同时，则每个包装物上的运输标志可省略。例如全部是 25 kg 一袋的精制砂糖。②如果整票货载涉及多套单证（例如有两套发票），或者每件货物内所装内容不一样时，标准运输标志可简化，仅使用第 2 项和第 4 项（参考号和件数编号），以便海关和收货人对照货物和单证核对并标识货物。

例如：

1234　　　　　（参考号）

1/25　　　　　（件数编号）

（5）货物空运时，根据 IATA 606 号决议可将航空货运单的号码代替标准标志的第 1 项，第 2 项（收货人和参考号），第 3 项目的地应使用国际航空运输协会（IATA）的三个字母地名代码，第 4 项件数编号不变。

例如：

015-12345675　　　　　（参考号）

DEL　　　　　（目的地）

1/25　　　　　（件数编号）

对于拼装的货物，航空集装箱号（AWB 号）应在标志的末端给出。

（6）货物装卸标志不能简化。

（7）危险品标志必须全部给出。当集装箱或拖车装有危险品时，必须将危险品的标志标示在外部，同时标出其他必备型数据，如正确的技术名称、适当的运输内容等。

3. 标准运输标志的应用示例

（1）标准运输标志在单证上的填写示例

标准运输标志在单证上的填写示例如图 11-4 所示。

（2）海运时的标准运输标志示例

海运时的标准运输标志示例见图 11-5。

（3）空运时的标准运输标志示例

空运时的标准运输标志示例见图 11-6。

（二）指示性标志（indicative mark）

指示性标志又称包装储运图示标志、安全标志、保护性标志或注意标志。它是针对商品的特性提出的在运输和保管过程中应注意的事项，一般都是以简单、醒目的图形或文字在包装上标出。在使用文字时，最好是使用进口国和出口国的文字，但一般是使用英文，例如，this side

Transport details 运输事项	Terms of delivery 交付条款
Shipping Marks:Container .NO. 运输标志：集装箱号	Number & Kind of packages:Goods description 件数、包装类型、货物名称
ABC ××××××× 1234 ××××××× BOMBAY ××××××× 1/25 ×××××××	

图 11-4　标准运输标志在单证上的填写示例

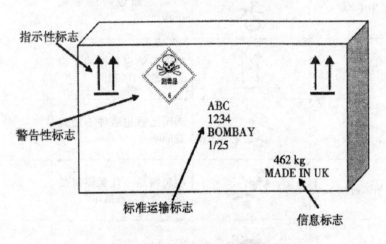

图 11-5　海运时的标准运输标志示例

或 this end up（此端向上）、handle with care（小心搬运）、use no hooks（请勿用钩）等。我国常用的指示性标志共 17 个，图形如下表所示（见 GB 191—2000）。

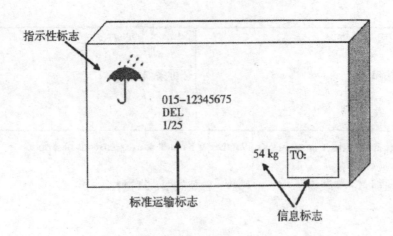

图 11-6 空运时的标准运输标志示例

我国常用的指示性标志

序号	标志名称	标志图形	含义	备注/示例
1	易碎物品		运输包装件内装易碎品，因此搬运时应小心轻放	
2	禁用手钩		搬运运输包装时禁用手钩	
3	向上		表明运输包装件的正确位置是竖直向上	
4	怕晒		表明运输包装件不能直接照晒	
5	怕辐射		包装物品一旦受辐射便会完全变质或损坏	
6	怕雨		包装件怕雨淋	
7	重心		表明一个单元货物的重心（本标志应标在实际的重心位置上）	
8	禁止翻滚		不能翻滚运输包装	

续表

序号	标志名称	标志图形	含义	备注/示例
9	此面禁用手推车		搬运货物时此面禁放手推车	
10	禁用叉车		不能用升降叉车搬运的包装件	
11	由此夹起		表明装运货物时夹钳放置的位置	
12	此处不能卡夹		表明装卸货物时此处不能用夹钳夹持	
13	堆码重量极限	–kg max	表明该运输包装件所能承受的最大重量极限	
14	堆码层数极限	N	相同包装的最大堆码层数，N 表示层数极限	
15	禁止堆码		该包装件不能堆码并且其上也不能放置其他负载	
16	由此吊起		起吊货物时持链条的位置（本标志应标在实际的起吊位置上）	
17	温度极限		表明运输包装件应该保持的温度极限	

（三）警告性标志（warning mark）

警告性标志又称危险货物包装标志，是针对危险货物为了在运输、保管和装卸过程中，使有关人员加强防护措施，以保护物资和人身的安全而加在外包装上的标志。凡包装内装有爆炸物品、易燃物品、自燃物品、遇水燃烧物品、有毒物品、腐蚀性物品、氧化剂和放射性物品等危险品，应在运输包装上刷写清楚明显的危险品警告性标志。我国常用警告性标志共 21 个，图形如图 11-7 所示（见 GB 190-90）。

符号：黑色，底色：橙红色　　　符号：黑色，底色：橙红色　　　符号：黑色，底色：橙红色

符号：黑色或白色，底色：正红色　符号：黑色或白色，底色：绿色　符号：黑色，底色：白色

符号：黑色或白色，底色：正红色　符号：黑色，底色：白色红条　符号：黑色，底色：上白下红

符号：黑色或白色，底色：蓝色　符号：黑色，底色：柠檬黄色　符号：黑色，底色：柠檬黄色

符号：黑色，底色：白色　　　符号：黑色，底色：白色　　　符号：黑色，底色：白色

符号：黑色，底色：白色，　　符号：黑色，底色：白色，　符号：黑色，底色：上黄下
　　　　　　　　　　　　　　附一条红竖条　　　　　白，附二条红竖条

符号：黑色，底色：上黄下白　符号：上黑下白，底色：上白　符号：黑色，底色：白色
附三条红竖条　　　　　　　黑下

图 11-7　我国常用警告性的标志

五、中性包装和定牌

（一）中性包装（neutral packing）

中性包装是指商品和内外包装上均无生产国别、地名和生产厂名，也不注明原有商标和牌

号，甚至没有任何文字，其目的主要是为了适应国外市场的特殊要求，如转口销售，有可能买家不是最终的买家，只是一个中间商，所以要使用中性包装；或者为了打破某些进口国家的关税和非关税壁垒。这种中性包装的做法是国际贸易中常见的方式，在买方的要求下，可酌情采用。对于我国和其他国家订有出口配额协定的商品，则应从严掌握，因为万一发生进口商将商品转口至有关配额国，将对我国产生不利影响。出口商千万不能因图一己之利而损害国家的声誉和利益。

常用的中性包装有两种：一是无牌中性包装，这种包装既无生产国别、地名、厂名、也无商标牌号；二是定牌中性包装，这种包装不注明商品生产国别、地名、厂名，但要注明买方指定商标或牌号。

（二）定牌

定牌是指在国际贸易中，买方要求卖方在出售的商品或包装上标明买方指定的商标或牌名的做法。通常在商品或包装上卖方采用买方指定的商标或牌号，一般对于国外大量的长期的稳定的订货，可以接受买方指定的商标。

六、绿色包装

绿色包装（green package）又可以称为无公害包装和环境之友包装（environmental friendly package），指对生态环境和人类健康无害，能重复使用和再生，符合可持续发展的包装。绿色包装之所以为整个国际社会所关注，这是因为环境问题与污染的特殊复杂性，环境的破坏不分国界，一国污染，邻国受损，不仅危害到普通人的生存、社会的健康、企业的生产、市场的繁荣，还通过种种途径引发有关自然资源的国际争端。一些国家出于对环保事业的支持，也出于对自己本国经济利益的保护，将包装材料也列入限制进口的非关税壁垒之一。从技术角度讲，绿色包装是指以天然植物和有关矿物质为原料研制成对生态环境和人类健康无害，有利于回收利用，易于降解、可持续发展的一种环保型包装，也就是说，其包装产品从原料选择、产品的制造到使用和废弃的整个生命周期，均应符合生态环境保护的要求，应从绿色包装材料、包装设计和大力发展绿色包装产业三方面入手实现绿色包装。

具体言之，绿色包装应具有以下的含义：

（1）实行包装减量化（reduce）。绿色包装在满足保护、方便、销售等功能的条件下，应是用量最少的适度包装。欧美等国将包装减量化列为发展无害包装的首选措施。

（2）包装应易于重复利用（reuse）或易于回收再生（recycle）。通过多次重复使用，或通过回收废弃物，生产再生制品、焚烧利用热能、堆肥化改善土壤等措施，达到再利用的目的。既不污染环境，又可充分利用资源。

（3）包装废弃物可以降解腐化（degradable）。为了不形成永久的垃圾，不可回收利用的包装废弃物要能分解腐化，进而达到改善土壤的目的。世界各工业国家均重视发展利用生物或光降解的包装材料。reduce、reuse、recycle 和 degradable 即是现今 21 世纪世界公认的发展绿色包装的 3R 和 1D 原则。

（4）包装材料对人体和生物应无毒无害。包装材料中不应含有有毒物质或有毒物质的含量应控制在有关标准以下。

（5）在包装产品的整个生命周期中，均不应对环境产生污染或造成公害。即包装制品从原材料采集、材料加工、制造产品、产品使用、废弃物回收再生，直至最终处理的生命全过程均不应对人体及环境造成公害。

第五节　配送与配送中心

一、配送的概念、特点与要素

（一）配送的概念

按照中华人民共和国国家标准"物流术语"，配送（distribution）是指在经济合理区域内，根据用户的要求，对物品进行拣选、加工、包装、分割、组配等作业，并按时送达指定地点的物流活动。一般来说，配送一定是根据用户的要求，在物流据点内进行分拣、配货等工作。它将商流和物流紧密结合起来，既包含了商流活动，也包含了物流活动中若干功能要素。

（二）配送的特点

配送需要依靠信息网络技术来实现，它包括以下特点：

1. 配送不仅仅是送货

配送业务中，除了送货，在活动内容中还有"拣选"、"分货"、"包装"、"分割"、"组配"、"配货"等工作，这些工作难度很大，必须具有发达的商品经济和现代的经营水平才能做好。在商品经济不发达的国家及历史阶段，很难按用户要求实现配货，要实现广泛的高效率的配货就更加困难。因此，一般意义的送货和配货存在着时代的差别。

2. 配送是送货、分货、配货等活动的有机结合体

配送是许多业务活动有机结合的整体，同时还与订货系统紧密联系。要实现这一点，就必须依靠现代情报信息，建立和完善整个大系统，使其成为一种现代化的作业系统。这也是以往的送货形式无法比拟的。

3. 配送的全过程有现代化技术和装备的保证

由于现代化技术和装备的采用，使配送在规模、水平、效率、速度、质量等方面远远超过以往的送货形式。在活动中，由于大量采用各种传输设备及识码、拣选等机电装备，使得整个配送作业像工业生产中广泛应用的流水线，实现了流通工作的一部分工厂化。因此，可以说，配送也是科学技术进步的一个产物。

4. 配送是一种专业化的分工方式

以往的送货形式只是作为推销的一种手段，目的仅仅在于多销售一些商品，而配送则是一种专业化的分工方式，是大生产、专业化分工在流通领域的体现。因此，如果说一般的送货是一种服务方式的话，配送则可以说是一种体制形式。

（三）配送功能要素

配送功能要素包括：备货、储存、分拣及配货、配装、配送运输、送达服务和配送加工等。

（1）备货

备货是配送的准备工作或基础工作，备货工作包括筹集货源、订货或购货、集货、进货及有关的质量检查、结算、交接等。配送的优势之一，就是可以集中客户的需求进行一定规模的备货。备货是决定配送成败的初期工作，如果备货成本太高，会大大降低配送的效益。

（2）储存

配送中的储存有储备及暂存两种形态。

配送储备是按一定时期的配送经营要求，形成对配送的资源保证。这种类型的储备数量较大，储备结构也较完善，视货源及到货情况，可以有计划地确定周转储备及保险储备结构及数量。

另一种储存形态是暂存，是具体执行日配送时，按分拣配货要求，在理货场地所做的少量储存准备。由于总体储存效益取决于储存总量，所以，这部分暂存数量只会对工作方便与否形成影响，而不会影响储存的总效益，因而在数量上控制并不严格。

还有另一种形式的暂存，即是分拣、配货之后，形成的发送货载的暂存，这个暂存主要是调节配货与送货的节奏，暂存时间不长。

（3）分拣及配货

分拣及配货是完善送货、支持送货准备性工作，是不同配送企业在送货时进行竞争和提高自身经济效益的必然延伸，也是配送成败的一项重要支持性工作。有了分拣及配货就会大大提高送货服务水平，所以，分拣及配货是决定整个配送系统水平的关键要素。

（4）配装

在单个客户配送数量不能达到车辆的有效载运负荷时，就存在如何集中不同客户的配送货物，进行搭配装载以充分利用运能、运力的问题，这就需要配装；和一般送货不同之处在于，通过配装送货可以大大提高送货水平及降低送货成本，所以，配装也是配送系统中有现代特点的功能要素，也是现代配送不同于以往送货的重要区别之处。

（5）配送运输

配送运输属于运输中的末端运输、支线运输，和一般运输形态主要区别在于：配送运输是较短距离、较小规模、额度较高的运输形式，一般使用汽车做运输工具。与干线运输的另一个区别是，配送运输的路线选择问题是一般干线运输所没有的，干线运输的干线一般是固定的运输线，而配送运输由于配送客户多，一般城市交通路线又较复杂，如何组合成最佳路线，如何使配装和路线有效搭配等，是配送运输的特点，也是难度较大的工作。

（6）送达服务

配好的货运到客户还不算配送工作的完结，要圆满地实现运到之货的移交，并有效地、方便地处理相关手续并完成结算，还应讲究卸货地点、卸货方式等。送达服务也是配送独具的特殊性。

（7）配送加工

在配送中，配送加工这一功能要素不具有普遍性，但是往往是有重要作用的功能要素。主要原因是通过配送加工，可以大大提高客户的满意程度。

配送加工是流通加工的一种，但配送加工有它不同于一般流通加工的特点，即配送加工一般只取决于客户要求，其加工的目的较为单一。

二、配送的作用

（一）完善了输送及整个物流系统

配送环节处于支线运输，灵活性、适应性、服务性都较强，能将支线运输与小搬运统一起来，使运输过程得以优化和完善。

（二）提高了末端物流的经济效益

采取配送方式，通过增大经济批量来达到经济地进货。它采取将各种商品配齐集中起来向用户发货和将多个用户小批量商品集中在一起进行发货等方式，以提高末端物流经济效益。

（三）通过集中型库存，可使企业实现低库存或零库存

实现了高水平配送之后，尤其是采取准时制配送方式之后，生产企业可以完全依靠配送中心的准时制配送而不需要保持自己的库存。或者，生产企业只需保持少量保险储备而不必留有经常储备，这就可以实现生产企业多年追求的"零库存"，将企业从库存的包袱中解脱出来，同时解放出大量储备资金，从而改善企业的财务状况。实行集中库存，集中库存的总量远低于不实行集中库存时各企业分散库存之总量。

（四）简化手续、方便用户

采取配送方式，用户只需要向配送中心一处订购，就能达到向多处采购的目的，只需组织对一个配送单位的接货便可代替现有的高频率接货，因而大大减轻了用户工作量和负担，也节省了订货、接货等一系列费用开支。

（五）提高了供应保证程度

生产企业自己保持库存，维持生产，供应保证程度很难提高（受库存费用的制约）。采取配送方式，配送中心可以比任何企业的储备量更大，因而对每个企业而言，中断供应、影响生产的风险便相对缩小，使用户免去短缺之忧。

三、配送的作业程序

（一）配送的基本环节

从总体上看，配送是由备货、理货和送货等三个基本环节组成的，其中每个环节又包含着若干项具体的、枝节性的活动。

1. 备货

备货即指准备货物的系列活动。它是配送的准备工作或基础环节，又是决定配送成败与否、规模大小的最基础环节。同时，它也是决定配送效益高低的关键环节。如果备货不及时或不合理，成本较高，会大大降低配送的整体效益。

严格说来，备货工作应当包括两项具体活动：筹集货物和储存货物。

（1）筹集货物是由订货（或购货）、进货、集货及有关的质量检查、结算、交接等一系列活动组成的。配送的优势之一，就是可以集中用户的需求进行一定规模的备货。备货是决定配送

成败的初期工作，如果备货成本太高，会大大降低配送的效益。

（2）储存货物是购货、进货活动的延续。在配送活动中，货物储存有两种表现形态：一种是暂存形态；另一种是储备（包括保险储备和周转储备）形态。

①暂存形态的储存是指按照分拣、配货工序要求，在理货场地储存少量货物。这种形态的货物储存是为了适应"日配"、"即时配送"需要而设置的，其数量多少对下一个环节的工作方便与否会产生很大影响，但一般来说，不会影响储存活动的总体效益。

②储备形态的储存是按照一定时期配送活动要求和根据货源的到货情况（到货周期），有计划地确定的，它是使配送持续运作的资源保证。

2. 理货

理货是配送的一项重要内容，也是配送区别于一般送货的重要标志。理货包括货物分拣、配货和包装等活动。

货物分拣采用适当的方法和手段，从储存的货物中分出（或拣选）用户所需要的货物。分拣货物一般采取两种方式来操作：一是摘取式，二是播种式。

①摘取式分拣就像在果园中摘果子那样去拣选货物。具体做法是：作业人员拉着集货箱（或称分拣箱）在排列整齐的仓库货架间巡回走动，按照配送单上所列的品种、规格、数量等将客户所需要的货物拣出及装入集装箱内。

摘取式分拣的工艺过程：储物货位相对固定，而拣选人员或工具相对运动，所以又称做人到货前式工艺。形象地说，类似于人们进入果园，在一棵树上摘下熟了的果子后，再转到另一棵树前去摘果。

②播种式分拣货物类似于田野中的播种操作。具体做法是：将数量较多的同种货物集中运到发货场，然后，根据每个货位货物的发送量分别取出货物，并分别投放到每个代表用户的货位上，直到配货完毕。

播种式分拣的工艺过程：用户的分货位固定，而分货人员或工具携货物相对运动，所以又称做货到人前式工艺。形象地说，又类似于一个播种者，一次取出几亩地所需要的种子，在地中边巡回边播种，所以又称之为播种方式。

3. 送货（发送）

送货是配送活动的核心，也是备货和理货工序的伸延。在物流运动中，送货的现象形态实际上就是货物的运输（或运送），因此，常常以运输代表送货。但是，组成配送活动的运输（有人称这为"配送运输"）与通常所讲的"干线运输"是有很大区别的：前者多表现为对用户的"末端运输"和短距离运输，并且运输的次数比较多；后者多为长距离运输（"一次运输"）。由于配送中的送货（或运输）需面对众多的客户，并且要多方向运动，因此，在送货过程中，常常要进行运输方式、运输路线和运输工具的三种选择。按照配送合理化的要求，必须在全面计划的基础上，制定科学的、距离较短的货运路线，选择经济、迅速、安全的运输方式和适宜的运输工具。通常，配送中的送货（或运输）都把汽车（包括专用车）作为主要的运输工具。

4. 配送加工

配送加工是配送企业在配送系统内，按用户要求，设立加工场所进行的加工活动，如卷板展平、开片、下料，原木锯材，型材加工，玻璃集中套裁等，把货物变为用户需要的尺寸、规格或成分；还有器件组装、包装、集装、换装等（这时所说的包装是指对于经过分拣的一个用户所需要的货物，为保持在运送过程中完好无损和便于识别，需要进行重新包装。这种包装要记载货物的品种、数量、收货人的地址、姓名以及送货时间等）。配送企业必须按照所配送商品的特点和用户的基本要求来确定其加工内容，并设置加工设备，配备一定加工及其技术管理人才，按生产加工程序组织生产，努力提高劳动生产率和加工质量，降低劳动消耗，提高配送加工的经济效益。

（二）配送的工艺流程

配送工艺流程即配送运动必须经过的基本工艺流程，也是各种货物的配送活动共同具有的工艺流程。配送的工艺流程基本上是这样的一种运动过程：进货→储存→分拣→配货、配装→送货。每个流程的作业内容如下所述：

1. 进货

进货亦即组织货源。其方式有两种：①订货或购货（表现为配送主体向生产商订购货物，由后者供货）；②集货或接货（表现为配送主体收集货物，或者接收用户所订购的货物）。前者的货物所有权（物权）属于配送主体，后者的货物所有权属于用户。

2. 储存

储存即按照用户提供的要求并依据配送计划将购到或收集到的各种货物进行检验，然后分门别类地储存在相应的设施或场地中，以备拣选和配货。储存作业一般都包括这样几道程序：运输→卸货→验收→入库→保管→出库。存储作业依产品性质、形状不同而形式各异。有的是利用仓库进行储存，有的是利用露天场地储存，特殊商品（如液体、气体）则需储存在特制的设备中。

3. 分拣、配货

分拣和配货是同一个工艺流程中的两项有着紧密关系的经济活动。有时，这两项活动是同时进行和同时完成的（如散装物的分拣和配货）。在进行分拣、配货作业时，少数场合是以手工方式进行操作的，更多的场合是采用机械化或半机械化方式去操作的。

4. 送货

在送货流程中，包括这样几项活动：搬运、配装、运输和交货。其作业程序为：配装→运输→交货。送货是配送的终结，故在送货流程中除了要圆满地完成货物的移交任务以外，还必须及时进行货款（或费用）结算。在送货这道工序中，运输是一项主要的经济活动。据此，在进行送货作业时，选择合理的运输方式和使用先进的运输工具，对于提高送货质量至关重要。就前者而言，应选择直线运输、"配载运输"（即充分利用运输工具的载重量和容积，合理安排装载的货物和载运方法的一种运输方式）方式进行作业。

四、配送中心的含义和基本功能

配送中心是以组织配送性销售或供应，执行实物配送为主要职能的流通型结点。在配送中心中，为了能做好送货的编组准备，必然需要采取零星集货、批量进货等种种资源搜集工作和对货物的分整、配备等工作，因此它也具有集货中心、分货中心的职能。为了更有效、更高水平地配送，配送中心往往还有比较强的流通加工能力。

此外，配送中心还必须执行货物配备后送达到户的使命，这是和分货中心只管分货不管运达的重要不同之处。由此可见，如果说集货中心、分货中心、加工中心的职能还是较为单一的话，那么，配送中心功能则较全面、完整，也可以说，配送中心实际上是集货中心、分货中心、加工中心功能之综合，并有了配与送的更高水平。可见，配送中心的建设是基于物流合理化和发展市场两个需要。

（一）配送中心的定义

在 2001 年 8 月 1 日颁布实施的《中华人民共和国国家标准物流术语》（GB/T18354－2001）中，配送中心是指从事配送业务的物流场所或组织，它应基本符合下列要求：主要为特定的用户服务；配送功能健全；完善的信息网络；辐射范围小；多品种、小批量；以配送为主、储存为辅。

（二）配送中心的基本功能

配送中心是专门从事货物配送活动的经济组织。换个角度来说，它又是集加工、理货、送货等多种职能于一体的物流据点。具体说，配送中心有如下几种功能：

1. 采购功能

配送中心必须首先采购所要供应配送的商品，才能及时准确无误地为其用户即生产企业或商业企业供应物资。配送中心应根据市场的供求变化情况，制订并及时调整统一的、周全的采购计划，并由专门的人员与部门组织实施。

2. 存储功能

配送中心的服务对象是为数众多的生产企业和商业网点（比如连锁店和超级市场），配送中心需要按照用户的要求及时将各种配装好的货物送交到用户手中，满足生产和消费需要。为了顺利有序地完成向用户配送商品（货物）的任务，而且为了能够更好地发挥保障生产和消费需要的作用，配送中心通常要兴建现代化的仓库并配备一定数量的仓储设备，存储一定数量的商品。某些区域性的大型配送中心和开展"代理交货"配送业务的配送中心，不但要在配送货物的过程中存储货物，而且它所存储的货物数量更大，品种更多。

3. 配组功能

由于每个用户企业对商品的品种、规格、型号、数量、质量、送达时间和地点等的要求不同，配送中心就必须按用户的要求对商品进行分拣和配组。配送中心的这一功能是其与传统仓储企业的明显区别之一，这也是配送中心的最重要的特征之一。可以说，没有配组功能，就无所谓配送中心。

4. 分拣功能

作为物流节点的配送中心，其服务对象（即客户）是为数众多的企业（在国外，配送中心的服务对象少则几十家，多则有数百家）。在这些为数众多的客户中，彼此之间差别很大：不仅各自的性质不同，而且其经营规模也大相径庭。因此，在订货或进货时，不同的用户对于货物的种类、规格、数量会提出不同的要求。针对这种情况，为了有效地进行配送，即为了同时向不同的用户配送多种货物，配送中心必须采取适当的方式对组织进来的货物进行拣选，并且在此基础上，按照配送计划分装和配装货物。

5. 分装功能

从配送中心的角度来看，它往往希望采用大批量的进货来降低进货价格和进货费用。但是用户企业为了降低库存、加快资金周转、减少资金占用，则往往要采用小批量进货的方法。为了满足用户的要求，即用户的小批量、多批次进货，配送中心就必须进行分装。

6. 集散功能

在物流实践中，配送中心凭借其特殊的地位以及其拥有的各种先进的设施和设备，能够将分散在各个生产企业的产品（货物）集中到一起，然后经过分拣、配装向多家用户发运。与此同时，配送中心也可以做到把各个用户所需要的多种货物有效地组合（或配装）在一起，形成经济、合理的货载批量。配送中心在流通实践中所表现出来的这种功能即（货物）集散功能，也有人把它称为"配货、分散"功能。

集散功能是配送中心所具备的一项基本功能。实践证明，利用配送中心来集散货物，可以提高卡车的满载率，由此可以降低物流成本。

7. 加工功能

为了扩大经营范围和提高配送水平，目前，国内许多配送中心都配备了各种加工设备，由此形成了一定的加工（系初加工）能力。这些配送中心能够按照用户提出的要求和根据合理配送商品的原则，将组织进来的货物加工成一定的规格、尺寸和形状。这些加工功能是现代配送中心服务职能的具体体现。

加工货物是一些配送中心的重要活动。配送中心具备加工功能，积极开展加工业务，既方便了用户，省却了其繁琐劳动，又有利于提高物质资源的利用率和配送效率。此外，对于配送活动本身来说，客观上则起着强化其整体功能的作用。

五、配送中心的运作管理

（一）配送中心的作业流程

不同类型的配送中心，其作业流程的长短不一，内容各异；但作为一个整体，其作业流程又是统一的、一致的。

1. 配送中心的一般作业流程

所谓的一般作业流程指的是作为一个整体来看待，配送中心在进行货物配送作业时所展现出的工艺流程。从一定意义上说，一般作业流程也就是配送中心的总体运动所显示的工艺流程。

配送中心的一般作业流程是以中、小件杂货配送为代表的配送中心流程，由于货种多，为保证配送，需要有一定储存量，属于有储存功能的配送中心。理货、分类、配货、配装的功能要求较强，但一般来讲，很少有流通加工的功能。配送中心的一般作业流程如图 11-8 所示。

固体化工产品、小型机电产品、水暖卫生材料、百货及没有保质期要求的食品配送中心等也采取这种流程。这种流程也可以说是配送中心的典型流程，其主要特点是有较大的储存场所，分货、拣选、配货场所及装备也较大。

2. 配送中心的特殊作业流程

所谓的特殊作业流程是指某一类配送中心（即个别配送中心）进行配送作业时所经过的程序（或过程）。其中包括不设储存库（或储存工序）的配送工艺流程、带有加工工序的配送工艺

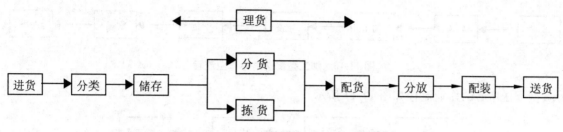

图 11-8 配送中心的一般作业流程

流程和分货型配送工艺流程。

（1）不带储存库的配送中心作业流程

有的配送中心专以配送为职能，而将储存场所尤其是大量储存场所转移到配送中心之外的其他地点，专门设置补货型的储存中心，配送中心中则只有为一时配送备货的暂存，而无大量储存。暂存设在配货场地中，在配送中心不单独设储存库。配送中心的特殊作业流程如图 11-9 所示。

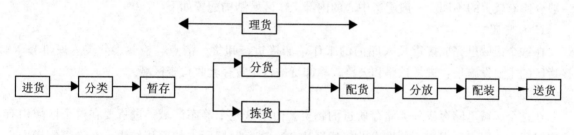

图 11-9 不带储存库的配送中心作业流程

这种配送中心和第一种类型配送中心的流程大致相同，主要工序及主要场所都用于理货、配货，区别只在于大量的储存在配送中心外部而不在其中。

这种类型的配送中心，由于没有集中储存的仓库，占地面积比较小，也可以省却仓库、现代货架的巨额投资。至于补货仓库，可以采取外包的形式，采取协作的方法解决，也可以自建补货中心，实际上在若干配送中心基础上，又共同建设一个更大规模集中储存型补货中心。此外，还可以采用虚拟库存的办法来解决。

（2）加工型配送中心的作业流程

加工型配送中心也不是一个模式，随着加工方式的不同，配送中心的作业流程也有区别。

这种加工型配送中心作业流程的特点，以平板玻璃为例，进货是大批量、单（少）品种的产品，因而分类的工作不重或基本上无须分类存放。储存后进行加工，和生产企业按标准、系列加工不同，加工一般是按用户要求。因此，加工后产品便直接按用户分放、配货。所以，这种类型配送中心有时不单设分货、配货或拣选环节。配送中心中加工部分及加工后分放部分占较多位置。加工型配送中心作业流程如图 11-10 所示。

（3）分货型配送中心的作业流程

分货型配送中心是将批量大、品种较单一产品进货，转换成小批量发货式的配送中心，不经配煤、成型煤加工的煤炭配送和不经加工的水泥、油料配送的配送中心大多属于这种类型。

图 11-10　加工型配送中心作业流程

分货型配送中心的作业流程如图 11-11 所示。

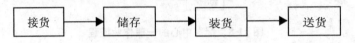

图 11-11　分货型配送中心的作业流程

这种配送中心流程十分简单，基本不存在分类、拣选、分货、配货、配装等工序，但是由于是大量进货，储存能力较强，储存工序及装货工序是主要工序。

(二) 配送中心的结构

配送中心虽然是在一般中转仓库基础上演化和发展起来的，但配送中心内部结构和布局和一般仓库有较大的不同。一般配送中心的内部工作区域结构配置如下。

1. 接货区

在这个区域里完成接货及入库前的工作，如接货、卸货、清点、检验、分类入库准备等。接货区的主要设施是：进货铁路和公路；靠卸货站台；暂存验收检查区域。

2. 储存区

在这个区域里储存或分类储存所进的物资。由于这是个静态区域，进货要在这个区域中有一定时间的放置。所以和不断进出的接货区比较，这个区域所占的面积较大。在许多配送中心中，这个区域往往占总面积一半左右。对某些特殊配送中心（如水泥、煤炭配送中心），这一部分在中心总面积中占一半以上。

3. 理货、备货区

在这个区域里进行分货、拣货、配货作业，以为送货做准备。这个区域面积随不同的配送中心而有较大的变化。例如，对多用户的多品种、少批量、多批次配送（如中、小件杂货）的配送中心，需要进行复杂的分货、拣货、配货等工作，所以，这部分占配送中心很大一部分面积。也有一些配送中心这部分面积不大。

4. 分放、配装区

在这个区域里，按用户需要，将配好的货暂放暂存等待外运，或根据每个用户货堆状况决定配车方式、配装方式，然后直接装车或运到发货站台装车。这一个区域对货物进行暂存，暂存时间短、周转快，所以所占面积相对较小。

5. 外运发货区

在这个区域将准备好的货装入外运车辆发出。外运发货区结构和接货区类似，有站台、外运线路等设施。有时候，外运发货区和分放配装区还是一体，所分好之货直接通过传送装置进入装货场地。

6. 加工区

有许多类型的配送中心还设置配送加工区域，在这个区域进行分装、包装、切裁、下料、混配等各种类型的流通加工。加工区在配送中心所占面积较大，但设施装置随加工种类不同有所区别。

7. 管理指挥区（办公区）

这个区域可以集中设置于配送中心某一位置，有时也可分散设置于其他区域中。主要的内涵是营业事务处理场所、内部指挥管理场所、信息场所等。

（三）配送中心订单处理流程

配送中心收到客户订单后，进行订单处理的主要工作流程如下：

（1）检查订单是否全部有效，即信息是否完全准确。

（2）信用部门审查顾客的信誉。

（3）市场销售部门把销售额记入有关销售人员的账下。

（4）会计部门记录有关的账务。

（5）库存管理部门选择和通知距离顾客最近的仓库分拣顾客订货、包装备运并及时登记公司的库存控制总账，扣减库存，同时将货物及托运单送交运输商。

（6）运输部门安排货物运输，将货物从仓库发运至收货地点，同时完成收货确认，即签收。

配送中心在订单处理完毕后，将发货单寄给顾客。这一过程也可由计算机网络完成。有了电子订货系统和订单处理系统，便于客户与配送中心之间的联系。物流企业可自行设计订单的格式，便于客户和配送中心上机使用，便于计算机处理。

货物拣选完毕后，要核对集中起来的货物。如库存缺货，应立即通知营业部门修正原始文件。通常要填制包装清单放入每件货物中，以说明其中货物品类、数量，收货人也据此核收货物。

（四）配送中心的管理

1. 配送中心的主要工作

（1）配货

集中在配送中心内实现的配送的主要功能要素，就是为高水平送货所必需的分货、配货等理货工作，这也成了配送中心的核心工序。尤其对当前各国开展配送的主要对象——产品及中、小件杂货来讲，这个工序尤为重要。

（2）送货

送货的实施虽然在配送中心之外的线路上进行，但是，送货的决策、计划、组织、管理、指挥是在配送中心中完成的。

（3）库存控制

配送中心是配送系统集中库存所在地，在保证配送服务的前提下，控制库存数量和保证库存物质量是库存控制的两项主要工作。

（4）客户管理

配送中心执行对用户的配送计划，为保证服务水平，需要有诸如用户信息、用户反馈、用户联络等用户管理工作。

2. 配货

将配送中心存入的多种类产品，按多个用户的多种订货要求取出，并分放在指定货位，完成各用户的配送之前的货物准备工作，这项活动称作配货。由于配货工作时间建立在分拣的基础之上，所以这项工作又称为分拣配货。

配货是一件很复杂、工作量很大的活动，尤其是在用户多、所需品种规格多、需求批量小、需求频度又很高时，就必须在很短时间完成分拣配货工作。所以，如何选择分拣配货方式、如何高效率完成分拣配货，在某种程度上决定着配送中心的服务质量和经济效益。所以，尽管在配送中心中还有保管、包装、流通加工等工作，但那些都不反映配送中心的本质特点，反映配送中心本质特点的是分拣配货方式，包括拣选式方式和分货式方式。

配货管理的基本要求有以下几点：

（1）准确程度

大型配送中心，由于用户多，需要配货的品种、规格、数量又有非常大的变化，所以常常会影响配货的准确程度。采用适当的管理方法例如选择有效的分货和拣选方式，有助于配货的准确。

（2）配货的速度

配送中心在执行配送任务时，整个配送时间有所限制，例如"时配"、"日配"等，因此，配送中心内部的配货时间必须要保证整个配送计划、配送服务的兑现。配货速度的主要制约因素是用户过多、工作过于复杂。要解决这个问题，必须要选择合适的设备及工艺。

（3）配货的成本

配货工作相当复杂繁琐，要大量消耗人力，因此是增加成本一个因素。选择适当的配货方式，可以提高效率、节约劳动消耗。

3. 送货

（1）制订送货计划

大型配送中心需要通过提高计划性来提高送货的水平和降低送货成本。由于配送中心特别要强调服务功能，很难依靠预测制订完善的计划，因此，针对随机因素，采用灵活的计划方法是很重要的。

（2）配送路线规划

合理规划配送路线以降低运量、节省运力是保证配送速度，降低成本的重要因素。

（3）车辆配装

即根据不同配送要求，选择合适的车辆并对车辆进行配装以达到提高利用率，是送货的一项主要工作。

（4）车辆管理

包括车辆的合理调度、安排、维护等内容。

本 章 小 结

本章主要学习了国际物流仓储的内涵与意义，国际物流仓库的分类及其合理布局的制约因素；保税仓库的概念、类型及其存放的货物范围，设立保税仓库的条件、程序；国际物流货物仓储业务运作的基本程序，外贸商品包装材料和包装种类，包装费用与包装标志，配送与配送中心的概念，配送与配送中心的作业流程等相关知识。

国际物流货物仓储工作同国际物流货物运输一样，都是对国际贸易及国际物流不可缺少的环节，其意义主要体现在六个方面。国际物流仓库分别按照在国际物流中的用途、仓库管理体制和存储商品的性能及技术设备等不同方面来划分。国际物流货物仓库的合理布局要考虑货物仓库网点的比例要求以及影响国际物流货物仓库分布的制约因素。

保税仓库是国际物流货物仓储中一个非常重要的部分。重点了解保税仓库的概念及其允许存放的货物范围。保税仓库的类型有专业性保税仓库、公共保税仓库、保税工厂和海关监管仓库。要熟悉设立保税仓库的条件、程序和相关申请文件和审批手续，了解保税区的概念及其发展过程。

国际物流货物仓储业务运作基本程序包括四个环节：保税仓库货物进口、入库、储存保管和出库。各个环节的基本要求和主要内容不同，要区分对待。

进入国际流通领域的货物一般都要经过长途运输，有许多货物要经过多次转装和储存，对出口货物包装的要求也比国内贸易严格。合同中的包装条款主要包括包装材料与容器、包装种类、包装费用和包装标志。对中性包装、定牌和绿色包装也要在一定程度上进行理解。

一般来说，配送一定是根据用户的要求，在物流据点内进行分拣、配货等工作。从总体上看，配送是由备货、理货和送货三个基本环节组成的，其中每个环节又包含着若干项具体的、枝节性的活动。配送中心是以组织配送性销售或供应，执行实物配送为主要职能的流通型结点。不同类型的配送中心，其作业流程的长短不一，内容各异；但作为一个整体，其作业流程又是统一的、一致的。

关键词或概念

国际物流货物仓储（international logistics warehousing）

保税仓库（bonded warehouse）

保税区（bonded area/exempt-zone）

集合包装（assembly packaging）

包装标志（packaging mark）

配送（distribution）

配送中心（distribution center）

【案例分析】
【案例 1】

现代仓储中心——美国的三角网络公司

位于美国加利福尼亚州的三角网络公司（Triangle Network）首席营业主任克雷格·卡普兰

这样标榜自己的企业："我们希望客户能将钱花在刀刃上。"三角网络公司向众多的零售商和服装公司提供拆拼箱和配送服务。在洛杉矶和长滩港附近，三角网络公司拥有 8 座 11 万平方米的仓库和大量集散、分送、交叉装箱平台设施。依靠这些设施，该公司可以帮助客户减少修建仓库、配备人员及购置设施等巨额费用。

三角网络公司的仓储中心提供多项具有附加值的服务，如包装、条形码粘贴、质量控制检查，甚至还有缝补和压熨衣服。过去，这些工作常由客户自己来做。在零售业领域，物流服务商的仓储中心正将零售商的经营和那些服装及其附属品生产商紧密地结合起来。比如，三角网络公司为来自亚洲、墨西哥和加利福尼亚南部的服装生产商提供收货、加工和包装服务，并将其产品运送到零售商手中。

但是，让制造商和零售商放心地放弃一些工作，尤其是把质量控制工作交给第三方物流企业，这并非易事。卡普兰说："由于制造商和零售商认为我们做质量控制工作不如他们做得好，因此，他们不放心把这项工作交给我们的仓储部门。"

在为 Esprit 公司的产品提供仓储服务时，三角网络公司根据客户确定的产品检验、维修和报废质量标准来做具体执行工作。对像 Esprit 这样的大客户，三角网络公司只采用客户自己的仓储管理系统软件，虽然三角网络公司也有类似的软件。

对于那些准备将服装直接运送到零售商店柜台上的客户，三角网络公司的仓储中心提供各种各样的服务，包括将衣服挂在衣架上，为每一套服装套上塑料包装、将零售商的标签贴在商品上、纸箱上粘贴条形码，为零售商和制造商开具电子发票等，使产品从原产地运到目的地的时间减少一半甚至更多。三角网络公司设在康普顿的交叉装箱平台仓库，有 52 个出口。50 家供货商提供的服装及其附件饰品被装在一辆卡车上，运送到零售商手里。这种共同配送模式减少了货车空载率。

卡普兰说，在一个仓储中心将上述工作一起来做，可以把产品从原产地运到目的地的时间减少一半，甚至更多。在高技术制造领域，仓储中心可以减少库存量和资金开支。以太阳微系统公司（Sun Microsystems）为例，它需要将产品部件运送到生产设备上，以维持 8～12 小时的生产循环。太阳微系统公司有 3 个分拨中心，但它的目标是将这些设施全部撤掉。美国亚太物流公司经理理查德·埃利斯说，未来的太阳微系统分拨中心就是流动在高速公路上的 18 个车轮。

值得注意的是，仓储中心也降低了运输成本。三角网络公司设在康普顿的有 52 个出口的交叉装箱平台仓库，50 家不同的供应商提供的服装及其附件饰品被一起装在一辆卡车上运送到零售商手里。这种将多个供应商联合起来的模式也减少了汽车制造业中卡车空间的浪费。如本田美国公司将来自 405 家供应商的零部件运到设在俄亥俄州马里斯维尔的制造厂，工作日内每隔一小时就要运送一次，目前已全面采用了交叉装箱平台管理。这种运作方式保证了卡车始终满载，本田美国公司因此而节省的零件供应运输费用一年就达 100 万美元。

【案例 2】

中国保税区对区域经济发展的重要作用

　　中国保税区是中国重要的经济生态形式。各地都在争取对外开放特殊政策，以寻求在发展过程中相对于其他地区的比较竞争优势。依托港口及港口城市的临港保税区是最早设立的对提升外向型经济发展水平有重要作用的海关特殊监管区域。在临港地方设立海关特殊监管区域是中国设立的深化改革、扩大开放的先导性功能经济区。

　　中国保税区是继经济特区、沿海开放城市、经济技术开发区、沿海经济开放区等开发开放试验区之后，经国务院批准在沿海临港特定地方设立的开放度和自由度较大的经济性功能区域。随着中国融入全球步伐的加快，中国保税区逐步形成沿中国黄金海岸线的区域性开放格局：南有以广州、深圳为主的珠江三角洲区域，东南有以福州、厦门为主的海峡西岸区域，中有以上海、宁波为主的长江三角洲区域，北有以天津、大连、青岛为主的渤海湾区域。

　　全国保税区经济总量规模持续扩大，2008 年全国保税区实现 GDP 2 168.35 亿元，比 2007 年增加 1 800.85 亿元，增长 17.8%；每百元销售收入所创造的增加值为 14.62 元，保持较高的产出量。其中上海外高桥保税区实现 GDP951.5 亿元，居第一位；天津港保税区 385.1 亿元，居第二位；大连 218.5 亿元，居第三位。

　　不同地区差异较大，部分区域发展较快，宁波保税区依托贸易业务大力发展高新技术产业，全年实现 GDP 135.60 亿元，同比增长 31.7%。天津港和大连保税区发挥整体功能优势，培育优势企业，实现 GDP 385.05 亿元和 218.49 亿元，分别同比增长 30.6% 和 29.6%。截至 2009 年 3 月，全国保税区实现 GDP 16 084 亿元，其中上海外高桥保税区实现 GDP 4 819.3 亿元，居第 1 位；深圳保税区 6 557.9 亿元，居第二位；天津港 1 559.6 亿元，居第三位。

　　2008 年全国保税区工业总产值 3 463.8 亿元，其中深圳保税区 862.6 亿元，居第一位；张家港 558.4 亿元，居第二位；上海外高桥 555.6 亿元，居第三位。全国保税区高新技术产业产值 893.2 亿元，其中宁波 362.7 亿元，居第一位；张家港 137.8 亿元，居第二位；天津港 111.3 亿元，居第三位。2008 年全国保税区税收总额 1 118.77 亿元，其中海关税收 708.6 亿元，地方税收 410.17 亿元，分别同比增长 23.9%、20.3% 和 30.7%。其中上海外高桥保税区税收总额 518 亿元，居第一位；天津港税收总额 267.8 亿元，居第二位，天津港保税区实现的地方税收达到 79.17 亿元，同比增长 101.5%，增幅位居全国保税区之首；大连税收总额 101.8 亿元，居第三位。

　　截至 2009 年 3 月，全国保税区税收总额达 6 015.5 亿元，其中上海外高桥保税区 2 773.5 亿元，居第一位；天津港 1 214.3 亿元，居第二位；深圳 582.3 亿元，居第三位。税收增长为保税区可持续发展奠定了坚实基础，也进一步提高了对国家和地方经济的贡献度。

第十二章 国际物流服务质量与成本管理

本章导读

　　国际物流服务质量管理的主线是制定质量方针（质量第一、用户第一、服务第一、赶超先进水平）；确定质量目标（预订的长期目标、短期目标）；编制质量计划（目标计划、指标计划、措施计划）；建立物流质量指标体系；进行质量控制、评价、分析。我国国际物流成本核算的原则是，在贯彻平等互利的原则下根据国际市场价格水平，结合国别（地区）政策，并按照购销意图、商品的质量和档次、运输距离、交货地点及交货条件、成交数量、支付条件和汇率变动的风险、佣金及折扣、保险等确定适当的物流服务价格，进行成本核算。

　　本章的主要内容是关于国际物流服务质量管理与国际物流成本管理方面的基本理论。包括第三方物流的基本概念及基本特征，第三方物流与国际物流的关系，国际物流运作质量服务评价体系，国际物流服务过程质量管理，国际物流成本核算及管理原则。

本章学习目标

　　通过本章学习，应掌握第三方物流与国际物流的关系，国际物流运作质量服务评价体系以及国际物流的成本核算。深刻理解第三方物流是国际物流的发展方向以及国际物流成本的核算方法，了解第三方物流的基本概念、特征以及国际物流成本核算的基本管理原则。

第一节　国际物流与第三方物流的关系

一、第三方物流概述

（一）基本概念

　　第三方物流，英文表达为 third-party logistics，简称 3PL，也简称 TPL，是相对"第一方"发货人和"第二方"收货人而言的。3PL 既不属于第一方，也不属于第二方，而是通过与第一方或第二方的合作来提供其专业化的物流服务，它不拥有商品，不参与商品的买卖，而是为客户提供以合同为约束、以结盟为基础的、系列化、个性化、信息化的物流代理服务。最常见的

3PL 服务包括设计物流系统、EDI 能力、报表管理、货物集运、选择承运人、货代人、海关代理、信息管理、仓储、咨询、运费支付、运费谈判等。由于服务业的方式一般是与企业签订一定期限的物流服务合同，所以有人称第三方物流为"合同契约物流（contract logistics）"。

第三方物流内部的构成一般可分为两类：资产基础供应商和非资产基础供应商。对于资产基础供应商而言，他们有自己的运输工具和仓库，他们通常实实在在地进行物流操作。而非资产基础供应商则是管理公司，不拥有或租赁资产，他们提供人力资源和先进的物流管理系统，专业管理顾客的物流功能。广义的第三方物流可定义为两者结合。

（二）基本特征

从发达国家物流业的状况看，第三方物流在发展中已逐渐形成鲜明特征，突出表现在五个方面：

1. 关系契约化

首先，第三方物流是通过契约形式来规范物流经营者与物流消费者之间关系的。物流经营者根据契约规定的要求，提供多功能直至全方位一体化物流服务，并以契约来管理所有提供的物流服务活动及其过程。其次，第三方物流发展物流联盟也是通过契约的形式来明确各物流联盟参加者之间权责利相互关系的。

2. 服务个性化

首先，不同的物流消费者存在不同的物流服务要求，第三方物流需要根据不同物流消费者在企业形象、业务流程、产品特征、顾客需求特征、竞争需要等方面的不同要求，提供针对性强的个性化物流服务和增值服务。其次，从事第三方物流的物流经营者也因为市场竞争、物流资源、物流能力的影响需要形成核心业务，不断强化所提供物流服务的个性化和特色化，以增强物流市场竞争能力。

3. 功能专业化

第三方物流所提供的是专业的物流服务。从物流设计、物流操作过程、物流技术工具、物流设施到物流管理必须体现专门化和专业水平，这既是物流消费者的需要，也是第三方物流自身发展的基本要求。

4. 管理系统化

第三方物流应具有系统的物流功能，是第三方物流产生和发展的基本要求，第三方物流需要建立现代管理系统才能满足运行和发展的基本要求。

5. 信息网络化

信息技术是第三方物流发展的基础。物流服务过程中，信息技术发展实现了信息实时共享，促进了物流管理的科学化，极大地提高了物流效率和物流效益。

二、第三方物流与国际物流的关系

随着经济全球化进程的深入，以及我国加入 WTO，我国各行各业在不同程度上面临着国外相关行业的严峻挑战，我国的对外贸易数量也大幅度增加，从而使国际物流也被提到一个前所未有的高度，并且由于服务市场准入的扩大，使我国的物流业也融入全球物流业跨国化、大型化和互联网经济化的潮流之中。第三方物流将成为国际物流发展的必然趋势。针对第三方物流与国际物流的关系，我们将从以下三个方面进行阐述。

（一）国际运输业向第三方物流转型是促进我国经济结构调整、优化资源配置的客观要求

一个国家物流业的发展水平反映了该国的综合国力和企业的市场竞争能力。面临世纪之交，全球经济新秩序正在建立和调整，世界各国以及区域经济组织都非常重视物流水平对于本国经济发展、国民生活素质和军事势力的影响。最近签订的《日美防务条约》，其实质就是日本承诺提供美军在亚太地区的军事行动的物流保障支持。而且，物流活动很复杂，物流业务是全方位、全过程的优质服务，无论从外延到内涵，一切均从客户的需求出发，形成点、线、面的服务；不仅要有先进的物流技术与设施，还要有一支素质优良的专业人才队伍。在计划经济体制下，由于行业、地域等条块划分，造成仓库重复建设，车队老、人员知识结构跟不上等问题。而要想发展现代物流，就必须打破部门、地域等各自为政的局面，将传统物流企业的货源、人才、良性资产等资源进行优化、整合。因此，我国国际物流业向物流业方向发展势必会带来原有经济结构的调整与旧的经营管理体制的转变。这必然会带动我国经济的快速发展，实现资源的优化配置。

（二）国际物流业向第三方物流转型是货运代理业发展的必然结果

一方面，由于国内对货运代理企业的审批和行业管理的混乱，导致了货运代理市场上低水平的竞争，过度激烈的竞争也妨碍了企业的资本积累和发展壮大。并且，受国外先进的、现代的物流业的吸引和推动，不少货代已渐渐意识到，仅仅提供港到港的运输服务已不能满足广大货主的需要。在与国内同业竞争中深感只有向物流业拓展才能生存和发展，才能增强自身的竞争力；另一方面，物流业的配套服务逐渐完善。在现代国际物流中，单纯的运输、仓储虽然是重要环节，但地位已经大大下降，而与这些环节相关的各配套服务成了利润来源。例如设在深圳市福田保税区的海福发展（深圳）有限公司的生产厂承担物流业务，从香港接货，进入内地报关，运到自己的仓库开箱、验收、分拣、配货，将配好的货箱按时送到指定的生产线上，并把产成品及不合格元器件拉回来，把成品发出去，把不合格元器件退回供货商，还要办好出关的一系列手续。从这里我们可以清楚地看到运输与储存仅是从属地位，而从进到出过程中的各种配套服务是其业务的主要内容，是利润的主要源泉。第三方综合物流是大型货代企业的发展方向，货代企业应嫁接现代物流理念。

（三）国际物流业向第三方物流转型是跨国公司生存发展的需要

有报道称，目前世界上约有 4.5 万家跨国公司，控制了世界上 1/3 的生产，掌握了世界上 70% 的对外投资，占有世界贸易额的 2/3 和 80% 以上的技术贸易。面对日趋激烈的竞争，各大公司为了占领更大的国际市场，不得不将主要精力放在核心业务上，而将运输、仓储等相关业务环节交由更专业的物流企业进行操作，以求节约和高效。除此之外，物流企业还为这些跨国公司提供了最佳的资源和原材料供应地、成品生产地、半成品加工地、商品分拨配送和销售地。由于现代物流不断增加服务深度，延伸流程长度，拓宽覆盖广度，为跨国公司降低了货运成本，扩大了销售市场，提高了利润，所以第三方物流的发展，已成为目前世界各国和大型跨国公司所关注、探讨和实践的热点。可以说第三方物流产业的发展潜力巨大，具有广阔的发展前景。

第二节　国际物流服务质量

一、国际物流运作质量评价指标

国际物流服务质量管理的主线是制定质量方针（质量第一、用户第一、服务第一、赶超先进水平）；确定质量目标（预订的长期目标、短期目标）；编制质量计划（目标计划、指标计划、措施计划）；建立物流质量指标体系；进行质量控制、评价、分析。

衡量国际物流质量的主要指标是根据国际物流服务的目标确定的，即是"目标质量"的具体构成内容。围绕这些指标，在工作环节中各项工程又可以制定出实现"分目标"的一系列质量指标，这就形成了一个质量指标体系。

（一）国际物流目标质量指标

1. 国际货物运输的服务水平指标

（1）相对数指标：

国际货物运输的服务比率＝满足要求次数/用户要求数量－满足要求数

国际货物运输的缺货率＝缺货次数/用户要求次数×100%

（2）绝对数指标：

未满足用户要求数量＝用户要求数量－满足要求数量

该指标等于零为最好，指标值越大质量越差。

2. 国际货物运输的交货水平指标

（1）相对数指标：

国际货物运输的交货比率＝按期交货次数/总交货次数×100%

（2）绝对数指标：

国际货物运输的交货期＝规定交货期－实际交货期

以实际交货期与规定交货期相差日（时）数表示。正号为提前交货，负号为延迟交货。

3. 国际货物运输的商品完好率指标

国际货物运输的商品完好率＝交货时完好的商品量×100%

国际货物运输的缺损率＝缺损商品量/物流商品总量×100%

国际货物运输的货差率＝错装错卸量/物流商品总量×100%

货损货差赔偿费率＝货损货差赔偿费总额/同期业务收入总额×100%

4. 国际物流费用指标

国际货物运输的物流费用率（元/吨）＝国际货物运输的物流费用/国际货物运输的物流总量

5. 物资保管完好程度

国际货物运输的物资保管损耗率＝国际货物运输中的损坏、变质、损失量/期内平均库存量

业务赔偿费率＝业务赔偿之和/期内仓储业务收入×100%

国际货物运输的缺损率＝国际货物运输的缺损商品量/国际货物运输中的物流商品总

量×100％

国际货物运输的货差率＝国际货物运输中的错装错卸量/国际货物运输中的物流商品总量×100％

国际货物运输的货损货差赔偿费率＝国际货物运输的货损货差赔偿费总额/同期国际货物运输业务收入总额×100％

（二）外贸仓库质量指标

1. 外贸仓库吞吐能力实现率

仓库吞吐能力实现率＝期内实际吞吐量/外贸仓库设计吞吐量

2. 商品收发正确率

收发差错率＝收发差错量/期内吞吐量

收发正确率＝1－收发差错量/期内吞吐量＝（期内吞吐量－收发差错量）/期内吞吐量

3. 商品完好率

外贸库存商品完好量＝期内平均库存量－损坏、变质、损失量

外贸仓库商品完好率＝（外贸仓库商品库存量－外贸仓库缺损商品量）/外贸仓库商品库存量×100％

4. 外贸仓库库存商品缺损率

外贸仓库库存商品缺损率＝外贸仓库商品缺损量/外贸仓库商品库存量×100％

（以上是以用户为对象，确定每批商品的质量指标。如果是对外贸仓库总工作质量评定，其指标的计算应将"某批次"的数量改换为"期内"的数量。）

5. 外贸仓库仓容利用率

外贸仓库仓容利用率＝外贸仓库存货面积/外贸仓库的总面积×100％

6. 外贸仓库设备完好率

外贸仓库设备完好率＝期内设备完好台数/同期设备总台数

7. 设备利用率

外贸仓库设备利用率＝全部设备实际工作时数/设备总工作能力×100％

8. 仓储吨日成本

外贸仓库仓储吨日成本（元/吨）＝外贸仓库仓储费用/外贸仓库库存量

（三）运输环节质量指标

1. 正点运输率

国际货物运输正点运输率＝正点运输次数/运输总次数×100％

2. 满载率

满载率＝车辆实际装载量/车辆装载能力×100％

3. 实载率

实载率＝一定时期内车船实际完成的货物周转量（以吨千米计）/车船载重吨位×行驶公里×100％

（四）装运搬卸质量

国际货物运输装载搬运损失率＝国际货物运输装载搬运损失量/期内吞吐量×100%

国际货物运输装卸搬运质量＝1－国际货物运输装卸搬运损失量/期内吞吐量×100%＝（期内吞吐量－国际货物运输装卸搬运损失量）/期内吞吐量×100%

（五）国际物流客户流失率指标

1. 绝对数指标

当期国际物流客户流失数量＝期末国际物流客户数量－当期新增国际物流客户数量－期初国际物流客户数量（得数为负数时表明有客户流失，并且流失的数量就是该数），也可以用统计的方法计算当期顾客的流失数量。

2. 相对数指标

国际物流客户流失率＝一定时期内的国际物流客户流失量/期初国际物流客户数量×100%

合同到期国际物流客户再续约数量比例＝国际物流客户再续约数/合同到期总国际物流客户数量×100%

二、国际物流服务过程质量管理

国际物流服务过程是指将国际物流服务从外贸服务提供者到服务消费者的流程。国际物流服务过程的质量管理主要包括以下方面。

（一）国际物流服务过程质量监控

国际物流企业作为国际物流服务的供方，要保证服务提供过程的质量，就要对是否遵守相关的国际物流服务规范进行监督，在出现偏差时对国际物流服务提供过程进行调查。在我国，外贸公司遵循的服务过程质量监控死亡法律、法规、国际惯例有《中华人民共和国合同法》，《规范进出口代理业务的若干规定》（商务部），《种类表》（原国家出入境检验检疫局），及《跟单信用证统一惯例600》、《国际商会托收统一规则522》等。

国际物流企业进行过程质量测量的一个方法是绘制国际物流服务流程图，显示工作步骤和工作任务，确定关键时刻，找出国际物流服务流程中的管理人员不易控制的部分，不同部门之间的衔接等薄弱环节，分析各种影响服务质量的因素，确定预防性措施和补救性措施。通常外贸公司的质量管理体系范围是进出口贸易及其代理服务、加工贸易等进出口业务流程。主要服务过程包括商品的生产、仓储、运输集港、保险等。

（二）国际物流客户评定

国际物流客户的评定是对国际物流服务质量的基本测量。国际物流企业的客户主要是国际客户。国际物流客户的反映可能是及时的，也可能是滞后的或者回顾性的。对于国际物流客户满意方面的评定和测量，应集中在国际物流服务的服务提要、国际物流服务规范、国际物流服务提供过程满足客户需要的范围内。

国际物流客户与服务企业自身评定相结合，评价两者之间的相容性，可以为改进服务质量、采取改进措施提供帮助。

（三）不合格国际物流服务的补救

没有任何物流服务质量体系能够保证所有的物流服务都是可靠的、无缺陷的，不合格物流服务在企业仍是不可避免的。

不合格服务的重复出现可能意味着服务可靠性发生了严重问题。当出现不合格的服务时，紧跟着一次毫无力度的服务补救，也就是让客户失望了两次，丧失了两次关键时刻，其后果只能是极大地降低客户对服务企业的信任。例如，在国际运输中造成货损或货物灭失时，应及时向保险公司索赔，再由保险行使代位求偿权向责任人追偿。

第三节　国际物流成本管理

一、国际物流成本核算及管理原则

国际物流成本核算原则及影响考虑因素：

我国国际物流成本核算的原则是，在贯彻平等互利的原则下根据国际市场价格水平，结合国别（地区）政策，并按照我们的购销意图、商品的质量和档次、运输距离、交货地点及交货条件、成交数量、支付条件和汇率变动的风险、佣金及折扣、保险等确定适当的物流服务价格，进行成本核算。一般在确定国际物流服务价格的时候，需要考虑以下因素。

（一）进出口商品的质量和档次

在国际市场上，一般都贯彻按质论价的原则，即好货好价，次货次价，品质的优劣，档次的高低，包装装潢的好坏，式样的新旧，商标，品牌的知名度，都影响商品的价格。

（二）运输距离的远近

国际货物运输，一般属于长途跨洋运输。运输距离的远近，直接影响运费和保险费的开支，从而影响商品的价格。因此，确定商品价格时，必须核算运输成本，做好比价工作，以体现地区差价。

（三）交货地点和交货条件

在国际贸易中，由于交货地点和交货条件不同，买卖双方承担的责任、费用的风险有别，在确定进出口商品价格时，必须考虑这些因素。例如，同一运输距离内成交的同一商品，按 CIF 条件成交与按 exship 条件成交，其价格应当不同。

（四）季节性需求的变化

在国际市场上，某些节令性商品，如赶在节令前到货，抢行应市，即能卖上好价。过了节令的商品，其售价往往很低，甚至以低于成本的"跳楼价"出售。因此，应充分利用季节性需求的变化，切实掌握好季节性差价，争取按有利的价格成交。

（五）成交数量

按国际贸易的习惯做法，成交量的大小影响价格。即成交量大时，在价格上应给予适当优惠，或者采用数量折扣的办法；反之，如成交量过少，甚至低于起订量时，也可以适当提高出售价格。那种不论成交量多少，都采取同一个价格成交的做法是不当的，我们应当掌握好数量方面的差价。

（六）支付条件和汇率变动的风险

支付条件是否有利和汇率变动风险的大小，都影响商品的价格。例如，同一商品在其他交易条件相同的情况下，采取预付货款和凭信用证付款方式下，其价格应当有所区别。同时，确定商品价格时，一般应争取采用对自身有利的货币成交，如采用不利的货币成交时，应当把汇率变动的风险考虑到货价中去，即适当提高出售价格或压低购买价格。

（七）其他因素

此外，交货期的远近，市场销售习惯和消费者的爱好与否等因素，对确定价格也有不同程度的影响，因此必须在调查研究的基础上通盘考虑，权衡得失，然后确定适当的物流服务价格。

二、国际物流成本的划分

（一）按功能划分并核算国际物流成本

分别按包装、配送、保管、搬运、国际运输、信息、物流管理等功能来核算物流费用。从这种方法可以看出哪种功能更耗费成本，比按形态计算成本的方法能更进一步找出实现物流合理化的症结。而且可以计算出标准物流成本（单位个数、质量、容器的成本），进行作业管理，设定合理化目标。

（二）按支付形态划分并核算物流成本

把国际物流成本分别按运费、保管费、包装材料费、配送费（企业内部配送费）、人事费、物流管理费、物流利息、保险等支付形态记账。从中可以了解物流成本总额，也可以了解什么经费项目花费最多。对认识物流成本合理化的重要性，以及考虑在物流成本管理应以什么为重点，十分有效。

三、国际物流服务中的成本定价

在国际货物买卖中，利用成本导向定价法是最主要的一种定价形式，为外贸企业广泛使用。采用成本加成定价法时，需要了解有关进出口商品的成本和相对于成本的利润率（或利润），并以相应的外币表示，即能获得基本价格。

以出口商品为例，出口商品的基本成本要素包括：

1. 出口商品生产成本或采购成本
2. 装运前融资利息成本
3. 出口成本及费用（包括出口包装、国内运输、保险费用、码头费用、仓储费用、各种国内税、海关关税及费用、出口企业管理费用等）
4. 装运后的融资利息成本和银行手续费用
5. 可能的汇率变动成本
6. 国外运费（自装运港至目的港的海上运输费用）

7. 国外保险费（海上货物运输保险）

8. 如果有中间商，那么还应包括将支付给中间商的佣金

9. 出口商预期利润率等

出口商在采用成本加成定价方法时，应根据买卖双方所确定的贸易术语，首先确定出出口商品的总成本，并在此基础上计算出出口商品利润，即得到出口商品的价格。

四、国际物流服务中的佣金与折扣

在国际物流服务的价格条款中，有时会有佣金或折扣的规定，从这个角度看，价格条款中所规定的价格，可分为包含有佣金或折扣的价格和不包含这类因素的净价（net price）。包含有佣金的价格，在业务中通常称为"含佣价"。

佣金（commission），是代理人或经纪人为委托人进行交易而收取的报酬。在国际货物买卖中，往往表现为出口商付给销售代理人、进口商付给购买代理人的酬金。因此，它适用于与代理人或佣金商签订的合同。

折扣（rebate、allowance），是卖方给予买方的价格减让，从性质上看，它是一种优惠。国际贸易中所使用的折扣种类较多，除一般折扣外，还有为扩大销售而使用的数量折扣，以及为特殊目的而给予的特别折扣等。

在价格条款中，对于佣金或折扣可以有不同的规定办法。通常是在规定具体价格时，用文字明示佣金率或折扣率，如每公吨 CIF 香港1 000美元，佣金 3％；或 CIF 香港每公吨1 000美元，折扣 2％。价格中所包含的佣金或折扣也可用绝对数表示，如每公吨付佣金 30 美元，或每公吨折扣 5 美元等。有时，双方在洽谈交易时，对佣金或折扣的给予虽已达成协议，却约定不在合同中表示出来。这种情况下的价格条款中，只订明单价，佣金或折扣由一方当事人按约定另付，这种不明示的佣金或折扣，俗称"暗佣"或"暗扣"。

在规定佣金的条件下，不但佣金的高低会影响双方的实际利益，而且如何计算佣金，对双方的经济利益也会产生直接影响，关于如何计算佣金，可以有不同的方法，最常见的是以合同价格直接乘佣金率，得出佣金额，例如，CIFC3％每公吨1 000美元，佣金额为1 000×0.03＝30美元，但也可规定，CIFC3％以 FOB 值计算，这样，在计付佣金时，以 CIF 价减去运费、保险费，求出 FOB 值，然后乘以 0.03，得出佣金额，关于计算佣金的公式如下：

单位货物佣金额＝含佣价×佣金率

净价＝含佣价－单位货物佣金额

假如已知净价，则含佣价的计算公式为：

含佣价＝净价/1－佣金率

佣金的支付通常有两种做法：一种是由中间代理商直接从货价中扣除；另一种是在委托人收清货款之后，再按事先约不定期的期限和佣金比率，另外付给中间代理商。按照一般惯例，在独家代理情况下，如委托人同约定地区的其他客户直接达成交易，即使未经独家代理商过手，也得按独家代理协议规定的佣金比率付给其佣金。在支付佣金时，要防止错付、漏付和重付事故发生。

五、换汇成本的测算

出口换汇成本是指出口商品净收入一单位外汇所需的人民币成本。在我国，一般是指出口商品每净收入一美元所耗费的人民币成本，即用多少元人民币换回一美元。出口换汇成本是衡量外贸企业和进出口盈亏的重要指标，与外汇牌价相比较能直接反映出商品出口是否盈利。换汇成本如高于银行外汇牌价，说明出口为亏损；换汇成本如低于银行外汇牌价，则说明出口盈利。其计算公式：

出口换汇成本＝出口总成本（人民币）÷出口销售外汇净收入（美元）

出口商品盈亏率是指出口商品盈亏额与出口总成本的比率。出口盈亏额是指出口销售人民币净收入与出口总成本的差额，前者大于后者为盈利，反之为亏损。其计算公式：

出口商品盈亏率＝出口商品盈亏额÷出口总成本×100％

在对换汇成本进行测算时，需要考虑以下因素：

（一）国际物流服务运费的计算

随着运输的发展集装箱的大量使用，在国际物流服务中，国外进出口商往往要求集装箱装运。集装箱装运的为整箱装运和拼箱装运。整箱装运的运费比散箱装运的运费低。通过对许多船公司同时期、同航线的报价测算，可以发现平均到每一运费吨，整箱装运运费比拼箱装运运费低几美元到几十美元不等。所以，在测算运费时，一定得注意使用的运价标准，出口商品的数量能够装满一整集装箱，才能使用整箱运价计算运费；商品数量小，只能够散箱装运的，则只能使用运价较高的散箱运价来计算运费，否则会因运费的少算而错误测算换汇成本。

（二）整集装箱装载商品数量

在合同条款规定要求整集装箱装运时，如果不能准确掌握出口商品的内外包装情况，不能准确掌握每一集装箱能够装载多少数量的商品，就极易引起空载，而空载就意味着运费的白白支出，运费的白白支出也就意味着对运费的计算不准确，换汇成本的测算自然也不准确，因此，要准确测算换汇成本，必须准确掌握商品包装情况、运费的支付情况。

（三）托盘＋集装箱的装运方式的额外费用

托盘和集装箱在运输中起相同的作用：保护商品，便于装卸，防止偷窃，所以，装运过程，可根据具体情况采用其中一种方式就可以了。如果两种方式同时采用，不仅要多件包装费用。还要为托盘所占据的空间支付运费。所以，当国外进口商要求先打托盘，后装集装箱，那么，在测算换汇成本时，一定要计算承担托盘＋集装箱装运发生的额外的包装费用及运输费用。

（四）保险费

出口交易中，在以 CIF 价格条件成交的情况下，出口商需要到主页"保险费"中查询保险费率，用以核算保险费。公式如下：

保险费＝保险金额×保险费率

保险金额＝CIF货价×（1＋保险加成率）

在进出口贸易中，根据有关的国际惯例，保险加成率通常为10％。出口商也可根据进口商的要求与保险公司约定不同的保险加成率。

例题 12-1 商品 03001 的 CIF 价格为 USD 8 937.6，进口商要求按成交价格的 110％投保一切险（保险费率 0.8％）和战争险（保险费率 0.08％），试计算出口商应付给保险公司的保险费用？

解：保险金额＝8 937.6×110％＝9 831.36 美元

保险费＝9 831.36×（0.8％＋0.08％）＝86.52 美元

1. 高投保加成发生的额外保险费

保险是为了保障货主在货物灭损后能获得一定的经济补偿，使其经营得以继续进行。按照国际惯例，投保加成通常为 10％，保险费用随着投保加成的提高而高涨。当投保加成达到 30％时，保险公司一般不予接受，这是为了防止个别货主故意灭损货物，骗取高额保险赔偿。因此，如有特殊情况，确有需要提高投保加成，即使保险公司可能接受，保险费也是比较高的，保险公司需要逐笔确认保险费，那么，在测算换汇成本时，一定得加上保险公司确认的高投保加成发生的所有费用。

2. 货物需要加计的保险费

保险费由商品的金额、类别、投保险别，目的港国家等相对应的基本费率来确定，如果出口商品是需要加计保费的指明货物，保险费的计算是基本保险费加上加计保险费，加计保费费用高于基本保险费费用，因此，除了应知道出口商品的基本保险费，还应了解出口商品是否属于指明货物，是否需要加计保险费，在测算换汇成本时，在基本保险费用上加上该指明货物的加计保险费费用。

（五）出口商品保险免赔问题

保险公司对某些商品有免赔的规定，免赔率因商品属性的不同而不同，从 0.5％~5％不等，因此，应了解出口商品是否属于保险公司免赔规定范围内的商品，如果商品在免赔范围内，而合同来签订相应的免赔条款，出口方将承担一定的赔偿风险，一旦赔偿成立，出口方将付出不小的代价，必因换汇成本的增高导致亏损的发生，因此，对保险公司规定免赔范围内的商品必须在合同上签订相应的免赔条款，规避可能发生的赔偿风险，消除换汇成本可能增高的隐患，以保证测算的换汇成本的准确性。

（六）正常的银行费用的估算

托收所发生的正常的银行费用主要有：托收费和寄单费。信用证结算发生正常的费用主要有：信用证通知费、保兑费、议付费、寄单费、单据处理费、电报费、偿付费，等等。由于信用证结算发生的银行费用比较复杂，对信用证结算的合同，在测算换汇成立时，要特别注意银行费用，因为信用证金额不同、内容条款不同、开证国家不同，及各银行收取费用的标准不同，优惠项目不同，所以以信用证结算产生的费用各不相同。那么，在测算换汇成本时，就需要根据不同国家，不同银行的银行费用水平，再结合合同规定的条款来测算银行费用。

银行费用＝报价总金额×银行费率

不同的结汇方式，银行收取的费用也不同。银行费率在主页的"费用查询"中可以查到。

例如：报价总金额为 USD8846.4 时，分别计算 L/C、D/P、D/A、T/T 的银行费用？

解：

第 1 步：查询费率

在主页"费用查询"中查得 L/C 费率 1％、D/A 费率 0.15％、D/P 费率 0.17％、T/T 费率 0.1％。

第 2 步：查询汇率

在主页"今日汇率"中，查到美元的汇率为 8.25 元人民币兑换 1 美元。

第 3 步：计算银行费用

L/C 银行费用＝8 846.4×1‰×8.25＝729.83 元

D/P 银行费用＝8 846.4×0.17‰×8.25＝124.07 元

D/A 银行费用＝8 846.4×0.15‰×8.25＝109.47 元

T/T 银行费用＝8 846.4×0.1‰×8.25＝72.98 元

（七）非正常银行费用支出的预计

非正常银行费用在信用证结算中产生，主要有：不符点交单费、不符点交单引起的电报费，以及客户转嫁来的开证费、转证费等。其产生的原因多种多样，如合同未对银行费用作明确划分，国外进口商将该由其自行承担的开证费或转证费转嫁到我出口方头上，从而发生开证费、转证费。再如：合同条款不完整不能顺利履约；或合同中有受对方制约的陷阱条款，难以履约；或因操作失误，未按合同条款履约；或制单结汇有差错；……各种错误最终体现为结汇率单据不符点，从而发生不符点变单费及相关的电报费。谁也不能在事前保证：合同条款的签订百分之百合理，履行合约百分之百的准确，没有一点纰漏。因此，在测算换汇成本时，应当适当预估可能产生的非正常银行费用。

（八）远期放账所产生的利息

在出口贸易中，做信用证远期、D/P 远期、D/A 远期，可根据放账金额、放账天数及银行贷款利率计算出来，其公式为：放账利息＝放账金额×放账天数/360 天×银行贷款利率。在测算换汇成本时，应注意：把这项利息费用应计入出口所需总成本。

例题 12-2 出口某商品 1 000 打，出口价：每打 18.2 美元 CIF 纽约，CIF 总价 18 200 美元，其中运费 2 120 美元，保险费 116 美元。进价每打人民币 117 元，共计人民币 117 000 元（含增值税），费用定额率 10％，出口退税率 9％。当时银行的美元买入价为 7.91 元。

该商品的换汇成本：

＝〔11 700＋（117 000）×10％－〔117 000÷（1＋17％）×9％〕／〔18 200－2 120－116〕

＝119 700/15 964

＝7.498

该商品的出口盈亏额：

＝（15 964×7.91）－119 700

＝6 575.24

该商品的出口盈亏率

＝6 575.24/119 700×100％

＝5.4％

六、国际贸易价格条件

在国际物流服务成本核算中，应该对国际贸易的价格条件有一定的认识。近年来，我国的国际贸易合同中出口以 FOB 价格条件成交，进口以 CIF 价格条件成交的比例逐渐增多，甚至超过了贸易额本身的增长幅度。这主要是因为不少中国卖/买方认为，出口以 FOB 价成交，进口以 CIF 价成交，卖方/买方比较省事，可以省却耗费在订船/舱，买保险等环节上的诸多精力及费用，全力以赴做好与贸易本身有关的工作。也有不少新近获得进出口经营权的生产企业，在积极研究国际大市场或商品贸易的经营规律时，常常对于包含在整个国际贸易过程中的运输、保险等环节研究不多，或者说重视不够。在绞尽脑汁与贸易伙伴讨价还价，核算商品利润时，忽略了同样可以产生利润，或可以保障利润的很重要的环节即运输和保险。在贸易谈判过程中，轻易将运输和保险作为还价的砝码让给了对方。

国际货物买卖是一个非常生动活跃的过程。贸易价格条件是在长期的贸易实践过程中形成的。由于进行每一笔贸易时都会涉及诸如由何方办理进口/出口手续、由何方洽租运输工具、装卸货物、办理保险、申领进/出口许可证、报关等，以及在办理这些手续过程中费用的支付、运输过程中的风险如何划分等这些问题，于是在长期的实践中，买卖双方在逐步达成共识的基础上，使用简短的概念或若干字母的缩写来说明贸易双方的责任、费用和风险的划分。这种简短的说明通常和价格结合在一起使用，成为价格的组成部分，这就是人们熟知的贸易条件或又称为价格术语。如 FOB、CIF 等。

目前我国的国际贸易货物大都是通过海洋运输出口或进口的。海洋运输中最经常使用的贸易术语有 FOB 价（free on board 装运港船上交货）、CFR 价（cost and freight 成本加运费）和 CIF 价（cost，insurance，freight 成本、保险费加运费）。

根据国际商会《1990 年国际贸易术语解释通则》，在 FOB 价条件下，卖方在合同规定的装运港和期限内将备妥的货物装上船并通知买方，货物在装船时越过船舷，一切风险和费用就由买方承担了。装货的船只是买方预定和指派的，保险是由买方安排的。故也有人称此价格条件为"离岸价"的。

在 CFR 价条件下，卖方支付货物成本费并支付将货物运至指定目的港所需的运费，但是保险由买方自行安排。在 CIF 价条件下，卖方支付货物成本费并且支付将货物运至指定目的港所需的运费和保险费。但是，就货物在运输途中遭受的风险而言，CFR 价和 CIF 价的货物与 FOB 价一样，在运输途中的灭失或损坏的风险也是自货物于装运港过船舷起从卖方转由买方承担。

卖方以 FOB 价成交，在运费波动不稳的情况下於卖方是有利的。这样可以将运费不稳定的风险因素转嫁给买方。但是，在一般情况下，由于 FOB 价条件下出口是由买方租船或订舱，并将船名和装船期通知卖方的，而卖方又必须在合同规定的装运港和装运期内将货物备妥装船，往往就会因船货衔接不好而产生问题。

比如由于买方延迟派船，或因各种情况导致装船期延迟，船名变更，就会使卖方增加仓储等费用的支出，或因此而使卖方迟收货款造成利息损失。如果卖方备货延迟，无法将货物在指定日期装上指定的船只，则卖方就要承担由此造成的空舱费或滞期费。我国许多出口生产企业都离港口较远，国内目前的陆路、水路交通运输负荷都比较繁重，因此，在 FOB 价出口的条件下由于船货衔接问题而导致的贸易纠纷时有发生。

再者，由于现代交通运输条件的不断改善，出口货物运输速度也有很大提高。有时货物已经运抵目的地，银行结汇或单证邮寄手续还没有完成。在这种情况下，买方因种种原因无提单提货；或拒收货物，拒付货款的事也时有发生。在 FOB 价条件下，由于是买方与承运人联系派船的，货物一旦装船，卖方即使想要在运输途中或目的地转卖货物，或采取其他补救措施，也会颇费一些周折。

在 CIF 价出口的条件下，船货衔接问题可以得到较好的解决，卖方有了更多的主动权。在一般情况下，只要卖方保证所交运的货物符合合同规定，只要所交的单据齐全、正确，买方就必须付款。货物过船舷后，即使在买方付款时货物遭受损坏或灭失，买方也不得因货损而拒付货款。就是说，以 CIF 价成交的出口合同是一种特定类型的"单据买卖"合同。相对于 FOB 价出口而言，特别是对于大宗货物买卖，CIF 价出口使得卖方有了更多的灵活性和机动性。

相应地，在进行进口贸易时，争取以 FOB 价成交显然对进口商更为有利。由进口商自己安排运输保险，可以保证货物装上运输工具，一旦途中有不测，也能掌握主动权。

七、主要国际物流术语的价格构成和换算

（一）FOB、CFR、CIF 三种贸易术语的价格构成

仅适用于海上或内河运输。在价格构成中，通常包括三方面内容：进货成本、费用和净利润。费用的核算最为复杂，包括国内费用和国外费用。

1. 国内费用
（1）加工整理费用；
（2）包装费用；
（3）保管费用（包括仓租、火险等）；
（4）国内运输费用（仓至码头）；
（5）证件费用（包括商检费、公证费、领事签证费、产地证费、许可证费、报关单费等）；
（6）装船费（装船、起吊费和驳船费等）；
（7）银行费用（贴现利息、手续费等）；
（8）预计损耗（耗损、短损、漏损、破损、变质等）；
（9）邮电费（电报、电传、邮件等费用）。

2. 国外费用主要
（1）国外运费（自装运港至目的港的海上运输费用）；
（2）国外保险费（海上货物运输保险）；
（3）如果有中间商，还包括支付给中间商的佣金。

3. 计算公式如下：
FOB 价＝进货成本价＋国内费用＋净利润
CFR 价＝进货成本价＋国内费用＋国外运费＋净利润
CIF 价＝进货成本价＋国内费用＋国外运费＋国外保险费＋净利润

（二）FCA、CPT 和 CIP 三种贸易术语的价格构成

适用范围广。在价格构成中，通常包括三方面内容：进货成本、费用和净利润。

1. 国内费用

（1）加工整理费用；

（2）包装费用；

（3）保管费用（包括仓租、火险等）；

（4）国内运输费用（仓库至码头）；

（5）拼箱费（如果货物构不成一整集装箱）；

（6）证件费用（包括商检费、公证费、领事签证费、产地证费、许可证费、报关单费等）；

（7）银行费用（贴现利息、手续费等）；

（8）预计损耗（耗损、短损、漏损、破损、变质等）；

（9）邮电费（电报、电传、邮件等费用）。

2. 国外费用主要有

（1）外运费（自出口国内陆启运地至国外目的地的运输费用）；

（2）国外保险费；

（3）如果有中间商，还包括支付给中间商的佣金。

3. FCA、CPT、CIP 3 种贸易术语因采用的运输方式不同，所包含的费用也不同

计算公式如下：

FCA 价＝进货成本价＋国内费用＋净利润

CPT 价＝进货成本价＋国内费用＋国外运费＋净利润

CIP 价＝进货成本价＋国内费用＋国外运费＋国外保险费＋净利润

（三）国际物流中主要的贸易术语的换算

在国际物流服务中，不同的贸易术语表示其价格构成因素不同，即包括不同的从属费用。例如：FOB 术语中不包括从装运港至目的港的运费和保险费；CFR 术语中除包括从装运港至目的港的通常运费；CIF 术语中除包括从装运港至目的港的通常运费外，还包括保险费。在对外洽商交易过程中，有时一方按某种贸易术语报价时，对方要求改报其他术语所表示的价格，如一方按 FOB 报价，对方要求改按 CIF 或 CFR 报价，这就涉及价格的换算问题。了解贸易术语的价格构成及其换算方法，乃是从事国际物流服务人员所必须掌握的基本知识和技能。现将国际物流中主要的贸易术语的换算方法及公式介绍如下：

1. FOB、CFR 和 CIF 三种术语的换算

（1）FOB 价换算为其他价

CFR 价＝FOB 价＋国外运费

CIF 价＝（FOB 价＋国外运费）／（1－投保加成×保险费率）

（2）CFR 价换算为其他价

FOB 价＝CFR 价－国外运费

CIF 价＝CFR 价／（1－投保加成×保险费率）

（3）CIF 价换算为其他价

FOB 价＝CIF 价×（1－投保加成×保险费率）－国外运费

CFR 价＝ CIF 价×（1－投保加成×保险费率）

2. FCA、CPT 和 CIP 三种术语的换算

（1）FCA 价换算为其他价

CPT 价＝ FCA 价＋国外运费

CIP 价＝（ FCA 价＋国外运费）/（1－保险加成×保险费率）

（2）CPT 价换算为其他价

FCA 价＝CPT 价－国外运费

CIP 价＝ CPT 价 /（1－保险加成×保险费率）

（3）CIP 价换算为其他价

FCA 价＝CIP 价×（1－保险加成×保险费率）－国外运费

CPT 价＝CIP 价×（1－保险加成×保险费率）

本 章 小 结

本章主要学习了国际物流与第三方物流的关系，国际物流服务质量评价指标，国际物流服务过程质量管理，国际物流成本核算及管理原则，国际物流成本的划分，国际物流服务中的成本定价，国际物流服务中的佣金与折扣，换汇成本的测算，国际贸易价格条件以及主要国际物流术语的价格构成和换算。

第三方物流是国际物流发展的必然趋势。第三方物流具有关系契约化、服务个性化、功能专业化、管理系统化以及信息网络化的特点。

国际物流服务质量管理的主线是制定质量方针（质量第一、用户第一、服务第一、赶超先进水平）；确定质量目标（预订的长期目标、短期目标）；编制质量计划（目标计划、指标计划、措施计划）；建立物流质量指标体系；进行质量控制、评价、分析。

国际物流运作质量评价指标包括国际物流目标质量指标、国际物流仓库质量指标、运输环节质量指标、装运搬卸质量指标、国际物流客户流失率指标。

在国际物流服务中，不同的贸易术语表示其价格构成因素不同，即包括不同的从属费用。FOB、CFR 和 CIF 三种价格的换算方法及公式是国际物流贸易中最常用的计算公式和方法。

国际货物买卖是一个非常生动活跃的过程。贸易价格条件是在长期的贸易实践过程中形成的。目前我国的国际贸易货物大都是通过海洋运输出口或进口的。海洋运输中最经常使用的贸易术语有 FOB 价（free on board 装运港船上交货）、CFR 价（cost and freight 成本加运费）和 CIF 价（cost, insurance, freight 成本、保险费加运费）。

关键词或概念

第三方物流（third party logistics）
服务质量（service quality）
成本核算（cost accounting）
出口换汇成本（cost of export exchange）
出口商品盈亏率（surplusdeficit ratio of exports）
FOB，CFR，CIF，FCA，CPT，CIP

简答题

1. 简述国际物流服务质量管理的主线。
2. 论述国际物流服务质量运作的主要指标。
3. 简述国际物流成本的分类。
4. 论述在对换汇成本进行测算时需要考虑哪些因素。
5. 论述在确定国际物流服务价格的时候需要考虑哪些因素。

计算题

出口某商品2 000打，出口价：每打 19.2 美元 CIF 纽约，CIF 总价18 200美元，其中运费4 000美元，保险费 200 美元。进价每打人民币 117 元，共计人民币117 000元（含增值税），费用定额率10％，出口退税率9％。当时银行的美元买入价为7.91 元。求该商品的换汇成本和出口盈亏额。

第十三章　国际物流金融服务

"物流业的未来决胜点在于金融服务，谁能掌握金融服务，谁就能成为最终的胜利者。"
　　　　　　　　　　　　　　　　　——UPS 中国董事总经理兼首席代表陈学淳

本章导读

　　世界各国的资本和物资交流日益频繁，促使物流产业和金融产业迅猛发展。在网络和通信技术广泛应用的条件下，物流和金融之间强大的吸引力已经产生一个崭新的平台——物流金融。物流金融给国际物资流通带来了巨大影响，已成为国际物流中不可或缺的一项重要服务。本章介绍了物流金融的基本内涵、主要运作方式及国际物流中的物流金融服务模式。

本章学习目标

　　本章重点要求学生掌握物流金融的含义、主体及特征，物流金融产生的背景，物流金融在物流产业发展中的主要职能，实施物流金融面临的风险；深刻理解物流金融的主要融资业务和基本业务模式，物流金融服务的经营模式及发展趋势；了解物流金融在国际物流运作中的作用，进出口业务中的物流金融服务，物流金融在国际结算中的运作模式。

第一节　物流金融概述

　　现代物流发展离不开金融服务的支持。把物流服务和金融服务相结合进行业务模式的创新，是当前第三方物流公司、金融机构（银行等）或相关企业在激烈市场竞争中脱颖而出的主要途径之一。

一、物流金融的概念与内涵

　　物流金融是近几年物流业界的新鲜话题和热门话题，但学术界对于物流金融的基本概念一直没有得出统一的结论。比较趋同的看法是，物流金融是在一个供应链内集成不同功能领域的物流企业、金融机构，以物流、金融服务为基本内容，以第三方物流企业为平台，通过委托代理机制将金融机构的部分业务交给第三方物流企业的一种业务模式。

从广义上讲，物流金融是指在面向物流的运营过程，应用和开发各种金融产品，实施物流、资金流和信息流的有效整合，有效地组织和调节供应链运作过程中货币资金的运动，从而提高资金运行效率、实现物流价值增值的融资活动。这些资金活动包括发生在物流过程中的各种存款、贷款、投资、信托、租赁、抵押、贴现、保险、有价证券发行与交易，以及金融机构所办理的各类涉及物流业的中间业务等。

从狭义上讲，物流金融是银行质押贷款业务，是指企业以市场畅销、价格波动幅度小、处于正常贸易流转状态且符合要求的产品向银行抵押作为授信条件，运用较强实力的物流企业的物流信息管理系统将银行的资金流与企业的物流进行有机结合，向客户企业（主要是中小企业）提供融资、结算等服务于一体的银行综合服务业务。

物流金融是物流服务和金融服务相结合的产物，不仅能为客户提供高质量、高附加值的物流服务，还为客户提供间接或直接的金融服务，以提高供应链整体绩效和客户的经营及资本运作效率等。物流金融服务系统如图 13-1 所示。

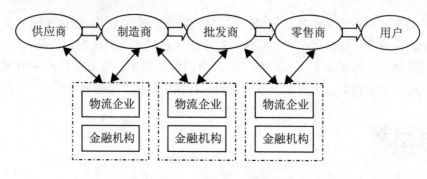

图 13-1　物流金融服务系统

从图 13-1 可以看出，物流金融也是供应链的金融服务创新产品，物流金融的提供商（如第三方物流企业）可以通过自身或自身与金融机构的紧密协作关系，为供应链的企业提供物流和金融的集成式服务。

二、物流金融产生的背景

（一）中小企业融资困境使市场存在大量物流金融需求

对于大多数中小企业而言，受规模和资金的限制，其抗风险能力较差，因缺乏传统抵押、担保手段，往往很难从银行融资，即使寻求有效的第三方担保（如担保公司）款也常因合作方多、作业链长、实效性差，好不容易拿到资金，早已"时过境迁"，融资瓶颈令它们一再错失机遇。为解决这一问题，金融机构和物流企业从中看到了发展空间和盈利机会，从而孕育了物流金融这一新型业务模式。物流金融的引入可为中小企业提供物流和金融集成的一体化服务，并对中小企业进行信用整合与信用再造，有效支持中小企业的融资活动。同时，物流金融可以盘活企业暂时闲置的原材料和产成品的资金占用，优化企业资源。

（二）金融业的竞争使金融机构创新意识增强

当前金融机构面临的竞争越来越激烈。为在竞争中获得优势，金融机构（如银行）不断地进行业务创新，这就促使了物流金融的诞生。物流金融可以帮助银行吸引和稳定客户，扩大银行的经营规模，增强银行的竞争能力；可以协助银行解决质押贷款业务中银行面临的"物流瓶颈"——质押物仓储与监管；可以协助银行解决质押贷款业务中银行面临的质押物评估、资产处理等服务。

（三）物流企业获取新的竞争优势的需要

物流行业竞争的结果导致物流服务的利润下降，迫使物流企业开辟新的服务业务。在国际物流发展会上，物流巨头们认为，对卡车运输、货物代理和一般物流服务而言，激烈的竞争使利润率下降到平均只有2%左右，已没有进一步提高的可能性。而由于目前各家企业涉足金融服务较少，发展空间巨大，于是包括UPS在内的几家跨国物流商均在业务中增加金融服务，将其作为争取客户和提高利润的一项重要举措。对于第三方物流企业而言，物流金融可以提高企业一体化服务水平，提高企业的竞争能力，扩大企业的业务规模，增加高附加值的服务功能，提高企业的经营利润。

在这样的背景下，物流服务与金融服务相结合的产物———物流金融应运而生。

三、物流金融主体

物流金融主要涉及第三方物流企业、融资企业和金融机构。物流企业与金融机构联合为资金需求企业提供融资，三者在物流金融活动中相互合作、互惠互利。另外，供应链主导企业在物流金融实际运作过程中扮演着重要角色，它的参与为降低物流金融风险、促进物流金融业务发展具有积极的作用。当然，物流金融还需要相应的政府和商贸环境的支持。物流金融的主体及相互间的关系如图13-2所示。

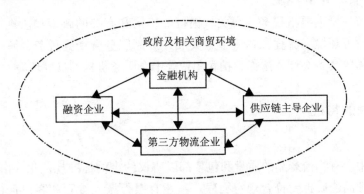

图 13-2 物流金融主体及相互间的关系

（一）金融机构

金融机构是指专门从事货币信用活动的中介组织。我国的金融机构，按地位和功能可分为中央银行、银行、非银行金融机构（信托投资公司、证券公司等）以及在境内开办的外资、侨资、中外合资金融机构四大类。对于银行等金融机构而言，为了防范融资风险，绝大部分贷款都需要抵押或担保，而不动产最适合作为抵押或担保物，动产则容易为贷款人转移，融资风险较大。因此，国内银行需要多样化的金融服务产品，尤其是对中小企业的融资服务。商业银行给中小企业提供的融资服务平台包括融资、评估、监管、资产处理、支付和现金管理、代开商业票据、银行授信转贷等功能业务。

（二）第三方物流（3PL）企业

第三方物流企业是指提供质押物（动产）的物流服务和资产管理服务（监管、拍卖等）的承载者。第三方物流是在物流渠道中由中间商提供的服务，中间商以合同的形式在一定期限内提供企业所需的全部或部分物流服务。第三方物流的优势和价值表现在成本价值、服务价值、风险规避价值、社会效益四个方面。因此，3PL 提供物流和金融集成式产品服务给供应商，既可以为供应商融资提供服务，又可以通过规模效应和大数定律为银行信贷服务降低系统风险。

（三）融资企业

融资企业是指供应链中资金不足的企业，由于资金不足将会限制该企业实现最优的运营决策。如果企业可以通过金融机构获得融资服务，解决了资金限制问题，其将实现最优的运营决策，从而推动整个供应链效益的增加。一般来说，融资企业往往是易受资金瓶颈影响的中小型企业。

（四）供应链主导企业

供应链主导企业往往规模较大，实力较强，所以能够通过担保、提供出质物或者承诺回购等方式帮助融资企业解决融资担保困难，从而保证与融资企业良好的合作关系和稳定的供货来源或分销渠道。物流金融集成式产品服务中，由于供应链主导企业的参与顾及供应链整体利益，使得银行信贷风险有效降低。

（五）政府和相关商贸环境

政府和相关商贸环境主要指税务、海关、银行等机构和有关的政策和法规，以及相关的会计、法律、拍卖等业务环境和流程。物流金融集成式产品服务会受到税务、海关等政府监管部门的影响，同时也需要具备会计、法律、拍卖租赁等中介服务机构的良好环境。

四、物流金融的特征

（一）规范化

物流金融业务中所有物流产品的质量和包装都以协议约定的标准规范化，由物流公司验收、看管，而且动产质押品的质押要符合规定程序，不能有银行派人看管和客户自行看管的不规范行为，确保质押的有效性。

（二）信息化

物流金融中所涉及的所有质押品的监管都借助物流公司的物流信息管理统一进行，与该业务有关的管理人员，都可以随时通过物流公司的信息管理系统查看质押品的品种、数量和价值，以便获得质押品的即时情况。

（三）异地化

物流公司和与其合作的银行都有覆盖全国的服务网络，使物流金融业务既可以在该行所设机构地区开展，也可以在全国各地开展异地业务，并能保证资金及时汇划和物流及时运送。

（四）普遍适用性

首先，服务区域具有普遍适用性。如前所述，既可以在银行所设机构地区，也可以超出该行所设机构地区开展业务，只要是在银行自己的网络和物流公司服务的网络区域内，物流金融业务就可以开展。其次，物流金融涉及的货物品种具有普遍适用性。包括各类工业品和生活品、产成品以及原产品等众多品种。另外，物流金融服务的对象具有普遍适用性。无论何种企业，只要具有符合物流金融条件的产品，都可以开展该项业务。

五、物流金融在物流产业发展中的主要职能

金融服务对于物流发展具有保障、支持与监督作用，物流金融将金融服务与物流服务相融合，对于促进物流产业的发展具有很重要的意义。从广义角度来说，现代物流金融在物流产业中的职能主要体现在投融资、结算支持以及物流保险等方面。

（一）物流融资职能

该项职能体现在物流工作整个流程中，包括采购、生产、加工、仓储、运输、装卸、配送直至到达需求方手中。由于物流业务地理范围广阔，需要巨大的基础设施投资，单个企业难以形成规模经济，必然需要银行、资本市场、政府财政的大量资金支持。

物流融资业务主要包括：商业银行贷款融资，这是物流企业最主要的融资方式；证券市场融资，物流企业可以争取公司股票或债券的发行，也可通过参股、控股上市公司方式实现融资；开拓实物型、技术型融资业务，实物型租赁和技术参股，特别是在与物流经营相关的大型耐用设备租赁和关键技术合作，是物流企业可以优先考虑的项目；票据性融资业务，商业票据的贴现可以使物流企业获得必要的资金来源。另外，商业贷款以外的其他金融授信业务，如银行承兑汇票、信用证等也是适合现代物流企业发展的融资业务；物流发展基金和风险基金，可以是已经上市的、面向公众筹资的投资基金，也可以是未上市的投资基金，其资金来源主要由财政补贴和企业的多元化投资组成；争取境外资金和政府财政的战略投资也是可取之策。

（二）物流结算职能

随着物流业的顾客扩展到全国乃至世界范围，如果没有金融结算及资金划转等服务措施的配套，物流企业的成本无法降低，中小企业就会对现代物流服务望而却步；大型物流企业会对订单较小、运送距离较远、服务要求较多的产品失去兴趣，物流灵活性、多样化、个性化的发展优势就会丧失；对于客户而言，如果网上下单不能获得应有的服务，物流的价值将大打折扣。因此，现代物流业的发展需要金融结构提供大量的结算与支付支持。

我国现行的结算方式主要有支票、汇兑、委托收款、托收承付、银行汇票、商业汇票、银行本票和信用卡八种代表性的结算工具，另外还有多种结算服务可供选择，比如信用证、国际保理等。每一种方式都有自身的特点：银行承兑汇票由于有银行作为付款人，付款保证性强，具有融资功能，但同时票据的流转环节多，查询难度大；商业承兑汇票是由付款人或收款人签

发、付款的保证程度视企业的信誉高低而定；本票是由出票银行签发，支票则由出票单位签发，都适合在同城使用；信用卡属于电子支付工具，方便、灵活、快捷，但是该结算方式受银行网络的限制；汇兑是异地结算的主要方式，适用于付款人主动付款。物流企业选择这些方式的时候要兼顾安全性、时效性和经济性。物流企业在异地结算方式的选择上，如果是一次性交易，宜采用先收款后发货或一手钱一手货的方式，如现金、信汇、电汇、自带汇票等方式；经常往来的客户可先发货后收款，采用汇款、异地托收承付、委托银行收款等方式。

（三）物流保险职能

物流业的责任风险几乎伴随着业务范围的全程：运输过程、装卸搬运过程、仓储过程、流通加工过程、包装过程、配送过程和信息服务过程。物流保险作为物流金融的重要组成部分，提供一个涵盖物流链条各个环节的完整的保险解决方案，努力帮助物流公司防范风险。针对这个具有巨大潜力的市场，保险公司应整合相关险种，为物流企业量身设计各种新的保险组合产品，如物流综合责任保险，使保险对象可以扩大到物流产业每个环节，比如物流公司、货运代理公司、运输公司、承运人、转运场、码头和车站等。

物流公司的责任较传统的运输承运人大得多，服务的内涵和外延远比运输服务要广，并且不同的服务受不同的法律制约。但是国际国内都还没有关于物流服务的专门法律，因此，物流保险作为针对物流企业定制和设计的产品，能极大地简化物流业的复杂环境，为物流业的拓展提供保障。

六、实施物流金融面临的风险

发展物流金融业务虽然能给物流金融提供商、供应链节点企业和金融机构带来共赢效果，但提供商却面临各种各样的风险。物流金融提供商主要的风险可以归纳如下。

（一）内部管理风险

这是企业中普遍存在的风险之一，包括组织机构陈旧松散、管理体制和监督机制不健全、工作人员素质不高、管理层决策发生错误等。

（二）运营风险

从事金融业务的物流公司，由于要深入客户产销供应链中提供多元化的服务，相对地扩大了运营范围，也就增加了风险。从仓储、运输到与银企之间的往来以及和客户供销商的接触，运营风险无处不在。

（三）技术风险

物流金融提供商因缺乏足够的技术支持而引起的风险，如价值评估系统不完善或评估技术不高，网络信息技术的落后造成信息不完整、业务不畅等。

（四）市场风险

主要针对库存质物的保值能力，包括质物市场价格的波动、金融汇率造成的变现能力改变等。

（五）安全风险

质物在库期间物流金融提供商必须对其发生的各种损失负责，因此仓库的安全、员工的诚信以及提单的可信度都要加以考虑，另外还包括对质物保存的设施能否有效防止损坏、变质等问题。

（六）环境风险

指政策制度和经济环境的改变，包括相关政策的适用性、新政策的出台、国内外经济的稳定性等。一般情况下，国内的政治和经济环境对物流金融造成的风险不大，但国际环境的变化会通过贸易、汇率等方面产生作用。

（七）法律风险

主要是合同的条款规定和对质物的所有权问题。一方面，因为业务涉及多方主体，质物的所有权在各主体间进行流动，很可能产生所有权纠纷；另一方面，我国的《担保法》和《合同法》中与物流金融相关的条款并不完善，又没有其他指导性文件可以依据，因此业务合同出现法律问题的概率也不低。

（八）信用风险

包括货物的合法性、客户的诚信度等，同时也与上述运营风险、安全风险和法律风险等联系密切。

有效地分析和控制风险是物流金融能否成功的关键之一。在具体实施物流金融业务时，应该结合上述的主要风险问题进行相应的风险管理。

第二节　物流金融服务的主要形式

随着现代物流业，尤其是国际物流的发展，物流金融的需求越来越旺盛，产生了各种各样的需求类型，从而使物流金融服务的发展时间虽短，形式却越来越多。其中有些形式已趋成熟，有些则仍需进一步完善和发展。

一、物流金融的主要融资业务

融资是物流金融服务的一项重要职能，按照融资对象的不同以及产品生产经营的不同阶段和方式，物流金融业务可以分成两大类：其一是基于存货的物流金融业务；其二是基于贸易合同的物流金融业务。

（一）基于存货的物流金融业务

该业务模式主要是指需要融资的企业，将其拥有的动产或是存货作为担保，向资金提供方出质，同时将质物转交给具有合法保管动产资格的中介公司（物流企业）进行保管，以获得贷方贷款的一种业务活动。这种业务活动既可以在企业的销售环节进行，也可以在采购环节进行。这种业务模式主要具有如下几个典型的特征：第一，按照担保法来讲，这种业务属于质押融资，而不是不动产抵押融资；第二，在这种融资业务方式中，形成了有物流企业参与的三方契约关系，而不是传统的两方契约关系；第三，这种业务形式不会因为货物质押而影响商品的流通，它是把流动货物或是存货拿来作为质押，其优点是质押物不被冻结，商家可以通过不断"追加部分保证金——赎出部分质押物"等方式以满足正常经营需要，顺利解决融资和资金占压问题。

基于存货的物流金融业务又包括两种形式，一是仓单质押融资；二是存货质押融资。从我国的实际情况来讲，由于开展仓单质押融资业务的市场和制度基础环境还未完全成熟，完全意义上的基于仓单质押的物流金融业务目前在国内开展得很少，仓单更多的是作为一种存货凭证，仓单的流通机制还未形成，物流金融业务更多的是以存货质押融资业务为主。

（二）基于贸易合同的物流金融业务

它主要是指企业为了筹措到继续运营的短期资金，缓解资金紧张的局面，以贸易合同为支撑，通过特定的程序取得经营所需资金的行为。这种业务模式有两种典型的做法，一是应收账款融资；二是订单融资。很多企业从控制经营风险的角度考虑，在财务上实行现款现货制度，买卖双方都如此的话，交易业务就遇到很大障碍，因为物流活动必然造成买和卖之间有一个时间间隔，此时应收账款融资业务形态就有了很大的生命力。订单融资这种方式，是以企业已签订的有效销售订单为依据，发放针对该订单业务的全封闭式贷款。

从近几年我国物流金融业务创新的发展趋势上看，基于存货的物流金融业务蓬勃兴起，基于贸易合同的物流金融业务（应收账款融资）处于由国外大型物流企业引进过程中，基于贸易合同的物流金融业务（订单融资）则处于探索之中。而从参与主体的角度看，贷款方由单纯的商业银行向银行、担保机构、保险机构等联合体方向发展，物流企业由单纯的拥有仓库资产的企业向第三方物流企业、中介公司、特许连锁经营方向发展，而申请贷款的企业则由流通企业向流通、生产企业的更广范畴发展。从基于存货的物流金融业务模式发展看，质押物品的监管方式也正在发生着变化，动态质押监管业务已成为主要监管方式。从国际上企业生产经营方式的演变上看，以销定产已经成为主流趋势，因此基于贸易合同的物流金融业务在我国将具有更大的发展前景。

二、物流金融的主要业务模式

在实际操作中，第三方物流供应商提供得较多的是两类物流金融服务：代客结算和融通仓。但随着国际物流的迅速发展，一种新型的物流金融模式——海陆仓也开始进入众人的视线。

（一）代客结算

代客结算又可以分为两个模式：垫付货款和代收货款。

1. 垫付货款模式

（1）垫付货款模式一

垫付货款模式一的操作流程是：发货人委托第三方物流供应商送货，第三方物流供应商垫付扣除物流费用的部分或者全部货款，第三物流供应商向提货人交货，根据发货人的委托同时向提货人收取发货人的应收账款，最后第三方物流供应商与发货人结清货款。除了发货人与提货人签订的《购销合同》之外，第三方物流供应商还应该与发货人签订《物流服务合同》，在该合同中发货人应无条件承担回购义务。通过垫付货款既可以消除发货人资金积压的困扰，又可以让两头放心。对第三方物流供应商而言，其盈利点就在于将客户与自己的利害关系连在一起。如图 13-3 所示。

图 13-3　垫付货款模式一

（2）垫付货款模式二

如果第三方物流供应商没有雄厚的资金实力，就需要引入银行作为第四方。在货物运输过程中，发货人将货权转移给银行，银行根据市场情况按一定比例提供融资。当提货人向银行偿还货款后，银行向第三方物流供应商发出放货指示，将货权还给提货人。当然，如果提货人不能在规定的期间内向银行偿还货款，银行可以在国际、国内市场上拍卖掌握在银行手中的货物或者要求发货人承担回购义务。如图 13-4 所示。

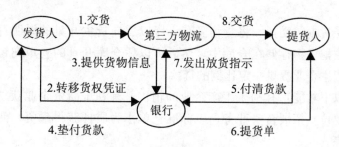

图 13-4　垫付货款模式二

2. 代收货款模式

第三方物流企业在将货物送至收货方后，代发货方收取货款，并在一定时间内将货款返还发货方。第三方物流企业收取现款后，由于时空、技术条件等限制，一般需要滞后一段时间向供方返款，随着不断的收款付款业务的开展，在一定的时间后就会积淀下相当规模的资金，不仅方便了客户，而且也大大改善了企业的现金流。而且，通过提供这样的服务，物流企业和交易双方成为利益相关者，有利于形成核心竞争力。代收货款模式常见于 B to C 业务，并且在邮政物流系统和很多中小型第三方物流供应商中广泛开展。其业务模式如图 13-5 所示。

图 13-5　代收货款模式

（二）融通仓

融通仓的内涵是指第三方物流企业依托银行，以中小企业为服务对象，以中小企业流动资产在第三方物流企业的仓储为基础，涵盖中小企业信用整合、商品配送与传统商业流通的综合性融资平台。

融通仓业务的运作机制是中小生产企业以流动资产作为质押物或反担保品存入第三方物流企业的融通仓，从而获得第三物流企业提供的银行信用担保，解决中小企业的资金短缺问题，中小企业后续生产过程中分期付款。第三方物流企业负责融通介质的日常管理、价值评估、物流配送，信用担保等服务，成为银行与中小企业资金融通的纽带。这一服务模式是物流企业服务内容的创新，对物流企业本身价值的提升起着积极的推进作用。

顾名思义，"融"指金融，"通"指物资的流通，"仓"指物流的仓储。融通仓是融、通、仓三者的集成、统一管理和综合协调。所以融通仓是一种把物流、信息流和资金流综合管理的创新，其内容包括物流服务、金融服务、中介服务和风险管理服务以及这些服务间的组合与互动。融通仓的核心思想是在各种流的整合与互补互动关系中寻找机会和时机；其目的是为了提升顾客服务质量，提高经营效率，减少运营资本，拓广服务内容，减少风险，优化资源使用，协调多方行为，提升供应链整体绩效，增加整个供应链竞争力等。

融通仓主要有两种操作模式：仓单质押和保兑仓（买方信贷），两者最大的区别在于仓单质押业务先有货再有票，保兑仓业务先有票再有货。

1. 仓单质押

仓单是仓库接受货主的委托，将货物受存入库以后向货主开具的说明存货情况的存单。所谓仓单质押是指货主把货物存储在仓库中，然后可以凭仓库开具的仓单向银行申请贷款，银行根据货物的价值向货主企业提供一定比例的贷款。

仓单质押具有以下功能：有利于生产企业的销售；有利于商贸企业获得融资；有利于回购方（交易所或会员单位）拓展自身业务；以标准仓单作为质押获得融资，使得贷款人与回购人紧密合作，达到双赢。

在仓单质押业务中，融通仓根据质押人与金融机构签订的质押贷款合同以及三方签订的仓储协议约定，根据质押物寄存地点的不同，对客户企业提供两种类型的服务：对寄存在融通仓仓储中心的质押物提供仓储管理和监管服务；对寄存在质押人经金融机构确认的其他仓库中的质物提供监管服务，必要时才提供仓储管理服务。但总的来说，仓单质押主要具有三种业务模式。

（1）仓单质押模式一

在中小企业的生产经营活动中，原材料采购与产成品销售普遍存在批量性和季节性特征，这类物资的库存往往占用了大量宝贵资金。融通仓借助其良好的仓储、配送和商贸条件，吸引辐射区域内的中小企业，作为其第三方仓储中心，并帮助企业以存放于融通仓的动产获得金融机构的质押贷款融资。融通仓不仅为金融机构提供了可信赖的质押物监管，还帮助质押贷款主体双方良好地解决质押物价值评估、拍卖等难题，并有效融入中小企业产销供应链当中，提供良好的第三方物流服务。在实际操作中货主一次或多次向银行还贷，银行根据货主还贷情况向货主提供提货单，融通仓根据银行的发货指令向货主交货。如图 13-6 所示。

（2）仓单质押模式二

仓单质押模式二是在仓单质押模式一的基础上，对地理位置的一种拓展。第三方物流供应商根据客户不同，整合社会仓库资源甚至是客户自身的仓库，就近进行质押监管，极大地降低了客户的质押成本。如图 13-7 所示。

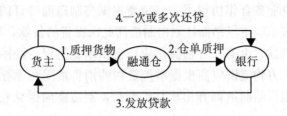

图 13-6 仓单质押模式一

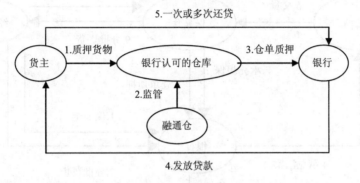

图 13-7 仓单质押模式二

（3）仓单质押模式三

仓单质押模式三其运作情况如图 13-8 所示。

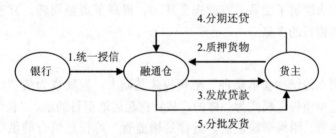

图 13-8 仓单质押模式三

该模式是仓单质押模式一、二的进化，因为它简化了原先仓单质押的流程、提高了运作效率。金融机构根据融通仓仓储中心的规模、经营业绩、运营现状、资产负债比例以及信用程度，授予融通仓仓储中心一定的信贷额度，融通仓仓储中心可以直接利用这些信贷额度向相关企业提供灵活的质押贷款业务，由融通仓直接监控质押贷款业务的全过程，金融机构则基本上不参与该质押贷款项目的具体运作。

仓单质押业务通过仓储企业作为第三方担保人，有效地规避了金融风险，既可以解决货主企业流动资金紧张的困难，同时保证银行高利贷安全，又能拓展仓库服务功能，增加货源，提高效益。

2. 保兑仓

保兑仓业务是仓单质押的延伸。在保兑仓业务模式中，制造商、经销商、第三方物流供应商、银行四方签署保兑仓业务合作协议书，经销商根据与制造商签订的购销合同，向银行缴纳一定比率的保证金，一般不少于经销商计划向制造商此次提货的价款，申请开立银行承兑汇票，专项用于向制造商支付货款，由第三方物流供应商提供承兑担保，经销商以货物对第三方物流供应商进行反担保。第三方物流供应商根据掌控货物的销售情况和库存情况按比例决定承保金额，并收取监管费用。银行给制造商开出承兑汇票后，制造商向保兑仓交货，此时转为仓单质押。如图 13-9 所示。

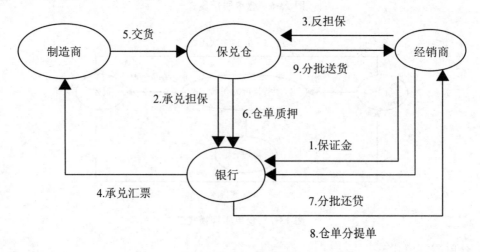

图 13-9　保兑仓模式

通过保兑仓，大大缓解了交易双方的现金压力，提高了资金周转，真正实现了制造商、经销商、第三方物流和银行的多赢。

(三) 海陆仓

海陆仓业务是指在传统"仓单质押"融资模式基础上，发展成为集"货物在途运输质押融资监管"模式与"仓单质押"模式为一体的，从货物起运地至目的地，"仓储质押监管、陆路运输监管、铁路运输监管、沿海运输监管、远洋运输监管"等任意组合的供应链全程质押融资监管模式。从概念来讲，海陆仓业务的实质是传统"仓单质押"业务的延伸，与仓单质押业务具有共性但又有其明显的特点。从共性来讲，均属于动产质押融资业务范畴，即以动产所有权或权利进行质押作为授信担保条件。

海陆仓的主要业务模式如图 13-10 所示。进口商与国外出口商签订购销合同，若进口商担心货款占用太多资金，影响整个公司的资金运作，可以向银行申请开立信用证。银行通过评估调查，同意给进口商授信，但进口商需将一定金额的保证金打入银行指定账号，委托第三方物流企业全程监管货物，并负责相应的船代、货代、装卸运输等服务。国外出口商收到信用证后，联系第三方物流企业在国外的海外代理公司订舱，并发货给进口商。发货后第三方物流企业全程质押货物。当货物抵港停泊后，第三方物流企业提供卸货、堆场、拖车、运输、监管等服务，而后将货物运至指定仓库。进口商可以据经营状况还清贷款，第三方物流企业根据银行指令将货物放行给进口商。

海陆仓业务的优点主要有：对银行而言，海陆仓业务往往与国际结算相连，除融资利息收

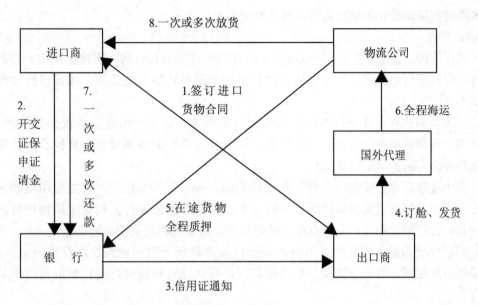

图 13-10 海陆仓模式

入外，还可以带来手续费、汇兑差价等丰厚的中间业务收入；对于客户而言，海陆仓业务是其银行信用额度受到规模限制时的又一融资渠道；对物流企业来说，通过海陆仓对客户的全程供应链中的货物进行全流程的跟踪、监控，既最大限度的延伸了风险管控的时空范围、同时协助银行、客户规避了可能的货物风险，又较好地支撑了传统物流业务的发展。而缺点也相当明显：物流企业开展海陆仓业务必须有自己的船，不管是自己拥有还是租借，成本对一般的物流企业来说都太高了，同时也会给物流企业带来更多风险。

三、物流金融服务的经营模式

在物流金融业务中，物流企业主要通过提供监管、协调等服务获得利润，是物流金融服务平台有效运行的关键。其主要经营模式如下。

（一）质押盈利模式

物流企业的盈利模式主要有三种：

1. 纯监管业务模式。仓库只承担货物监管责任，从客户处另外收取一定的监管费；
2. 仓库代替银行向客户融资，开展质押业务，获取利差；
3. 买方信贷（即保兑仓）。

（二）货物质押模式

1. **静态质押（固定期限的仓单质押）**

（1）单一仓单质押：单一仓单固定期限质押，货主履行债务期间，在银行指定保证金账户解入足额保证金后，银行解除质物监管，释放质物。

（2）多仓单质押：考虑货主对流动资金的要求，可分多个仓单分别质押，每份仓单对应不同的保证金，当货主履行债务期间，在银行指定保证金账户解入针对不同仓单的足额保证金后，银行可解除对相应部分仓单质物监管，释放对应仓单的质物。

2. 动态质押

（1）循环质押（滚动质押）：考虑到仓单的有效期（仓单有效期、质物保质期）等因素，在质押期间，按与银行的约定，货主可用相同数量的产品替代原有的质物，保证银行债权对应的质物价值不变。

（2）置换仓单质押：在质押期间，按与银行的约定，货主可用新仓单置换替代原有仓单，银行释放相应的原有质押仓单，同时保管人解除对相应质物的特别监管。置换后保证银行债权对应质物的价值不减少（可以增加）。

（3）信用或保证金置换仓单质押：在质押期间，按与银行的约定，货主可用增加保证金或提供新的信用担保等方式置换替代原有质押仓单，置换后保证银行债权对应质物的价值不减少（可以增加），银行释放相应的质押仓单，同时保管人解除对相应质物的特别监管。

（4）动态控制存量下限质押：可分为动态控制存数量下限和动态控制存价值量下限两种。前者与循环质押相同，后者与置换仓单质押相同，在保证银行债权对应质物的价值不减少的情况下进行。

金融业借助物流业，在全面高效的物流管理前提下，把流动资产证券化，全面启动仓单质押业务，将极大地提高第三方物流的供应链管理水平，为第三方物流的跨越式发展找到一条操作性很强的捷径。

（三）货物监管方式

1. 自有库质押监管：在物流公司自有仓库内完成监管。

2. 库外（外租库）质押监管：指物流公司在外租赁社会仓库专门用于质押监管业务，并派专门业务人员对仓库和质物进行监管。

3. 多库质押监管：为满足客户仓单质押全国性业务的需要，由物流公司通过全国仓储网络统一进行业务协调和监控，开展多库（异地）质押业务。

4. 厂家材料车间监管：主要针对制造业，对制造业供应链，从原材料至成品全面或部分实施监管。

四、物流金融服务的发展趋势

总体来看，目前物流金融业务的发展趋势主要表现在以下几个方面：

（一）从静态质押监管向动态质押监管发展

静态质押监管模式下货物质押后就不再变动，一直到质押期结束后才放货。事实上这种静态的情况是很少见得，很多企业都要不断地进行原材料采购、生产及出货，实际上货物处于流动过程，是一种动态的变化。因此，传统基于静态的质押贷款服务已逐渐被动态物流过程中的金融服务所取代。

（二）从流通型客户向生产型客户发展

最初对物流金融服务有大量需求的客户主要是无足够固定资产以便获得银行贷款的流通型贸易商。随着物流金融的便利性和可操作性大为改观，越来越多的生产型企业也开始参与到享受物流金融服务的行列中。

（三）从现货质押向买方信贷发展

这个发展的趋势实际上就是物流金融的实施者正从第三方物流发展到第四方物流供应商，也就是过去我们常说的融通商、保兑商与物流相结合的形式，是贸易商、供应商、监管方、银行四方合作的业务模式。同时，向更多参与者发展的趋势很明显。

（四）从自有仓库向库外仓库发展

主要是专业化的运作方式使企业将非核心业务的操作流程外包成为主流。

（五）从单一环节向供应链全过程发展

由于有了供货者的参与，物流金融服务的提供商对于货物从供货商到客户手中的全过程的监管发展也很迅速。

第三节　物流金融在国际物流中的作用及主要模式

国际物流活动涉及的范围很广，所处环境复杂，相应地运作风险也很大，如何降低风险、促进国际物流顺利开展是一个很现实的问题。物流金融以其庞大和便捷的银行间结算网络，缩小了资源流动的时间距离和空间距离，在货币收付和结算上大大提高了国际物流的效率。同时，物流金融通过其强大的融资功能给广大中小型进出口企业注入勃勃生机，有利于国际物流的持续健康发展。

一、国际物流中开展物流金融服务的现实意义

（一）国际物流对物流金融的需求

"只有安全的客户，没有安全的付款方式"，从事国际经贸活动的人士都有这样的深刻体会。随着现代物流全球化、网络化，超越空间限制的物流业结算及支付等综合服务的要求不断增强。

物流企业和银行提供结算和融资服务在国外已经具有相当悠久的历史，而在我国才刚刚起步。在国际结算融资业务中，我国企业蒙受了巨大的经济损失。商务部研究院研究人员指出：我国目前约有海外应收账款1 000亿美元，而且每年还会新增150亿美元左右；拖欠3年以上的占10%，1年至3年的占30%，半年至1年的占25%，半年以内的占35%。据美国商法联盟调查显示：当逾期一个月时，追账成功率为93.8%；当逾期半年时，成功率降到57.8%；当逾期两年左右时，成功率只有13.5%。

在国际结算融资业务中，引入第三方物流供应商与银行的角色进行互补，能够有效降低结算与融资风险。第三方物流供应商掌握了商品的实体，相对于银行更能有效地进行商品的检验、保管，更易于实现商品所有权的控制、对市场行情进行评估和必要时将商品变现。因此，在国际结算、融资业务中引入第三方物流供应商，开展物流金融业务不仅必要而且紧迫。

（二）物流金融在国际物流运作中的作用

在国际物流运作过程中，物流金融集物流、融资、保险、担保、资信评估、信息交换等服务为一体，具有许多优越性。从各参与方来看，其优势主要集中在以下几个方面：

对银行而言，进口商与物流企业是供应链中的上下游节点，两者的合作关系为银行的授信提供了有利条件，使银行摆脱了融资过程中涉及的物流业务上的操作。同时，也降低了银行对物资质押商品缺乏专业知识而造成的高风险，符合银行资产盈利性、安全性和流动性的原则。通过物流金融业务的开展，银行可以扩大和稳固客户群，树立自己的竞争优势，开辟新的利润来源，也有利于吸收由此业务引发的派生存款。

对于物流企业来讲，进出口方与银行的融资关系通过物流企业得到紧密的结合，物流企业的业务得到有效拓展，增加了服务的附加值，提升了企业综合价值和竞争力，稳定和吸引了众多客户；另外，物流企业作为银行和客户都相互信任的第三方，可以更好地融入客户的供应链中去，同时也加强了与银行的同盟关系。

对于进口商、出口商来说，物流金融业务有效减少了结算与融资的风险，降低了双方的交易成本与资金负担。物流企业的信息平台也为企业远期、互换等衍生金融工具的使用提供了充分的信息和便利，加速了资金流动，降低了资本成本，为物流的顺畅、高效运行提供了可靠的保障。

因此，通过物流金融业务的开展，参与业务的各方都获得切实的利益，真正达到了"多赢"的效果。这种多方获益、相互促进、共同发展的模式，保证了国际贸易的顺利开展和高效性。

二、进出口业务中的物流金融服务

（一）信用证项下的合作模式

该模式是指以签订进出口合同，以资金需求方的仓单、动产或货权为质押品，银行向其提供用于满足其流动资金需求的融资业务。银行与出口商以及符合银行要求的大型物流仓储企业签订三方合作协议，仓储单位接受银行委托对货物进行有效看管，从而实现银行对质押存货的转移占有。

由于我国许多进出口企业规模较小，信用评级不足以向银行申请贷款，可以考虑由中国出口信用保险公司核批相应信用限额、投保短期出口信用保险综合险，并将信保公司保单项下的赔款权益转让给银行，这样可以解决中小进出口企业资金有需求，又难于贷款的困境。

1. 进口商与出口商签订进出口购销合同，银行与大型物流仓储企业、进口商签订《进口货物监管和质押协议书》确定三方权利和义务，大型物流仓储企业接受银行委托，根据协议内容承担监管责任。

2. 进口商向银行提交有关资料，申请授信额度。经银行有关审批部门核定授信额度，与进口商签订《授信协议》，同时进口商提交一定金额的开证保证金，申请开立信用证。

3. 进口商银行向出口商开立以出口商为受益人的信用证。

4. 出口商按信用证要求发货，向进口商银行寄送全套单据。

5. 进口商银行收到并持有全套单据，经进口商确认后，银行签发《单据交接通知》并由大型物流仓储企业签收，信用证项下，银行办理押汇/承兑。

6. 进口商银行可在进口商需要时，向其提供一定量的贷款，以作为通关缴税的费用。

7. 收到货物后，大型物流仓储企业履行货物报检及通关手续，将货物运至银行指定地点仓储。

8. 大型物流仓储企业签发以银行作为质权人的《进仓单》，银行与进口商共同在大型物流仓储企业办理交接登记，由大型物流仓储企业按照《进口货物监管和质押协议书》根据银行委托控制质押货物，进入现货质押流程。

进口商在每次提货前要将与货物相对应的款项打入其在银行的保证金账户，银行为其出具等金额的《出库单》并经进口商签收确认；大型物流仓储企业审核《出库单》，在确认无误后为进口商办理《出库单》相对应货物的出库手续；期间，大型物流仓储企业对质物进行对账和核对工作，足额保证金到账后，银行解除质押。

（二）现货质押模式

现货质押模式是指进口商把质押品存储在信用良好的大型物流仓储企业的仓库中，然后凭借仓单向银行申请融资，银行根据质押品的价值和其他相关因素向客户企业提供一定比例的贷款额度。同时，物流仓储企业根据银行的委托负责监管和储存质押品，进口商在每次提货前要将与货物相对应的款项打入其在银行的保证金账户，银行为其出具等金额的《出库单》，大型物流仓储企业审核《出库单》后为进口商办理出库手续。

（三）出口前的短期打包贷款

出口前的短期打包贷款是银行依据出口商提供的合格信用证，为其提供按期履行合同、出运交货的专项贷款，是一种装船前短期融资，使出口企业在自有资金不足的情况下仍然可以办理采购、备料、加工，顺利开展进出口贸易。

打包贷款的称呼源于最初这种贷款是专门向受益人提供包装货物费用的。从形式上看属于抵押贷款，其抵押品是尚在打包中而没有达到装运出口程度的货物。打包贷款的期限一般不超过信用证的有效期。贷款金额一般不超过信用证金额的80%，当然，根据银行与客户的信用关系，在银行资金较为充裕的时候，贷款金额也可以达到100%。

此种运作模式的推广可以扩大出口企业的贸易机会，在自身资金紧缺而又无法争取到预付货款的支付条件时，帮助出口企业顺利开展业务、把握贸易机会。同时，减少了企业的资金占压，使得出口企业在生产、采购等备货阶段都不必占用过多的自有资金，缓解流动资金压力。

（四）出口后的应收账款质押（A/R）

出口后的应收账款质押是指出口商由于属于非强势企业，在签订合同时无法获得信用证这种最有保证的支付方式，而采用货到付款的赊销方式。在进口商的资信等级良好的情况下，出口商可将未到期的应收账款质押给银行，同时委托由银行指定的物流企业进行货物运输和监管，由银行来承担买方信用风险、提供催收货款的资金融通服务。

此种模式有利于出口商在激烈的市场竞争中赢得有利地位，同时以应收账款质押，避免资金被大量占用在应收账款上，提高资金流动性，加快资金周转，最大限度提高企业的效益。

三、物流金融在国际结算中的运作模式

从事国际贸易的企业希望银行能够提供一体化的完整产品组合，满足其货物和现金管理的各项需求。国际贸易融资也与一般的贷款不同，它直接进入流通环节，与商品的价值实现密切相关，银行面对的市场风险压缩在商品货币循环的狭小空间中。这一特征为银行与物流企业的业务协作提供了前提条件。

（一）跟单托收结算方式中的物流金融运作模式

该模式运作流程如图 13-11 所示。出口方拟委托的托收行参加签约谈判，进口方所在的供应链中的银行 A、物流公司 B 参加谈判，以双方银行的信用为基础，确保在物流、资金流的各个环节上各方充分信任。在签订买卖合同时，开展出口跟单托收结算方式的前提条件是进出口双方在所签买卖合同中订立了采用托收结算方式的条款。然后，出口方按合同规定装船发运，取得提单（为减少出口商风险，可以采用"空白抬头"、空白背书或将 A 行作为收货人的提单）和其他商业票据后，即可签发以进口方（受票人）为付款人的汇票，填制托收申请书，明确交单方式等，然后将跟单汇票和托收申请书送交托收行，委托收款，并取得回执。托收行根据托收申请书填制托收委托书，明确收款指示等，随附跟单汇票，邮寄给出口商指定的 A 代收行。代收行按照委托书的指示，向进口方提示跟单汇票。

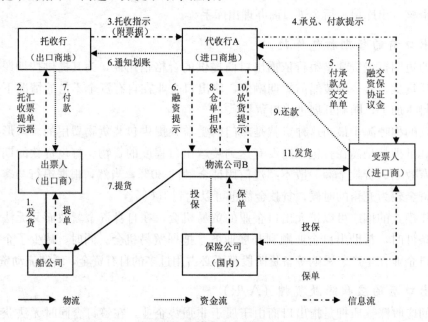

图 13-11　跟单托收结算方式中的物流金融运作模式

1. 在进口商不需要融资的情况下，进口方按照规定的交单条件，进行付款赎单，或承兑取单，并于到期日付款，并将提单交由 B 公司提货。代收行待进口方付清货款后将款项汇交托收行，托收行将款项汇交出口商，跟单结算业务到此了结。

2. 在进口商需要向银行融资的情况下，业务流程发生了很大变化。代收行通知金融物流服务提供商 B，在授信额度内 B 代理银行 A 根据进口商的需求和条件进行动产质押贷款业务。之后 B 代理银行与进口商签订融资协议，物流公司负责货物的监管并将仓单交给银行质押，银行

根据质押品的价值和其他相关因素向客户企业提供一定比例的贷款额并将款项汇交托收行。银行核定的贷款额与货款的差额部分以保证金的形式由进口商汇交银行。待进口商偿还贷款后，银行通知 B 公司将货物发运给进口商。

3. 代收行对进口商的资金融通是允许进口商在远期交单的条件下凭信托收据借单提货。即在远期付款交单的条件下，代收行可以允许进口商在承兑远期汇票后，但在付款前开立信托收据交给代收行，凭以借出货运单据先行提货，以便出售，待售得货款后偿还代收行，换回信托收据。

使用这种凭信托收据借贷的方式，目的是避免货物先于付款日到达进口港后进口商不能付款赎单，致使货物滞留。但是，如果出口商和托收行未曾在托收申请书和托收委托书上允许这一融资条件，而是代收行想为其本国进口商提供融资，同意进口商凭信托收据借贷的话，则一切后果由代收行自己负责。这无疑增大了代收行的风险。

4. 出口商有时会在进口地指定一名代表，万一进口方拒付或拒绝承兑，代收行向该代表询问如何处理单据，或由该代表料理货物的仓储、保险、转售、运回等事宜。此代表称"需要时的代理人"。基于进口商、代收行、物流公司的供应链战略合作关系，出口商或委托行在签订买卖合同时可以委托物流公司 B 为代表，当出现拒付或拒绝承兑时，物流公司按照出口商的指示处理货物，既节约出口商另行委托代表的成本又简化了手续。

（二）信用证结算方式中物流金融的运作模式

进口商在与出口商签订买卖合同后，根据合同条款，在规定的时间内通过银行授信的物流公司向银行申请开立信用证，进口商交保证金或由物流公司提供担保。开证行应该是金融物流供应链中的节点银行。开证后开证行将信用证传递给出口方银行，出口方银行收到信用证后审核信用证的真实性并通知出口商。出口商接受信用证后，应立即发货，取得装运单据交议付行/保兑行议付货款。出口方银行议付后，寄单索汇。开证行接受单据，通知进口商付款赎单。进口商如同意接受单据，应将货款及应付手续费付给开证行。这时，开证行和进口商之间由于开立信用证而形成的契约关系就此终止。其过程如图 13-12 所示。

（三）保理结算方式中金融物流的运作模式

保理结算方式中物流金融的运作模式如图 13-13 所示。

1. 出口商向进口国的保理商提出保理申请。

2. 进口国保理商通过其授信的物流公司对进口商进行资信调查。物流公司确定进口商信用额度，通知保理银行，银行同出口商签订保理协议。进口商为了能取得充足的货物，有可能在资信不足的情况下请求同一供应链中的银行授信的物流公司虚报资信情况。为了促使物流公司尽职尽责和避免串通欺诈，银行应该要求物流公司提供担保。

3. 出口商在信用额度内发货，并将发票和运输单据通过保理商转交给进口商，保理商收到票据后取得质押权并通知物流公司提货和监管货物。

4. 出口商将发票副本寄给保理商。

5. 出口商如要融资，则保理商在收到发票副本后即以预付款方式向出口商支付不超过发票金额的 80% 的融资。保理商负责应收账款的管理及催收，并提供百分之百的风险担保。

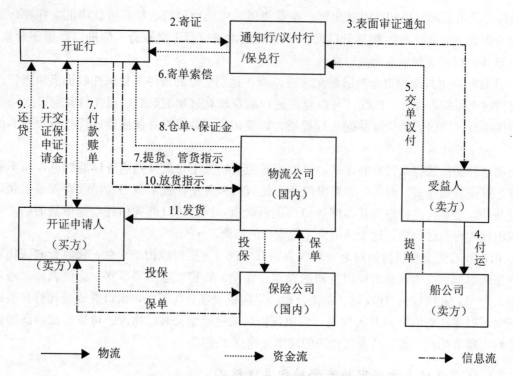

图 13-12　信用证结算方式中的物流金融运作模式

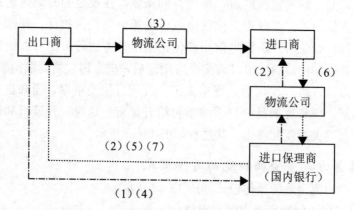

图 13-13　保理结算方式中的物流金融运作模式

6. 到期后，进口商将货款付给保理商，也可以由物流公司垫付，进口商向物流公司提供货物质押或担保。

7. 保理商扣除有关费用及贴息后将剩余的 20％的发票金额转入出口商的银行账户。

在进出口贸易不断增长的今天，如何更好地实施结算融资服务，如何更加灵活地运用物流金融业务的优势降低国际贸易中的损失将是今后国际物流发展的重点。

本 章 小 结

本章主要学习了物流金融的基础知识，物流金融服务的主要形式，物流金融在国际物流中的作用及主要模式等相关知识。

物流金融的基础知识包括从广义和狭义角度对物流金融的理解，物流金融产生背景分析，物流金融主体及基本特征，物流金融在物流产业发展中的三大职能发挥，以及开展物流金融活动可能面临的风险。

物流金融服务的发展时间虽短，形式却有多样。主要融资业务有基于存货的物流金融业务和基于贸易合同的物流金融业务两种。在实际操作中，第三方物流供应商提供得较多的物流金融服务包括代客结算、融通仓和海陆仓，其中融通仓主要有仓单质押和保兑仓两种操作模式，两者最大的区别在于仓单质押业务先有货再有票，保兑仓业务先有票再有货。在物流金融业务中，物流企业主要通过提供监管、协调等服务获得利润，具有多种不同的质押盈利模式、货物质押模式以及货物监管方式。物流金融服务的总体发展趋势明显。

国际物流活动所处环境复杂、风险巨大，在国际物流运作过程中开展物流金融服务具有很重要的现实意义。通过物流金融业务的开展，国际物流参与各方都能获得切实的利益，真正达到"多赢"的效果。重点叙述了进出口业务中的物流金融服务形式以及不同国际结算中物流金融的运作模式。

关键词或概念

物流金融（logistics finance）
仓单质押（warehouse receipts pledge）
融通仓（finance，transportation and warehouse/ FTW）

简答题

1. 简述物流金融的概念及特征。
2. 简述物流金融的主体构成。
3. 简述仓单质押的主要运作模式。
4. 简述物流金融在国际物流运作中的作用。
5. 试述进出口业务中的物流金融服务。

【案例分析】

UPS 的物流金融服务

随着现代物流的发展，物流金融已经成为世界各大物流企业新的利润来源。世界最大的船运公司马士基、快递物流公司 UPS 等都在大力开展物流金融业务，这些跨国公司依托良好的信誉和强大的金融实力，结合自己对物流过程中对货物的实际监控，在为发货方和货主提供物流服务的同时，也提供金融性的服务，如开具信用证、仓单质押、票据担保、结算融资等，这样不仅吸引了更多客户，而且在物流金融活动中还创造了可观的利润。

UPS 为了推进物流金融服务，于 2001 年 5 月并购了美国第一国际银行（First International），将其改造成 UPS 金融部门（UPS Capital）。目前，UPS 的物流金融服务已经成为 UPS 集团业务的一个十分重要的组成部分。UPS 提供的物流金融服务主要如下：

（1）由 UPS 金融公司推出包括开具信用证、兑付出口票据等国际性金融服务业务。

（2）物流业务的增值服务。UPS 作为中间商斡旋于以沃尔玛为代表的大型超级市场和世界上数以万计的中小出口商之间。通常，UPS 以揽下其出口报关、货运等业务和得到一定的手续费为条件，在两周内把货款先行支付给出口商，这样，小型出口商们得到及时的现金流；而拥有银行的 UPS 在沃尔玛等大型超级市场实行一对一结算。UPS 金融还提供为期五年的循环信用额度，并确保中小型出口商规避收不到货款的风险。

（3）垫资服务。在 UPS 的物流业务流程中，当 UPS 为发货人承运一批货物时，UPS 首先代提货人预付一半货款，当提货人取货时则交付给 UPS 全部货款。UPS 将另一半货款交付给发货人之前，产生了一个资金运动的时间差，金融上通常称为在途资金，在这一期间 UPS 等于获得了一笔免息资金。UPS 用这部分免息资金从事小额短期贷款，其贷款对象仍然是 UPS 的客户或者限于与快递业务相关的主体。在垫资服务中，这笔免息资金不仅执行了货币的支付职能，而且具有了资金运动的含义，并且这种资金运动是紧密地服务于业务链的。

但要注意一点，UPS 能做代收货款，主要是因为它收购了一家银行。目前，在任何一个国家，单物流公司进行诸如垫资货款、票据结算等物流金融服务在法律上是不允许的。要以物流公司的名义进行物流金融业务，一定是物流公司下属的以银行性质注册的金融性公司才能运作。

阅读以上资料，请思考：

1. UPS 的物流金融服务有何特点？其意义何在？

2. 就我国现行经济体制以及法律体系来说，我国物流企业能否提供类似的物流金融服务？

第十四章 国际物流法律、法规

本章导读

国际物流法（International Logistics law）是国际经济法的重要组成部分，是调整不同国家之间商品货物运输、保险、储存、支付与结算、调解与仲裁等关系的法律规范的总和。国际物流所涉及的运输方式很多，包括海上运输、陆上运输、航空运输、多式联运等，这些运输方式各有各的特点，其中海上运输是国际货物运输最重要的一种方式，国际物流中 80% 以上的货物运输量是通过海运实现的。不仅是因为它的运输量大、成本低，而且从历史上看，对外贸易主要是从航海贸易发展起来的，许多有关对外贸易的法律和惯例也是从长期的航海贸易实践中产生的。因此，本章将重点介绍提单运输、国际多式联运，以及其他运输的法律、法规。

本章学习目标

本章重点要求学生掌握国际物流相关立法情况，深刻理解《海牙规则》、《维斯比规则》和《汉堡规则》三大公约的主要内容、特点及差同；掌握《联合国国际货物多式联运公约》的主要内容及实施情况；了解航空运输公约、公路运输公约关于责任制度、责任人、时效等的主要规定，熟悉国际物流纠纷处理途径和相关规定。

第一节 提单运输法规

提单运输法是调整提单运输关系的法律规范的总称。关于提单运输的国际公约有《海牙规则》、《海牙—维斯比规则》和《汉堡规则》三个著名的公约，我国国内相关法律主要是《中华人民共和国海商法》和《中华人民共和国合同法》。

一、《海牙规则》

海牙规则（Hague Rules）全称为《统一提单的若干法律规定的国际公约》（International Convention for the Unification of Certain Rules of Law Relating to Bills of Lading），该公约 1924 年在布鲁塞尔签订，于 1931 年 6 月 2 日生效，是以国际法协会 1921 年在荷兰海牙制定的有关规

则为基础形成的，故又称《海牙规则》，这是关于提单运输的第一部国际公约。

《海牙规则》统一了世界各国关于提单的不同法律规定，是海上运输中最具影响力的公约。有的国家通过国家立法使之国内法化；有的国家以这一公约的基本精神为依据另行制定相应的国内法；还有些国家虽然没有加入这一公约，但它们的一些船公司的提单条款也采用了这一公约的精神。所以，这一公约是海上货物运输中有关提单的最重要的和仍普遍被采用的国际公约。因此，《海牙规则》至今仍是国际物流中最重要的国际公约。

《海牙规则》共60条，主要成就在于界定了提单运输相关概念，确定承运人与托运人在海上货物运输中的权利和义务，特别是规定了承运人最低限度的义务和责任，应享有的免责事项，规定了责任限制、适用范围，索赔和诉讼程序，承运人货物灭失或损害的赔偿限额，以及托运人的责任和义务等。制止了航运公司利用"合同自由"的原则任意扩大免责范围、减低责任和义务的现象，使国际海上件杂货运输有一个统一的法律规定，方便了对外贸易的发展。我国虽然没有加入该公约，但参照这一公约的规定，制定了我国《海商法》，用于规范包括提单运输在内的国际海上运输。

（一）《海牙规则》适用范围

《海牙规则》关于适用范围的规定有第一条、第五条和第十条，分别从适用范围、货物概念界定、运输合同范围几个方面规定了《海牙规则》的适用范围。

《海牙规则》仅适用于在缔约国内所签发的提单，即使提单上注明适用《海牙规则》，如果该提单不在缔约国内签发时，该提单也不能适用《海牙规则》。而且《海牙规则》规范的是提单运输，即班轮运输，而非租船运输，但是如果租船运输中，根据租船合同签发提单，并成为制约承运人与凭证持有人之间的关系准则时，就必须遵守《海牙规则》。

《海牙规则》对"货物"做了明确界定，"包括货物、制品、商品和任何各类的物品，但活牲畜以及在运输合同上载明装载于舱面上并且已经这样装运的货物除外"。因此，《海牙规则》并非对提单运输中的任何对象都适用。根据《海牙规则》规定，只有是承托双方约定或按航运习惯装于舱面，并在提单上如实记载，这样的"舱面货"才符合《海牙规则》的规定，如果是承运人擅自将托运人的货物装载于舱面，是不能享受免责条款和责任限制。

（二）承运人的义务和责任

《海牙规则》共十六条，其中第一条至第十条是实质性条款，主要规定了承托双方的义务与责任、赔偿与诉讼等。第十一条至第十六条是程序性条款，主要是有关公约的批准、加入和修改程序的条款。《海牙规则》第三条第一、第二款规定了承运人最低限度的两项义务和责任：船舶适航的义务、管理货物的义务，简称适航义务和管货义务。

1. 适航义务

适航义务是旨承运人必须开航前和开航时恪尽职责使船舶适航。

（1）适航时间。是指"开航前和开航时"。"开航前"一般是指开始装货到开航，在这一段时间内，船舶要适货，"开航时"是指开航当时，船舶适合航行。

（2）适航标准。具体标准有三：a. 船舶适于航行；b. 给船舶配备适当的船员、物资和装备；船员配备适当；c. 船舶适货，简称"适船"、"适船员"和"适货"。

"适船"是指船舶在船体、构造、性能和装备方面具备在预定航次中安全航行并能抵抗通常出现的海上危险的能力；船舶必须具备适航证书，并且在每一航次开航时必须具备适当的实际航行能力。

"适船员"是指船舶必须配备足够的合格船员、装备和物资。所有船员必须持证上岗，并能胜任指定工作。船舶装备适当，是指船舶要适当地备有航海所需要的各种仪器设备及必要信息资料，比如海图、气候等。船舶物资适当，是指船舶在航行中要备有适当的燃料、淡水、粮食、药品及其他物资。

"适货"是指船舶的所有载货场所适于收受、装运和保管约定货物。承运人必须根据货物特性进行合理的装载和配载。

适航义务属于承运人个人性质，不能借口将工作交给其他人履行而免除。例如船舶检验是雇请独立的检验机关进行，由于检验机关的疏忽没有发现船舶不适航，承运人不能以此为由来抗辩应该承担的适航义务。

（3）适航程度。适航程度分绝对适航与相对适航，《海牙规则》对承运人义务与责任规定的是相对适航。只要承运人、承运人的受雇人和其代理人，在开航前和开航时在船舶适航方面，恪尽职责，做到"适当谨慎"，即使船舶因潜在缺陷导致在开航前和开航时事实上处于不适航状态并因此使货物灭失和损坏，承运人仍然可以免除赔偿责任。

（4）适航的举证责任。由于《海牙规则》采用的是不完全责任制。一般情况下，在海运中出现货损货差，则应初步认定承运人负有赔偿责任，如果承运人能举证证明其本人、其代理人均已恪尽职责，仍然出现货损货差，是因不可抗力或承运人无法控制的情况所致，则可免责。同样的，货主如以承运人没有恪尽职责使船舶适航为由索赔，也要承担船舶不适航的举证责任，否则其索赔不予支持。在适航举证责任上，我国《海商法》第四十七条规定与《海牙规则》第三条第一款的规定完全一致。

2. 管货义务

管货义务是指承运人应适当和谨慎地装卸、搬运、积载、运送、保管、照料和卸载所运货物。

（1）管货时间。"海运全过程"，从在起运港交接货物到卸货港交接货物止。

（2）管货程度。"适当而谨慎"是指从装货到卸货的各个环节，承运人的行为应符合有关管理货物的适当的要求，给予合理的注意。如经过炎热地区，要注意适时适当的通风；经过潮湿地区，要注意防潮；有下雨要注意关紧舱门；干旱的季节要注意防火；有异味的货物不能与其他货物混放等。

（3）管货内容。包括7项：装载、处理、积载、运送、保持、照料和卸载。管货义务具有绝对性，即在海运全过程都要适当而谨慎地尽到以上7项管货义务，因违反该义务所造成的货物损失，承运人应负赔偿责任，免责事件除外。

由这两个基本义务，也衍生出承运人的管船责任与管货责任两个容易混淆的概念。一般来说，因为未履行管货责任造成的货物灭失和损坏，承运人要承担赔偿责任（免责事项除外）；因未履行管船引发的货物灭失和损坏，只要不在开航前或开航时，是可以免责的。

我国《海商法》第四十八条与《海牙规则》第三条第二款完全一致。另外，除了以上两大基本义务和责任之外，承运人还应该遵守签发提单和不作不合理绕航的义务。承运人或船长或承运人的代理人在收受货物归其照管后，经托运人的请求，应向托运人签发提单，其上载明为辨认货物所需的主要唛头，托运人用书面提供的包数或件数，或数量，或重量，以及货物的表面状况。承运人不能随意变更航线或挂靠港，一旦出现不合理绕航情况，极有可能导致丧失引用免责和责任限制的权利。但是，为了救助或企图救助海上人命或财产而发生的绕航，或任何合理绕航，承运人对由此而引起的任何灭失或损害，可以免责。

（三）承运人的责任期

承运人的责任期是指承运人对货物运送承担赔偿责任的期间。根据《海牙规则》第一条 e 款"货物运输"的定义，货物运输期间是从货物装上船时起至卸下船时止的一段期间，承运人的承担期间就是货物运输期间。这里所提到的"装货起卸货止"可指两种期间：一是"舷到舷"，如果使用岸上的装卸设备装卸，责任期是指货物在起运港越过船舷起到御货港越过船舷时止；"钩到钩"，如果是使用船上装卸设备装卸，则从货物挂上吊勾起到脱离吊钩时止。按照《海牙规则》第七条规定，在上述两段期间内发生的货物灭失或损坏的责任，可由承运人与托运人就承运人在上述两段时期，发生的货物灭失或损坏所应承担的责任和义务订立任何协议、规定、条件、保留或免责条款。

（四）承运人免责事项和责任限制

1. 承运人的免责事项

《海牙规则》实行的是不完全过失责任制。不完全过失责任制是指，承运人的赔偿责任基础以过失责任为总原则，但承运人对其雇佣人员主观过失造成的损害免责。这是因为《海牙规则》规定的承运人的责任是最低限度的，仅包括两项强制性的义务，一是适航义务；二是管货的义务，承运人只要完成了这两项最基本的义务，很多情况下可以免责。《海牙规则》规定的承运人的免责约有 17 项，包括两类：一是过失免责；二是无过失免责。

第一类是承运人过失免责。由于船长、船员、引水员或承运人的雇用人员，在驾驶船舶或管理船舶中的行为、疏忽或不履行义务，所引起的货物灭失或损坏，承运人可以免除赔偿责任，损失由货主承担。这种免责条款是国际海上货物运输责任制度中最受人指摘的条款，其他运输方式责任制度里是没有的。这种免责条款不仅对货主来不公平，也不利于统一国际运输责任制度，发展多式联运。

第二类是承运人无过失免责。这类免责条款与其他运输方式差别不大，可分以下几类：

（1）非承运过失免责。货物灭失或损坏是由于托运人或货方的行为或过失引发的。引发的原因有：托运人或货主行为；货物包装不良或不当；货物标志不清或不当；货物性质和固有缺陷等。

（2）因不可抗力或承运人无法控制的事项引发的货物灭失或损坏，承运人可以免责。引发的原因有：海上或其他可航水域的灾难、危险和意外事故；天灾；战争行为；公敌行为；君主、当权者或人民的扣留或管制，或依法扣押；检疫限制；罢工、关厂停止或限制工作；暴动和骚乱；货物的固有缺点、质量或缺陷；包装不充分；标志不清或不当。

（3）特殊免责条款。只有在特殊规定的情况下才可以免责的条款，主要是三项：a. 火灾。

火灾是承运人的雇佣人的过失引起的，并造成了货物的灭失和损坏，承运人可以免责，但由于承运人的实际过失或私谋所引起的除外；b. 救助遇难船舶。"为救助或企图救助海上人命或财产而发生的绕航，或任何合理绕航，都不能作为破坏或违反本公约或运输合同的行为"，这是海上运输特有的；c. 谨慎处理仍不以发现的潜在缺点。

从以上可以看出，《海牙规则》对于承运人的免责太多，这样对托运人是不公平的，所以，后来的《维斯比规则》对《海牙规则》进行了一些修改和补充。这些修改和补充包括加大了承运人的赔偿限额，从原来的每件或每单位不超过 100 英镑，变更为每件或每单位 1 万金法郎或每千克 30 金法郎，两者以高者计算等，但是这并没有从根本上改变托运人不利的处境，《汉堡规则》相比较而言就比较公平合理。

2. 赔偿责任限制

《海牙规则》规定，承运人或是船舶，在任何情况下对货物或与货物有关的灭失或损害，每件或每计费单位不超过 100 英镑或与其等值的其他货币；但托运人于装货前就已声明该项货物的性质和价值，并已在提单中注明的，不在此限。

（五）托运人的义务和责任

根据《海牙规则》规定的托运人基本义务和责任有：

1. 如实申报义务

《海牙规则》规定：托运人必须如实向承运人提供货物唛头、件数、数量和重量，保证正确无误，否则由于这些项目不正确所引起或导致的一切灭失、损坏和费用由托运人负责赔偿。如果承运人有合理依据怀疑托运人提供的上述资料，或者无适当核对方法，可自行处理，无须在提单上注明。

易燃、易爆或其他危险性货物，托运人应如实申报，否则承运人、船长或承运人的代理人可在卸货前的任何时候将其卸在任何地点，或将其销毁，或使之无害，而不予赔偿，因此而产生或导致的一切损害或费用应由托运人负责。如果承运人知道该项货物的性质，并已同意装载，则在该项货物对船舶或货载发生危险时，亦得同样将该项货物卸在任何地点，或将其销毁，或使之无害，而不负赔偿责任，但如发生共同海损不在此限。

2. 托运人免责情况

对于任何非因托运人、托运人的代理人或其雇佣人员的行为、过失或疏忽所引起的使承运人或船舶遭受的灭失或损坏，托运人不负责任。

（六）索赔和诉讼时效

货物灭失或损坏比较明显，收货人应在接收货物之前或当时，书面通知承运人或其代理人，否则这种移交应作为承运人已按照提单规定交付货物的初步证据。如果货物损坏不明显，则应于交付货物之日起的三天内提交书面通知。如果在收受时已经进行联合检验或检查，就无须再提交书面通知。

诉讼时效是从货物交付之日或应交付之日起一年，托运人必须在此期间提出诉讼，否则承运人和船舶在任何情况下都免除对灭失或损害所负的一切责任。

二、《维斯比规则》

《维斯比规则》全称是《关于修订统一提单若干法律规定的国际公约的书》（Protocol to Amend the International Convention for the Unification of Certain Rules of Law Relating to Bills of Lading）。1967—1968 年制定，1977 年 6 月 23 日起生效。

《维斯比规则》通常称作《海牙—维斯比规则》。因为《维斯比规则》不是一个完全意义上的提单法律制度，它对《海牙规则》的某些不够明确完备的条款进行修订，所以不能单独使用，要与《海牙规则》合起来使用。因为《维斯比规则》没有被所有《海牙规则》参加国所接受，截至目前只有 30 余个国家或地区加入，所形成《海牙规则》和《维斯比规则》同时存在的局面。《维斯比规则》共 17 条，主要是对《海牙规则》的第三条、第四条、第九条、第十条进行了修订，其修改主要内容如下。

（一）适用范围

《海牙规则》仅限于在缔约国签发的提单，而国际物流的发展，使得一次运输涉及的国家或地区更复杂，常常出现在非缔约国签发提单，却在缔约国发生货物灭失或损坏，对索赔与诉讼带来了困难。《维斯比规则》扩大了适用范围：提单在某一缔约国签发；货物从某一缔约国港口起运；提单或提单证明的运输合同规定适用该公约，以上三种情况可属《维斯比规则》适用范围。

（二）明确善意受让提单人的法律地位

《维斯比规则》在《海牙规则》第三条第四款增加下列规定：但是，当该提单已被转与善意行事的第三方时，与此相反的证据便不予接受。

这样修订之后，对于善意受让提单人，提单所记载的内容就变成了最终证据，承运人不得提出与提单所载不同的反证。这一修订保护了提单善意受让人和收货人的合法权益，保护提单的转让、流通，促进提单运输的发展。

（三）延长诉讼时效和追偿期限

1. 延长诉讼时效。在《海牙规则》第三条第六款有关诉讼时效的规定之后，增加"但是，在诉因发生以后，经当事方同意，这一期限加以延长"。明确经双方当事人可延长诉讼期限的规定。

2. 延长追偿期限。《维斯比规则》对承运人追偿期限仍规定为 1 年，但当事人可协商延长，而向第三方责任人追偿时不受限制。在《海牙规则》第三条第六款之后增加："即使在前款规定的一年期限届满之后，只要在受案法院所在地法律允许期间内，仍可以向第三方提起追偿诉讼。但是，允许的时间自提起此种诉讼之人已经解决向其索赔的案件，或在对其本人的诉讼中收到送达的传票之日起算，不得少于三个月。"

（四）责任赔偿限额修订

《海牙规则》对货物灭失和损坏的承运人赔偿限额的规定，是以每件或每计费单位不超过 100 英镑或等值的其他货币，规定不够灵活。《维斯比规则》将此条款删除，列明三种责任赔偿限额情况：a. 将赔偿最高限额提高 10 000 法郎，或按灭失或受损货物毛重计算，每千克相当于

30 法郎（两者之中以较高者为准）；b. 可赔偿的总额应参照该货物根据合同从船上卸下或本应卸下的当时当地的价值计算；强调货物价值以实际商品交换价格、现时市场价格或相同品种和质量的货物的正常价值来确定，充分体现赔偿的补偿性原则；c. 如果是集装箱数或成组货物包装数，应视为一个包件或单位。提单上注明的除外。

（五）侵权之诉

《海牙规则》所规定的抗辩和责任限额，只适用于运输合同，货主能否绕过《海牙规则》规定对承运人或其代理人采取侵权之诉，从而获得赔偿，在这一点上，《海牙规则》目的不明确。为了避免这种情况，《维斯比规则》做了特别规定，《维斯比规则》规定的抗辩和赔偿责任限制，适用于就运输合同所载运货物的灭失或损坏对承运人提起任何诉讼，不论该诉讼是合同之诉还是侵权之诉，必须针对运输合同所载运货物；承运人雇佣人或代理人也有权适用承运人《维斯比规则》的各项抗辩和责任限制。

三、《汉堡规则》

《汉堡规则》全称是《1978 年联合国海上货物运输公约》（United Nations Convention on the Carriage of Goods by Sea, 1978），该公约于 1992 年 11 月 2 日生效。《汉堡规则》共分 7 个部分 34 条条文，《汉堡规则》是对《海牙规则》进行了根本性的修改，明显地扩大了承运人的责任，是一部较为完整的国际海上货物运输公约。

（一）基本概念

《海牙规则》只对五个基本概念下了定义，《汉堡规则》增加到八个，概念更加细化，适应国际海上运输的发展。《汉堡规则》在《海牙规则》原本五个基本概念的基础上做了非常重要的修改：规定实际承运人定义；将托运人概念分为订立运输合同的托运人和效付货物的托运人；货物概念将活动物包括在内；给提单明确定义等。

1. "承运人"是指其本人或以其名义与托运人订立海上货物运输合同的任何人。

2. "实际承运人"是指受承运人委托执行货物运输或部分货物运输的任何人，包括受委托执行这项运输的其他任何人。

3. "托运人"是指其本人或以其名义或代其与承运人订立海上货物运输合同的任何人或指其本人或以其名义或代其将货物实际交付给海上货物运输合同有关的承运人的任何人。

4. "收货人"是指有权提取货物的人。

5. "货物"包括活动物，凡货物拼装在集装箱、货盘或类似的运输器具内，或者货物是包装的，而这种运输器具或包装是由托运人提供的，则"货物"包括它们在内。

6. "海上运输合同"是指承运人收取运费，据以承担由海上将货物从一港运至另一港的任何合同；但是，一个既包括海上运输，又包括某些其他方式运输的合同，则仅其有关海上运输的范围，才视为本公约所指的海上运输合同。

7. "提单"是指一种用以证明海上运输合同和货物由承运人接管或装船，以及承运人据以保证交付货物的单证。单证中关于货物应交付指定收货人或按指示交付，或交付提单持有人的规定，即构成了这一保证。

（二）承运人的基本义务和责任

承运人两大基本义务与《海牙规则》一样，修改的是其他相关规定。

1. 责任期间

《汉堡规则》规定承运人的责任期间从承运人接管货物时起到交付货物时止，换句话说，只要货物在承运人掌管下就都可以适用公约，这与《海牙规则》的"钩至钩"或"舷至舷"相比，其责任期间扩大到"港到港"。解决了货物从交货到装船和从卸船到收货人提货这两段没有人负责的空间，明显地延长了承运人的责任期间。公约以上所说的承运人或收货人，还可以是承运人或收货人的受雇人或代理人。

2. 承运人的责任基础

《汉堡规则》确定的承运人责任基础是"推定过失"与"举证责任"相结合的完全过失责任制。不再规定承运人的最低责任和免责，而是规定在承运人掌管货物期间货物发生任何灭失、损坏、延迟交付等情况，都是由于承运人的过失所造成，承运人应承担赔偿责任，除非承运人能证明承运人已采取了一切可能的措施来避免事故的发生及其后果。

相比于《海牙规则》，《汉堡规则》扩大了承运人的责任。《海牙规则》规定承运人的责任基础是不完全过失责任制，一方面规定承运人必须对自己的过失负责；另一方面又规定了承运人对航行过失及管船过失的免责条款，一旦发生货物灭失和损坏，双方都有举证义务，托运人必须举证才能索赔，承运人必须举证才能免责。而《汉堡规则》则规定一旦发生货物灭失和损坏，承运人必须承担责任，举证责任在承运人一方，而不需要托运人负举证责任。但是火灾是个例外，货主必须证明火灾的发生是承运方的过错引起，承运人才负责任。另外，《汉堡规则》对承运人责任的规定是强制性，当事人不能用合同规定免除。

3. 延迟交付货物的责任

迟延交付货物的责任在《海牙规则》和《维斯比规则》中都没有规定，《汉堡规则》第五条第二款规定："如果货物未能在明确议定的时间内，或虽无此项议定，但未能在考虑到实际情况对一个勤勉的承运人所能合理要求的时间内，在海上运输合同所规定的卸货港交货，即为迟延交付"。第五条第三款进一步规定："如果货物在本条第二款规定的交货时间期满后连续 60 天内未能按第四条的要求交付，有权对货物的灭失提出索赔的人可以视为货物已经灭失"。第六条第一款还规定："承运人对迟延交付的赔偿责任，以相当于迟延交付货物应支付运费的 2.5 倍的数额为限，但不得超过海上货物运输合同规定的应付运费总额。"

4. 承运人赔偿责任限额

《汉堡规则》在承运人赔偿责任限制上的修改，首先，提高了承运人赔偿责任限额，"承运人对货物灭失或损坏的赔偿，以每件或其他装运单位的灭失或损坏相当于 835 特别提款权或毛重每千克 2.5 特别提款权的金额为限，两者之中以其较高者为准。"其次，明确了集装箱等成组运输器具赔偿方式，以适应集装箱运输的发展。在以集装箱（或托盘和类似的成组运输器具）装载货物的运输当中，提单或其他装运单据中必须列明每个集装箱中货物的具体件数，否则以一个集装箱为一个运费单位。在迟延交付的情况下，承运人的责任以运费的 2.5 倍为限赔付，并不得超过承运人应收全部运费的总额。在集装箱本身遭到灭失或损坏的情况下，如果该集装箱是由承运人提供，以提单列明的集装箱内件数为一个运费单位；如果该集装箱非承运人所有，即视为一个单独的货运单位。

5. 承运人和实际承运人的赔偿责任

《汉堡规则》区分了承运人与实际承运人的概念。

"承运人"是指其本人或以其名义与托运人订立海上货物运输合同的任何人。"实际承运人"是指受承运人委托执行货物运输或部分货物运输的任何人,包括受委托执行这项运输的其他任何人。当承运人将全部或部分货物委托给实际承运人办理时,承运人仍需按公约规定对全部运输负责。如果实际承运人及其雇用人或代理人的疏忽或过失造成的货物损害,承运人和实际承运人均需负责的话,则在其应负责的范围内,承担连带责任。这种连带责任托运人既可向实际承运人索赔,也可向承运人索赔,并且不因此妨碍承运人和实际承运人之间的追偿权利。

(三) 托运人的义务和责任

《汉堡规则》在托运人基本责任的规定上,与《海牙规则》和《维斯比规则》基本相同,如实申报关于货物标志、重量、数量的准确信息,并承担由于信息不准确而引起的损失;托运人要承担如实告知危险货物并适当在货物上标明的责任,否则应承担承运人因此遭受的任何损失,承运人可以自行将货物卸载、销毁或采取其他措施使其无害而不负任何赔偿责任。

托运人责任也是过失责任。《汉堡规则》第十二条规定:"托运人对于承运人或实际承运人所遭受的损失或船舶遭受的损坏不负赔偿责任。除非这种损失或损坏是由于托运人、托运人的雇用人或代理人的过失或疏忽所造成的。"这意味着托运人的责任也是过失责任。但托运人的责任与承运人的责任不同之处在于承运人的责任中举证由承运人负责,而托运人的责任中,托运人不负举证责任,这是因为货物在承运人掌管之下,所以也同样需要承运人负举证责任。《汉堡规则》这一规定,被我国海商法所接受。

(四) 舱面货

《汉堡规则》将舱面货纳入公约,明确规定,承运人只有按照同托运人的协议或符合特定的贸易惯例,或依据法规的规章的要求,才有权在舱面上载运货物。否则承运人应对货物因装载舱面而造成的灭失和损坏承担赔偿责任。另外,如果承运人和托运人议定,在舱面上载运货,承运人必须在提单或证明海上运输合同的其他单证上载列相应说明。如无此项说明,承运人有责任证明,曾经达成在舱面上载运货物的协议。但承运人无权援引这种协议对抗收货人或持有提单的第三方。

(五) 其他规定

1. 索赔通知及诉讼时效

《汉堡规则》延长了索赔通知时间,规定收货人可在收到货物后的第一个工作日将货物索赔通知送交承运人或其代理人,当货物灭失或损害不明显时,收货人可在收到货物后的 15 天内送交通知。同时还规定,对货物迟延交付造成损失,收货人应在收货后的 60 天内提交书面通知。

《汉堡规则》规定关于运输合同的诉讼和仲裁,必须在交货两年内提交,并可在时效期限内的任何时间,向索赔人提出书面声明延长时效期限,并可再次声明延长。这一规定使债务人有权声明延长时效,为当事人之间的友好协商提供充分时间。

2. 管辖权和仲裁

《海牙规则》、《维斯比规则》均无管辖权的规定，只是在提单背面条款上订有由船公司所在地法院管辖的规定，这一规定显然对托运人、收货人极为不利。《汉堡规则》第二十一条规定，原告可在下列法院选择其一提起诉讼：a. 被告的主要营业所，或如无主要营业所时，其通常住所；b. 合同订立地，但该合同须是通过被告在该地的营业所、分支机构或代理机构订立的；c. 装货港或卸货港；d. 海上运输合同中为此目的指定的任何其他地点。e. 装货船或同一船东的其他船只被扣留的缔约国法院。但是，在这种情况下，一经被告请求，原告必须将诉讼转移到由原告选择管辖法院之一，以对索赔做出判决。但在诉讼转移之前，被告必须提供足够的保证金，以确保支付在诉讼中可能最后判给原告的金额。保证金是否足够的问题，应由扣留港口或地点的法院裁定。除此之外，海上货物运输合同当事人一方向另一方提出索赔之后，双方就诉讼地点达成的协议仍有效，协议中规定的法院对争议具有管辖权。

《汉堡规则》规定的仲裁地如下：被告的主要营业所，或无主要营业所时，其通常住所所在的某国的某一地点；或签订合同地，但该合同须是通过被告在该地的营业所、分支机构或代理机构订立的；或装货港或卸货港；以及仲裁条款或协议中为此目的而指定的任何地点。

3. 保函的法律地位

《海牙规则》和《维斯比规则》没有关于保函的规定，而《汉堡规则》第十七条对保函的法律效力做出了明确的规定，托运人为了换取清洁提单，可以向承运人出具承担赔偿责任的保函，该保函在承、托人之间有效，对包括受让人、收货人在内的第三方一概无效。但是，如果承运人有意欺诈，对托运人也属无效，而且承运人也不再享受责任限制的权利。

4. 适用范围

《汉堡规则》适用于国际海上货物运输合同。

（1）海上货物运输合同中规定的装货港或卸货港位于其一缔约国之内。

（2）海上运输合同所规定的备选的卸货港之一为实际卸货港，并位于某一缔约国内。

（3）提单或作为海上货物运输合同证明的其他单证在某缔约国签发。

（4）提单或作为海上货物运输合同证明的其他单证规定，合同受《汉堡规则》各项规定或者使其生效的任何国家立法的管辖。

同《海牙规则》一样，《汉堡规则》不适用于租船合同，但如提单根据租船合同签发，并调整出租人与承租人以外的提单持有人之间的关系，则适用该规则的规定。

（六）运输单证

根据《汉堡规则》规定，当承运人或实际承运人接管货物时，应托运人请求，必须签发提单。货物装船之后，应托运人请求，承运人必须签发已装船提单。提单的内容包括货物的品类、运输标志、包数或件数、货物的重量、货物的外表状况描述、承运人、托运人、收货人、装货港、卸货港、提单的签发地点、运费、舱面货声明等15项内容，提单中缺少其中几项不影响提单的法律效力。由托运人提供的货物信息，如果承运人有合理根据怀疑不能准确代表实际接管或装船的货，或者没有适当的方法进行核实，则必须在提单中说明，除已经作保留的内容外，提单在托运人手里是承运人接管货物或装船的初步证明，但在善意提单持有人则是最终证明。

于1993年7月1日起生效的《海商法》，是我国目前调整海商法律关系的最重要的法律规范。《海商法》具有极强的国际化和现代化特征。它不是某一部国际公约的翻版，而是许多关于海上货物运输的国际公约相结合，根据我国国情制定的法律制度。它保证与国际公约和国际惯例兼容，又有自己的特殊规定。《海商法》与国际接轨和现代化的特征，使得它与我国现有的其他民法、商法体系和基本理论无法很好地衔接。《海商法》属于特殊法，仅限于国际海上货物运输合同，并不适用于在中华人民共和国境内港口之间的运输合同。在我国，国际海上货物运输合同除受《海商法》调整外，还受《中华人民共和国合同法》调整，海事诉讼方面则是《中华人民共和国海事诉讼特别程序法》。《海商法》第四章是关于海上货物运输合同的规定，规定了承运人的最低义务与责任、承运人免责事项、责任限制、托运人义务与责任等。第六章是船舶租用合同，第十三章是关于时效，第十四章则是涉外关系的法律适用等。

第二节　国际航空货物运输公约的主要内容

一、国际航空货物运输的法律制度概述

航空货物运输是国际物流航空货物运输法，是调整航空货物运输关系的法律规范的总称。航空货物运输法的法律渊源包括国际公约、国内立法、国际惯例等。

目前调整国际航空货物运输的国际公约主要有：《华沙公约》（1992 年）、《海牙议定书》（1955 年）、《瓜达拉哈拉公约》（1997 年）、《蒙特利尔公约》（2003 年）等多个国际公约。《华沙公约》是航空运输领域的最早的国际公约，也是最基本的规定，其他公约都是对《华沙公约》的修订或补充，但彼此之间又互相独立。我国参加了《华沙公约》、《海牙议定书》和《蒙特利尔公约》。

我国航空运输法法律渊源是国际公约、国内立法和国际惯例，当国际公约与国内立法有抵触时，国际公约优先适用（参见《民航法》第一百八十四条第一款规定）；国内立法是航空货物运输法的最重要的组成部分；国际惯例是国际公约和国内立法的补充，只有在国际条约和国内立法都没有规定时，才可以援用国际惯例。

二、1929 年《华沙公约》

《华沙公约》全称《统一国际航空运输某些规则的公约》（Convention for the Unification of Certain Rules Relating to International Carriage by Air），是国际航空运输领域最早的国际立法。《华沙公约》共 5 章 41 条，主要内容如下：

（一）适用范围

根据《华沙公约》第一条规定，所有以航空器运送旅客、行李或货物的国际运输，在以下情况下适用本公约：根据有关各方所订的合同，其出发地和目的地是在两个缔约国，或者在同一缔约国的主权、宗主权、委任统治权或权力管辖下的领土间的运输，但合同约定在这个缔约国领土以外的其他地点经停。

（二）运输单据

根据《华沙公约》第五条规定，货物承运人有权要求托运人填写一称为"航空货运单"的凭证，托运人有权要求承运人接受这项凭证。航空货运单上应该包括：货运单的填写地点和日期；起运地和目的地；约定的经停地点，托运人的名称和地址；第一承运人的名称和地址；必要时应写明收货人的名称和地址；货物的性质；包装件数、包装方式、特殊标志或号数；货物的重量、数量、体积或尺寸；货物和包装的外表情况；运费支付方式，航空货运单的份数，声明运输应受本公约所规定责任制度的约束等。

空运托运单与海运单相似，仅是运输合同的订立和内容的证明，起初步证据的作用。而与提单不同，它不是物权凭证，一般不可转让，所以收货人不用凭空运托运单提取货物。空运托运单一式三份，承运人、托运人和收货人各持一份，不签发空运托运单、或不合规定或遗失，不影响运输合同的存在和有效，这项运输合同同样受本公约的规则的约束。

（三）承运人责任制度

1. 基本义务与责任

《华沙公约》第十九条规定：承运人对货物在承运人保管下的期间，因毁灭、遗失或损坏，以及由于延误引起发生的一切灭失或损坏负责。要注意的是航空运输的期间不包括在航空站以外的任何陆运、海运或河运，但是如果这种运输是为了履行空运合同，是为了装货、交货或转运，任何损失应该被认为是在航空运输期间发生事故的结果，除非有相反证据。

2. 责任人

《华沙公约》区分出第一承运人、实际承运人、执行承运人概念。第一承运人是指与货主签订航空运输合同的人，它可以委托其他承运人进行全程或部分运输，被委托者就是实际承运人；在连续航程中负责某运输区段的承运人就是执行承运人。当合同航程是由几个连续的航空承运人所办理的运输，每个承运人被视为合同承运人，一旦损失发生，第一承运人、执行承运人和最后一位承运人负连带责任。换言之，签订合同的承运人是总承运人，对整个运输过程负责，实际承运人只对自己的区段负责。

3. 责任限制

承运人对货物的货损货差及延误的赔偿责任以每千克 250 金法郎为限，除非托运人已经申报更高的价值，并缴付必要的附加费。在这种情况下，承运人所负责任不超过声明的金额，除非承运人证明托运人声明的金额高于行李或货物运到后的实际价值。

（四）索赔和诉讼

诉讼期限：《华沙公约》第二十九条规定：诉讼应该在航空器到达目的地之日起，或应该到达之日起，或从运输停止之日起两年内提出，否则就丧失追诉权。诉讼期限的计算方法根据受理法院的法律决定。

诉讼地点与程序：根据《华沙公约》第二十八条规定，有关赔偿的诉讼，应该按原告的意愿，在一个缔约国的领土内，向承运人住所地或其总管理处所在地或签订契约的机构所在地法院提出，或向目的地法院提出。诉讼程序应根据受理法院的法律规定办理。

三、《海牙议定书》

《海牙议定书》是《修改 1929 年 10 月 12 日在华沙签订的，统一国际航空运输某些规则的公约的议定书》的简称。（Protocol to Amend the Convention for the Unification of Certain Rules Relating to the International Carriage By Air signed at Warsaw on 12 October 1929）。《海牙议定书》于 1963 年 8 月 1 日起生效，我国于 1975 年 8 月 20 日加入该议定书，同年 11 月 18 日起对我国生效。《海牙议定书》对《1929 年华沙公约》所作的修改主要是三个方面：

（一）运输单据

运输单据从"空运托运单"改为"空运单"；简化了运输凭证的规定，大大减少了单据上必须记载的事项，只需要注明起运港和目的港；如果起运港和目的港在同一国，至少标明一个经停港。

（二）责任基础

《海牙议定书》将《华沙公约》中的"故意的过错行为"重新按变通法系概念定义，规定，如果损失是由于承运人"有意引起损失或明知损失可能产生而仍粗心大意以致引起的"，不能享受责任限制和免责。

（三）索赔和诉讼

《海牙议定书》延长索赔书面通知时间，如果货物受到损害时，索赔期限从《华沙公约》下的 7 天延为 14 天，货物延迟交付时，索赔期从 14 天延长为 21 天。

四、《瓜达拉哈拉公约》

《瓜达拉哈拉公约》的全称为《统一非缔约承运人所作国际航空运输某些以补充华沙公约的公约》（the Convention Supplementary to the Warsaw Convention, for the Unification of Certain Rules Relating to International Carriage by Air Performed by a Person Other Than the Contracting Carrier）。1961 年 9 月 18 日签订，1964 年 5 月 1 日生效，目前已有 77 个成员国，我国未加入该公约。

1964 年的《瓜达拉哈拉公约》是对 1929 年《华沙公约》和 1955 年《海牙议定书》进一步补充修订的公约。《华沙公约》和《海牙议定书》均未包括非运输合同一方所办国际航空运输的专门规则，为了制定适用于这种情况的规则，各国外交代表于 1961 年 9 月 18 日在墨西哥的瓜达拉哈拉签订了这项公约，它主要明确了承运人的概念，解决承运人范围的问题。《瓜达拉哈拉公约》将《华沙公约》和《海牙议定书》的承运人、第一承运人、执行承运人、实际承运人，这几个容易混淆的概念进行整合，明确了订立合同的"缔约承运人"和实际承担全部或部分运输的"实际承运人"的概念。"缔约承运人"指以业主身份与旅客或托运人，或与旅客或托运人的代理人订立一项适用《华沙公约》的运输合同的人；"实际承运人"指缔约承运人以外，根据缔约承运人的授权办理缔约承运人所签合同书内所承担的全部或部分运输的人，但对该部分运输业务的承担人并非《华沙公约》所指的连续承运人。在没有相反的证明时，就认为授权是存在的。

五、《蒙特利尔公约》

《蒙特利尔公约》全称为《统一国际航空运输某些规则的公约》，1999 年 5 月 28 日，国际民用航空组织批准通过，2003 年 11 月 4 日正式生效，通常称为 1999 年的《蒙特利尔公约》。该公约是对华沙体系所有 9 个文件进行整理修订，取代了已经适用 70 多年的《华沙公约》及其系列公约、议定书。统一了国际航空运输的法律制度。我国于 1999 年签署该公约，2005 年 2 月 28 日，公约在我国生效。《蒙特利尔公约》修改的主要内容如下。

（一）承运人责任制

《蒙特利尔公约》的承运人责任制由"过失责任制"走向"严格责任制"。公约对客货运均采取客观责任制。在货物运输方面，因货物、跌或者损坏而产生的损失，只要造成损失的事件是在航空运输期间发生的，承运人就应当承担责任。

（二）赔偿责任限额

《蒙特利尔公约》提高了承运人的损失赔偿责任限额。由于航空事故造成旅客死亡或受伤的情况下，公约引入"双梯度责任制"。第一梯度实施的是客观责任制，不论承运人是否有过错，都应当承担限额为 10 万特别提款权之内的人身伤亡赔偿。在第二梯度实施的是无限额的过错责任制。如果索赔人提出的索赔额超出了 10 万特别提款权，承运人如果证明自己无过错，承运人不承担赔偿责任。在延误赔偿情况下，适用 4150 特别提款权。

（三）第五种管辖权

《蒙特利尔公约》在《华公约》的 4 种管辖权之外，提出了"第五种管辖权"。根据《蒙特利尔公约》第三十三条第二款规定，对于因旅客死亡或者伤害而产生的损失，旅客或其代理人可以在其主要住所或永久居住地就死亡或伤害提起诉讼。前提承运人在该领土经营旅客航空运输业务，可以是自营业务也可以是合作经营或授权经营业务。

第三节　公路货物运输合同公约的主要内容

公路运输在国际物流运输中一般起辅助作用，与其他运输方式一起完成联合运输，实现从卖方内陆到买方内陆的运输，在集装箱运输中实现"门到门服务"。各国制定了各自的国内立法来规范公路运输，而规范国际公路货物运输的国际私法制度，是 1956 年 5 月 19 日在日内瓦签订并生效的《国际公路货物运输合同公约》（Convention on the International Carriage of Goods by Road，简称 CMR 公约）。该公约是由欧洲国家参与制定的，适应欧洲公路运输发展的需要，我国至今未加入该公约，但我国的国际物流实践中也常涉及此公约。该公约规范的是国际公路货物运输合同，统一公路运输单证和规定承运人责任。公约分 6 章，共 41 条，涉及公约适用范围、承运人责任体系、运输合同的订立与履行、索赔和诉讼等规定。

一、适用范围

《CMR 公约》强制性的适用于接受货物和交付货物的地方处于不同国家，但至少有一个国家是公约缔约国的运输。适用期间是只要货物没有从车辆上卸下的任何时间，即使其部分路程由海上、铁路、内河或航空接运。如果经证明，在其他运输方式承运期间货物所发生的任何灭失、损坏或延迟交付，不是由于公路承运人的行为或不行为所造成，而仅由于在其他运输方式的过失所造成，则公路承运人的责任应按照其他运输方式适用的公约规定来确定。否则公路承运人的责任应由本公约确定。

二、运单

（一）运单性质与签发

《CMR公约》规定的运输单据是运单。运单是一式三份，第一份交付发货人，第二份跟货物交付收货人，第三份由承运人留存。当待装货物在不同车内或装有不同种类货物或数票货物，发货人或承运人有权要求对使用的每辆车、每种货或每票货分别签发运单。运单必须记载货物详细情况和运输事项，托运人对运单中由他提供的情况负责。运单不是运输合同，而是运输合同的证明，仅作为运输合同成立、合同条件和承运人收到货物的初步证据。运单是承运人接收货物的收据，交付货物的凭证，不具有物权凭证的效力。运单不正规或丢失不影响运输合同的成立或有效性，运输合同仍受公约制约。收货人即使丢失运单，也可以提货。

（二）运单的主要内容

运单必须包括：运单签发日期和地点、发货人、承运人、收货人货物接管地点及日期和指定的交付地点、货物品名和包装方法、件数和其特殊标志与号码、货物毛重；运输费用、附加费用、关税和其他费用；办理海关和其他手续所必需的通知、危险品说明等事项。经合同当事人协商，运单还应包括：不允许转运的说明；发货人负责支付的费用；"现款交货"费用的金额；货物价值和交货优惠利息金额的声明；发货人关于货物保险所给予承运人的指示；议定的履行运输的时效期限；交付承运人的单据清单。缔约国可在运单上列上它们认为有用的其他事项。

三、合同当事人的权利、义务和责任

（一）发货人的权利与义务

1. 发货人的权利

（1）处置货物的权利。发货人有权处置货物，特别是以要求承运人停止在途货物运输的方式来改变货物交付地点或将货物交付给非运单所指定的收货人。但当第二份运单交给收货人时或当收货人凭收据接收货物时，发货人这一权利终止。如果收货人拒绝接收货物，发货人有权处置该批货物。

（2）要求承运人核对货物信息的权利。发货人有权要求承运人核对货物的毛重或以其他方式表示的数量。他也可要求对货物的内容进行核对。

2. 发货人的义务

为在交付货物前办妥海关或其他手续，发货人应在运单后随附必需单证或将其交承运人支配和提供承运人所需全部情况。承运人无责任调查这些单证和情况是否准确或适当。除非是由于承运人的错误行为或过失，对由于这些单证和情况的短缺或不正规所引起的损坏，发货人应向承运人负责。承运人对运单所规定的和跟随运单的或交存承运人的这些单证，由于灭失或不正确的使用所引起的后果承担一个代理所负的责任，但承运人所支付的赔偿以不超过如货物灭失所支付的赔偿为条件。

3. 发货人的责任

发货人应对由自己提供的事项不确切或不当致使承运人所遭受的所有费用、灭失和损坏负责，比如：发货人、收货人名称和地址；货物接管的地点及日期和指定的交付地点；货物品名和包装方法，如属危险货物，说明通常认可的性能；货物毛重或以其他方式表示的数量；办理海关和其他手续所必需的通知；件数和其特殊标志和号码；发货人为使运单签发或目的在于将其列入运单而给予的任何其他事项或指示。

经当事人双方协商，发货人可以有条件的对下列事项负责。不允许转运的说明；发货人负责支付的费用；"现款交货"费用的金额；货物价值和交货优惠利息金额的声明；发货人关于货物保险所给予承运人的指示；议定的履行运输的时效期限；交付承运人的单据清单等。

（二）承运人责任与豁免

1. 承运人责任

承运人的赔偿责任。承运人应对自货物接管之时起到交付时止发生的全部或部分灭失和损坏以及货物交付中的任何延迟负责。承运人的核对信息责任。当接管货物时，承运人应核对下列信息，在运单中对件数及其标志和号码申报的准确性；货物的外表状况及其包装。

2. 承运人免责

如果货物灭失、损坏或延迟是由于索赔人的错误行为或过失，是由于索赔人的指示而不是由于承运人的错误行为或过失、由于货物的固有缺陷或承运人不能避免的情况和承运人不能防止的结果所造成，承运人应免除责任。

当货物的灭失或损坏是在下述一种或一种以上情况中产生的特殊风险所引起的，承运人应予免责：

（1）当已在运单中明确议定和规定使用无盖敞车。

（2）如货物根据其性质，在无包装或未予妥善包装时易于损耗或损坏的情况下，无包装或包装不良。

（3）由发货人、收货人或代表发货人或收货人所从事的货物搬运、装载、积载和卸载。

（4）特别是由于断裂、生锈、腐烂、干燥、渗漏、正常损耗或虫蛀特易造成全部灭失或部分灭失或损坏的某些货物的性质。

（5）包装上标志或号码不足或不当。

（6）承运活动物。

对由于为履行运输而使用之车辆的不良状况或由于承运人已租用其车辆的人或他的代理人或他的受雇人的错误行为或过失，承运人不应免除责任。

当货物未能在议定的时效期限内交货，或虽无此种议定时效期限，在考虑到实际情况后，运输的实际期限，特别是分票运输，在通常情况下组成整票货物所需要的时间超过了允许一个勤勉承运人的合理的时间，则视为延迟交付发生。

3. 承运人责任限制

承运人赔偿额毛重每千克不超过 25 法郎。"法郎"意指重 10/31 克,其黄金纯度为千分之 900 的金法郎。如果货物全部灭失,运输费用、关税和有关货物运输发生的其他费用应全部偿还;如货物部分灭失,则按遭受灭失部分的比例偿还,但不付另外的损坏费用。在延迟情况下,如索赔人证明损坏是由此引起的,承运人应支付该损坏不超过运输费用的赔偿。发货人凭支付双方议定的附加费,可在运单上申报超过第二十三条第三款所规定的限额的货物价值。在此情况下,申报的金额应代替该限额。

四、索赔与诉讼

(一) 索赔

如果货物有明显灭失或损坏,或者收货人接管货物时与承运人及时检验货物状况,应该当场提出索赔。如灭失或损坏不明显,收货人应在检查后 7 天内(星期日和节假日除外)提出索赔,对于延尽交货,收货人应在控制货物后 21 天内提出索赔。

(二) 诉讼

本公约中运输所引起的诉讼,原告可在双方协议约定的缔约国的任何法院和法庭提起,也可以选择被告的通常住所或主要营业所;或者经手订立合同的分支机构或代理机构的所在地;或承运人接管货物的地点或指定的交货地点。

按公约规定,诉讼时效期限是一年,如是故意的不当行为,或根据受理案件的法院或法庭地的法律认为过失与故意的不当行为相等同时,时效期限为三年。

关于时效期限开始时间规定:如部分货物灭失、损坏或交货延迟,自交货之日起算;如全部灭失,以议定的交货期限届满后第 30 天,或如无议定的交货期限,则从承运人接管货物之日起第 60 天开始起算;在所有其他情况下,在运输合同订立后满期三个月时起算。

时效期限因提出书面索赔而中止,直至承运人以书面通知拒绝索赔并将所附单据退回之日为止。如索赔的一部分已承认,则时效期限仅应对有争议部分的索赔恢复计算。收到索赔或答复和退回单据的举证应由援引这些事实的当事人负责。时效期限的计算不应被具有同一标的的进一步主张所中止。时效期限的延长应由受理案件的法院或法庭地的法律决定。该法律也应制约新的诉讼权利的产生。时效已过的诉讼权利不可以通过反索赔或抵消的方式行使。

第四节 《联合国国际货物多式联运公约》的主要内容

《联合国国际货物多式联运公约》是世界上第一部多式联运方面的公约。1980 年 5 月,在日内瓦召开的国际多式联运会议上,由 84 个联合国贸易和发展会议成员国通过了该公约。该公约迄今尚未生效,公约第三十六条规定的生效条件为 30 个国家参加,目前还只有 13 个国家参加,我国没有参加该公约。

《多式联运公约》共分 8 章 42 条。内容涉及多式联运相关概念、适用范围、多式联运单据、承运人赔偿责任、发货人的责任与义务、索赔与诉讼等。

一、多式联运相关概念

国际商会的《国际贸易术语解释通则 2000》规定了可用于多式联运的术语，《联合国国际货物多式联运公约》（简称《多式联运公约》第一条中引用了相关概念：

1. "国际多式联运"是指按照多式联运合同，以至少两种不同的运输方式，由多式联运经营人将货物从一国境内接管货物的地点运至另一国境内指定交付货物的地点。如果是只涉及单一方式运输则不是国际多式联运。

2. "多式联运经营人"是指本人或通过其代表与发货人订立多式联运合同的任何人，他是事主，而不是发货人的代理人或代表，也不是参加多式联运的承运人的代理人或代表，他负有履行合同的责任。多式联运经营人负责履行或者组织履行多式联运合同，对全程运输享有承运人的权利，承担承运人的义务。

3. "多式联运合同"是指多式联运经营人凭以收取运费、负责履行或组织履行国际多式联运的合同。

4. "多式联运单证"是指证明多式联运合同和多式联运经营人接管货物并保证按照该合同条款交付货物的单证。

5. "发货人"是指其本人、或以其名义、或其代表同多式联运经营人订立多式联运合同的任何人，或指其本人、或以其名义、或其代表将货物实际交给多式联运经营人的任何人。

6. "收货人"是指有权提取货物的人。

7. "货物"包括由发货人提供的任何集装箱、货盘或类似的装运工具或包装。

8. "国际公约"是指各国之间用书面签订，并受国际法制约的国际协议。

9. "强制性国家法律"是指任何有关货物运输的制定法，其规定不得用合同条款加以改变而不利于发货人。

二、适用范围

《联合国国际货物多式联运公约》的各项规定适用于两国境内各地之间的所有多式联运合同，但多式联运经营人接管货物的地点或交付货物的地点必须是在一个缔约国境内。该公约对这种合同的适用是强制性的。公约的任何规定不得影响发货人在多式联运和分段运输之间进行选择的权利，也不得影响任何国际公约或国家法律中有关运输业务的管理和控制的适用，或与之相抵触，多式联运经营人应遵守其营业所在国所适用的法律和本公约的规定。

三、多运联运单证

（一）多式联运单证的签发

多式联运经营人接管货物时，应签发多式联运单证，多式联运单证分为可转让单证，或为不可转让单证，具体签发哪一种由发货人的选择。

多式联运单证应由多式联运经营人或经其授权的人签字。多式联运单证上的签字，如不违背签发多式联运单据所在国的法律，可以是手签、传真印制、打透花字、盖章、符号，或用任何其他机械或电子仪器打出，都不影响单据的效力。

（二）提单类型

1. 多式联运单证的签发和作用

签发可转让的多式联运单据，应列明按指示或向持有人交付。凭指示交付的单据可经背书转让；向持有人交付的单据无须背书即可直接转让。签发不可转让的多式联运单据应指明记名的收货人。两种单据，在多式联运经营人按规定交付货物之后，即解除交货责任，不需要收回单据。应发货人要求，多式联运经营人还可以签发一套一份以上的正本，但应注明正本份数，多式联运经营人凭其中一份正本交货后，该多式联运经营人便已履行其交货义务。根据发货人要求，多式联运经营人还可以签发任何副本，每份副本均应注明"不可转让的副本"字样，副本不能用于交付货物的凭证。

2. 多式联运单证的主要内容

多式联运单证一般来说包括以下事项：（1）货物品类、识别货物所必需的主要标志、对危险货物的危险特性的明确声明、包数或件数、货物的毛重或以其他方式表示的数量，所有这些事项由发货人提供。

（2）货物外表状况。

（3）多式联运经营人的名称和主要营业地；发货人名称；收货人的名称，如已由发货人指定。

（4）多式联运经营人接管货物的地点和日期。

（5）交货地点；在交付地点交货的日期或期间。

（6）表示该多式联运单证为可转让或不可转让的声明。

（7）多式联运单证的签发地点和日期。

（8）多式联运经营人或经其授权的人的签字。

（9）如双方有明确协议，每种运输方式的运费，或者应由收货人支付的运费，包括用以支付的货币，或者关于运费由收货人支付的其他说明。

（10）预期经过的路线、运输方式和转运地点，如在签发多式联运单证时已经确知。

（11）多式联运单证应载有一项声明，规定国际多式联运必须遵守本公约的各项规定。本公约的各项规定将使任何背离本公约并损害发货人或收货人的规定成为无效的规定。

（12）如不违背多式联运单证签发的国家的法律，双方同意列入多式联运单证的任何其他事项。

多式联运单缺少一两项货物信息，比如货物品类、识别货物所必需的主要标志、包数或件数、货物的毛重等，并不影响该单证作为多式联运单证的法律性质，但该单证必须符合本公约对多式联运单证的相关规定。如果多式联运经营人或其代其行事的人知道、或有合理的根据怀疑，多式联运单证所列货物的品类、主要标志、包数和件数、重量或数量事项不能准确地表明实际接管的货物，或无适当方法进行核对，则该多式联运经营人或其代其行事的人应在多式联运单证上做出保留，注明不符之处、怀疑的根据、或无适当的核对方法。如果多式联运经营人或代其行事的人未在多式联运单证上对货物的外表状况加以批注，则应视为他已在多式联运单证上注明货物的外表状况良好。

   3. 多式联运单证的法律效力

多式联运单证应是该单证所载明的货物由多式联运经营人接管的初步证据；如果多式联运单证以可转让的方式签发，并且已经转让给善意持有人，则多式联运经营人提出的相反的证据不予接受。多式联运单证的签发，并不排除必要时按照适用的国际公约或国家法律签发同国际多式联运的运输或其他服务有关的其他单证。但是签发此种其他单证不得影响多式联运单证的法律性质。

四、多式联运经营人责任体系

（一）责任期间和责任基础

根据本公约，多式联运经营人的责任期间，是从接管货物之时起到交付货物时为止。多式联运责任基础是推定责任制。如果在多式联运经营人掌管的期间发生货物灭失、损坏或迟延交货，多式联运经营人应负赔偿责任，除非多式联运经营人证明其本人、受雇人或代理人为避免事故的发生及其后果已采取一切可能的合理措施防止货物灭失、损坏或迟延交货的发生。迟延交货是指未在明确约定的时间内交付货物，或者未在按照具体情况对一个勤勉的多式联运经营人所能合理要求的时间内交付货物。如果货物在规定的交货日期届满后连续 90 天内未交付货物，索赔人即可认为货物已经灭失。

（二）赔偿责任限制

多式联运因为涉及的多种运输方式、多个承运人，多个国家，多式联运经营人的赔偿责任限制比较复杂，要注意运输方式组合不同或货损发生区段不同，赔偿责任限额不同。

   1. 责任限额

（1）如果运输方式中包括海运，多式联运经营人的责任限制按每件或每运输单位不得超过920 计算单位的数额，或按灭失时损坏的货物毛重每千克计不得超过 2.75 计算单位的数额，以较高者为准。如果运输方式中不包括海运，多式联运经营人的责任限制不超过毛重每千克 8.33 计算单位的数额。

（2）多式联运经营人对迟延交货造成损失所负的赔偿责任限额，以相当于迟延交付货物应付运费的 2.5 倍的数额为限，但不得超过多式联运合同规定的应付运费的总额。

（3）多式联运经营人赔偿责任的总和不得超过货物全部灭失的赔偿责任限额。

以上赔偿限额经多式联运经营人和发货人之间协议，可提高限额，如果合同中未另行注明责任限额，则依据上述赔偿限额给付。

   2. 货损发生区段确定

如果货物的灭失或损坏发生于多式联运的某一特定区段，而对这一区段适用的一项国际公约或强制性国家法律规定的赔偿限额高于上述赔偿限额，则多式联运经营人对这种灭失或损坏的赔偿限额，应按该公约或强制性国家法律予以确定。

   3. 计算单位

在赔偿责任限制中所提的"计算单位"，公约有明确规定：如果货物是用集装箱、货盘或类似的装运工具集装，多式联运单证载明装在这种装运工具中的件数或货运单位数，应视为计算限额的件数或货运单位数。否则，这种装运工具中的货物应视为一个货运单位。如果装运工具本身灭失或损坏，而该装运工具并非由多式联运经营人所有或提供，则应视为一个单独的货运单位。

4. 实际承运人的赔偿责任限制

根据公约规定，多式联运经营人将运输全部或部分交给其他承运人责任，该承运人即是实际承运人，实际承运人有权享受公约规定的包括责任限制在内的多式联运经营人的权利。即如果有关货物灭失、损坏或迟延交付造成损失的诉讼是对实际承运人提起，该实际承运人如能证明他是在履行合同的范围内行事，则该实际承运人有权援用多式联运经营人按本公约有权援用的抗辩和赔偿责任限制。

5. 赔偿责任限制权利的丧失

如经证明，货物的灭失、损坏或迟延交付是由于多式联运经营人、受雇人、代理人或其他人有意造成或明知可能造成而轻率的行为或不为所引起，则多式联运经营人、受雇人、代理人或其他人无权享受本公约所规定的赔偿责任限制的利益。

由上可知，多式联运责任制并非完全意义上的"单一责任制"，它出现了责任限额不一致的情况，责任限额因运输方式不同而不同，在实际履行当中，又出现多式联运经营人与实际承运人适用的责任限额不同的矛盾。多式联运经营人与货主关系受公约下的单一责任体系约束，但和实际承运人的关系则受适用于特定运输阶段的公约约束。假定多式联运货物在海运段灭失，多式联运经营人将根据《多式联运公约》按每千克 2.75 个特别提款权的责任限制进行赔偿，但在向海运实际承运人索赔时，则根据《海牙规则》按每千克 2 个特别提款权的责任限制进行赔偿，两个公约规定之间的差额由多式联运经营人承担，这使得多式联运经营人成为法律体系不统一的受害人。《多式联运公约》虽然是为了统一多式联运规范而制定的国际公约，却规定本公约不得影响任何国际公约或国家法律中有关运输业务的管理和控制的适用，或与之相抵触。这使得多式联运合同当事人，在适用公约时，必须查明是否有其他国际公约或国内法效力高于 1980 年《多式联运公约》，由于诸如此类的问题，公约制定后很少有国家通过。

五、索赔、诉讼和仲裁

（一）灭失、损坏或迟延交货的通知

明显灭失和损坏，收货人必须在将会货物之日起 1 个工作日内将说明灭失或损坏的一般性质的灭失或损坏的书面通知递交送交多式联运经营人，不明显灭失和损坏，收货人必须在交付货物之日起 6 个工作日内递交，否则，此种货物交付即为多式联运经营人交付多式联运单证所载明的货物的初步证据。如果货物的状况在交付收货人时已经当事各方或其授权的代表在交货地点联合调查或检验，则无须就调查或检验所证实的灭失或损坏送交书面通知。

另外，多式联运依据《多式联运公约》规定货物交付收货人之后连续 60 天内，索赔人未向多式联运经营人送交书面通知，多式联运经营人对迟延交货所造成的损失无须给予赔偿。多式联运经营人应不迟于在灭失或损坏的事故发生后连续 90 天内，或在按照规定交付货物后连续 90 天内（以较迟者为准），将说明此种灭失或损坏的一般性质的灭失或损坏书面通知送交发货人。

未送交这种通知，即为多式联运经营人未由于发货人、其受雇人或代理人的过失或疏忽而遭受任何灭失或损害的初步证据。

（二）诉讼时效

1. 诉讼时效规定。运输引起的诉讼时效为 1 年。如果是故意不当行为或受理法院所在地的法律认为过失与故意的不行为等同时，诉讼时效为 3 年。

2. 时效期间起算日规定。一般情况下，时效期间起算日从多式联运经营人交付货物或部分货物之日的次日起算；或者如果货物未交付，则自货物本应交付的最后一日的次日起算。如果货物部分灭失、损坏或交货延误，时效起算日自交货之日的次日起算；如果是全部灭失，以议定的交货期限届满后第 30 天起；如果无议定的交货期限，则从承运人接管货物之日第 60 天起；在所有其他情况下，从运输合同订立后满 3 个月时起。时效期限开始之日不计算在内。接到索赔要求的人可在时效期间的任何时候向索赔人提出延长时效期间的书面声明。此种期间可通过另一次声明或多次声明，再度延长。

（三）管辖规定

关于管辖权，该公约规定：原告可以向双方协议约定的缔约国的任何法院起诉；还可以选择下列地点所属国家法院起诉：被告主要营业地，或者，如无主要营业所，被告的习惯住所地；或者，订立多式联运合同的地点，而且合同是通过被告在该地的营业所、分支或代理机构订立；或者，为国际多式联运接管货物的地点或交付货物的地点；或者，多式联运合同中为此目的所指定的并在多式联运单证中载明的任何其他地点。

（四）仲裁

关于仲裁权，该公约规定：当事人可依据协议规定将根据本公约发生的有关国际多式联运的任何争议提交仲裁。索赔人可选择在下列地点提起仲裁：被告的主要营业所，如无主要营业地，则被告的习惯住所地，订立多式联运合同的地点，而且合同是通过被告在该地的营业所、分支或代理机构订立，为国际多式联运接管货物的地点或交付货物的地点，仲裁条款或协议中为此目的所指定的任何其他地点。仲裁员或仲裁法庭应适用本公约的各项规定。

第五节　国际货物运输处理争议的途径

国际物流货物运输涉及的时间长、空间广、作业环节多、单证文书繁杂、环境条件多变、各国法律制度不统一，因此在国际物流货物运输过程中，经常会产生货物灭失或损坏、承运人错误交付货物和迟延交付货物、货方不及时提货等各式各样的货运事故。作为国际物流员有必要了解国际货物运输故事处理的途径方法。一般来说，国际货物运输纠纷处理除了合同当事人协商友好解决外，一般有调解、仲裁和诉讼等途径。协商是在没有第三者协助的情况下，由争议双方坐在一起，努力达成相互谅解。调解则是指双方或多方当事人就争议的实体权利、义务，在人民法院、人民调解委员会及有关组织主持下，自愿进行协商，通过教育疏导，促成各方达成协议、解决纠纷的办法。本节主要阐述这仲裁和诉讼两种途径。

一、货运事故的索赔

国际物流中一旦发生了货物灭失或损坏或延迟交付后，受损害的一方向责任方索赔和责任方处理受损方的赔偿要求是货运事故处理的主要工作。货主对因货运事故造成损失向责任人提出赔偿要求的行为称为索赔。物流经营人处理货主提出赔偿要求的行为称为理赔。索赔的程序如下。

(一) 索赔的原则与条件

索赔时，双方要本着实事求是、有根有据、合情合理、注重实效的原则，按照相关法律的规定提出索赔要求。并且要弄清楚，索赔对象是运输合同中的承运人，以及合理索赔的必备条件。

1. 索赔原则

由于国际物流运输的复杂性，导致货运事故的原因也很多，损失的大小和原因往往很难准确认定，而主观上当事人分别考虑自身的利益，对货运事故的原因和损失大小认知不同，从而难以界定事故的责任，这才会导致诉诸法律解决，所以坚持提出索赔的原则就非常重要。索赔的四大原则，最基本的就是实事求是，这是双方友好沟通的基础，也是解决纠纷的关键。实事求是就是根据事故发生的实际情况，客观地分析产生的原因，确定责任人及其责任范围；有根有据原则就是指提出的索赔要求必须有证据支持；合情合理的原则是指在确定损失程度和赔偿金额时，做到合理，严格依据法律合理确定责任方应承担的责任；注重实效的原则是指事故索赔中应注重实际效益，不要过多纠缠在法律诉讼中。

2. 索赔条件

发生货运事故后，要根据货物运输合同，确定索赔对象，向承运方提出赔偿要求。合理的索赔必须具备几个基本条件。

索赔人对受损货物拥有索赔权。提出索赔的人原则上必须是对货物拥有所有权的人，或者是运输单证上指定的合法收货人或提单持有人；责任方必须负有实际赔偿责任；索赔人提出的赔偿金额必须合理；索赔人是在规定期限内提出索赔。以上四个条件是索赔的四项基本条件，有一条不符，索赔就是无效的。

(二) 索赔的程序

任何货运事故争议处理都必须以索赔为前提。各种运输方式的索赔程序大同小异，都是由索赔方发出索赔通知，提交索赔函之后，责任人开始理赔，双方进行协商，解决争议，如果双方无法达成谅解，就可能进入仲裁或诉讼程序。

1. 发出索赔通知

索赔人必须在相关法律规定下的索赔期限内发出索赔通知，否则将视为承运人将货物完好交付给收货人，不需承担货损货差责任。各种运输方式的国际公约或各国的相关法律都对索赔期限有明确规定：货物损失事故发生后，根据运输合同或提单有权提货的人，应在规定的时间内，向承运人或其代理人提出书面索赔通知，声明保留索赔权利，否则承运人可免责。

2. 提交索赔申请书或索赔清单

索赔申请书、索赔函和索赔清单是索赔人向承运人正式要求赔偿的书面文件。索赔申请书的提交意味着索赔人正式向承运人提出赔偿要求。如果仅仅是提交索赔通知书，而没有提交正式的索赔申请书或索赔清单，承运人是不会进行理赔的。索赔申请书（索赔函或索赔清单）一般包括以下内容：文件名称及日期；承运人名称和地址；运输工具名称，装卸地点，抵达日期，接货地点名称；货名，提单号、运单号；货物短少残损情况描述；索赔日期，索赔金额，索赔理由；索赔人的名称和地址等。正式索赔不能超过法律或合同规定的时效，否则失去索赔权利。

3. 提起诉讼或仲裁

当货运事故的索赔通过当事人双方的协商或非法律机关的第三人调解，仍无法达成一致的情况下，就要进入司法程序，提起诉讼，或者申请仲裁。涉及索赔的诉讼案件是有诉讼时效的。因为索赔人必须在相关法律规定的诉讼时效届满之前提起诉讼，否则，就失去起诉的权利。比如，《海牙规则》和《维斯比规则》规定的诉讼时效为 1 年。

二、货运事故的诉讼

诉讼是指法院在当事人和全体诉讼参加人的参加下，依法审理和解决纠纷的活动，以及在该活动中产生的各种法律关系的总和。诉讼是解决国际货物运输争议的重要手段之一。由于各国法律和国际法对诉讼的规定不尽相同，下面以我国法律为例，说明诉讼相关概念和基本程序。

（一）诉讼的主要关系方

1. 诉讼组织人

诉讼组织人是法院，法院依法对案件独立进行审判，行使案件的审判权。诉讼分刑事诉讼与民事诉讼两类，货运事故诉讼属于民事诉讼。法院在一审民事案件时，由审判员、陪审员共同组成合议庭或者由审判员组成合议庭，以"事实为根据，以法律为准绳"依法审理。二审时，由审判员组成合议庭。

2. 诉讼当事人

诉讼当事人是指因民事权利、义务发生争执或引起纠纷，以自己的名义起诉、应诉和进行诉讼，并接受法庭裁判的人。当事人分起诉方和应诉方，两者是诉讼不可或缺的当事人，在不同阶段会有不同称谓，没有起诉方和应诉方，也就不存在诉讼。诉讼当事人在不同阶段会有不同称谓。在一审起诉阶段，诉讼当事人一般是指原告方和被告方，原告方是提出诉讼的一方，即起诉方；被告方是原告起诉的对象，即应诉方。判决阶段，诉讼当事人又称胜诉人或败诉人。执行阶段，诉讼当事人称申请执行人和被申请执行人。二审阶段，原告被告分别称为上诉人和被上诉人。

3. 诉讼参加人

主要包括涉及案件的证人、诉讼代理人、鉴定人和翻译人员等

管辖是指各级法院之间同级法院之间受理案件的分工和权限。各国际公约和各国法律对管辖权有不同规定，在进行诉讼时，要注意诉讼的管辖权问题。

（二）诉讼基本程序

各国际公约和各国法律在诉讼程序有严格的规定，一般诉讼主要包括起诉和受理、审理前的准备、开放审理、诉讼中止和终结、判决和裁定等步骤。

1. 起诉和受理

起诉是指由原告或原告代理人向法院递交起诉状，即提起诉讼。起诉状中应包含当事人的基本信息、诉讼请求和所依据的事实写理由，证据及来源、证人姓名和住所等内容。

受理是指法院接受原告的起诉并发动民事诉讼程序的行为。法院对于符合法律规定的起诉必须受理，对于特别性质的起诉，就根据不同情形予以处理。

法院收到起诉状，经审查，认为符合起诉条件，应当在 7 天内立案，并通知当事人；认为不符合起诉条件的，应当在 7 天内裁定不予受理。原告对裁定不服，可以上诉。

2. 审理前的准备

审理前的准备是指法院对案件受理后和开庭前的时间，由审判人员依照法定程序进行诉讼准备工作，以保证诉讼顺利有序进行，实现诉讼的公正与效益价值。

3. 开庭审理

开庭审理是指人民法院在当事人及其他诉讼参与人的参加下，依照法定的形式和程序，在法庭上对民事案件实体审理的诉讼活动的过程。主要是通过法庭辩论和调查，对案件的事实进行合理调查，审查核实证据，确认当事人双方之间的权利、义务关系，制裁民事违法行为，解决当事人之间的民事纠纷。开庭审理一般包括：宣布开庭；法庭调查；法庭辩论；合议庭评议；宣告判决。

4. 诉讼中止和终结

当诉讼当事人一方出现死亡或丧失诉讼行为能力，相关法人或者其他组织终止或其他暂时影响诉讼正常进行的情况，诉讼将中止，若出现使诉讼不可能再次恢复正常进行的情况，诉讼将依法终结。

5. 判决和裁定

判决是指人民法院通过法定程序，根据认定的案件事实，正确适用法律，以国家审判机关的名义所做出的解决当事人民事权利、义务争议的判定。

裁定则是指法院在审理民事案件时，为解决诉讼程序上的问题所做的判定，主要适用于不予受理、对管辖权有异议，驳回起诉、财产保全和先予执行、准许或者不准许撤诉、中止或终结诉讼等情况。

三、货运事故的仲裁

(一) 仲裁的基本概念与原则

仲裁是指纠纷当事人在自愿基础上达成协议，将纠纷提交非司法机构的第三者审理，由第三者做出对争议各方均有约束力的裁决的一种解决纠纷的制度和方式。仲裁在性质上是兼具契约性、自治性、民间性和准司法性的一种争议解决方式。

1. 仲裁形式

按照不同的标准，仲裁可分为以下几种：

(1) 机构仲裁与临时仲裁

以是否存在常设仲裁机构为标准，可分为机构仲裁与临时仲裁；机构仲裁是指由一个双方当事人约定的常设仲裁机构提出申请，并按照该机构的仲裁规则或双方选定的仲裁规则进行的仲裁，程序较严格，有固定的仲裁规则和固定的仲裁机构，是目前国际社会主要的仲裁方式。临时仲裁，是指由双方当事人共同的仲裁员自行组织临时仲裁庭进行的仲裁。临时仲裁没有常设机构，因具体案件而组建，案件审理完即自动解散，目前仍有许多国家采用此类仲裁。

（2）国际仲裁与国内仲裁

根据是否涉及不同国家当事人或其他涉外因素，可分为国际仲裁和国内仲裁。

国际仲裁是指仲裁事项包含涉外法律关系的仲裁，包括仲裁当事人中有一方为外国自然人或法人，或涉及的法律关系标的物所在地、履行地等在外国等。国内仲裁是指仲裁事项中没有涉外法律关系的仲裁。

（3）依法仲裁与友好仲裁

依法仲裁是指严格按照法律规则为裁决标准的仲裁，这种仲裁方式最为常见。友好仲裁是指仲裁员经双方当事人授权，在认为适用严格的法律规则会导致不公平结果的情况下，不依严格的法律规则，而是依据他所认为的公平的标准作为对双方当事人有约束力的裁决。此类仲裁方式在欧美使用较多，在我国使用较少。

2. 仲裁机构

是指依法设立的有权进行仲裁裁决的民间机构，有固定名称、地址、仲裁员设置和相应规则，可以依法独立受理和审理案件，做出仲裁。

3. 仲裁原则

仲裁是一种第三方非司法机构裁决纠纷的方式，需要遵守一些相关的基本原则："当事人自愿原则"是指采用仲裁的方式解决纠纷必须出于当事人双方的自愿，仲裁机构只有在当事人双方共同授权的情况下，才可以受理案件；"仲裁独立原则"是指在整个仲裁过程中，仲裁机构必须具有独立性，仲裁组织体系中，仲裁委员会、仲裁协会和仲裁庭三者之间要相对独立；"公平合理原则"是指仲裁庭在仲裁纠纷时应当公平、公正地对待双方当事人；"一裁终局原则"，是指仲裁裁决做出之后，如果有一方当事人不服，就同一纠纷再申请仲裁或者向人民法院起诉时，仲裁机构和人民法院将不予受理。

（二）仲裁的基本程序

1. 仲裁的申请和受理

仲裁申请是仲裁的第一步，仲裁机构受理之后，仲裁程序正式启动。在我国，当事人申请仲裁，必须向仲裁委员会递交书面的仲裁协议、仲裁申请书及副本。仲裁机构在收到当事人呈交的仲裁申请书之日起的法定时间内，经检查认为符合受理条件的，理应受理，并通知当事人；认为不符合受理条件的，应书面通知当事人，并说明理由。

被申请人收到仲裁书副本后，应在规定的期限内向仲裁机构呈交答辩书，仲裁机构收到答辩书之后，应在规定的期限内送达申请人。仲裁答辩书是仲裁被申请人为保护其合法权益就仲裁申请的事实和法律问题做出答复和辩护的法律文书，即使不提交，也不影响仲裁程序的进行。

2. 仲裁庭的成立

仲裁庭由双方指定的仲裁员依法组成，然后着手审理争议案件。仲裁庭的组成形式和仲裁员由双方当事人约定。根据我国《仲裁法》规定，当事人约定由 3 名仲裁人员组成仲裁庭的，应当各自选定或各自委托仲裁委员会主任指定一名仲裁员，第三名仲裁员由当事人共同选定或共同委托仲裁委员会主任指定，第三名仲裁员是首席仲裁员。如果只约定一名仲裁员，则由双方共同选定或共同委托仲裁委员会主任指定。

3. 仲裁的审理、调解和裁决

仲裁的审理是仲裁庭依法解决当事人将要仲裁的争议的活动。主要是审查并核实证据、查明案件事实、分清是非责任、正确适用法律、确认当事人之间的权利与义务关系、解决当事人之间的纠纷。这是仲裁程序的核心环节。仲裁审理可以开庭审理，也可以书面审理。

仲裁的调解。仲裁庭在做出裁决前，可以先行调解。当事人自愿调解的，仲裁庭应当调解，调解不成的，应及时做出裁决。

仲裁的裁决是仲裁庭在查明事实、分清责任的基础上，对当事人之间所争议的事项进行审理后所做出的终局权威性判定，最终解决当事人之间纠纷。根据法律规定，仲裁庭可以先行裁决，也可以缺席裁决。先行裁决是指在仲裁程序进行过程中，仲裁庭就已经查清的部分事实做出裁决；缺席裁决是指被申请人无正当理由不到庭或未经许可中途退庭情况下做出裁决。按照我国《仲裁法》规定：仲裁裁决以"少数服从多数"为原则，如果不能形成多数意见时，裁决按首席仲裁员的意见做出。

（三）仲裁的执行

仲裁裁决一经做出，就具有法律效力，对双方当事人都有约束力，当事人应在裁决书规定的期限内自动履行，未写明期限则立即履行。当义务方当事人在规定期限内不履行仲裁裁决时，权利方当事人可向法院申请强制执行。

本 章 小 结

本章主要学习了提单运输、国际多式联运，以及其他运输的法律、法规国际物流相关立法情况。

国际物流法（international logistics law）是国际经济法的重要组成部分，是调整不同国家之间商品货物运输、保险、储存、支付与结算、调解与仲裁等关系的法律规范的总和。国际物流法的重要组成部分就是规范各种国际运输方式的国际公约及相关规定。

提单运输三大国际公约《海牙规则》、《维斯比规则》和《汉堡规则》是最著名的国际物流法规，三大公约构成了国际运输法规的基础，三者之间既有联系又有差异，体现了提单运输立法的发展。比如在责任制、责任人上的差异。

国际多式联运促进了国际物流的发展，多种运输方式的综合，各运输领域的立法无法适应国际多式联运这种运输方式的实际，《联合国国际货物多式联运公约》便应运而生。内容涉及多式联运相关概念、适用范围、多式联运单据、承运人赔偿责任、发货人的责任与义务、索赔与诉讼等。

规范国际航空货物运输法的国际公约主要有《华沙公约》、《海牙议定书》、《瓜达拉哈拉公约》、《蒙特利尔公约》。《华沙公约》是航空运输领域的最早的国际公约，也是最基本的规定，其他公约都是对《华沙公约》的修订或补充，但彼此之间又互相独立。

国际公路运输的立法主要是《国际公路货物运输合同公约》，该公约是由欧洲国家参与制定的，适应欧洲公路运输发展的需要，该公约规范的是国际公路货物运输合同，统一公路运输单证和规定承运人责任，以及运输合同订订立与履行、索赔和诉讼等规定。

国际物流货物运输常产生货物灭失或损坏、承运人错误交付货物和迟延交付货物、货方不及时提货等各式各样的货运事故，从而产生各种纠纷，本章重点是阐述调解、仲裁和诉讼等途径。

关键词或概念

国际物流法（international logistics rule）

国际公约（convention）

海牙规则（Hague Rules）

维斯比规则（Visby Rules）

汉堡规则（Hamburg Rules）

提单（bill of lading）

简答题

1. 简述《海牙规则》下承运人的"适航"义务。
2. 试比较《海牙规则》、《维斯比规则》及《汉堡规则》对承运人责任规定的差异。
3. 简述《华沙公约》的主要内容。
4. 试述《国际公路货物运输合同公约》适用哪些公路货物运输合同？
5. 试述《国际多式联运公约》。

【案例分析】

案例一：一宗货物赔偿案例评析

2004年10月31日，一家土耳其公司EkincilerDisTicaretAS的2 626捆，重达5 244.42868吨的热卷曲可变型加固铁条在土耳其Iskenderun港被装载于EbnAlWaleed轮上，欲运抵加拿大Sorel港，并在那里交付、卸载货物。

1号提单可证明这一运输事实的存在。提单上未注明货物的价值。依《海牙规则》签发此提单。原告可转让提单。

一些货物在交付给原告时已被损坏。原告估计不算利息及相关费用，货损价值为570 000加元。

尽管普遍认为土耳其承认《海牙规则》的效力，但对于从土耳其某港至外国港口间的运输是否与土耳其国内港口间的运输一样也适用《海牙规则》这一问题，双方当事人存在着不同的理解。

原告认为，土耳其于1955年2月22日加入了《海牙规则》，但并没有保留其将单位责任限额以英镑折合成本国货币的权利。因此，依土耳其法律规定责任限额以交付货物当日2005年1月3日的黄金市场价格来算，原告索赔金额大约为12 498.28加元。

被告辩称，尽管土耳其于1955年批准了《海牙规则》，但从1956年1月4日起，它被并入土耳其商法典而成为土耳其法律的一个有效部分。该法典1114条重新设定了单位责任限制，由1 500土耳其里拉改为100 000土耳其里拉。

法官的判决：

(1) 1955年2月14日，土耳其议会批准并颁布了《海牙规则》，以其原始形式成为土耳其国内法的一部分。第二年，即1956年，土耳其议会又通过了土耳其商法典，该法典将《海牙规则》的主体部分修改后收入其中；但先前颁布的《海牙规则》并未废止。这样，土耳其的本国法中既包含了一个原始的《海牙规则》，又有一个已签署批准的国家改编《海牙规则》议定书。

(2) 被告专家证人提供的关于法律效力的证据更易被采信。即认为虽然最初的1955年的土耳其法没被废止，但它已被土耳其商法典有效取代。至少，在国内、国际贸易中，赔偿责任限额应以每件或每单位100 000土耳其里拉，大约每件或每单位2.30加元计算。

(3) 对《海牙规则》及其议定书的解释中，都给予了缔约方得以将单位责任限额由100英镑折合成本国货币的权利并允许它们根据情况使用或修改条文，这些都不是"只此一次"的事情。就有权修改货币单位而言，若不这样规定反而会起负面作用。

(4) 必须将《海牙规则》以本国法律系统能理解并适用的条款并入本国法后才能使之在各国适当地发挥效力。这也就是土耳其将《海牙规则》条文修改后收入其商法典中的原因。依据在土耳其实施的《海牙规则》，当提单中未注明货物价值时，责任限额应为每件或每单位100 000土耳其里拉。

(5) 计算责任限额的兑换日为船舶驶抵加拿大的日期，按此计算则可适用的责任限额为每单位2.30加元。

案例评议：

从本案中，我们可以看出双方争议的焦点主要是由法律适用问题引起的。原告主张适用土耳其于1955年2月22日加入的《海牙规则》，原因是土耳其作为《海牙规则》的缔约国，则在本国签发的提单理应适用《海牙规则》，这也是提单法律适用条款的要求。而被告则认为，应该适用1956年颁布实施的土耳其商法典中被国内化了的《海牙规则》。依据是提单中首要条款约定本合同适用在运输国实施的《海牙规则》。由此，应该按照土耳其商法典中规定的按其本国货币限定承运人的最高赔偿限额。那么，究竟应该适用法律适用条款还是首要条款则成为解决本案的关键。有必要在此分析一下两者的关系。

我们可以先给它们下个定义：提单首要条款是为了强制适用某一公约或其已国内法化的公约，根据法律规定，或非缔约国的当事人为了享受公约的利益，将其并入提单作为提单的条款，对该公约缔约国法院，及该有关国家的法院而言，具有高于其他提单条款效力的特殊条款。而提单法律适用条款，又称作法律选择条款则是指在有关提单的任何争议应适用某一法律也即准据法解决的条款。因此，提单法律适用条款，既不是更不等同于首要条款。

提单法律适用条款与提单首要条款的共同点在于：两者都涉及指定某个或某几个规范性文件。表面上都是指明提单受何种法律规范管辖。但两者有本质的区别，前者是一种法律，有自由选择；后者实质上仅是一种特殊的提单条款（合同条款），但又是不容任意选择的；前者是当事人自己的意思；后者之选择是法定要求；前者包括提单所涉及的所有内容；后者仅涉及当事人的权利和义务，主要指单位责任限额、时效、免责和除外责任等项；前者容许当事人有选择的余地；后者对当事人具有强制适用性，尤其是法院地国家是其援引之公约成员国时更是如此。在同一事项上，后者的效力高于前者。

具体言之，两者之间的关系表现为：

1. 首要条款指明管辖提单的是《海牙规则》或《威斯比规则》或《汉堡规则》之场合；若法院地国家是该规则之缔约国，则提单法律适用条款的效力低于该规则；仅在该规则适用范围之外的事项，才有准据法适用之余地；若法院地国并非该规则之参加国，而合同准据法又具有强制性，则应适用该准据法；若该准据法属任意性规范，则应优先适用该规则；提单条款本身与该规则或该准据法冲突部分，无效。

2. 首要条款指明制约提单的是上述规则的国内法化的法规之情况下；对各该本国法院而言，在这些法规适用范围内，比如系出口船舶签发的提单，自应优先适用这些法规；对他国而言，只有当这些法规不与提单准据法相悖，或其提供了比准据法更高的保护标准时，才有适用之可能；货方有权选择对自己最有利的法规；（《合同法》第四十条）因此，即便是地区条款，若其与提单准据法相悖，在非该地区之法院审理，仍应适用准据法而不应适用由地区条款所指的某国法律，因为，在此种情况下，该国法律实际上不是作为法律而是作为提单的一项条款被并入提单。

依据以上的分析，本案结论，首要条款指明制约提单的是《海牙规则》的国内法化的情况，且其不与提单准据法《海牙规则》相悖，因此应被优先适用。进而，有关承运人单位责任限制数额应该依土耳其商法典的规定，即每件或每单位100 000土耳其里拉折合成加拿大货币。

(资料来源：《中国水运报》，http://www.zgsyb.com/GB/Article/ShowArticle.asp? ArticleID=43384, 2006-11-14)

1. 依土耳其法律的规定，应适用何种单位责任限制？
2. 如果运输是按照土耳其商法典的规定进行的，那么依据法律规定，被告可否享有责任限制，是多少？
3. 如何将单位责任限额折合成加拿大货币？
4. 结合我国实际，思考《海牙规则》在我国的适用情况。

案例二：一起重大涉外海商纠纷案例

一、案情

1996年11月，福建南平福×电池有限公司（买方）与韩国NOCKET电子有限公司签订一份总价为CIF福州3 775 420美元的LR03型碱性圆柱状电池生产线的进口合同。卖方于11月21日向原告韩国第一火灾保险公司投保了该批货物海运一切险。上述货物于11月23日装上"金龙"轮自A港开往中国香港，同日第一被告中国香港宏×船务企业有限公司的代理在首尔签发第40004号清洁已装船提单，载明货物分装九个集箱，毛重为60 180千克，总件数为21箱；同时批注CY-CY；背面条款规定有关承运人的权利、义务、责任和免责适用《海牙规则》；（在托运人订舱随附的包装单上，列明了每一箱号内装货物的品名、数量、重量其中第16号和17号箱重均为8 250千克，但提单上未具体载明哪个集装箱下货物件数或重量）12月8日第二被告恒×船务有限公司在中国香港签发第968201号二程提单，其签发的集装箱装箱单上却列明重量为4 629千克（据称此数据是第一被告所供）。12月23日二程船"利风"轮将货物安全运抵目的港。次日卸货后，第三被告福州港务公司在将集装箱装上卡车运往集装箱堆场院途中，在卸下完全相同的另一个集装箱后，司机在未将转锁装置重新锁上的情况下，继续朝前运送，结果在180度转弯时，第4002501号集装箱从拖车上翻倒在地，致使内装条16号、17号木箱包装的机器设备严重损坏。1997年1月13日经公证检验人理算确认货损金额为456 765美元。原告理赔后取得代位追偿权并于1997年12月12日向厦门海事法院起诉三被告。该院于1999年8月20日做出（1998）厦海法商初字第130号民事判决。认定：本案系海上货物运输合同代位求偿纠纷，应适用中国法律，第一、二被告应对本案货损负赔偿责任，但承运人就货损赔偿可享受《海商法》第五十六条的责任限制，提单中注明在集装箱中的货物件数，应以集装箱内货物件数计算货损赔偿责任限额，以两件计为1 333.34SDR。原告起诉未过诉讼时效，港务公司非本案合同当事人，与本案无直接利害关系，将其作为被告不当，应予驳回。作者认为本案涉及中国海商法数个法律、理论及审判实务倘有重大争议的问题，因而实有加以深入讨论的必要。

二、原被告双方的主要观点

1. 诉讼时效。①原告主张其于1997年12月12日通过传真由其诉讼代理人将起诉状及授权委托书递交法院，并得到了负责立案的经办法官电话确认，尽管公证手续1998年2月6日才办妥；认证手续则于1998年6月11日方办好；法院于7月10日才正式立案；但根据《中华人民共和国民法通则》第一百四十条之规定时效中断的条件之一是"起诉"而非法院正式"立案"，因此本案根本不存在时效障碍。②被告则辩称原告律师在1998年6月才办妥合法有效的委托手续，法院7月才立案。因此，尽管原告曾于1997年12月通过其律师起诉，原告的起诉只能从6月11日起算。③法院认定：本案未过诉讼时效。原告代理人向法院提交的起诉状及授权委托书，因未办妥公证认证手续，法院至1998年7月8日才予立案。法律规定从境外寄交的授权委托书应经公证认证，其目的在于保证境外当事人意思表示的真实性。原告委托代理人在1997年12月12日全权代理起诉的意思表示真实。时效因起诉已中断。

2. 货损原因。①原告主张货损原因是由于第三被告的员工在运送集装箱至堆场的过程中，在打开转锁装置卸下另一个完全相同的集装箱后，在未重新锁上该转锁保护装置的情况下，继续向前方运送以致在转弯时使集装箱翻倒在地致货损。虽然因第一、二被告的过错，在集装箱装箱单上标错重量，但重量错误与本案货损之间没有必然的因果关系；一则该集装箱自韩国工厂运至码头船边，在中国香港中转转运，及在目的港由船边运至集装箱堆场经历过多次陆上运输，唯有在港务公司掌管下的运送发生事故；况且另一个同样标错重量的集装箱在锁好转锁装置的情况下安全运送的事实有力地证明了标错重量与货损无关；二则该货损非由于重量过重致使起重机在吊装卸过程中钢绳不堪重负致货物砸损，也非由于货物过重致轮胎不堪重负致轮胎破裂导致货物从不平衡的车上翻倒砸损；若司机在继续起运前重新上锁也就不会发生本案事故。②第三被告辩称货损是由于第二被告错将重量为16 500千克的集装箱标为4 629千克且货物重心较高集装箱本身未标明重心等原因所致，因而其不应负责。③原审法院对于货损原因未做直接认定，但引述PICC出具的初检报告称：损坏原因是木箱重心较高，且未加标注。集装箱装运单注明的木箱重量与实际重量不符。还引述"货运记录"，认为事故原因系集装箱申报重量与实际明显不符，重心偏高太多，导致集装箱从卡车架上翻落地上。法院实际上对此未做自己的独立判断，但似乎间接认可上述所谓货原因。

3. 适用法律。①原告主张提单背面条款约定承运人的权利、义务、责任和豁免适用《海牙规则》，但该规则仅适用钩至钩，对卸货后由码头运往集装箱堆场这段期间并不适用；提单批注承运人责任期间为CY-CY；因此该段期间应适用中国有关法律，也即，应适用公路货运有关法规，依《公路货物运输合同实施细则》之规定，承运人对货损应按实际赔偿。虽然该细则不适用于涉外公路货运，但应可参照适用。我国《海商法》第一百零五条明确规定："货物的灭失或者损坏发生于多式联运的某运输区段的，多式联运经营人的赔偿责任和责任限额，适用调整该区段运输方式的有关法律规定"。多式联运经营人的责任期间是："自接收货物时起至交付货物时止。"而集装箱货物的承运人的责任期间则是："从装货港接收货物时起至卸货港交付货物时止，货物处于承运人掌管之下的全部期间。"两者内容实质上完全一致，不过后者将接收货物地和交货地具体化而已，质言之，集装箱运输的承运人的法律地位实质上与多式联营经营人相同，那么对于集装箱从装货港内陆集散站或港区的堆场运至船边，及在卸货港由船边运至港区内的堆场或内陆集散站的运输，其性质与海上货运完全不同，也已不再属装卸作业，与公路货物运输并无二致，因此承运人的责任限制，理应适用或参照适用公路货运有关法规，不得享受单位或千克责任限制。②第一、二被告均主张应适用《海商法》，第三被告对此未做抗辩。③原审法院认为：提单选择中国法院管辖，未选择适用法律，货损事故发生地、收货人及被告均在中国领域，应适用与合同最密切联系的国家法律，即中国法。但具体却适用《海商法》予承运人享受单位责任限制。

4. 单位或千克责任限制。①原告主张三被告均无权享受单位或千克责任限制。第一、二被告应承担类似于多式联运经营人在公路货运阶段的责任，也即其应对货损承担实际赔偿责任，有法定事项除外；第三被告是独立合同方，也是承运人的唯一合同方，依照《海商法》其并无权主张享受承运人同等的权利和豁免；其虽然是受第二被告委托进行港口卸货作业，但由于货物自船上卸至码头后，已脱离卸货作业环节，而自码头运往集装箱堆场的运输既不属海上货运也非港口装卸作业，而是等同于一般的公路货运，因而其同样无权主张仅适用于海上货运或港口作业的责任限制。②第一、二被告均主张《海商法》享受单位责任限制。③原审法院判决："因货物系用集装箱装运的，提单中注明在集装箱中的货物件数，因此应以箱内货物件数计算货损赔偿责任限制的限额，该限额为1 333.34计算单位。"

5. 正确理解和适用《海商法》第五十六条。①原告认为即便被告有权依《海商法》第五十六条主张责任限制，也应按千克限制责任。货损重量为16 500千克，承运人赔偿责任限额应为33000SDR。②被告均未提出应按单位还是按千克限制责任。③原审按件数限制责任。

6. 第三被告的诉讼法律地位。①原告认为港务公司构成对原告代位人的侵权行为，并以侵权诉因起诉之。因为货物损坏发生于其掌管期间，而货损完全是由于第三被告的重大过失所致，因而其应承担侵权之责；原告选择并案起诉以避免讼累，同时两案事实、证据密不可分，从方便诉讼角度言亦无可非议。②第三被告辩称：原告及其代位人，均与其无任何合同关系或其他直接法律关系或直接利害关系。③原审认定：港务公司非本案合同当事人，与本案无直接利害关系，其系接受实际承运人委托进行港口作业，是该实际承运人的受雇人，其行为代表实际承运人，行为后果亦应由实际承运人负责，原告将其作为被告起诉不当，应予驳回。

三、分析与评论

上述六方面的问题在诉讼过程中均经过剧烈的争论，然而最有价值的争议在于适用法律、单位或千克责任限制的解释和适用及港务公司的诉讼法律地位三个问题。限于篇幅本文着重探讨此三个问题。

1. 适用法律的重要性怎么强调当不为过。本案提单背面条款第四条规定：提单中关于承运人的义务、责任、权利及免责的规定应适用《海牙规则》。其虽无首要条款字样，实质上即是提单首要条款；原审认定："提单未明确约定适用法律"作者认为是对的，因为提单首要条款本身并非法律适用条款，而仅是一种特殊条款。原审进一步认定本案应适用中国法律，作者认为也是正确的；但其适用《海商法》第五十六条来限制承运人责任，却明显缺乏说服力；因为本案货损并非发生于海运期间，也非发生于装卸货环节，而是发生于性质上完全与内陆公路货运相同的卡车运输期间。由于集装箱运输承运人与多式联运经营人对货物的责任期间实质上完全一样，而法律已对多式联营经营人在不同区段适用之法律做了明确规定，即若货损发生于公路货运期间、或铁路货运期间、或航空货运期，相应地应适用与公路、铁路、航空有关的法律、法规，除非货损发生期间不明或无法确定。集装箱运输的承运人其集装箱内陆集散站有的离港区成百上千公里，这与多式联运经营人所经营的公路运输完全一样，即便自船边至港区内的集装箱堆场仅数百米或数千米，其运输又与公路运输有何性质的差异？法律之所以赋予承运人在海上运输及装卸作业期间发生的货损以免责利益，原因在于在该期间承运人所承担的风险远比陆地上大得多。因此对于发生在陆上运输期间的货损赋予等同于海上或装卸过程中同等的保护，没有法律依据，也明显与立法本意相悖，更不公平合理。作者认为本案应适用的法律应为《经济合同法》及《民法通则》，同时可参照适用《公路货物运输合同细则》。承运人应实际货损负赔偿之责，且无权主张任何责任限制。

2. 《海商法》第五十六条明确规定："承运人对货物的灭失或者损坏的赔偿限额，按照货物件数或者其他货运单位数计算，每件或者每个其他货运单位为666.67计算单位，或者按照货物毛重计算，每千克为2计算单位，以两者中赔偿限额较高的为准。货物用集装箱、货盘或者类似其他装运器具集装的，提单中载明的装在此类装运器具中的货物件数或者其他货运单位数，视为前款所指的货物件数或者其它货运单位数，未载明的，每一装运器具视为一件或一个单位。"原审法院根据本案提单仅载明了11个集装箱的总件数21件，总重量60 180千克，而每个集装箱项下具体件数及千克数未在提单上载明，而判决认定以两件限制承运人责任。作者认为原审法院这一认定误解了本条法规的本意。对散装件货或大宗散装货而言，无论货物件数或千克数是否在提单上载明，承运人均可以按货物的实际件数或实际重量数限制责任。但对集装箱货物而论，该法条仅提及按件或单位如何限制责任，对如何按千克限制责任未做规定，但绝不等于集装箱货物不能按千克限制责任。实际上若提单未载明内装货物件数或件数很少，只要集装箱货重超过333.3千克，货方即有权选择按千克限制承运人赔偿限额。法律本身没有规定，重量数必须在提单上载明方为有效，也即，以"件或单位"还是以"千克"为标准进行责任限制，法定以两者较高者为准。本案货损实际重量为16 500千克，承运人明知，且托运人在订舱时随附的包装单上已详细注明了每个包装箱内货物的千克数，同时在一份提单要注明11个集装箱项下每个箱内的具体重量根本没有此种可能。值得强调指出的是，对于以千克为标准进行责任限制，法律未要求必须在提单上载明。而且，该第五十六条（1）款是原则，（2）款是特殊情况，当特殊情况未加规定时，理应适用原则。因此，即便承运人可以按《海商法》第五十六条限制责任，也应按货损重量16 500千克计，约等于33 000计算单位。

3. 港务公司的诉讼法律地位。原审判决以该港务公司是实际承运人的受雇人，并非本案合同的当事人，与本案没有直接利害关系为由认为原告将其作为被告不当，因而驳回对其起诉。姑且不论港务公司是否就是《海商法》所指之"受雇人"，依据《海商法》相关条款的规定，这一认定明显是错误的。法律已明确将责任限制的利益赋予了承运人的受雇人或者代理人。[第五十八条（2）款]同时规定：承运人应对实际承运人的受雇人、代理人在受雇或者受托的范围内的行为负责。[第六十条（1）款]此外还第六十一条进一步规定：第四章对承运人的规定，适用于实际承运人，对实际承运人的受雇人、代理人提起诉讼的，适用本法第五十八条第二款和第五十九条第二款的规定。质言之，我国《海商法》全盘采纳了《维斯比规则》的相关规定，且有过之无不及，不分独立合同方，也即实际上将独立合同方也纳入《海商法》保护的范围之内。从法律上推定该受雇人、代理人为运输合同的一方当事人，进而赋予其以承运人同等的法律保护。货方完全有权选择以合同法律关系或以侵权法律关系起诉实际承运人的受雇人或是代理人，只不过若其可证明是在受托范围内行事，同样可享受承运人同等的责任限制。原审认为原告只能先起诉承运人和实际承运人，而不能同时起诉港务公司的认定，明显与法律规定不符。

综上所述，本案由于货损发生于与公路货运性质完全相同的港区拖车运输期间，并非发生于海上运输或是装卸货期间，且集装箱运输承运人责任期间与多式联运经营人的责任期间一致，理应参照多式联运的有关法律规定，适用《经济合同法》、《民法通则》并参照适用《公路货物运输合同细则》，承担实际货损赔偿之责。即便退一万步言，适用《海商法》第五十六条，也应按千克计算承运人责任限制额。因为法律从未规定千克数也必须在提单上载明才能适用；法律已推定实际承运人的受雇人或代理人是海上货运合同当事方，原告有权选择以合同或是侵权法律关系起诉之。

（资料来源：法律快车网 http://www.lawtime.cn/info/hetong/swht/2010112277157.html，2010/11/22）

1. 本案是否已超过起诉时效？
2. 被告是否有权主张免责？即货损原因如何？
3. 本案应适用何种法律？
4. 被告是否有权主张单位或千克责任限制？
5. 应如何理解适用《海商法》第 56 条？
6. 港务公司在本案中的诉讼法律地位如何？其是否有权享受承运人同等的权利和豁免？

教 学 大 纲

一、课程基本信息

英文名称：An Introduction to International Logistics

建议学时：必修课48学时，选修课32学时

适用对象：物流管理、物流工程、国际经济与贸易、市场营销、金融学等相关专业。

预修课程：现代物流概论

二、课程性质、目的和任务

《国际物流概论》是高等院校物流管理与物流工程专业必修的专业基础课程，亦可作为国际经济与贸易、市场营销、金融学等相关专业选修课程。通过该课程的学习，使学生能够全面系统地掌握国际物流运作涉及的基本理论知识和流程，培养学生制订合理的国际物流方案，处理国际物流相关业务及相关单据的能力，提高学生综合解决国际物流问题的能力。

三、教学基本要求

1. 《国际物流概论》课程的教学指导思想

《国际物流概论》侧重于国际物流运作中的相关理论知识的应用，应引导学生系统掌握国际物流运作中的基本理论和流程，教学重点是各种理论与操作流程在国际物流运作中的灵活运用。提倡"案例式教学方法"，注重理论和实践相结合，方法和应用相结合。

2. 《国际物流概论》的教学方法、学时安排与学分

根据上述指导思想与本课程的特点，本课程的教学中采用课堂教授、案例教学与情景模拟教学相结合，理论与实际相结合的教学方法，为提高教学效果，在教学中逐步增加案例学习与情景模拟教学的比重，注重培养学生解决实际问题的能力，尽量避免单纯的理论学习。为充实本课程的实际背景，教师应注意搜集和积累国际物流运作资料，编写教学案例；并利用实验室国际物流教学软件加强学生实践操作，以提高综合解决国际物流问题的能力。

《国际物流概论》是物流管理与物流工程专业必修的专业基础课程，本课程总计学分为3学分，教学时间为8周，每周6学时，共计48学时。

四、课程考核办法

1. 考核方式

本课程考核注重考查学生对基本概念和原理的掌握，更注重考查学生运用所学知识分析和

解决实际问题的能力。采取的考核方式：闭卷考试

2. 成绩评定

考试成绩（70％）＋出勤考核（20％）＋平时作业（10％）

五、推荐教材与参考书目

1. 推荐教材：庞燕、王忠伟. 国际物流概论 ［M］. 北京：中国商务出版社，2011

参考书目：

［1］中国国际贸易学会商务培训认证考试办公室. 外贸物流实务 ［M］. 北京：中国商务出版社，2011

［2］蒋长兵，王姗姗. 国际物流学教程 ［M］. 北京：中国物资出版社，2008

［3］林正章. 国际物流与供应链 ［M］. 北京：清华大学出版社，2006

［4］刘凯，张晓东. 国际物流：全球供应链管理 ［M］. 电子工业出版社，2006

［5］王忠伟，庞燕. 供应链管理 ［M］. 北京：中国物资出版社，2009

教学内容时间分配见附表：

章	教 学 内 容	参考学时	备注
1	国际物流基础理论	2	
2	国际物流系统及其模式	2	
3	国际贸易方式与国际贸易合同	4	
4	国际支付与结算	4	
5	国际货物运输体系	2	
6	国际海上运输	6	
7	国际航空运输	4	
8	国际多式联运和陆上运输	4	
9	国际货物运输保险	4	
10	国际货物报关与报检	4	
11	国际物流仓储、包装与配送	4	
12	国际物流服务质量与成本管理	4	
13	国际物流金融服务	2	
14	国际物流法律、法规	2	

第一章　国际物流基础理论

教学内容：

第一节 国际物流的含义与特征

一、国际物流的含义

二、国际物流的特征

三、国际物流与国内物流的区别

四、国际物流的发展趋势

第二节　国际物流与国际贸易的关系

一、国际贸易的含义

二、国际贸易在经济发展中的地位和作用

三、国际物流与国际贸易的关系

第三节　国际物流与国际供应链

一、供应链与供应链管理的定义

二、国际供应链的内涵

三、国际供应链在企业国际化运作中的重要性

四、国际供应链管理产生的背景

五、国际供应链发展的动因与特征

六、中国在全球供应链运作中的地位

第四节　国际物流组织

一、国际物流运作的主要业务活动

二、国际贸易运输组织

三、企业国际运作的物流组织发展

教学要求：

了解：国际物流的发展趋势，中国在全球供应链运作中的地位，企业国际运作的物流组织发展。

掌握：国际物流的含义与特征，国际物流与国际贸易的关系，供应链、供应链管理、国际供应链管理的概念，国际物流运作的主要业务活动。

应用：国际供应链管理在企业国际化中的运用。

教学要点：

国际物流概念的界定，国际物流与国内物流的区别。国际贸易和国际物流两者之间是相互促进，相互依赖，相互制约的关系。供应链与供应链管理概念，国际供应链管理在企业国际化运作中的重要性。国际物流运作的主要业务活动、国际贸易运输的组织和企业国际运作的物流组织发展。

第二章　国际物流系统及其模式

第一节　国际物流系统概念

一、系统的概念

二、国际物流系统的概念

第二节　国际物流系统模式与构成

一、国际物流系统模式

二、国际物流系统的构成要素

1. 运输子系统

2. 储存子系统

3. 包装子系统

4. 装卸搬运子系统

5. 商品检验子系统

6. 通关子系统

7. 国际物流信息子系统

第三节　国际物流系统网络概念及其结构

一、国际物流网络的概念

二、国际物流网络的结构

三、国际物流信息网络

四、国际物流网络规划

第四节　国际物流系统网络节点与连线

一、国际物流网络节点

1. 国际物流节点的功能

2. 国际物流节点的类型

3. 常见的国际物流节点

二、国际物流网络连线

教学要求：

了解：国际物流系统概念，国际物流系统模式，国际物流系统网络概念及其结构。

掌握：国际物流系统的构成要素。

应用：国际物流系统网络节点与连线。

教学要点：

国际物流系统的构成要素；国际物流系统网络节点与连线。

第三章　国际贸易方式与国际贸易合同

教学内容：

第一节　国际贸易方式

一、经销和代理

二、寄售与展卖

三、招标、投标与拍卖

四、对销贸易与加工贸易

五、国际租赁贸易

六、期货贸易

第二节　国际贸易术语的含义与常用的价格术语

一、贸易术语的含义及作用

二、国际贸易（术语）惯例的性质

三、关于贸易术语方面的国际贸易惯例

四、常用的价格术语

第三节　交易磋商与合同订立

一、交易磋商的形式与内容

二、交易磋商的一般程序

三、发盘、接受的法律规则及运用

四、合同的订立

第四节　国际贸易合同的标的物

一、合同的标的物概述

二、商品质量

三、商品的数量

四、商品的包装

教学要求：

了解：国际贸易术语的产生与发展及其相关的国际贸易惯例，标明国际贸易合同标的物的意义。

掌握：国际贸易方式的特点和差异，国际贸易术语的含义与常用的价格术语，交易磋商的内容、程序及合同订立的条款，国际货物买卖合同中品质、数量和包装条款的基本内容和表达方法。

应用：选择适当的国际贸易方式和交易对象、使用国际贸易术语是应注意的问题，国际贸易合同订立与标的物的填制方法。

教学要点：

国际贸易中经常采用的包销、代理、寄售、招标投标、拍卖、对销贸易、加工贸易、租赁贸易以及期货贸易等贸易方式。《2000 年通则》与《2010 年通则》中国际贸易术语的联系与区别。交易磋商各环节的基本内容和合同订立的主要交易条款和一般交易条款的具体内容。国际贸易中表示商品品质的几种方法和品质条款，国际贸易的主要计量单位、数量条款，包装条款。

第四章　国际支付与结算

教学内容：

第一节　汇付与托收

一、汇付

1. 汇付的含义及其当事人

2. 汇付的种类

3. 汇付的业务流程

4. 汇款方式的合同条款

二、托收

1. 托收的定义和当事人

2. 托收的种类

3. 托收的国际惯例

第二节　信用证付款

一、信用定义及其特点

1. 信用证的定义

2. 信用证的特点

二、信用证涉及的当事人及其职责

三、信用证的主要内容

四、信用证的种类

五、信用证的流转程序

六、国际商会《跟单信用证统一惯例》

第三节　收汇、付汇核销

一、出口收汇核销

1. 出口收汇核销的对象、原则、范围

2. 出口核销的操作过程

3. 收汇核销单

4. 出口收汇核销程序

5. 核销单挂失以及退关后核销单注销手续

二、进口付汇核销

1. 进口付汇核销制度的概念

2. 进口付汇核销的对象、原则和范围

三、贸易进口付汇核销单

四、进口付汇备案表

五、进口付汇核销方法

六、保税区收付汇核销

第四节　出口退税

一、出口退税特点、条件与登记

1. 出口退税的特点

2. 出口退税的条件

3. 出口退税的登记

二、出口退税范围

三、出口退税登记的一般程序

教学要求：

了解：国际支付的基本方式与我国的结算制度。

掌握：汇付与托收的定义与种类，信用证的当事人及主要内容，收汇、付汇核销制度，出口退税的特点。

应用：信用证的内容与核销单的填写。

教学要点：

汇付与托收的种类和当事人；信用证的特点与主要内容；收汇、付汇核销的原则；出口退税的特点。

第五章　国际货物运输体系

教学内容：

第一节　国际货物运输体系概述

一、国际货物运输的特点、地位和作用

二、国际货物运输的构成要素

三、各种运输方式及特点、综合运输体系构成

四、国际货运代理的作用、主要业务和责任

第二节　国际货运管理

一、国际货物运输方式的选择

二、货运代理的合理选择

三、合理选择运输路线

四、各种方式的运输单据

第三节　运输管制

一、运输管制的必要性、目标及发展阶段

二、运输业放松管制的原因与内容

三、各国运输管理体制改革的趋向

四、中国运输业管理的改革

教学要求：

了解：了解国际货运代理的性质、作业和主要业务，初步了解运输管制的必要性、发展阶段和运输放松管制的原因和内容。

掌握：国际货物运输的概念及其构成要素，运输管制的概念，综合运输体系的概念及组成；国际货运管理的内容。

应用：国际货物运输方式的选择、货运代理的合理选择。

教学要点：

国际货物运输的概念及其构成要素；各种运输方式及特点，综合运输体系的概念及组成；

国际货运代理的性质、作业和主要业务；国际货物运输方式、运输路线、货运代理的选择及各种运输单据；运输管制的概念，运输管制的必要性、发展阶段和运输放松管制的原因和内容。

第六章　国际海上运输

教学内容：

第一节　国际海上运输概述

　一、国际海运的特点和作用

　二、国际海运船舶

　三、国际海运港口

第二节　揽货与订舱

　一、国际海运业务类型

　二、揽货

　三、订舱

第三节　常用海洋运输条款

　一、海洋运输条款的主要内容

　二、常见的散杂货海洋运输条款

　三、集装箱运输条款

第四节　提单

　一、提单概述

　二、提单的种类

　三、提单正面内容及背面条款

　四、提单的使用

第五节　国际班轮运输航线基础知识

　一、国际海运航线的概念及分类

　二、世界海运航线

教学要求：

了解：国际海运的特点和作用，国际海运航线的分类以及国际海运的发展。

掌握：海洋运输的船舶和港口，主要的海洋运输条款，提单的类型及提单的正面内容和背面条款，世界海洋运输航线。

应用：揽货和订舱，提单的使用。

教学要点：

1. 海洋运输的船舶和港口

2. 揽货和订舱

3. 主要的海洋运输条款

4. 提单的类型

5. 世界海洋运输航线

第七章　国际航空运输

教学内容：

第一节　国际航空运输概述

一、航空运输概述

二、航空运输设备与设施

三、空中交通运行与管制

四、航空运输管理

第二节　进出口运输程序

一、国际航空进口货物运输程序

1. 进口业务环节

二、国际航空出口货物运输程序

2. 出口业务环节

第三节　航空货运单证

一、进口报关单证

1. 基本单证

2. 法定单证

二、出口业务单证

1. 基本单证

2. 法定单证

第四节　航空运价

一、国际航空货物运价基本介绍

二、国际航空货物运价细类介绍

三、运价计算

教学要求：

了解：航空运输的基本知识，进出口的基本程序及所涉及的基本单证类型。

掌握：航空运价及运费的计算方法。

应用：根据具体案例及运价表计算运费。

教学要点：

航空运输的基本知识，航空运输体系概述，航空货物进出口的基本程序及涉及的单证，航空运费的计算。

第八章　国际多式联运和陆上运输

教学内容：

第一节　国际多式联运概述

一、国际多式联运的基础

1. 国际多式联运概述

2. 国际多式联运的发展趋势

二、国际多式联运组织模式

三、国际多式联运进出口业务流程概述

第二节　大陆桥运输实务

一、大陆桥运输的定义

二、大陆桥运输的历史背景

三、运输线路

第三节　国际多式联运单证制作实务

一、国际多式联运单证概述

二、多式联运提单的制作

1. 多式联运提单的签发

2. 多式联运单证填制

第四节　国际公路运输

一、公路汽车运输的营运方式

二、公路口岸的出入境汽车运输

三、国际陆路货物运输业务

四、国际公路货物运输公约和协定

第五节　国际铁路联运

一、运输组织概述

二、国际铁路货物联运计划和组织发运程序

1. 运输计划和运输组织

2. 发运准备工作

三、出口货物在口岸车站的交接及境外运输

四、进口货物运输和运送工具、空容器的返回

第六节　陆路运费计算

一、国际公路货物运费的计算

二、我国国际铁路货物运费计算

三、过境运送费用和境外铁路运送费用的计算和核收

教学要求：

了解：国际多式联运的组织模式及大陆桥运输的运输线路

掌握：国际多式联运和国际陆上运输物流业务流程。

应用：会处理国际多式联运业务和国际陆上运输业务。

教学要点：

1. 国际多式联运的基础知识和操作流程

2. 国际陆上运输的进出口业务流程

3. 多式联运单证的内容和联运提单的填写

4. 国际铁路货物联运运费的计算与核收

第九章　国际货物运输保险

教学内容：

第一节　风险与保险

　一、风险概述

　二、保险

第二节　保险合同

　一、保险合同的概念与法律特征

　二、保险合同的分类

　三、保险合同的要素

　四、保险合同的内容与形式

　五、保险合同的条款

　六、保险合同的订立程序

第三节　我国海上货物运输保险的保障范围

　一、海洋货物运输保障的风险

　二、海洋运输货物保险保障的损失

　三、海洋运输货物保险保障的费用

第四节　我国陆、空货物运输保险与邮包货物运输保险

　一、陆运货物运输保险

　二、空运货物运输保险

　三、邮包运输保险

第五节　海上货物运输保险条款

　一、中国海洋运输货物保险险别与保险责任范围

　二、除外责任

　三、保险期限

　四、海运货物保险中被保险人的义务

　五、海运货物保险基本险的索赔期限

　六、伦敦保险协会海运货物保险条款

教学要求：

了解：风险与保险的基本知识和研究范围。

掌握：我国海上货物运输保险的保障范围以及海、陆、空货物运输的保险条款。

应用：各种保险条款的灵活运用。

教学要点：

风险的概念、特点。保险、保险合同的相关知识。

我国海上货物运输保险的保障范围。

各种货物运输保险的条款，除外责任和责任起讫。

第十章　国际货物报关与报检

教学内容：

第一节　报关与海关概述

一、报关的含义

二、报关的分类

三、报关的基本内容

1. 进出境运输工具报关的基本内容

2. 进出境货物报关的基本内容

3. 进出境物品报关的基本内容

四、我国海关的性质、任务与权力

五、海关的管理体制与机构

第二节　货物报关制度与报关程序

一、报关基本制度与程序

1. 含义

2. 基本程序

二、一般进出口货物的报关程序

1. 一般进出口货物的申报

2. 一般进出口货物的查验

3. 一般进出口货物的关税缴纳

4. 一般进出口货物的放行

三、保税货物的报关程序

1. 保税加工货物的通关

2. 保税物流货物的通关

四、特定减免税货物的报关程序

五、暂准进出口货物的报关程序

第三节　进出口商品检验与检疫概述

一、进出口商品检验的定义

二、进出口商品检验检疫的依据

三、我国进出口商品检验检疫机构及其主要任务

四、进出口商品检验检疫的意义和作用

第四节　进出口商品检验与检疫项目和程序

一、进出口商品报检的基本规定

1. 报检的含义

2. 报检的范围

3. 报检的方式

4. 报检的基本程序

二、入境货物报检

1. 入境货物报检的分类

2. 入境货物的报检时限和地点

3. 报检时应提供的单据

4. 入境货物检验检疫的一般程序

三、出境货物报检

1. 出境货物报检的分类

2. 出境货物的报检时限和地点

3. 报检时应提供的单据

4. 出境货物检验检疫工作程序

教学要求：

了解：报关的含义、分类和基本内容，进出口商品检验的定义与依据。

掌握：我国的报关制度与程序，出境货物、入境货物报检的项目与程序。

应用：统计指标设计、统计调查方案的制订。

教学要点：

报关的含义、分类和基本内容，海关的性质、任务与权力，海关的管理体制与机构，进出口商品检验的定义与依据，进出口商品报检的基本规定，出境货物、入境货物报检的项目与程序。

第十一章 国际物流仓储、包装与配送

教学内容：

第一节 国际物流货物仓储概述

一、国际物流货物仓储的意义

二、国际物流仓库的分类

三、国际物流货物仓库的合理布局

第二节 保税仓库、保税区与保税物流中心

一、保税仓库的概念

二、保税仓库允许存放的货物范围

三、保税仓库的类型

四、保税仓库的设立

五、保税区

六、保税物流中心

第三节 国际物流货物仓储业务运作基本程序

　　一、保税仓库货物进口

　　二、入库

　　三、储存保管

　　四、出库

第四节　国际物流包装概述

　　一、包装材料与容器

　　二、包装种类

　　三、包装费用

　　四、包装标志

　　五、中性包装和定牌

　　六、绿色包装

第五节　配送与配送中心

　　一、配送的概念及特点

　　二、配送的作用

　　三、配送的作业程序

　　四、配送中心的含义和基本功能

　　五、配送中心的运作

教学要求：

　　了解：国际物流仓库的分类，保税仓库的类型，中性包装、定牌与绿色包装，配送的作用。

　　掌握：国际物流货物仓储的意义，保税仓库与保税区的概念，保税仓库制度允许存放的货物范围，包装材料与容器，包装种类，配送的概念及特点，配送中心的含义和基本功能。

　　应用：国际物流货物仓库的合理布局，我国申请设立保税仓库的程序，国际物流货物仓储业务运作基本程序，包装费用与包装标志，配送的作业程序，配送中心的运作。

教学要点：

　　国际物流货物仓储工作是对外贸易及国际物流不可缺少的环节。国际物流货物仓库的合理布局要考虑货物仓库网点的比例要求以及影响国际物流货物仓库分布的制约因素。保税仓库是国际物流货物仓储中一个非常重要的部分。我国申请设立保税仓库有着严格的程序。保税区是我国目前开放度最大的地区，对所在地区和全国经济发展都起着重要的作用。国际物流货物仓储业务运作基本程序包括四个环节：保税仓库货物进口、入库、储存保管和出库。

　　进入国际流通领域的货物一般都要经过长途运输，有许多货物要经过多次转装和储存，对出口货物包装的要求也比国内贸易严格。合同中的包装条款主要包括包装材料与容器、包装种类、包装费用和包装标志。

　　配送一定是根据用户的要求，在物流据点内进行分拣、配货等工作。从总体上看，配送是由备货、理货和送货三个基本环节组成的，其中每个环节又包含着若干项具体的、枝节性的活动。配送中心是以组织配送性销售或供应，执行实物配送为主要职能的流通型结点。

第十二章　国际物流服务质量与成本管理

教学内容：

第一节　国际物流与第三方物流的关系

　　一、第三方物流概述

　　二、第三方物流与国际物流的关系

第二节　国际物流服务质量

　　一、国际物流运作质量评价指标

　　二、国际物流服务过程质量管理

第三节　国际物流成本管理

　　一、国际物流成本核算与管理原则

　　二、国际物流成本的划分

　　三、国际物流中的价格换算方法

　　四、国际物流服务中的成本定价

　　五、国际物流服务中的佣金与折扣

　　六、换算成本的测算

　　七、国际贸易价格条件

　　八、主要国际物流术语的价格构成与换算

教学要求：

了解：第三方物流的基本概念及特征以及国际物流成本核算的基本管理原则。

掌握：第三方物流与国际物流的关系，国际物流运作质量服务评价体系以及国际物流的成本核算。

理解：第三方物流是国际物流的发展方向。

应用：国际物流成本的核算方法，换汇成本的测算以及主要国际物流术语的价格构成与换算方法。

教学要点：

国际物流运作质量评价指标体系的构成。国际物流服务中的成本定价、佣金与折扣、换汇成本的测算、主要国际物流术语的价格构成与换算，重点掌握 FOB、CFR 和 CIF 三种价格的换算方法及公式。

第十三章　国际物流金融服务

教学内容：

第一节　物流金融概述

　　一、物流金融的概念与内涵

　　二、物流金融产生的背景

三、物流金融主体

四、物流金融的特征

五、物流金融在物流产业发展中的主要职能

六、实施物流金融面临的风险

第二节　物流金融服务的主要形式

一、物流金融的主要融资业务

二、物流金融的主要业务模式

三、物流金融服务的经营模式

四、物流金融服务的发展趋势

第三节　物流金融在国际物流中的作用及主要模式

一、国际物流中开展物流金融服务的现实意义

二、进出口业务中的物流金融服务

三、物流金融在国际结算中的运作模式

教学要求：

了解：物流金融产生的背景、内涵及服务理念。

掌握：物流金融的主要融资业务、运作模式及经营模式。

应用：熟悉进出口业务中的物流金融服务及各种国际结算中物流金融的运作模式。

教学要点：

物流金融的含义；物流金融的主要业务模式：代客结算、融通仓和海陆仓；国际物流中开展物流金融服务的意义；进出口业务中的物流金融服务；物流金融在跟单托收结算、信用证结算及保理结算方式中的运作模式。

第十四章　国际物流法律、法规

第一节　提单运输法规

一、《海牙规则》

1. 适用范围

2. 承运人的责任与义务

3. 承运人的责任期

4. 承运人免责事项和责任限制

5. 托运人的义务和责任

7. 索赔和诉讼时效

二、《维斯比规则》Visby Rules

1. 适用范围

2. 明确善意受让提单人的法律地位

3. 延长诉讼时效和追偿期限

4. 责任赔偿限额修订

二、适用范围

三、多式联运单证

四、多式联运经营人责任体系

五、索赔、诉讼和仲裁

第五节　国际货物运输处理争议的途径

一、货运事故的索赔

1. 索赔的原则与条件

2. 索赔原则

3. 索赔条件

4. 索赔的程序

二、货运事故的诉讼

1. 诉讼的主要关系方

2. 诉讼基本程序

三、货运事故的仲裁

1. 仲裁的基本概念与原则

2. 仲裁的基本程序

教学要求：

了解：国际物流相关立法情况，各运输领域适用法规情况。

掌握：《海牙规则》、《维斯比规则》和《汉堡规则》三大公约的主要内容以及三大公约之间的异同；《联合国国际货物多式联运公约》的主要内容及实施情况；航空运输公约、公路运输公约的主要规定与实施情况。

应用：运用相关国际物流法规处理国际物流纠纷。

教学要点：

提单运输的三大国际公约的适用范围、责任制、责任人、时效等的主要规定；

《联合国国际货物多式联运公约》的主要内容及实施情况；

航空运输公约、公路运输公约、关于责任制度、责任人、时效等的主要规定；

国际物流纠纷处理途径。

《国际物流概论》模拟试卷（A）

一、单选题

1. 信用证对出口商的作用是（　　）。
A. 不必占用资金，反而能得到开证手续费的收入；
B. 获得一笔数目可观的结算手续费；
C. 可以凭信托收据，要求开证行先交付单据，在出售货物后再交付货款；
D. 只要将符合信用证条款的货运单据交到出口地与他有来往的银行，即能完全地取得货款，加速资金周转。

2.（　　）是国际运输的主要方式，国际贸易中约有90%的货物是以海上运输方式承运的。
A. 航空运输　　　　　B. 铁路运输　　　　　C. 海洋运输　　　　　D. 公路运输

3. 以下关于海运散杂货运输条款中，舱内收货条款是指（　　）。
A. F. I.　　　　　　B. F. O.　　　　　　C. F. I. O　　　　　　D. F. I. O. S. T.

4. 进口程序中最关键的环节是（　　）
A. 报关　　　　　　B. 审单　　　　　　C. 征税　　　　　　D. 验放

5. 机场场道包括飞行区和（　　）
A. 着陆区　　　　　B. 停机坪　　　　　C. 维修区　　　　　D. 航站区

6. 在国际公路货物运输中，托运人一次托运货物计费质量（　　）及以下的，为零担货物运输。
A. 2吨　　　　　　B. 3吨　　　　　　C. 4吨　　　　　　D. 5吨

7. 在保险人所承保的海上风险中，搁浅、触礁属于（　　）。
A. 自然灾害　　　　B. 意外事故　　　　C. 一般外来风险　　　D. 特殊外来风险

8. 入境货物检验检疫的一般工作程序是（　　）。
A. 报检后先放行通关，再进行检验检疫　　　B. 报检后先检验检疫，再放行通关
C. 首先向卸货口岸检验检疫机构报检　　　　D. 在到达站先进行卫生除害处理

9. 调整提单法律关系的国际公约是（　　）。
A.《约克·安特卫普规则》　　　　　　　　B.《维斯比规则》
C.《华沙公约》　　　　　　　　　　　　　D.《华沙——牛津规则》

10. CFR价等于（　　）。
A. CIF价×（1－投保加成×保险费率）
B. CIF价×（1－投保加成×保险费率）－国外运费

C. FOB 价×（1－投保加成×保险费率）

D. FOB 价×（1－投保加成×保险费率）－国外运费

二、多选题

1. 国际供应链的流通依其流通的内容可分为（   ）。

A. 商流　　　B. 资金流　　　C. 信息流　　　D. 实体流通　　　E. 物品流通

2. 通常情况下，下列选项中哪些活动是国内物流系统和国际物流系统都包含的（   ）。

A. 运输　　　B. 储存　　　C. 商品检验　　　D. 通关　　　E. 包装

3. （   ）的作用是在运输过程中使有关人员易于辨认货物，便于核对单证，避免货物在运输中发生混乱或延误，使货物顺利和安全地运抵目的地。

A. 销售标志　　B. 指示性标志　　C. 运输标志　　D. 警告性标志　　E. 包装标志

4. 以下不能申请退税的是（   ）。

A. 来料加工厂出口一批货物　　　　　　　B. 易货贸易下出口一批小麦

C. 捐赠一批速冻食品给泰国　　　　　　　D. 没有出口经营权的某企业出口一批货物

E. 一批天然牛黄

5. 国际货物运输的关系方主要有（   ）。

A. 运输代理人　　B. 货主　　　C. 承运人　　　D. 报关行　　　E. 货运代理

6. 在国际海运业务中，与班轮运输相比，租船运输具有的特点包括（   ）。

A. 不定期船　　　　　　　B. 没有固定的航线

C. 没有固定的运价　　　　D. 没有固定装卸港及航期

E. 主要是用来运输国际贸易中的大宗货

7. 根据顾客要求，航空货物运输可以分为：（   ）。

A. 急快件货物运输　　　　B. 特种货物运输

C. 常规货物运输　　　　　D. 危险品货物运输

E. 易腐货物运输

8. 国际多式联运所指的至少两种以上的运输方式，可以是（   ）。

A. 海陆　　　B. 海空　　　C. 海海　　　D. 陆陆　　　E. 海铁

9. 签订国际联运进口贸易合同运输条款应注意的问题包括：（   ）。

A. 货物数量

B. 审核货物到达路局和车站的名称

C. 货物数量和品种要符合到站的办理种别

D. 对于需要押运的货物，要在合同中具体订明

E. 及时将合同资料寄给货物进口口岸的货运代理人一份

10. 保险单的作用有（   ）。

A. 保险合同　　　　　　　B. 进行索赔的主要依据

C. 办理议付的单证之一　　D. 保险利益证明书

E. 不能背书转让

11. 按仓库管理体制分类，外贸物流仓库可分为（　　　）。

A. 通用仓库　　B. 自有仓库　　C. 租赁公共仓库　　D. 合同仓库　　E. 专用仓库

12. 外贸物流货物仓储业务运作基本程序包括四个环节（　　　）。

A. 进口　　　　B. 入库　　　　C. 包装　　　　D. 储存保管　　　E. 出库

13. CIF 价的价格构成包括（　　　）。

A. 进货成本　　B. 国内费用　　C. 国外运费　　D. 国外保险费　　E. 净利润

14. 可以应用于出口业务的物流金融运作模式是（　　　）。

A. 仓单质押　　　　　　　　　　　　　　　　B. 现货质押

C. 短期打包贷款　　　　　　　　　　　　　　D. 应收账款质押

E. 垫付货款

15. 航空货运单的作用是（　　　）。

A. 证明托运人与承运人已订立国际航空货物运输合同

B. 证明航空承运人接受了货物

C. 证明航空承运人收到货物的重量、尺寸、包装、件数等

D. 计收运费的依据

E. 所载货物的物权证明

三、判断题

1. 技术进步是国际供应链产生的客观基础。（　　　）

2. 存入保税仓库的货物可以免除关税。（　　　）

3. 根据（INCOTERMS2000），在 FAS 贸易术语下，如买方所派的船不能靠岸，则卖方只要将货物装上驳船即可。（　　　）

4. 为防止出口产品而不把外汇结给国家指定的银行的逃汇行为，海关对一切贸易性出口的商品都凭《出口外汇核销单》才接受报关。（　　　）

5. 放松管制不是取消管制，而是要用适合这些行业特点的激励性管制取代过去过于僵化的旧管制，管制的职能也更加致力于促进竞争。（　　　）

6. 租船运输中，船东向租船人之间提供的不是运输劳务，而是船舶的使用权。（　　　）

7. 在航运实践中，只要合同中订立了班轮条款，则此种运输就完全应按照班轮运输的条件来进行。（　　　）

8. 飞机按推进装置的类型，可分为活塞式飞机、涡轮螺旋桨式飞机和喷气式飞机。（　　　）

9. 货物每立方米体积质量不足 333 千克的，为轻泡货物。（　　　）

10. 战争险的责任起讫和三个基本险的责任起讫相同，都采用仓至仓条款。（　　　）

11. 隶属海关由直属海关领导，向海关总署负责。（　　　）

12. 长期仓储时，自有仓储的成本高于公共仓储。（　　　）

13. 提货人要求标注新标志，应在提货日之后进行。（　　　）

14. 在国际物流服务过程中，托盘和集装箱在装运过程中，必须同时采用。（　　　）

15. 信用证结算方式下的物流金融运作过程中，银行与大型物流仓储企业及进口商之间必须

签订《进口货物监管和质押协议书》，以确定三方的权利与义务。（　　　）

四、简答题

1. 简述国际物流运作的主要业务活动。
2. 简述国际物流网络节点有哪些类型。
3. 构成一项法律上有效的发盘必须具备哪些条件。
4. 简述信用证的性质和特点。
5. 简述国际货物运输方式选择决策因素。
6. 简述国际海运的特点和作用。
7. 航空运输的优缺点是什么？
8. 简述运价的原则有哪些？
9. 中国公路出入境口岸有哪些。
10. 什么叫共同海损？构成共同海损的基本条件是什么？
11. 简述出入境货物报检的基本程序。
12. 在我国，设立保税仓库应具备哪些条件？申请设立保税仓库的程序有哪些？
13. 请简述国际物流成本的分类。
14. 简述物流金融在国际物流运作中的作用。
15. 简述物流金融的主体构成。

五、论述题

1. 论述国际物流与国际贸易的关系。
2. 试分析比较常用的散杂货海洋运输条款。
3. 试论述在确定国际物流服务价格的时候需要考虑哪些因素。

六、计算题

1. 某人从石家庄南站发包头站一车煤，总 35 吨，经调度以一 40 吨敞车装运。试计算其运费。

注：从石家庄南站到包头站的运价里程为 1 091 公里。其他数据见表。

表一：常用铁路运输货物整车运价号码

货物品名	运价号
煤	4
化肥	2
钢材	5
……	……

表二：铁路货物运价率表

办理类别	运价号	发到基价		运价基价	
		单位	标准	单位	标准
整 车	1	元/吨	4.60	元/吨公里	0.0210
	2	元/吨	5.20	元/吨公里	0.0239
	3	元/吨	6.00	元/吨公里	0.0273
	4	元/吨	6.80	元/吨公里	0.0311
	5	元/吨	7.60	元/吨公里	0.0348

表三：货物保价费率表

货物品名	保价费率‰
煤	1
石油	4
钢铁及有色金属	2
……	……

2. 出口某商品2 000打，出口价：每打19.2美元 CIF 纽约，CIF 总价18 200美元，其中运费4 000美元，保险费200美元。进价每打人民币117元，共计人民币117 000元（含增值税），费用定额率10%，出口退税率9%。当时银行的美元买入价为7.91元。求该商品的换汇成本和出口盈亏额。

参 考 文 献

[1] 蒋长兵，王姗姗．国际物流学教程［M］．北京：中国物资出版社，2008

[2] 林正章．国际物流与供应链［M］．北京：清华大学出版社，2006

[3] 刘凯，张晓东．国际物流：全球供应链管理［M］．北京：电子工业出版社，2006

[4] 李怀政．全球物流管理［M］．北京：中国物资出版社，2006

[5] 王忠伟，庞燕．供应链管理［M］．北京：中国物资出版社，2009

[6] 马丁·克里斯托弗著，何明珂等译．物流与供应链管理［M］．北京：电子工业出版社，2006

[7] （美）唐纳德 J. 鲍尔索克斯．供应链物流管理［M］．北京：机械工业出版社，2006

[8] 约翰·加托纳（John Gattorna）编著，王海军，马士华，张翔等译．供应链管理手册［M］．北京：电子工业出版社，2004

[9] 杨家本．系统工程概论［M］．武汉：武汉理工大学出版社，2007

[10] 染琳娜，姚建银．现代物流管理［M］．哈尔滨：哈尔滨工程大学出版社，2009

[11] 王俭廷，唐川．第三物流运营实务［M］．北京：中国物流出版社，2009

[12] 逯宇铎．国际物流管理［M］．北京：机械工业出版社，2010

[13] 蒋元涛．国际物流学［M］．重庆：重庆大学出版社，2008

[14] 逯宇铎，苏振东，李秉强．国际物流学［M］．北京：北京大学出版社，2007

[15] 王春艳．国际物流学［M］．大连：大连海事大学出版社，2009

[16] 王述英．物流运输组织与管理［M］．北京：电子工业出版社，2008

[17] 徐立青．国际贸易实用教程［M］．上海：复旦大学出版社，2003

[18] 贾建华、阚宏．新编国际贸易理论与实务［M］．北京：对外经济贸易大学出版社，2004

[19] 兰菁．国际贸易理论与实务［M］．北京：清华大学出版社，2003

[20] 陈宪等．国际贸易——原理·政策·实务［M］．上海：立信会计出版社，2003

[21] 王耀中，张亚斌．国际贸易理论与实务［M］．长沙：中南大学出版社，2003

[22] 吴百福．进出口贸易实务教程［M］．上海：上海人民出版社，2003

[23] 刘安莉，高懿．新编商品学概论［M］．北京：对外经济贸易大学出版社，2002

[24] 卢伟．国际贸易理论与实务［M］．北京：机械工业出版社，2008

[25] 张晓明．国际贸易实务与操作［M］．北京：高等教育出版社，2008

[26] 黎孝先，石川玉．国际贸易实务［M］．北京：对外经济贸易大学出版社，2008

[27] 吴汉嵩．国际贸易业务流程．案例分析．模拟实训［M］．广州：暨南大学出版社，2009

[28] 王邵凤．国际物流组织与管理［M］．北京：电子工业出版社，2007

[29] 蒋长兵．国际物流实务［M］．北京：中国物资出版社，2008

[30] 辛宪章，张哲．国际贸易实务［M］．北京：中国社会科学出版社，2009

[31] 王斌义，顾永才．国际贸易实务实训［M］．北京：首都经济贸易大学出版社，2007

[32] 王涛生等．国际贸易实务新教程［M］．长沙：国防科技大学出版社，2008

[33] 梁朝瑞，梁松．外贸出口制单实务［M］．北京：中国对外经济贸易出版社，2003

[34] 方金水．浅议国际物流中的货物运输［J］．太原：经济师，2003

[35] 饶坤罗．国际物流实务［M］．武汉：武汉理工大学出版社，2008

[36] 陈太广．国际物流实务［M］．北京：对外经济贸易大学出版社，2008

[37] 姬中英．浅谈运输管制［J］．武汉：武汉交通管理干部学院学报，1998

[38] 荣朝和．各国运输政策变化及其对我们的启示［J］．北京：北方交通大学学报，1994

[39] 蒋仁才，荣朝和，李雪松．发达国家放松运输管制原因的理论分析［J］．成都：经济学家，1996

[40] 邢颐．国际物流实务［M］．北京：中国轻工业出版社，2005

[41] 中国国际货运代理协会．国际海上货运代理理论与实务［M］．北京：中国商务出版社，2010

[42] 百度文库 http：//wenku．baidu．com

[43] 杨占林．国际物流空运操作实务［M］．北京：中国商务出版社，2005

[44] 周全申．现代物流技术与装备实务［M］．北京：中国物资出版社，2002

[45] 唐明毅．现代航空运输法［M］．北京：法律出版社，1999

[46] 中国国际贸易学会商务培训认证考试办公室．外贸物流理论与实务［M］．北京：中国商务出版社，2007

[47] 杨占林．国际货物运输操作规程［M］．北京：中国对外经济贸易出版社，2002

[48] 肖勇．现代货物进口贸易与单证实务［M］．上海：上海教育出版社，2008

[49] 薛贵明．物流运输实务［M］．重庆：重庆大学出版社，2009

[50] 陈明蔚．国际物流实务［M］．北京：北京理工大学出版社，2009

[51] 江静．国际集装箱运输与多式联运［M］．北京：中国商务出版社，2006

[52] 周哲，申雅君．国际物流［M］．北京：清华大学出版社，2007

[53] 王爱虎．国际物流管理［M］．北京：清华大学出版社，2009

[54] 丁立言．国际物流学［M］．北京：清华大学出版社，2004

[55] 李盾．国际货物运代理［M］．北京：对外经济贸易大学出版社，2008

[56] 王涛生，戴晓红．国际贸易实务［M］．长沙：中南大学出版社，2004

[57] 庞燕，邓平．国际货运代理实务［M］．长沙：湖南人民出版社，2007

[58] 王学锋．国际物流［M］．北京：高等教育出版社，2009

[59] 中国出入境检验检疫协会．报检员资格全国统一考试辅导［M］．北京：中国计量出

版社，2009

　　[60] 刘耀威．进出口商品的检验与检疫 [M]．北京：对外经济贸易大学出版社，2008

　　[61] 张兵．进出口报关实务 [M]．北京：清华大学出版社，2006

　　[62] 刘春晖，李明．2010 年版报关员资格全国统一考试教材同步辅导教程 [M]．北京：对外经济贸易大学出版社，2010

　　[63] 海关总署报关员资格考试教材编写委员会．2010 年版报关员资格全国统一考试教材 [M]．北京：中国海关出版社，2010

　　[64] 王建清．包装材料学 [M]．北京：中国轻工业出版社，2009

　　[65] 尹章伟．商品包装知识与技术问答 [M]．北京：化学工业出版社，2001

　　[66] 宋宝丰．包装容器结构设计与制造 [M]．北京：印刷工业出版社，2007

　　[67] 骆光林．包装材料 [M]．北京：印刷工业出版社，2005

　　[68] 吕军伟．国际物流业务管理模板与岗位操作流程 [M]．北京：中国经济出版社，2005

　　[69] 毕功兵，王慧玲．国际物流 [M]．北京：中国物资出版社，2007

　　[70] 刘联辉．配送实务 [M]．北京：中国物资出版社，2009

　　[71] 邬星根．仓储与配送管理 [M]．上海：复旦大学出版社，2005

　　[72] 王晓东．国际运输与物流 [M]．北京：高等教育出版社，2006

　　[73] 海关总署加工贸易及保税监管司．中国海关保税实务大全 [M]．北京：中国海关出版社，2010

　　[74] 姜春华．物流企业管理 [M]．重庆：重庆大学出版社，2009

　　[75] 小保罗·R.墨菲，唐纳地·F.伍德著．当代物流学 [M]．北京：中国人民大学出版社，2004

　　[76] 戴维·泰勒著．全球物流与供应链管理案例 [M]．北京：中信出版社，2003

　　[77] 夏露，李严锋．物流金融 [M]．北京：科学出版社，2008

　　[78] 李雪梅，陆音．物流企业的衍生服务——物流金融 [J]．襄樊：物流技术，2009

　　[79] 万泉．论物流金融服务模式——第三方物流企业的服务创新 [J]．E-BUSINESS JOURNAL，2009

　　[80] 李雪辉．基于物流企业的物流金融业务主要模式分析 [J]．北京：管理观察，2009

　　[81] 赵临风．物流金融运作模式刍议 [J]．深圳：特区经济，2010

　　[82] 罗齐，朱道立，陈伯铭．第三方物流服务创新：融通仓及其运作模式初探 [J]．北京：中国流通经济，2002

　　[83] 陈祥峰，石代伦，朱道立．融通仓与金融服务创新 [J]．北京：科技导报，2005

　　[84] 祁洪祥．中小企业融通仓融资模式研究 [J]．www.chinabt.net，2010

　　[85] 张凯，董千里，尚鸿雁．中小贸易企业融通仓融资模式应用研究 [J]．襄樊：物流技术，2008

　　[86] 罗娟娟．新型物流金融模式——海陆仓模式探析 [J]．北京：中国集体经济，2008

　　[87] 李蓓．物流金融在进出口贸易中的应用 [J]．长沙：金融经济，2006

［88］王开勇，王丰，彭良涛．金融物流在国际结算中的运作模式研究［J］．China Storage & Transport Magazine，2007

［89］唐少艺．发展物流金融，降低国际结算风险［J］．长春：中国管理信息化，2007

［90］孙春艳．金融物流应用于国际结算的模式探讨［J］．铁路采购与物流，2008

［91］翁国民．国际经济法［M］．北京：法律出版社，2004

［92］理查德德·谢邦，贝弗利·厄尔，菲利伯多·阿格斯蒂．国际商法［M］，北京：人民邮电出版社，2003

［93］胡美芬．物流相关法规与国际公约［M］．成都：四川人民出版社，2002

［94］物流法律小全书［M］．北京：中国法制出版社．2007

［95］郭寿康，韩立余．国际贸易法［M］．北京：中国人民大学出版社，2009

［96］郭瑜．国际贸易法．北京：北京大学出版社，2006

［97］杨志刚．国际货运物流实务、法规与案例［M］．北京：化学工业出版社，2007

［98］何丽新，饶玉琳．海商法［M］．厦门：厦门大学出版社，2004

［99］王芸．物流法律法规与实务［M］．北京：电子工业出版社，2007

［100］《国际物流师培训教程》编委会．国际物流师培训教程［M］．北京：中国经济出版社，2006

［101］中华人民共和国民法通则（最新修订）（附最高人民法院关于贯彻执行《中华人民共和国民法通则》若干问题的意见（试行）．北京：中国法制出版社，2009

［102］中华人民共和国劳动争议调解仲裁法．北京：人民出版社，2008

［103］全国人大常委会办公厅．中华人民共和国海商法．北京：中国民主法制出版社，2008

教学课件索取说明

各位教师：

  我社为方便本考试教材的教学需要，免费提供此教材的教学课件（PPT)或电子教案或教学大纲。为确保此课件仅作为教学之用，烦请填写如下内容并签字盖章后发送电子邮件至：278056012@qq.com。我们核实无误后，将通过电子邮件发出。如对本教材编写有任何意见或建议，均可发送电子邮件至上述邮箱。如有不明之处，请询：010—64243016 谢星光。

证　明

  兹证明_____大学（学院）_____院/系_____年级_____名学生使用书名《_____》、作者：_____的教材，教授此课教师共计_____位，现需要教学课件（PPT）或教学大纲或电子教案一套。

教师姓名：_____　　　联系电话：_____

E-mail：_____

通讯地址：_____

邮政编码：_____

院/系主任：_____签字

（院/系公章）

_____年_____月_____日